U0861412

济南市志

1986～2010

JI NAN SHI ZHI

济南市史志编纂委员会 编

方志出版社
Publishing House of Local Records

图书在版编目（CIP）数据

济南市志：1986～2010.5 / 济南市史志编纂委员会编 .-- 北京：方志出版社，2016.9
ISBN 978-7-5144-2086-9

Ⅰ.①济… Ⅱ.①济… Ⅲ.①济南—地方志—1986～2010 Ⅳ.①K295.21

中国版本图书馆CIP数据核字（2016）第225684号

济南市志（1986～2010） 5

编　　者：济南市史志编纂委员会
责任编辑：李志瑜
出 版 人：翼祥德
出 版 者：方志出版社
地址　北京市朝阳区潘家园东里9号（国家方志馆4层）
邮编　100021
网址　http://www.fzph.org
发　　行：方志出版社发行中心
电话（010）67110500
经　　销：各地新华书店
排　　版：山东宣艺文化传播有限公司
印　　刷：济南黄氏印务有限公司
开　　本：889×1194　1/16
印　　张：32.5
字　　数：767千字
版　　次：2016年9月第1版　2016年9月第1次印刷
印　　数：0001～2500册

ISBN 978-7-5144-2086-9　**定价：580.00元**

·版权所有　翻印必究·

凡 例

一、本志以马克思列宁主义、毛泽东思想、邓小平理论、“三个代表”重要思想、科学发展观为指导，深入贯彻习近平总书记系列重要讲话精神，坚持辩证唯物主义和历史唯物主义立场、观点和方法，依据国务院《地方志工作条例》和《山东省地方史志工作条例》，全面客观记述济南市自然、政治、经济、文化和社会的历史与现状，努力做到思想性、资料性、科学性的统一，力求突出时代特色、地方特点。

二、本志为《济南市志(1840～1985)》的续志，上限为1986年，下限为2010年，部分内容适当上溯或下延。

三、体裁，以志为主，述、记、传、图、表、录辅之；结构为卷、篇、章、节体，部分节下设目和子目。图片使用与文字同步，力求图文并茂，扩大信息量，增强可读性。

四、区域范围，一般为2010年济南市行政区域；部分内容为当时行政区域。

五、纪年，一般采用公元纪年，视情括注历史纪年。部分贯通古今的内容，民国以前采用历史纪年，视情括注公元纪年；民国以来采用公元纪年。

六、行文采用语体文、记述体。除引用原文外，均以第三人称记述；文风力求严谨朴实，语言力求简洁流畅。涉及组织机构、会议、文件、职务、地名、称谓，采用当时的名称；历史地名视情括注今称。

七、数字、标点符号使用，遵循国家标准《出版物上数字用法》《标点符号用法》的规定；计量单位，遵循《中华人民共和国法定计量单位》的规定，个别地方保留“亩”“公斤”“马力”等计量单位。

八、入志资料以撰稿单位提供为主；同时参考相关图书、报刊资料。统计数据，一般采用统计部门的数据；统计部门未有的，采用事业主管部门的数据。

九、注释。文字简短的注释在文内括注，文字较长的注释采用脚注。记述有争议的事物，一般以一说为主，他说附于脚注。

十、人物。遵循“生不立传”原则，排列以卒年为序。立传人物为在本行政区域有重大影响者，以及本籍人物在外地有重大影响者。部分内容适当设人物表和人物名录。

济南市史志编纂委员会

（2016年11月～ ）

名誉主任 王文涛

主　　任 王忠林

顾　　问 张福山　朱文兴

第一副主任 巩宪群

副 主 任 李胜利　任建新　陈　荣　刘　民　韩振国　崔春荣
岳绍红　王宏志　王拥华　尹清忠　翟旭东

委　　员 李会宝　蒋向波　陈东生　吕建涛　史同伟　孙法星
孙竹兮　倪志纯　刘　浩　王玉玲　贾　杰　朱传东
于晓奎　郭志强　孙建新　马军远　高宝继　孙元文

济南市志

（1986～2010）

第五册

主　　编 翟旭东

副 主 编 綦延辉　杜加臣　朱佩峰　郭建群

总　　纂 丁爱军

副 总 纂 庞新华　边绍林

编　　辑（按姓名笔画为序）

丁爱军　刁文菁　王　炜　王　洋　王　群　王海峰

代戈红　孙　广　别玉金　张　阳　宋高峰　张超强

李国宇　陈　蕾　范金鹏　庞新华　宣　涛　夏　兵

高江娜　景国富　董殿勋　路玉增

编　　校 马晓飞　安宝坪

济南市史志办公室组成人员

（以到职先后为序）

党组书记	庄虔贵* 王历历* 李吉祥* 翟旭东
主　　任	庄虔贵* 袁淑玲* 李吉祥* 翟旭东
副 主 任	王历历* 李明亮* 朱佩峰* 綦延辉 杜加臣
巡 视 员	朱佩峰*
副巡视员	郭建群
工作人员	王鲁宁* 杨薇薇* 郭德芳* 于香萍* 夏　兵 高江娜 高进录* 宣　涛 王　炜 郭建群* 杜加臣* 李国宇 董殿勋 刘兴亮* 刁文菁 路玉增 宋高峰 陈　蕾 丁爱军 庞新华 张　阳 景国富 代戈红 孙　广 王　洋 张超强 王　群 胡健美* 祁忠举* 王海峰 别玉金 范金鹏

注：名单所列组成人员为2005年9月以来的情况。“*”表示离任。

目　录

第七卷　工　业

第一篇　工业综述

第二篇　煤炭工业

第三篇　冶金与建材工业

第四篇　机械与交通装备工业

第五篇　石油与化学工业

第六篇　纺织工业

第七篇　食品工业

第八篇　医药制造业

第九篇 轻工业

第十篇 电子信息工业

第八卷　农　业

第一篇　农业综述

第二篇　种植养殖业

第三篇　林果业

第四篇 水 利

第五篇 黄河治理

第七卷

工 业

GONG YE

单位审稿、撰稿人员名单

(按姓名笔画为序)

市经信委

审稿人：李会宝　张广勇

撰稿人：马安学　马欣民　于松波　王关宏　王丽平　王金锁

王育新　王钧发　王家华　孙中昆　闫世春　吴长中

李天宝　李　宁　张立军　杨永鼐　张庆芳　张丽红

张奇良　邹保平　杨荣柱　李　雪　李　琦　范玉峰

房桂菊　赵聿兴　姜秀溪　胡　凯　郭　方　栗中方

贾凤美　郭风楼　郭季操　郭爱国　秦　然　崔红军

黎　毅　魏永生　瞿思敏

第一篇　工业综述

1978年中共十一届三中全会后，济南工业全面贯彻调整、整顿、提高和改革、开放、搞活的方针，深入进行经济体制改革，工业生产进入持续、稳定、协调发展的新阶段。1981年，在全国率先实行“五包五保”(市、局、厂、车间、班组自上而下包，自下而上保)经济责任制；随即推行厂长负责制、厂长任期目标责任制；开展大规模跨地区、跨行业的横向经济联合。至1986年年初，全市形成15个大工业门类，主要工业行业发展到36个，有工业企业3005家，其中国有企业369家；职工42.7万人，工业固定资产41.4亿元，生产产品138个大类、3600个品种。全市形成门类比较齐全、产品种类繁多、技术水平和技术装备水平比较先进的综合工业体系，成为山东省重要工业基地之一。

1986年后，济南市坚持以经济效益为中心，深化改革，全面推行承包经营责任制，加大横向经济联合，依靠科技进步，强化企业技术改造和管理，实现“工业生产、经济效益、发展后劲”三个同步增长。“七五”期间（1986～1990年)，累计发展企业集团17个，经济联合体107个，调整企业116家；拥有国家一级企业3家，国家二级企业42家，省级先进企业202家；完成技术改造项目1321个，总投资20.89亿元，完成引进项目169个，使用外汇1.42亿美元；开发新产品3178项，新增生产能力50.78亿元，利税4.9亿元。1990年，全市有工业企业11020家，其中国有企业394家，完成工业总产值222.63亿元，工业增加值60.43亿元，分别是1985年的2.99倍和2.19倍。

1991年后，济南市确定“以城带乡、城乡一体，以外促内、内外结合，重点突破、梯次推进”总体发展思路，提出外向带动、腾笼换业、名优膨胀、加快县域经济发展等战略措施，调整工业结构，培植主导产业和名牌产品。通过开展“管理效益年”“市场效益年”等活动，采取扭亏增盈若干措施，一些企业“起死回生”，实现工业产销同步发展。

“八五”期间（1991～1995年)，全市完成技改投资83亿元，是历史上技改投资增长最快的时期；更新改造主要生产设备2.95万台(套)，引进国外先进设备4000台(套)，建成先进生产线80多条，设备新度系数提高4个百分点，市属70%以上的企业得到不同程度改造；完成技术开发项目2438项，其中达到国际水平的185项，填补国内空白或达到国内先进水平的1204项。与大专院校、科研单位签订项目合同1265项，竣工投产623项，累计增加产值65亿元，增加利税11.8亿元。通过改组改造，结构调整，骨干企业和企业集团迅速发展。其中，轻骑、化纤、锻压、小鸭、将军、炼化、三株、啤酒等15个集团的销售收入及利税分别占全市乡及乡以上工业企业的55%和80%，成为全市经济发展的支柱和龙头。

1995年，全市有工业企业24621家，其中国有企业495家；完成工业总产值752.23亿元，工业增加值194.16亿元，分别是1990年的3.38倍和3.21倍。其中乡及乡以上工业企业2648家，完成工业总产值526.48亿元，工业增加值130.88亿元，主营业务收入432.17亿元，利税总额53.59亿元，利润总额16.3亿元，总资产578.55亿元。同年，在市属国有中小企业和集体企业中推行股份合作制，发展小企业股份合作制企业50家。同时，因企制宜，实行兼并、联合、承包、租赁等多种形式改制，市属国有小型、集体企业改制131家。

1996年后，济南市面对工业企业效益下滑、增幅趋缓、困难企业增多的形势，深化改革，攻坚破难，坚持“抓大放小、名优膨胀、三改联动、管转并重”方针，开展“银企联手”“两本管理”（资本管理、成本管理）活动，实施工业产品结构战略性调整，电子信息、交通设备、家用电器、机械制造、生物工程等5大产业初具规模，形成一批在国内有一定影响的企业集团和名牌产品。按照“鼓励兼并、规范破产、下岗分流、减员增效”的方针，推进国有企业改革，鼓励和支持重点企业集团并购中小企业。全市1691家中小企业中，采取多种形式改制的占85%以上。其中改制为股份公司、股份合作制的1278家。以现有城区为依托，向东重点建设济南开发区、临港外向型工业加工区，向西建设新工业园区，两翼并举，拓展工业发展空间。同时，进一步调整所有制结构，个体私营经济占全市经济总量的23%。

“九五”期间（1996～2000年），累计出口创汇22.2亿美元，年平均增长9.2%，利用外资18.8亿美元，比“八五”时期增长1.66倍。2000年，全市有工业单位30899家，其中国有企业195家，完成工业总产值994亿元，是1995年的1.32倍；完成工业增加值237.14亿元。其中规模以上工业企业1038家，完成工业总产值680.04亿元，工业增加值219.19亿元，主营业务收入629.72亿元，利税总额64.62亿元，利润总额21.69亿元，总资产958.1亿元。

2001年后，济南市坚持走新型工业化道路，提出“工业强市、大抓工业、抓大工业”重大战略指导思想，全力推进实施工业“2133”工程。

“十五”期间（2001～2005年），全市坚持实施“大企业、大集团发展战略”，围绕主导产业，以工业园区和重点项目为载体，优质资产向重点集团集中，发展壮大大企业集团，走出资产整合、低成本扩张、多元化投入以及技术改造等发展企业集团的路子。2005年，全市有工业企业31370家，其中国有企业102家；完成工业总产值2447.51亿元，工业增加值786.11亿元，分别是2000年的2.46倍和2.34倍；规模以上工业企业1670家，完成工业总产值2237.51亿元，工业增加值722.11亿元，主营业务收入2142.84亿元，利税总额244.61亿元，利润总额131.30亿元，总资产1868.06亿元。同年，“浪潮”“将军”“趵突泉（白酒）”商标被认定为中国驰名商标，“斯太尔”等23件商标被认定为山东省著名商标。

2006年后，济南市贯彻落实国家和山东省应对国际金融危机的决策部署，制定实施扩内需促增长、加快发展方式转变等一系列政策措施，形成主导产业、新兴产业和传统产业梯次推进的产业发展新格局，全市工业经济持续平稳向好。

“十一五”期间（2006～2010年），完成工业固定资产投资2405亿元，是“十五”期间的2.5倍，年均增长13.7%；完成技改投资1599.3亿元，技改投资所占比重由2005年的67%提高到2010年的75%；利用外资51.7亿元，占全部工业固定资产投资的2.1%；全市形成交通装备、电子信息、机械装备3个过千亿元的主导产业，高新技术产业产值2000亿元，占工业总产值的41.5%，比“十五”期末提高11.4个百分点。

2010年，全市有工业企业37521家，其中国有企业66家；完成工业总产值5800.39亿元，工业增加值1352.42亿元，分别是2005年的2.37倍和1.72倍。其中规模以上工业企业2021家，完成工业总产值4485.61亿元，工业增加值1313.00亿元，主营业务收入4497.17亿元，利税总额584.53亿元，利润总额339.76亿元，总资产3904.42亿元。全市培育形成一批具有知名品牌和核心竞争力的大型骨干企业，全年主营业务收入过亿元的企业677家，其中过10亿元的39家；高新技术产业企业511家，其中年工业总产值过亿元企业207家。

1986～2010年济南市工业基本情况表

表7-1-1

年份	全部工业企业		工业总产值		工业增加值		国有独立核算工业（万元）	
	（家）	国有企业	（亿元）	国有企业	（亿元）	国有企业	利润总和	利税总额
1986	3005	369	86.93	48.71	28.69	17.53	54804	115006
1987	3957	361	107.63	56.16	32.88	19.40	58715	125775
1988	5252	372	138.05	68.58	47.49	25.09	80173	156056
1989	7655	380	158.53	76.19	54.66	30.51	76571	170703
1990	11020	394	222.63	116.92	60.43	37.11	25084	125522
1991	12211	376	245.73	131.35	67.73	43.35	36715	151718
1992	15374	373	303.33	162.35	86.85	48.97	55463	193000
1993	19392	376	448.25	230.93	115.36	69.65	57984	223445
1994	22009	366	614.08	236.40	154.49	69.64	60393	240473
1995	24621	495	752.23	279.16	194.16	83.12	65335	316289
1996	32902	425	834.45	260.16	238.31	91.30	79615	337807
1997	33000	325	897.59	263.34	278.87	92.99	95267	343426
1998	32793	227	966.62	234.03	298.41	94.28	42152	292991
1999	29319	211	981.78	212.95	318.80	79.51	-2340	254619
2000	30899	195	994.00	237.14	336.61	81.00	34824	292198
2001	34135	169	1090.70	140.44	356.72	64.69	49222	226242
2002	30064	155	1302.00	144.78	410.98	49.16	28011	234986
2003	30258	126	1544.50	167.30	494.55	68.80	53363	302975
2004	31163	115	1981.80	150.70	620.14	37.21	-3943	72684
2005	31370	102	2447.51	177.00	786.11	66.49	268573	354111
2006	35370	86	2806.94	193.10	861.48	73.95	315323	485191
2007	36112	76	3389.09	283.32	985.78	103.65	364790	751182
2008	36416	80	4829.16	338.24	1140.14	136.55	418265	853091
2009	37656	77	5096.98	345.44	1191.36	166.36	422898	885006
2010	37521	66	5800.39	404.38	1352.42	284.75	643216	1162785

说明：1.工业增加值、工业总产值按当年价格计算。

2.1995年，因工业普查对市教育局校办工厂统计方法的规定，故国有单位较多。

3.2001年后，炼油、浪潮、将军等国有企业陆续改制，故国有企业相关数据数字较以前年份有所减小。

4.2004年，第一次经济普查后，包含济南供电公司年报数据

1986～2010 年济南市规模以上工业企业基本情况表

表 7-1-2

年 份	工业企业(家)	工业总产值(亿元)	工业增加值(亿元)	主营业务收入(亿元)	利税总额(亿元)	利润总额(亿元)	资产总计(亿元)	所有者权益(亿元)
1986	2036	75.67	24.54	73.98	14.38	7.07	56.79	16.70
1987	2004	88.17	27.24	86.19	15.88	7.52	64.21	18.88
1988	1984	107.76	35.39	113.84	19.65	10.37	81.67	24.01
1989	1993	118.88	43.20	131.86	20.88	9.73	104.34	30.68
1990	2008	174.89	41.63	136.29	15.57	3.23	125.25	36.82
1991	1985	194.29	44.84	160.58	18.46	4.97	138.34	40.81
1992	1941	236.37	60.16	200.54	23.48	7.84	167.44	49.39
1993	2156	319.49	104.43	309.91	31.88	10.26	338.15	99.61
1994	2202	414.81	113.71	346.13	41.69	13.61	462.34	136.14
1995	2648	526.48	130.88	432.17	53.59	16.30	578.55	180.86
1996	2301	549.40	175.21	494.99	66.82	27.83	705.50	225.53
1997	1843	603.30	194.42	605.81	70.12	26.99	882.36	286.59
1998	1060	593.83	189.88	539.29	58.56	18.62	882.38	297.81
1999	1064	628.59	201.38	579.64	59.17	15.97	931.22	302.21
2000	1038	680.04	219.19	629.72	64.62	21.69	958.10	363.37
2001	1015	786.70	252.61	746.92	77.79	27.45	984.71	369.40
2002	1125	1009.04	325.98	917.31	92.71	32.13	1120.60	407.36
2003	1319	1318.54	426.30	1226.76	132.84	54.71	1312.97	440.85
2004	1512	1781.78	560.15	1677.93	175.98	83.68	1473.90	507.63
2005	1670	2237.51	722.11	2142.84	244.61	131.30	1868.06	630.06
2006	1752	2591.65	797.70	2490.94	289.78	153.74	2000.62	702.78
2007	1820	3189.09	926.58	3086.85	358.87	199.73	2337.09	903.87
2008	2016	3862.64	1052.48	3766.93	425.72	220.79	2899.47	1123.03
2009	2156	3950.77	1154.01	3868.70	500.63	275.85	3478.94	1572.11
2010	2021	4485.61	1313.00	4497.17	584.53	339.76	3904.42	1481.75

说明：1.工业增加值、工业总产值按当年价格计算。

2.1997年及以前，统计口径为乡及乡以上工业企业，1998年及以后为全部国有及年销售收入500万元以上工业企业（规模以上工业企业）。

3.1991年及以前，“工业增加值”指标为“工业净产值”指标。

4.2004年，第一次经济普查后，包含济南供电公司年报数据

1986～2010 年济南市规模以上工业企业总产值、增加值环比指数

表 7-1-3

年 份	工业总产值	轻工业	重工业	工业增加值	轻工业	重工业
1986	112.1	119.0	104.5	101.8	105.4	99.4
1987	117.4	118.4	114.9	111.0	113.8	110.5
1988	122.2	127.6	117.4	129.9	134.5	125.4
1989	110.3	107.1	113.4	108.9	105.7	114.9
1990	107.8	108.5	107.1	109.1	103.3	114.1
1991	106.8	104.3	108.6	107.1	110.8	104.8
1992	121.8	115.4	127.1	123.8	119.6	127.1
1993	122.9	120.4	125.6	123.8	120.1	128.2
1994	114.6	118.0	111.5	115.9	105.9	120.5
1995	111.8	114.1	110.1	115.1	121.5	111.5
1996	116.5	122.0	109.5	114.3	118.7	109.1
1997	114.9	112.1	115.9	108.7	110.7	106.7
1998	108.9	96.8	115.1	104.3	95.1	108.6
1999	110.9	113.5	106.9	110.6	112.6	108.1
2000	110.2	106.2	114.3	111.2	108.2	111.5
2001	113.7	110.7	115.9	113.9	112.1	114.6
2002	115.6	110.7	120.5	116.5	106.0	123.1
2003	122.5	120.7	124.1	122.4	118.5	125.6
2004	123.1	116.5	128.5	126.9	116.5	132.1
2005	120.4	118.8	127.4	125.2	115.1	131.6
2006	119.3	109.4	122.1	122.4	105.6	129.5
2007	115.8	121.1	112.1	117.5	112.1	115.1
2008	110.9	115.6	108.2	112.0	106.5	113.2
2009	102.3	108.9	101.2	111.2	119.7	108.2
2010	113.5	106.2	115.4	114.4	113.1	114.8

第一章　工业规划与布局

第一节 工业规划

1986年后，济南市的工业规划以国营大中型企业为重点，发挥工业基础雄厚优势，以国际国内两个市场为导向，采取多种形式，吸收引进国外以及国内资本、先进技术和管理经验，逐步完成对全市传统产业和老企业的改造，拓展外向型经济。

1992年7月24日，市政府召开全市嫁接改造工作会议，确定全市工业系统“八五”期间企业嫁接改造规划。规划的主要内容有发展目标、嫁接改造方向、实施方法。发展目标：到“八五”期末，通过嫁接改造形成的“三资”企业在全市工业总产值、工业实现利税和工业产品出口总额中的比重，分别达到30%、40%和83%。嫁接改造方向：坚持发挥优势，重点发展“一机”(机电一体化产品)、“两车”(汽车及改装车、轻骑摩托车)、“三化”(石油化工、精细医药化工和化纤产品)、“四优”(优势资源、优势企业、优质产品、优秀新产品)，建成具有济南特色的工业新格局。坚持发展规模经济，有重点地对骨干企业和主导产品进行技术引进和嫁接改造，发展大型企业集团或企业群体。坚持提高产品技术含量，优先发展高新技术产品和深加工产品，以内涵带外延，上档次、上水平。坚持发展外向型经济，优化出口产品结构，扩大精细产品出口的比重，重点发展机电产品出口，形成机电、轻纺出口并驾齐驱的新格局。坚持增加效益，发展适销对路产品和短线产品，重点建成一批利税超千万元的大户。实施方法：在“全方位开放，多层次推进”的同时，重点抓好6个“8”和2个“10”。6个“8”：8个支柱产品即钢和钢材、重型汽车和特种车、轻骑摩托车、石油化工、卷烟、抗生素药、化学纤维、微型计算机；8个领先产品即精密数控机床、全钢大型压力机、电液伺服试验机、有机氟、钛白粉和铬盐、酒精、石英钟、电子衡器；8个优势产品即洗涤系列产品、电视系列产品、电脑全自动滚筒洗衣机、高支精梳纱布、印染布、“三联产”锅炉、大型节能变压器、银粉浆；8个特色产品即啤酒、矿泉水及饮料、高档机制纸、针织制品、箱包、呋喃唑酮、电梯、花岗石；8个新兴产品即无线电通信设备、办公自动化机械、高档厨房用具及制冷设备、高档系列化妆品、化纤仿毛仿丝绸、新型纺织机械、智能仪表、新型建工设备；8个配套产品即气动元件、集成电路和半导体器件、印刷电路板、电容器、汽车配件、轴承、纺织器材、电磁线。2个“10”：“八五”期末，全市形成10个进入国家500家大型企业行列的规模企业和10个位于全国同行业的排头兵企业。10个规模企业分别是济南钢铁总厂、济南汽车制造总厂、济南卷烟厂、济南炼油厂、济南轻骑摩托车总厂、齐鲁制药厂、济南化纤总公司、山东电视机厂、济南第一棉纺织厂、济南啤酒集团公司；10个排头兵企业分别是济南第一机床厂、济南第二机床厂、浪潮电子信息产业集团、山东酒精总厂、济南轻工化学总厂、济南搪瓷厂、济南化工厂、济南裕兴化工总厂、济南半导体总厂、济南洗衣机厂。

2003年，济南市编制涉及经济总量、工业投入、规模以上和过亿元企业家数等4项指标的工业经济5年(2003～2007年)发展规划，即“2133”工程。具体指标：工业经济总量大幅度增长，全市规模以上工业企业实现产品销售收入由2002年的917亿元提高到2500亿元(即“2”)以上，年均递增22%以上；工业投入大幅度增长，全市5年累计完成工业投入由前5年的308亿元增加到1500亿元(即“1”)以上，年均递增35%以上；规模以上企业数量大幅度增长，全市规模以上工业企业由2002年的1125家增加到3000家(即“3”)以上；优势企业群体大幅度增长，年销售收入过亿元的工业企业由2002年的131家增加到300家(即“3”)以上。至2007年，二产在全市经济总量中的比重由2002年的41.8%提高到45%以上，高新技术产业产值与传统工业产值比重由2002年的24∶76调整为34∶66左右；非公有工业经济与国有工业经济比重由2002年的35∶65调整为60∶40左右；全市轻重工业比重由2002年的32∶68调整为40∶60左右。全市将“2133”工程任务目标细分到各县(市)区、各行业部门和企业，形成横到边、纵到底的目标责任体系。

2006年，《济南市国民经济和社会发展第十一个五年规划纲要》提出发展工业的指导思想、原则、目标、任务、重点产业发展方向以及保障措施等。在发展目标与任务中提出，坚持多措并举，提升工业综合实力，实现“6511”目标，即到“十一五”期末，规模以上工业企业实现销售收入6000亿元，年均递增24%；销售收入过亿元工业企业500家；省级以上名牌和著名商标各100个；省级以上技术中心100家；在企业自主知识产权方面取得新进展，创建世界知名品牌上实现突破。

2010年，按照“拓展城市发展空间，打造现代产业体系”的总体思路，结合全市工业和信息化发展实际，编制以“十二五”工业和信息化发展规划为总体规划，以10个县(市)区工业和信息化发展规划及节能、循环经济、现代物流、中小企业、工业产业、信息服务业等20个专项规划及重大项目建设、规划指标体系为支撑的“十二五”规划体系。

第二节 工业布局

1986年，济南市的工业布局处于起步阶段，总体目标和设计着重于城乡之间的横向联合，力求形成核心集团的规模优势。

1991年，市委、市政府提出“八五”期间“依托城市大中型企业、大专院校和科研机构，按照以城带乡，以乡促城，城乡结合，优势互补，共同发展的方针，建立城乡之间相对固定的支援帮带关系，开辟城乡经济一体化”的新思路。“八五”期间全市工业布局的具体任务和目标是抓好“三个强化”：强化行业管理，将年产值过300万元以上的县、乡镇、区街工业企业，分期分批列入行业管理范围；强化城市工业布局，按照“城区搞改造、近郊搞配套、发展放远郊”的工业布局原则，城区工业发展高新技术产品和新兴工业，把一般加工业扩散到县乡；强化全市专业化协作配套的组织和管理，驻济南中央、省属企业和市属企业有计划地在本市各县区选择、安排和培育加工协作点，提高本市的协作配套能力。组织“三个层次”的挂、帮、带：第一个层次为市属有关局(公司)与县区挂钩支援。建立咨询服务团，定期或不定期地到挂钩支援的县、区进行经济、技术和管理咨询服务，并在本行业范围内组织协作配套、扩散产品、联合开发等。第二个层次为中央、省属企业和市属企业挂钩帮带乡镇。首批安排71家企业挂钩帮带72个乡镇，论证选定项目、建立联营分厂、发展规模经济，帮技术、帮管理、帮人才、帮经营。第三个层次为城乡企业“结对子”，调整、优化产品结构，扩散或转移产品、技术、设备、工艺，建立联营厂或分厂，协作配套，互惠互利。组织大中型企业和院校、科研单位的科技人才，帮助县、乡企业开发新产品，改进工艺，完善管理。同时进行多种形式的技术培训，提高县乡企业职工的素质。1991年，第一帮带层次的18个市属局(公司)和济南钢铁总厂等3家大企业，普遍对帮带县区进行考察咨询，制定出县乡经济发展规划，签订支援帮带协议。第二帮带层次，与42个乡镇签署协议书。第三帮带层次，有137个城乡"帮带对子"签署协议书。全市派出1100多人到县乡进行咨询服务和技术指导，其中有100多人常驻乡镇和乡镇企业并担任领导职务。

2000年后，全市工业形成较为完备的工业门类和发展优势，对新时期的工业布局提出更高要求。

2006年，济南市提出建设完善"一带三区"(东部工业产业带和西部工业区、黄河以北工业区、二环路以内工业区)的发展思路。济南卷烟厂、重汽集团等企业向东部搬迁，建设新工业园区，促进东部产业带的形成发展；党家庄工业园、长清工业园和特种车基地发展速度加快，济南柴油机厂、济南汽车配件厂等企业向西部搬迁，加快西部工业区的产业聚集；规划正昊化纤、裕兴化工厂搬迁北部，形成济南化工企业相对聚集的专业园区。通过实施工业布局调整，扩大提升企业的发展空间和技术装备水平，带动相关配套企业的发展和产业链延伸。"一带三区"规划布局的具体设计和要求：调整投资结构，突出发展重点。把交通装备、电子信息、冶金钢铁、机械装备、食品药品作为重点发展行业，把解决部分行业产能过剩问题作为推进产业结构调整的突破口，优化工业投资结构和布局。严把产业准入关，依法关闭长清玻璃厂、章丘矿业有限责任公司文祖3号煤矿，淘汰润原化工有限责任公司农药除草剂生产线等一批高能耗、高污染和产能过剩项目。以高新技术改造提升传统产业，注重发展以高新技术产业为主的特色工业园区布局。

2010年，全市围绕形成"一个战略目标、三个区域层次、五个支撑产业"的总体发展格局，初步形成以信息、新能源、生物、新材料、高端装备制造等优势产业为主导的具有区域特色优势的新兴产业集群和以济南市高新技术产业开发区为龙头，济北经济开发区、济南经济开发区、山东明水经济开发区、济南临港经济开发区等一批省级经济技术开发区为载体的新兴产业发展格局。

第三节 工业园区

济南市工业园区建设始于济南高新技术产业开发区的建立。1991年3月6日，国务院批准建立济南市高新技术产业开发区，并作为国家"火炬计划"的组成部分。济南市随即编制《济南市高新技术产业开发区总体规划》和《济南市高新技术产业开发区科技城详细规划》，并一次通过国家科委审定。

1993年，济南市完成"临港外向型工业加工区""西部工业园区""农业高新技术开发区""行政办公区""槐荫工业加工区""王舍人庄工业加工区"的调研、选址和规划设计工作，为工业园区建设与布局提供依据。

济南市"九五"规划提出：以现有城区为依托，向东重点建设济南开发区，临港外向型工业加工区；向西，建设新工业园区，两翼并举，标志着全市工业园区建设进入新阶段。1996年，济南市工业园(南区)始建。2000年9月，济南市工业园(南区)更名为济南经济开发区。

2002年，全市工业园区建设取得重大进展。山水集团在做大水泥主业的同时，在山水工业园实施钢套筒、混凝土压力管、塑编袋、粉末合金压铸等项目，培育一批新的经济增长点和高科技含量、高附加值的产品，成为全市工业园区建设的样板。7月，总投资3.5亿元的齐鲁考格尔工业园开工建设，年底建成一期工程4万平方米的主厂房框架结构。

2005年，全市把握好定位、选址、设施、软环境、招商等重要环节，园区建设进入更快更好发展轨道。山东明水经济开发区在首期规划中基础设施投入7.5亿元，修建道路30多条、50多千米，道路绿化面积100多万平方米，实现“十通一平”。园区内入驻企业147家，总投资163亿元。其中投资过亿元项目30个。11月18日，将军集团济南卷烟厂易地技改项目在济南高新技术产业开发区奠基开工，是国家烟草专卖局批准的重点技术改造工程，占地面积74.27公顷，建筑面积50万平方米。一期工程投资11.17亿元，主要建设项目有联合工房、动力中心、技术中心、片烟醇化库、公用配套设施和全厂信息化建设等。济北经济开发区统筹建设中小企业孵化园，集中建造标准厂房，园区基础设施共享，综合搞好各类服务。年内，山东省台湾工业园成立，位于济北经济开发区内，总规划面积10平方千米。力诺科技园通过产业扩张，按照高科技、外向型、生态化的产业定位，规划建设产业基地、科技孵化、商务服务、生态建筑、文化展示5个功能区。

2006年，山东省政府下发《关于济南槐荫工业园区等设立为省级开发区的通知》，将济南槐荫工业园区(原济南民营科技产业园)、济南化工产业园区(原济南化工工业园)、山东商河经济开发区(原商河经济开发区)、山东平阴工业园区(原济西工业园区)确定为省级开发区。原有的6个省级以上开发区通过国家审核，全市省级及省级以上开发区达10个。

2007年8月28日，济南市政府颁布《济南市加快园区经济发展若干政策》，设立园区经济发展专项资金，以返还部分税收方式加大对园区扶持，各项报批手续可直报市政府有关部门。

2008年，园区经济规模不断扩大。10个省级以上开发区工业产值占全市比重35%，比上年提高16.5个百分点；园区规模以上工业企业464家，占全市规模以上工业企业的23%；实现工业增加值203亿元，比上年增长19.1%，占全市规模以上工业企业增加值的19.3%，提高2个百分点；实现利税75.8亿元，比上年增长28.7%，占全市规模以上工业企业的17.8%，提高3.1个百分点。固定资产投资202.0亿元，比上年增长13.9%，占全市固定资产投资的14.3%，下降1.1个百分点。

2010年，园区承载能力进一步增强，济南出口加工区及8家省级经济开发区年末规模以上工业企业591家，占全市规模以上工业企业的29.2%；全年工业增加值288.8亿元，占全市规模以上工业企业的22%；实现利税总额116.8亿元，占全市规模以上工业企业的20%。工业园区成为高新技术产业孵化区、招商引资示范区和新经济增长点培育区。

第四节　企业集团

壮大企业集团、发展规模经济是济南市工业布局中的一项重要内容，横向经济联合贯穿于改革开放后的济南工业发展全程。1987年年底，市内外参加联营的工业企业共1683家，其中本市企业324家。建成各类工业联合体84个，工业企业群体和企业集团11个。通过发展横向经济联合，增加生产能力14.7亿元、利润1.5亿元。

1988年，全市横向经济联合完成扩散联营项目320项，新建工业企业联合体15个，建成横跨省内外的工、贸、金融、科研一体化的大型企业集团3个，增加生产能力5.1亿元、利税5000万元。

1989年，全市组建经济联合体10个，即济南槐荫长城汽车修配厂与广州南华客车厂联合体、济南消防安全设备厂联合体、济南友谊食品厂与黑龙江迎春天然饮料厂联合体、济南防爆器材厂联合体、济南电缆厂联合体、山东省室内成套用品装饰总公司济南分公司联合体、济南包联集装袋联合公司、章丘钢联与鲁美轧钢公司联合体、济南华润地毯实业公司联合体、济南环航高技术金属粉联合公司；组建企业集团1个，即以济南钟表厂为龙头，联合全国24个省市的105家从事钟表生产、科研和经销单位组成“康巴斯”钟表企业集团，形成年产值过亿元、利税过1000万元的规模经济。联合体实现联营扩散项目255个，其中产品扩散98项，技术型联合91项，合资建厂44项，其他22项；形成产值能力4.5亿元、利税2500万元。

1992年，全市新组建企业集团14个，经济技术联合体8个，完成经济技术联合项目73项，增加产值2.06亿元、利税2800万元。

2000年后，济南市坚持实施“大企业、大集团发展战略”，走出资产整合、低成本扩张、多元化投入以及技术改造等发展企业集团的路子。

2002年，全市围绕主导产业，以工业园区和重点项目为载体，以增强重点集团和骨干企业的核心竞争力为重点，实施工业结构调整和重点行业整合，优质资产向重点集团集中，促进大企业集团发展壮大。16家重点集团产品销售收入553.51亿元，同比增长32.64%；完成增加值133.4亿元，同比增长25.39%；实现利税51.33亿元，同比增长25.11%；利润总额7.34亿元，同比增长48.85%。其中，济南地区工业累计完成增加值、实现销售收入、利税、利润占全市规模以上工业的比重分别为37.67%、48.16%、47.49%和22.85%。全市16家重点企业集团中，济钢集团、重汽集团、将军集团、浪潮集团、山水集团、泰山集团、机电公司发展势头良好。泰山电器集团各项指标均创历史最好水平，实现利税同比增长2.4倍。重汽集团全年投入技改资金6亿元，申报技术专利120项，各项指标增幅在全国同行业名列第一，成为继济钢之后全市第二家销售收入突破百亿元大关的企业集团。

2010年年底，全市主营业务收入过亿元企业677家，其中，过10亿元企业38家，10亿元～50亿元企业31家，50亿元～100亿元企业2家，过百亿元企业5家。全年冶金钢铁、交通装备、电子信息、石油化工、机械装备和食品药品六大产业集群实现主营业务收入3940亿元，占规模以上工业的89.5%，成为全市工业发展的主要支撑。其中，交通装备、机械装备、电子信息等三大主导产业占规模以上工业的53.2%。在五大新兴产业领域有重汽、浪潮、齐鲁制药、力诺、山东圣泉、二机床等一批龙头骨干企业；在信息产业领域，济南IT产业位居全国第六位，有软件国家高技术产业基地、中国服务外包基地、软件出口创新基地、国家动漫产业基地，有全国唯一的国家信息通信国际创新园，齐鲁软件园属国内十大软件园，浪潮集团名列国内IT综合实力企业第二位；在新能源产业领域，全市太阳能产品的生产规模和市场占有率居全国第一位，形成世界级太阳能热利用产业聚集区；在生物产业领域，有“国家重大新药创制平台”和“国家级创新药物孵化基地”2个国家级平台，成为山东省生物医药产业最大的生产研发基地；在新材料产业领域，初步形成以有机高分子材料、半导体照明材料、氟材料等产品为核心的产业体系，拥有亚洲产量最大的济南圣泉集团树脂生产基地和国内最完整的氟制品产业链条；在高端装备制造业领域，锻压设备及专用数控机床生产跻身世界前五位，国内市场占有率80%；大功率柴油机、数字变电设备、万能试验机等位居国内市场第一位；在汽车装备和汽车电子行业，重汽集团位居全国重卡行业之首并进入世界重卡企业前三位。

第二章 工业生产

第一节 生产规模

1986年，全市完成工业总产值86.93亿元，工业增加值48.71亿元。1987年，全市工业总产值突破百亿大关，完成工业总产值107.63亿元。其中，全民所有制工业产值56.16亿元；集体所有制工业产值39.87亿元；个体工业产值11.60亿元。轻、重工业所占比重分别为49.6%和50.4%。1991年，全市完成工业增加值67.73亿元，比上年增长12.1%。其中乡及乡以上独立核算工业完成增加值44.84亿元，比上年增长7.7%。

1996年，全市完成工业增加值238.31亿元，比上年增长22.7%。其中乡及乡以上独立核算工业完成增加值175.21亿元，比上年增长33.9%。

2001年，全年完成工业增加值356.72亿元，其中年销售收入500万元以上工业企业（以下称规模以上企业）完成增加值252.61亿元；国有及国有控股企业完成增加值138亿元。在规模以上工业企业中，集体企业完成增加值46.7亿元；股份制企业完成增加值62.5亿元；外商及中国港澳台商投资企业完成增加值36亿元。轻工业完成增加值92.61亿元；重工业完成增加值160亿元；轻、重工业比重分别为36.7%和63.3%。

2006年，高新技术产业快速发展，高新技术企业、产品分别达到843家和954个。规模以上工业高新技术产业产值866.8亿元，占规模以上工业比重的33.4%。近郊区工业增加值占全市工业的59.9%。全市366家产值过亿元企业实现主营业务收入2010.1亿元，占规模以上比重80.7%；实现利税208.7亿元，其中利润104.6亿元。黑色金属冶炼、交通运输设备、石油加工、通信电子设备、通用设备制造等五大行业实现主营业务收入1394.1亿元，对全市规模以上工业增长的贡献率达到59.7%。

2010年，全市规模以上企业2021家。按企业登记注册类型分，内资企业1796家，中国港澳台商投资企业66家，外商投资企业159家；按轻、重工业分，轻工业企业635家，重工业企业1386家；按企业规模分，大型企业22家，中型企业179家，小型企业1820家。内资企业中，国有企业66家，集体企业67家，股份合作企业13家，联营企业5家，有限责任公司420家，股份有限公司77家，私营企业1136家。营业收入过亿元企业741家，亏损企业259家。全市规模以上工业企业资产合计3904.42亿元，负债合计2321.6亿元，工业流动资产合计2156.74亿元；完成生产总值4485.61亿元，工业增加值1313亿元。

1987年济南市大中型工业企业统计表

表7-1-4

企业名称	工业总产值（按1980年不变价计算）（万元）	职工平均人数（人）	全部资金占用额（万元）	
			合计	#固定资产净值
山东黄台火力发电厂	13160	1892	12726	12435
山东化工厂	5014	2579	4879	3410
济南汽车制造总厂	20249	17462	40118	14740
铁道部济南机车工厂	2581	6189	5756	4211
济南卷烟厂	25639	2783	13905	5293
济南锅炉厂	3423	1714	3177	1415
济南第一机床厂	10602	8107	11946	6206
济南第二机床厂	10006	6150	12914	4922
济南轴承厂	1770	1995	2228	1098
济南汽车配件厂	3421	2417	3842	2010
济南变压器厂	3100	1208	3140	1631
济南酒精总厂	4107	903	2619	1182
济南轻工化学总厂	8766	1828	4649	1786
济南钟表厂	5407	1252	3048	1740
济南轻骑摩托车总厂	4774	3917	12443	7204
济南塑料一厂	5335	1702	2944	2134
济南塑料三厂	2740	1172	1324	1070
济南化工厂	8301	2763	4955	3394
济南裕兴化工厂	4501	2321	4784	3650
济南第一棉纺织厂	15482	7604	8353	6040
济南第一印染厂	19150	2066	5035	2587
济南肉联厂	8893	2303	3970	2174
济南发酵食品厂	2042	1020	3159	2668
济南自来水公司	1557	1362	6274	6144
山东明水铝土矿厂	725	1814	1450	1101
济南罐头食品厂	3114	713	2227	1573
济南啤酒厂	1102	643	2951	2225
济南白马山啤酒厂	1104	792	2036	1162
济南第二棉纺织厂	8074	5134	3292	1595
济南第三棉纺织厂	8525	4588	3030	1564
济南第四棉纺织厂	7080	4393	2985	1699
济南第六棉纺织厂	3324	2321	1529	975
济南染织厂	4113	2286	1886	1032

续表 7-1-4-1

企业名称	工业总产值（按 1980 年不变价计算）（万元）	职工平均人数（人）	全部资金占用额（万元）	
			合计	# 固定资产净值
济南第二印染厂	12797	1698	4431	2485
济南毛巾厂	3395	2844	2386	1923
济南毛纺织厂	2661	1644	2129	983
济南第二毛纺织厂	2404	1230	1761	1048
济南丝绸厂	3104	1219	3623	2738
济南针织厂	4436	2201	2776	1955
济南制革厂	1320	611	1561	893
山东木材厂	3154	1650	2979	1941
山东造纸总厂东厂	6122	2324	5308	2957
济南造纸厂	2424	1294	1887	1172
济南纸箱厂	1004	364	1443	1293
山东新华印刷厂	2356	1134	2280	1977
济南瓷用花纸厂	1666	941	1820	1304
济南复合材料包装厂	600	468	1276	1017
济南印刷厂	1521	963	1646	1143
济南印刷二厂	1501	732	1388	1077
济南供电局	7123	1329	1134	11120
济南炼油厂	28356	2971	12618	10079
山东塑料试验厂	2278	1185	1583	965
济南化肥厂	4702	2707	1522	3878
济南石油化工二厂	2058	1349	1473	863
济南清河化工厂	1280	608	966	682
济南油漆厂	5071	829	1761	878
济南石油化工四厂	1711	969	1270	632
济南火柴厂	1680	2293	1274	863
济南制药厂	3014	873	1373	737
济南第二制药厂	2004	935	898	604
齐鲁制药厂	3677	675	1662	1219
山东济南中药厂	1858	907	1796	640
济南橡胶厂	2630	1500	1263	634
济南塑料五厂	1290	400	991	819
济南塑料四厂	850	318	746	558
济南塑料八厂	1619	912	816	411
济南塑料十厂	1210	714	734	344

续表 7-1-4-2

企业名称	工业总产值（按1980年不变价计算）（万元）	职工平均人数（人）	全部资金占用额（万元）	
			合计	# 固定资产净值
济南水泥制品厂	823	555	535	402
济南第一建材厂	402	1042	1080	941
济南保温瓶厂	2407	1541	1316	846
济南铁厂	4701	4050	5762	4419
济南钢铁厂	32438	20132	39511	28340
济南第四机床厂	1001	1153	1144	540
济南水泵厂	1351	1020	1299	593
济南风机厂	1102	839	925	569
济南气动机件厂	858	983	846	509
济南重型机械厂	3510	2693	5247	3019
山东建筑机械厂	2812	1291	2463	1113
山东电影机械厂	570	736	806	473
济南自行车厂	2768	1412	2654	1274
明水通信机械厂	684	822	1053	683
济南客车厂	2252	1980	2827	1437
山东生建摩托车厂	2911	891	2932	1543
山泉机械厂	207	409	1095	866
东岳机械厂	686	1172	1662	784
济南生建电机厂	2219	914	3846	1921
山东电力修造厂	737	720	1565	1062
济南洗衣机厂	10300	1760	4580	1088
济南灯泡厂	1781	1422	1663	1216
山东造纸总厂西厂	4522	1859	3834	2112
山东黄台造纸厂	3370	1328	1571	911
山东无线电厂	1223	1082	1296	680
山东计算机服务公司	13401	587	2679	1170
济南无线电十二厂	1045	1061	1258	772
山东电视机厂	7314	866	3319	1657
济南无线电设备厂	1222	915	1502	549
济南试验机厂	1253	1322	1539	836

说明：表中不含军工企业

1990年济南市大中型工业企业统计表

表7-1-5

企业名称	工业总产值（按1990年不变价计算）(万元)	职工平均人数(人)	全部资金占用额(万元)	
			合计	# 固定资产净值
济南汽车制造总厂	61272	18763	89556	21522
济南钢铁厂	112517	27711	134710	71395
中国石油化工总公司济南炼油厂	65949	3352	54935	35601
济南卷烟厂	72895	3130	42366	10593
济南轻骑摩托车总厂	21527	3604	55671	8583
山东黄台火力发电厂	31139	2211	58212	48524
山东电视机厂	15828	997	11773	2091
济南第二印染厂	17144	1764	10176	3124
济南第一棉纺织厂	21292	7933	12667	6621
济南第一印染厂	20519	2205	9991	3374
济南第一机床厂	15593	6316	23602	4948
济南第二机床厂	16356	6235	32686	6979
济南第二棉纺织厂	12470	6103	10601	3650
济南第三棉纺织厂	13036	5176	10798	5725
济南化工厂	19777	3236	14468	7451
济南肉类联合加工厂	17921	3675	10210	2558
济南供电局	13653	1477	30605	26951
济南第四棉纺织厂	11495	4996	10820	6039
济南轻工化学总厂	14547	2023	13220	2119
济南钟表厂	8754	1205	10755	4300
济南合成纤维厂	6343	1395	8856	4941
济南塑料一厂	8824	1705	6984	3026
济南汽车配件厂	7018	2745	9958	2582
山东造纸总厂东厂	9966	2486	9773	2679
济南市塑料三厂	8025	1238	5321	2859
济南裕兴化工总厂	12214	2652	10659	4246
济南针织厂	5430	2197	5423	2709
济南市第五棉纺织厂	5819	4369	6062	3375
济南重型机械厂	7805	2938	8753	3088
济南染织厂	6546	2496	5526	2578
济南化肥厂	9495	3263	10541	5401
山东省平阴铝厂	14397	1844	14776	9524

续表 7-1-5-1

企业名称	工业总产值（按 1990 年不变价计算）(万元)	职工平均人数(人)	全部资金占用额(万元)	
			合计	# 固定资产净值
山东造纸总厂西厂	6422	2023	7565	2040
山东酒精总厂	15568	1234	7247	1811
济南油漆厂	9651	886	4257	1401
济南第三制药厂	5594	657	2332	781
济南锅炉厂	5570	1820	10921	2857
山东化工厂	7275	2738	8285	3522
山东生建摩托车厂	7990	969	4991	2287
济南明水汽车配件厂	2481	940	3053	1392
济南人造毛皮厂	1919	636	1986	730
济南火柴厂	4172	2457	2964	1045
济南造纸厂	3272	1480	3764	1228
济南市槐荫化工总厂	1838	484	2927	1830
济南制革厂	2961	620	3207	985
济南瓷用花纸厂	1703	946	2591	1461
济南白马山啤酒厂	4765	1032	8135	4984
济南水泵厂	2106	1026	2244	806
济南印刷厂	2719	908	2074	1019
济南衡器厂	2000	589	2721	1274
济南印刷厂	3874	729	2113	1081
济南华能气动元器件公司	1607	970	1978	722
山东水泥试验厂	3276	1262	9172	7254
济南橡胶厂	2402	1372	3306	953
济南铅笔厂	2693	1094	2165	636
济南纸箱厂	2829	564	2177	1068
济南复合包装印刷厂	1713	430	1811	888
济南东方红水泥厂	3014	917	2246	1551
济南石油化工四厂	1552	971	1663	717
山东电影机械厂	1547	726	2007	573
邮电部明水通信机械厂	1945	834	1148	594
济南市家具总厂	1178	1006	2550	1343
山东省棉麻公司机械配件厂	1478	410	2223	772
山东电力设备厂	1118	749	2995	1691
济南第一电机厂	1802	1108	2559	429

续表 7-1-5-2

企业名称	工业总产值（按 1990 年不变价计算）（万元）	职工平均人数（人）	全部资金占用额（万元）	
			合计	# 固定资产净值
济南东岳机械厂	1592	1093	2702	860
济南液压泵厂	941	459	1517	704
济南历城仲宫酒厂	1596	886	2511	1147
国营济南风机厂	1312	830	1620	659
济南第一建材厂	872	604	2377	1380
济南自行车厂	732	1824	5997	1650
济南花岗石厂	475	757	1525	640
济南无线电八厂	195	453	2452	1830
济南毛巾厂	6457	2994	5873	2740
济南第七棉纺织厂	7054	2932	4290	1264
济南石油化工厂二厂	6708	1557	5118	2809
济南第二制药厂	5296	1011	2922	1413
山东高级薄页纸厂	6359	1671	5036	1295
山东济南制药厂	5607	958	3546	839
济南洗衣机厂	4041	1430	13760	4661
济南客车厂	4407	1854	6229	1939
济南章丘棉麻公司	7164	1283	8274	2062
济南发酵食品厂	4132	1179	4849	3207
山东塑料试验厂	6880	1224	4119	1462
山东省建筑机械厂	3482	1402	4196	1457
济南食品总厂	4962	1048	2848	1303
山东省新华印刷厂	5206	1273	3969	2475
济南第二毛纺织厂	3691	1536	4416	822
济南裘革制品总厂	2756	1127	3049	1275
济南电磁线厂	6642	643	3170	1090
铁道部济南机车工厂	5615	6163	10177	6294
济南灯泡厂	3474	2097	3291	1855
济南罐头食品总厂	5031	1216	5769	2275
济南第六棉纺织厂	6031	2471	3057	1083
济南丝绸厂	4410	1211	4405	2153
济南煤气用具厂	4502	1190	3460	116
济南啤酒厂	7355	847	7313	4673
济南变压器厂	5010	1249	8101	2783

续表 7-1-5-3

企业名称	工业总产值（按1990年不变价计算）(万元)	职工平均人数(人)	全部资金占用额(万元)	
			合计	#固定资产净值
济南轴承厂	4560	2030	4196	1177
山东省济南生建电机厂	7626	1074	11009	3103
济南试验机厂	3060	1524	4151	1729
济南明水化肥厂	5098	1128	3888	2162
济南泉润棉织品有限公司	4045	1861	4935	1819
济南历城铁厂	5551	1413	5787	2756
济南水泥厂	5614	1516	4834	3059
济南牙膏厂	4575	695	2628	444
济南市自来水公司	4331	1749	8284	7642
济南保温瓶厂	3502	1813	3569	1189
山东木材厂	3220	1553	5259	2081
济南市平阴县化工总厂	2063	790	3052	1767
山东省无线电厂	1998	1136	2627	726

说明：表中不含军工企业

2000年济南市规模以上大中型工业企业一览表

表 7-1-6

企业名称	登记注册类型	企业规模	隶属关系	所属行业
中国轻骑集团总公司	股份有限公司	特大型	市属	摩托车整车制造业
济南钢铁厂	国有	特大型	省属	炼钢业
山东省电力集团公司	国有	特大型	中央属	电力供应业
济南含章印务有限公司	外商独资	大一型	其他	加工纸制造业
山东大正实业(集团)有限公司	集体	大一型	乡属	电线电缆制造业
济南一机床集团有限公司	国有独资公司	大一型	市属	金属切削机机床制造业
中国济南化纤总公司	国有独资公司	大一型	市属	涤纶纤维制造业
济南供电局	国有	大一型	中央属	电力供应业
济南元首针织有限公司	股份有限公司	大一型	市属	毛纺织品业
济南试金集团有限公司	其他有限责任公司	大一型	市属	试验机制造业
山东小鸭集团有限责任公司	国有独资公司	大一型	市属	洗衣机制造业
济南啤酒集团总公司	国有	大一型	市属	啤酒制造业
山东化工厂	国有	大一型	中央属	炸药及火工产品制造业
浪潮电子信息产业有限公司	国有独资公司	大一型	省属	电子计算机整机制造业
济南二机床集团有限公司	国有独资公司	大一型	市属	锻压设备制造业

续表 7-1-6-1

企业名称	登记注册类型	企业规模	隶属关系	所属行业
济南锅炉集团有限公司	国有独资公司	大一型	市　属	锅炉制造业
济南裕兴化工总厂	国　有	大一型	市　属	无机盐制造业
山东松下映像产业有限公司	中外合资经营	大一型	市　属	电视机、录像机、摄像机制造业
济南农工商集团有限公司	国有独资公司	大一型	市　属	乳制品制造业
济南建筑材料工业集团有限公司	国有独资公司	大一型	市　属	水泥制品业
山东三塑集团有限公司	其他有限责任公司	大一型	市　属	塑料薄膜制造业
济南柴油机股份公司	股份有限公司	大一型	中央属	内燃机制造业
中国石化济南炼油厂	国　有	大一型	中央属	原油加工业
黄台电厂	国　有	大一型	中央属	火力发电业
济南化肥厂	国　有	大一型	市　属	氮肥制造业
山东燕山集团总公司	其他有限责任公司	大一型	街道属	电焊机制造业
中国重型汽车集团公司	国　有	大一型	中央属	载重汽车制造业
山东将军烟草集团济南卷烟厂	国　有	大一型	中央属	卷烟制造业
齐鲁制药厂	国　有	大一型	省　属	化学药品制剂制造业
中国重型汽车集团济南车厢厂	国有与集体联营	大二型	乡　属	汽车车身制造业
济南市自来水公司	国　有	大二型	市　属	自来水生产业
济南华达企业集团总公司	集　体	大二型	乡　属	汽车修理业
济南天一印务有限公司	与港澳台商合资经营	大二型	县　属	纸制品业
济南鲁能塑料五金制品有限公司	中外合资经营	大二型	县　属	其他塑料制品业
济南汽车配件厂	国　有	大二型	中央属	汽车零部件及配件制造业
济南半导体总厂	国　有	大二型	市　属	半导体器件制造业
山东省宏塑窗机械集团总公司	集　体	大二型	县　属	塑料工业专业设备制造业
济南金钟电子衡器股份有限公司	股份有限公司	大二型	市　属	衡器制造业
山东齐鲁电机制造有限公司	国　有	大二型	省　属	发电机制造业
齐鲁考格尔集团有限公司	其他有限责任公司	大二型	市　属	特种车辆及改装汽车制造业
济南三星橡胶有限责任公司	其他有限责任公司	大二型	市　属	轮胎制造业
济南三爱富氟化工有限公司	国　有	大二型	其　他	有机硅氟材料制造业
山东灵岩花岗石集团公司	国　有	大二型	县　属	建筑装饰用石开采业
济南轴承厂	国　有	大二型	市　属	轴承制造业
山东通信电子集团公司	国　有	大二型	市　属	传输设备制造业
济南东方药业集团	国　有	大二型	市　属	化学药品原药制造业
济南宏济堂制药有限责任公司（山东济南中药厂）	其他有限责任公司	大二型	市　属	中药材及中成药加工业

续表 7-1-6-2

企业名称	登记注册类型	企业规模	隶属关系	所属行业
章丘市圣泉集团股份有限公司	集　体	大二型	乡　属	功能高分子制造业
山东新华印刷厂	国　有	大二型	省　属	书、报、刊印刷业
济南酿酒厂	其他有限责任公司	大二型	县　属	白酒制造业
明水化肥厂	股份合作	大二型	市　属	氮肥制造业
山东华光日化集团有限公司	国　有	大二型	市　属	肥皂及皂粉、合成洗涤剂制造业
山东福胶集团有限责任公司	其他有限责任公司	大二型	市　属	中药材及中成药加工业
济南天齐特种平带有限公司	中外合资经营	大二型	市　属	橡胶板、管、带制造业
济南方信集团有限公司	其他有限责任公司	大二型	市　属	塑料板、管棒材制造业
济南古城实业总公司	集　体	大二型	乡　属	特种车辆及改装汽车制造业
山东泰山电器集团有限责任公司	国有独资公司	大二型	市　属	电视机、录像机、摄像机制造业
东港实业有限公司	与港澳台商合资经营	大二型	县　属	机制纸及纸板制造业
济南金冠毛纺集团有限责任公司	其他有限责任公司	大二型	市　属	毛纺业
章丘市琅沟热电厂	国有独资公司	大二型	县　属	火力发电业
济南铸材集团有限责任公司	国　有	大二型	县　属	炼铁业
济南三元印刷有限责任公司	其他有限责任公司	大二型	市　属	包装装潢印刷业
济南市南郊热电厂	国　有	大二型	市　属	火力发电业
济南民意面粉有限公司(北山)	国　有	大二型	市　属	磨粉业
山东金泰集团股份有限公司	股份有限公司	大二型	市　属	化学药品制剂制造业
章丘市电业局	国　有	大二型	县　属	电力供应业
济南民天面粉有限责任公司(中心面粉)	国有独资公司	大二型	市　属	磨粉业
山东摩托车制造总厂	国　有	大二型	其　他	摩托车整车制造业
章丘海尔电机有限公司	其他有限责任公司	大二型	县　属	微电机制造业
济南机车车辆厂	国　有	大二型	中央属	货车制造业
济南石化集团股份有限公司	股份有限公司	大二型	市　属	有机化工原料制造业
山东省商河县食品集团公司	国　有	大二型	县　属	肉制品加工业
济南油脂总公司	国　有	大二型	市　属	食用植物油加工业
济南市北郊热电厂	国　有	大二型	市　属	火力发电业
山东建筑机械股份有限公司	股份有限公司	大二型	市　属	建筑机械制造业
章丘市第二化肥厂	国　有	大二型	县　属	氮肥制造业
济南华能气动元器件公司	国有联营	大二型	市　属	气动元件制造业
济南志友集团股份有限公司	股份有限公司	大二型	市　属	变压器制造业
山东电力设备厂	国　有	大二型	中央属	变压器制造业
济南油漆厂	股份合作	中一型	市　属	涂料制造业

续表 7-1-6-3

企业名称	登记注册类型	企业规模	隶属关系	所属行业
济南仁丰纺织(集团)有限责任公司	其他有限责任公司	中一型	市　属	棉纺业
济南司普润化工产品有限公司	中外合资经营	中一型	县　属	无机盐制造业
济南玫德铸造有限公司(玛钢股份)	外商投资股份有限公司	中一型	县　属	水暖管道零件制造业
济南泰丰企业集团公司	集　体	中一型	市　属	其他类未包括的皮革制品业
济南亨通制笔有限公司	与港澳台商合资经营	中一型	市　属	笔制造业
济南华玫有限公司	国　有	中一型	县　属	煤炭开采业
章丘市东风煤炭集团总公司	国　有	中一型	县　属	煤炭开采业
山东省章丘鼓风机厂	集　体	中一型	县　属	风机制造业
山东鲁星面粉有限公司	国　有	中一型	市　属	磨粉业
济南市卢堡麦芽有限公司	与港澳台商合资经营	中一型	乡　属	其他类未包括的食品制造业
济南晨光纸业有限公司	其他有限责任公司	中一型	市　属	机制纸及纸板制造业
山东平阴铝厂	国　有	中一型	省　属	铝冶炼业
济南市开发区热力公司	国　有	中一型	市　属	蒸汽、热水生产和供应业
济南市明湖热电厂	国　有	中一型	市　属	火力发电业
济南市压力容器厂	股份合作	中一型	乡　属	金属包装物品及容器制造业
济南灯饰总公司	集　体	中一型	市　属	灯具制造业
济南丝绸厂	国　有	中一型	其　他	丝织业
济南美术总厂	集　体	中一型	市　属	花画工艺品制造业
济南益民制药责任有限公司	国　有	中一型	县　属	化学药品制剂制造业
济南市区域供热公司	国　有	中一型	市　属	蒸汽、热水生产和供应业
济南康泰有限公司	其他有限责任公司	中一型	县　属	轧花业
明水热电厂	国　有	中一型	县　属	蒸汽、热水生产和供应业
济南煤气用具总厂	集　体	中一型	市　属	燃气用具制造业
山东华美照明电器有限公司	中外合资经营	中一型	市　属	电光源制造业
济南科利水泥有限公司	股份有限公司	中一型	县　属	水泥制造业
济南新华印刷厂	股份合作	中一型	市　属	书、报、刊印刷业
济南纸箱厂	国　有	中一型	市　属	纸制品
济南制锁总厂	国　有	中一型	市　属	制锁业
山东鲁意白丝金皮革有限公司	中外合资经营	中一型	省　属	轻革业
济南东风锅炉厂	股份合作	中一型	市　属	锅炉制造业
济南成通纺织有限责任公司	其他有限责任公司	中一型	市　属	棉纺业
济南市历城区供电局	国　有	中一型	县　属	电力供应业
卡西欧浪潮通信电子有限公司	中外合资经营	中一型	市　属	其他通信设备制造业

续表 7-1-6-4

企业名称	登记注册类型	企业规模	隶属关系	所属行业
济南塑料四厂	股份合作	中一型	市 属	泡沫塑料及人造革、合成革制造业
山东聊城鲁西化工集团总公司平阴化肥厂	国 有	中一型	县 属	氮肥制造业
济南双利达集团有限公司	其他有限责任公司	中一型	市 属	皮箱制造业
济南鲁得贝车灯公司（济南制镜总厂）	股份合作	中一型	市 属	灯具制造业
济南百脉酿酒（集团）有限公司	股份有限公司	中一型	县 属	白酒制造业
济南客车厂	国 有	中一型	其 他	特种车辆及改装汽车制造业
济南黄河兽药厂	集 体	中一型	县 属	动物药品制造业
山东塑料试验厂	集 体	中一型	市 属	烧碱制造业
济南服装集团总公司	国有与集体联营	中一型	市 属	服装制造业
山东明水汽车配件厂	国 有	中一型	省 属	汽车零部件及配件制造业
济南市油墨厂	股份合作	中一型	市 属	油墨制造业
济南裘革制品总厂	集 体	中一型	市 属	革皮服装制造业
济南东港安全印务有限公司	与港澳台商合资经营	中一型	县 属	书、报、刊刷业
济南市塑料制品总厂	集 体	中一型	市 属	塑料包装箱及容器制造业
济南永宁制药股份有限公司	股份有限公司	中一型	市 属	化学药品制剂制造业
济南塑料九厂	国 有	中二型	市 属	塑料包装箱及容器制造业
济南印刷四厂	股份合作	中二型	市 属	书、报、刊印刷业
济南峰山水泥有限公司	国 有	中二型	县 属	水泥制造业
章丘市第一化肥厂	股份有限公司	中二型	县 属	氮肥制造业
济南历城水泥厂	国 有	中二型	县 属	水泥制造业
济南金属颜料总厂	集 体	中二型	市 属	颜料制造业
济南鲁丰纸业有限公司	其他有限责任公司	中二型	市 属	机制纸及纸板制造业
济南市塑料五厂	集 体	中二型	市 属	塑料丝、绳及编织品制造业
济南第七棉纺织厂	国 有	中二型	市 属	棉纺业
济南吉美乐办公设备制造公司（省电影机械厂）	国 有	中二型	市 属	打字机及油印机制造业
山东华艺美术厂	集 体	中二型	乡 属	本册制造业
济南砂布厂	股份合作	中二型	市 属	其他类未包括的非金属矿物制品业
济南弘利食品容器有限公司	与港澳台商合资经营	中二型	市 属	其他塑料制品业
济南有机化工厂	集 体	中二型	市 属	有机化工原料制造业
济南化工五厂	集 体	中二型	市 属	有机化工原料制造业
济南固锝电子器件有限公司	与港澳台商合资经营	中二型	市 属	半导体器件制造业
商河宏业棉纺织（集团）有限公司	股份有限公司	中二型	县 属	棉纺业

续表 7-1-6-5

企 业 名 称	登记注册类型	企业规模	隶属关系	所 属 行 业
济南水箱厂	股份合作	中二型	市　属	汽车零部件及配件制造业
济南鸿华集团总公司	集　体	中二型	市　属	无机盐制造业
济南市美冰酿酒有限公司	其他有限责任公司	中二型	县　属	白酒制造业
山东金枫木业有限责任公司	其他有限责任公司	中二型	市　属	其他人造板制造业
章丘市德塔控制电缆有限责任公司	其他有限责任公司	中二型	县　属	电线电缆制造业
山东棉麻机械厂	集　体	中二型	省　属	建筑机械制造业
济南化工机械总厂	集　体	中二型	市　属	化学工业专用设备制造业
济南地毯总厂	集　体	中二型	市　属	地毯制造业
济南光明机械有限公司	私营有限责任公司	中二型	其　他	其他普通机械机械制造业
山东鲁能广电电气有限公司	中外合资经营	中二型	县　属	开关控制设备制造业
济南建筑机械厂	国　有	中二型	市　属	起重运输设备制造业
济南赛诺富隆化工有限公司	中外合资经营	中二型	其　他	有机硅氟材料制造业
山东省华园兽药总厂	集　体	中二型	县　属	动物药品制造业
济南市黄台工业煤气炉厂	集　体	中二型	县　属	其他锅炉及原动机制造业
山东省长清县化肥厂	国　有	中二型	县　属	氮肥制造业
济南电磁线厂	股份合作	中二型	市　属	电线电缆制造业
山东极光集团有限责任公司	其他有限责任公司	中二型	县　属	汽车零部件及配件制造业
济南风机厂	国　有	中二型	市　属	风机制造业
济南酿造厂	国　有	中二型	市　属	酱油、酱类制造业
章丘市造纸厂	国　有	中二型	县　属	机制纸及纸板制造业
济南市塑料十厂	集　体	中二型	市　属	塑料板、管、棒材制造业
山东双泉集团有限公司	其他有限责任公司	中二型	乡　属	水暖管道零件制造业
山东水利工程机械总厂	国　有	中二型	其　他	建筑机械制造业
济南引力股份有限公司	股份有限公司	中二型	市　属	其他通用设备制造业
济南双凤水泥厂	集　体	中二型	乡　属	水泥制造业
济南镇海机械厂	国　有	中二型	中央属	其他专用机械设备修理业
山东华明电力集团电瓷厂	国　有	中二型	县　书	工业用陶瓷制造业
明水邮电通信设备厂	国　有	中二型	中央属	邮政机械及器材制造业
长清县供电局	国　有	中二型	县　属	电力供应业
山东济阳机械厂	国　有	中二型	县　属	起重运输设备制造业
平阴浩大水泥有限责任公司	国　有	中二型	县　属	水泥制造业
济南东风制药厂	股份合作	中二型	市　属	化学药品制剂制造业
三联集团济南刺绣总厂	集　体	中二型	其　他	棉针织品业
济南泺口酿造总公司	集　体	中二型	市　属	食醋制造业

说明：表中不含军工企业

2010年济南市规模以上大中型工业企业情况表

表7-1-7

企业名称	登记注册类型	企业规模	隶属关系	所属行业
华能济南黄台发电有限公司	国 有	大型	中央属	火力发电
浪潮集团有限公司	其他有限责任公司	大型	省 属	电子计算机整机制造
山东福瑞达医药集团公司	国有独资公司	大型	省 属	生物、生化制品制造
济南锅炉集团有限公司	其他有限责任公司	大型	其 他	锅炉及辅助设备制造
济南沃德汽车零部件有限公司	中外合资经营	大型	其 他	汽车零部件及配件制造
济南钢铁集团总公司	国有联营	大型	省 属	钢压延加工
济南热电有限公司	国 有	大型	市 属	热力生产和供应
山东明水大化集团	其他有限责任公司	大型	市 属	氮肥制造
章丘市埠村煤矿	国 有	大型	省 属	烟煤和无烟煤开采洗选
济南圣泉集团股份有限公司	私营有限股份公司	大型	其 他	初级形态的塑料及合成树脂制造
齐鲁宏业纺织集团有限公司	其他有限责任公司	大型	其 他	棉、化纤纺织加工
济南二机床集团有限公司	国有独资公司	大型	市 属	液压和气压动力机械及元件制造
济南轻骑摩托车股份有限公司	股份有限公司	大型	中央属	摩托车整车制造
济南玫德铸造有限公司	外商投资股份有限公司	大型	县(市)区属	建筑装饰及水暖管道零件制造
齐鲁制药有限公司	其他有限责任公司	大型	其 他	化学药品制剂制造
中国重型汽车集团有限公司	国有独资公司	大型	市 属	汽车整车制造
济南轨道交通装备有限责任公司	其他有限责任公司	大型	中央属	铁路机车车辆及动车组制造
中国石油化工股份有限公司济南分公司	股份有限公司	大型	中央属	原油加工及石油制品制造
山东山水水泥集团有限公司	港澳台商独资	大型	其 他	水泥制造
山东佳宝集团有限公司	其他有限责任公司	大型	市 属	液体乳及乳制品制造
济南达利食品有限公司	私营独资	大型	其 他	含乳饮料和植物蛋白饮料制造
济南伊利乳业有限责任公司	其他有限责任公司	大型	其 他	液体乳及乳制品制造
山东北方现代化学有限公司	国有独资公司	中型	中央属	专项化学用品制造
山东新华印刷厂	国 有	中型	省 属	书、报、刊印刷
山东重骑摩托车(集团)厂	国 有	中型	市 属	摩托车整车制造
山东天鹅棉业机械股份有限公司	股份有限公司	中型	省 属	其他农林牧渔业机械制造及机械修理
山东电力设备制造有限公司	国 有	中型	中央属	变压器、整流器和电感器制造
山东胜利股份有限公司	股份有限公司	中型	省 属	生物、生化制品制造
山东桑乐太阳能有限公司	其他有限责任公司	中型	县(市)区属	燃气、太阳能及类似能源的器具制造

续表 7-1-7-1

企业名称	登记注册类型	企业规模	隶属关系	所属行业
济南长城炼油厂	国　有	中型	中央属	原油加工及石油制品制造
中闻集团济南印务有限公司	国　有	中型	中央属	书、报、刊印刷
济南市冶金科学研究所	股份合作	中型	市　属	稀有稀土金属压延加工
济南宏济堂制药有限责任公司	其他有限责任公司	中型	市　属	中成药制造
济南风机厂有限责任公司	其他有限责任公司	中型	其　他	风机、风扇制造
济南济钢铁合金厂	集　体	中型	市　属	铁合金冶炼
山东塑料试验厂	集　体	中型	市　属	无机碱制造
济南一机床集团有限公司	其他有限责任公司	中型	市　属	金属切削机床制造
济南金钟电子衡器股份有限公司	股份有限公司	中型	市　属	衡器制造
中国石油集团济柴动力总厂	国　有	中型	中央属	内燃机及配件制造
山东电力集团公司济南供电公司	国　有	中型	中央属	电力供应
济南元首针织股份有限公司	股份有限公司	中型	市　属	棉、化纤针织品及编织品制造
济南水业集团有限责任公司	国有独资公司	中型	市　属	自来水生产和供应
济南瑞通铁路电务有限责任公司	其他有限责任公司	中型	中央属	电线电缆制造
济南市历城区供电公司	国　有	中型	县(市)区属	电力供应
济南镁碳砖厂有限公司	私营有限股份公司	中型	镇	耐火陶瓷制品及其他耐火材料制造
济南沃德机械制造有限公司	股份有限公司	中型	其　他	汽车零部件及配件制造
济南野风酥食品有限公司	私营有限责任公司	中型	其　他	饼干及其他焙烤食品制造
济南钢铁集团新事业有限公司	其他有限责任公司	中型	县(市)区属	专项化学用品制造
章丘市炊具机械总厂	集　体	中型	村委会	食品、饮料、烟草工业专用设备制造
章丘市铜铝铸造厂	集　体	中型	村委会	汽车零部件及配件制造
山东省章丘市卫东电信工具厂	集　体	中型	村委会	供应用仪表及其他通用仪器制造
章丘东风煤炭集团总公司	国　有	中型	县(市)区属	烟煤和无烟煤开采洗选
山东明水汽车配件有限公司	国　有	中型	省　属	汽车零部件及配件制造
章丘市供电公司	国　有	中型	县(市)区属	电力供应
山东省章丘鼓风机股份有限公司	股份有限公司	中型	县(市)区属	风机、风扇制造
山东晋煤日月化工有限公司	国有联营	中型	县(市)区属	氮肥制造
济南普天通信设备厂	国　有	中型	中央属	改装汽车制造
济南利民制药有限责任公司	其他有限责任公司	中型	县(市)区属	化学药品制剂制造
章丘市琅沟热电厂	国　有	中型	县(市)区属	火力发电
山东省汇丰机械集团总公司章丘市铸造厂	集　体	中型	村委会	锻件及粉末冶金制品制造

续表 7-1-7-2

企业名称	登记注册类型	企业规模	隶属关系	所属行业
济南明威起重设备有限公司	其他有限责任公司	中型	街 道	起重运输设备制造
章丘海尔电机有限公司	其他有限责任公司	中型	县(市)区属	微电机及其他电机制造
章丘华明水泥有限公司	其他有限责任公司	中型	县(市)区属	水泥制造
济南冶金化工设备有限公司	股份有限公司	中型	县(市)区属	冶金专用设备制造
长清县供电公司	国 有	中型	县(市)区属	电力供应
山东水龙王集团有限公司	集 体	中型	镇	制冷、空调设备制造
山东宏达科技集团有限公司	股份有限公司	中型	其 他	气体、液体分离及纯净设备制造
山东平阴丰源炭素有限责任公司	其他有限责任公司	中型	其 他	石墨及碳素制品制造
济南压缩机厂有限公司	其他有限责任公司	中型	县(市)区属	气体压缩机械制造
济南市琦泉热电有限责任公司	其他有限责任公司	中型	县(市)区属	火力发电
济南晨彩包装印刷有限公司	私营有限责任公司	中型	其 他	纸和纸板容器制造
山东福胶集团有限公司	其他有限责任公司	中型	其 他	中药饮片加工
济南黄河特钢有限责任公司	其他有限责任公司	中型	其 他	钢压延加工
济南乐喜施肥料有限公司	私营有限责任公司	中型	其 他	复混肥料制造
商河供电公司	国 有	中型	县(市)区属	电力供应
山东力诺新材料有限公司	私营有限责任公司	中型	其 他	技术玻璃制品制造
济阳县供电公司	国 有	中型	县(市)区属	电力供应
济阳县通达机械厂	其他有限责任公司	中型	其 他	机床附件制造
济南舜欣特皮革有限公司	私营有限责任公司	中型	其 他	皮革鞣制加工
山东小鸭集团有限责任公司	国有独资公司	中型	市 属	制冷、空调设备制造
济南天辰机器集团有限公司	其他有限责任公司	中型	县(市)区属	其他专用设备制造
山东三塑集团有限公司	其他有限责任公司	中型	其 他	塑料薄膜制造
新时代(济南)民爆科技产业有限公司	其他有限责任公司	中型	中央属	炸药及火工产品制造
济南晶恒电子有限责任公司	私营有限责任公司	中型	县(市)区属	半导体分立器件制造
山东绿霸化工股份有限公司	其他有限责任公司	中型	县(市)区属	化学试剂和助剂制造
济南四机数控机床有限公司	其他有限责任公司	中型	市 属	金属切削机床制造
济南重工股份有限公司	股份有限公司	中型	市 属	采矿、采石设备制造
山东建设机械股份有限公司	股份有限公司	中型	市 属	建筑工程用机械制造
山东中德设备有限公司	股份有限公司	中型	省 属	食品、饮料、烟草工业专用设备制造
济南变压器集团股份有限公司	股份有限公司	中型	市 属	变压器、整流器和电感器制造
山东齐鲁电机制造有限公司	国 有	中型	省 属	发电机及发电机组制造
山东鲁能恩翼帕瓦电机有限公司	中外合资经营	中型	省 属	配电开关控制设备制造

续表 7-1-7-3

企业名称	登记注册类型	企业规模	隶属关系	所属行业
济南锻造锻压机械研究所有限公司	国　有	中型	中央属	其他金属加工机械制造
济南帅潮实业有限公司	私营有限责任公司	中型	镇	汽车零部件及配件制造
济南中集考格尔特种汽车有限公司	中外合资经营	中型	其　他	汽车整车制造
济南轻骑铃木摩托车有限公司	中外合资经营	中型	其　他	摩托车整车制造
山东松下电子信息有限公司	中外合资经营	中型	其　他	家用影视设备制造
西门子变压器有限公司	中外合资经营	中型	县(市)区属	变压器、整流器和电感器制造
东港安全印刷股份有限公司	外商投资股份有限公司	中型	县(市)区属	本册印制
济南台有玻璃制品有限公司	与港澳台商合作经营	中型	其　他	日用玻璃制品及玻璃包装容器制造
济南弘正科技有限公司	港澳台商独资	中型	县(市)区属	摩托车零部件及配件制造
山东威明汽车产品有限公司	中外合资经营	中型	其　他	汽车零部件及配件制造
山东圣泉化工股份有限公司	股份合作	中型	其　他	初级形态的塑料及合成树脂制造
济阳县济北石化有限责任公司	其他有限责任公司	中型	县(市)区属	机械零部件加工及设备修理
山东鲁信天一印务有限公司	与港澳台商合资经营	中型	其　他	包装装潢及其他印刷
济南华鲁食品有限公司	私营有限责任公司	中型	其　他	食品及饲料添加剂制造
济南民天面粉有限责任公司	其他有限责任公司	中型	市　属	谷物磨制
济南新吉尔机械有限公司	私营有限责任公司	中型	其　他	机械零部件加工及设备修理
山东周村烧饼有限公司济南分公司	其他有限责任公司	中型	其　他	饼干及其他焙烤食品制造
山东力诺太阳能电力股份有限公司	股份有限公司	中型	省　属	技术玻璃制品制造
济南安达刹车片有限公司	股份有限公司	中型	其　他	铁路机车车辆配件制造
济南娃哈哈恒枫饮料有限公司	中外合资经营	中型	市　属	含乳饮料和植物蛋白饮料制造
山东省鲁棉集团天元纺织有限公司	其他有限责任公司	中型	省　属	棉、化纤纺织加工
山东成盛农业生物科技有限公司	其他有限责任公司	中型	其　他	有机肥料及微生物肥料制造
山东太古飞机工程有限公司	中外合资经营	中型	省　属	飞机制造及修理
济南趵突泉酿酒有限责任公司	其他有限责任公司	中型	县(市)区属	白酒制造
济南腾龙排气管有限公司	集　体	中型	街　道	风机、风扇制造
华电章丘发电有限公司	其他有限责任公司	中型	中央属	火力发电
山东中创软件工程股份有限公司	股份有限公司	中型	省　属	计算机网络设备制造
济南中大瑞源实业有限公司	其他有限责任公司	中型	其　他	钢压延加工
山东华凌电缆有限公司	私营有限责任公司	中型	其　他	电线电缆制造

续表 7-1-7-4

企业名称	登记注册类型	企业规模	隶属关系	所属行业
济南盛源化肥有限责任公司	私营有限责任公司	中型	其 他	氮肥制造
济南钢城矿业有限公司	国 有	中型	市 属	铁矿采选
济南民泰煤矿有限公司	其他有限责任公司	中型	街道	烟煤和无烟煤开采洗选
积成电子股份有限公司	股份有限公司	中型	其 他	其他电子设备制造
山东通发实业有限公司	其他有限责任公司	中型	其 他	建筑工程用机械制造
济南庚辰钢铁有限公司	其他有限责任公司	中型	县(市)区属	炼铁
济南鲁联集团有限公司	其他有限责任公司	中型	县(市)区属	改装汽车制造
济南宝世达实业发展有限公司	其他有限责任公司	中型	其 他	电线电缆制造
山东山大华天科技股份有限公司	股份有限公司	中型	省 属	配电开关控制设备制造
章丘重型锻造有限公司	私营独资	中型	其 他	锻件及粉末冶金制品制造
山东大汉建设机械有限公司	其他有限责任公司	中型	其 他	建筑工程用机械制造
山东力诺瑞特新能源有限公司	中外合资经营	中型	其 他	光学玻璃制造
山东宏业纺织股份有限公司	股份有限公司	中型	其 他	棉、化纤纺织加工
山东百脉泉酒业有限公司	其他有限责任公司	中型	县(市)区属	白酒制造
济南恒升工程机械有限公司	私营有限责任公司	中型	其 他	建筑工程用机械制造
济阳县天宇液压机械有限公司	私营有限责任公司	中型	其 他	液压和气压动力机械及元件制造
济南中燃科技发展有限公司	私营有限责任公司	中型	其 他	建筑工程用机械制造
济南澳海炭素有限公司	私营有限责任公司	中型	其 他	石墨及碳素制品制造
济南裕兴化工有限责任公司	国 有	中型	中央属	专项化学用品制造
章丘市龙腾水泥机械制造有限公司	私营有限责任公司	中型	其 他	建筑材料生产专用机械制造
济南慧成铸造有限公司	其他有限责任公司	中型	市 属	钢铁铸件制造
济南力诺玻璃制品有限公司	私营有限责任公司	中型	其 他	玻璃仪器制造
山东华森混凝土有限公司	私营有限责任公司	中型	其 他	水泥制品制造
济南维维乳业有限公司	私营有限责任公司	中型	其 他	液体乳及乳制品制造
山东法因数控机械股份有限公司	私营有限股份公司	中型	其 他	金属切削机床制造
山东八三碳化硅热件厂	国 有	中型	省 属	石墨及碳素制品制造
九阳股份有限公司	中外合资经营	中型	其 他	家用厨房电器具制造
济南百事可乐饮料有限公司	中外合资经营	中型	其 他	碳酸饮料制造
济南万方炭素有限责任公司	其他有限责任公司	中型	其 他	石墨及碳素制品制造
济南钢铁集团闽源钢铁有限公司	其他有限责任公司	中型	市 属	钢压延加工
济南莱钢钢结构有限公司	其他有限责任公司	中型	其 他	金属密封件制造
山东力诺光伏高科技有限公司	私营独资	中型	其 他	光学玻璃制造

续表 7-1-7-5

企业名称	登记注册类型	企业规模	隶属关系	所属行业
山东赛克赛斯药业科技有限公司	其他有限责任公司	中型	省 属	化学药品制剂制造
山东大鲁阁织染工业有限公司	港澳台商独资	中型	其 他	棉、化纤纺织加工
蓝星石油有限公司济南分公司	国 有	中型	中央属	原油加工及石油制品制造
山东华塑建材有限公司	其他有限责任公司	中型	县(市)区属	初级形态的塑料及合成树脂制造
济南港华燃气有限公司	中外合资经营	中型	其 他	燃气生产和供应业
山东嘉元食用菌科技有限公司	私营有限责任公司	中型	其 他	蔬菜、水果和坚果加工
山东鲍德翼板有限公司	私营有限股份公司	中型	其 他	锻件及粉末冶金制品制造
山东明龙建筑机械有限公司	其他有限责任公司	中型	其 他	建筑工程用机械制造
章丘矿业有限公司	国有独资公司	中型	县(市)区属	烟煤和无烟煤开采洗选
平阴山水水泥有限公司	与港澳台商合资经营	中型	其 他	水泥制造
山东中氟化工科技有限公司	中外合资经营	中型	市 属	化学试剂和助剂制造
章丘鑫岳有限责任公司	其他有限责任公司	中型	县(市)区属	烟煤和无烟煤开采洗选
山东小鸭电器有限公司	其他有限责任公司	中型	其 他	家用清洁卫生电器具制造
济南杰菲特气动有限公司	外资企业	中型	其 他	液压和气压动力机械及元件制造
山东胜帮绿野化学有限公司	私营有限责任公司	中型	其 他	生物化学农药及微生物农药制造
山东晟隆精化高科技有限公司	私营有限责任公司	中型	其 他	食品及饲料添加剂制造
济南新世纪石材精密加工有限公司	私营有限责任公司	中型	其 他	建筑用石加工
山东新阳能源有限公司	国 有	中型	省 属	烟煤和无烟煤开采洗选
济南可口可乐饮料有限公司	中外合作经营	中型	其 他	果菜汁及果菜汁饮料制造
济钢集团重工机械有限公司成套设备事业部	国 有	中型	市 属	起重运输设备制造
济南中森机械制造有限公司	私营有限责任公司	中型	街 道	轴承制造
济南青年汽车有限公司	私营有限责任公司	中型	其 他	汽车整车制造
重汽集团济南考格尔专用汽车有限公司	其他有限责任公司	中型	其 他	改装汽车制造
山东济华燃气有限公司	与港澳台商合资经营	中型	市 属	燃气生产和供应业
山东冠世针织有限公司	外资企业	中型	其 他	棉、化纤针织品及编织品制造
山东北辰压力容器有限公司	私营有限责任公司	中型	县(市)区属	金属压力容器制造
山东华氟化工有限责任公司	其他有限责任公司	中型	省 属	化学试剂和助剂制造
安莉芳(山东)服装有限公司	港澳台商独资	中型	县(市)区属	丝针织品及编织品制造
山东同欣电子有限公司	中外合资经营	中型	其 他	电力电子元器件制造
济南万润肉类加工有限公司	其他有限责任公司	中型	其 他	畜禽屠宰
济南吉利汽车有限公司	其他有限责任公司	中型	市 属	汽车整车制造

续表 7-1-7-6

企业名称	登记注册类型	企业规模	隶属关系	所属行业
济南时代试金试验机械有限公司	其他有限责任公司	中型	市 属	电工仪器仪表制造
济南裕源纺织有限公司	私营有限责任公司	中型	其 他	棉、化纤纺织加工
章丘市顺旺锻造机械厂	私营独资	中型	其 他	锻件及粉末冶金制品制造
青岛啤酒(济南)有限公司	其他有限责任公司	中型	市 属	啤酒制造
济南泓泉制水有限公司	与港澳台商合资经营	中型	市 属	自来水生产和供应
济南海川投资集团有限公司	其他有限责任公司	中型	县(市)区属	石墨及碳素制品制造
济南恒泰机车车辆机械有限公司	私营有限责任公司	中型	其 他	机械零部件加工及设备修理
济南佳明正远服装有限公司	与港澳台商合资经营	中型	其 他	纺织服装制造
济南轻骑标致摩托车有限公司	中外合资经营	中型	其 他	摩托车整车制造
山东银鹭食品有限公司	与港澳台商合资经营	中型	市 属	含乳饮料和植物蛋白饮料制造
济南金百利包装用品有限公司	私营有限责任公司	中型	其 他	纸和纸板容器的制造
济南新峨嵋实业有限公司	私营有限责任公司	中型	其 他	锻件及粉末冶金制品制造
章丘市埠村煤矿矸石热电厂	国 有	中型	其 他	火力发电
济南吉隆锻造有限公司	其他有限责任公司	中型	其 他	锻件及粉末冶金制品制造

说明：表中不含军工企业

第二节 产品结构与产量

20 世纪 80 年代初，济南市工业产品结构持续向好，各类产品产量不断增长。至 1986 年年初，已经形成比较完备的产品结构和品类配比。1987 年，全市 100 种主要工业产品中，比上年增产的有 77 种，特别是一大批适销产品的产量比上年有较大增长，主要有轻工业产品中的石英钟、压力锅、彩电、洗衣膏、卷烟、化学纤维、棉纱、丝织品等，重工业产品中的生铁、钢、钢材、化肥、机床、汽轮发电机、改装汽车、成品油、有机氟、铬盐、烧碱、塑料、水泥等。

1991 年，全市开发新产品 712 种，工业产品获国家金牌 1 枚、银牌 7 枚，获省优质奖牌 117 枚；优质品产值 50.5 亿元；优质品率 26%。在重点考核的 120 种主要产品中，产量比上年增加的有 64 种，占 53.3%。

1992 年，产品结构有所调整。据对 138 种主要产品产量统计，适销对路的摩托车、洗衣机、啤酒、合成洗涤剂、服装、原煤、原油加工量、发电量、钢、塑料、水泥、金切割机、汽车、试验机等 78 种产品产量比上年增长，压缩纱、布、石英钟、轴承、集成电路等 60 种产品的生产。

2006 年，重点监测的 149 种工业产品中，有 101 种产品产量增长，占 67.8%。高新技术产品快速增长，电工仪器仪表 21.8 万台，比上年增长 1.9 倍，自动化仪表及系统 34 万台(套)，比上年增长 81.6%，光学仪器、汽车仪器仪表、半导体分立器件等产品，增幅均高于 50%。

2010 年，产品结构趋向优化。在规模以上重点工业产品中，产量增长的占 60.1%。高新技术产品增长较快，传统产品增势趋缓。全市六大产业集群实现工业增加值 1001.3 亿元，突破千亿元大关，占规模以上工业的 76.3%；与上年相比，交通装备增长 34%，机械装备制造增长 17.2%，石油化工增长 15.8%，食品药品增长 13.1%。

1986～2010 年济南市主要工业产品产量情况表

表 7-1-8

年 份	钢（万吨）	发电量（亿千瓦小时）	水泥（万吨）	化肥（万吨）	金切机床（台）	汽车（辆）	电视机（万部）	布（万米）
1986	57.24	27.01	154.51	12.31	7472	7600	5.05	12346
1987	64.09	28.83	158.92	13.00	7007	5225	10.00	20137
1988	75.23	42.97	182.80	13.69	7280	6741	10.93	19374
1989	81.58	43.98	198.95	14.48	6806	7701	13.60	21744
1990	87.68	44.71	211.56	14.44	5121	6239	13.90	20155
1991	105.42	56.43	248.33	14.90	5330	7096	15.80	20109
1992	113.34	61.46	335.61	14.64	7443	8544	16.05	14896
1993	139.35	69.00	340.35	14.47	6724	10132	15.59	13205
1994	166.19	66.87	384.00	15.62	3297	9380	18.00	16062
1995	172.72	68.75	425.02	14.03	4109	5657	19.72	15046
1996	205.49	63.50	379.32	13.73	3855	7125	15.20	13710
1997	237.70	59.14	392.23	13.89	2526	5656	32.69	14213
1998	267.33	60.06	379.40	17.29	1508	3615	47.25	11286
1999	265.29	64.24	474.47	22.91	1955	3738	60.60	14782
2000	277.04	69.29	485.12	28.41	2908	3078	41.46	16493
2001	293.83	69.81	572.28	28.71	3528	7395	50.83	14107
2002	394.41	69.12	867.71	28.29	4522	12152	44.56	16027
2003	507.70	77.60	925.20	28.50	6751	19989	44.30	17040
2004	688.30	74.70	1343.90	40.30	8904	29648	42.00	16336
2005	1046.60	90.80	1595.70	28.90	7166	42214	31.70	14018
2006	1131.26	100.14	1960.64	31.44	10057	59242	32.16	22858
2007	1214.90	130.37	733.98	40.31	9473	100133	20.99	27469
2008	1123.20	124.25	734.58	48.52	5110	109107	24.08	11786
2009	1051.67	128.76	761.72	57.77	2400	129900	25.32	7500
2010	959.33	131.45	729.79	49.09	2165	212047	26.49	8191

说明：按经济普查规定，汽车产量不含底盘

第三节 产品质量

济南市产品质量管理工作，始终坚持“质量第一”的方针，以创优为重点带动全面质量管理，产品质量保持稳定提高。

1988 年，全面开展质量管理教育，全市参加全面质量管理教育并统考的职工 63226 人，居全省之首。有 4182 个质量管理小组开展活动，取得成果 1570 项，创经济效益 5015 万元；其中，2 个被评为全国优秀质量管理小组，5 家企业获省质量管理奖，10 人被聘为质量管理诊断师。推进标准化工作，坚持开展质量咨询和质量抽查、检查活动。强化产品质量监督，推行质量否决权。凡国家、省、市产品质量抽查不合格的企业，限期整改，复查仍不合格者，给以经济处罚，并取消其参加各种先进的评比资格。兑现奖励政策，鼓励企业狠抓产品创优升级。同年，全市250项重点考核的产品，质量稳定提高率91.5%；列入全省重点考核的40项产品，质量稳定提高率94.6%。在国家和省抽查的185个产品，合格率88.7%。有5个产品获国家优质产品奖，其中金牌3枚、银牌2枚，占全省获国优总数的22%。全市创部优产品奖81个、省优产品奖126个。

1989年，全市有7个产品分别获国家质量金、银牌奖，获部优产品59个、省优产品120个。国家抽查产品质量合格率92%。市考核的250项重点产品，质量稳定提高率93.36%；列入省重点考核的40项产品，质量稳定提高率94.7%。优质产品产值率22.9%，优质产品产值26亿元。

1990年，全市有9个产品获国家质量金、银牌奖，获国优产品57个、部优产品75个、省优产品110个。国家、省监督产品抽查合格率79%，抽查不合格产品处理结案率80%。市考核的250项重点产品，质量稳定提高率93.8%，优质产品产值率24.86%。1个单位获国家质量管理奖，5个单位获省质量管理奖。同年，制订《济南市产品质量监督抽查管理实施办法》，修订完善《产品质量管理考核办法》，落实产品质量考核目标管理，开展“质量杯”竞赛活动。济南汽车配件厂推行质量管理“四项做法”(建立产品审核制度、实行废品超指标索赔制度、进一步完善优质优价分等计件工资制度、开展工序质量达标制度)，成为全市质量管理典型单位。

1991年，全市获国家优质产品奖8个、省优产品奖117个，省质量管理奖3个(济南第一棉纺织厂、济南钟表厂、浪潮电子信息产业集团公司)，新采用国际标准102种。济南搪瓷厂的高档煤气灶、省电影机械厂的自动油印机、济南钟表厂的薄型石英钟和鲁光灯具总厂的现代装饰灯等产品，成为企业发展的支柱产品。济南市从香港购进7万美元的国外小样品340种，举办产品展览，促进企业提高质量。济南五金工具二厂研制的便携式手动弯管机，打入国际市场，被外商在广交会上一次订货50台。

1995年，按国际惯例建立和完善质量体系，贯彻GB/T1900－ISO 09000标准，提高企业整体管理水平，保证和提高产品质量、工程质量、服务质量。至年底，全市有济南第一机床厂、济南洗衣机厂、金钟衡器股份有限公司、中国轻骑集团、济南柴油机厂5家企业通过质量体系认证。

2000年，宣传贯彻国务院颁发的《质量振兴纲要》和国家有关质量法律法规，全市获国家优秀QC①成果8个，省优秀QC成果63个，省信得过班组7个，省优秀质量管理工作者54人。5月，召开全市群众性质量管理活动经验交流会，对评出的90个市级优秀QC小组、18个信得过班组、60名优秀质量管理工作者进行表彰。全年通过质量体系认证的企业有50家，累计170家；有11个产品被认定为山东名牌产品，累计54个。

2003年，“浪潮”牌微型计算机、“济一机”牌MJ系列数控卧式车床、“轻骑”牌摩托车、“趵突泉”牌特酿白酒、“普利思”牌矿泉水、“洛口”牌系列醋、“试金”牌试验机、“志友”牌油浸电力变压器、“生生”牌工业铬酸酐、“历山”牌农用塑料薄膜、“泰山”牌车用无铅汽油、“赛班”牌弹力牛仔面料及服装、“尼克”牌高强度特种传动平带、“三太”牌涤纶切片及纤维等产品被评为2003年度第二批山东名牌产品。

2004年，在济南市2004年度群众性质量管理活动经验交流会上，全市提报QC成果82个，

①英文Quality Control的缩写，中文“质量监控”。

发表成果32个。在全省2004年QC成果发布会上，济南市有66个QC小组被评为省优秀质量管理成果，49人被评为省优秀质量管理先进个人，6个QC小组被评为省质量信得过班组，分别占全省总数的14.6%、18.8%、13.6%。在广州召开的2004年全国QC成果发布会上，济南市获全国优秀质量管理成果5个，全国优秀质量管理工作者2人。齐鲁制药有限公司、济南正昊化纤新材料有限公司两家企业获山东省质量管理奖。全市有120名企业员工通过考试获中国质量协会颁发的合格证书。

2005年，按照“三落实”(落实任务、落实进度、落实措施)的要求，开展整顿规范市场经济秩序工作。国家和有关部委对济南市有关市场整顿规范工作进行检查3次，均给予充分肯定。“浪潮”商标被国家工商总局认定为中国驰名商标，“将军”“趵突泉(白酒)”商标被认定为中国驰名商标，“斯太尔”等23件商标被山东省工商局认定为山东省著名商标。

2007年，全市有6个QC小组被评为全国优秀QC小组、2个班组被评为全国质量信得过班组、3人被评为全国优秀质量管理工作者；有3家企业获2007年度山东省质量奖、4家企业获省级用户满意工程。

2009年，中国重型汽车集团有限公司拼音及图形商标、济南柴油机股份有限公司“驰动”商标、九阳股份有限公司“九阳”商标和章丘大葱产业协会“章丘大葱”商标获中国驰名商标，全市获山东名牌28个、山东省著名商标48个，制(修)订国家标准18个、国家行业标准1个。济南庚辰钢铁有限公司被中国铸造协会授予“全国优质铸造生铁基地试点企业”称号，是省内唯一入选企业。

2010年，全市开展“质量兴县(市)区”活动，实施名牌战略，提高企业质量管理水平，提升济南市产品市场竞争力。获山东名牌19个，省服务名牌9个，省优质产品生产基地2个。组织全市管理体系认证和食品、农产品认证专项检查，检查企业275家、证书321个、机构48个，对全市512家工业产品生产许可证企业进行年审，规范认证市场。

1987～1991年济南市工业优质产品一览表

表7-1-9

项 目	年 份	产品名称	生产企业
国家金质奖	1988	“聘贤”牌30支、40支纯棉精梳针织用纱	济南第四棉纺织厂
		“福字”牌阿胶	平阴阿胶厂
		竹林七贤图发丝绣珍品	济南刺绣总厂
	1989	高精度外圆磨床	济南第四机床厂
	1990	“聘贤”牌C18.2cex纯棉普梳纱	济南国棉四厂
	1991	“建友”牌JS350型混凝土搅拌机	山东省建筑机械厂
国家银质奖	1987	“济一机”牌JIFCNC(Ⅰ-Ⅳ)数控机床	济南第一机床厂
		“济二机”牌JD31-250闭式单点压力机	济南第二机床厂
		“山泉”牌FN-309胶粘剂	山东化工厂
		“山花”牌硬质纤维板	山东木材厂
		“航天”牌纯棉大花哔叽	济南第二印花厂
	1988	小鸭-圣吉奥全自动滚筒洗衣机	济南洗衣机厂
		“泉城”牌夹克衫	济南服饰六厂

续表 7-1-9-1

项 目	年 份	产品名称	生产企业
国家银质奖	1989	石英钟	济南钟表厂
		115 双舌门锁	济南制锁总厂
		农用 PE 吹塑薄膜	济南塑料三厂
		17×2 精梳涤棉长其	济南第一印染厂
		芦笋罐头	济南罐头食品厂
		芦笋罐头	济南肉联厂
	1990	“蜘蛛”牌精梳涤棉全线卡	济南国棉三厂
		“清泉”牌长轴深井泵	济南水泵厂
		“浪潮”牌 0530H 微型数字电子计算机	山东浪潮电子公司
		铸造生铁	济南钢铁厂
		“海燕”牌装饰原纸	山东造纸总厂东厂
		30CD 柴油机油	济南炼油厂
		“济食”牌奶油椰蓉饼干	济南食品厂
	1991	“金钟”牌 BM-LS-20t 称重传感器	济南衡器厂
		“双工”牌 DG300-900 毫米管式断线钳	济南五金工具二厂
		“三杯”牌食用酒精	山东酒精总厂
		“将军”牌甲级过滤嘴卷烟	济南卷烟厂
		“康巴丝”牌 JSZT 建筑石英大钟	济南钟表厂
		“黄海”牌 425R 矿渣硅酸盐水泥	济南水泥厂
		“浪潮”牌 386SX 微机	浪潮电子信息产业集团公司
部优质产品	1987	“飞岛”牌特 26 元贡呢	济南第二染织厂
		“航天”牌 21×21 纯棉大花哔叽	
		“华号”牌 1511、1515 丁氰投梭结	济南纺织器材厂
		“鲁泉”牌硬质 PVC 板材	济南塑料一厂
		“流星”牌 PVC 塑制运动球	济南橡塑球厂
		“金钟”牌 AGT-50 型台秤	济南衡器厂
		“金钟”牌 ZGT-5 型地中衡	
		“金钟”牌 ZGT-30B 地中衡	
		小鸭 - 圣吉奥全自动滚筒洗衣机	济南洗衣机厂
		“工字”牌页状干磨砂布	济南砂布厂
		“泰山”牌 HP44-7 型黑白电视机接收机	济南电视机厂
		“三字”牌 2CK110 硅平面开关二极管	济南半导体三厂
		“济一机”牌 JIFCNC（Ⅰ-Ⅳ)系列数控机床	济南第一机床厂
		“鲁星”牌 SL7-1000/10 低损耗电力变压器	济南变压器厂
		“鲁鹰”牌 9-19NO5 高压离心风机	济南风机厂
		“立鹤”牌 9 厘米搪瓷百花口杯	济南搪瓷厂

续表 7-1-9-2

项　目	年　份	产品名称	生产企业
部优质产品	1987	“济食”牌玫瑰饴	济南食品厂
		“泰山”牌瓷釉上丝网贴花贴	济南瓷用花纸厂
		双鹤打孔电报条纸	济南造纸西厂
		“金穗”牌 18 克全麦草有光纸	济南造纸厂
		“金凤”牌周报纸	黄台造纸厂
		“海燕”牌装饰原纸	济南造纸东厂
		“泉城”牌洗衣膏	济南牙膏厂
		“大明湖”牌洗衣膏	济南轻工化学总厂
		“山菊花”牌味精（99%）	济南发酵食品厂
		“名泉”牌酱佛手萝卜	济南调味品厂
		“名泉”牌酱合绵菜	
		“泉城”牌酱包瓜	济南醴泉酱菜厂
		“白云”牌酱龙须菜	济南红升酱菜厂
		“荷柳”牌圆火腿	济南肉联厂
		“济生”牌注射用细胞色素 C	
		“白鹤”牌花涤棉东方丽纱帽	济南永盛东帽厂
		“鲁泉”牌标准粉挂面	济南挂面厂
		“第一泉”牌建力敏	建力饮料食品厂
		650×90 坦克负重胎	济南橡胶制品厂
		“鲁燕”牌注塑童旅游鞋	济南童鞋厂
	1988	“太湖”牌 5 号气压保温瓶	济南保温瓶厂
		“万年青”牌胶印亮光油墨	济南油墨厂
		“前进”牌药用甘油	济南轻工化学总厂
		“海燕”牌 103-Ⅲ号纸	山东造纸总厂东厂
		“金钟”牌 SGT-3 型地中衡	济南衡器厂
		“历山”牌中型聚乙烯农膜	济南塑料三厂
		“明湖”牌纸板旅行衣箱	济南皮件二厂
		“飞鹰”牌山羊革摩托驾驶服	济南裘革制品总厂
		“晶”牌 120-SQ-Z 冰花手电筒	济南手筒厂
		“定光”牌 YZ-2 型 40W 荧光灯镇流器	济南灯具二厂
		“绣江”牌 XD-120 洗衣机电机	章丘县电机厂
		“木香”牌 30×30 细布	济南第一棉纺织厂
		“兰狮”牌 60S/3 精梳缝纫机线	
		“标山”牌 21×21 纱卡其	济南第二棉纺织厂
		“标山”牌 21×21 纱毕及	
		“标山”牌 21×21 中平布	

续表 7-1-9-3

项 目	年 份	产品名称	生产企业
部优质产品	1988	“蜘蛛”牌 30×40 纱府绸	济南第三棉纺织厂
		“蜘蛛”牌 32S/3 中长涤粘线	
		“蜘蛛”牌 60S/3 纯涤纶线	
		“蜘蛛”牌 30×36 细平布	
		“聘贤”牌 45×45 涤粘细平布	济南第四棉纺织厂
		“聘贤”牌 30×30 细平布	
		“聘贤”牌 30S 纯棉精梳针织用纱	
		“聘贤”牌 40S 纯棉精梳针织用纱	
		“山茶”牌纯棉网眼 T 恤衫	济南针织厂
		“金驼”牌提花浴巾（482）	济南毛巾厂
		“金驼”牌 032 提花浴巾	泉润棉纺织公司
		“金鱼”牌 209N、3037 提花毛巾被	济南毛巾厂
		“明湖”牌弹力网眼袜	济南织袜一厂
		“泰山”牌 TS47C3 型 47 厘米彩色电视接收机	山东电视机厂
		“泰山”牌 TS47C4 型 47 厘米彩色电视接收机	
		珍珠 CL21 金属化聚酯薄膜电容器	济南无线电十二厂
		“历山”牌 CK-2 采煤信号控制装置	山东省无线电厂
		“鲁光”牌 12 Ⅱ OP-1 型单电缆 12 路载波电话终端机	
		“珍珠”牌 CBB13 聚丙烯薄膜电容器	济南无线电十二厂
		“红圈”牌（G）2CK51 微型玻封“七专”硅开关二极管	济南半导体四厂
		“浪潮”牌 LC0530 微型计算机	山东计算机服务公司
		“鲁兴”牌 SFS7-31500/11D 低损耗电力变压器	济南变压器厂
		“泰山”牌 Y150 系列低压电力表	济南压力表厂
		“山河”牌 6102 康明斯发动机进排气门	济南汽车配件厂
		“明水”牌 JN161 系列制动阀总成	明水汽车配件厂
		酚醛塑料	济南有机化工厂
		三聚氰胺	济南精细化工厂
		碳酸钾	济南东风化工厂
		普通过磷酸钙	济南裕兴化工厂
		工业用亚硫酸铵	
		工业用无水氟化氢	济南化工厂
		851 提花毛巾被	济南天桥毛巾厂
		“银河”牌 40W 荧光灯镇流器	济南市新风电器厂
		“宝矩”牌 PXZ-1000 普通硅酸铝耐火纤维毡	济南市章丘硅酸铝纤维厂
		“银鹰”牌 CF-1001 型切菜机	章丘县炊具机械厂

续表 7-1-9-4

项 目	年 份	产品名称	生产企业
部优质产品	1988	“泰山”牌花岗石装饰板材	济南花岗石厂
		“建友”牌 JZ200 混凝土搅拌机	山东建材机械厂
		“白鹤”牌全毛花达呢圆顶帽	济南永盛东帽厂
		“兴旺”牌长生鸡配合饲料（7～14 周令）	济南浓缩饲料厂
		“祁兑”牌棉被胎	济南棉麻站
		“天鹅”牌大型锯齿剥绒机	山东棉麻机械厂
		“天鹅”牌大型清绒（弹）机	
		“康乐”牌蜜三刀	济南回民糕点厂
		“飞鸽”牌砍花硬糖	济南糖果冷食一厂
		“雪松”牌陈醋	济南红星酿造厂
		“洛口”牌冰糖醋	济南洛口酿造厂
		“洛口”牌一级洛口醋	
		“名泉”牌陈醋	济南调味品厂
		“名泉”牌甜面酱	
		“利群”牌特制甜面酱	济南红升酱菜厂
		“利群”牌芝麻辣豆酱	
		“泉城”牌五香豆豉	济南醴泉酱菜厂
		“飞龙”牌花生辣豆酱	济南副食品加工厂
		“飞龙”牌精制甜面酱	
		“飞龙”牌芝麻辣豆酱	
		奥波啤酒	济南发酵食品厂
		“九顶塔”牌糖酥煎饼	济南柳埠食品厂
		“四门塔”牌山楂饼	济南柳埠果品厂
		“济食”牌椰蓉饼干	济南食品厂
		“荷柳”牌烤头肉	济南肉类联合加工厂
		“白马”牌香肠	济南白马山肉食加工厂
		“胜利”牌糖酥煎饼	济南胜利儿童食品厂

1994～1999 年济南市获山东名牌产品一览表

表 7-1-10

产品名称	产品商标	企业名称	年 份
木兰摩托车	轻骑	中国轻骑摩托车集团总公司	1994、1995、1996、1998
全自动滚筒洗衣机	小鸭	中国济南洗衣机厂	1994、1995、1996、1998、1999
烤烟型卷烟	将军	济南卷烟厂	1994、1995、1996、1998
啤酒	北冰洋	济南啤酒集团有限公司 白马山啤酒厂	1994、1995、1996、1998、1999
系列微机	浪潮	浪潮电子信息产业集团	1994、1995、1996、1998

续表 7-1-10-1

产品名称	产品商标	企业名称	年 份
碳素热轧中厚板	济钢	济南钢铁总厂	1994、1995、1996、1998、1999
MJ－50CNC 数控车床	济一	济南第一机床厂	1994、1995、1996、1998、1999
Z12VBl90 型柴油机	驰动	济南柴油机厂	1994、1995、1996、1998、1999
自卸汽车	斯太尔	济南汽车制造总厂	1994、1995、1996、1998、1999
农用塑料薄膜	历山	济南塑料三厂（山东三塑集团有限公司）	1995、1996、1998、1999
精梳棉针织内衣	元首	济南元首针织股份有限公司	1995、1996、1998、1999
BM-LS 称重传感器	金钟	济南金钟电子衡器股份有限公司	1995、1996、1998、1999
羊毛、羊绒衫	九羚	济南华诚编织有限公司	1996、1998、1999
镁碳砖	济牌	济南市镁碳砖厂	1998、1999
啤酒	趵突泉	济南啤酒（集团）有限公司	1998、1999
闭式机械压力机	济二机	济南二机床集团有限公司	1998、1999
阿胶系列产品	福牌	山东平阴阿胶厂	1998、1999
滚筒、双筒洗衣机	小鸭	中国济南洗衣机厂	1998、1999
传动平带	NYCO	济南天齐特种平带有限公司	1998、1999
摩托车	轻骑	中国轻骑摩托车集团总公司	1998、1999
矿泉水	普利思	济南普利矿泉水有限公司	1998
汽轮发电机	齐鲁	济南发电设备厂	1998、1999
微机、服务器、国强财务软件	浪潮	浪潮电子信息产业集团	1998、1999
塑料异型材、门窗	三联	山东三联新型建材有限公司	1998、1999
小麦粉	民天	济南民天面粉有限责任公司	1998、1999
39°特酿	趵突泉	济南酿酒厂	1998、1999
电子衡器	金钟	济南金钟电子衡器股份有限公司	1998、1999
水泥	东岳	山东水泥厂	1998、1999
系列试验机	SJ	济南试金集团有限公司	1998、1999
循环流化床锅炉	鲁星	济南锅炉集团有限公司	1998、1999
终端	浪潮	浪潮电子信息产业集团公司	1999
纯牛奶	佳宝	济南佳宝乳业有限公司	1999
系列食醋	洛口	济南市洛口酿造总公司	1999
矿泉水	普利思	济南普利矿泉水有限公司	1999
冷藏保温专用车	考格尔	济南考格尔特种汽车有限公司	1999
油浸式电力变压器	志友	济南志友集团股份有限公司	1999
220 千伏级电力变压器	辰明	山东电力设备厂	1999
管路连接件	迈克	济南玫德铸造有限公司	1999
聚乙烯工程管道	胜邦	山东胜利股份有限公司	1999
工业铬酸酐	生生	济南裕兴化工总厂	1999

续表 7-1-10-2

产品名称	产品商标	企业名称	年 份
涤纶切片及纤维	三太	齐鲁化纤集团有限公司	1999
呋喃树脂	圣泉	济南圣泉集团股份有限公司	1999
无铅车用汽油	泰山	中国石化集团济南炼油厂	1999

2003 年济南市获第一批、第二批山东名牌产品一览表

表 7-1-11

产品名称	产品商标	企业名称
碳素结构钢热轧钢板	济钢	济南钢铁集团总公司
钢筋混凝土用热轧带肋钢筋	济钢	
离心铸造球墨铸铁管	飞马	山东球墨铸铁管有限公司
镁碳砖	“济”字	济南鲁东耐火材料有限公司
闭式机械压力机	济二机	济南二机床集团有限公司
电力变压器	鲁能辰明	山东电力设备厂
汽轮发电机	齐鲁	山东济南发电设备厂
循环流化床锅炉	济锅	济南锅炉集团有限公司
系列汽车	斯太尔	中国重型汽车集团有限公司
G12V190ZL 型柴油机	驰动	济南柴油机股份有限公司
水泥	东岳	山东水泥厂
管路连接件	迈克	济南玫德铸造有限公司
门窗框用硬聚氯乙烯（PVC）型材	三联	山东三联新型建材有限公司
浪潮英信服务器	浪潮	浪潮集团有限公司
浪潮通软财务管理软件	通软	浪潮集团山东通用软件有限公司
全自动滚筒洗衣机	小鸭	山东小鸭集团有限责任公司
电热水器	小鸭	
家用真空管太阳热水器	力诺瑞特	力诺集团有限责任公司
全玻璃真空太阳集热管	力诺	
玻璃制品（耐热玻璃器皿）	力诺	
注射用哌拉西林钠	齐鲁	齐鲁制药厂
阿胶	福、东阿镇	山东福胶集团东阿镇阿胶有限公司
啤酒	趵突泉	济南啤酒集团总公司
乳制品	佳宝	济南佳宝乳业有限公司
小麦粉	民天	济南民天面粉有限公司
卷烟	将军、大鸡	将军烟草集团有限公司济南卷烟厂
针织内衣	元首	济南元首针织股份有限公司
羊毛、羊绒衫系列产品	九羚	山东华诚九羚服装有限公司
微型计算机	浪潮	浪潮集团有限公司

续表 7-1-11

产品名称	产品商标	企业名称
特酿	趵突泉	济南趵突泉酿酒有限责任公司
瓶、桶装饮用天然矿泉水	普利思	济南普利思矿泉水有限公司
系列食醋	洛口	济南市泺口酿造有限责任公司
信息记录纸	东港	东港安全印刷股份有限公司
摩托车	轻骑	济南轻骑摩托车股份有限公司
试验机	试金	济南试金集团有限公司
MJ 系列数控卧式车床	济一机	济南一机床集团有限公司
油浸电力变压器	志友	济南志友集团股份有限公司
棉花轧花成套设备	天鹅	山东天鹅棉业机械股份有限公司
工业铬酸酐	生生	济南裕兴化工有限责任公司
农用塑料薄膜	历山	山东三塑集团有限公司
聚乙烯工程管道	胜邦	山东胜利股份有限公司
车用无铅汽油	泰山	中国石油化工股份有限公司济南分公司
弹力牛仔面料及服装	赛班	济南赛班纺织服装有限公司
高强度特种传动平带	尼克	济南天齐特种平带有限公司
女装	美若仙妮	济南新梦仙妮服饰有限公司
涤纶切片及纤维	三太	济南正昊化纤新材料有限公司

2004～2007 年济南市获中国名牌产品一览表

表 7-1-12

产品名称	产品商标	企业名称	年 份
微型计算机、服务器、ERP 管理软件	浪潮	浪潮集团有限公司	2004、2005、2007
数控车床	济一机	济南一机床集团有限公司	2004、2007
数控冲压机床、重型数控镗铣床	济二机	济南二机床集团有限公司	2005、2006
石英时钟	康巴丝	山东康巴丝钟表有限公司	2005
太阳能热水器	力诺瑞特	山东力诺瑞特新能源有限公司	2005
液体奶	佳宝	济南佳宝乳业有限公司	2005
锅炉压力容器用钢板、高强度建筑结构用中厚钢板	济钢	济南钢铁集团总公司	2006、2007
破碎粉磨设备（磨煤机）	济重	济南重工股份有限公司	2006
载货汽车	重汽	中国重型汽车集团有限公司	2007
鲜冻分割猪肉	维尔康	济南维尔康食品有限公司	2007
豆浆机	九阳 JOYOUNG	山东九阳小家电有限公司	2007
小麦粉	民天	济南民天面粉有限责任公司	2007

2005～2010年济南市获山东名牌产品一览表

表7-1-13

产品名称	产品商标	企业名称	年份
智能代办公话系统	神思	山东神思电子系统有限公司	2005
第二代居民身份认证机具型号：SS628系列	神思	山东神思电子技术有限公司	2008
前列欣胶囊	神方	济南宏济堂制药有限责任公司	2005、2008
小儿消食片	神方	济南宏济堂制药有限责任公司	2005、2008
汽车灯具	鲁的贝	山东鲁得贝车灯股份有限公司	2005、2008
山大华天牌稳压电源	山东华天	山东山大华天科技股份有限公司	2005
切菜机	银鹰	章丘市炊具机械总厂	2007、2010
MP、MG系列馒头机、HWT、HWY系列和面机、揉面机	银鹰	章丘市炊具机械总厂	2005、2008
白酒	清照、百脉泉	山东百脉泉酒业有限公司	2005、2008
空固定式往复活塞气压缩机	东岳	济南压缩机厂有限公司	2005
螺旋缝双面埋弧焊管	迈克	济南玛钢钢管制造有限公司	2005
羽绒服	马基奴	济南华玫服装有限公司	2005、2008
活性炭洁面乳	福瑞达	山东福瑞达生物工程有限公司	2006
滴眼液（10毫升、5毫升）	润洁、润舒	山东博士伦福瑞达制药有限公司	2008
透明质酸钠（化妆品级、食用级、医药级）	Freda	山东福瑞达生物化工有限公司	2009
摩托车	轻骑	济南轻骑摩托车股份有限公司	2006
羊毛、羊绒衫	九羚	山东华诚九羚服装有限公司	2006、2010
汽轮发电机	齐鲁	山东济南发电设备厂	2006
涤纶切片及纤维	三太	济南正昊化纤新材料有限公司	2006
应用软件	中创	山东中创软件工程股份有限公司	2007
软件中间件	中创	山东中创软件商用中间件股份有限公司	2007、2010
电子政务软件	中创	山东中创软件工程股份有限公司	2009
ETC不停车收费系统软件	中创CVICSE	山东中创软件工程股份有限公司	2010
信息安全产品InforGuard网页防篡改产品	中创InforGuard	山东中创软件商用中间件股份有限公司	2008
SL系列太阳能热水器	桑乐	山东桑乐太阳能有限公司	2007、2009
真空太阳集热管、太阳能热水器智能控制仪	桑乐	山东桑乐太阳能有限公司	2008
非织造布	康洁	山东康洁非织造布有限公司	2008
油浸式电力变压器	志友	济南志友集团股份有限公司	2006
电力变压器	辰明	山东电力设备厂	2006

续表 7-1-13-1

产品名称	产品商标	企业名称	年 份
食盐	鲁晶	山东省盐业总公司	2006
液压齿轮泵	泉城	济南液压泵有限责任公司	2006
重型汽车	斯太尔 HOWO	中国重型汽车集团有限公司	2006
称重传感器	金钟	济南金钟电子衡器股份有限公司	2006、2009
电子衡器	金钟	济南金钟电子衡器股份有限公司	2007
蜂蜜	济泉	济南济泉黄岩蜂产品开发有限公司	2007
普通硅酸盐水泥 52.5R、42.5R、42.5，复合硅酸盐水泥 32.5，矿渣硅酸盐水泥 32.5R	山水东岳	山东水泥厂有限公司	2008
预应力钢筒混凝土管（DN600 毫米 -DN2400 毫米）	山水金石	山东山水水泥集团有限公司管道分公司	2007、2010
混凝土搅拌站全系列	建友	山东建设机械股份有限公司	2008
九阳豆浆机	九阳	山东九阳小家电有限公司	2005、2007
小家电（电热水壶、电磁灶、榨汁机）	九阳 JOYOUNG	山东九阳小家电有限公司	2007
炊具（电水壶、电饭锅、压力锅、不粘锅）；开水煲、榨汁机（含料理机）、电磁炉、电压力煲	九阳 JOYOUNG	山东九阳股份有限公司	2009
紫砂煲	九阳 JOYOUNG	山东九阳小家电有限公司	2006
材料试验机	SJ 牌	济南试金集团有限公司	2006
小麦粉	民天	济南市民天面粉有限责任公司	2006
传动平带	NYCO	济南天齐特种平带有限公司	2008
铝塑复合板	思维	济南新思维装饰材料有限公司	2008
循环流化床锅炉	济锅	济南锅炉集团有限公司	2006
系列食醋	泺口	济南市泺口酿造有限责任公司	2006
针织内衣	元首	济南元首针织股份有限公司	2006、2009
啤酒	趵突泉	济南啤酒集团总公司	2006
棉花轧花成套设备	天鹅	山东天鹅棉业机械股份有限公司	2008
载货电梯（Q ≤ 5000 千克）	Bester	山东百斯特电梯有限公司	2008
墙体保温材料（EPS 复合保温板）	舒惠	山东省建筑科学院科技开发中心	2008
食醋	德馨斋	济南德馨斋食品有限公司	2005、2007
酱油	德馨斋	济南德馨斋食品有限公司	2005、2007
面酱	德馨斋	济南德馨斋食品有限公司	2007
信息记录纸	东港	东港安全印刷股份有限公司	2006
镁碳砖	鲁东	济南鲁东耐火材料有限公司	2006
瓶、桶装饮用矿泉水	普利思	济南普利思矿泉水有限公司	2006
卷烟	将军、大鸡	将军烟草集团股份有限公司	2006

续表 7-1-13-2

产品名称	产品商标	企业名称	年 份
注射用哌拉西林钠原料及制剂	鼎鼎	齐鲁制药有限公司	2006
硫酸阿米卡星注射液原料及制剂	鼎鼎	齐鲁制药有限公司	2006
工业硝酸	泉城	济南化肥厂有限责任公司	2006
冰淇淋、雪糕、棒冰	群康	济南群康食品有限公司	2006
火灾报警控制系统	众海	山东众海公共安全器材有限公司	2007、2010
凿井绞车	济重	济南重工股份有限公司	2006
脱硫球磨机	济重	济南重工股份有限公司	2007、2010
浪潮通软财务管理软件	浪潮	浪潮集团山东通用软件有限公司	2006
税控收款机	浪潮	浪潮集团有限公司	2007、2009
应用软件（工业应用软件、电子政务软件）、浪潮政务审批平台（ECGAP）软件	浪潮	浪潮集团有限公司	2009
离心球墨铸铁管	济钢	山东球墨铸铁管有限公司	2006
钢筋混凝土用热轧带肋钢筋	济钢	济南钢铁股份有限公司	2006
碳素结构钢热轧钢板 碳素结构钢热轧钢板	济钢	济南钢铁股份有限公司	2006
船体用结构钢板	济钢	济南钢铁股份有限公司	2007、2010
耐大气腐蚀钢板	济钢	济南钢铁集团总公司	2007、2010
管线钢	济钢	济南钢铁集团总公司	2007
低合金高强度结构钢热轧钢板	济钢	济南钢铁股份有限公司	2007
工程机械用高强度钢板	济钢	济钢集团有限公司	2008
浓香型白酒、芝麻香型白酒	趵突泉	济南趵突泉酿酒有限责任公司	2008
济南 17 小麦种子、济麦 20 小麦种子、济麦 22 小麦种子	鲁研	山东鲁研农业良种有限公司	2008
办公家具	信和	济南信和家具有限公司	2007
板式家具	雅士达	济南市天桥区雅仕达家具厂	2008
实木家具	信庭轩	济南信和家具有限公司	2008
办公家具	AHEVO	山东佳诚家具有限公司	2007、2010
办公家具	南华	山东南华家具有限公司	
沙发	名典新贵族	山东新贵族沙发制造有限公司	
沙发	坤霖	山东朱氏家具有限公司	
红木家具	鲁发堂	山东鲁发红木有限公司	
塑料门窗	鸿腾开源	济南鸿腾实业有限公司	2008
高炉矿渣粉 S95	鲁新	济南鲁新新型建材有限公司	2008
床垫	喜莱盈	济南喜莱盈家具制造有限公司	2008

续表 7-1-13-3

产品名称	产品商标	企业名称	年 份
电动潜油泵电力电缆 QY 系列	宝世达	济南宝世达实业发展有限公司	2008
散热器	双泉	山东双泉散热器有限公司	2005、2007
乳饮料	佳宝	济南佳宝乳业有限公司	2006
柴油机	驰动	济南柴油机股份有限公司	2006、2009
脱硫除尘器	环冠	山东环冠科技有限公司	2007
鸡精调味料	紫荆花	济南家家乐味精有限公司	2007
铸造用呋喃树脂	圣泉	济南圣泉集团股份有限公司	2006、2009
酚醛树脂	圣泉	济南圣泉海沃斯化工有限公司	2006、2009
门窗用未增塑聚氯乙烯型材	华塑	山东华塑建材有限公司	2006
钢球	华民	山东华民铸锻股份有限公司	2006
冷藏保温专用车、罐式车（油罐）	国道	济南中集考格尔特种汽车有限公司	2007、2010
半挂车	国道	中集车辆（山东）有限公司	2009
气制动阀	明水	山东明水汽车配件厂	2007、2010
浓香型白酒	清照、百脉泉	山东百脉泉酒业有限公司	2008
尿素	明泉	山东明水化工有限公司	2008
尿素	白云湖	章丘日月化工有限公司	2008
草甘膦（41% 水剂）	绿野	山东胜邦绿野化学有限公司	2008
电力电缆（含控制电缆）1kv 及以下系列	华凌	山东华凌电缆有限公司	2008
建筑构件	OSSS	山东万斯达集团有限公司	2008
管路连接件	迈克	济南玫德铸造有限公司	2006
阿胶	福、东阿镇	山东福胶集团东阿镇阿胶有限公司	2006
真空管太阳能热水器	亿佳小康	济南佳源太阳能有限责任公司	2007、2009
贴面板	生态福迪	济南福迪木业有限公司	2007
细木工板	生态福迪	济南福迪木业有限公司	2008
耐热玻璃器皿	力诺	济南力诺玻璃制品有限公司	2006
电光源用硬料玻壳	力诺	济南力诺玻璃制品有限公司	2006
硼硅玻璃安瓿、硼硅玻璃小瓶	力诺	济南力诺玻璃制品有限公司	2005、2008
全玻璃真空太阳集热管	力诺	山东力诺新材料有限公司	2005、2008
太阳能电池	力诺	力诺集团股份有限公司	2008
本色纱线	思力	商河宏业纺织集团有限公司	2006
喉症丸、复方西羚解毒片	宏济堂	济南宏济堂制药有限责任公司	2006
砂布、砂纸、水砂纸	BOSS	山东博世磨具实业有限公司	2006

续表 7-1-13-4

产品名称	产品商标	企业名称	年份
塑料管材管件	胜邦 VICOME	胜邦塑胶管道系统集团有限公司	2008
pd 系列龙门式数控钻床	法因	山东法因数控机械股份有限公司	2008
电力调度控制系统：型号 IES-500	积成	积成电子股份有限公司	2008
应急电源全系列	山大华天	山东山大华天科技股份有限公司	2008
SJY05-B 主机加密服务器	得安	济南得安计算机技术有限公司	2008
高压开关设备（系列产品）	AiPEL	山东爱普电气设备有限公司	2008
复合绝缘互感器（系列）	PEIPORT 彼岸	山东彼岸电力科技有限公司	2008
电子政务软件	旗帜	山东旗帜软件股份有限公司	2009
城市绿色照明节能管理系统	泰华	山东泰华电讯有限公司	2009
中孚网络物理隔离系统软件	中孚	山东中孚信息产业股份有限公司	2009
阻燃剂（硼酸锌、氢氧化铝、氢氧化镁、MCA、APP）	泰星	济南泰星精细化工有限公司	2009
齿轮（模数 1- 模数 7）	汇九	济南汇九齿轮有限公司	2009
船舶用上排、下水气囊	昌林	济南昌林气囊容器厂有限公司	2009
百草枯（原药及水剂）	绿霸	山东绿霸化学品有限责任公司	2009
门、窗用未增塑聚氯乙烯（PVC-U）型材	鲁宏	山东华塑建材有限公司	2009
采暖散热器（TLYZ、GLYZ、UC）	双泉	山东双泉散热器有限公司	2009
逆变式弧焊机（系列产品）	奥太	山东奥太电气有限公司	2009
高强度紧固件	平标	济南实达紧固件有限公司	2010
机械精密铸造件	慧成	济南慧成铸造有限公司	2010
蒸压加气混凝土板（块）	天玉	山东天玉墙体材料有限公司	2010
环保型猪配合饲料	华牧天元	山东华牧天元动物保健品有限公司	2010
塔式起重机 FZQ 系列	FINEHOPE	山东丰汇设备技术有限公司	2010
阿维菌素原药	鼎鼎	山东齐发药业有限公司	2010
啶虫脒原药及可湿性粉剂	联农	山东中农联合生物科技有限公司	2010

第三章　工业体制改革

第一节 管理体制改革

1986 年年初，济南市人民政府设置的工业管理机构有市经济委员会、市供电局、市煤炭工业公司、市机械工业局、市汽车改装工业公司、市石油化学工业公司、市第一轻工业局、市第二轻工业局、市纺织工业公司、市造纸工业公司、市电子工业公司、市医药公司、市区街生活生产服务公司、省烟草公司济南分公司、市多种经营乡镇企业局、市建筑材料工业公司。按照经济运行机制，实行工业企业归口，市、县(区)分级管理方式。

1996年，济南市机构改革，市区街工业局、市食品工业办公室合并到市经济委员会；市机械工业局改为市机械工业总会(局)；市一轻局撤销，组建市一轻国有资产经营总公司；市二轻局撤销，组建济南二轻工业总公司；市纺织工业局改为市纺织总会(保留局的牌子)；市石油化学工业局改为市石油化学总会(保留局的牌子)；市电子工业局更名为市电子总会(保留局的牌子)。

2001年，市委、市政府制定机构改革方案，撤销工业经济部门，其行政管理职能划归政府综合经济部门承担。不再保留济南市机械总会、纺织总会、石化总会、建材总会，职能交市经委。撤销市机械总会(局)，组建市机械电子工业协会(挂机械电子工业办公室牌子)。撤销一轻国有资产经营公司，与市二轻集团总公司行业管理职能合并，组建市轻工业协会(挂轻工业办公室牌子)。撤销市纺织总会(局)，组建市纺织工业协会(挂纺织工业办公室牌子)。撤销市石油化学总会(局)，组建市化学医药工业协会(挂化学医药工业办公室牌子)。撤销市煤炭工业总公司，组建市煤炭工业协会(挂煤炭工业办公室牌子)。撤销市建材总会(局)，组建市建筑材料工业协会。市二轻集体工业联社更名为市轻工集体企业联社，为局级事业单位。市机械电子、轻工、纺织、化学医药、煤炭、建材6个协会及轻工集体企业联社受市经济委员会管理，均为事业编制。市经济协作办公室并入市经委，为市经委内设机构，保留市经协办的牌子。在市经委内部设立工交老干部管理局，为副局级单位。上述撤销部门原离退休人员及机构改革期间办理离退休手续的人员移交市经委。组建市机械电子国有资产经营公司、市医药化学国有资产经营公司、市轻工业国有资产经营公司，均为企业，由市国资局会同有关部门组建。国有资产经营公司由市国资局授权经营国有资产，政府向重点国有企业派出代表参加监事会，代表政府行使监督权力，以财务监督为核心，不参与、不干预企业的经营管理活动。

2004年，根据《济南市人民政府机构改革实施意见》，保留市经济委员会，为市政府工作部门。承担工业结构调整、经济运行调节、多种所有制企业的宏观管理和指导、促进中小企业发展等职能。撤销市中小企业局(市乡镇企业局、市民营经济发展局)，市中小企业发展职能移交市经济委员会；民营经济发展职能以市经济委员会为主，与相关部门共同承担；县域经济指导职能移交农村工作办公室。市经委设14个处室，离退休干部局(内设3个处)、市政府节约能源办公室(内设3个处)。撤销市机械电子工业协会(市机械电子工业办公室)、市化学医药工业协会(市化学医药工业办公室)、市纺织工业协会(市纺织工业办公室)、市轻工协会(市轻工业办公室)、市煤炭工业协会(市煤炭工业办公室)、市建材工业协会、市轻工集体企业联社，其行业管理和经济发展运行职能及机关离退休干部管理服务职能划入市经济委员会；国有独资和国有控股企业国有资产管理职能，参股企业国有股权管理职能以及指导企业离退休干部工作职能划入济南市人民政府国有资产监督管理委员会。

2009年7月，成立济南市经信委煤炭工业局，负责管理全市煤炭工业。12月，根据省委办公厅、省政府办公厅《关于印发〈济南市人民政府机构改革方案〉的通知》和市委、市政府《关于济南市人民政府机构改革的实施意见》，设立济南市经济和信息化委员会，为市政府工作部门。不再保留市经济委员会、市信息产业局(市信息化办公室)。年底，由全市50家企业自愿发起，组建成立济南轻工业协会，开启由政府宏观管理与行业自律组织规范引导相结合的轻工经济发展新格局。

第二节 国有大中型企业改革

1988年，济南市全面推行企业承包经营责任制。市属预算内国营工业企业有136家实行不同形式的承包制，承包率98%；市属集体工业企业有96家实行承包，承包率40%以上。全年市属预算内工业企业完成产值、利税、利润分别比上年增长22.5%、26.8%、23.87%。归还专项贷款增加62.5%，企业留利和职工工资总额分别增长23.1%和31.75%。引入竞争机制，实行招标承包。至年底，全市有47家国营工业企业和95家集体工业企业实行招标承包，分别占同类企业的34%和40%。通过公开竞争承包，招标企业的利润平均高出指标的10%～20%。改变企业领导干部终身制，促进一批优秀人才脱颖而出，经营者的权威和职工的责任感增强。建立风险机制，推行抵押承包。全市有54家工业企业实行全员风险抵押承包，交纳风险金360多万元。有2家工业企业试行股份制。引入兼并机制，推行优化组合。全市有7家国营工业企业承包兼并16家小企业。企业兼并使优势企业得到进一步发展，劣势企业获得生机，促进全市工业企业组织合理调整，并形成一批规模经济生产企业。改革企业领导制度，普遍实行厂长(经理)负责制，厂长、书记一人兼或书记兼任副厂长的企业占承包企业的33%。建立健全内部经济责任制，有80%以上的工业企业建立层层包、互相保的内部经济责任网络。改革劳动人事制度，实行优化组合，提高生产效率。有97家工业企业改革企业组织机构和人事制度；在159家工业企业、7.2万名职工中实行优化劳动组合，有1400多名富余人员被“剥离”；通过开辟新的生产、经营服务等门路，安置被精减下来的富余人员。改革工资分配制度，实行工资与劳绩挂钩浮动。全市有75%的工业企业实行计件工资、定额工资等分配方法，有70%的工业企业实行工资与经济效益挂钩浮动的办法，职工人均收入较上年平均提高15%～20%。

1991年，济南市着重搞活大中型企业，多数大中型企业活力增强，生产经营出现转机，扭转速度、效益负增长的困难局面。全市142家大中型企业实现销售收入116.5亿元，比上年增长18.2%；实现利税13.97亿元，增长13.8%，占全部工业企业利税总额的78.8%。4月，市委、市政府制定并下发贯彻《省委、省政府关于进一步深化改革搞活企业若干问题的规定》的30条实施意见。组织市有关部门登门服务，检查各项政策的贯彻落实情况，现场办公300多次，帮助大中型企业解决困难。清理大中型企业的“三角债”，压库促销，加速清欠资金周转，全年清欠资金15亿元以上。同时，排出140个主要产品畅、平、滞类单，分别采取保、限、压措施，实行“压贷挂钩”。全市40%的大中型企业的产品库存量和产成品资金占用低于年初数，达到国务院和山东省的要求。全市完成技术改造投资7.1亿元，其中用于大中型企业4.47亿元，占总投资额的63%。主要是对50家产值过亿元或利税过千万元的国营大中型企业实行保障倾斜。在应用高新技术和开发新产品方面，大中型企业开发的高技术含量、高附加值、高创汇、高市场占有率产品，在全市开发出的填补国内空白的95项新产品中占到63.15%。

1992年，济南市贯彻落实国务院颁布的《全民所有制工业企业转换经营机制条例》，实行“两转一推”(企业转换机制，政府转变职能，把企业推向市场)，促进企业改革。

1994年，实施“骨干膨胀”战略，壮大规模经济。重点围绕名优产品和骨干企业发展规模经济，以名优产品为龙头，资产连接为纽带，实施名牌战略。对在市场经济中竞争力强，在全国同行业中处于排头兵地位的大型优势企业集团，在调整、联合和专业化生产等方面优先倾斜，给予重点扶植。突出培育轻骑、化纤、服装、白马、啤酒、锻压、小鸭等7个列入省重点发展的集团。部分集团通过公司制改组，核心层和紧密层之间形成资产连接纽带。轻骑集团、啤酒集团、金泰集团建立股份有限公司，其中轻骑股票上市交易。对核心层尚未实行资产连接的企业集团，改组为有限责任制集团公司；新组建集团按公司制运作。通过企业兼并、联合等组织结构调整，存量资产和生产要素向名优产品企业和骨干企业流动，以规模膨胀增强企业集团的经济实力和竞争能力。先后有10家中小型困难企业被兼并、并入优势企业，为优势企业提供场地、设备、技术人员等必要生产条件，企业集团呈现多元化经营新趋势。轻骑集团先后兼并济南磁电机厂、电池厂、酶制剂厂、花岗石南厂、灯头厂等企业。至年底，工交系统共建立企业集团39个。

1997年，推进国有企业改组调整工作，按照“鼓励兼并、规范破产、下岗分流、减员增效”的方针，研究制订全市兼并破产、减员增效和职工再就业工作计划。对纳入计划的38家企业，逐户进行检查调度，对“卡脖子”问题逐个研究解决，对重点大户实行现场办公。在各工业局和150家企业分别建立职工再就业中心，通过兴办三产、介绍就业、转厂安置、自谋职业、厂内退养等多种渠道安置下岗职工。4家减员增效试点企业，分流职工4100人，享受减免贷款利息2660万元。全年对75家企业实施调整改组，其中11家企业破产终结，进入破产程序企业1家，42家企业被兼并，组建企业集团9个，划转和托管企业6家，“腾笼换业”企业2家，减人增效企业4家，盘活资产40.1亿元，重新安置职工4.2万人，上报核销银行呆坏账准备金5.13亿元。同年，进一步完善银企联手办法，制定《银企联手办法》《银团贷款办法》，银企联手制度化、规范化，各金融单位以贷款、承兑、贴现等方式为18个重点企业集团解决资金63.4亿元。鼓励和支持重点企业集团并购中小企业，年内18个重点企业集团共兼并收购和托管中小企业24家，盘活存量资产21.8亿元，转移土地1467公顷，安置职工22.8万人，实现低成本扩张和增强竞争实力的目的。按照现代企业制度要求和《中华人民共和国公司法》，对重点集团结合结构调整，进行公司制改革，逐步建立起以现代企业制度为特征、以资产连接为纽带，具有母子公司体制的公司制企业。全市有11个重点企业集团进行改制，其中对条件成熟的轻骑、建材集团授予资产经营权，签订资产经营责任状，为其创造更大的经营空间。通过改制，重点企业集团完善法人治理结构，调整组织结构，转换经营机制，推进投资主体的多元化，进入良性循环的发展轨道。

1998年，制定《济南市加快国有大中型工业骨干企业建立现代企业制度的实施意见》《初步建立现代企业制度的基本条件》，提出建立现代企业制度的总体目标。引导、促进企业由产品经营向资本经营过渡。轻骑集团、建材集团、二机床集团、明水化肥厂等14家国有大中型企业初步建立起现代企业制度。全市108家国有大中型工业企业，实施改制企业87家，占80%以上。其中，7家改为国有独资公司，9家改为股份有限公司，29家改制为有限责任公司，24家改制为股份合作制企业。轻骑集团通过兼并、收购、联合经营等形式，实现低成本扩张，资产达125亿元。推行《济南市国有资产经营责任制暂行办法》，化纤集团、轻骑集团、锅炉集团、建材集团与市政府签订资产经营责任状，实行经营者年薪制。

1999年，以建立现代企业制度为方向，以产权制度为突破口，依法进行公司制改造。至年底，全市189家国有企业有108家完成改制，改制面57%。列入省111家建立现代企业制度重点企业名单的6家企业，全部完成改制任务；全市确定的58家国有大中型重点改制企业中，有52家企业初步形成现代企业制度的基本框架。同年，制定《关于深化国有企业分配制度的指导意见》《建立企业科技人员效益分配机制》《完善企业营销人员的工资结构和分配方式》等，引导和鼓励资本、技术等生产要素参与收益分配，建立与市场经济相适应的企业内部分配机制。

2000年，全市工业系统围绕国企三年改革与脱困目标，深化企业改革，调整结构，推进技术进步，开拓市场，工业生产经营稳步发展，经济运行质量和效益明显提高，国有企业三年改革与脱困目标如期实现。对27家企业实施结构调整，其中，兼并企业7家，破产8家，企业合并3家，实施停产整顿9家，盘活存量资产4.1亿元，重新安置职工8389人。完成“腾笼换业”29家，置换土地80.53公顷，置换收益4.98亿元。其中，计划内完成18家，置换土地60.73公顷；计划外完成11家，置换土地面积19.8公顷。4家拟实施债转股的企业通过国家经贸委审核推荐，拟债转股额度43.7亿元。

2001年，市属国有工业企业改制165家，改制面87%，其中大中型国有工业企业73家，改制面85%；市属40家（不含中央省属6家）重点企业集团中，改制企业36家。改制的市属国有及国有控股大中型企业，社会公众及职工个人股占20.3%，部分企业由职工及经营者持大股。全市工业全部资产、固定资产和流动资产三项指标中，国有企业分别占41.9%、45.4%和40%。在30家试点企业中试行企业经营者年薪制，最高55万元，最低7900元。按照《济南市企业管理状态评价标准与细则》，加强企业管理，向管理要效益。对20家大中型企业进行评价，齐鲁化纤集团、试金集团、元首针织股份公司等18家企业被评价确认为A类企业；市经委、市国资局等部门联合对山水集团、东风煤矿、农工商集团、小鸭集团等4家国有企业进行“企业效绩评价”，被省有关部门认定为好和较好。加强物资采购监督管理，降低生产成本，全市企业年节约采购费用2.9亿元。全市评选出管理现代化优秀成果76项，创经济效益7.58亿元，全年实现管理效益10.48亿元。完善企业经营者激励和约束机制，评选出“市突出贡献优秀企业家”12名，“市优秀企业家”26名，“优秀厂长（经理）”7名。

2002年，对劣势亏损企业分类指导、有序淘汰。全市兼并划转企业4家，停产整顿企业7家，实施破产企业3家，“腾笼换业”企业11家。市属工业企业改制225家，改制面80%。针对国企改革中存在着出资人不明确、产权制度改革不到位、法人治理结构不规范、机制转换不明显等问题，提出深化企业产权制度改革，理顺国企职工身份和发展民营经济的有关政策意见、实施办法和两年内完成全市企业改制的方案。山水集团整合山东水泥市场取得阶段性成果，造纸业的整合形成较为完整的规划方案，服装行业的重组整合经调研和专家论证后已经起步，医药、化工行业的整合全面展开。市化医公司、力诺集团、蓝星集团对市医药化工行业的整合重组，为济南国企改革创出一条新路子。同年，全市围绕主导产业，以工业园区和重点项目为载体，以增强重点集团和骨干企业的核心竞争力为重点，实施工业结构调整和重点行业整合，优质资产向重点集团集中，大企业集团不断发展壮大。在16家重点企业集团中，济钢集团、重汽集团、将军集团、浪潮集团、山水集团、泰山集团、机电公司发展势头良好。

2007年，在全国480家工业行业“排头兵企业”评选中，济南市共有20家企业榜上有名，分别是：长清区归德木材厂（木容器制造）、济南巨源游乐设备制造有限公司（露天游乐场所游乐设备制造）、济南裕兴化工有限责任公司（无机盐制造）、大化集团有限责任公司（氮肥制造）、山东省胜帮绿野化学有限公司（生物化学农药及微生物农药制造）、山东齐发药业有限公司（兽用药品制造）、山东山水水泥集团有限公司（水泥制造）、济南市天桥天大实业公司（混凝土结构构件制造）、济南市青华山花岗集团公司（建筑用石加工）、山东水龙王集团有限公司（金属压力容器制造）、济南玫德铸造有限公司（建筑装饰及水暖管道零件制造）、济南二机床集团有限公司（金属成型机床制造）、山东博远物流发展有限公司（金属加工机械制造)、济阳县济北石化有限责任公司(机械零部件加工及设备修理)、济南永君物资有限责任公司、信义集团公司(锻件及粉末冶金制品制造)、章丘市炊具机械总厂(食品、饮料、烟草工业专用设备制造)、山东中创软件工程股份有限公司(计算机网络设备制造)、济南试金集团有限公司(试验机制造)、山东电力集团公司(电力供应)。

2008年，企业深化改革，走上市融资之路。山东钢铁集团在济南挂牌成立。按照重组方案，首先成立国有控股的山东钢铁集团有限公司，将济钢、莱钢两大集团资产全部划转名下，2个股份公司仍分别属于2个集团，法人主体地位不变；其次，实行主辅分离改革，由山东钢铁集团直接控股2家股份公司，调整济钢、莱钢生产布局，向日照市迁移。5月，九阳股份在深圳证券交易所挂牌上市，成为全市首家上市的民营企业。九阳股份发行股票6700万股，每股22.54元，募集资金总额15.1亿元，创全省中小企业板上市公司中募集资金总量第一。8月，济南民营科技企业普联软件(济南)有限责任公司成功在美国纳斯达克主板正式挂牌交易，成为济南继银泉科技登陆纳斯达克三板(OTCBB)后又一软件企业在美国上市，也是济南首家在纳斯达克主板上市交易的企业。普联软件首次公开发行股票120万股，发行价格每股7美元，融资840万美元。山东法因数控机械股份有限公司在深圳证券交易所挂牌，成功登陆A股市场。法因数控发行3650万股，募集资金3亿元。

2009年，企业上市融资不断扩大。全市区域内上市公司26家、股票28只，融资总额428.15亿元。浪潮、华电、银座、重汽、ST中润等实施再融资计划，总融资额120亿元。浪潮国际定向配售3.1亿股，募集资金3.83亿元；中国重汽向德国卡车制造商曼公司出售25%股份，融资近60亿港币；华电国际定向发行7.5亿股，募集资金35.25亿元，发行中期票据融资30亿元；银座股份增发融资12亿元(其中现金6.5亿元)获证监会通过；ST中润借壳上市后推出定向增发融资9.7亿元的计划；东港股份提出公开增发融资3.45亿元的计划。积成电子股份有限公司是济南IPO首发市盈率最高的上市公司，企业获济南市及高新区两级政府累计400万元的资金补贴，“积成电子”股票发行量2200万股，募集资金5.5亿元。

2010年，全市大型企业22家(其中亏损企业2家)，工业总产值1817.92亿元，工业增加值407.8亿元，全部从业人员年平均人数119970人；中型企业179家(其中亏损企业18家)，工业总产值980.1亿元，工业增加值412.1亿元，全部从业人员年平均人数130263人。

第三节 中小企业改革

1988年，全面推行企业承包经营责任制。区县属集体企业实行效益目标承包责任制，采取承包利润递增包干的办法，即以1986年实际实现的利润为基数，按每年5%的幅度递增，超过递增幅度部分，免征调节税和所得税，达不到递增幅度的企业用自有资金弥补，三年不变。全民企业实行企业经营责任制，即以1986年实际实现的利润为基数，按第二步利改税办法征55%所得税，超过基数的利润，国家同企业三、七分成，三年不变。企业承包后，按照两权分离的原则，把竞争机制引入企业，在企业内部实行层层承包，搞活企业内部分配和劳动用工，推行计件工资、定额工资、浮动工资、结构工资等新的工资制度，多劳多得。乡镇企业承包遵循的基本原则是包死基数、确保上缴、超收多留、歉收自补。承包经营形式采取以小型乡镇属企业租赁经营为突破口，承租人一律公开招聘，投标人可以跨乡、镇或本单位干部、职工。明确责、权、利，对租赁合同进行公证，有承租人本人和两位保证人的财产做抵押，企业租赁前，对承租人及保证人的财产进行清查、登记造册，承租期间不允许转卖，租赁时间一般为3～5年。

1991年，济南市委五届六次全委扩大会议决定，用两年时间在全市有计划、有步骤地对乡镇以上企业普遍进行一次整顿，以强化企业管理，增强企业整体功能。同年，有596家企业整顿验收合格，创管理效益1.02亿元，涌现出济南衡器厂等一批向管理要效益的典型企业。

1995年，将农村县域企业推行股份合作制的成功经验移植到城市，在市属国有中小企业和集体企业中推行。因企制宜，实行兼并、联合、承包、租赁等多种形式改制，市属国有小型、集体企业改制的有131家，占同类企业总数的43%。市属小企业实行股份合作制的有50家；市机械局系统的5家小企业实行股份合作制，当年实现利润占该系统24家集体企业的77.6%。

1997年，市属268家小企业进行改制的224家，占83.6%。改制形式有股份合作制、股份制、加入大集团大公司、外资嫁接、组建集团、兼并联合、剥离分立、委托经营、两厂一长、租赁、承包、出售、破产，以及公有民营、公有私营、公有变私有、合伙合作、参股控股等。股份合作制成为中小企业改革的首选模式，全市乡及乡以上有股份合作制企业764家，募集股金10.2亿元。市属和县乡小企业兼并、拍卖、破产446家，盘活低效、呆滞资产13.5亿元。改制小企业利用6亿元新增股金进行技术改造项目250余项，开发新产品230多个。市属可比的57家股份合作制企业，完成利润增长幅度高出面上小企业63个百分点。在国家增收、企业增效的同时，职工工资同步提高。

1998年，通过举办中小企业改革研讨班等形式，组织工业局、各县(市)区有关部门及市属中小企业负责人，对企业改革等问题进行系统学习探讨，统一思想，坚定信心，选准改革突破口和切入点。在企业由“工厂制”向“公司制”转变的进程中，股份合作制、外资嫁接、剥离分立、委托经营、租赁、兼并、破产、参股、控股出售等形式被广泛采用，公有制实现形式进一步多样化。15家市属中小企业职工出资，部分或全部买断存量公有资产，少数企业经营者持股占总股本的10%以上。通过改革，一批困难企业逐步走出困境，获得新的生机。同年，济南市被列为全国中小企业改革与发展重点联系城市和三资企业中方股权代表管理试点城市之一。

1999年，加速产权制度改革，引导企业进一步推行投资主体多元化改制，鼓励经营者持大股，职工多持股，推动企业改革深入发展。制定《关于深化国有企业产权制度改革的指导意见》，并选择30家企业作为推进产权多元化改革的重点单位。放开搞活中小企业，依照“资产保全、债务落实、企业增效、职工满意”的标准，探索并实施投资入股、相互参股、出资收购、内部分离、商誉投入、委托经营、整体划转以及兼并、承包、出售等多种改制形式，涌现出济南砂布厂、济南新华印刷厂等一批典型。济南市对中小企业在信息咨询、投资融资、科技进步、市场开拓和企业改革等方面提供全方位服务，市经委建立济南市中小企业服务中心，在全国率先建立起“中小企业信用担保体系”。年内为18家企业提供担保，贷款金额2200万元。同年，济南市被国家经贸委列为全国中小企业改革与发展试点城市之一。

2000年，坚持把“放小”与“扶小”相结合，先后制定《关于进一步推行和完善中小企业股份合作制的意见》《关于进一步放开搞活市属小型国有和集体企业的意见》等30多个政策性文件，对中小企业利用多种改制形式建立新的法人治理结构及资产评估、合理设置股权结构、加强股权管理、规范分配行为、维护出资人合法权益、妥善安置职工等方面进行指导和规范。年底，在1691家中小企业中，采取多种形式改制的占85%以上；改制为股份公司、股份合作制的1278家，募集资金36.8亿元，其中，募集职工个人股金12.3亿元，吸收社会法人股金12.4亿元；50余家国有、集体企业被私营企业并购；600多家小型企业与境外企业建立资产关系，涉及资产 30 多亿元。通过兼并、拍卖、破产等措施，先后淘汰劣势小型企业 446 家，盘活资产 18.5 亿元。成立济南市中小企业联合会，发展会员企业 100 家。

2000 年后，为放开搞活中小企业，以建立完善的服务体系为核心进行体制和监管机制改革。有些中小企业资产由经营者和职工全部买断，激发企业活力。各县(市)区相继建立工业园、民营科技工业园、开发区，形成各具特色的经济发展模式。坚持清理整顿“五小”(小水泥厂、小化工、小炼钢厂、小炼油厂、小煤井)企业工作，加快淘汰耗能大、污染重、产品质量低劣的“五小”企业。

2010 年，中小企业和非公有制经济保持健康平稳发展态势，新一代信息技术、高端装备制造、生物医药、新能源等战略性新兴产业加快发展。全市非公有制规模以上企业 1946 家。

第四章 工业经济运行

第一节 技术改造与创新

1981 ～ 1987 年，全市投资 13.85 亿元进行技术改造，完成技改项目 1242 个，其中引进项目 238 项，成交外汇 1.5 亿美元。通过技术改造，新增固定资产 10 多亿元；新增产值 37 亿元，占全市同期净增产值的 54.9%；新增利税 5 亿元，平均每年净增 6125 万元。增加优质名牌产品 56 个，优势“拳头”产品 78 种。通过技术引进，集中改造 5 大行业，50 多家大中型骨干工业企业技术装备水平得到提高。

1990 年前后，制定《济南市加强企业技术开发能力的若干暂行规定》《济南市工业企业技术开发承包责任制实施细则》等，把承包引入技术开发领域，实行开发项目负责制。召开以技术开发实行承包制为主题的论文发布会，交流典型经验，进行理论探讨，有 7 篇论文获省优秀论文奖。市经委、市经协办做好技术开发与经济技术洽谈会的衔接，把经济技术洽谈会上签订的有关技术开发协作项目纳入产学研联合开发工程计划。1993 年，在市第三届经协会签约项目中，有 354 项被纳入开发计划。同时，承担国家级产学研工程项目 2 个，省级项目 44 个，项目投入产出比 1∶7，利税率 23%。全年完成技术开发项目 723 项，其中，达到国际水平和填补国内空白的 120 项、国内先进水平和填补省内空白的 350 项；投产项目 615 项，实现投产率 85%；新增新产品产值 28 亿元，新产品创利税 3 亿元，节汇创汇 5670 万美元。

1996 年，全市完成技术改造投资 34.6 亿元，有 15 个技改项目列入国家“双加”工程导向计划，上报省重点项目 12 项，总投资 8.8 亿元；4 个项目获全国“八五”技改优秀奖。全年完成技术开发项目 700 个，其中，达到国际水平的 118 项、国内先进水平的 340 项；重点产品质量稳定提高率 95%；150 多家企业建立技术开发机构。按照择优扶强的原则，重点实施以轻骑摩托车、大型压力机、数控机床、高档改装车为代表的车、机产品，以小鸭洗衣机、松下彩电为代表的家电产品，以卷烟、啤酒、酒精、电子衡器、针织内衣、箱包为代表的轻工产品，以三株为代表的生物产品的技术改造。

1998 年，制定《济南市企业技术中心认定管理办法》，全市有国家级技术中心 6 个，省级技术中心 14 个，市级技术中心 12 个。

2000年，选择一批技术含量高、附加值高、具有发展潜力、能形成新的经济增长点的项目推荐申报国家、省技术创新项目，争取国家、省拨款资金1025万元。开展技术创新工程，加强企业技术中心建设。至年底，全市有企业技术中心及开发机构570家，其中，国家级技术中心8家、省级技术中心15家、市级企业技术中心23家。完成技术创新项目759项，其中填补国内空白、达到国际先进水平的160项，填补省内空白、达到国内先进水平的275项；投产660项，投产率86.9%，实现新产品产值83.27亿元，利税8.04亿元。

2005年，国家发改委公布国家认定技术中心评价结果，济南7家技术中心平均位次在全国参评的332家企业中列133位，提升49位。其中进步较快的浪潮、轻骑、重汽、试金集团较上年分别提升203位、152位、32位、24位。重汽、济钢、浪潮3家技术中心年技术开发费支出额进入全国100强，分别为11.23亿元、9.98亿元、5.52亿元，在全国列第22位、27位、48位。试金集团技术开发费占销售收入的9.91%，列全国第18位。济南市有129个项目入选山东省2005年度技术创新重点项目计划，占全省总数的12.2%，总投资9.23亿元。济南市有33家企业被认定为“中国专利山东明星企业”，其中中国重型汽车集团有限公司、浪潮集团有限公司等7家企业首获“中国专利山东明星企业”称号。2006年，中国重汽集团第一次承担国家

2009年6月18日，济南召开引进海内外高层次人才政策暨5150计划新闻发布会

863计划“重型汽车集成开发技术”课题。

2007年，济南市获“全国科技进步先进城市”和“国家知识产权示范城市”称号。全市专利申请量、授权量及发明专利申请量、授权量4项指标均居全省第一。全年完成重要科技成果400余项，争取国家、省各类科技计划项目199项，经费1.3亿元。全年实现规模以上高新技术产业产值1151.18亿元，占规模以上工业产值的35.38%。

2008年，中国重汽集团申报的“天然气专用发动机开发”课题被列入“十一五”国家高技术研究发展计划（863计划）。

2010，济南市启动“5150引才计划”，每年列1亿元财政资金，面向全球引进高层次创新型人才，利用5年时间，重点引进和支持150名能够提高城市竞争力、推动高新技术产业发展的高层次创新创业人才，其中进入各类园区创业发展的高层次人才达到100人。5月，中国重汽集团、济钢集团、二机床集团、力诺集团、试金集团分别被省政府授予“山东省产学研合作创新突出贡献奖”和“山东省产学研合作创新优秀奖”。5月22日，山东省产学研暨新特优产品展洽会在济南舜耕国际会展中心开幕，济南市有26家技术创新能力较强的技术中心参展。其间，力诺集团与清华大学签订共建“清华—力诺光电子能源研究所”合作协议；浪潮集团与中科院超算中心签署战略合作备忘录，双方将整合中科院超算中心应用开发技术、浪潮天梭高性能系统技术一体化方案以及相应运维服务。同年，济南市连续第四次获“全国科技进步考核先进城市”称号，并成为全国首批“中国软件名城”创建试点城市和节能与新能源汽车示范推广试点城市之一。

第二节　设备管理与更新

一、设备管理

1989年，济南市制定《全民所有制工业企

业设备管理规定》，企业设备管理走上依章管理的轨道。加培训设备管理人员，轮训企业法人和设备管理干部1568人。1990年，全市工业企业新增设备8979台，主要设备利用率66.5%，设备新度系数0.68。有5家企业创国家设备管理优秀单位。1991年，组建济南泰山实业集团，形成一个配套齐全的跨行业、跨系统、军地联营、全方位服务的设备维修专业化体系。全市拥有精密、大型、稀有设备5053台，引进设备6384台(套)。其中设备技术水平达到国际先进水平和国内先进水平的分别占8%和26%。主要生产设备完好率93%，设备利用率67.8%，设备故障停机率2.8%，设备新度系数0.66。设备固定资产原值44亿元。机修专业化职工16744人，其中工程技术人员710人。

1995年，济南钢铁集团总公司各种设备固定资产原值40.67亿元，净值26.56亿元，主要设备完好率97.8%，设备管理创国优，同时获山东省一级(最高等级)单位称号。1996年，济南供电局严格执行设备管理全过程监督，提高检修质量，实现电网生产安全、稳定、经济运行。全年变电事故率0.079次/台年，送电事故率0次/年百千米，变电一类障碍2次，比上年同期的13次减少11次；送电一类障碍5次，比上年同期的14次减少9次。1997年，全市建成5个部级、1个省级质量标准化矿井。在山东省煤炭工业局机电设备管理达标评比中，章丘市东风煤矿、章丘市红旗煤矿、平阴县煤矿分别得分91分、93分、96分。1998年，全市乡镇企业开展“管理效益年”活动，有38家企业的基础管理和现场管理工作达标；有10项设备现代化管理成果在省系统获奖，其中一等奖2项、二等奖2项；有6家企业获省乡镇企业系统设备管理示范企业称号；有5家企业达到设备管理三级标准。1999年，全市有15家乡镇企业的基础管理工作和现场管理工作通过省局检查验收，有3项现代化管理成果在省局获奖，有3家企业获省级设备管理达标企业，有10家企业通过ISO 9000体系认证。

2004年，济南炼油厂从设备管理、生产计划、库存管理等方面入手，以效益为中心，加强全面质量管理，保持产品出厂合格率和政府质量监督部门抽检合格率均为100%。济南炼油厂被中国质量协会授予“全国质量效益型先进企业”称号。2005年，全市质监系统加强质量技术监督监管，建立特种设备安全监察信息管理系统，建立市、县(市)区两级数据库，实现联网运行，全市108家特种设备制造、安装和维修改造单位和2512家特种设备使用单位纳入监管范围。被纳入监管的特种设备有：锅炉1424台、压力容器5685台、电梯2817部、起重机械4411台、游乐设施278部(台)、客运索道4条、厂内机动车辆1413台、气瓶473172只。全年检验特种设备：锅炉1155台、压力容器2656台、压力管道6千米、气瓶82677只、机电类特种设备8480台(部)。全年培训特种设备管理和作业人员8295人(次)。6～9月，市质监局组织“特种设备安全监管百日整治”活动，消除大量事故隐患。2006年，由中国设备管理协会再制造技术委员会、装备再制造技术国防科技重点实验室等四部门主办的第二届全国装备再制造工程学术会议在济南召开。中国工程院院士徐滨士、薛群基和全国各地140多名再制造专家到会，共同探讨国内装备再制造发展问题。济南复强动力有限公司作为国家循环经济首批试点单位在大会上作典型发言。2009年，济南卷烟厂对1条PROTOS70-FOCKE350S卷包生产线进行大修，开展在线检测试点，提升过程控制和技术装备保障能力，卷包设备平均有效作业率90.56%。

二、设备更新

1986～1988年，市机械局系统用于技术改造的自筹资金4864万元。1988年，济南铁路分局重点加强济南枢纽改建和铁路干线改造，全年完成大修、更新改造投资10485万元，中修线路87千米；维修线路1058千米、道岔1963

组、桥涵1751座；大修路基14处、道口10处、整治病害4处、换轨33.6千米、道岔32组、桥梁28件。蒸汽、内燃机车检修率分别为7.4%和9.9%，车辆热轴率为3.44%，客车达到一级车标准。拥有主要设备2942台，设备完好率96.2%，"红旗"设备为11.9%。1990年，《济南市国民经济和社会发展十年规划及第八个五年计划纲要》提出，要继续按照国家规定，从企业设备更新改造资金中提取劳动保护技措费，改善劳动条件和劳动环境。

1991年，全市提出落实企业自主权，100万元以下自有资金进行技术改造和设备更新项目，可以自主决定。经市财政部门审核后，允许该项目新增利润3年内全部留给企业，增强企业培植高新技术的能力。1995年，济南市30家建立现代企业制度试点企业募集资金7.68亿元，其中绝大部分投入到技术改造和设备更新上，增强企业发展后劲。14家以本企业为核心成立的企业集团，用改制所筹资金加大技改力度。1997年，济南市通过的《济南市科学技术进步条例》提出，独立科研开发机构自主创收全额留用，财政不予提留，主管部门不得向独立科研开发机构收取管理费。事业费核减到位的独立科研开发机构，财政、科技及其行业主管部门应在基础设施、项目经费、设备更新等方面给予支持。

2000年，山东金枫木业有限责任公司将原场地置换，所获资金除在郊区购置土地新建厂房外，剩余资金进行设备更新、技术改造和新产品开发。2004年，全市推行企业安全质量标准化工作，确定济南化肥、明水化肥、裕兴化工、中石油济南分公司、济南气体厂、济钢阿克力公司6家企业为试点单位，共投入资金628万元。针对济南市安全生产基础薄弱的问题，加大安全资金投入，加快技术设备更新换代，全面提高安全保障水平。2005年，市财政安排5720万元作为工业经济发展引导资金，集中支持一批装备制造骨干企业建设，扶持50个工业投资重点项目。当年有19个重点项目按期完工，总投资97亿元，完成投资49亿元。

2006年，推进章丘电厂、沧淄线济南供气应急工程等项目，帮助3家棉花收购加工企业完成设备更新改造并获国家资金支持。2007年，依据国家节能减排产业政策，对重点企业投入专项资金扶持。章丘华明水泥有限公司万吨散装水泥仓和散装水泥钢板流动罐建成使用，同时对原有设施、设备更新改造。2010年，实施投资项目19项，完成投资10.3亿元。其中，二机床集团投资2.5亿元的"大型数控机床制造能力提升"和投资近4亿元的数控机床铸件及机加工项目、济变集团投资4.5亿元的750千伏迁建改造项目等，全部完成并投入使用。

第三节 企业运行与管理

1986年后，济南市工业企业管理突出抓好"两整顿、两加强、两完善、一推广"工作。"两整顿"是整顿企业现场管理和整顿生产工艺、劳动纪律。工业企业整顿以生产班组和岗位为主要对象，以定额管理为突破口，严格工艺和劳动纪律，堵塞跑冒滴漏浪费现象，建立起良好的生产和工作秩序，实现"优质、低耗、高效、安全"的目标。"两加强"是加强企业财务管理和加强经济核算。围绕增收节支，加快资金周转，提高资金利用率，普遍推行"厂内银行"，建立健全经济核算体系。"两完善"是完善企业经济承包责任制和完善企业内部经济责任制，实现"目标、责任、措施、考核、奖惩"五落实，完善第二轮企业经济承包责任制续签工作。"一推广"是推广现代化管理方法。

1990年7月～8月，全市重点抽查22家企业，奖罚分明，增强企业管理意识。济南轴承厂设立厂内成本控制中心，加强管理和核算，当年实现利润比上年增长43.53%；储备资金占用减少47%，可比产品成本降低0.15%。同年，有2家企业晋升为国家一级企业；11家企业晋升为国家二级企业。获省级先进企业50家、省级优秀企业家5名、省级现代化管理成果13项。市经委的“成本控制工程”获全国企业现代化管理创新成果二等奖。全市实现管理效益1.05亿元。

1991年1月22日，召开全市“质量、品种、效益年”动员大会，提出“深化改革，优化结构，强化管理，增强实力”工作方针。纺织、造纸、石化、二轻等系统的企业通过“产品质量曝光展览”的形式进行动员。市经委提出“以科技为先导，以市场为目标，以调整为契机，以管理为基础，以效益为中心”的工业生产工作思路，明确规定市及各系统质量、品种、效益三方面的具体目标，并与各系统签订经济目标责任书，进行严格的奖惩考核。全市推广济南第一机床厂“坚持两手抓，促进外向型经济发展”，济南啤酒厂“严字当头抓管理，以人为本搞企业”，济南钟表厂“稳定质量保名牌，技术进步增后劲”和济南衡器厂“高起点引进，高速度消化”等典型经验。新产品开发项目和投产率目标分别为700项和80%，实际完成712项和83.76%；市属预算内国营工业企业实现利税增长率和扭亏率目标分别为10%和25%，实际完成20.36%和32.65%。全市评选出经济效益先进企业、质量管理先进企业、技术开发先进企业各10家和经济效益、质量管理、技术开发先进系统各6个。

1994年，开展“管理效益年”活动，主要内容为“双增双节”。1996年，推广山东水泥厂、济南锅炉厂“两本”管理(即人本管理与成本管理)经验，在全市企业中开展“远学邯钢经验，近学锅炉、山水”活动。“两本管理”的主要内容是：以人本管理为基础，加强企业领导班子和职工队伍建设，实现两个文明共同发展；以成本管理为核心，模拟市场核算，实行成本否决，全面改进和加强企业各项管理工作。

1995年，工业系统开展“管理效益年”活动，制订活动计划，层层分解落实各项管理指标，成立财源建设、发展集团、企业结构调整和技术改造及扭亏、清欠压库、开拓市场、企业办社会调研、企业领导班子考察调整等七项重点工作的领导班子。各企业从管理基础入手，完善各项规章制度，围绕现场、质量、资金、营销、成本、财务等专项管理制定措施，企业管理混乱、亏损低效、浪费严重、纪律松弛状况明显改善，有效地抑制企业管理滑坡势头。全面推行企业管理状态评价工作，全市共评出29家A类样板企业和19家B类样板企业，向省推荐管理示范工程企业13家，全年实现管理效益1.87亿元。同年，济南市委、市政府先后召开重要会议，把企业结构调整作为振兴济南工业、增强国有大中型企业经济实力和竞争力的根本性措施，全力推进企业结构调整。

1996年，济南市委、市政府提出“实行银企联手发展规模经济，搞好国有大中型企业”的工作思路，并决定以银企联手为切入点，采取一系列措施，发展壮大规模经济。济钢、轻骑、将军、锻压、炼油、化纤、小鸭、电视机、啤酒、三株、白马、重汽、考格尔、金泰、浪潮、大易等16个工业集团成为全市发展规模经济的重点企业。16个集团在数量上不到全市乡及乡以上独立核算工业企业的1%，其销售收入占40%以上、利税占70%以上，是全市工业经济的顶梁柱，具有产业关联度大、市场占有率高、带动作用强的特点。通过实施银企联手，确定主要任务、实施方法和具体保证措施，逐步将集团优势转化为行业优势、地区优势。全年各家银行以贷款、承兑、贴现、信用证等方式为16家重点集团注入资金51.5亿元。重点集团累计完成技改投资12.6亿元，新增电力容量1.8万千瓦，资产负债率由上半年的69.37%降到11月底的65.24%。

1997年，制定《关于加快推广两本管理的工作意见》，试点企业扩大到40家。召开全市加强企业“两本”管理经验交流会，组织专家、学者就“两本”管理的内涵和实质进行理论研讨。济南二机床集团改革内部管理结构，抓好成本控制机制、生产指挥快速反应机制和产品质量监督管理机制，形成生产经营三维保证体系和新的企业管理模式；小鸭集团的“超值服务工程”把市场竞争意识和产品系列服务有机地融合，形成新的企业经营管理理论；三塑集团的“凝聚力工程”、啤酒集团的“控制高低限价实现极限成本”等；“两本”管理经验在市场经济的实践中不断完善和提高。同年，开展节能降耗活动，全市单位耗能降低6.8%，节约能源50万吨标煤、钢材7500吨、代用木材4万立方米，利用工业固体废物350万吨，节能节材创造直接经济效益2.5亿元。1998年，继续开展“管理效益年”活动，加强以财务管理为中心、以成本管理为重点的基础管理，年底两项资金占用比上半年下降29.68%，工业企业管理费用同比降低5.1%，实现管理效益3.28亿元，同比增长22.85%。济南钢铁集团实施低成本战略，关注资金流动全过程，向精细管理要效益，实现管理效益1.4亿元。市建材集团坚持不懈抓人本、降成本，年实现利税同比增长74.06%。推行“两本”管理，开展评选企业管理“十面红旗”活动，总结出一批建立市场化企业运营机制和管理创新的典型经验，“两本”管理内涵更加丰富和充实。开展企业管理状态评价，推进现代化管理成果和管理方法。市经委修订评价标准，完善评价方法，发挥中介组织作用，对全市321家企业进行管理状态评价，其中116家企业分别达到A、B两类企业标准。山东水泥厂的“人本特色的成本管理”和小鸭集团的“超值服务工程”管理成果获第五届全国企业管理现代化创新成果一等奖，在全国7项一等奖中济南占有2项。

1999年，“两本”管理继续深化。山东水泥厂把人本管理深化为“十大工程”，济南锅炉厂把成本管理概括为“三金”模式。“两本”管理在中小企业及各县（市）区得到全面推广。7月，在济南化肥厂召开“全市企业管理工作现场会”，200多家企业1000余名经营管理人员参加会议。同年，国家冶金工业局在济南召开现场会，向全国推广济南钢铁集团“节能降耗实施低成本战略”经验。济南东风制药厂的“顾客满意工程”等5家驻济南企业管理成果，获山东省企业管理创新成果奖。通过加强基础管理，强化企业资金、成本、设备、物资、能源管理和技术改造管理，全市工业系统消化增支减利因素3.98亿元，实现管理效益4.5亿元。年内，共有88项管理成果获市级管理创新优秀成果奖，获奖率77.2%。

2002年，全市各企业开展以资金管理为主要内容的企业管理活动，努力降低成本和各项费用。市经委及各企业采取多种形式，有针对性地开展形势政策、高级工商管理、WTO知识、企业改革改制、企业信息化管理、实战营销策略、物流管理等适应性短期培训，培训4.2万人（次）。企业信息化建设步伐加快，涌现出浪潮集团、济南钢铁集团、齐鲁化纤集团、二机床集团等一大批信息化应用先进企业，部分企业进入实施和利用供应链技术、电子商务领域。25%以上的企业利用信息技术增强企业管理水平。

2006年5月，制定《济南市建设创新型城市若干政策》，明确规定“工业发展引导资金”的使用，用政策推动技术创新工作，走出企业管理的新路。按照面向全市工业经济、支持企业自主创新及产业化的使用要求，重点支持“十一五”期间100个技术水平高、附加值高、关联度大、市场前景好、出口创汇能力强、具有

济南市积极推进银企合作，促进共同发展　（2006年摄）

自主知识产权的重大工业创新项目以及各级企业技术中心建设。对新认定的国家级企业技术中心、中国名牌产品一次性奖励300万元，新认定的省级技术中心、山东省名牌产品一次性奖励100万元。在全市科技进步表彰暨创新型城市建设大会上，济南市对自主创新企业进行重奖，共发放奖励资金5600万元。

2009年1月20日，制定《关于进一步加强企业管理工作的意见》，进一步明确要不断提高企业市场竞争力，强化企业基础管理工作，全面提高企业管理水平，支持企业开拓市场，拓宽企业发展空间。

2010年，全市继续深化企业改革，加快发展方式转变和产业产品结构调整，提高监管企业经济运行质量。同时，创新合作模式，深入产学研合作，全市规模以上企业中80%以上至少与一家高校建立产学研合作关系。实施“泉城学者”建设工程，围绕全市经济社会发展，以解决企业发展中的重大、关键性难题为目标，面向全国高校、科研院所和企事业单位公开招标，招贤纳才。实施济南大学服务济南行动计划，推进济南大学联系百家企业工程。

第四节 产品营销

1987年，全市在发展外向型经济方面取得进展，有170多家企业实现商品出口。1988年，乡(镇)及以上独立核算工业企业实现产品销售总额100.12亿元，销售率93.6%，利润和税金18.53亿元；定额流动资金周转天数10天。1990年，制定《关于加强地产工业品销售工作补充意见》。

1993年，开展“市场效益年”活动。市政府每季度召开一次大型调度会，市经委每月召开一次生产经营调度会，按市场需求制定产品保限压序列，做好能源、原材料、资金、交通运输等方面的供应工作。推广轻骑集团转换机制强化营销的经验，对全市扭亏增盈工作起到较大的带动作用。坚持发展开放型经济，优化出口产品结构，重点发展机电出口产品，大中型企业成为出口创汇主力军。同年，出现产品销售率下降、产品积压和拖欠贷款严重等问题。市委、市政府动员各方面力量，运用经济、行政、法律等多种手段，集中时间，突出重点，加速清欠，压缩库存，盘活资金，打一场营销清欠的攻坚战。从第四季度到1994年春节前，工业产品销售率逐月提高。年底，全市工业产销率96.5%。

1997年，市政府召开抢占市场动员大会，制定《关于抢占市场、强化全市工业产品市场营销网络工作意见》。各企业普遍选拔精兵强将，充实到销售队伍中去。销售力量约占职工总数的3%～5%，有的企业达到“千人生产，百人销售”的程度。开展评选“销售状元”和“销售标兵”活动；采取座谈会、展销会、订货会等形式，扩大产品销售；与商业、外贸、物资、代销社和全市各部门、各系统驻外地办事处和经营机构紧密结合，建立市场网络体系，初步形成华东、华北、东北、西北、中南、西南“六大板块”市场营销网络。在全国设立销售机构2400多个，直销、代销等网点2万多个，形成以轻骑、小鸭、三株等重点集团为骨干的工业营销网。开展名品进名店活动，建立专业零售批发市场。年底，全市工业系统建立25个专业批发零售市场，从业人员7万人。完成工业增加值7.3亿元，实现利税2.2亿元。全市乡及乡以上独立核算工业企业产品销售率97.3%；其中，国有企业98.4%，集体企业95.6%，其他经济类型97.7%。

1998年，全市把研究市场、开拓市场作为工业系统的“一号”工程，以市场为导向进行产品结构调整，以18个重点集团和名优产品为主，实施新的营销战略。参加郑州、西安、上海、广州展销会和济南金秋经贸洽谈会，达成协议成交额4亿元。一轻、二轻、纺织、电子等行业，先后6次组织大篷车队，携带近500种名优产品赴长清、平阴、章丘、商河等县(市)和临盘油田等地，进行产品直销，与农村商店、供销社签订供货合同和意向协议125万元。山东泰山电器集团通过产品下乡，实施以沿海、沿路等工副业发达村镇为重点，建成400多个“电视村”。全市组织出国招商和贸易团组90多个，400余人(次)。工业品出口创汇6.04亿美元，占全市出口创汇额的89.2%，其中机电产品出口创汇1.35亿美元。全市工业企业产销率96.98%，其中，国有企业98.77%，集体企业94.87%，外商和中国港澳台商投资企业93.21%，大中型企业99.02%。

1999年，出口创汇超过1000万美元的工业企业有4家。新建境外企业4家，其中轻骑集团在尼日利亚和土耳其新建驻外机构2家；济南仁丰纺织有限责任公司向柬埔寨转移3万纱锭项目，获国家批准；济南芙蓉集团在纳米比亚购买土地和房产，注册公司开展经贸活动。全市限额以上工业企业产销率96.51%，其中，国有企业99.35%，集体企业95.11%，外商和中国港澳台商投资企业92.04%。

2000年，全市重点调度的50种工业产品中，有33种增长，占66%，其中，与投资拉动关联度较大的机床、改装车、锻压设备、电站锅炉、水泥、钛白粉和微型计算机等重点骨干产品增长幅度在五成以上。工业企业把实施市场部、营销网络、营销队伍3大建设工程作为适应市场要求、强化竞争能力的重要举措。济南东风制药厂实施“客户满意工程”，与客户建立起“鱼水”关系，年销售收入增长30%以上。组织企业参加全省、全国各种经贸促销活动，签订产品贸易和经济技术合作项目260项，成交金额12亿元。全市规模以上工业企业产销率98.2%，其中，国有企业99.4%，集体企业96.5%，外商和中国港澳台商投资企业100.2%；轻、重工业均为98.2%。

2001年，全市把利用外资、寻求技术合作作为企业生存发展的战略措施，市工业系统有关企业赴美国、英国、德国、法国、澳大利亚、新西兰等国家和中国香港、东南亚等地区进行招商引资，洽谈、签订一批经贸合作项目。有10余个项目正在建设或投产运营，其中有泰山电器集团在柬埔寨独资建立电视机厂项目，一棉、仁丰纺织公司分别在孟加拉和柬埔寨建立纺织厂项目，轻骑集团分别在印尼、巴基斯坦、尼日利亚、巴西4国建立企业，山东力诺集团在墨西哥建立安瓿生产企业项目，济南万紫巷商场在瑞士建立海鲜速冻企业项目，乐喜施化肥有限公司在缅甸建立化肥厂项目等。开展专项整治活动，对卷烟、药品、食品、拼装汽车等14种重点商品开展专项打假活动，查处假冒伪劣商品6600多万元，捣毁制售假窝点209处。全市工业企业产销率97.7%，实现出口25233万美元，其中机电产品出口16381万美元，占31.7%。

2002年，全市工业产品在省外销售超过200亿元，济南市驻沪企业市场销售额6亿多元。实现出口2.87亿美元，扭转2001年下半年以来持续下滑的局面。

2003年，实施大市场战略，开展假日、会展、旅游、文化平台营销等多种营销活动。7～10月，组织啤酒集团、佳宝乳业公司、普利思矿泉水公司、元首集团、齐鲁化纤等食品轻纺企业，举办南苑—趵突泉消夏广场及泉城旅游文化等活动，扩大产品销售。

2004年，整顿和规范市场经济秩序，开展食品安全、打击非法采供血和侵犯知识产权行为等专项整治活动，打击各种制售假冒伪劣商品行为。国务院督查组对济南市开展整顿和规范市场经济秩序工作进行检查，给予较高评价。在山东省进出口企业100强中，济钢集团有限公司进出口8.9亿美元，居第4位，其中，中厚板出口量继续保持全国第一。山东松下影像公司进出口1.02亿美元，居第79位。在外商投资企业出口50强中，济南玫德铸造有限公司出口5737万美元，居第26位。轻骑铃木公司摩托车成套散件向菲律宾、马来西亚、巴基斯坦等国家出口12380套，创汇600万美元。济南二机床集团与德国公司签署合作协议书，为马自达汽车项目供货，价值7000万美元；与世界一级冲压商美国德纳公司签订5000吨重型多工位压力机供货合同，标志着中国完全拥有自主知识产权的重型锻压产品进入世界主流市场。济南元首集团与西班牙公司签订供货值30万美元的合同协议书。全市机电产品出口4.7亿美元，进口5.3亿美元，进出口逆差5356万美元。出口过百万美元的机电企业44家，其中企业出口超过500万美元的13家，济南玫德铸造公司、济南轻骑集团、山东松下电子信息公司、中国重汽集团等7家超过千万美元。

2006年，开展保证食品药品安全、打击商业欺诈、保护知识产权等一系列专项整治行动，严厉打击各种制售假冒伪劣商品行为，推进“诚信济南”建设。山水集团出口创汇总额6600万美元，获市“外贸出口先进企业”和“外贸出口星级企业”称号。力诺光伏为德国慕尼黑太阳能公园提供1兆瓦太阳能光伏组件，获德方3000万元人民币订单，标志着力诺光伏产品大批量进入世界级太阳能光伏工程。济南重工主导产品螺旋式破碎机、BM球磨机出口保加利亚、德国等国家。

2007年，全市工业品出口29.5亿美元，其中，机电产品出口完成18.5亿美元，占全市出口总额60.4%，机电产品出口占全市比重高出全省平均水平23.5个百分点；高新技术产品出口3.03亿美元；纺织服装出口1.9亿美元。产品出口前5位的国家分别是伊朗、印度、美国、日本和韩国，占全市出口总额近四成。出口企业前5位分别是济钢集团、重汽集团、省电建、中电山东、玫德铸造，占全市出口总额的48%。出口商品前5位分别是钢材、汽车及配件、机械设备、电子电器、金属制品，占全市出口总额的65%，其中钢材出口占总额的25%。内资企业出口占78.1%，外资企业出口占21.9%。

2009年，全市加大政策扶持力度，为93家企业申请国家中小企业国际市场开拓资金230万元，为服务外包企业申请国家和省扶持资金4000万元，并对企业参加出口信用保险支付保费和反倾销应诉支付律师费实行补贴。组织120多家企业参加大阪山东出口商品展览会、广交会等国内外展会。在稳定亚洲市场份额的同时，开拓南美、中东、东盟、东欧等新兴市场。先后引进北京、上海、深圳等地大中型外包公司15家到济南设立分公司，开展离岸外包业务。

2010年，全市进出口总值56.57亿美元，其中进口26.1亿美元，出口30.47亿美元。内资企业出口18.71亿美元，外资企业出口8.91亿美元。机电产品出口19.4亿美元，出口额列全省第4位，占全市出口比重的63.3%；机电产品进口11.23亿美元，机电产品进出口贸易顺差8.17亿美元。加工贸易出口5.91亿美元，主要集中于船舶、纺织服装、化学化工、家居、电子行业。中电山东公司的船舶出口2.74亿美元，冠世针织出口1061万美元，绿霸化学用品出口1635万美元。高新技术产品出口2.97亿美元。医药品出口1.13亿美元，机械设备出口6.22亿美元。全市规模以上工业完成销售收入4497.17亿元，产品销售率98.71%，利润总额584.53亿元。

第五节 人才队伍建设

1986年，济南市人才工作重心是坚持落实《中华人民共和国企业法》，坚持和不断完善厂长(经理)负责制，赋予其更多自主权，以激发人才活力，推动企业发展。1989年，全市市属企业实行厂长(经理)负责制和任期目标责任制的累计434家。其中，大中型企业127家，小型企业307家；全民企业224家，集体企业210家。

1990年后，人才培养工作的主要内容有：工商管理培训；多种形式、多种途径进行短期培训和职业资格培训；各个层次的学历教育；企业优秀中青年干部的选拔和培训。按照每个大中型企业选拔2～5人，其他各类企业选拔2～3

人的要求，选派优秀中青年干部参加高级工商管理职业资格培训；鼓励、支持有志竞争企业高层管理岗位的优秀青年参加工商管理硕士学位证书班学习，并有计划地选派有培养前途的青年出国培训。组织一批骨干企业领导干部出国培训，培养一批与国际接轨的高层次管理人才。组织企业领导到省内外先进企业学习考察，学习借鉴外地先进经验。聘请国内外专家学者到济南做专题报告、讲座，举办高层次研修班，组织优秀企业家和经济管理部门领导、省内外专家共同研讨和交流。

1996年，制定“九五”企业管理干部培训规划，规划到20世纪末，济南市所有大中型企业领导干部、中青年后备干部和80%以上的小型企业领导干部要达到大专以上文化水平。已具备大专以上文化水平的要拓宽知识领域，根据需要取得第二学历或大学本科学历。大中型企业有计划地选拔一批35岁以下有培养前途的优秀青年接受工商管理硕士学位教育，全市在“九五”期间至少要培养100名工商管理和企业管理硕士研究生。

2000年，开展以工商管理培训为主要内容的管理干部教育，明确规定企业厂长(经理)及其领导成员必须经过培训，持证上岗。全市有1227人参加培训，90人参加MBA硕士学位培训。多次举办加入“WTO”(世界贸易组织)与中国企业管理的专题报告会，引导企业尽快与国际惯例接轨。

2003年，市政府聘请国内外知名专家教授32人组成济南市工业经济专家智囊团。8月30日，济南市客座拔尖人才工业经济专家组成立暨首次工作会议在舜耕山庄召开。市政府及有关部门领导，重汽集团、轻骑集团、正昊新材料公司、小鸭集团、锅炉集团、二机床、一机床等16家与专家合作的企业领导及项目负责人，同来自清华大学、中科院、上海交通大学、浙江大学、北京航空航天大学、山东大学、西安交通大学、华中科技大学、山东师范大学等高校和科研院所的19位专家学者进行座谈和项目对接。先后从全国选聘包括5名院士在内的89名专家、教授任工业企业的客座拔尖人才。同年，通过课题组座谈会、技术分析会等方式，指导技术人员3200余人(次)；举办专题报告和讲座，培训技术人员4000余人(次)。

2005年，浪潮集团、济钢集团、重汽集团、二机床集团首次设立4个“泰山学者”岗位，根据各自的产品研发方向和核心技术要求向海内外“求贤”。中国重汽与山东大学签署协议，确立包括人才培养、技术合作、学术交流等产学研相结合的战略合作关系，联合开办工商管理研究生班。中国重汽与清华大学和江苏大学联合举办工程硕士研究生班。正昊化纤公司获国家人事部批准，设立博士后科研工作站。

2006年9月，济南市实施“泉城学者”建设工程。向全国公开招标，围绕制约济南市经济社会发展、制约企业发展重大关键性难题和项目，吸引和凝聚高层次人才进行技术攻关，确定济南钢铁集团、浪潮集团、中创软件公司、二机床集团等企业的9项课题作为招标课题。清华大学、中国科学院、国防科技大学、辽宁科技大学、山东大学、山东师范大学等与企业签订技术攻关合同。首批“泉城学者”建设工程使企业当年新增销售收入3.52亿元。

2007年，加强企业与高等院校、科研院所之间的交流与合作，1000多家企业与省内外高校院所建立科技合作关系。山东福胶集团与山东师范大学连手建立的科研基地、实践教学基地正式揭牌。济南职业学院与济南一机床集团签署共建生产型实训基地协议。力诺集团与山东建筑大学合作开设国内首个太阳能与建筑一体化专业，为太阳能与建筑一体化发展培养高端人才；与清华大学合作成立清华力诺能源光电子研究所，聘请中国真空镀膜管创始人、清华大学教授殷志强担任所长，研发太阳能中高温集热技术；与德国JSJ和索尔格公司合作研发太阳能玻璃材料；与山东大学合作研发太阳能薄膜电池；

济南市积极推进"泉城学者"建设工程 （2010 年摄）

与比利时矽比科公司合作开发石英砂新产品等。力诺瑞特推出的新一代 Aqua 分体式热水系统，推动中国太阳能行业跨入 3.0 新时代。

2008 年 3 月 20 日，济南市召开首批"泉城学者"命名表彰大会，授予 8 名专家"泉城学者"称号，每人奖励 5 万元。同时，济钢集团、浪潮集团等 8 个"泉城学者"建设工程课题招标单位，获市财政 680 万元经费资助。

2010 年，济南市完善高层次人才申报、评审、认定等配套办法，开辟人才引进绿色通道，制定人才居住证制度，推进"5150 引才计划"和"百千万人才引进工程"，全年签约引进 99 名高层次人才，其中院士 1 名，国家"千人计划"4 名、省"万人计划"11 名。坚持以高端急需为取向，引进国外智力，实施引智项目 29 项，引进外国专家 115 人（次），争取国家引智经费 170 万元，有 2 名外国专家获国家友谊奖和齐鲁友谊奖。全年执行出国（境）培训项目 18 项，派出人员 215 人。推进留学人员创业园区建设，留学创业人员企业 190 家，聚集留学人员 1700 多人。承办中国山东第六届海内外高端人才交流暨技术项目洽谈会，引进人才和签约项目数量居全省第一。加强高层次专家推荐选拔工作，全市管理期内的省有突出贡献的中青年专家 13 名，享受国务院特殊津贴专家 110 名。博士后工作站 9 家，在站博士后 29 人。8 月 30 日，人力资源和社会保障部、全国博士后管理委员会批准济南市供排水监测中心、济南重工股份有限公司设立博士后科研工作站。建立健全高技能人才培养培训和多元化评价体系，新增首席技师工作站 9 个。推进技工院校改革，实施新技师培养计划、社会紧缺职业工种培训计划，打造"泉城金蓝领"培训品牌。全年完成市属技工院校招生 1.06 万人，增加高技能人才 2.63 万人，选拔首席技师 50 名和突出贡献技师 100 名。对"中国济南人才网"进行改版升级，形成网络市场与场地市场并重的人才招聘服务格局。

第五章 资源综合利用

第一节 节能体系建设

一、从无到有时期（1980～1990）

1980 年 8 月，济南市节能领导小组成立，下设节能办公室，作为其办事机构。1982 年 4 月 13 日，济南市能源技术服务中心成立。1986 年 1 月 12 日，国务院发布《节约能源管理暂行条例》，这是中国第一部综合性节能法规。6 月 26 日，山东省政府下发《贯彻国务院节约能源暂行条例实施细则》，细化条例，可操作性更强。9 月，济南市依据国务院颁布的《节约能源管理暂行条例》和省政府的《贯彻国务院节约能源暂行条例实施细则》，建立市政府节能办公会议制度。在第一次节能办公会议上，确定全市节能工作以市节能办公室牵头，理顺关系，实施对各职能部门的节能工作进行业务指导、协调和监督。1987年2月，济南市统计局、济南市节能办公室下发《济南市1987年能源统计定期报表制度》，将能源统计工作正式纳入市政府统计。为实时监控企业的能源消耗情况，评价能源消费水平，济南市节能办公室下发《关于开展能源审计工作的通知》，对年耗能万吨以上企业和有条件的年耗能5000吨标准煤企业开展能源审计工作，全市第一批开展能源审计的企业有49家。同年，国家计委能源研究所在济南市进行能源审计试点，取得成功后在全国推广。1988年5月，济南第一棉纺织厂、济南第一塑料厂、济南化工厂、济南柴油机厂、济南机床二厂、济南裕兴化工厂等6家企业的锅炉房被山东省经委评为第一批省一级锅炉房。同年，成立济南市改车节油办公室，重点对北京130等四种耗油高的汽车进行改造，年内完成改造任务的40%。设立济南市节电基金，该基金用于全市重点节电项目，基金的发放是由市节能办和市“三电”办(三电：计划用电、节约用电和安全用电)研究安排，以小额贷款的形式委托工商银行发放和回收。当年安排15个项目，加上企业配套资金共形成277万千瓦的节电能力。同年，全市有2家企业晋升为国家一级节能企业，9家企业晋升为国家二级节能企业，111家企业被评为省级节能企业。1989年，全市县属以上工业企业产值增长10.03%，能源消费增长5.12%，低于产值增长速度近5个百分点。全市万元产值综合能耗为4.24吨标准煤，比上年下降4.32%，节约能源折标准煤17.61万吨。省重点考核的产品能耗单耗稳定降低率67%，好于上年水平和全省平均水平；省考核的48种主要产品单耗下降的有26种，占54.2%。同年，全市有3个企业晋升为国家节能一级企业；19个企业晋升为国家节能二级企业，59个企业晋升为省级节能企业。1990年，晋升为国家节能一级企业3家，累计7家；晋升为国家节能二级企业14家，累计37家；省节能先进企业42家，累计150家。

二、法制管理时期(1991～2005)

1992年8月20日，经市政府第112次常务会议审议通过《济南市粉煤灰综合利用办法》，对粉煤灰综合利用优惠政策、政府部门的监督和义务作出明确规定。1995年4月25日，国务院召开常务会议，讨论并原则通过《中华人民共和国节约能源法(草案)》。1997年6月6日，山东省人大常委会通过《山东省节约能源条例》，这是中国第一部省级地方节能法规。11月1日，第八届全国人大常委会第二十八次会议审议通过《中华人民共和国节约能源法》，《节约能源法》共6章50条，自1998年1月1日起施行。同年，经济南市人大常委会审议通过《济南市资源综合利用条例》《济南市电力管理条例》两个地方性法规。1998年，颁布《〈济南市资源综合利用条例〉实施细则》《济南市散装水泥管理办法》。2002年，济南市召开全市工业与非工业用能单位定额工作会议，对上年能耗定额执行情况进行考核，并结合上年定额完成情况和本年全市节能目标，为268家单位制订能耗定额，其中，工业企业180家，非工业单位88家。考核结果显示：重点用能单位万元产值能耗下降11.4%，节约能源折标准煤15万余吨，实现节能价值近6亿元，全市能耗定额总体水平降低5个百分点。2004年，实行定期公报制度，每半年公布一次各地区的能源消耗状况，每季度公布一次重点用能单位重点产品的能耗情况，接受社会监督，严格考核，落实奖惩。2005年，对照济南市重点产品在全省能耗水平，分析全市重点用能单位能耗存在的主要问题，研究确定主攻方向，加强对钢铁、煤炭、电力、石化、化工、建材等高耗能行业和重点用能单位管理，严格执行省政府确定的相关行业能耗标准，加大能耗定额管理力度。核定能耗定额企业70余家，修订定额近200项。同年，全市重点用能单位万元工业总产值能源消耗1.45吨标准煤，降低5.8%，节能58.7万吨标准煤。重点考核的23项单耗指标稳定降低率70%。

三、全社会节能时期(2006～2010)

2006年，市节能减排工作领导小组办公室对各部门在节能减排工作中的职责进行明确分工，形成分工协作、齐抓共管局面。市政府把节能减排工作列入经济分析会议重要内容，每季度召开会议，调度工作情况，分析存在问题，研究对策措施。2007年，济南市建立节能专项资金，制定《济南市节能专项资金使用管理暂行办法》，专项资金按照相对集中、突出重点、统筹兼顾、科学论证、择优扶持、专款专用的原则安排使用。资金支持范围，重点用于市重点用能企业节能技术开发、项目工程补助、节能技术支撑平台和服务体系建设；可再生资源开发利用项目；表彰奖励济南市节能降耗突出贡献单位和企业；市政府确定的其他需支持项目。同年，投资2.5亿元、占地12万平方米的高新区山东华艺集团太阳能高科技产业园投入使用。该产业园以自动跟踪太阳能发电站、玻璃幕墙式光伏组件和高效太阳能路灯为主要产品。

2008年，济南市先后制定《节能减排综合性工作实施方案》《节能奖励办法(暂行)》《固定资产投资项目节能评估审查办法(试行)》《超标准耗能加价管理办法(试行)》《关于进一步加强节能减排工作的意见》《济南市进一步加强节油节电工作实施方案的通知》《济南市人民政府批转节能减排统计监测及考核实施方案和办法的通知》等文件，进一步完善节能降耗政策体系，继续建立和完善全市单位GDP能耗统计、监测、考核体系。市财政安排1000万元节能专项资金，比上年增长66.7%。

2009年，市财政投入750万元资金，补贴10个县(市)区太阳能推广。全市推广太阳能5万台，年节电7210万千瓦时，节约标准煤2万吨，减少二氧化碳排放4万吨。同年，济南市被确定为国家“十城千辆”节能与新能源汽车示范推广试点城市，开始推广各种新能源汽车运营车辆。

力诺科技园1.6MWP太阳能光伏电站 (2010年摄)

2010年6月18日，成立济南市节能减排和淘汰工作指挥部，具体负责落实节能减排任务。严控“两高一资”(高耗能、高污染、资源性)项目，坚决淘汰落后产能，对34家企业实行预警调控，减少能耗64万吨标准煤。全年关停10家落后产能企业，关停并拆除3条水泥立窑生产线，产能30万吨，关停黄台电厂5号、6号和章丘琅沟电厂2号、3号机组，生产能力25.7万千瓦。推进建筑、交通、公共机构三大领域节能，43家企业通过清洁生产审核验收；开展建筑垃圾、废旧机械、办公用品、电子产品等资源综合利用，工业固体废物综合利用率为96%，垃圾填埋气发电装机容量3500千瓦。全市化学需氧量和二氧化硫排放总量完成省政府下达的控制计划，完成“十一五”节能减排和淘汰落后产能任务目标。

第二节 散装水泥与中水利用

一、散装水泥推广

1985年，《国务院批转国家经委关于加快发展散装水泥意见的通知》，制定统一目标要求和具体政策，标志着散装水泥进入新的发展时期。济南市加强媒体宣传的同时，更加重视对政策的贯彻落实。针对各县(市)区具体情况，帮助具备条件的地区成立散装水泥办公室，加强对散装水泥的管理；加大资金投入，购置改造散装水泥发放接收设施，引导社会资金投入，增强运输能力，全市所有水泥生产企业和建设施工单位全部具备散装水泥发放和接受能力。1988年，济南市散装水泥推广量、散装水泥递增速度、散装水泥运输和储存设施均居全国省会城市首位。制订《济南市推广散装水泥承包办法》，市散装水泥办公室与全市各生产厂家和各区、县散装水泥办公室签订承包计划，年终兑现，调动生产厂家和推广单位的积极性。加强使用散装水泥的行业管理，对全市各施工、基本建设、水泥制品、预制构件、混凝土生产单位下达使用散装水泥比例计划，制定《济南市水泥使用单位推广使用散装水泥奖惩办法》，施工单位把散装水泥的使用作为工程验收的一项考核指标。加强与物资、财政部门联合，解决计划内物资供应、贷款等问题，促进运输车、储藏仓等设施的建设，全市形成产、销、运、储、用“一条龙”的管理格局。在历城、章丘、长清、平阴建立散装水泥网点52个，开辟农村供应市场。利用济南市水泥质量的优势，向泰安、聊城、德州等7个地、市运送散装水泥，拓宽市场。全市推广散装水泥58.13万吨，同比增长36%。全年节约水泥包装纸3487吨，折合节约造纸木材1.92万立方米；节电424千瓦时，创社会经济效益1555万元。1989年，济南市推广散装水泥63.24万吨，同比增长8.8%，可节约木材2.09万立方米，创社会效益2626万元。

1990年，在济南市区严格执行《济南市建设施工单位使用散装水泥比例计划》，开辟农村市场，农村散装水泥销售网点达到200处，在聊城、泰安、德州、淄博、菏泽建立外地推销点，筹集资金200多万元，建造散装水泥仓8座，增购散装水泥车14部，制造活动钢板库120个。济南市推广散装水泥78.98万吨，同比增长24.9%，年推广量居省内兄弟市地和全国省会城市首位。散装水泥占水泥总产量37.33%，推广量、散装率均创历史最高水平，创综合社会效益2922万元。1991年，散装水泥推广量持续增长，全年推广散装水泥91.2万吨，推广量居全国省会城市之首。实现社会综合效益3647万元，可节约造纸木材3.01万立方米，节煤7113吨，节电656万千瓦时。1992年，推广散装水泥，在全国省会城市中取得“五连冠”。全年推广散装水泥92万吨，创社会综合效益3221.7万元。在城区全面推广散装水泥的同时，开拓农村市场。章丘市被国内贸易部评为全国首批五个农村推广散装水泥示范县(市)之一。章丘市作为济南市农村推广散装水泥的重点地区，率先在具备条件的乡镇试点设立散装水泥销售网点。章丘市以点带面、点面结合、分散与集中相结合、以集中促发展的先进经验在全国推广。1993年，全年推广散装水泥79.7万吨，实现社会综合效益3586.5万元，可节约木材2.63万立方米，节电573万千瓦时，减少水泥损失4万吨。市散装水泥办公室全年投入散装水泥专项资金52万元，扶持各县(市)推广散装水泥工作。1995年，全年推广散装水泥87.4万吨，全市有散装水泥储存仓70个，活动钢板罐和简易库1500个，各类散装水泥运输车196辆，农村网点520个，产、供、销、运、储5个环节已具备规模。1986～1995年，全市累计推广散装水泥618万吨，散装率30.07%。

1997年1月，国务院发布《对进一步加快发展散装水泥意见的批复》，以此为标志，散装水泥进入快速发展时期。同年，全市散装水泥推广量突破百万吨，完成103.49万吨，收取散装水泥专项资金283.9万元，年内建成农村推散网点3处。1999年，济南市人大常委会颁布实施《济南市发展散装水泥管理规定》，济南市成为全国立法最早的省会城市，散装水泥管理工作从此进入法治轨道，散装量、散装率逐年递增。

2003年，全市散装水泥推广量338万吨，农村推散网点达696处。“十五”期间，全市累计推广散装水泥1384.91万吨，创造节能综合效益6.23亿元；销售混凝土1954万立方米，年均增长25%以上。2005年，全市散装水泥推广量533.31万吨，创造历史最高纪录，居全国15个副省级城市首位。散装率48%，混凝土销量516万立方米，全市散装水泥业进入健康有序可持续发展轨道。

2007年，商务部、公安部、建设部、交通部、国家质检总局、环保总局联合印发《关于在部分城市限期禁止现场搅拌砂浆工作的通知》，济南市被列为第二批砂浆“禁现”城市，要求在2008年7月1日起禁止在施工现场使用水泥现场搅拌砂浆。2008年，济南市政府在全国率先制定《关于限期禁止在城市施工现场搅拌砂浆的实施意见》，预拌砂浆产业发展正式开始。自2008年起，预拌砂浆年产销量持续攀升，年产量占到全省总量一半以上。2009年，山东省政府颁布实施《山东省促进散装水泥发展规定》，进一步促进济南市散装水泥事业的快速发展。全市散装水泥发展正式跨入散装水泥、预拌混凝土、预拌砂浆“三位一体”的发展阶段。“十一五”期间，济南市散装水泥推广量1766.5万吨，节约折合标准煤40.59万吨，减少粉尘排放量17.84万吨，减少二氧化碳排放量105.53万吨，减少二氧化硫排放量0.34万吨，实现综合节能效益7.95亿元。预拌混凝土快速增长，混凝土搅拌站40多家，搅拌能力3000多万立方米，5年累计销售混凝土4374.25万立方米，是“十五”期间总量的2.23倍。全市共使用预拌混凝土和预拌砂浆综合利用工业废弃物840万吨。散装水泥业已成为全市经济社会发展的重要组成部分。

“十一五”期间，章丘农村推散示范园区快速发展，成为山东省境内最大的省级农村推散示范园区，实现推散园区化、水泥散装化、产品系列化、推散产业化、环保节能化、管理规范化。省、市散装办和财政部门先后投入散装水泥专项资金200余万元用于园区建设，园区占地40公顷，预制经销业户80多家，散装水泥存储库房及钢板罐80多个，园区内所有预制业户100%使用散装水泥，散装水泥使用量每年30余万吨，园区用散装水泥实现综合节能效益1350万元，产值1.2亿元，年实现利税600万～700万元。

二、中水利用

2003年，根据省经贸委和市政府的要求部署，济南市重点抓好工业节水的各项工作。市经委与济南市城市节水办公室配合，制订并下达39个产品的用水消耗定额，强化企业用水定额管理；组织济南裕兴化工有限公司等3家企业上报国家发改委环保和资源综合利用备选项目；推广节水新技术、新产品；会同环保部门进行南水北调东线汇水区造纸等五个行业的企业状况调查；配合国家发改委和省经贸委开展城市节水和用水安全的调研工作。同年，济南市被国家经贸委和建设部授予“全国首批节水型城市”称号。至2003年年底，全市71家重点用水单位实现工业产值451亿元，同比增长38.65%；全市工业取水量1.1亿立方米，同比下降3.63%；重复利用率94%，同比增加1.7%；工业废水达标排放率96.63%，同比增加3.52%；万元产值取水量24.33立方米，同比降低30.51%。

加大中水设施的管理工作力度。至2008年年底，施工图审查共受理建设工程项目172项，总建筑面积881万平方米，设计各类节水型用水器具22万件套，建筑工程新设计中水处理设施47项，竣工中水处理设施13处。全市中水处理设施101家，区域中水管网106千米，日处理污水规模13.53万立方米，日平均回用量7.7万立方米。全年中水回用量2812万立方米，再生水利用率22.32%，减少向周围环境排放污染负荷COD（化学需氧量）9842吨/年、BOD（5日生化需要量）5342吨/年、SS（悬浮物）4780吨/年。

第三节 综合利用与循环经济

一、综合利用

2000年，济南市开始对资源综合利用企业和产品开展认定工作，落实各项优惠政策，综合利用产品减免税4700万元。同年，全市共认定综合利用企业（产品）54家，综合利用电厂6家。2001年，全市累计认定资源综合利用企业（产品）56家，资源综合利用电厂6家，装机容量9.3万千瓦。全年实现资源综合利用产值9.5亿元，企业享受减免税4000余万元；综合利用工业废渣358万吨，减少废渣堆存占地和环境污染；节约能源36万吨标准煤，实现节约增效价值3.5亿元。

2002年，全市50家重点企业通过优化生产工艺、调整能源消费结构、开展综合利用等措施，减少污染物排放，实现降耗5.5亿元。明水热电厂、埠村煤矿矸石热电厂利用煤矸石生产热力和电力，年利用煤矸石40余万吨。水泥生产企业、建材企业使用锅炉炉渣、冶炼废渣等，粉煤灰综合利用取得较大进展。全市大宗废渣当年利用率100%，工业废渣综合利用率88%。2003年，综合利用工业废渣430余万吨，利用率93%，其中，锅炉渣、煤矸石等大宗工业废渣实现当年综合利用率100%，实现综合利用产值12亿元，落实综合利用减免税优惠政策7000万元。年内，济南世纪创新水泥公司利用粉煤灰和煤矸石生产水泥，济南力天新型建材公司利用粉煤灰生产粉煤灰砌块，山东建工集团利用废石膏生产石膏墙板，济南天桥松林人造板厂利用锯末、树枝杈生产刨花板，埠村煤矿利用煤矸石生产多孔砖等项目相继投产。黄台电厂、济南裕兴化工厂、济南琦泉热电、济南锅炉厂、十方环保公司、济南久荣水工程公司、山东中环环保等企业资源综合利用，总投资额5.4亿元。

2004年，全市通过省、市认定的综合利用企业达到58家，综合利用工业废渣534万吨，其中，利用冶炼废渣290万吨，粉煤灰86万吨，煤矸石105万吨，炉渣34万吨，其他19万吨，综合利用率93%以上，实现综合利用工业产值14亿元。济南化肥厂将“造气用炉渣、热电炉渣和供排水沉淀灰”作为空心砖等产品的生产原料纳入销售系统，收入528.7万元。

2006年，按照《资源综合利用企业产品认定管理办法》，全市共有53家企业通过省有关部门组织的资源综合利用认定；全市向国家发改委申报备选项目13个。济南钢铁集团利用冶金二次能源范围扩大，回收焦炉、高炉、转炉煤气以及较大部分余热，除用于轧钢加热之外，实现混合煤气发电、干熄焦发电、炼钢余热发电、烧结机余热发电，以及利用余热取暖制冷。利用工艺节余的中低热值混合煤气，建成燃气—蒸汽联合循环发电工程。开发国内第一套拥有自主知识产权的高温高压干熄焦装置，干熄能力150吨/小时，年发电量1.77亿千瓦时。初步形成分布式发电格局，装机总容量达到610兆瓦，年效益近7亿元。山水集团平阴水泥厂水泥熟料生产线余热发电项目，被列为国家发改委批准进入国家能源综合利用国债鼓励支持导向计划，获1700万元环境和资源综合利用项目国家专项资金扶持。被列为济南市示范工程的华艺集团100千瓦自动跟踪太阳能并网发电系统暨LED照明项目，被省经贸委、省科技厅、省政府节能办联合确定为第一批省重大节能示范工程项目。

2007年，山水集团实施节能改造综合利用工程，针对设备空运转或不能满负荷运转造成的能源浪费，利用10条熟料生产线，投资4.5亿元，建设7个余热发电站项目，年发电能力达到3.8亿千瓦时，年均创利5000万元，年节能5万吨标准煤。新建水泥粉磨生产线，全部采用辊压机创新技术，每台时产量提高80%，每吨水泥节电20%以上。对熟料及水泥生产线风机类电机实施高压变频节能改造工程项目，项目总投资7582万元，节电率达到25%，年节电9760万千瓦时，节约5075万元。

2008年，全市认定资源综合利用企业45家，共减免税6499.9万元。全市余热、废气、煤矸石发电装机总量80万千瓦，粉煤灰、煤矸石、炉渣、冶炼废渣等实现当年利用率100%，回收利用各种可燃气体20亿立方米，垃圾填埋沼气发电装机3500千瓦。济南钢铁集团在烧结工艺中利用铬渣20万吨。复强动力公司全年产销再制造发动机8000台，其先进经验得到国家发改委推广。山水集团、胜利油田被省政府授予2007年度山东省节能突出贡献企业称号。

2010年，落实资源综合利用优惠政策，引导和鼓励企业的资源综合利用技术开发和技术改造，推进冶金、建材等行业余热余压利用，固体废弃物利用，废渣污泥综合利用，沼气发电，推进农林废弃物工业化综合利用，同时加快社会消费领域综合利用项目建设，不断拓展资源综合利用领域和范围。新能源产业被纳入全市调整振兴8大规划之一，突出发展电子信息、新能源、新材料等高新技术产业。济南炼油厂先后投入2亿元，最大限度地减少“三废”或回收利用，增产不增污，始终保持“四个百分之百与一个零”(污水处理率100%、外排污水合格率100%、废气排放达标率100%、工业废渣处理率100%、环境污染事故为零)的纪录，在全国石化系统最先实现装置开工、停工“不对天放，不对地排”，实现和谐发展。山水集团新建水泥粉磨生产线，全部采用辊压机创新技术，每台时产量提高80%，每吨水泥节电20%以上。对熟料及水泥生产线风机类电机实施高压变频节能改造工程项目，项目总投资7582万元，节电率25%，年节电9760万千瓦时，节约5075万元。山水集团煤耗、电耗、粉尘排放等指标达到国内先进水平。全市经过省市认定的资源综合利用企业44家，利用工业固体废弃物266万吨，利用率95%以上，实现资源综合利用产品销售收入21.16亿元；企业享受资源综合利用增值税、所得税减免优惠6500万元。

二、循环经济

2004年，济南市注重污染治理，开始发展循环经济。市工业系统推行企业清洁生产，加大治理工业“三废”力度，注重机电设备修旧利废和再制造等工作，工业污染在全市大气和水域污染的比重明显下降。济南重工股份有限公司投入1200余万元，全部工业炉窑改烧天然气，成为济南市企业清洁生产的典型。裕兴化工厂筹集1100余万元资金，投入钛白废酸综合治理联产白石膏项目，一年可处理20万吨钛白废酸，废酸排放全部达标；同时，应用“盐水再生废水用于酸解尾气喷淋降温技术”尾气排放达到国家环保标准，资源利用率提高。同年，济南钢铁集团、济南复强动力公司等被国家列为重点扶持的循环经济试点企业。

2005年，济南市将“开展济南市发展循环经济战略研究”列入2005～2006年科研课题，根据研究课题重点，分解为8个子课题并对课题组进行分工。通过研究摸清全市在资源开采、资源消耗、废弃物产生、再生资源和社会消费等环节的基本现状，借鉴国内外及兄弟城市在发展循环经济方面有益做法和先进经验，提出“十一五”或更长一个时期全市发展循环经济的基本原则、任务目标、重点领域、主要途径和措施，并与全市的产业布局、园区建设相结合，更加符合循环经济发展模式。

2006年，位于天桥区的济南化工产业园，在保护生态环境的原则下，引进各类项目12个。长清区构筑工业可持续发展新体系，建起机械制造、电子信息、食品加工、建筑建材四大产业链。济阳县围绕造纸、纺织、石化、食品等支柱产业，构建循环经济发展模式，着力打造生态工业园区。章丘市加快能源产业与接续产业对接，投资3.5亿元，建成多孔煤矸石砖、蒸压砼砌砖、粉煤灰砖等项目，形成资源、能源—废弃物—综合利用产品的循环利用。通过组织排放废弃物企业与利用企业的对接协调会，促成济南华电有限公司、济南明水热电厂、章丘市琅沟热电厂与济南华明水泥有限公司、济南明珠远大新型建材有限公司、济南宏建新型建材有限公司、济南鲁建水泥有限责任公司、章丘市大星水泥厂等10余家企业签订供需合同，实了废弃资源的再生利用。华电章丘发电有限公司二期工程，总投资28.4亿元，建设2台300兆瓦发电供热两用机组。机组优先采用城市中水，实现废水回收处理再利用，产出的灰渣90%以上被综合利用，综合除尘效率99.85%。济南复强动力有限公司是国内第一家汽车发动机再制造公司，该公司运用世界最新技术，使重卡旧发动机的各关键部件经所有工序加工后，耐磨性和耐冲击性明显提高，性能超过新机。国内重卡发动机大修一般需耗时15天，更换再制造发动机只需1天，而再制造发动机的价格仅为新机的50%左右。该公司再制造技术及质量控制水平完全与欧美先进技术对接，并成为北美发动机再制造协会（PERA）正式会员。

2007年，按照省政府确定的循环经济“123”工程，全省重点发展10个城市、20个园区、300家企业，其中济南市被列为重点发展城市，济南市高新技术开发区被列为重点发展园区，济南市的21家企业被列为重点发展企业。按照省政府的部署，编制《济南市发展循环经济实施方案》，提出全市发展循环经济的“678”工程，即全市培育循环经济型县(市)区6个、循环经济型园区7个、循环经济型企业80家。推进循环经济试点，以重要资源为纽带的循环经济产业链初步形成。同年，济南钢铁集团被国家列为重点建设的循环经济示范单位，在发展循环经济中走在全国先进行列。先后建成投运大型环保设施31套，小型就地式消尘器51台，炼铁生产流程645个扬尘点得到全面控制。实施余热取暖工程，由蒸汽取暖改为余热水暖，解决全厂1.6万平方米取暖，每年节支220万元。燃气—蒸汽联合循环发电CDM(清洁发展机制)项目在联合国注册成功，首开国内冶金行业先河，是世界冶金行业注册成功的CDM项目中二氧化碳减排量最大的。济南钢铁集团在烧结工艺中综合利用裕兴化工厂的铬渣20万吨，成为发展循环经济的一个新亮点。济南钢铁集团在申请的202件专利中，用于节能减排的占2/3以上，多项专利技术为企业创造利润20亿元。“炉外短滑坡端出料加热炉”“高炉煤气快速加热炉”“污泥膏处理方法”等三件发明专利先后获国家知识产权局颁发的中国专利优秀奖；“一种磁铁精矿粉生产球团用润磨机”获山东省专利金奖；“用于蒸氨塔的斜孔塔盘”获济南市首届专利奖。济南友邦恒誉科技开发有限公司的《全自动工业连续化废橡胶裂解油化装置》项目入选国家级新产品计划。橡胶催化裂解设备通过SGS排放气体检测，达到美国EPA标准，拥有国家发明、实用新型专利15项及国际PCT专利保护4项。通过“全自动工业连续化废旧轮胎裂解装置”加工，100公斤废旧轮胎能产生45～50公斤燃油、36～38公斤炭黑、11～13公斤铁丝、3～5公斤可燃气体。可燃气体净化后再给裂解反应罐加温，无污染无浪费。

2008年，市经委、市政府节能办等部门贯彻落实《国家鼓励的资源综合利用认定管理办法》，循环经济试点工作稳步推进。济钢集团、山水集团、中石化济南分公司、佳宝乳业公司、淄矿集团埠村煤矿、圣泉集团和琦泉热电公司等成为资源节约型、环境友好型企业，全市实施清洁生产企业51家。汽车发动机再制造及秸秆过腹还田等已在经济发展中发挥重要作用，国家发改委推广复强动力公司的先进经验。富美科技公司开发出硒鼓回收循环再制造技术，解决硒鼓回收循环再制造难题，90%的技术属自主研发。富美环保激光硒鼓一期投资4.5亿元，年产能500万支，年销售额17亿元。

2010年，济南市按照“多元化回收、集约化利用”的原则，推进再生资源集约化利用。济南复强动力公司形成再制造发动机2万台生产能力；富美科技有限公司年产环保激光硒鼓500万个；济南新天地再生资源有限公司专门从事废旧家电及电子产品回收处理。全市利用粉煤灰、脱硫石膏、锅炉炉渣等工业废弃物生产新型建材等项目走在全省前列。济南采明实业公司利用树枝、秸秆等生产中高密度板材。济南市热电联产项目列入利用欧洲投资银行贷款第二批备选项目计划，获贷款3100万欧元。该项目总投资5.2亿元，在城区实施热电联产综合节能改造、热网自动控制系统和电动机变频改造等。项目消除汽网能源利用效率低、管网热损失及凝结水损失弊端，年节约标准煤1.46万吨，节水54万吨，减少二氧化硫排放401吨，减少二氧化碳排放4.03万吨。至2010年，全市初步形成煤矿—煤矸石、煤泥—电力—水泥建材产业链；电厂—粉煤灰、脱硫石膏—建材、水泥产业链；冶炼废渣—钢渣微粉—建材产品产业链；农业秸秆—糠醛—深加工产品产业链；糠醛废渣—锅炉燃料—电力产业链；余热、余压—电力产业链；化工废气—化工产品产业链；汽车发动机再制造产业链等。山东富美科技公司500万个环保激光硒鼓再制造工程被评为2010年度山东省循环经济十大示范工程，济南圣泉集团股份有限公司的玉米芯、秸秆综合利用生产木糖、木糖醇联产阿拉伯糖工程被评为2010年度山东省循环经济优秀工程。

第四节 结构调整与技术进步

一、结构调整

1988年，济南市对北京130、北京212、跃进130、东风140等4种耗油量大的汽车进行改造，年内完成改造350台，占应改车总数的40%。更新改造快装锅炉64台、192蒸吨，年节煤8000吨。改造风机147台，水泵62台，变压器205台，电阻炉63台，高频淬火机床49台，有效降低电的消耗。1990年，技术改造的重点是高耗能的电机设备，其中，改造快装锅炉47台，年节煤8400吨；改造风机127台，水泵447台，变压器218台，电阻炉205台，年节电268万千瓦时。1999年10月26日，济南钢铁集团总公司干熄焦发电工程通过验收。该工程是国家重点节能示范项目，2000年7月28日正式并入电网运行。

2003年，市经委开展节能节水新工艺、新产品的推广应用。开展燃煤锅炉的技术改造、磁力除垢节水设备的推广应用、推介格林柯尔节能环保型制冷剂和国产变频器等，达到较好的节能效果。按照《济南市固定资产投资项目节能评估审查办法》规定，严格执行项目开工建设产业政策和市场准入标准、项目审批核准或备案、土地使用权、环境影响评价、节能评估审查及信贷、安全和城市规划等“六项必要条件”，坚决控制新建高耗能、高排放项目建设。2006年起，先后停批和限批东新热电厂、力诺玻璃热电联产和埠村煤矿日产5000吨水泥熟料生产线等18个项目，全市没有新上一个高耗能、高污染项目。

2007年12月29日，济南市对水利水泥厂熟料产能15万吨的立窑水泥生产线实施爆破，标志着全年淘汰落后产能任务全面完成。历城区唐王镇钢砂及铸造产业有20余年历史，共形成小冶炼加工点129家，属于明令禁止的高耗能、高污染“双高行业”。2008年3月25日起，历城区成立专门工作小组，召开动员大会，彻底取缔济南市政府挂牌督办的唐王镇小冶炼加工点129家。

2009年，济南市推进节能技术创新，争取中央拉动内需节能项目6个，获投资2860万元；推荐上报国家发改委国债项目3个，国家工信部节能投资储备项目27个，国家财政节能奖励项目3个；省级重大节能技术产业化奖励项目8个，省级太阳能财政补贴项目24个，总投资30亿元。列入省科技发展计划重点节

2007年6月1日，全市节能暨淘汰落后生产能力工作会议召开

能项目9项，激光剥离制作功率型LED技术、利用生物质原料生产高清洁车用柴油新技术、草浆造纸废水综合治理中控制成套技术等共获1400万元支持。列入市级自主创新科技计划节能项目44项，环保激光硒鼓研发、地源热泵与太阳能供热空调复合系统、钢铁企业废气利用高效节能燃烧器等项目共获1200万经费。重点节能减排项目进展顺利，全市淘汰150万吨炼钢、83万吨炼铁项目；关停小火电机组14.5万千瓦；拆除立窑水泥生产线16条，淘汰熟料年产能162万吨。同年，济南市成为全国首批城市节能与新能源汽车试点示范城市。

2010年，完成拆除立窑水泥生产线3条，累计淘汰立窑水泥生产线24条，提前超额完成“十一五”淘汰水泥落后生产能力目标；关停黄台5号、6号（22万千瓦）及章丘琅沟电厂2号、3号（3.7万千瓦）机组，提前半年超额完成“十一五”期间40万千瓦小火电机组的关停任务。

二、技术进步

1988年，在冶金工业中，推广应用炼钢吹氧、喷煤粉、快白渣、双电极等新工艺、新设备，吨钢耗电比1987年下降38千瓦时，下降4.7%，实现节电190万千瓦时；在工业锅炉、窑炉、电加热炉上应用微电子技术；在连续运转的电机上安装调速控制装置35套，平均节电20%～30%，年节电383万千瓦时。1990年，重点推广节电新光源、节能柱塞阀、工业炉窑的微机监控。建立200万元的节电基金，集中扶持一批“短、平、快”项目，全年分三批投资456万元，形成年节电1675万千瓦时，节煤2160吨的能力，新增产值1737万元，利润847万元。

2001年起，济南啤酒集团进行节能技术改造共46项，投资600万元，其中有13项获省、市科技创新成果奖，每年节约水、电、汽、煤折合价值在200万元以上。2004年，济南石化集团完成技改项目8项，其中热煤水综合利用和催化装置扩容2项，每年可创造效益608万元。济南元首针织公司通过节能技改、工艺优化，年增经济效益100余万元。2006年，全市组织100项重大节能技术、100项重大节能装备和100项重大节能示范工程，加强节能降耗的技术支持体系建设。济南钢铁集团二期燃气—蒸汽联合发电项目、十方环保公司新能源垃圾发电项目、济南化肥厂有限公司造气炉节能改造项目等投产；山水集团的济南世纪创新公司、山东水泥厂的水泥窑尾余热发电项目具备并网发电条件；电机变频节能改造在山水集团、化肥厂、炼油厂等企业得到推广应用。

2008年，重汽集团开展节约增效劳动竞赛，每个班组都有套节能办法。桥箱公司总装车间班产正常消耗5699胶量30支，车间与供货商沟通后把胶口事先打开到2.5毫米，涂敷的胶条不仅可保证桥总成密封性，且产生余胶少，降低现场清除余胶难度。按班产100根桥计算，每班可省胶3支，每年可节约41.54万元。重汽集团投入230万元将锻造厂8台蒸汽锤、空气锤改造为电液锤，节能率90%，年节约能源费3300万元。投资310万元，完成卡车公司冷煤气改天然气项目，拆除8台燃煤锅炉，彻底解决污染问题。重汽集团济南复强动力有限公司开发出具有自主知识产权的纳米喷涂、纳米电刷镀、高速电弧喷涂、微脉冲冷焊、粘涂等多项表面工程技术，废旧零部件再制造率由国际上的73%提升到90%，达到国际先进水平，形成年产1.5万台再制造发动机、5万台(套)发动机零部件能力。经过技术处理的再制造发动机，达到甚至超过原有新产品的性能。同年，济南市有18项先进技术及装备入选山东省节约型社会推广科技成果，分别是济南友邦恒誉科技开发有限公司、山东华能橡胶裂解研究院的“工业连续化废轮胎裂解油化与净化工艺”；山东山大能源环境有限公司的“脱硫灰烧成硫铝酸盐水泥的资源化综合利用技术”；山东联合能源技术有限公司的“高效清洁区域整体煤气化联合循环(IGCC)热电油多联产节能减排技术”；山东山大华天科技股份有限公司的“电能质量综合治理技术”；山东慧敏科技开发有限公司的“微纳米高温远红外节能涂料及其覆层技术”；济南钢铁集团总公司的“煤的气流分级分离调湿技术”和“自身空、煤气双预热顶燃式热风炉”；济南龙昌自动化有限公司的“热电运行效率在线智能监测和管理系统”；济南大陆机电股份有限公司的“数字化电厂热效率优化分析系统”；山东金洲科瑞节能科技有限公司的“节能型耗能设备能效跟踪控制、管理专家系统(Ⅲ型)”；济南圣电科技发展有限公司的“TOPSAVE拓普斯沃电机节电管理系统”；济南大学、济南高华电器有限公司的“快速有源滤波与动态无功补偿装置”；山东天力干燥设备有限公司的“重质纯碱流化煅烧/冷却工艺与装置”及“蒸汽回转圆筒间接换热设备”；济南赛英立德电子科技有限公司的“SL83XX系列智能控制器(系统)”；济南市压力容器厂的“锅炉启动疏水扩容器”；山东桑乐太阳能有限公司的“太阳能光伏并网发电系统”；山东绿洁环保节能科技开发研究所的“消烟除尘高效节能燃煤器”。济南市有15项节能技术、产品和设备入选山东省重点节能技术、产品和设备推广目录(第一批)，占到目录总数的22%。全市有11个节能服务公司通过国家首批节能服务公司审核备案，21个公司申请国家第二批节能服务公司审核备案。

2010年，济南市安排节能技术研发资金2363万元。加快重大节能项目产业化进程，全市20个高新技术产业化重大专项项目中，节能减排项目10个，包括济南轨道交通装备有限公司的“1.5–3兆瓦风力发电整机研发及产业化”、山东力诺太阳能电力股份有限公司的“100兆瓦多晶体硅光伏电池的研发及产业化”、山东华光光电子有限公司“液晶背光源用蓝光LED外延片和芯片研发及产业化”，山东桑乐太阳能有限公司的“太阳能热水器自动化生产线装备研制”、晟朗能源科技有限公司的“250兆瓦多晶硅片和100兆瓦电池片、100兆瓦组件生产工艺及产业化研究”、济南钢铁股份有限公司的“焦炉荒煤气余热高效回用技术开发与应用”、光大水务(济南)有限公司的“城市污泥压滤干化、生物脱臭及制备生物菌肥集成技术研究”、济南电动汽车运营有限公司和济南公交总公司的“新能源汽车大规模示范及车辆运行工况下适配技术与数据平台建设研究”、久兆新能源科技有限公司的“磷酸铁锂电池组及正极材料生产项目”、山东宝雅新能源汽车股份有限公司的“BYI型纯电动汽车开发项目”。同年，进行中低压配网建设改造，更换高耗能变压器84台。

第五节 节能监察

1989年，根据《济南市能源利用监测暂行办法》的要求，市能源技术服务中心开始实施能源利用监测。至1990年年底，累计监测企业58

家，并对313个单位进行单项耗能设备的监测，对被监测的企业、单位存在的问题提出整改意见，并将监测、检查的结果报市节能办和单位主管部门，由市节能办根据具体情况做出相应处理决定，包括罚款、减供能源等处罚。1991年始，全市节能工作计划单独列出计划监测任务，节能监测、执法检查工作从此成为节能管理的常规工作之一。

1998年9月下旬至10月中旬，济南市经委采取用能单位自查、系统内互查和组织抽查相结合的办法，在全市范围内开展贯彻《中华人民共和国节约能源法》《山东省节约能源条例》情况大检查活动。市经委组织检查20家工交企业（含7个工业集团），16个非工业用能单位，并将检查情况进行通报。依照有关规定对15家锅炉违法增容用能单位提出处罚意见。在执法实践中，注重依法办事，做到事实清楚、依据正确、证据充分、程序合法、处罚得当，并坚持处罚与教育相结合，做到“严格执法、热情服务”。1999年3月10日，国家经贸委公布《重点用能单位管理办法》。济南市根据国家和省经贸委的有关规定，确认全市符合国家规定的重点用能单位有50余家，其能源消费量在全市占很大比重，成为节能执法检查的重点。

2000年，与全国节能宣传周相结合开展执法检查。第一个阶段，组织10个检查组，利用一周时间，集中对55家重点用能单位进行检查。第二个阶段，针对5个县（市）专职管理人员少、缺乏执法检查经验的状况，由市经委资源处组成检查指导小组，对部分县（市）进行指导示范性执法检查。每个县（市）选择1～2家具有代表性的企业，由检查指导小组与县（市）经委共同进行检查，提高县（市）经委执法管理水平。至2008年，济南市能源技术服务中心累计监测锅炉1850台（次）、电机12000台（次）、变压器1000多台（次）及其他类型的各种耗能设备。

2009年2月10日起，对济南市涉及国家、省标准化行政主管部门及节能行政主管部门公布有各项能源效率和单位产品能源消耗限额标准的25家生产企业，开展执行能耗限额标准情况的专项监察。5月，对全市大中专院校、医院等重点非生产用能单位主要用能设备情况进行节能专项监察；对21家重点用能企业和年用电量200万千瓦时以上的15户非生产重点用能单位开展节电专项监察。5月25日，市节能监察支队开通济南市节能监察网。济南节能监察网设有工作动态、政策法规、标准规范、节能技术、通知公告等8个专题栏目。10月，联合市交通局开始对5个县（市）区交通局和8家交通运输企业进行节能专项监察。12月11日，国家节能中心在北京召开“副省级省会城市及计划单列市节能中心业务座谈会”，济南市做重点发言，介绍济南市节能监察工作开展和支队建设情况经验。同年，制定节能监察评价标准（试行）4项，分别为重点用能单位日常节能检查评价标准、非生产单位用能管理评价标准、重点用能单位能耗限额考核评价标准、固定资产投资节能评估审查评价标准，评价标准涵盖用能的全过程，完善能源计量、统计、指标分解和考核等管理手段。2009年，支队对40家工业重点用能单位和23个非生产重点用能单位进行现场监察。依法对用能单位的用能行为、用能设备进行检查、检测的同时，加快淘汰落后设备步伐。市节能监察支队对部分企业正在使用的14台（套）落后用能设备实施行政处罚，并对淘汰落后设备拆解全过程实施监控。

2010年，市节能监察支队对100家重点用能企业和50个非生产重点用能单位进行日常监察，共下达限期整改通知书18份，节能监察建议书8份，节能监察意见书3份。查处国家明令淘汰的用能设备280台，逐一落实38家重点用能单位的2505台在用高耗能落后机电设备淘汰计划。

第六章 机 构

第一节 市经济和信息化委员会

2009年，组建市经济和信息化委员会。将市经济委员会除机电产品进出口管理和整顿规范市场经济秩序以外的职责、市信息产业局（市信息化办公室）的职责，整合划入市经济和信息化委员会。将市政府办公厅管理的济南市无线电管理办公室移交市经济和信息化委员会管理。不再保留市经济委员会、市信息产业局（市信息化办公室）。市经济和信息化委员会内设办公室（挂信访处牌子）、政策法规处、组织人事处、综合处、经济运行局（挂市政府煤电油气运保障办公室牌子，副局级）、园区经济发展办公室、规划与技术改造处、科技处（挂对外合作与交流处牌子）、原材料产业处（挂市履行《禁止化学武器公约》工作办公室牌子）、装备产业处、消费品产业处、交通与物流处（挂市道口管理办公室牌子）、电子信息处、软件和信息服务业处、信息化推进处、电子政务与信息资源处、网络与信息安全处、油区工作办公室18个职能处室和离退休干部局（副局级）、市政府节约能源办公室（副局级）、市煤炭工业局（副局级）、市中小企业发展办公室（副局级）、市无线电管理办公室（副局级），编制171人。市节能监察支队是委下属全额预算管理副局级事业单位。

第二节 市经济委员会

1986年，市经济委员会作为市政府设置的工业管理机构之一，下设办公室、生产计划科、生产检查科3个科室，负责全市工业经济计划的编制、调度、运行等。

1996年机构改革，市区街工作公司（局）并入市经济委员会；撤销市食品工业办公室，职能移交市经济委员会；市天然气开发利用办公室并入市公用事业管理局，油区工作办公室职能及承担油区工作的人员移交市经济委员会。同年，市经济委员会与中共济南市委工交工作委员会（1996年11月建立）合署。内设干部处、组织处、宣教处、工交纪律检查工作委员会、办公室、调研法规处、经济运行处、安全环保处、技术改造办公室、企业处、调整办公室、科技处、对外经济处、市政府（济南军分区）交通战备领导小组办公室、市铁路道口安全办公室、资源节约综合和利用处、生产流通处、区街企业办公室、食品工业办公室、油区工作办公室、离退休干部工作处、工交总调度室，编制139人。

2001年机构改革中，保留市经济委员会。组建市安全生产监督管理局，由市经济委员会负责管理。市经济技术协作办公室并入市经济委员会，为市经委的内设机构，保留市经协办的牌子。

2004年机构改革中，整合相关职能组建新的市经济委员会，为市政府工作部门。承担工业结构调整、经济运行调节、多种所有制企业的宏观管理和指导、促进中小企业发展等职能。原市经济委员会承担的报省发展和改革委员会审批的企业重大技术改造投资管理职责划入市发展和改革委员会。原市经济委员会编报和实施重要工业品、原材料进出口计划等职能，划入市对外贸易经济合作局。撤销市中小企业局（市乡镇企业局、市民营经济发展局），市中小企业发展职能移交市经济委员会；民营经济发展职能以市经济委员会为主，与相关部门共同承担，县域经济指导职能移交市委农村工作办公室。撤销市机械电子工业协会(市机械电子工业办公室)、市化学医药工业协会(市化学医药工业办公室)、市纺织工业协会(市纺织工业办公室)、市轻工业协会(市轻工业办公室)、市煤炭工业协会(市煤炭工业办公室)、市建材工业协会、市轻工集体企业联社，其行业管理和经济发展运行职能及机关离退休干部管理服务职能划入市经济委员会。

2009年12月，撤销市经济委员会和市信息产业局，组建市经济和信息化委员会。

第三节 市节约能源办公室

1980年8月20日，市政府成立节能领导小组，在市经委设立节能办公室，设行政编5人。1982年4月13日，成立市能源技术服务中心，编制15人，为科级事业单位，隶属于市节能办公室。同年12月21日，市能源技术服务中心的隶属关系由市节能办公室改为市经委，人员编制由15人增加到20人。1986年，市节约能源办公室定为副县级单位。1987年3月21日，成立市能源研究所。1988年8月11日，市政府发布《济南市能源利用监测暂行办法》，正式赋予济南市能源技术服务中心节能监测执法权。1989年10月5日，成立市资源综合利用领导小组，下设办公室，与节能办公室合署办公，增加编制3人。1994年8月2日，节能协会成立。1997年，根据机构改革方案，在市经委设济南市资源节约综合利用处(挂济南市资源节约综合利用办公室牌子)，市资源综合利用领导小组办公室设在市经委资源节约综合利用处。2006年10月24日，市政府节约能源办公室正式成立，办公室设在市经委，副局级建制，下设综合协调处、资源节约处、循环经济与清洁生产处。2008年7月3日，设立市节能监察支队，为市经委所属全额预算管理副局级事业单位，编制45人，设支队长1人，副支队长2人，处长(大队长)5人，副处长(副大队长)5人。同时，撤销市能源技术服务中心、市食品工业协会办公室、市包装工业办公室。2008年，建立以济南市市长为组长、36个(后扩大到43个)市直部门负责人为成员的全市节能减排工作小组。

2009年10月20日，将原市能源技术服务中心的技术服务业务资质保留，移交市化工研究所，其主要职能是接受政府及有关职能部门的委托，承担能源检测、能源审计、节能评估等技术服务业务；对能源计划实施监测。2010年6月18日，市节能减排和淘汰工作指挥部成立，分管副市长任总指挥。指挥部办公室设在市经济和信息化委员会，经济和信息化委员会副主任兼任办公室主任。办公室下设综合协调、宣传报道、监测预警、循环经济、建设交通与公共机构、淘汰落后、监督检查7个工作组，工作人员从12个市直部门中抽调40人。同时，各县区建立相应机构。

第四节 市煤炭工业局

1979年6月，成立市煤炭工业局。1983年，市煤炭工业局改为市煤炭工业公司。1991年1月，增挂市煤炭工业局牌子。1996年12月，市煤炭工业公司(局)整建制改为经济实体，改称市煤炭工业总公司，仍保留行业管理职能，并被市政府明确为煤炭行业执法主体。2001年5月，撤销市煤炭工业总公司，组建市煤炭工业协会(挂煤炭工业办公室牌子)。2004年9月，机构改革，撤销市煤炭工业协会(煤炭工业办公室)，煤炭行业管理职能转入市经济委员会，下设煤炭处。2009年7月，成立市经信委煤炭工业局，为副局级单位。

第五节 市建筑材料工业协会

1986年年初，市建筑材料工业公司(局)统一管理市建筑材料工业生产和地方材料销售，公司归市城乡建设委员会管理，编制71人，内部设有15个职能科室，下辖15个直属企事业单位。1996年，机构改革，市建筑材料工业公司(局)改为市建筑材料总会，为市政府直属事业单位，保留局的牌子。1997年，市建筑材料总会(局)及所属企业整建制参与企业改革，组建成立济南山水集团，仍保留建材总会(局)的组织架构。2001年，撤销市建材总会(局)，组建市建筑材料工业协会，归市经济委员会管理，事业编制。2004年，撤销市建材工业协会，其行业管理和经济发展运行职能及机关离退休干部管理服务职能划入市经济委员会。

第六节 市化学医药工业协会

1983年，组建济南市化学医药工业协会(挂化学医药工业办公室牌子)。同年，市石油化学工业局改为济南市石油化学工业公司(局)，归市经济委员会管理。1990年7月，市石油化工工业公司增挂市石油化学工业局的牌子。1996年5月，市石油化工工业公司(局)改为市石油化学总会(局)。内设办公室、生产指导处、财务审计处、基建规划处、科技处、行业管理处、对外经贸处、劳工教育处、组织人事处、宣传处、离退休干部工作处、济南市履行《禁止化学武器公约》工作领导小组办公室，编制74人。2001年，撤销市石油化学总会(局)和医药管理局，以局属企、事业单位资产为基础成立市化学医药国有资产经营有限公司。同年，市化学医药工业协会(市化学医药工业办公室)成立。2004年，撤销市化学医药工业协会(市化学医药工业办公室)，其行业管理和经济发展运行职能及机关离退休干部管理服务职能划入市经济委员会。

第七节 市纺织工业协会

1983年8月17日，市纺织工业局正式改为市纺织工业公司，为正局级单位，机关编制115人。1990年7月11日，市纺织工业公司增挂市纺织工业局的牌子，为正局级单位，机关编制95人。1996年5月30日，市纺织工业公司改为市纺织总会，为市政府直属事业单位，保留市纺织工业局的牌子，为正局级单位，机关编制77人，内设机构14个。2001年5月16日，撤销市纺织总会(市纺织工业局)，组建市纺织工业协会，并挂市纺织工业办公室牌子，为正局级单位，机关编制30人。内设秘书处、行业管理处、信访处、政工处、离退休干部处，另设工会、纪委检察室和机关党委。市纺织工业协会的职责有：负责全市纺织和服装管理工作、制定行业发展规划、实施计划并组织实施；引导行业合理布局；制定行业标准，维护行业平等竞争，管理行业协会资产；负责制定人才规划；负责受理来信来访等。2004年8月，撤销市纺织工业协会(市纺织工业办公室)，人员分流至市经委、市国资委。

第八节 市食品工业协会

1981年12月12日，市食品工业协会成立，与市食品产销公司一个机构两个牌子，同属济南市财贸委员会。1984年，市食品工业协会由济南市食品产销公司划出，归市经济委员会管理。同时，成立市食品工业办公室，为正县级事业单位，归口市经济委员会，经费由财政拨款，从此市食品工业协会与市食品工业办公室合署办公，一套机构，两块牌子，职能是负责全市食品工业统筹、规划、协调、服务；提供信息、开发新技术；对发展本市食品工业的具体方针、方向、政策、法规提出建议；组织全市食品行业产品的质量评比和鉴定。1990年5月，市食品工业办公室升格为正局级事业单位，编制由20人增至31人，下设科技处、综合处、规划处、信息处、秘书处5个处，实有职工24人。历城、章丘、长清、平阴等区县也先后组建起食品工业办公室，负责本区县食品工业管理工作。1997年，全市机构调整时，市食品工业办公室撤销，其人员、职能全部并入市经济委员会，同时成立市经济委员会食品工业办公室，为正处级行政管理单位，履行原食品工业办公室职能，对内称食品处，对外称食品工业办公室。1998年年初，正式组建市食品工业协会办公室，为县级事业单位，独立法人，编制8人，主要职能是主持市食品工业协会日常工作，对全市食品工业企业进行技术咨询服务和信息交流，进行技术培训等。2001年12月，济南市行政机构再次改革，撤销市经济委员会食品工业办公室管理机构，部分职能转由市食品工业协会承担。2008年年初，市食品工业协会办公室机构撤销，人员资产转入市节能监察支队。

至2010年，市食品工业协会设：食品工业协会白酒专业委员会、调味品专业委员会、糕点专业委员会、食品馅料专业委员会、乳品专业委员会、饮用水专业委员会、冷食专业委员会、海洋食品专业委员会和食品专家委员会、济南仲裁委食品行业仲裁中心、济南食品行业生产力促进中心等内部工作机构。

第九节　市轻工业协会

1984年，市二轻系统进行领导体制改革，撤销局属8个行政性公司，同时恢复市二轻集体工业联社。1986年年初，市一轻工业局局机关编制70人，内设17个职能处室，下辖43个直属企事业单位。1995年5月，市第一轻工业局撤销，组建市一轻国有资产经营总公司，内设办公室、财务中心、纪委、再就业中心、工团办、国际经济贸易部、综合指导部、资产经营管理部、投资开发部、政工部，编制62人。1996年12月，市第二轻工业局撤销，组建市二轻工业总公司，内设办公室、政工处、经营管理处、经济综合处、资产财务处、科技处、对外经贸处、劳工安全处、离退休干部处，编制78人。2001年，机构改革，撤销市一轻国有资产经营总公司，与市二轻集团总公司行业管理职能合并，组建市轻工业协会(挂轻工业办公室牌子)。同年，市二轻集体工业联社更名为市轻工集体企业联社，为局级事业单位。2004年，撤销市轻工业协会(市轻工业办公室)、市轻工集体企业联社，其行业管理和经济发展运行职能及机关离退休干部管理服务职能划入市经济委员会。

第十节　市机械电子工业协会

1983年8月，济南市电子工业局改为济南市电子工业公司，归市经济委员会管理。1986年年初，公司管理企业28家，机关设生产计划科、劳工科、技术科、质量科、教育科、企管科、审计科、基建科、财务科及党政工团部门，共18个科室。1996年，机构改革，市电子工业公司(局)改为市电子总会(局)、市机械工业局改为市机械总会(局)、市汽车工业总公司并入市机械总会(局)，为市政府直属事业单位，保留局的牌子，原市汽车工业总公司所属企业隶属市机械总会(局)管理。2001年6月，机构改革，撤销市机械总会(局)、市电子总会(局)，组建市机械电子工业协会(挂市机械电子工业办公室牌子)，隶属于市经济委员会管理，负责全市机械、电子、汽车、冶金行业管理。同年12月，组建市机械电子国有资产经营有限公司，将原市机械工业局、市电子工业局所属事业单位、国有企业(含国有独资、控股、参股企业)及集体企业一并划入市机械电子国有资产经营公司，由该公司行使国有资本出资人职能，监管集体企业资产，承担国有资产保值增值责任，辖国有及集体企业61家，职工43372人，总资产646744万元，总负债54872万元；净资产69888.8万元，负债率85%。2004年8月，市机械电子工业协会(办公室)、市机械电子国有资产经营有限公司撤销。

第二篇　煤炭工业

1986 年起，济南煤炭工业以调整、整顿企业承包经营为主，逐步深化改革，转换经营体制，开展质量标准化、企业达标升级等基础管理工作。至 1990 年，济南市煤炭生产矿井共 39 处(不包括淄博矿务局的所属埠村煤矿)，其中市县所属矿井 4 处、乡镇及村办集体煤井 35 处。“七五”期间，全市共生产原煤 791.85 万吨，年均递增 7.9%；全市县属国营煤矿扭转亏损局面，实现扭亏为盈。全市煤矿机械化进程加快，章丘东风煤矿使用 100 型机组、平阴煤矿使用 80 型和 150 型机组，井下作业开始使用计算机技术。平阴煤矿、章丘东风煤矿、章丘明水三号煤井被评为部级标准化矿，章丘琅沟煤矿被评为省级标准化矿井。

1990 年起，济南市地方煤矿坚持统筹规划、合理布局、开发与保护并重原则，各乡镇煤矿贯彻落实国家制定的“扶持、改造、整顿、联合、提高”的十字方针，走出一条符合市情的地方煤矿发展路子。至 1995 年，全市共有煤矿 69 处，其中市县矿 4 处、乡镇煤矿 65 处，年生产能力 150 万吨。“八五”期间，全市共生产原煤 788.5 万吨。

1996 年 12 月 1 日，《中华人民共和国煤炭法》正式实施。“九五”期间，全市煤炭工业贯彻落实《中华人民共和国煤炭法》和国务院《乡镇煤矿管理条例》《煤炭生产许可证管理办法》等法律法规，对煤炭开采行业开展治理整顿工作。至 2000 年年底，全市煤矿杜绝非法开采，淘汰一批落后生产力，相继关闭不具备安全生产条件的煤矿和私开煤井 60 余处，完成山东省政府下达给济南市的关井压产任务，煤炭生产逐步走向依法生产、依法管理轨道。全市建成部级质量标准化矿井 5 个和省级质量标准化矿井 1 个。“九五”期间，全市共生产原煤 1349.6 万吨。

2001 年起，济南市煤炭工业稳步健康发展，全市所有煤矿全部申办煤炭生产许可证，完善矿井生产系统和安全生产设施，规范矿井生产秩序，提高矿井装备水平、管理水平和整体素质，煤矿经济效益逐年提高。2003 年，济南市共有生产矿井 63 处，设计生产能力 389 万吨 / 年。其中国有生产矿井 5 处，设计生产能力 81 万吨 / 年；乡镇生产矿井 53 处，设计生产能力 284 万吨 / 年；乡镇基建矿井 5 处，设计生产能力 24 万吨 / 年。全年原煤产量 296 万吨，销售收入 5.9 亿元，国有煤矿实现利润 4860 万元。“十五”期间，全市共生产原煤 1417.9 万吨。

2006 年起，贯彻“安全第一、预防为主、综合治理”的方针，严格落实安全生产责任制，煤矿安全生产逐年好转，百万吨死亡率逐年下降，其中 2008 年和 2009 年达到“零死亡”。“十一五”期间，全市累计安全投入 3.77 亿元，吨煤平均投入 40 余元；全市共生产原煤 743 万吨。2010 年，全市共有煤炭生产企业 16 家，生产原煤 203.71 万吨，实现销售收入 8.69 亿元，利税 3.1 亿元，利润 2.13 亿元。

第一章　煤田地质勘探

第一节 地质勘探

20世纪50年代起到20世纪末，在济东煤田及黄河北煤田勘探的地质勘探队有华东地质局121队、122队、123队，山东省煤田地质局地质队、物测队，淄博矿务局、新汶矿务局地质队，济南市、淄博市、泰安市、济宁市地质队，华东石油地质局第六物探大队等，共钻探钻孔1064个，工程量31.5万米，提交精查地质勘探报告8件，评查地质报告4件，普查地质报告5件，概查报告2件，提交储量65622.3万吨。

至2010年年底，济东煤田的12个井田的生产矿井将勘探的储量已基本采完，矿井因资源枯竭而关闭；济东煤田还有生产矿井16处，共有累计探明储量：A+B级2678.38万吨，C级2135.07万吨，D级5955.2万吨，A+B+C+D级10768.65万吨，表外储量D级190.3万吨。保有储量10959万吨，其中，工业储量4813.5万吨，可采储量2724.5万吨，远景储量5595.2万吨，表外储量190.3万吨。黄河北煤田的长清井田储量28170万吨。平阴煤矿剩余可采储量620万吨。

第二节 煤田勘探

济南市煤田大体可分为东部的济东煤田、西部的黄河北煤田及平阴煤矿(属肥城煤田)。

济东煤田，西起卧牛山断层与黄河北煤田分界，东至禹王山断层与淄博煤田分界，煤田东西走向长约70千米，南北宽约10千米，面积约700平方千米。行政区划为济南市历城区和章丘市境内。济东煤田自西向东大致可分为历城、郭店、平陵城、李福、山后寨、曹范、埠村、明水、王白庄、皋庄、王官、青野12个勘探区(井田)。

黄河北煤田，位于济南市西北部，西起旦镇，东至卧牛山断层与济东煤田分界，走向长约60千米，宽约10千米，面积约600平方千米，地跨东阿、长清、齐河、济阳4县(区)。黄河北煤田划为旦镇、赵官镇、长清、齐河、袁庄、济西6个勘探区(井田)。其中，长清、济西勘探区在济南市区域内。

平阴煤矿，属肥城矿区西七井田内，为平阴县属煤矿，勘探面积4.5平方千米，储量4281.5万吨。

1986年起，煤田资源勘探工作以生产矿井补充勘探为主。

一、李福煤田

1986年，济南市煤田地质队在原地质勘探报告基础上进行补充勘探工作，施工钻孔45个，完成工程量5500米，提交李福井田评查地质报告，储量1735万吨，为建设济南市市属李福煤矿提供地质资料。

二、王官井田

1988年，淄博市煤田地质队施工钻孔28个，工程量1.21万米，提交普查地质报告，储量2232万吨，为章丘市乡镇煤矿建设提供地质资料。

三、章丘市东风二号煤矿

1989年，济南市煤田地质队与淄博市煤田地质队共同施工钻孔38个，工程量1.49万米，提交柳沟井田评查地质报告，储量2112万吨，为东风二号井建设提供地质资料。1998～1999年，淄博翔宇勘探公司又补勘施工钻孔7个，工程量3992米。

四、明水一号煤矿

1988～2007年，济南市煤田地质队、淄博市煤田地质队及省煤田地质局三队先后施工钻孔18个，工程量6719米，储量309.2万吨。

五、明水二号煤矿

2008年，山东省煤田地质局三队施工钻孔2个，工程量628米。

六、玉山煤矿

1997～2003年，泰安市煤田地质队施工钻孔3个，工程量1050米，储量115.1万吨。

七、鑫岳一号煤矿

2005～2010年，淄川东晨钻探队补勘工程量1323米，储量248.6万吨。

八、济阳煤矿

“九五”期间，新汶矿业集团在黄河北济阳县境内进行补勘，储量1.73亿吨。

九、济齐煤矿

2006年3月至2007年12月，山东黄岗集团在黄河北煤田济阳县至齐河县张宝屯区域取得探矿权，由山东省煤田地质局第二勘探队施工，提出地质报告，储量12.67亿吨。

十、长清煤矿补勘

1996年，华东石油物探六队及山东省煤田地质局物探队对黄河以南长清煤田30平方千米进行地震法勘探，控制30米落差的断层，由原来详查报告补勘后提交精查地质报告。

第二章 煤矿建设

第一节 市属煤矿

1986年，全市国有煤矿有埠村煤矿、西芦煤矿、历城煤矿、东风煤矿、琅沟煤矿、平阴煤矿，其中埠村煤矿隶属淄博矿务局。1988年，历城煤矿因岩浆岩侵入、煤质差闭坑。1990年8月，西芦煤矿因水患提前闭坑。2001年11月，琅沟煤矿因水患提前闭坑。2004年，章丘市政府决定，将鑫岳煤矿、明水一号煤矿、明水二号煤矿、华明煤矿、玉山煤矿、官庄煤矿等乡镇矿通过整合、改扩建，改制为国有矿。2005年，东风矿资源开采完闭坑。2006年，平阴煤矿划归泰安市管理。2010年，全市共国有矿16处，设计能力单井均在12万吨以上，总设计能力237万吨。

一、李福煤矿

位于济东煤田李福勘探区。1972年，山东省煤炭地质勘探公司提出精查报告。1983年，山东省政府批准计划任务书，由山东煤炭设计研究院设计。1984年，济南市进行补勘，发现火成岩侵蚀严重，储量偏小，设计开采十层煤一层，设计能力定为年产12万吨。1985年，市政府批准成立李福矿筹建处，该矿为西芦煤矿接续井，总投资3664.26万元。1995年9月，建成投产。该矿在建设期间，山东省新建的一条500千伏超高压输电线路，其中有6个线塔压首采区之上。全国尚无在超高压线下采煤经验，山东省计委立项，进行线塔下采煤的科研工作。济南市与山东矿业学院特采所合作，进行试采，取得成功，科研成果获高教系统和煤炭系统奖励。同时，开展村庄煤柱下开采科研试验，在黄土崖村庄下煤柱开采成功。该矿采用日本微地电测量出水点技术，改变原矿井设计的水井位置，水井一个钻孔钻水成功，避免因水井选址不准造成浪费。1996年，该矿以立井方式延深至第二水平 -150米，后延深至 -280米水平。该矿在90年代末受煤炭市场影响，矿井亏损严重。2000年，经济南市法院裁定破产还债。2001年，企业改制为济南市李福煤矿有限公司。2003年，对深部进行补勘扩界，设计能力改为年产18万吨。2003～2005年，被市政府授予先进单位。2007年，获市级精神文明单位、二级质量标准化矿井、瓦斯管理示范矿井、安全生产先进单位、花园式矿井等称号。2010年，产煤16.27万吨，职工730人。

二、东风二号煤矿

位于明水勘探区柳沟井田。1972年，山东省煤炭局勘探，提出详查报告。1988年，淄博市煤炭局钻探队补勘，达到精查，储量1557万吨。斜井开拓，设计能力12万吨。1989年7月开工，1997年7月投产，年产煤30万吨。建设期间利用被水淹没25年的鲍庄井作为风井，边建设，边生产，走以矿养矿路子，成为全市自筹资金建设骨干矿井典范。该矿1999年延深至第二水平，2000年扩界由11.53平方千米扩为16平方千米，由炮采改为机采，成为质量标准化A级矿井、全市安全生产先进单位、花园式矿井。2010年，产煤22.99万吨，职工2438人。

三、东风三号煤矿

官庄一号煤矿位于王官勘探区，设计能力6万吨，主井开拓。1989年4月开工，由国家投资和自筹资金建设，1991年8月投产。由于浅部抗日战争时期遗留古井多，1991年上山开拓时，透古空水死亡9人。2004年，官庄一号煤矿并入东风煤炭集团。2006年，官庄一号煤矿与原王官煤矿（东风集团收购后称东风5号矿）及原官庄6号井整合成东风三号煤矿。整合后储量495.7万吨，年设计能力18万吨。2010年，产煤18万吨，职工1144人。

四、平阴煤矿

位于肥城矿区西七井田，1973年始建，1978年建成投产，主井开拓，年设计能力15万吨。1985年，由泰安市划归济南市管理。1986年，延伸至第二水平，并对各系统改扩建，改为年设计能力21万吨。1989年，被评为全省通风样板矿井，在地测矿图和机电设备管理评比中被评为省地方煤矿标兵。1992年，扩建为年产30万吨，开采水平延至 -260米水平。1995年，“运用价值观理论指导矿井高产高效”“运用系统工程理论指导注浆钻设计”，分别获省、市现代化成果二等奖。2001年9月，改制为华玫矿业有限公司。2001～2005年，年产煤45

平阴煤矿　（1989年摄）

万吨。该煤矿先后获国家二级企业、省中三型企业、省级先进企业、特级质量标准化矿井、全省十佳煤矿企业等。2006年，平阴煤矿又划归泰安市管理。

五、琅沟煤矿

1973年9月，建成投产，属明水勘探区，为章丘县属煤矿，年设计能力为15万吨。1987年，向煤炭部申请资金，建设坑口热电厂。1989年，建成投产，成为章丘市城区热源厂，后划归供电部门管理。1990年，延深至第二水平，年产煤24万吨以上，矿井扭亏为盈。先后被评为文明矿井、省级质量标准化矿井。2001年11月，第二水平933米工作面因断层突水，职工被淹井下，经章丘市政府决定封井闭坑。

琅沟煤矿 （1989年摄）

六、西芦煤矿

1958年，始建，属平陵城勘探区一号井田，为市属煤矿。因矿井涌水超过排水能力，曾一度关闭。1970年，恢复生产，生产能力逐年增加。1984年，达到设计能力年产15万吨。1985年，原煤年产量14.5万吨，职工1268人。1986年，延深至第三水平-300米，实行正规开拓开采，推行锚杆支护，药卷锚杆，机械化运输，年产15万吨。1990年，西芦煤矿因水患提前闭坑，亏损280万元，停产后市政府拨款实行生产自救。1994年，与李福煤矿联合成立福芦煤炭企业开发总公司。2000年6月30日，因经营不善，资不抵债，经济南市中级人民法院裁定，依法破产。

七、鑫岳煤矿

鑫岳煤矿包括3个矿。鑫岳一号矿是原普集煤矿，位于王官勘探区深部，煤层较完整。煤种为贫煤，储量298万吨，年设计能力18万吨，斜井开拓，主井回风。该矿在安全评估中连续4年被评为A级，济南市“双基”建设先进单位、最佳效益企业。该矿在琅沟矿停产后，作为接续矿井。鑫岳三号矿是原韩家煤矿南井、东井合并而成，位于官庄乡政府东2千米，1994年扩界，面积1.16平方千米，开采5、7、10三层煤，年设计能力12万吨。鑫岳六号矿是原旭升乡木厂井，开采煤3、煤4两层。2004年、2006年、2007年三次扩界，面积1.16平方千米，开采煤层增至煤3、煤4、煤7、煤9四层。2010年，产煤28.77万吨，职工1430人。

八、明水一号煤矿

位于柳沟井田上部，以1997年投产的明水一号井为主体，2002年1月建成。2006年，与原赭山矿、明水二号矿、浅井矿部分资源整合而成，面积7.39平方千米，储量94万吨，立井开拓，可采煤层煤3、煤4、煤5三层，年设计能力12万吨。该区内原小井多，整合后委托省物化勘察院编制《矿山地质环境保护和治理方案》《土地复垦方案》，平整停产的小井，改善地质环境，耕地复原，地表破坏降低到最低限度。矿井达到质量标准化一级矿井，为骨干矿井。2010年，产煤9.15万吨，职工530人。

九、明水二号煤矿

位于柳沟井田上部，以原村镇合办的河南煤矿为主进行整合而成，储量128万吨，年设计能力12万吨，立井开拓，1995年8月建成。2010

年，产煤 11.1 万吨，职工 465 人，安全评估为 A 级矿，质量标准化一级矿井，为骨干矿井。

十、华明煤矿

按照章丘市政府安排，为保证热电厂煤源，由明水热电公司经营部分煤矿，2004 年整合皋庄勘探区原上皋煤矿、上皋村煤矿、明水镇三号矿、绣惠二号矿、高官寨矿和以位于王官勘探区官庄台头村矿为主，整合西矾硫矿、官庄三号矿（原普集公社东矾硫矿于 1990 年在东张村建的新井），成立上皋煤矿、明水镇三号矿、绣惠二号矿、高官寨矿、华明煤矿，隶属琅沟电厂管理。整合后明皋二号（上皋村矿）于 2005 年闭坑，明皋三号（明水镇三号矿）于 2006 年 11 月闭坑，明皋一号（上皋煤矿）于 2009 年 12 月闭坑。上皋矿闭坑后高官寨矿及绣惠矿与其连通，因涌水量过大，煤质差，于 2009 年闭坑，只剩华明煤矿。华明煤矿整合后储量 314 万吨，开采煤 3、煤 4、煤 7、煤 10 四层，设计能力 15 万吨，为骨干煤矿。2010 年，产煤 13.94 万吨，职工 689 人。

十一、玉山煤矿

位于曹范勘探区，1978 年建成。后与曹范乡宋家埠矿、曹范乡三号矿、黄河乡黄河煤矿整合，储量 187.8 万吨，主要开采煤 3、煤 9、煤 10–1。整合后 2007 年进行改造，2008 年竣工。改造后安全达 A 级矿、质量标准化矿，年设计能力 18 万吨。该矿受巴漏河洪水威胁严重。2010 年，产煤 16.73 万吨，职工 1058 人。

十二、青野煤矿

位于王官勘探区南部，1981 年 9 月建成。后与闫家峪二号矿和闫家峪乡青野村矿整合，开采煤 5、煤 7、煤 10，开采深度 +242 米水平至 –106 米水平，储量 229.3 万吨，年设计能力 15 万吨。2010 年，产煤 11.93 万吨，职工 542 人。

十三、官庄煤矿

位于王官勘探区东部，1992 年 1 月建成，立井 2 个、斜井 1 个，储量 183.5 万吨，年设计能力 12 万吨。2010 年，产煤 8.03 万吨，职工 435 人。

十四、民泰煤矿

位于济南高新区，原为开采西芦煤矿上部储量表外的煤 3、煤 4 薄煤层的水井。1998 年始建，2009 年 10 月投产，为股份制企业。资源整合后，恢复开采西芦煤矿淹井后丢失在井下的煤层，储量 75.5 万吨，开采煤 3、煤 4、煤 10–2、煤 10–3，年设计能力 24 万吨。该矿为安全评估 A 级矿井、瓦斯治理示范矿井、花园式矿井。2010 年，产煤 16.95 万吨，职工 900 人。

第二节　乡镇煤矿

乡镇煤矿的兴办始于 1958 年，章丘县组织 8 万人开挖小井 1090 处，见煤的 187 处，露天矿 5 处，挖煤 2.78 万吨。至 1985 年，全市正式批准的乡镇矿 23 处，其中章丘 22 处、历城 1 处，年产量 68.3 万吨，从业人数 8900 人，产值 4050 万元。1987 年，章丘县被列入全国地方煤矿重点产煤县。1991 年，全市县镇矿全部健全“三图”（井上下对照图、采掘工程平面图、地形地质图），明水镇三号矿在全省完善三图评比中，被评为全省乡镇矿的样板。文祖镇 3 号矿在注浆堵水工程中，获省煤炭科技二等奖。至 1994 年，全市有部级标准化矿井 2 个，省级质量标准化矿井 3 个，县级质量标准化矿井 6 个。“八五”期末煤炭市场供不应求，煤价大幅上涨，乡镇纷纷掀起开办煤矿的高潮，章丘市境内达 116 处，最严重的埠村镇大冶、翟家庄村民开挖小井达 28 处，出现死亡事故。章丘市政府组织公、检、法开展联合整治，封小井 57 处，同时对具有正规开采条件的小井进行整顿。1997 年，又出现私开井高潮，乡镇矿安全情况恶化，每年死亡多达20余人。1997～1998年，进行整顿停封38处，压产53万吨，对13处边界打通的矿井进行隔离，14处超层越界的矿井退回界内。“九五”期间，乡镇煤矿实际产量占全市产量的40%以上，1998年最高产180万吨。2000年，按照山东省政府关于关井压产的要求，关闭年产3万吨以下的矿井22处。2003年，对乡镇矿进行整合整改，保留矿井25处，矿井装备水平达到国有矿标准。2004年，章丘市政府决定，将乡镇矿收购为市营，与原有的国有矿合并，组建矿业集团5个。章丘市结束乡镇、村办矿的历史。

第三节 省属煤矿

一、埠村煤矿

位于济南市境内埠村勘探区内，隶属淄博矿务局，有2个生产井（埠村一号井在章丘县文祖镇境内，埠村三号井在埠村镇境内）。1985年12月，经山东省煤炭工业局批准，淄博矿业公司在济东煤田山后寨勘探区投资勘探，获储量6338万吨。1992年，兴建一对立井，与埠村矿三号井贯通。1994年，扩建为年产75万吨矿井。2010年，产煤105万吨，职工3228人。

二、济阳新阳煤矿

位于黄河北煤田东部，行政区隶属天桥区和济阳县。2001年，由新汶矿业集团投资补充勘探，探明可采煤层8层，储量31657万吨，能利用储量11714万吨，可采储量6266万吨，设计开采范围，东西走向长9.9千米，南北宽5千米，面积49平方千米，年设计能力45万吨，可采期93年。2005年1月26日，新汶矿业集团开工建设煤矿。2007年7月26日，建成投产。2010年，产煤45万吨，职工1820人。

三、济西煤矿

隶属于山东省监狱管理局，井口及工业广场设在齐河县境内，开采的煤层位于济南市槐荫区境内。20世纪70年代，由山东省煤田地质局地质队投资勘探黄河北济西井田，探明可采煤层6层，储量3785万吨。1998年，山东省监狱管理局在黄河北煤田济西井田建设济西煤矿，年设计能力45万吨，可采期40年。因种种原因2008年停止建设，一直未投产。

第三章 煤炭生产

第一节 生产技术

1986年年初，市属济南西芦煤矿掘进采用风钻、电煤钻打眼，扒装机、电机车运输工艺；县属国营章丘东风煤矿3个7655式风钻掘进迎头，P15B扒斗装凿机械人工装载，人工矿车运输，采用锚或锚杆支护；县属国营平阴煤矿，井岩施工采用爆破落岩，风钻或电煤钻打眼，人工装药、放炮，机械耙装或人工装车，矿车运输；县属国营章丘琅沟煤矿，掘进采用钻眼爆破法，风钻、电钻打眼，爆破落岩，人工装岩，矿车运输，人工辅道，木支架支护。1986年年底，西芦煤矿实行正规开拓开采，推行锚杆支护，药卷锚杆，机械化运输，年产15万吨。1987年起，西芦煤矿开始安全第三水平延深工程，建立第三水平运输、提升、排水、供电系统。因深部煤10–2变薄，又开展煤10–3的开拓、开采，年产15万吨以上。1988年，平阴煤矿引进美国玛克-22型采煤机组，机采煤2万吨。章丘县东风煤矿使用国产ZB2-100型薄煤层采煤机组和Dz10-25/80单体液压支柱支护高档普采，机采煤量7.2万吨。推广应用中国煤矿大学研制的快速凝固药卷锚杆技术。1992年，平阴煤矿和章丘市东风煤矿、琅沟煤矿达到山东省甲级通风矿井水平。平阴煤矿采用国产150型机械化采煤机组，全矿机采比重76%，创地方矿机采单产最高纪录，实现扒装机械化和井上下微机管理。1994年，在山东省地方煤矿第四届科技大会上，埠村一号矿极薄煤层无人工作面开采技术研究获一等奖；上皋煤矿HKYF-A型矿用全自动风门、平阴煤矿“多种注浆站优化设计及建造”获二等奖；上皋煤矿SGY-120A型液压机、平阴煤矿“井下封堵巷道突水技术和单体液压支柱拆柱机”获三等奖。1997年，市、县国营煤矿有6个采煤面装备单体液压支柱，开拓准备巷道实现锚喷支护，回采巷道推广型钢支护。1999年，20处矿井增设隔离变压器，实现供电井上、下分离，更换1.2米绞车6部。平阴煤矿在九层、七层煤巷道中，推广采用裸体、锚杆支护工艺，减小巷道断面，提高掘进效率，每米巷道节省坑木价值80余元。2000年，调整部分矿井特别是乡镇矿井的开拓布局，实行正规开拓，保证矿井2个出口和通风系统的完善。2003年，严格矿井设计审批制度，对矿井采掘工程部署进行审查，严禁增头增面、超能力生产，实行正规开拓。对全市58处生产矿井的瓦斯和二氧化碳等级进行鉴定，对瓦斯局部区域异常的矿井进行重点管理，对矿井供电线路和井下提升设备、排水设备、通风设备“三大保护”系统进行改造和完善。2007年，全市淘汰木支架，装备单体液压支柱回采面26个，机采面4个，掘进扒装机16个，斜巷推广吊挂式人车。2009年，全市煤炭企业装备单体液压支护工作面45个，采用刮板运输机工作面30个，新增扒装机掘进工作面10个，完成锚喷巷道2万余米，更换淘汰设备，累计投入资金1.9亿元。至2010年年底，全市有4处煤矿投入3900余万元装备高档普采面7处(东风二号装备2台采煤机工作面和1台综掘机工作面，东风三号装备2台采煤机工作面，鑫岳一号装备2台采煤机工作面，明水二号装备1台采煤机工作面)，玉山煤矿等5处矿井配备皮带机运输；全市煤矿全部实现电机车运输，淘汰人力推车，实现井下运输机械化、连续化。

第二节 产量和效益

一、煤炭产量

“七五”至“十一五”期间，全市产煤5090.85万吨(不含外地到济南办矿产量)，其中乡镇煤矿产煤1300万吨。“七五”期间产煤791.85万吨，“八五”期间，产煤788.5万吨；“九五”期间，产煤1349.6万吨；“十五”期间，产煤1417.9万吨；“十一五”期间，产煤743万吨。

二、煤炭生产效益。

1990年，全市产煤118万吨，产值0.3亿元，市县矿利润52.3万元。1992年，煤炭价格由国家定价变成按市场供需双方议价，煤矿由政策性亏损企业变成盈利企业，利润逐年增加。1995年，产煤216万吨，产值1.3亿元，利润1195万元。2000年，产煤321万吨，产值3.85亿元，利润817万元，利润减少主要是因煤矿整顿，加大安全和装备投入。2005年，产煤251.2万吨，产值7.1亿元，利润1.53亿元。2010年，产煤203.7万吨，产值9.39亿元，利润2.13亿元，成为纳税大户。

第三节 安全生产

1986年起，全市煤炭工业贯彻落实国家安全生产方针，始终把安全生产摆在高于一切、重

埠村煤矿实行井口入脑安全确认制　　（2008 年摄）

于一切、先于一切的位置，坚持“谁主管、谁负责”原则，并作为考核管理人员的否决条件。各矿实行全员目标责任制和安全奖励基金递增办法，确保安全目标实现，各国有骨干矿井安全情况较好，其中东风煤矿 1986 ～ 1990 年期间创造安全生产 1000 天纪录。1989 年，济南市煤炭局矿山救护队在全省救护队比武中名列第二，个人技能评比分获第一名和第五名。

1990 年，全市组织“一通三防”（一通：矿山有完善的通风系统；三防：防煤尘、防火、防瓦斯爆炸）会战，各矿增加通风设施 1420 处，维修巷道 3400 米，增设防尘路 7400 米，运输大巷设水幕，回风巷设防爆水棚。各矿均进行煤尘爆炸指数鉴定，每年进行矿井瓦斯鉴定，重点矿进行主扇反风实验，后期配备瓦斯警报仪自救器，重点矿瓦斯监控联网，杜绝瓦斯事故发生。对有古空水威胁的矿强制配备探放水设备，坚持有疑必探、先探后掘、不探不掘制度。对有古空危险区域，坚持编制探放水工程设计，先注浆后采煤。

1992 年，全市建设三、四两级培训中心，对各级负责人、特殊工种作业人员和全体职工进行梯次教育培训。章丘市选派一批学生到煤矿院校学习，培养技术人员。建立济南矿山设备测试站，定期进行测试，把事故消灭在萌芽阶段。2001 年，琅沟煤矿断层出水每小时 6000 立方米，造成 13 人死亡。同年，封井闭坑。

进入 21 世纪后，安全生产形势逐年好转。2001 年死亡 21 人，2002 年死亡 12 人，2003 年死亡 7 人，2004 年死亡 2 人，百万吨死亡率降至 0.8 人。2005 年，章丘市煤炭局被国家发改委授予“全国煤炭生产许可证依法监管先进集团”称号。2007 年，各矿配备 KJ-260 型井下人员定位系统，重点矿调度室配备数字程控调度系统，直视工作面或设备运输情况。各矿均安装无线通信系统、智能广播系统、数码录音电话，可群呼至井下每个有人工作地点，便于下达安全方面紧急命令，有的矿进行救护演习。同年，章丘市煤炭局被国家人事部、国家煤炭协会评为煤炭行业先进单位。2008 年，创全年无死亡事故记录，受到山东省政府表彰。2010 年，全市 16 处矿井有 7 处达到安全质量标准化一级矿井标准，9 处达到二级标准。

至 2010 年，累计关闭小井 249 井次，安全生产累计投入 6.17 亿元，吨煤安全投入 40 元。

第三篇 冶金与建材工业

济南市矿产资源丰富，冶金工业涉及建起采矿、炼焦、炼铁、炼钢、轧材以及有色金属冶炼与加工等门类，形成具有一定规模的冶金工业体系，成为山东省三大钢铁基地之一。1986年，全市有冶金企业25家，职工31617人，固定资产4.8亿元，年产钢57.24万吨、生铁96.26万吨，钢材38.82万吨。1988年，济南冶金工业深化改革，各企业以经营承包责任制为中心的配套改革不断深化完善，各项经济技术指标均创历史最高水平。全年完成工业总产值5.63亿元，利税2.4亿元，出口创汇1030万元。1994年，以济南钢铁集团总公司为核心，组建济南钢铁集团，下辖13家紧密层企业、91家松散层企业。该集团成为山东省最大的一业为主、多种经营、跨地区、跨行业、跨国家联合，集工业、贸易、金融、科研于一体的大型企业集团。1995～2010年，济南市以济南钢铁集团为代表的冶金工业快速发展，规模不断壮大，产品、质量、品种、销售量、经济效益、出口创汇等大幅提高，济南钢铁集团总公司被确定为全国推行清洁生产试点企业、全国第一批发展循环经济试点单位、全国资源综合利用十佳企业。2010年，全市有规模以上冶金工业企业35家，全年完成工业总产值461.7亿元，销售收入462.9亿元，利税20.57亿元，利润7.93亿元。

1980年后，济南市贯彻“大家办建材”的方针，乡镇砖瓦工业产量超过国营企业，占据主导地位。至1986年，全市建材工业形成砖瓦、石料、石灰、沙、水泥、水泥制品、花岗石制品、新型建材、钢制门窗9大行业，主要产品有水泥、砖瓦、花岗石板材等。1989年，全市建材工业推行“规范化工作法”“目标成本控制法”，实行全面质量管理，全年实现总产值9.86亿元，县(区)以上企业实现利税3306万元，拥有固定资产3.07亿元。1997年，由济南市建材局及下属企业整建制改制成立济南山水集团。同年，全市建材系统普遍推行“模拟市场核算，目标成本控制”经济责任制，全系统全年利润同比增长19.3%。2006年，全市共有规模以上建材企业156家，完成工业增加值52.63亿元，实现销售收入183.48亿元，利税19.25亿元。其中，山水集团各项经济指标连续3年位居全国水泥行业第二位，被列为国家重点支持企业。至2010年，山水集团通过兼并、收购、新建企业，全面整合山东、辽宁市场，生产规模位居两省首位、全国第二位。

济南钢铁总厂 （2010年摄）

第一章 冶金工业

第一节 行业概况

1986年年初，全市有冶金企业25家。其中，全民所有制企业6家，集体所有制企业19家；中型企业2家，小型企业23家。按产品门类分为：采矿企业2家，钢铁联合企业2家，专业炼铁企业2家，轧钢企业10家，有色金属冶炼与加工企业7家，其他2家。全市冶金行业共有职工31617人，其中工程技术人员1004人，占行业职工总数的3.2%。工人技术等级平均4.2级。全行业固定资产原值4.8亿元。拥有各种生产设备1.5万台，其中主要设备有炼铁炉13座，总容积1790立方米；炼钢电炉16座，容量27.1公称吨；氧气顶吹转炉5座，容量51公称吨；300吨混铁炉2座；R6–1000弧形板坯连铸机2台；各种轧机16套，其中有2300毫米三辊劳特式中板轧机、750毫米初轧机、500毫米中型轧机、250毫米半连续小型轧机各1套；58–Ⅱ型42孔焦炉2座；炼硅铁电炉3座；变压器容量1.23万千伏安；制氧机3台，能力8300立方米/时；电解铝槽36台，容量6万安培。全市冶金工业生产能力为铁矿石28万吨，焦炭55万吨，生铁79.5万吨，钢51.4万吨，钢材47.4万吨，电解铝4800吨，铝材加工2500吨，硅铁3400吨。至1986年年底，济南冶金工业已形成采矿—冶炼—轧材等门类较全的生产体系，是山东省三大钢铁基地之一。

1988年，济南冶金工业坚持以提高经济效益为中心，深化改革，治理整顿，各项经济技术指标均创历史最高水平。各企业以经营承包责任制为中心的配套改革不断深化、完善。济南钢铁厂对经营承包责任制坚持分配上“起点低，台阶高”的激励原则，进一步完善对关键工序、关键岗位的承包，拉开奖金档次，并把效益奖作为规范职工长期行为的一种有效形式，与职工劳动纪律、安全生产挂钩，收到较好效果。年底，济南冶金工业企业有31家。按经济类型分：全民所有制企业5家，占16%；集体所有制企业26家，占84%。按产品门类分：铁矿采选企业3家，占9.7%(均为乡办企业)；黑色金属冶炼及压延加工企业18家，占58.1%；有色金属冶炼及压延加工企业10家，占32.2%。共有职工3.3万人，其中铁矿采选业295人，占0.9%；黑色金属冶炼及压延加工业3.06万人，占92.7%；有色金属冶炼及压延加工业2128人，占6.4%。年生产能力：铁矿石18万吨，焦炭49万吨，生铁96.2万吨，钢61万吨，钢材51.25万吨，电解铝0.5万吨，铁合金0.46万吨。实际产量：铁矿石18.73万吨，焦炭50.38万吨，生铁122.91万吨，钢75.27万吨，钢材54.7万吨，铁合金4700吨，电解铝5222吨。全年完成工业总产值5.63亿元，利润1.6亿元，利税2.4亿元；出口产品产值1030万元，全员劳动生产率17002元/人。

至1989年，济南硅酸盐厂、黄台铁矿、济南第二钢铁厂、郭店铁矿厂、济南动力机械厂、山东冶炼加工厂、烟台预制厂、济南铁厂、山东明水铝土矿和山东冶金地质水文勘查公司先后并入济钢总厂。济钢总厂年末共有职工3.4万人，拥有固定资产原值8.1亿元，净值5.9亿元，辖采矿、焦化、炼铁、炼钢、轧钢等25个分厂，成为全市最大企业。

1990年，全市有乡镇以上独立核算冶金工业企业30家。其中，铁矿采选企业4家，占

13.3%；黑色金属冶炼及压延加工企业18家，占60%；有色金属冶炼及压延加工企业8家，占26.7%。年末共有职工36307人，固定资产原值11.9亿元。主要产品产量：铁矿石19.36万吨，焦炭51.28万吨，生铁139万吨，钢89.4万吨，钢材57.52万吨，铝材2324吨，铁合金0.78万吨。全年完成工业总产值6.77亿元(按1980年不变价)，占全市工业总产值的5.4%；利润7548万元，利税2.01亿元，全员劳动生产率18652元/人。同年，济南钢铁总厂晋升为国家二级企业，被评为全国设备管理优秀单位、全国冶金政治思想工作先进单位、全国法律顾问先进单位。

1994年，济南钢铁总厂更名为济南钢铁集团总公司，并以济南钢铁集团总公司为核心，组建济南钢铁集团。该集团成为山东省最大的一业为主、多种经营、跨地区、跨行业、跨国家联合，集工业、贸易、金融、科研于一体的大型企业集团。

1997年，全市有乡镇以上独立核算冶金工业企业41家。其中，铁矿采选企业6家，黑色金属冶炼及压延加工企业23家，有色金属冶炼及压延加工企业12家。年末共有职工40651人，其中，铁矿采选企业1151人，黑色金属冶炼及压延加工企业34465人，有色金属冶炼及压延加工企业5035人。全年完成工业总产值66.68亿元，占全市工业总产值的11.2%；利税3.66亿元。主要产品产量：生铁365万吨，钢237.7万吨，钢材129.2万吨，铝材7778吨，铁合金480吨。济南钢铁集团共拥有119家成员单位，其中核心层企业1家，紧密层企业14家，半紧密层企业7家，松散层企业97家。济南钢铁集团总公司是济钢集团的核心企业，总公司机关设职能处室(部门)42个，下辖二级厂矿(公司、中心及科研院所)单位108个，共有职工36086人，其中各类专业技术人员6914人。拥有各类设备总重量159638吨，固定资产原值455220万元，净值237962万元。全年进口矿石矿粉

济钢集团中厚板轧钢生产线　　(2000年摄)

274.11万吨，出口钢铁产品78.96万吨，进出口贸易总额2.1亿美元，创汇1.4亿美元，获济南市、山东省和全国冶金系统出口创汇先进企业称号。企业改革以提高经济效益为中心，建立健全和完善内部经营责任制、分配机制、科技体制和科学技术责任制，全面推行减员增效改革，年内全公司共减员6500多人。标准化作业、设备点检、挂牌维护、计划检修等管理工作日趋规范化、制度化，再次获全国设备管理优秀单位称号。计量检测体系不断配套完善，济南钢铁集团总公司通过国际标准认证。同年，济南钢铁集团总公司研发的3项轧钢加热炉高效节能新技术，获第46届布鲁塞尔尤里卡世界发明博览会金奖，其中2项分别获首届国际爱因斯坦新发明、新技术(产品)博览会“国际荣誉金奖”和“国际最高荣誉金奖”。

2002年，全市有规模以上冶金工业企业26家。其中，铁矿采选企业4家，黑色金属冶炼及压延加工企业14家，有色金属冶炼及压延加工企业8家。年末共有职工24253人，其中，铁矿采选企业208人，黑色金属冶炼及压延加工企业20508人，有色金属冶炼及压延加工企业3537人。全年完成工业总产值142.92亿元，占全市工业总产值的14.2%。主要产品产量：生铁368.29万吨，钢394.41万吨，钢材317.9万吨，铝材2.25万吨。济南钢铁集团总公司实施低成

本战略、可持续发展战略、精品战略、出口带动战略、人才战略等五大战略，连续3年被评为全国质量效益型先进企业，本年度获全国质量管理奖、鼓励奖。改进成本管理模式，采取“总公司目标倒算，生产厂分解正算，措施落实保证”的指标核定新办法，按比例倒算压缩成本1.93亿元，层层分解指标，落实责任。实施炼铁系统“三高两低”，即：炼铁高炉实现高风温、高喷煤、高系数，低休风率、低焦比；轧钢系统“三全两调”，即：钢坯全热送、加热炉全蓄热化，轧钢全倍尺轧制，调整坯料结构，调整煤气热值。吨钢综合能耗和可比能耗分别降到769千克标煤和692千克标煤，分别降低25千克和32千克；全年降低成本8990万元，可比产品总成本比上年降低3.2亿元。年内实施以钢渣、炉渣生产微晶玻璃，利用高炉渣生产岩棉和矿渣微粉等项目，厂区空气中一氧化碳、二氧化硫、氮氧化物、悬浮微粒含量均明显下降，达到国家二级空气质量标准。总公司顺利通过ISO 9001：2000质量体系认证，以及OSHMS职业安全健康、ZSO14001环境管理标准认证。同年，济南钢铁集团总公司被国家经贸委确定为全国推行清洁生产试点企业，是全国冶金行业唯一试点企业。

2005年，全市有规模以上冶金工业企业52家。其中，铁矿采选企业3家，黑色金属冶炼及压延加工企业29家，有色金属冶炼及压延加工企业20家。年末共有职工25574人，其中，铁矿采选企业127人，黑色金属冶炼及压延加工企业24063人，有色金属冶炼及压延加工企业1384人。全年完成工业总产值457.57亿元，占全市工业总产值的20.4%；完成工业销售产值455.74亿元，占全市工业销售产值的20.8%。主要产品产量：生铁801.35万吨，钢1046.63万吨，钢材666.2万吨，铝材2468吨。济南钢铁集团总公司以“建设发展年”为主题，加快工程建设，先后有2号3号1750立方米高炉、2号3号120吨转炉、2号3号连铸机、中厚板热处理厂、综合原料场、320平方米烧结机、热轧薄板、冷轧薄板等149项工程竣工，完成固定资产投资78亿元，是济南钢铁集团总公司历史上完成工程投资最多、项目集中投产最多、结构调整最大的一年。坚持低成本战略，制定主要技术经济指标攻关目标54项，实施挖潜增益项目59项，降低原材料采购成本，全年可比产品总成本同口径降低9.8亿元，降低率4.8%。实施精品、差异化战略，将品种板作为应对市场变化、提高市场竞争力、增加效益的重要手段，调整生产组织结构，打造品种板的新优势，品种板比例达到62.3%。以市场为导向，加大新产品开发力度，生产新产品132万吨。坚持走新型工业化道路，自主创新，发展循环经济。先后制定并实施《济钢创建节能清洁型工厂规划》和《济钢发展循环经济规划》，建设资源节约型、环境友好型钢铁企业循环经济模式。2005年3月，中央电视台《焦点访谈》栏目对济南钢铁集团总公司发展循环经济的成功做法进行报道；4月，国家发改委在济南召开加强钢铁产业政策引导、发展循环经济现场会，重点推介济钢发展循环经济的经验；7月，中共中央政治局常委、全国人大常委会委员长吴邦国到济南钢铁集团总公司视察时指出，发展循环经济不仅具有社会效益，而且具有巨大的经济效益，济钢的经验值得推广。济南钢铁集团总公司被确定为全国第一批发展循环经济试点单位，被列入国家“十一五”规划重点建设的循环经济示范单位。

2006年，全市共有规模以上冶金工业企业54家，其中黑色金属冶炼及压延加工企业31家，有色金属冶炼及压延加工企业23家。全年实现主营业务收入525.16亿元，利税49.03亿元，利润27.2亿元。行业共有亏损企业7家，亏损额255万元。全年生产生铁919万吨，钢材971万吨，铜材（铜加工材）587吨，铝合金282吨。济南钢铁集团总公司以烟尘治理为突破口，全方面进行环境治理，先后有40个环境污染治理项目立项实施，22个治理项目完成投用，总投资额达3.5亿元，被济南市环保局评为AAA级环保信用企业。

2007年，全市有规模以上冶金工业企业48家。其中，铁矿采选企业3家，黑色金属冶炼及压延加工企业25家，有色金属冶炼及压延加工企业20家。年末共有职工27013人，其中，铁矿采选企业115人，黑色金属冶炼及压延加工企业25150人，有色金属冶炼及压延加工企业1748人。全年完成工业总产值617.7亿元，占全市工业总产值的19.4%；完成工业销售产值612.9亿元，占全市工业销售产值的19.6%。主要产品产量：生铁1029.46万吨，钢1214.9万吨，钢材1078.43万吨，大型型钢20.83万吨，中小型型钢43.61万吨，棒材110.11万吨，钢筋262.66万吨，特厚板17.12万吨，厚钢板143.72万吨，中板203.97万吨，热轧薄板183.19万吨，冷轧薄板42.13万吨。9月，“济钢”牌高强度建筑结构用中厚钢板获2007年中国名牌产品。济钢高强度建筑结构用中厚钢板市场销量一直保持国内领先地位，产品覆盖全国工程机械建筑用钢领域的知名企业，应用于“鸟巢”“水立方”等北京奥运工程及中央电视台新台址、北京国贸三期、上海环球金融中心、包西铁路包头黄河大桥等一系列重点工程。12月24日，济南钢铁集团总公司召开关停淘汰落后产能工作会议，宣布第二小型轧钢厂、第一炼钢厂和炼铁厂所辖二区生产单位、能源动力厂所辖二区部分单位以及三区小高炉于12月25日停产。济南钢铁集团总公司发展循环经济，能源资源高效清洁利用，余热余能发电量大幅度增长，全年发电量超过25亿千瓦时；320平方米烧结机和炼钢余热发电项目建成使用，炼焦煤气流分级干燥项目研发建设成功；一炼钢吨钢转炉煤气回收超过100立方米，三炼钢超过110立方米，焦炉煤气实现“零”放散，高炉煤气放散率降到5%。同年，山东省发展循环经济工作会议在济南钢铁集团总公司召开，济南钢铁集团总公司成为科技部“产业技术创新战略联盟——新一代可循环钢铁流程工艺技术”项目签约者。

2010年，全市有规模以上冶金工业企业35家。其中，铁矿采选企业2家，其中黑色金属冶炼及压延加工企业17家，有色金属冶炼及压延加工企业16家。年末共有职工37460人，其中，铁矿采选企业678人，黑色金属冶炼及压延加工企业35749人，有色金属冶炼及压延加工企业1033人。全年完成工业总产值461.7亿元，占全市工业总产值的10.3%；完成工业销售产值462.9亿元，占全市工业销售产值的10.5%。主要产品产量：生铁915.55万吨，钢959.33万吨，钢材980.28万吨，大型型钢12.85万吨，中小型型钢35.29万吨，棒材73.76万吨，钢筋274.36万吨，特厚板8.28万吨，厚钢板144.64万吨，中板195.12万吨，冷轧薄宽钢板42.72万吨，冷轧窄钢板0.12万吨。

第二节 企业选介

一、济南钢铁集团总公司

济南钢铁集团总公司前身是济南钢铁厂，始建于1958年。济南钢铁厂是山东省建厂最早、规模最大的全民所有制钢铁联合企业隶属山东省冶金工业总公司。1980年9月济南硅酸盐制品厂、1983年1月黄台铁矿、1984年1月济南第二钢铁厂先后并入该厂。1985年，生产生铁58.9万吨，合格率99.99%；钢49.6万吨，合格率98.32%；钢材33.8万吨(其中中板19.4万吨)，合格率99.2%；焦炭45万吨，合格率95.15%。以上4种产品，占当年全省产量的百分比是：生铁35.47%，钢39.75%，钢材33.33%，焦炭17.37%。在全国地方骨干企业中：中板产量居第1位，生铁、钢均居第3位，钢材居第5位，焦炭居第6位。直径12～16毫米圆钢、焊接结构用耐候钢、焦化纯苯、甲苯、二甲苯被评为山东省优质产品，纯苯出口瑞士。同年，完成工业总产值2.38亿元，实现利润4523万元，上缴利税6413万元；全员劳动生产率13481元/

人，工人劳动生产率20170元/人。

1987年，济南钢铁总厂中板分厂原设计能力为年产中厚板12万～15万吨，经过多次改造，产量达到22.61万吨，创全国同类型设备产量最高纪录。1988年4月8日，投资5300万元，再次对中板轧机进行改造，在三辊轧机生产线上新建四辊轧机，拆除混凝土1750立方米，挖掘外运土方7500立方米，浇注混凝土5500立方米，安装设备3900余吨，铺设电缆96千米，于1989年1月1日进行联动试车，轧出第一块钢板。该项改造工程，采用国内先进技术7项、国际先进技术4项。至1989年年底，先后有郭店铁矿、济南动力机械厂、山东冶炼加工厂、烟台预制厂、济南铁厂、山东明水铝土矿和山东冶金地质水文勘查公司并入济南钢铁总厂。济南钢铁总厂辖采矿、焦化、炼铁、炼钢、轧钢等25个分厂，成为全市最大企业。

1990年，济南钢铁总厂本着“以铁为本，铁前配套，铁后延伸”的经营方针，新上球墨铸铁管工程试车投产，投产后年产球墨铸铁管3万吨，增加效益6500多万元。全年生产生铁128.7万吨、钢89.4万吨、钢材70.12万吨、焦炭51.2万吨。铸造生铁获国家银奖，钢铁产品双优双标率86.14%。根据市场需要，新研制开发16MnREL汽车大梁钢板、20桥壳钢板、碳结构轮辐钢板、B级船板、直径50～120毫米管坯、90号角钢、12号槽钢、60Si2Mn弹簧钢、16×16方钢、18×18方钢、铸铁轧辊等19项新产品。实现技术革新366项，有5项通过省以上技术鉴定。跨行业横向联合实现新进展，菏泽五金厂并入总厂，济钢外围分厂增至12家，形成一业为主、多种经营的企业集团，晋升为国家二级企业。

1991年，济南钢铁总厂转换经营机制，克服资金、运输、市场及“三角债”等困难，年产钢100万余吨，成为全国第17个年产100万吨钢的大型钢铁联合企业，结束山东省无大型钢铁联合企业历史。全年生产钢102.01万吨，生铁140.06万吨，钢材(包括商品坯)78.98万吨，完成工业总产值13.3亿元(1990年不变价格)，实现销售收入17.16亿元，利税25586万元，其中利润10167万元。生铁、钢锭与连铸坯的合格率分别为100%、99.18%和98、88%，钢材综合合格率99.09%，钢材双标率88.66%，冶金焦率93.94%，煅烧黏土合格率95.13%。

1992年，济南钢铁总厂实现销售收入21.57亿元，销售额名列全国企业第56位、全国冶金企业第18位、山东省企业第3位、济南市企业第1位，获全国“五一劳动奖状”。全年新开发钢铁产品35项，其中扁豆形花纹钢板，厚22毫米碳素结构热轧钢板，直径50毫米、55毫米圆钢坯，12×12方钢、14×14方钢，铁路输送油罐用09Mn2钢板，B级造船用钢板，120吨运锭车，冶金车辆T8018直轴钢等8项通过省公司鉴定，填补省内空白，共有18种产品保持国、部、省优质产

济南钢铁总厂的炼钢车间 (1990年摄)

品称号。全年进口矿石81万吨，出口钢铁产品10.2万吨，进出口贸易总额4679万美元。兼并山东省石门铁矿、济南市天桥低压锅炉厂和济南铁合金厂，至此已有16家企业并入济南钢铁总厂。

1993年，济南钢铁总厂生铁、焦炭产量在全国地方钢铁企业中处于第一位，钢材、钢产量分别处于第二和第三位。在全国地方钢铁企业中，按125个可比指标对比，有53个指标进入前三名，其中19个指标名列第一。全年基本建设、技术改造投资7.7亿元，开工项目200余个，竣工投产130个，是历史上投资、开工、竣工、投产及形成固定资产最多的一年。竣工投产较大的项目有第一炼铁厂5号、6号350立方米高炉，氧气厂1.5万立方米制氧机，燃气厂10万立方米煤气柜，铁合金厂拔丝车间，西区氧气工程等。在国家经贸委、国家统计局按技术开发实力评出的全国百强企业中，济南钢铁总厂名列第21位，在全国冶金行业中名列第6位，在全国地方冶金行业中名列第一。全厂有8项新产品、新技术开发项目通过省级鉴定，有20项科技项目获奖。其中B级船板等2项获省冶金工业总公司科技进步一等奖，09Mn2油罐钢板获二等奖，桥式起重机新型限位开关等9项获三等奖；扁豆形花纹钢板等2项获省科委二等奖，集成式收尘器获三等奖，4.5～6毫米碳素钢板等2项、7.5号角钢等3项，分别获省经委二、三等奖。先后在马来西亚、新加坡两国和海南、珠海、北京、上海、青岛等省市建立办事或联络机构。在国内建成投产或实施中的合资企业有4个：与马来西亚合资兴建的济南齐亚机械设备有限公司、与日本高桥株式会社合资在海南省兴办年产10万吨钢材的海南鲁和实业开发公司、与香港华鲁有限公司合资兴建济南快达运输有限公司，与澳大利亚合资在烟台兴办年产各种纸包装袋300吨的烟台澳华食品包装有限公司。在国外兴办的企业有与菲律宾华都有限公司在菲律宾马尼拉市合资兴建马尼拉中菲钢铁有限公司、与马来西亚吉(马)钢铁有限公司合资在马来西亚彭亨州关丹市兴建的济钢(马)钢板有限公司。

1994年，经山东省政府批准，济南钢铁总厂更名为济南钢铁集团总公司，并以济南钢铁集团总公司为核心，组建济钢集团。确定由山东球墨铸管有限公司、济南兴鲁实业开发总公司、济南快达运输有限公司、青岛银滩开发总公司、青岛银山轧钢有限公司、济宁肿瘤医院、海南鲁海物业发展公司、珠海市中宇实业投资总公司、海口鲁琼经济贸易公司、马来西亚济钢(马)钢板有限公司、济南华兴钢板有限公司、济南华兴钢板精整有限公司、济南万利机械有限公司13家为紧密层企业，济南钢戎机电设备维修有限公司、广东中山市华鲁物资有限公司、济南齐亚机械设备有限公司、福州济福吉钢铁制品有限公司、济南国际信托投资公司、中国人民建设银行山东信托投资公司、广东省东莞市东鲁实业有限公司7家为半紧密层企业，福州市轧钢厂、无锡钢丝绳厂、衡水钢管厂、河北迁安县冶金矿山公司和山东省、济南市的91家企业为松散层企业，组成济南钢铁集团。12月8日，在济钢体育馆举行成立大会，该集团成为山东省最大的一业为主、多种经营、跨地区、跨行业、跨国家联合，集工业、贸易、金融、科研于一体的企业集团。同年，国家外经贸委批准济南钢铁集团总公司享有自营进出口权，全年进口矿石144.8万吨，出口钢铁产品19.53万吨，进出口贸易总额1.1亿美元。全年技改投资总额8亿元，其中，冶金部和山东省冶金工业总公司下达项目51个，投资额5.4亿元；总公司自行安排项目108个，投资额2.6亿元；当年竣工131项，竣工项目投资4.92亿元。完成较大的项目有2台90平方米烧结机，大型机械化原料场，第三炼铁厂选矿场、球团竖炉，第一炼钢厂3号混铁炉、铁水预处理工程，初轧厂中间跨，原料加工厂石灰窑，明水铝土矿王白庄矿区续建工程等，新增固定资产5.1亿元。国家、省、市技术监督部门4次到总公司抽查产品质量，全部达到合格。B级船板、碳结圆钢被定为市免检产品。铸造生铁、碳结中板、20MnSi带肋钢筋被定为省监制产品。碳结中板被评为首批山东名牌产品。焦炭质量达到国家一级冶金焦水平，出口板坯达到国家先进质量标准。20MnSi带肋钢筋、高频焊翅片管式散热器获1994年中华国际精品博览会金奖，铸造生铁、碳结中板分别获第五届亚太地区博览会金、银奖。

1996年，济南钢铁集团克服市场疲软、运力紧张、电力短缺、资金匮乏等困难，消化各种增支减利因素，全年实现工业总产值26.8亿元（1990年不变价），销售收入47.26亿元，利税32542万元，其中利润17214万元。生产钢203万吨、生铁227万吨、钢材（含商品坯）188.17万吨、焦炭103万吨、人造富矿406.5万吨，产销率100%。

1998年，济南钢铁集团总公司是济南钢铁集团的核心企业，共有各类设备21187台（套），其中主要生产设备有4座42孔炼焦炉、6台24～90平方米烧结机、3台8～10平方米球团竖炉、12座120～350立方米高炉、5座13～25吨转炉、5座5～30吨电炉、4套中小型轧机、2套中厚板轧机、2台大板坯连铸机、2台小方坯连铸机等，全部设备总重量15万吨，装机总容量42.45万千瓦。年末固定资产原值49.88亿元，净值24.42亿元。公司克服钢铁买方市场竞争激烈、产品价格一再下滑、亚洲金融危机蔓延加深造成产品出口受阻、增支减利因素大幅度增加、资金高度紧张等困难，全年生产钢265.9万吨、生铁273.7万吨、钢材185.8万吨、人选富矿508.7万吨、焦炭103.32万吨，完成工业总产值30.2亿元（1990年不变价），实现工业增加值21.1亿元。

1999年3月2日和4月18日，由济钢规划设计院和乌克兰国家焦耐设计院合作设计的两套“干法熄焦”工程先后竣工，工程由熄焦系统、循环系统、锅炉发电系统、除尘系统组成，总投资2.3亿元。主要设备有2座70吨干法熄焦炉、2座35吨锅炉、2台630千瓦和2台800千瓦循环电机、2台4吨提升机等，其中大部分设备由济南钢铁集团总公司制造配套，设备国产化率90%以上。

2000年12月28日，济南钢铁股份有限公司创立大会

2000年12月，济南钢铁股份有限公司成立，以总公司作为主发起人，投入9个生产厂的生产性资产和3个公司（处）的部分资产，联合莱钢、省黄金公司、省耐火材料公司组建。

2001年，济钢集团克服大宗原燃料供应货源短缺、运输紧张、生产与技术改造交叉等困难，生产钢319.7万吨，铁299.8万吨，钢材288.6万吨，人造富矿525.2万吨，焦炭106.5万吨，全年完成工业总产值（1990年不变价）39.73亿元。主导产品中板、中厚板产量分别为81.9万吨和73.7万吨。出口钢铁产品42.7万吨，创汇8351万美元，在全国冶金企业保持前5名。

2003年，根据市场变化调整生产结构，加大高技术含量、高附加值产品的开发和生产，实现产品结构由普碳钢材为主向品种钢为主的转变。2005年，济钢集团被确定为全国第一批发展循环经济试点单位，被列入国家“十一五”规划重点建设的循环经济示范单位。2006年，济南钢铁集团总公司产品以中板、中厚板、热轧薄板、冷轧薄板为主，已发展成为全国最大的中厚板生产、出口龙头企业。产品出口比例和中厚板的产量、成本、市场占有率、出口量等多项指标居全国第一；非钢产业主要有机械加工与制造、冶金建设、现代物流、新型建材、耐火材料、冶金炉料(辅料)、钢结构加工、电气自动化、球墨铸铁管及铸件、房地产开发、工业气体和商业贸易等12大非钢骨干产业。全年生产钢1124万吨、铁952万吨、钢材1092万吨。锅炉容器钢板被评为中国名牌产品。

2008年3月26日，山东钢铁集团有限公司成立。公司是由济钢集团有限公司、莱芜钢铁有限公司、山东省冶金工业总公司所属企业(单位)的国有产权划转而设立的国有独资公司，为山东省属最大企业。注册地为济南高新技术产业开发区，注册资本100亿元。济钢集团有限公司共有职工3.5万人，资产总额500亿元。全年生产钢1121万吨、铁1071万吨、钢材1087万吨；实现销售收入460.2亿元，利税34.53亿元，利润10.25亿元。济钢推进工艺装备的大型化、紧凑化、现代化，形成中板、中厚板、热轧薄板、冷轧薄板、镀锌板、彩涂板等现代化生产线；建设ERP、MES、SPC、OA、能源管控中心、出口电子订单一体化商务平台等管理信息系统；建成国家级技术中心、国家级实验室和博士后科研工作站。造船板获中、英、法、日、德、美、挪、韩、意、荷10个国家船级社认证，产品出口到50多个国家和地区。全年进出口总额24.57亿美元，被山东省人民政府授予2008年度“山东省外经贸先进企业”称号。同年，获“国家环境友好企业”“全国绿化模范单位”“中国钢铁工业清洁生产环境友好企业”等称号。

2010年，山东钢铁集团有限公司下辖济钢、莱钢、山东工业职业学院、矿业有限公司、日照有限公司、山东省耐火材料公司、张店钢铁总厂、山东金岭铁矿、烟台钢铁企业集团公司等子公司(单位)，全年生产钢802.2万吨、铁842.4万吨、钢材844.4万吨；出口产品58.6万吨，创汇4.2亿美元，全年进出口总额14.1亿美元；全年利用余热余能发电31亿千瓦时；实现销售收入360亿元。主要生产设备有120吨转炉3座、210吨转炉1座，1750立方米高炉3座、3200立方米高炉1座，LF精炼设备3套，VD精炼设备1套，小型材、中型材、中板、中厚板、冷轧薄板、镀锌彩涂板、热轧板生产线各1套，燃气蒸汽联合循环发电机组13套，资产总额464亿元。集团立足钢铁主业，致力于生产高端、高质、高效产品，主要钢材品种有中厚板、热轧板卷、冷轧板卷、H型钢、优特钢、热轧带肋钢筋等，成为全国著名的中厚板材生产基地和H型钢生产基地，广泛应用于汽车、石油、铁路、桥梁、建筑、电力、交通、机械、造船、轻工、家电等多个重要领域，远销美、英、德、印、日、韩等几十个国家和地区。同时发展非钢产业，已形成矿业、物流与加工配送、金融、房地产、信息与工程技术、耐火材料等主要业务板块。坚持绿色发展，发展循环经济，推进节能减排。集团先后获首届低碳山东模范单位、全国第一批资源节约型环境友好型企业创建工作试点企业、国家环境友好型企业、全国绿化模范单位、全国信息化与工业化融合促进节能减排试点示范企业、全国资源综合利用十佳企业、中国钢铁工业清洁生产环境友好企业等称号。

二、济南黄河特钢有限责任公司

济南黄河特钢有限责任公司位于平阴县城西南部，占地15.8万平方米，建筑面积5.6万平方米，资产1.5亿元，拥有型材轧钢生产线1条，年生产能力30万吨，由石横特殊钢厂和济南平鞍钢厂合资组建。

济南平鞍钢厂于1992年年底开始筹建，1994年5月投产。投产后，正值钢材市场疲软，钢材价格下滑，企业资金严重匮乏，钢坯供应困难，生产处于停产半停产状态。从1995年下半年起，石横特殊钢厂与平阴县政府就济南黄河特钢有限责任公司的设立达成协议，决定于1997年1月由石横特殊钢厂与济南平鞍钢厂合资组建济南黄河特钢有限责任公司，注册资本3000万元，其中石横特殊钢厂出资2000万元，济南平鞍钢厂出资1000万元。公司成立后，出资购买部分原平鞍钢厂资产，重组当年生产型钢3.15万吨，实现销售收入6700万元。1998年2月，轧钢车间改称中型车间。公司主要设备有三段式燃油加热炉1座（1999年10月，改为燃煤加热炉；2003年年底又对加热炉进行了煤改油气混烧改造），直径500×3横列式轧机1套，主电机功率为2400千瓦，直径1500滑座式热锯机1台，直径550十辊悬臂式矫直机1台，160吨冲孔机1台。主要配套设施有35千伏变电所1座，4吨蒸汽锅炉1台。2000年，生产型钢11.7万吨，产品销售收入2.5亿元。2001年2月，投资200万元，对轧钢生产线进行提速扩产改造，增大主电机功率和转速，由原来的1600千瓦增大到2400千瓦，并对部分附属设备进行配套改造。8月，配合扩产改造、投资205万元，征地3.2公顷，对成品和原料储存场地进行扩容，新建料场1个，增加露天吊车2台和室内天车1台，解决场地狭小问题。同年，生产型钢16.48万吨。至2003年，生产能力为年产中型钢材30万吨。2003年，生产型钢23.6万吨，产品销售收入5.86亿元，员工收入从1997年人均不到4000元上升到2003年的人均13766元，利税总额由1997年的亏损1150万元上升到2003年的盈利2247万元。

至2010年年底，公司有员工481人，其中管理人员55人。济南黄河特钢有限责任公司是济钢集团肥城钢铁有限责任公司控股的中型型钢股份有限责任公司，先后被评为济南市50强企业、市级文明单位、济南市安全生产先进企业、济南市出口创汇明星企业、济南市A级纳税信用单位、济南市先进民营企业、山东省清洁生产先进单位、山东冶金科技创新工作先进单位。公司产品有不等边角钢、等边角钢、工字钢、槽钢、轻轨、矿用工字钢、槽帮钢、异型钢、圆钢等九大系列近百个规格的中型材产品。70%以上产品填补省内空白，具有较强的市场竞争力，畅销国内20余个省市近40个地区，部分产品打入国际市场，远销韩国、新加坡、马来西亚、印度、孟加拉国、澳大利亚、西班牙、比利时、秘鲁等国家及中国香港地区。产品先后通过2000版ISO 9001质量体系认证、环境/职业健康双认证；造船用系列等边与不等边角钢通过中国船级社CCS、美国船级社ABS的工厂认可，取得船级社颁发的工厂认可证书；“黄特”牌中型材获新加坡建筑生产许可证；热轧系列角钢被评为济南市名牌产品。2010年，年末资产总额16235万元，资产负债率61.53%，固定资产原值5476万元。完成钢材产量24.18万吨，工业总产值8.55亿元、增加值4038万元，实现营业收入9.91亿元、利税2700万元。

第二章 建材工业

第一节 行业概况

改革开放后，济南市建材工业迅速发展。至1985年，全市建材工业形成砖瓦、石料、石灰、沙、水泥、水泥制品、花岗石制品、新型建材和钢制门窗9大行业，县属以上企业拥有固定资产原值2.22亿元，主要专业生产设备939台(套)，其中水泥立窑23座、砖瓦轮窑13座、石灰立窑22座；主要产品年生产能力：水泥134万吨，水泥电杆5.75万根，水泥管110千米，砖26650万块，瓦310万页，加气砌块15000立方米，花岗石板材10万平方米，钢制门窗15万平方米。同年，全市建材工业实现工业总产值

1.73亿元，利税总额4683.7万元。

1986年年初，全市共有乡镇以上建材工业企业148家，其中县属以上工业企业42家。县属以上工业企业按隶属关系分：中央及省属企业8家，市属企业17家，区、县属企业17家；按经济类型分：全民企业30家，集体企业12家；按企业规模分：中型企业3家，小型企业39家。全市水泥工业共有生产厂23家，其中国营企业13家(市属2家)，县属以上集体企业4家，乡镇企业6家。县属以上企业共有职工9563人，其中国营企业职工8282人。全市县属以上企业共有水泥立窑23座，其中机械化立窑19座，各种规格球磨机56台。主要产品有是硅酸盐系列的普通硅酸盐水泥、矿渣硅酸盐水泥和火山灰质硅酸盐水泥3个品种，标号有325号、425号以及少量的525号3种。

济南是全国花岗石开采、加工较早的地区之一。长清县花岗石储量200亿立方米，主要分布在万德镇、马山镇、双泉镇、五峰山街道，有罗汉绿、黑红花、青白粒、青红花、青黄花、长城红、灵岩三花、仙庄黑等20余个品种。平阴县咖啡黄大理石为全国稀有品种，主要产地在洪范池乡，储量1亿多立方米。1988年，长清县列入出口的花岗石有10个品种，主要销往日本、新加坡、韩国及中国台湾、香港地区，被列为不受出口计划限制的外贸产品。直接出口1000立方米，出口值65万元；间接出口和内销25万元。平阴县与济南花岗石厂在洪范乡联合兴建13200平方米咖啡黄大理石厂，有锯石机4台，磨光机9台，研磨机9台，切割机2台，电吊机1台，专用汽车1辆，拖拉机2台。年产咖啡黄大理石1.4万平方米，产值140万元，利税16万元。所产咖啡黄大理石薄板被钓鱼台国宾馆和亚运村选用，且打入国际市场。

1989年，济南市建材工业贯彻“治理经济环境、整顿经济秩序”方针，以满足城乡基本建设和人民建房需要为宗旨，调整产品结构，挖掘潜力，实现建材工业总产值9.86亿元，其中市直属企业实现1.09亿元，县(区)以上企业实现利税3306万元。全市建材系统共有企、事业单位1971家，职工11.62万人，工程技术人员627人。其中市直属企、事业单位18家，职工9393人。县(区)以上企业固定资产原值3.07亿元，净值2.36亿元，其中市直属企业固定资产净值1.62亿元。全市市直企业全员劳动生产率12122元/人。同年，在市直属企业中推行“规范化工作法”“目标成本控制法”，在部分水泥企业采用微机控制生产。实行全面质量管理，市直属企业发布质量成果16项，2个QC小组获省优秀小组称号，2个QC小组获市优秀小组称号，市直属企业修订工作标准3180个。济南水泥厂、济南水泥制品厂晋升为省级先进企业，平阴水泥厂、长清水泥厂、长清水泥二厂、历城大邱山石料厂、章丘第二水泥厂、长清孝里砖瓦厂被评为市级先进企业。济南市地方建筑材料领导小组颁《济南市地方建筑材料管理暂行规定》要求市、县两级建材主管部门要对辖区内地方建筑材料的生产、经营统一管理。市地方建筑材料领导小组下设联合业务办公室，对全市地方建筑材料的销售实行统一平衡调拨和供应，凡执行济南市建筑安装材料预算价格结算工程的施工和建设单位所需建筑材料，一律到市地方建材联合业务办公室办理购货调拨手续，按指定地点提货，地方建材联合业务办公室根据各单位使用材料数量，确定结算调整系数或地方建筑材料差价。施工单位自行采购，不享受材料差价，各县、区建材主管部门自行安排销售的材料，必须使用国家规定的统一发货票。此后，全市地方建材产、供、需三者关系得到理顺，产品销售价格统一，限制黏土砖生产，保护新型建筑材料生产。1990年9月25日，为加快水泥生产企业粉尘治理进度、改善济南市大气环境质量，济南市政府决定建立水泥生产企业粉尘治理基金，并颁发实施办法。要求自1990年10月1日起，凡驻济南市五区行政区划内的所有水泥生产企业在销售水泥(或熟料)时，按每吨3元标准，向用户征收粉尘治理基金。基金的使用，原则上根据各水泥企业征收情况定期退还，无偿用于补助各水泥生产企业进行粉尘治理技术改造、技术开发、科研攻关及新技术成果推广。

1991年，国家对基本建设投资的紧缩力度有所松动，建材市场开始回升。济南市建材工业系统抓住时机，开展"质量、品种、效益年"活动，以经济效益为中心，调整结构，开拓市场，强化管理，大搞节约挖潜，建材工业逐步走出低谷，产量和经济效益等各项指标稳步上升。全年县以上企业实现工业总产值3.76亿元，其中市直属企业实现2.06亿元，全员劳动生产率24109元/人。济南市县(区)以上建材工业企、事业单位共33家，职工14869人，工程技术人员632人。其中市直属建材企、事业单位23家，职工9085人，具有各种专业技术职称的1282人，其中工程技术人员431人。县(区)以上企业固定资产原值3.51亿元，净值2.59亿元，其中市直属企业固定资产原值2.29亿元，净值1.68亿元。同年，开展"质量、品种、效益年"活动，全市水泥质量达到省级以上优质产品标准，县(区)以上水泥企业产量199.33万吨，创历史最高纪录。建厂15年连年亏损的山东水泥厂，全年生产水泥和熟料35万吨，实现扭亏为盈。

1993年，济南市建材行业抓住国家经济高速发展的机遇，开展"市场效益年"和社会主义劳动竞赛活动，全年完成工业总产值6.59亿元(1990年不变价，下同)，其中市直属建材工业企业完成工业总产值2.73亿元。县(区)以上建材企业实现利税(按原会计制度统计)6832万元，其中市直属企业完成4493.1万元。县(区)以上建材企业实现销售收入5.04亿元，其中市直属企业实现3.61亿元。县(区)以上国有预算内企业实现利润(按原会计制度统计)3854万元，其中市直属企业实现利润2414.2万元。市直属企业全员劳动生产率34625元/人。万元产值综合能耗下降5.9%，节煤2.27万吨，节电158万千瓦时，节水20.3万立方米。县(区)以上企业水泥产量261.63万吨，其中市直属企业123.92万吨。全市共有建材企、事业单位2731家，从业人员14.44万人。其中，市直属企、事业单位24家，从业人员8936人。全市县(区)以上建材企业固定资产原值5.5亿元，净值4.16亿元，其中市直属企业固定资产原值2.87亿元，净值2.17亿元。同年，全市贯彻国家关于墙体材料改革的法规政策，做好新型墙体材料的推广应用工作。至年底，全市有34家建材企业生产新型建筑材料，在验收的框架结构建筑工程中，97%的工程使用新型建筑材料。

1994年，济南市建材工业县(区)以上企业实现工业总产值6.73亿元，其中县(区)属企业3.18亿元，归口企业0.82亿元，市直属企业2.73亿元。县(区)以上企业实现销售收入4.85亿元，其中市直属企业2.78亿元。县(区)以上工业企业实现利税4956万元，其中市直属企业实现2810万元。县(区)以上工业企业实现利润1639万元，其中市直属企业1023万元。经济效益综合指数居全市各工业局第二位。全市共有县(区)以上建材企、事业单位40家，职工1.63万人。市直属建材企、事业单位20家，职工7402人，其中工程技术人员417人。县(区)以上企业固定资产原值5.08万元，净值3.82亿元，其中市直属企业固定资产原值3.39亿元，净值2.43亿万元。

1998年9月3日，济南市政府决定，济南水泥厂、东方红水泥厂分别于1998年年底前和1999年9月底停止燃料生产和矿山开采，并于2000年上半年搬出市区。2000年，济南市共有县(市)区以上建材企、事业单位30家，从业人员10535人，其中市直属企、事业单位19家，从业人员4590人。固定资产原值8.96亿元，净资产6.69亿元。完成工业总产值7.5亿元，其中市直属企业完成4.22亿元；实现销售收入7.51亿元，利润3464万元，利税9615万元，产销率98.1%。

2006年，全市共有规模以上建材企业156家，完成工业增加值52.63亿元，实现销售收入183.48亿元，利税19.25亿元，利润11.30亿元，亏损企业亏损额1900.4万元。行业资产总额104.62亿元，产销率97.83%。同年，山水集团水泥产量(含商品熟料)2401.13万吨，实现销售收入63.14亿元，实现利税5.22亿元，利润2.69亿元，各项经济指标连续3年位居全国水泥行业第二位。山水集团全年出口水泥及熟料202万吨，创汇6610万美元，被授予济南市“外贸出口先进企业”和“外贸出口星级企业”称号。山东山水水泥集团有限公司跻身于国家重点支持企业行列，是全省唯一入选企业。

2007年12月29日上午11时，济南市对水利水泥厂熟料产能15万吨的立窑水泥生产线实施爆破，标志着2007年济南市水泥行业淘汰落后生产能力、实施节能减排、促进产品结构优化升级任务全面完成。全市关停并拆除6家水泥企业7条立窑水泥熟料生产线，共计淘汰水泥熟料产能73万吨。

2008～2010年，济南市建材工业规模以上企业仅有山水集团1家，且已改制为股份制民营企业，全市建材工业缺乏有效管理。

第二节　企业选介

中国山水水泥集团有限公司(以下简称山水集团)前身为济南东方红水泥厂和山东水泥试验厂。济南东方红水泥厂是济南市建材局下属的3个水泥生产企业之一。山东水泥试验厂从1977年建成投产，运营始终不理想，设计生产能力55万吨的两条生产线实际年产量还不足10万吨。1990年，山东水泥厂调整领导班子，通过实施“两本”管理，水泥制造成本逐年下降，企业效益日益改善，1991年销售收入和利税分别比上年增长30%左右。企业经过3年的发展成为济南市利税大户。

1995年前，济南市建材局下设16家单位，除山东水泥厂盈利外，其余全部亏损。1995年，济南市建材局以扭亏为盈、组建集团、两厂迁建、结构调整为“四大任务”，对山东水泥厂等骨干企业实行资产重组。1996年4月，以新型建材厂为起点，“山水模式”在建材局下属各企业内部复制和推广。同年，16家单位全部盈利，全年实现利润1065万元。

1997年，经济南市政府批准，济南山水集团正式成立，它是由济南市建材局及下属企业整建制改制、以水泥为经营主业的国有独资公司。

2000年，山水集团形成规模与结构、技术与产品、管理与机制、速度与效益的综合优势，跻身于济南市六大集团、山东省136家和全国建材系统九大重点企业集团。山水集团被确定为全国重点宣传的改革发展典型。2001年，山水集团组建由管理层和职工集资成立的济南创新投资管理有限公司。7月10日，集团办公会议做出决定：放弃此前一直强调的“三足鼎立，两翼齐飞”发展战略，改为“做大水泥主业，立足山东，沿胶济铁路东进西扩、南北辐射”的新战略。2003年8月7日，济南市政府召开国企改革工作会议，同意山水集团整体改制。同年，山水集团完成销售收入21.4亿元，实现利税2.7亿元，其中利润突破亿元大关，实现1.57亿元。当年相继竣工投产青岛200万吨和聊城200万吨水泥生产线、昌乐日产2500吨和潍坊日产2500吨水泥熟料生产线，全省第一条日产5000吨水泥熟料生产线也于12月1日在淄博岭子投产。2004年10月18日，济南市政府正式与山水集团签署国有资产转让协议，由投资公司受让济南山水集团国有股权，成立山东山水水泥集团有限公司，实现由国有向民营的转变。集团总资产31亿元，年产水泥300万吨。

2005年，国际著名投资公司摩根士坦利、鼎辉等加入山水集团，共同成立合资公司。同年，集团水泥产销2000万吨，销售收入40亿元，实现利税4亿元。“十五”期间，水泥产量、销售收入、利税年均分别增长55%、50%和40%，由一个中等规模企业发展成为长江以北最大的水泥集团。

2007年，山水集团在整合山东市场的基础上，通过兼并、收购、新建企业，组建辽宁山水集团。山水集团是山东省和辽宁省最大、全国第二大水泥生产商，下属子(分)公司27家。至年底，山水集团共建成7座余热发电站，年节电4.2亿千瓦时，年节约标准煤5.16万吨，减排二氧化碳33万吨，新增利税1.5亿元；通过引进国内先进的高压变频技术，对大型风机实施变频改造，年节电7220万千瓦时，减少循环冷却水300万吨，有效降低噪声污染；通过发挥新型干法工艺优势，每年消化各类工业废渣600万吨，有效缓解环保压力。山水集团煤耗、电耗、粉尘排放等指标均达到国内领先水平。同年，山水集团水泥熟料产销量2701.27万吨，销售收入70.1亿元，实现利润2.91亿元，出口创汇总额6600万美元。山水集团获"全国建材行业先进集体"称号。

2008年上半年，山水集团高度关注宏观经济及市场环境的变化，适时提高产品销售价格，拓展销量。同时，集团加快余热发电工程项目建设，实施节能减排措施，缓解煤、电价格上涨带来的成本压力，集团整体运营质量稳步提高。7月4日，山水集团在香港主板上市，即山水水泥(00691.HK)，山水投资作为山水集团香港上市公司山水水泥控股股东，持有30.11%的股权。这是中国水泥行业第一只红筹股。按照每股2.8港元的发行价计算，上市共集20亿元港币。至年底，山水集团在山东省设有15条熟料生产线和55条水泥粉磨线；在辽宁省拥有4条熟料生产线和23条水泥粉磨线，水泥总产能3584万吨，熟料总产能2004万吨。

2010年，山水集团熟料产能5000万吨，水泥产能8000万吨，已成为以水泥为主导的大型企业集团，是国家重点支持的12家全国性大型水泥企业之一。集团下属企业主要集中在山东省和辽宁省，生产规模位居两省首位、全国第二位。下属企业均通过国家质量体系、环保体系、计量体系和职业健康安全管理体系认证，集团主导产品"东岳"牌水泥为国家免检产品、山东省名牌产品和全国水泥十大名牌之一，应用于青岛奥运场馆、济南全运会场馆、京沪高铁、青岛海底隧道、海阳核电站等国家重点工程，出口美国、俄罗斯等国际市场。山水集团先后获山东省管理示范企业、山东省企业文化建设示范企业、山东省节能突出贡献企业、山东省改革开放30年功勋企业、全国建材系统先进集体、全国五一劳动奖状、全国先进基层党组织、全国模范职工之家等称号，曾获全国企业管理现代化创新成果一等奖。

中国山水水泥集团有限公司 (2010年摄)

第四篇　机械与交通装备工业

改革开放后，济南机械行业进行企业整顿和技术改造，调整行业结构和产品结构，实行经济体制改革，产品品种、质量、技术水平等有较大提高。至1986年，全市机械工业形成二十四大类、93个品种、几千个型号规格的机电产品，有国家、部和省优质产品99种，产品除销往全国各地外，还出口到世界86个国家和地区。机械工业成为济南市的支柱产业之一，在全省、全国均占重要地位。1990年，全市机械系统共有企业70家，全年完成工业总产值9.16亿元，在全省各市地机械局(公司)中居第二位。1991年起，济南市机械工业系统深化企业改革，开展“质量、品种、效益年”和“管理效益年”活动，加强“两本”(人本、成本)管理，实施“腾笼换业”工程，全市机械工业得到快速发展。至2000年，全市机械工业形成改装汽车、电工电器、机床工具、石化通用、机械基础件、冶金等12个行业，主导产品有数控机床、大型压力机、循环流化床锅炉、大型变压器、专用汽车、试验机、气动元器件等。其中一机床、二机床、试金集团、气动元器件公司、锅炉集团、志友公司成为全国同行业的排头兵和骨干企业。2001年起，全市机械工业进一步深化企业改革、改制，实施名牌带动战略，发展优势行业和重点产品，数控机床、压力机、试验机、重型汽车、循环流化床锅炉、柴油机、鼓风机、电机、气动元件、棉业机械等企业成为国内行业排头兵。大型数控机床、加工中心、柔性系统国内市场占有率达30%；高效全功能大型机械压力机国内市场占有率90%以上，在全国同行业位居第一。高性能、低污染、大型化循环流化床锅炉国内市场占有率50%以上，在全国同行业中位居第一。石油钻探用柴油机市场占有率90%、微机控制电子万能试验机和微机控制电液伺服动静万能试验机市场占有率全国同行业第一。2010年，全市有规模以上机械工业企业748家，完成主营业务收入1064.9亿元，利税131.3亿元。拥有中国名牌产品5个、山东名牌产品18个。

20世纪80年代初期，济南市交通运输设备制造进入发展新时期，产品开发进程加快，生产规模不断扩大，大型汽车装配线建成投产，引进“罗曼”和“斯太尔”先进技术，黄河牌汽车换代产品通过鉴定并开始批量生产。汽车配件生产和汽车修理、摩托车制造企业增加，产品产量迅速增长，并开始出口。1986年起，全市交通运输设备制造企业不断深化改革，转换经营机制，逐步建立现代企业制度，实施外向带动战略，坚持规模化、集团化发展，经济规模快速壮大。至2010年，济南市交通装备制造业形成包括重型载货汽车、轿车、专用车、摩托车、客车、电动汽车、轨道交通、发动机及零部件等门类较齐全的产业体系，成为全市产业关联度高、资金技术密集的重要支柱产业，是济南市工业经济的三大支柱产业之一。2010年，全市有交通运输设备制造业企业113家，完成工业总产值978.98亿元，销售产值971.01亿元，利税62.71亿元，出口创汇8亿美元，总资产1186亿元。生产重型汽车21.5万辆、专用车2万辆、摩托车95.5万辆。拥有市级以上技术中心11家。

第一章 机械工业

第一节 行业概况

1986年，济南市机械工业形成规模产品制造体系，是全市工业中的骨干行业之一，在全国机械工业中占有一定地位。

1986～1990年，市机械系统贯彻以销促产、以收保产、产销收三位一体的方针，按照适应型、外向型、开发型和“五不五补”(内销不足外销补，通用不足专机补，单机不足成套补，一般不足名优补，常规不足创新补)的调整策略，进行产品结构调整和技术改造，在企业管理实践中创出管理效益法，骨干企业产品结构达到全国同行业领先水平，重点企业产品结构调整取得突破性进展。至1990年，全市机械系统共有企业70家(其中，局属企业55家，归口管理县属企业15家)，职工54810人，其中工程技术人员3873人，占职工总数的7%。拥有固定资产原值8.28亿元，净值4.29亿元。拥有主要生产设备13002台，其中金属切削机床6608台，锻压设备1123台。另有自动生产线12条，微型计算机128台。全年完成工业总产值9.16亿元，在全省各市地机械局(公司)中居第二位；利润4032.7万元，利税6864.9万元，全员劳动生产率16966元/人。

其间，主要成果有国内最大的液压驱动天井钻机(AT－1500型)在济南重型机械厂通过部级鉴定，该机是由济南重型机械厂和省煤科院共同研制，是国家机械委重点新产品研制项目；济南重型机械厂与南京扬子石化公司等单位联合研制TA槽车在济南通过省级鉴定，该车由斯太尔牵引车和半挂汽车卸槽罐组成，在全国开创重型汽车半挂无主梁先例，填补全国大容量粉剂槽车新产品空白；济南第四机床厂生产的MG1312型高精度外圆磨床通过国家质量委员会评审并获金牌，是全市机械系统第一块全国金牌；济南第二机床厂为一汽轿车冲压线研制生产的两种大型机械压力机J847－600/1000型闭式四点双动拉伸压力机和JA39－1000型闭式四点单动压力机，通过部级鉴定，为国内首创，达到国际80年代末同类产品先进水平，可替代进口；济南机车工厂首台“泰山”型内燃机车试制并运行成功，结束该厂成立80年来只修理蒸汽机车的历史。1990年，由济南农业机械厂与香港德龙五金材料有限公司合办的中外合资企业济南天德隆农业机械有限公司举行签字仪式，这是全市第一家中外合资企业，在省内同行业中属首家。该公司是机电部食品加工机械定点企业，生产“天祥牌”系列产品，以历史悠久、质量优异、价格低廉的优势畅销国内外，成为国内面条机产销量最大的厂家。

1991～1995年，是济南市机械工业发展的重要时期，也是企业发展较快、综合实力明显提高的时期，形成六大行业优势。技术优势：共开发新产品541项，其中达到国际80年代末90年代初先进水平的90项；填补国内空白或达到国内先进水平的342项；投产新产品422项，投产率78%。累计新增产值20.17亿元，新增利税2.9亿元；精密数控机床、大型全钢机械压力机、微机控制电液伺服万能试验机等产品已经成为具有较高市场占有率的名牌拳头产品，形成新的增长点。骨干和规模优势：形成济南第一机床厂、第二机床厂、试验机制造总公司、气动元器件公司、锅炉厂、志友股份有限公司等一批全国机械行业的排头兵企业和骨干企业，形成15家产值超过3000万元具有一定经济规模的企业。外经外贸优势：成立合资合作企业17家，合同利用外资额2495万美元，有12家三资企业开业，投产开业率70.5%，比全市投产开业率高出15.5个百分点；引进技术项目16个，总用汇额3845万美元；办成海外企业3家，派出63批共263人(次)到国外进行业务技术能培训；完成出口交货值2.16亿元，比“七五”期末增长87.2%。人才优势：注重对各类专业技术人才、骨干人才培养，培训厂级领导干部948人(次)，其中54名厂级领导到香港参加高级管理人员业务培训，全系统拥有专业技术人员9512人，占职工总数的20.04%。经营机制优势：深化改革，转换经营机制，有股份制企业2家，改组为股份合作制企业5家；在实行股份合作制的基础上实行劳动合同制，建立“劳动鉴定委员会”“劳动争议调解委员会”等，企业实行劳动合同制的41家，占全部工业企业的80.4%，签订劳动合同职工41201人，占企业职工总数的89.8%。结构优势：坚持走“科教工贸一体、二三产业并举、多元化经营”的发展路子，加强科研开发、教育培训、生产制造、经营贸易四大体系的建设；济南第一机床厂、第二机床厂建成国家级企业技术开发中心，试验机总公司建成省级企业技术开发中心；有机械部技术进步示范工程试点企业3家，机电部机电一体示范企业1家；济南第一机床厂通过ISO 9000质量管理标准认证。通过技术改造，提高工艺装备水平，有11家企业实现计算机辅助设计，全局装备数控化率按价值计算达到20%。大部分企业建立销售公司，建立进出口公司企业4家。“八五”期间，机械系统市属企业完成工业总产值71.62亿元，比“七五”净增产值33.96亿元，增长90.2%，年平均递增12.7%；实现销售收入70.31亿元，比“七五”增加34.15亿元，增长94%，年平均递增12.8%；实现利润1.71亿元，比“七五”减少1.75亿元，降低50.58%；实现利税5.06亿元，比“七五”减少6122万元，下降10.79%。

1996～2000年，是全市机械工业在激烈的市场竞争过程中进行产业结构调整，加大改革力度，强化企业管理，抢抓市场，战胜困难并取得较大成绩的5年。1996年5月，市机械工业局改为市机械总会，为市政府直属事业单位，保留局的牌子。市机械总会组织企业参加青岛小交会、上海招商会、北京招商会和泉城金秋经贸洽谈会，外贸出口、利用外资等主要指标较上年稳定增长。全年完成自营出口1058万美元，合同利用外资额688万美元。按照市委、市政府“腾笼换业”和市场建设的总体规划，坚持“以工为主，多种经营，科教工贸一体，二三产业并举”的发展战略，不断拓宽第三产业发展服务领域，由过去简单的小商品、小贸易、小服务发展到各类商贸、饮食服务、机电产品改造、维修、文化娱乐、房地产等多个行业，全系统第三产业从业人员6000余人，经营和服务网点500多个，总面积10万平方米，全年完成第三产业总收入3亿元。济南二机床集团有限公司根据现代企业制度试点要求，于1996年10月，由济南第二机床厂整体改制成国有独资公司济南二机床集团有限公司，全年完成工业总产值3.15亿元，工业增加值1.33亿元，实现销售收入2.87亿元，实现利税2119.7万元，实现利润1273.6万元，出口创汇345.5万美元，均居全国同行业前茅，被评为山东省管理示范企业、山东省机械工业销售收入和利税50强企业、1996年济南市全方位目标管理先进企业。1997年1月，市汽车工业总公司与市机械总会(局)合并，使用市机械总会(局)的名称，为市政府直属事业单位，保留局的牌子。原市汽车工业总公司所属企业隶属市机械总会(局)管理。同年，济南二机床集团有限公司实施OPEL项目，推进国际化经营战略。1998年，济南一机床集团有限公司企业改革实行切块剥离后，新的股份合作制企业完成设立工作，投入正常运转；济南标准件厂破产工作正在处理合资企业清盘问题，为进入破产程序寻求收购单位。全局中小型困难企业改革制定出具体方案并实施，企业内部改革不断深化，有16家企业确定以股份合作制为主的改制方案。至年底，济南重型汽车配件厂、济南钻探设备厂、济南轴瓦厂、济南引力公司4家企业完成改制；济南风机厂等3家企业接近完成或按程序进行股份合作制改造；济南开关厂、济南热水锅炉厂等5家企业进行前期准备工作。全局建立企业再就业服务中心48个，工作人员312人，第一批就业指导员培训并持证上岗，尚未得到安置的4057名下岗职工有70%进入企业再就业服务中心。开展多种形式的就业指导和转岗技能培训，局系统共有3338名下岗职工参加就业指导培训。1999年，按照全市“腾笼换业”规划，济南轴承厂中光明街厂区、锻造分厂、济南切割机械厂厂区、锅炉辅机厂厂区、原济南水泵厂厂区等8.4公顷土地实施“腾笼换业”，争取资金1.5亿元。2000年，市机械系统围绕环保产业、交通能源、机电一体化进行产品结构调整，产品市场占有率逐步提高，全年完成工业增加值6.97亿元，实现销售收入18.97亿元，利税1.4亿元，利润1400万元。出口创汇960万美元，实际利用外资2012万美元，在全市工业系统名列第一。至2000年，济南机械工业系统有企业40家，其中，中央、省属企业6家，市属企业34家。济南市机械工业局直属企业职工3.8万人，企业总资产51.32亿元。全市机械工业形成改装汽车、电工电器、机床工具、石化通用、机械基础件、冶金等12个行业，主导产品有数控机床、大型压力机、循环流化床锅炉、大型变压器、专用汽车、试验机、气动元器件等。其中一机床、二机床、试金集团、气动元器件公司、锅炉集团、志友公司是全国同行业的排头兵和骨干企业；一机床、二机床、锅炉集团是济南市18个重点企业集团之一；齐鲁考格尔集团是济南市六大企业集团之一。

2001年6月，市机械总会(局)撤销，组建市机械电子工业协会(挂市机械电子工业办公室的牌子)，负责全市机械、电子、汽车、冶金行业管理工作，隶属于市经济委员会管理。同时，组建济南市机械电子国有资产经营有限公司(企业性质)，原市机械工业局、市电子工业局所属行政事业单位、国有企业(含国有独资、控股、参股企业)、集体企业划归新组建的市机械电子国有资产经营公司，由该公司行使国有资本出资人职能，监管集体企业资产，具有独立法人地位。辖国有及集体企业61家，职工43372人，总资产646744万元，总负债54872万元；净资产69888.8万元，负债率85%。2004年8月30日，济南市政府撤销市机械电子工业办公室和市机械电子国有资产经营公司，其职能划归市国有资产委员会。

2001～2004年，市机械电子国有资产经营有限公司按照“产权清晰、权责明确、管理科学、运作规范”的方针，探索国有资产管理、经营的新途径、新方法，加大权属企业改造投入和结构调整力度，系统各企业以谋求资产效益最大化为目标，外拓市场，内抓管理和调整，经济运行总水平显著提高，主导产品市场竞争力增强。全钢压力机国内市场占有率90%以上，流化床锅炉50%以上，数控机床30%以上，材料试验机50%以上，钢球磨煤机70%以上；专用汽车是国内品种多、规模大、品牌响的重要生产基地。2004年，市机械电子国有资产经营公司所属企事业单位57家，其中权属企事业单位49家，资产总额71亿元，负债总额56.9亿元，净资产14.1亿元，总资产负债率80.1%；在职职工37694人。权属企业产品涉及机械、汽车、电子、冶金四大行业，主要产品有机床类(大型压力机、数控机床等)、发电及环保设备类(电站锅炉、电力变压器、污水处理、垃圾焚烧炉等)、专用汽车类(系列冷藏保温厢车、系列罐式车、系列挂车等)、试验设备及仪器仪表类、通用机械类(气动元件、硬质合金、风机、办公设备等)、电子元气器件及家用电器类六大类。

2006年，全市有规模以上机械工业企业

608家，其中，产值过亿元企业86家，过10亿元企业5家；完成工业增加值207亿元，实现销售收入715.7亿元，利税72.8亿元，利润43.9亿元；完成出口交货值9.2亿美元；总资产694亿元。全行业拥有各级技术中心38家，其中，国家级技术中心4家，省级技术中心15家，市级技术中心19家；拥有国家名牌产品5个，山东省名牌产品23个。重汽、二机床、柴油机股份、锅炉集团等一大批机械制造企业已成为全市工业经济的骨干力量。

2009年，全市有规模以上机械工业企业781家，从业人员10万人，主营业务收入912亿元，利税113亿元，完成出口创汇19亿美元，产品销售收入占全省的10.2%，位居全省第三位。拥有省级以上技术中心22家，省级以上工程技术中心12家。

2010年，全市有规模以上机械工业企业748家，从业人员12.8万人，完成工业总产值1079.5亿元，工业增加值309.1亿元，主营业务收入1064.9亿元，利税131.3亿元。拥有国家级技术中心7家、省级技术中心25家，省级以上工程技术中心12家，中国名牌产品5个、山东名牌产品18个。济南市装备制造业产业优势明显，基础雄厚，拥有一机床集团、二机床集团、柴油机厂、锅炉集团、齐鲁电机、变压器集团、轨道交通、法因数控公司等骨干企业群体，在锻压设备、数控机床、发电设备、变压器、内燃机等重型机械制造领域，制造技术达到国内领先水平。市场占有率较高，锻压设备生产跻身于世界前五位，国内市场占有率80%；中型汽轮机、循环流化床锅炉、大功率柴油机、万能试验机、大型磨煤机等在全国同行业市场中占有率居第一位；大型数控机床、电力设备市场份额高。技术创新能力强，各级企业技术中心和工程技术研究中心，拥有一批具有自主知识产权的高新技术产品，在关键设备制造领域打破国外封锁和垄断，新产品比重持续增长，对总产值的贡献率35%以上。

第二节 企业选介

一、济南变压器集团股份有限公司

济南变压器集团股份有限公司前身是济南变压器厂，创建于1952年。济南变压器厂是机械工业部重点企业。改革开放后，率先实行一系列配套改革，企业发生深刻变化。1989年，在全国同行业十大经济技术指标综合评比中获第一名。1991年，通过深化企业改革和全面内部整顿，企业快速发展，实现利润648万元，利税1018.7万元，在全市工业企业中名列前茅。利税总额、人均利税额和资金利税率三项指标在全国同行业评比中名列第五位，成本利税率、百元产值成本两项指标在全国行业评比中上升至第三位和第一位，经济指标综合评价位居全国同行业之首。同年，110千伏、220千伏级变压器通过机械工业部和能源部鉴定，成为山东省唯一通过此项鉴定的企业。

1993年年初，经山东省体改委批准，列为山东省首批50家股份制改造试点企业之一。4月，正式改组为济南志友股份有限公司，并向社会募集发行股票。至9月，股本总额7500万股，其中国家股、社会法人股、个人股分别占43%、37%和20%。全年销售收入、利润、利税分别比上年增长54.21%、140.14%、110.29%，被市政府评为全市“效益二十佳”企业之一。加拿大一家投资公司认购志友公司外商法人股，成为山东省第一家由外商直接参股的中外合资股份有限公司。1994年，与德国西门子公司合资组建西门子变压器有限公司，投资总额4100万德国马克，注册资本2800万德国马克。德方出资1428万德国马克，占注册资本的51%，其中现汇1037.76万德国马克，专有技术390.24万德国马克；中方以建筑物、机器、设备等实物出资1372万德国马克，占注册资本的49%。采用西门子公司管理模式，由西门子公司派出管理和

西门子变压器有限公司生产的大型油浸式电力变压器 （1995年摄）

2004年，济南志友集团股份有限公司进入中国机械500强、中国变压器行业50强行列。

2007年，企业更名为济南变压器集团股份有限公司。在济南经济开发区征地30余公顷，结合“大型电力及特种变压器”国债项目实施新厂建设。2008年12月27日，新厂奠基仪式在济南经济开发区举行，该项目总投资4亿元，建筑面积7.3万平方米。新厂区以生产500千伏超高压电力变压器和220千伏大型电力变压器为主导产品，具备750千伏超高压电力变压器的生产和试验能力。

技术专家担任总经理和部门经理，采用西门子公司先进的设计技术、工艺管理和质量保证体系，生产世界一流的电力变压器、输配电设备等产品。当年生产电力变压器450万千伏安，实现利税1821万元，创汇370万美元。1995年，出资组建志亨特种变压器有限公司，在引进、消化、吸收国外先进技术的基础上，生产干式变压器。1996年，成立济南志友集团股份有限公司。

1997年11月，公司取得ISO 9001标准认证。1998年，新S9型系列产品通过突发短路试验及部级鉴定。1998年，公司产品被国家经贸委列入《第一批全国城乡电网建设与改造所需主要设备产品及生产企业推荐目录》。1999年，被山东省科学技术委员会命名为高新技术企业。2001年5月，通过ISO 9001：2000版复审。

2001年，220千伏特大型变压器技术改造项目竣工投产，总投资2700万元，建成建筑面积2600平方米的装配车间、发电机房和高压试验大厅，安装200吨行车、试验用发电机、8000千伏安中间变压器、进口气垫运输车等大型设备。公司开发变压器新产品、新技术、新工艺，研发出YSS-8000/110变压器、SFSZ9-63000/110大阻抗变压器、SFPSZ9-180000/220特大型变压器、欧式箱型变压器等4种变压器新产品。

至2010年，济南变压器集团股份有限公司成为一家具有50多年历史的变压器专业化制造公司，是山东省生产220千伏及以下电力变压器的唯一重点企业、国家火炬项目实施企业、山东省高新技术企业，拥有员工800余人，其中专业技术人员150人，高级工程师20余人。公司主导产品有油浸式电力变压器、干式变压器、箱式变电站、各种特殊变压器和大型变压器油箱组部件。油浸式电力变压器产品电压等级6～220千伏，容量30～360000千伏，共有23个系列200多个品种，1400余种规格，技术性能指标全部符合国家标准和国际电工委员会标准要求。

二、济南重工股份有限公司

公司前身是地方国营铁工厂，始建于1949年。建厂初期，仅有固定资产31万元，主要生产支农产品。1958年，更名为济南重型机械厂，转产冶金矿山机械。1981～1985年，济南重型机械厂为轻工、建材、食品等企业提供各种机械产品785台/套，为冶金企业生产650轧机、1200薄板轧机、50吨冷拔机、1000吨热模轴压力机和起重运输设备等产品。

1987年，完成产值3510万元，销售收入3763万元，实现利润318万元，回收货款3534万元，在济南市机械局系统中产值排名第三位。由于分厂众多，产品种类繁杂，为增强企业活力，公司采用各分厂独立核算、自负盈亏的经营模式。同年，开始专用汽车的研发和生产，并完成10吨自卸车试制；凿井绞车和天井钻机等矿山设备也取得突破；矿山设备和专用汽车是企业的两大类主导产品，销售总额占全年的75%以上。1988年，公司与西安重型机械研究所联合研制的世界首台3吨电液锤试制成功。同年，与南京扬子石化公司联合研制的PTA槽车通过省级鉴定；与青岛汽轮机厂、北京重型电机厂联营，开发出中小型汽轮机；ATY-1500天井钻机通过部级鉴定。专用汽车的销售额在公司的占比逐年加大，达到50%以上。8台专用汽车创汇20多万美元。全年投入资金740万元，购置6.3米立车和5米滚齿机，新建5×7米退火窑。

1989年起，公司对产品结构进行相关调整，先后组建成立弹簧分厂、济南重型专用汽车厂、钻机分厂、服务公司、电控分厂等分厂或下属企业，成为国家大型(一)企业，职工总人数4000人以上。1990年10月，公司更名为济南重型机器厂。1992年5月，同时启用济南重型机械公司的名称，并组建济南重机集团。同时，由于兼并重组多家市属、局属中小企业，公司内部产生大量富余人员，对富余人员发放生活费或60%～80%的基本工资，打破“一大三铁”的用工和分配制度。同年，公司工业总产值首次突破1亿元大关。1995年，公司开始在重点产品上全面推行CAD即计算机辅助设计，有计划、有步骤地对工程技术人员进行计算机应用培训，全面普及CAD技术，加强产品的开发设计能力。

1998年，齐鲁考格尔集团组建成立，济南重工机械公司划归该集团管理，同时被命名为齐鲁考格尔集团通用机械工业园，与济南重机集团公司的名称同时使用。1999年2月2日，经省政府批准，济南重工股份有限公司(以下简称济南重工)正式成立，并通过工商注册。

20世纪80～90年代，处于计划经济向市场转型的时期，济南众多中小企业由于经营不善陷入破产边缘。济南重工先后兼并济南有色金属材料厂、济南弹簧厂、济南电梯厂、济南电器控制设备厂等中小企业。由于这些企业本身经济效益较差，产品与公司产品布局不一致，兼并后没有发生明显改观，在90年代末和21世纪初，先后从公司剥离独立。

济南重工成立后，实际控制单位只有重机集团20多家分厂或子公司的6个，职工总数1200人，占当时集团职工总数的1/3。2001年，完成工业总产值5965万元，占重机集团的1/3，全年亏损518万元。济南重工成立伊始不可避免的陷入亏损局面，但在企业发展上自始至终保持着准确的市场定位和敏锐的把握机会能力，在渡过难关后焕发新的生机。

2002年，济南重工开始从事脱硫磨产品的研发和生产，生产出第一台国产脱硫磨，并起草该类产品国家标准。2003年，济南重工成立开发部(后更名为脱硫工程部)，实行技术与销售并行战略。投入1882万元进行技术改造，是公司成立后的最高纪录，新增包括数控卷板机和75吨双梁行车在内的82台设备，新建厂房近1万平方米。全年工业总产值首次突破2亿元，达到2.58亿元，回收货款突破3亿元，承揽任务突破4亿元，实现扭亏为盈，进入公司发展史上的“黄金时期”。

2004年，公司投入3108万元进行106项技术改造，扩大产能。同时，公司与天津水泥设计研究院联合研发的第一条国产化日产5000吨水泥生产线正式投产，在国家对建材行业“上大压小”政策中迅速占领市场。全年实现工业总产值4.76亿元，工业增加值4845万元，销售收入3.02亿元，承揽任务3.98亿元，货款回收3.48亿元，利税843万元，均创历史最好成绩。公司技术中心通过市级技术中心验收，获市级高新技术企业称号，并被评为济南市工业投入先进单位和济南市工业50强。

2005年，济南重工磨机类产品产量135台，达到历史最高水平。技术部门完成升降横移式和垂直升降式立体停车库的设计、制造和验收，并获国家相关部门颁发的生产许可证。MG3560型钢球磨煤机获科技部火炬计划项目，公司被评为山东省高新技术企业、省级技术中心和山东省制造业信息化示范企业。2006年9月，济南重工主导产品钢球磨煤机被评为中国名牌产品，获公司历史上第一个国家级荣誉。2007年4月，铸钢厂实现单月浇筑铸钢件1010吨，创造分厂历史纪录。2008年3月9日，由济南重工和成都无缝设计院合作设计生产的第一条完全国产化、具有自主知识产权的273毫米热轧无缝钢管生产线在江苏省江阴市一次性试车成功，总投资9000余万元，试车当日生产无缝钢管500余根。整条生产线包括穿孔机、轧管机、定径机和矫直机以及其他辅助设备，共计2000余吨。该项目填补国内空白，标志着公司实现冶金市场上新的突破。随后，公司陆续完成寿光巨能、河南安阳汇丰等无缝钢管生产线的制造和安装，成为冶金市场的新兴力量。同年，公司累计完成外贸项目折合人民币7547.4万元，首次突破1000万美元，实现历史性突破。

2009年，公司创造性地提出售后服务“六个一”工程(一个部门、一纸承诺、一部800免费电话、一个网站、一个备件库、一次用户座谈会)，与用户的关系更加融洽，售后服务工作全方位提升。2010年10月，公司顺利通过人社部审核，设立博士后科研工作站。11月16日，济南重工技术中心正式被国家发改委等六部委评为国家认定企业技术中心。济南重工先后完成环保脱硫磨、石灰石浆液制备岛子系统等一系列脱硫剂制备成套装置的研发和生产，成为国内第一家拥有自主知识产权的环保脱硫设备生产企业，填补国内空白，产品市场占有率稳步提高，已占国内市场份额的70%以上，并出口美国、日本、土耳其等多个国家，成功实现该类产品由进口到替代进口，再到出口的转变。

三、济南一机床集团有限公司

济南第一机床厂始建于1944年春，时为称昭和园工厂(又名山东工厂)。1945年10月，改称山东机器工厂。济南解放后，先后更名为济南工业局第四厂、济南第四机器厂。1953年8月，更名为济南第一机床厂，是全国生产中小型车床的全民所有制大型骨干企业。

1979年8月9日，济南第一机床厂与日本山崎铁工所正式签订合作生产“马扎克”(MAZAK)、“麦德”(MATE)普通车床的协议。协议规定由“山崎”向济南第一机床厂提供两种产品的全部技术图纸、技术标准资料以及电机、轴承等10余种配套件。济南第一机床厂针对“马扎克”车床的特殊技术要求，先后对铸件质量、床身导轨淬火、床身导轨磨削、齿轮噪音等技术难题进行攻关，于1980年1月完成6台样机的试制任务，经日方一次鉴定合格，转入批量生产。

1986年年初，济南第一机床厂占地面积36.05万平方米，建筑面积5.87万平方米，固定资产原值5414万元，主要设备840台，有职工4300人，其中工程技术人员313人，年生产车床能力6000台。

至1988年年底，济南第一机床厂共生产“马扎克”和“麦德”两种车床3266台，大部分外销日本和欧美等国家，创汇1511.5万美元。通过合作生产，济南第一机床厂机床制造工艺水平大幅提高，7个主导产品全部进入优质品行列。在对“马扎克”车床生产技术消化吸收的基础上，自行设计出J1-360A、J1-460、J1-530精密车床和J1SCNC型、J1FCNCⅠ-Ⅳ型数控车床及J1L360型轻型车床等近20个新品种，其精度、性能达到80年代国际同类产品的先进水平。借鉴“马扎克”车床生产技术，设计出C6312、C6312B新型普通车床，实现Φ320车床系列的更新换代。先后与美、法、英、德等20多个国家的公司及厂商建立贸易、技术交流、信息反馈等联络关系，自行设计制造的J1-360A、J1-460、J1-530三种精密车床打进联邦德国、美国、加拿大、澳大利亚等发达国家市场。

1989年，济南第一机床厂向40多个国家和地区出口机床1416台，创汇1002万美元，出口产品产值占总产值的28%以上，居全国同行业创汇之首。

1990年，济南第一机床厂针对国内市场持续疲软的形势，确定以出口产品促技术进步，进行外向型、适应型、开发型、延伸型产品结构大调整，将内销产品和普通机床产量下调2/3以上，形成3个主力出口机床产品：马扎克、麦德精密车床产量比上年增长1.4倍；根据国际市场需求设计的C6132车床形成批量生产能力；MJ-50CNC数控车床试制成功，并首次返销美国市场。济南第一机床厂全年完成工业总产值1.59亿元，出口机床2954台，创汇2300万美元，成为全国机床行业创汇第一名。1991年，济南第一机床厂晋升为国家一级企业。

1992年7月30日，中共中央总书记江泽民在山东省委书记姜春云、省长赵志浩等陪同下，到济南第一机床厂视察工作，对该厂提出的“大上数控产品”表示赞许。

1993年2月，济南第一机床厂向挪威DNV船级社上海办事处申请质量保证体系认证。4月5日～9日，该办事处派员对济南第一机床厂的质量体系进行严格审核，共审核387项，符合项318项，总评82分，比合格标准高出7分，一次通过认证审核。6月19日，济南第一机床厂获荷兰审证委员会批准的质量体系国际证书，成为济南市及全国机床行业第一个获国际质量体系证书的企业。同年，济南第一机床厂与德国马豪公司签订引进具有国际80年代末先进水平的MH800系列数控镗铣加工中心全套技术及FMS柔性生产线合同。合同规定：德方自该厂投产之日起，每年返销30%。该项目总投资1500万美元。FMS柔性生产线包括4台卧式加工中心及计算机控制系统、运输系统、排屑系统、冷却系统，另有4台附属设备。MH800系列数控镗铣加工中心具有结构简单，适用范围广的特点，是高精密产品理想的加工手段。该生产线年生产能力3500台。1994年9月23日，FMS柔性生产线在济南第一机床厂投入试运行。

1999年11月，经国家经贸委批准，国有独资公司济南第一机床厂被列入全国601户债转股企业。2001年，国家经贸委批准该公司债转股方案，由中国华融资产管理公司、中国东方资产管理公司和济南市机械电子国有资产经营有限公司3家出资组建济南一机床集团有限公司，成为多元投资主体的有限责任公司。同年，济南一机床集团有限公司开发柱动式、四轴联动、大型弹体铣槽立式新产品J1VMC63型数控刻槽加工中心，

济南第一机床厂与德国合作生产的BZ_{20}精密车床　（1990年摄）

该产品达到国内领先水平。

2004年9月1日，济南一机床集团生产的"济一机"牌数控车床获中国名牌产品，是山东省机床工具行业唯一获此殊荣的企业。

2007年，"济一机"牌数控车床(普及型及以上)被评为中国名牌产品。同年，济南职业学院与济南一机床集团签署共建生产型实训基地协议，济南市首个生产型实训基地开始建设。2008年，济南一机床集团有限公司的SLANT-800A型数控卡盘车床获山东省科技进步奖。

四、济南二机床集团有限公司

济南第二机床厂始建设于1937年，后改为联勤总署第四十四兵工厂第二、第六修械所。1948年9月，济南解放后，改建为济南工业局第二厂和第六厂。1949年9月，两厂合并，先后更名为济南工业局第二厂、济南第二机器厂。1953年，改名为济南第二机床厂，是全国规模最大的重型锻压机床和大型插、拉、刨类金属切削机床制造厂，全民所有制大型骨干企业。

1986年年初，济南第二机床厂占地面积85.8万平方米，建筑面积32.9万平方米，其中生产用建筑面积11.1万平方米。固定资产原值1.19亿元，拥有各类主要设备1038台，有职工5864人，其中工程技术人员403人。

济南第二机床厂为上海大众汽车有限公司装备的2条轿车冲压生产线 (1990年摄)

1989年，济南第二机床厂根据国家产业政策，进行适应性和结构性调整，发展"一创三节两保证"(创汇产品，节汇、节材、节能产品，保证有效供给、保证重点工程成套供应产品)产品，全年实现工业总产值1.22亿元，创利税2607万元，为国家节约外汇1404万元。

1990年，济南第二机床厂按照德国"大众"和上海"大众"的设计要求，为上海大众汽车有限公司制造2条冲压生产线11台大型压力机，其结构性能达到世界先进水平。研制成功TLS-1000A和TLS-100B两种弹簧拉压试验机，采用国内最高水平的高精度测力传感器测试拉力，使用单片微机简化电路设计，并经微机处理后用数字显示，成为机电一体化的弹簧试验机。具有性能稳定可靠，精度高，显示清晰，操作简单，效率高，价格低廉等特点，该机达到80年代初国际同类产品的先进水平，填补国内空白。

1991年，济南第二机床厂为长春一汽研制的国内规格参数最大，技术密集较高的机电仪一体化的新产品——2000吨闭式四点双动拉深压力机通过技术鉴定。该机采用世界先进的内滑块多连杆机构和全功能PC控制技术，达到80年代末国际同类产品先进水平。经生产检验，其精度高于国外同类产品，冲压的"奥迪"轿车覆盖件100%合格。济南第二机床厂为上海"大众"提供"交钥匙工程"，由6台大型压力机装备的第三条冲压线，于12月25日正式竣工投产。济南第二机床厂为轿车生产提供的大型冲压设备被机电部列为全系统为国家提供的八项重大技术装备之一。

1992年12月4日，济南第二机床厂与法国BMO公司签订全面合作生产数控机床协议。协议主要内容：以BMO公司的原有和新开发的数控机床技术为基础，双方按市场要求，采用联合商标、联合设计，制造各种规格的、不同档次的数控龙门镗铣床、龙门式五面加工中心、柔性加工生产线、大型数控机床，对联合生产产品的技术与质量由BMO负责，合作期10年。

1994年，济南第二机床厂确定“锻压设备自动化，金切机床数控化”产品发展目标，并制定实施发展高技术产品和高技改投入形成高水平装备的“双高”战略。通过抓高技术嫁接，与法、美、德等国的多家公司分别签订合作合资生产数控机床、旧机床数控化改造、压力机冲压生产线、冲压自动化装置和大型多工位压力机与开卷落料线等协议，研制出1500吨单动多连杆压力机、开式压力机、冷挤压机、压力机冲压生产线、开卷校平自动线、数控龙门加工中心等23种新产品，新产品产值占新增工业总产值的70%以上。当年完成技改投入5043万元，新增数控滚刀磨床、等离子数控切割机、数控龙门铣镗床等关键设备仪器101台(套)。同年，济南第二机床厂的工业总产值、工业销售产值、工业增加值、新产品产值、工业资金利税率、全部产品种数、工业中间投入、产品销售收入、实现利润、实现利税、综合效益指数、固定资产原值、固定资产平均余额、平均流动资产等22项经济技术指标名列全行业第一。

1995年，济南第二机床厂实施“人本管理”，提出从“提高人的素质，约束人的行为，考核人的责任，调动人的积极性，发挥人的创造性”五个方面加强企业管理工作，评选出“生产状元”、“十佳”职工。同年，济南第二机床厂获1995年全国管理成就奖和首届中国机械十大杰出企业。

1996年10月，根据现代企业制度试点要求，济南第二机床厂整体改制为国有独资公司济南二机床集团有限公司(以下简称二机床集团)。同年，开发研制出树脂砂铸造设备、水处理环保设备等新系列产品，形成新的经济增长点，大、重型机械压力机销量占国内销量的90%。全年完成工业总产值3.15亿元，工业增加值1.33亿元，实现销售收入2.87亿元，实现利税2119.7万元，利润1273.6万元，出口创汇345.5万美元，均居全国同行业前茅。被评为山东省管理示范企业、山东省机械工业销售收入和利税50强企业和1996年济南市全方位目标管理先进企业。

1997年，二机床集团实施OPEL项目，推进国际化经营战略。OPEL项目是二机床集团利用日本小松公司技术，为美国通用汽车公司泰国总装中心提供的大型冲压生产线，开创中国锻压设备成线出口的先河。6月，二机床集团与德国穆勒·万加顿公司合作，赢得为美国通用汽车公司SGM项目(上海浦东项目)提供大型冲压生产线合同。全年完成出口交货值10329万元，自营出口创汇突破500万美元，进入济南市出口创汇星级企业行列。

2001年8月，二机床集团中标中铁宝桥公司“上海磁悬浮列车项目”，为其提供大型龙门加工中心3台。9月，在众多竞标者中，赢得为东方汽轮机厂提供大型数控落地镗铣床订货合同，并为中国四大飞机制造公司提供高水平装备。针对美国市场独立开发研制的、拥有自主知识产权的2000吨重型机械压力机成功登陆美国市场。该产品从设计、制造到发运仅用半年时间，交付美国理查德模具公司。这是中国第一台拥有自主知识产权的重型锻压设备出口美国，以其先进的技术性能、可靠的质量、优美的外观赢得美国市场认可，受到慕名前来参观的美国通用、福特、MTD等公司的高度赞赏。MTD公司当场与二机床集团签订1台2000吨重型多工位压力机供货合同。2001年，数控机床订货额近1亿元，其中数控龙门镗铣床市场占有率位居国内首位。

2002年，二机床集团自主开发研制的LS4-2000重型多连杆多工位机械压力机出口美国。该机采用六连杆机构、抗偏载设计方案，应用先进的自动化控制系统，具有远程通信、远程诊断功能，达到国际先进水平。同年，在上海举办第二届中国数控机床展览会，二机床集团自主开发研制的大型高速五轴联动龙门加工中心XHV2720×60参展，该机应用五轴联动等多项高新技术，自动化程度高，达到国际先进水平，成为展会上唯一进行零件加工演示的国产五轴联动数控机床。展会期间，与无锡市锡泵制造有限公司签订1台五轴联动龙门加工中心订货合同，用于南水北调工程大型水泵叶片的表面加工，成为国内第一个具有完全自主知识产权的五轴联动数控机床订单，被列入国家“863”科技攻关计划。与越南签订1台数控仿型铣XHF2414×40出口合同，实现数控机床出口零的突破。

2004年，二机床集团赢得美国德纳公司5000吨大型多工位压力机、1000吨重型落料冲压线订单、广州本田1台1600吨和5台1000吨重型压力机、上汽通用五菱2250吨重型全自动冲压生产线、风神汽车1600吨重型压力机等大宗订单。二机床集团发展环保产业渐显强势，实现技术创新、市场开拓和经济效益的“三突破”，全年实现产品销售收入3000万元，新签订货合同3500万元，成为山东省乃至全国同行业生产大型污水处理设备规模最大、制造实力最强的环保企业。集团环保公司已具备年产400台大型成套环保设备以及同时为5～10个日处理5万吨以上规模的大型污水处理厂提供成套设备的生产能力，跻身国内大型环保设备制造领域“第一方阵”。

2005年4月11日～17日，第九届中国国际机床展览会在北京国际展览中心举行。济南二机床推出代表中国最高水平、达到国际先进水平的重型五轴联动数控落地铣镗床，与20余家用户达成订货意向，签订供货合同1600余万元。2005年，济南二机床集团有限公司是国内520家重点企业之一，山东省高新技术企业。生产用地65万平方米，在岗职工4600余人，总资产逾13亿元。下设压力机、数控金切机床、销售、进出口等19个公司，7部1室，5个中心。重型数控冲压设备和大型金切机床国内市场占有率60%以上，并远销世界50多个国家和地区。形成数控冲压设备、数控金切机床、环保设备、自动化设备、铸造设备、数控切割设备六个门类的产品。全年实现销售收入8.73亿元，工业增加值3.3亿元，完成出口交货值1.33亿元，实现利税1.12亿元，利润3656万元。主要经济技术指标连年位居全国锻压行业榜首，企业跨入“中国机械工业核心竞争力三十佳”“中国机床行业核心竞争力之星”行列。在“2005年中国名牌产品暨中国世界名牌产品表彰大会”上，二机床集团“JIER”品牌成为中国机械压力机行业唯一的中国名牌产品。

2006年1月，二机床集团“发展大型数控锻压机床及连线机器人和数控落地镗铣床技术改造项目”通过山东省经贸委组织的竣工验收。该项目是国家第四批国债项目，自2003年5月开始实施，至2005年12月完工，新增设备仪器184台(套)，计算机及辅助设备11项，完成总投资1.25亿元。企业形成年产机械压力机218台、冲压自动线6条、开卷落料线10条、金切机床55台的生产能力，年新增销售收入2.5亿元，利税6600万元。12月22日，二机床集团与奇瑞汽车有限公司在济南签订近3亿元的购销合同，这是中国机床企业在汽车领域单笔合同金额最大的订单。该购销合同包括1台2500吨大型多工位压力机和6条重型数控冲压生产线。至2006年年底，二机床集团先后4年共投入技术开发经费2.26亿元，完成开发项目206项，其中承担国家、省、市攻关项目58项，获省、市科技进步奖24项，申请专利35项。

2007年，在国家科学技术奖励大会上，二机床集团独立完成的“LS4B-2500型2500美吨闭式四点多连杆压力机”项目获国家科技进步二等奖。同年，二机床集团成功研制出国内首台双龙门移动式机械五轴联动数控镗铣床，满足三峡工程以及重大发电、船舶、军工行业的需求。二机床集团为沈阳华晨金杯汽车有限公司研制完成拥有完全自主知识产权的全自动重型高速送料冲压生产线，这是中国自行研制生产的第一条全自动重型高速送料冲压生产线，打破国外企业在该领域的技术垄断。生产线由1台多连杆2400吨压力机、4台销轴式1000吨压力机以及高速送料机构组成，在5000毫米×2600毫米的大台面上可实现12次/分钟的生产节拍，比普通自动化冲压线提高效率50%。

2008年5月29日，二机床集团机械加工项目落户平阴，项目总投资近2亿元，占地17.6公顷，建设面积10万平方米。11月，二机床集团为印度CAPARO公司提供的BL-3×1850高档开卷落料线通过国内验收后发往用户。

2009年4月25日，二机床集团负责开发研制的国内首台XKV2745×200双龙门移动式机械五轴联动数控镗铣床通过国家鉴定，达到世界先进水平。

五、济南锅炉集团有限公司

1988年5月31日，济南锅炉成套制造集团公司正式成立。该集团公司是以电站锅炉为龙头，以济南锅炉厂为依托，按照平等、互利、互惠、自愿的原则，不受地区、部门和所有制的限制，集科研、技术、生产、经营服务于一体，全民与集体经济性质的企业集团，共有38家企事业单位，拥有职工32170人，工程技术人员2127人，机械设备3495台，固定资产2.5亿元。

该集团公司集各成员单位技术特长，以优质产品形成生产、经营、开发、服务网络，为用户提供各类型号的成套电站锅炉、工业锅炉、热水锅炉、生活锅炉、压力容器及其成套设备，设有技术开发中心，锅炉安装、维修、改造服务中心，焊工培训中心等，是山东省锅炉制造行业最大的横向联合经济实体。

2003年，公司产品结构实现优化和升级，由以35T/H和75T/H中型锅炉为主，转变为30T/H、450T/H大型高温高压锅炉为主，大型锅炉占总销量的比例超过60%。与宁夏煤业灵州电厂等用户签订4台13.5万千瓦超高压再热循环流化床锅炉订货合同，标志着公司进入国内大电站锅炉生产企业行列。同年，循环流化床锅炉在国内市场占有率50%以上，实现国内定货32亿元。与巴基斯坦签订出口循环流化床锅炉和废液处理锅炉总价556万美元供货合同，是公司历史上最大的直接出口项目；与泰国签订出口2台35T/H循环流化床锅炉总价650万元订货合同。

2004年，由济南锅炉集团有限公司承担的山东省环保重点项目——开发研究用于解决造纸行业治理废水(黑液)污染的碱回收锅炉及黑液蒸发设备，在山东博汇实业总公司投产。碱回收锅炉是根据造纸行业治污的要求专门研制的特种锅炉，适用于全麦草制浆规模为100吨/天的造纸企业，日处理黑液固形物能力134吨。

2005年，济南锅炉集团自行研制的240吨/时高温高压循环流化床锅炉出口印度尼西亚，是中国首台完全自主设计制造并出口国外的高温高压大型循环流化床锅炉。全年实现销售收入近13亿元，利税1.3亿元，利润1.03亿元。

2006年，济南锅炉集团有限公司研制的国内首台YG-600/9.8-M型高温高压循环流化床锅炉，在山东晨鸣纸业集团有限公司通过168小时试运行。该锅炉额定蒸发量600吨/时，具有10%的超负荷能力，在国内自行研制的高温高压CFB锅炉中容量最大。同年12月，济南锅炉集团有限公司被鲁能集团重组。重组后的济南锅炉集团有限公司确立争做世界最大生物质能锅炉制造基地的发展战略，引进消化丹麦BWE公司技术，研制6台燃烧秸秆130吨/时生物质锅炉。此后，完全具有自主知识产权的掺烧80%稻壳和花生壳的循环流化床生物质锅炉在江苏投运，出口印度尼西亚金光集团的木煤混燃240吨/时高温高压循环流化床生物质锅炉成功投运，成为中国第一个出口该类型最大锅炉产品的企业。

2009年，济锅集团自主研发的440吨/时(135兆瓦)超高压再热循环流化床锅炉获“国家新产品”称号，返料器布风装置申请国家专利。

六、济南时代试金试验机有限公司

济南时代试金试验机有限公司其前身为1952年5月由7家私营铁工厂合并而成的济南齐鲁机器厂股份有限公司。1955年6月公私合营，称济南齐鲁机器厂。1959年7月，改为济南齐鲁机床厂。1960年5月，改称公私合营济南第三机床厂。1962年，转产试验机，改称公私合营济南材料试验机厂。1966年，改为地方国营。1980年，改称济南试验机厂，是机械工业部生产试验机的定点厂。1985年，有职工1235人，全厂占地面积9.8万平方米，建筑面积5.3万平方米。固定资产原值1345万元，拥有各种主要设备347台。全年生产试验机555台，完成工业总产值953万元，上缴利税180万元，实现利润206万元。

1986～1990年，济南试验机厂在全国试验机行业厂际竞赛综合评比中连续4年获总分第一名，实现“四连冠”。1987年，济南试验机厂改称济南试验机联合制造公司(集团)。至1990年，平均每年研制新产品5～7个，产品种类发展到13个系列70多个品种，有3种试验机分别被评为国优、部优、省优产品。1992年5月，公司更名为济南试验机制造总公司(集团)。1996年6月，济南试验机制造总公司(集团)为日本生产的WAW-Y500型微机控制电液伺服万能试验机经日方专家验收，确认完全符合日方技术要求，首批20台返销日本，标志着中国液压万能试验机达到国际先进水平。1997年12月，改组为济南试金集团有限公司。

2001年12月，企业研制的PWS-100A电液伺服动静万能试验机通过鉴定，性能指标达到国际先进水平。该产品的成功研制，结束国内市场动静万能试验机完全被欧美、日本等发达国家垄断的局面。2002年，济南试金集团技术中心成为国家级技术中心。WAW-300C微机控制电液伺服万能试验机、YAW-2000微机控制电液伺服压力试验机获济南市科技进步二等奖，WDW-200电子万能试验机、PNW-3600扭转疲劳试验机、YE-10000压力试验机获山东省机械科技进步奖。2003年8月28日，与时代集团成功进行战略性重组，重组为济南时代试金试验机有限公司，国有股全部退出，时代集团成为第一大股东(占股78.2%)。

2010年，公司在济南经济技术开发区投资1.8亿元，建成试验机行业中国最大的现代化企业。新公司占地6.8公顷，建筑面积4.68万平方米，其中研发办公面积1.17万平方米，生产加工车间3.50万平方米，拥有铸造、热处理、喷涂、大件、附具、轴类、电气、油源、主机、调试等10条生产线，各类大型数控加工中心、专用机床设备131台(套)。公司有员工400人，其中高级技术职称的30人，技术人员100人。至2010年，济南时代试金试验机有限公司主导产品有电子万能试验机、液压万能试验机、大型专用试验机、动态试验系统、摩擦磨损试验机、液压压力试验机等，“试金”牌(SJ牌)试验机被评为山东省名牌产品，公司处于行业排头兵地位，拥有国家级企业技术中心。

七、济南柴油机股份有限公司

济南柴油机股份有限公司其前身为1920年创建的潍县华丰机器厂，主要生产农机具和单缸低速柴油机。1940年，迁到济南，称历山铁工厂。1945年，改称联勤总署四十四兵工厂第一修械所。1948年9月，济南解放后，先后改名为济南工业局一厂、济南第一机器厂。1948年10月，转产民用机械，开始生产5.9千瓦、11千瓦、18千瓦柴油机。1953年1月，划归第一机械工业部，改称济南柴油机厂。1964年8月，划归石油工业部胜利油田。1965年，独立自主研制成功12V190柴油机，填补中国石油钻探动力空白，并成为该领域的主导产品。1988年，济南柴油机厂研制生产国内首台大功率天然气机，填补中国增压大功率天然气机空白。1996年，作为中石油首家试点企业进行股份制改造，组建成立济南柴油机股份有限公司。同年在深圳证券交易所上市，简称“石油济柴”，股票代码000617。

2005年，济南柴油机厂为开拓国际市场，同美国、加拿大、澳大利亚等30个发达国家的70多家公司建立密切联系，在突尼斯、孟加拉国、巴基斯坦等国家设立代理销售处，产品出口8000万元以上，占销售收入的10%，实现历史性突破。同年，济南柴油机股份有限公司“济柴”牌气体发动机获第二届（2005年度）中国气体发动机行业最具影响力品牌。

2006年11月18日，济南柴油机股份有限公司整体搬迁项目在济南经济开发区举行竣工投产仪式。该项目总投资10亿元，占地57.3公顷。项目投产后，企业工艺装备水平和技术开发能力大幅提高，形成集研发和制造于一体，柴油机和气体机并举，年产陆用、船用、发电、工程配套等多用途非道路用中大功率内燃机2000台，销售收入10亿元的国内领先、世界一流的现代制造企业。同年，公司生产的8台功率500千瓦的瓦斯发电机组在山西煤矿正式投入使用，每小时可发电4000千瓦时，是国内机械行业首次批量生产瓦斯发电机组。公司向西气东输工程提供近30台天然气发电机组，被中国石油西气东输管道公司评为西气东输管道工程优胜供货商。

2008年，济南柴油机股份有限公司与缅甸用户签订10台3008机车用柴油机合同，这标志着公司产品在缅甸以及东南亚市场实现规模销售。

2009年5月，拥有全部自主知识产权的中国自主品牌中高速功率最大的济柴26/32型发动机一次开机成功。该发动机的动力性、经济性、可靠性、安全性、排放指标均达到内燃机设计世界顶级水平，领先国内5～10年。拥有全部自主知识产权的首台国产自主品牌轻型钻机用动力装备济柴JC15型发动机一次开机成功。该发动机吸收借鉴国际内燃机行业发展的最新成果，是采用全新设计理念开发、满足欧Ⅲ排放法规并具备欧Ⅳ潜力的节能环保型产品，其动力性、可靠性、燃油耗、噪声、排放等技术指标均达到世界先进水平。

2009年8月，济南柴油机股份有限公司与印度知名发电机组成套商HalcyonAsiaInc.公司就800千瓦以上功率柴油发电机组在印度成套、销售、技术服务签订长期合作独家代理协议，年销售300～400台，占印度市场市场份额的25%。

2010年，济南柴油机股份有限公司已是中国内燃机行业中唯一涉足石油钻探领域的企业，也是中国石油天然气集团公司下属唯一的动力装备研发制造企业，在职员工2100余人。公司拥有国际先进水平的内燃机研发及试验设施，高柔性、数控化的核心部件加工设备，完善的质量检测及理化设备，年产中大功率内燃机及机组5000台以上。核心业务是中大功率内燃机的研发制造，延伸业务包括液力传动装置、电气控制装置、燃气动力集成装置等。公司已成为世界石油主流钻井动力制造商，中国非道路用中高速中大功率内燃机研发制造企业，中国重要场合和重点项目内燃机发电设备主要供应商。拥有15项国家及行业标准制定权，全国往复式内燃、燃气发电设备标准化技术委员会、全国内燃机标准化技术委员会燃气发动机工作组、全国石油钻采设备和工具标准化技术委员会钻采动力标准化工作部均设在中油济柴。济柴产品商标被认定为中国驰名商标、山东省著名商标，Z12V190B柴油机获国家唯一大功率内燃机金质奖，气体机获中国气体发动机行业最具影响力品牌，船用柴油机连年被评为中国渔船、渔机、渔具行业名牌产品。产品应用于石油钻探、船用动力、可燃气体利用、电站、机车、军用等领域，遍布全国油气田和32个省、自治区、直辖市及中国港、澳、台地区，出口到美、日、俄、意等40多个国家和地区。

第二章　交通装备业

第一节 行业概况

1978年开始，济南第二汽车制造厂、济南内燃机厂、济南第八机床厂等13个厂，先后划归济南汽车制造厂，成立济南汽车制造总厂。按照专业化协作生产要求，组成发动机、驾驶室、变速箱、车桥、橡胶件等17个专业生产厂。1983年，中国重型汽车集团公司成立，该集团是以产品和资产为主要联结纽带、母子公司体制模式的企业集团，集产品开发、工业生产、国内外贸易和金融服务于一体，主导产品有载重8吨以上的重型汽车和与之配套的总成、部件，整车生产年综合能力3万辆，是国内最大的重型汽车生产基地之一。1984年，济南汽车制造总厂新研制的JN162型10吨载重汽车经国家鉴定并获准正式投入生产。1985年，济南市有交通运输设备生产企业56家。其中，汽车制造厂1家，机车工厂1家，汽车改装厂10家，汽车配件厂12家，汽车修理厂18家，摩托车及配套厂7家，铁路配件厂3家，造船厂1家，其他厂3家。主要产品产量：载货汽车9400辆，改装汽车988辆，汽车配件产值6900万元，摩托车6.14万辆，修理机车420台，铁路配件产值3643万元，内河船舶1500吨。

济南汽车总厂生产的JN162变速箱总成　（1989年摄）

1988年，济南汽车制造总厂开通生产线30条，形成3000辆的生产能力，当年生产JN162型汽车2318辆。同年，全市有济南客车厂、济南汽车改装厂、济南第二汽车改装厂、济南重型专用汽车厂、济南专用汽车厂、山东省邮政机械厂、邮电部明水通信机械厂、济南市园林机械厂、山东省建筑机械厂、东岳机械厂、中国人民解放军第6455厂等11家改装汽车企业，拥有固定资产净值9924万元。从事改装汽车的职工3000余人，其中工程技术人员占9.7%。各种专用设备700多台，部分企业已建成生产线，形成重型、中型、轻型大客车、中客车、厢式车、罐式车、翻斗车、轻型货车和客货两用车及建筑、园林等各类专用车80多个品种的设计制造能力，全市年生产改装汽车2437辆。

1989年，济南汽车制造总厂开展“管理年”“质量年”活动，加快产品结构调整，全年生产黄河车二代产品JN162汽车4101辆。引进斯太尔汽车技术，首批试生产130辆自制率为61.3%的“斯达—斯太尔”汽车；JN162汽车和斯太尔汽车产值占全年总产值的66.7%。全年开发并试制新品种汽车7个，新开发的JN1221型双后桥（6×2）及JN1221型右置方向盘汽车，填补国内重型汽车产品空白。产品质量稳步提高，黄河JN162汽车被评为山东省优质产品，济南汽车制造总厂被授予济南市质量管理奖。全年共生产各类改装车2408辆，生产东风、解放、黄河、北京121、北京130、南京131、罗曼、红岩、斯太尔、太脱拉 10 个系列，17 个大类、120 个品种的改装车。

1990 年，汽车工业处于治理整顿的调整时期。济南汽车制造总厂制定《关于治理整顿深化改革的决定》，提出在治理整顿 3 年间（1990 ～ 1992）的四大目标，即：完成斯太尔项目建设，通过国家验收；提高产品质量，斯太尔汽车达到原厂标准，JNl62 汽车创部优产品；开拓国内国外两个市场，1992 年出口创汇 1000 万美元；强化企业管理，创国家二级企业。同年，济南汽车制造总厂全年生产汽车 6239 辆，销售汽车 5504 辆，完成工业总产值 5.34 亿元，实现销售收入 4.66 亿元，利税 1802 万元，利润 407 万元。该厂生产的 JN162 汽车连续 3 年被评为一等品、机电部优质产品；6130Q 型汽车发动机被评为一等品。

1993 年 11 月 18 日，济南三友专用汽车有限公司开业。该公司是由泰国三友机器制造集团公司、济南汽车制造总厂和党家庄镇实业集团公司合资兴办的中外合资企业。注册资金 1200 万元，主要利用国外先进汽车改装技术和国外优质零部件，根据国内外用户需要改装各类专用汽车。产品有自卸车、半挂车、水泥搅拌车、罐车、集装箱车及其他专用车等。同年，济南汽车制造总厂实施技术进步项目 45 项，创经济效益 1162 万元。全年共开发新车型 26 个，通过鉴定 13 个。开发出 JN1191 系列部分车型、总重 30 吨的 JN130l 大吨位载货汽车、JN522l 和 JN5261 液化石油气槽车、JN5261 罐式加油车、JN517l 油罐车、JN526l 散装水泥车、JN9383TJPO83 集平两用半挂车、JN9263TZX080 半挂自卸车等。全年实现工业总产值 12.69 亿元（1990 年不变价），生产汽车 10132 辆，销售汽车 10028 辆，实现销售收入 18.52 亿元，利税总额 1.03 亿元。各汽车改装企业全年开发居国内先进水平或填补省内空白的各类专用车 29 种，生产各类专用汽车 4605 辆，实现销售收入 6.09 亿元，实现利税 3859 万元。

1995 年，经国家计委、经贸委、体改委等五部委批准，将济南汽车制造总厂并入中国重型汽车集团，构成集团核心企业。中国重型汽车集团先后引进奥地利斯太尔公司 91 系列整车、德国采夫公司变速箱及动力转向、美国康明斯公司柴油机、美国伊顿公司富勒变速箱、德国威伯科公司气制动阀、美国罗克韦尔国际公司单级减速后驱动桥、德国曼公司大客车底盘等一批世界先进的汽车零部件产品制造技术，主要产品有重型汽车、专用汽车、柴油发动机、变速箱、气制动系统、悬挂系统等。同年，汽车改装与配件工业克服市场走势低谷、汽车生产起伏、资金严重不足等困难，各项经济指标取得较好成绩。10 家汽车改装企业和 6 家汽车配件企业生产各类改装汽车 4273 辆，全年完成工业总产值 9.73 亿元，实现销售收入 8.84 亿元，利税 5218 万元。同年，全市交通运输设备制造业共有企业 65 家，从业人员 5.05 万人，完成工业生产总值 13.7 亿元。

1996 年 10 月，济南红旗—考格尔汽车制造有限公司正式开业投产，公司是中德合资的汽车改装、制造企业。总投资 2940 万美元，注册资本 1650 万美元，中方拥有股份 64%，德方股份占 36%。公司采用德国先进技术和设备，生产具有国际先进水平的系列半挂车、自装卸可交换厢式车、轻质燃油运输车、工程自卸车等新产品。

1997 年 11 月 28 日，齐鲁考格尔集团有限公司正式挂牌。齐鲁考格尔集团有限公司是经市政府批准设立的有限责任公司，并作为国有资产、集体资产的授权方，对授权范围内的济南重机集团公司、济南汽车改装厂（含其在济南考格尔特种汽车有限公司占有的资产）、济南市园林机械厂等企业的全部国有、集体资产以及山东建设机械股份有限公司、济南红旗—考格尔汽车制造有限公司等企业的部分中方国有资产、集体资产进行经营管理和受托代管。年底，齐鲁考格尔集团有限公司总占地面积 95.3 万平方米，职工5500余人，总资产4.8亿元，固定资产原值3.7亿元，全年生产专用汽车3015辆，矿山设备3500吨。同年，中国质量万里行组委会对1992～1996年在国家和行业产品质量监督检查中两次以上合格、效益好、重视质量管理的企业进行审定，中国轻骑集团荣登“中国质量万里行活动光荣榜”。中国轻骑集团摩托车年产量160.9万辆，产销量居世界摩托车生产厂家之首，在国内摩托车市场中占有率20%。

2000年，轻骑集团摩托车产量126万辆，销售收入50.7亿元，利税1.67亿元，出口创汇3117万美元，主要经济指标居摩托车行业首位。至年底，轻骑集团摩托车产量累计1096.2万辆，销售收入440.3亿元，利润15.7亿元，出口创汇6375万美元。同年，全市交通运输设备制造业共有企业70家，其中亏损企业16家，从业人员5.59万人，完成工业生产总值68.04亿元，销售产值67.84亿元，工业增加值18.06亿元，利税2.81亿元。

2002年，中国重汽集团开发生产“斯太尔王”系列、“黄河王子”系列、提升型飞龙系列以及8×8、10×10军用越野车系列等130多个品种。投资6亿元进行技术改造，重点建设“三厂(场)”(桥箱厂、商用车厂、试车场)、“三线”(装配线、检测线、涂装线)、“四点”(数控冲孔、焊装机器人、1000吨上下料装置、电液锤改造)等工程。其中，桥箱厂投资1.5亿元、占地5万平方

中国重汽集团开发生产的斯太尔载重汽车 （2000年摄）

米，当年开工建设、当年竣工、当年投产，成为国内最大的重型汽车桥箱生产基地。同年，中国轻骑集团被国家经贸委确定为全国摩托车行业重点扶持的十家企业集团之一。年内，轻骑集团以政策和市场为导向，不断加快产品结构和生产布局调整，在山东、江浙、广东、重庆四大摩托车板块建立生产基地，保持拥有“轻骑”“木兰”“新大洲”“新世纪”“轻骑铃木”“金马”“世纪风”“凯撒”“扬子江”“先锋”“山鹰”“风流”等十几种独立品牌。

2004年10月，由北京中车车辆有限公司与美国投资公司、美国三一公司三方共同投资建设的中车工业园项目落户济南高新区。

2005年，全市交通运输设备制造业共有企业101家，其中亏损企业22家，从业人员5.19万人，完成工业生产总值277.04亿元，销售产值271.35亿元，工业增加值79.23亿元，利税20.53亿元。中国重型汽车集团有限公司在全国拥有营销分支机构57个，经销单位620家(4S店92家)，改装厂112家，维修服务站800家，配件经销单位400余家(专营店90家)，并且在西藏拉萨建立全国第一家重型汽车4S店。集团公司全年产销重型汽车4.5万辆，实现销售收入227亿元，实现利税19亿元，实现利润10亿元。中国重汽获2005年度中国重型汽车行业十大影响力知名品牌，“斯太尔王”卡车获中国重型汽车行业最具影响力第一品牌，HOWO卡车获中国卡车行业十大影响力畅销品牌。同年，青年汽车、华泰现代汽车、吉利汽车和中车机车车辆项目落户济南市，形成汽车制造生产带。在全国摩托车行业出现负增长和产销量下降的形势下，轻骑集团济南地区摩托车产销量却达到历史最好水平。

2007年11月28日，中国重汽(香港)有限公司在香港联交所主板上市，面向全球公开发售，首期融资99.5亿港元。这是中国制造业第一支上市的红筹股，也是2007年在香港联交所上市的最大红筹股。12月19日，中国重汽集团

第10万辆重型汽车在济南商用车有限公司新厂区下线。中国重汽集团全年产销重型汽车突破10万辆，其中整车出口突破1.4万辆，创汇5亿美元，全年销售收入377亿元，实现利税28亿元以上。

至2010年，济南市已成为全国重要的重型汽车生产基地，重汽集团形成九大系列1700多个车型，技术水平在国内处于领先地位，重型汽车占国内份额26%，跃居全国重卡行业前三名并进入世界重卡企业前5位。专用车品种优势明显，拥有自卸车、牵引车、特种车、大中轻型客车及半挂、全挂车、集装箱运输车、城市环卫车、冷藏保温车、罐式车、水泥搅拌车等几十个品种，占国内市场份额12%。摩托车形成规模优势，摩托车生产占国内市场份额5%，特别是轻骑铃木的二轮摩托车在国内市场占有率位居前列。轨道交通装备形成以货车整车新造为主，大型货车配件、集便器、智能扳机、环保产品等全面发展的产品格局，具备年产货车4000辆的生产能力。汽车零部件配套能力具有一定的产业优势，以沃德汽车零部件有限公司、明水汽车配件和鲁得贝车灯有限公司为代表的汽配企业，已成为国内重要汽车零部件生产企业和国外部分汽车企业的配件供应商。汽车产业技术装备水平显著提高，汽车生产企业50%的技术装备达到国内先进水平，其中20%达到国内领先水平。研发能力不断提高，新产品产值率20%以上。11家企业建有国家、省、市技术中心或研究院(所)，重汽集团在国家级技术中心基础上，新创建国家重型汽车工程技术中心。同年，全市有交通运输设备制造业企业113家，其中亏损企业9家，从业人员5.85万人，完成工业总产值978.98亿元，销售产值971.01亿元，利税62.71亿元。

1986～2010年济南市交通运输设备制造业主要经济指标统计表

表7-4-1

年份	企业数(个)	亏损企业数	工业总产值(现价)(万元)	工业销售产值(现价)(万元)	工业增加值(生产法)(万元)	年平均人数(人)
1986		—	—	—	—	—
1987	66	—	49972	—	—	—
1988		—	—	—	—	—
1989	79	—	136049	—	—	—
1990	65	5	136956	116825	26582 (工业净产值、分配法)	50471
1991	66	7	171684	177506	32682 (工业净产值、分配法)	52411
1992	65	4	277741	278992	52810 (分配法)	—
1993	86	11	517931	485182	174995 (分配法)	57867
1994	91	—	715553	514157	130710	60538
1995	138	33	671978	629695	164735	65496
1996	111	22	835384	694281	201854	65630
1997	97	27	875481	1163553	214937	64300
1998	78	15	889935	1048059	224236	65991
1999	76	13	822660	803039	196277	62021
2000	70	16	680434	678419	180564	55892

续表 7-4-1

年 份	企业数(个)		工业总产值(现价)(万元)	工业销售产值(现价)(万元)	工业增加值(生产法)(万元)	年平均人数(人)
		亏损企业数				
2001	73	14	755679	759420	175614	49563
2002	61	11	1368519	1312601	411734	48937
2003	67	9	13583559	1342203	348046	41929
2004	95	17	2111610	2076156	434241	38641
2005	101	22	2770391	2713495	792288	51940
2006	102	15	3152894	3065287	572464	43520
2007	101	14	4816162	4811928	805236	46852
2008	116	14	5962486	5785730	946173	50386
2009	118	11	6644517	6638422	1078011	54956
2010	113	9	9789819	9710065	1425935	58455

说明：1.1986～1989年，统计范围为全部交通运输设备制造业；1990～1997年，统计范围为全部乡及乡以上独立核算交通运输设备制造业；1998年起，交通运输设备制造业统计范围调整为全部国有及年销售收入500万元以上非国有工业企业。

2.工业增加值=净产值+应交增值税

第二节 企业选介

一、中国重型汽车集团有限公司

中国重型汽车集团有限公司(以下简称中国重汽)，总部位于山东省济南市。公司前身是济南汽车制造厂，于1956年开始进入汽车行业。1960年4月，试制生产中国第一辆重型汽车“黄河”牌JN150八吨载重车，结束中国不能生产重型汽车的历史，揭开中国重型汽车工业建设的序幕。同年5月4日，国家主席毛泽东到济南视察观看样车，并给予高度评价。1966年，全国人大常务委员会委员长朱德亲笔为第一辆“黄河”车题字。在社会主义建设初期，“黄河”车已享誉全国，成为中华民族自力更生、艰苦奋斗的标志性成果之一，为社会主义经济和国防建设做出巨大贡献。

1983年3月29日，由国家机械委员会批准，中国重型汽车工业联营公司在济南正式成立，先后划归重汽公司管理的紧密联营单位共10厂1所，分别是济南汽车制造总厂、四川汽车制造厂、南阳汽车制造厂、杭州汽车发动机厂、重庆汽车发动机厂、綦江齿轮厂、株洲汽车齿轮厂、重庆汽车配件制造厂、重庆红岩汽车弹簧厂、重庆油泵油嘴厂和重庆汽车研究所。后又有陕西汽车制造厂、河北长征汽车制造厂、潍坊柴油机厂、陕西汽车齿轮厂等企业相继并入，企业覆盖全国10多个省市。同年，引进当时具有世界先进水平的奥地利斯太尔91系列重型汽车制造技术。

1985年，中国重汽生产中国第一台CKD组装的斯太尔重型卡车。1989年6月，生产第一辆国产化斯太尔重型卡车，斯太尔成为中国重型汽车市场的主力车型。12月30日，国家经济体制改革委员会批准，中国重型汽车工业企业联营公司更名为中国重型汽车集团公司。1991年，国务院确定重汽集团为国家56家大型企业集团试点单位之一。1993年，国家国有资产管理局授权中国重型汽车集团公司统一经营集团国有资产。1995年4月，斯太尔引进项目正式通过国家验收，项目总投资14.68亿元。

90年代后期，由于管理失控，改革滞后，企业财务状况恶化，严重亏损，已到破产边缘。至1999年12月31日，中国重汽集团有下属63家企业，所属二级以上企业账面亏损83亿元，资产总额137.58亿元，负债总额168.27亿元，资产负债率超过120%，企业严重资不抵债。职工10.3万人，累计拖欠职工工资和离退休金4.42亿元，欠缴养老保险、失业保险等社会统筹资金3.03亿元。企业处于停产半停产状态，严重影响职工的生活，不稳定因素日益严重。

2000年7月26日，为保留国家重卡制造基础，振兴和发展民族重卡产业，国务院召开第74次总理办公会，并下发总理办公会会议纪要。会议原则通过中国重汽实施分离破产重组方案，济汽、川汽、陕汽分别划归地方管理，“中国重汽”主体部分保留，留在山东济南，国家计划单列待遇保持不变，企业国有产权归省政府，由济南市实施管理。12月27日，经国务院总理办公会同意，正式批准《关于重汽集团下放山东部分分立重组破产方案的编制》。

2001年1月18日，新组建的中国重型汽车集团有限公司成立，集团公司下设5个专业化生产性子公司和1个技术中心，即中国重型汽车集团济南卡车有限公司、零部件有限公司、动力公司、专用汽车公司、济南客车有限公司和技术发展中心。改革重组后的中国重汽集团，围绕生产经营、改革重组、对外合作三条主线，实施机制创新、管理创新、技术创新和企业文化创新，企业竞争能力不断提高，全年实现销售收入62亿元，实现工业增加值6亿元，销售各种汽车10539辆，其中重型汽车7898辆，15吨以上重卡占全国市场份额42%，20吨以上重卡占80%，中国重汽恢复在中国汽车工业中的地位，实现企业起死回生的历史转折。同时实施营销体制改革，打破官商体制，由直销转向经代销。中国重汽从过去一直沿袭的计划经济体制生产经营方式向市场为导向迈出关键一步。

2002年，中国重汽销售收入突破百亿元，达102.3亿元，资产负债率由重组前的138.49%降至70%。2002年年底，中国重汽成功研发出“斯太尔王”系列重卡，并于2003年年初投放市场。2003年6月9日，中国重汽与沃尔沃卡车公司重型车合资项目正式签约，由中国重汽下属的济南卡车公司和沃尔沃按照50:50的股权比例组建成立济南华沃卡车有限公司，总投资额6亿元。通过与沃尔沃合作，中国重汽的技术、管理水平开始向国际先进水平看齐，核心竞争明显提高。12月18日，中国证监会正式批准中国重汽山东小鸭电器方案，中国重汽集团以每股净资产1.11元作为受让价格，受让山东小鸭电器集团有限责任公司持有的非流通法人股4141万股，中国重汽持有山东小鸭电器股份有限公司16200万股，持股比例63.78%，并将卡车公司总装配、车身、车架、供应、运输和集团公司销售部等卡车类生产经营性净资产置入山东小鸭电器股份有限公司。2003年12月29日，公司名称变更为中国重型汽车集团济南卡车股份有限公司，并相应变更经营范围和注册地址，12月31日完成资产交割，于深圳交易所上市，股票代码A000951。至此，中国重汽重组小鸭股份有限公司

2001年1月18日，中国重型汽车集团有限公司成立大会在济南举行

成功，完成借壳上市，中国重汽开始进入资本市场。全年实现销售收入155亿元，实现利税11亿元，创造历史最高纪录。

2004年，中国重汽全面实施“国际化、技术领先、产品区域化、高质量低成本”四大战略，立足国内谋求发展，面向国际打造“中国重汽SINOTRUK”品牌，企业核心竞争力不断提高，成功步入跨越式发展新阶段，被誉为“全球重卡行业增长最快、最具竞争力和成长性企业”。

2005年11月9日，经山东省人民政府批准，由中国重汽集团联合其他企业共同发起设立的山东鑫海担保有限公司正式开业，这是国内汽车行业首家以汽车产品消费信贷担保和中小企业融资担保为主要业务的担保公司。同年，中央政治局常委、全国人大常委会委员长吴邦国到济南实地观看中国重汽开发研制的10款新车产品，并听取中国重汽集团工作汇报。吴邦国对中国重汽4年间取得的成绩非常满意并寄语中国重汽，要再接再厉，加大对外合作力度，抢占国际市场，把中国重汽建成国际知名、国内其他企业不可替代的重型汽车生产基地。

2006年4月18日，中国重型汽车集团济南动力有限公司成立。依靠最新开发HOWO系列重卡，销量突破6万辆大关。

2007年11月28日，中国重汽(香港)有限公司正式在香港联交所成功上市。该次发行认购倍数311倍，冻结资金2870亿港元，位居香港股市有史以来冻结资金的前八位。每股发行价12.88港元，首期募集资金99.5亿港元。这是中国制造业第一支上市的红筹股，也是当年香港联交所上市最大的红筹股。随后，中国重汽陆续将企业核心业务注入香港公司，12月将变速器业务注入。变速器总成的注入，使中国重汽香港有限公司实现核心零部件总成(驾驶室、发动机、车桥、车架等)的全部自制，形成中国高端重卡最完整的黄金产业链。全年产销重型汽车10.06万辆，位居全国重卡行业之首，产销规模进入全球前五大重卡制造商之列。

2008年，总投资20亿元的杭州发动机有限公司萧山新厂区建成，完成生产新线的设备安装、调试和试产，年产发动机12万台。

2009年3月，经科技部批准，国家重型汽车工程技术研究中心正式在中国重汽组建，这是中国唯一国家级重型汽车工程技术研究中心，也是山东省第一家以制造企业为依托组建的国家级工程技术研究中心，实现济南市组建国家级工程技术研究中心零的突破。4月26日，正式揭牌。7月15日，中国重汽香港有限公司在香港与全球卡车技术领先的工业集团——德国曼公司签署包括股东协议、技术许可协议、股份购买协议、可转换债券认购协议在内的一系列法律文件，标志着双方在技术和资本层面进行长期战略合作正式实施。根据协议，曼公司将其先进的卡车和发动机技术以独占许可的方式在中国境内授权给中国重汽及相关下属公司；在保持中国重汽集团对中国重汽(香港)有限公司51%的控股条件下，曼公司获中国重汽(香港)有限公司25%+1股的股权，开创中国汽车企业对外合作的新模式。

2010年，中国重汽集团公司产销汽车21.88万辆，其中重卡19.96万辆，实现销售收入805亿元，利税45亿元。公司产品形成9大系列3000多个车型，成为中国重卡行业驱动形式和功率覆盖最全的企业，产销规模进入全球前三大重卡制造商之列。累计申报专利1279项，其中获授权专利1060项，成为全国重型汽车行业专利最多的企业。公司先后制定国家产业标准24项，承担国家、省、市科技攻关项目20余项，获国家权威机构和国际专利博览会等颁发的金奖5项、银奖1项。累计投入120亿元用于技术改造，先后建成驾驶室机器人焊装线1条、铸造线2条、喷涂线3条、发动机线4条、车桥线4条、整车装配线6条，建新厂区5个。中国重汽已形成日产整车500辆、年产发动机20万台和车桥46万根的生产能力。中国重汽拥有经销单位1116家、4S店232家、品牌专营店

234家、改装单位280家、服务站1550家，营销网络进一步健全，网络覆盖面更广。整车年出口14530辆，创汇3.92亿美元，连续5年位居全国重卡行业整车出口和创汇第一名，被商务部和国家发改委确定为第一批国家级汽车及零部件出口基地。中国重汽SINOTRUK品牌，被评为“世界市场中国十大年度品牌”和“中国十大世界影响力品牌”，获2010年“山东省省长质量奖”。

二、济南轨道交通装备有限责任公司

公司前身为津浦铁路大槐树济南机器厂，始建于1910年，1913年建成投产，建厂时主要承担津浦铁路北段机车、客车、货车修理，当时工厂占地面积57.41万平方米，厂房总面积3.01万平方米，工人411人，设备82台具，工厂设计能力月修蒸汽机车3台、客车2辆、货车10辆。山东省第一个中国共产党企业党支部和第一个产业工会在这里诞生。

济南解放后，工厂被确定为蒸汽机车专业化修理厂，先后承修过世界各国20多种不同型号的机车，被誉为“万国机车都能修工厂”，曾创造年修理蒸汽机车545台、累计修理机车14402台的全国蒸汽机车修理最高纪录。1958年自主制造“跃进”型蒸汽机车，1989年与大连内燃机车研究所联合研制“泰山”型内燃机车。

1993年，工厂转产制造铁路货车，实现当年立项、当年出车，创下大型企业产品结构调整、新老产品平稳过渡、转产不停产的奇迹。先后开发制造60吨、70吨和80吨级各型系列货车，获得20多个货车生产资质，涵盖敞车、平车、罐车、漏斗车等主型货车。2007年7月，组建济南轨道交通装备有限责任公司。2008年，获得马达加斯加漏斗车订单，实现公司历史上第一次整车出口，货车产品开始打入国际市场。2010年，年产7000辆货车。

“十一五”期间，公司逐步改变货车产业一元独大的经营模式，确定“实施两个转型、打造百亿强企”的发展战略，即“产业结构由货车一元为主向多元协同发展转型，发展模式由生产制造型向科技创新型转型”。

2007年进军风电产业，2010年首台1.5兆瓦风力发电机组成功下线，形成年产1500套发电机组能力。钢构产业取得国家大型钢结构特级资质，具备年产1000套塔筒、500台变压器油箱生产能力。环保产业引进具有世界先进水平的真空排污技术，旅客列车集便器产品先后被青藏铁路、北京奥运会、上海世博会采用。智能机械产业自主研发的智能组合扳机占据铁路拧紧装备市场的90%，具有国内先进立体车库的设计制造能力。

公司加强科技研发工作，建立研究院，设有院士工作站和专家顾问室，建立模拟市场运作的管理与激励约束机制，在济南东部高新区建立高新技术产业园，初步形成铁路货车、风电装备、大型钢构、环保工程、智能机械五大产业协同发展的经营格局。

2010年年底，公司员工3196人，东西两个厂区占地面积200余万平方米，资产总额30亿元，拥有各类设备2509余台(套)，实现年销售收入23.2亿元，其中新产业销售收入占比超过50%。

济南轨道交通装备有限责任公司庆祝建厂100周年大会 （2010年摄）

第五篇　石油与化学工业

1986年，济南市有石油化工企业85家，实现工业总产值8.4亿元(1980年不变价，下同)。1988年，济南市有石油化工企业111家，石油化工系统内35家企业完成工业总产值5.61亿元，实现利税1.3亿元。1990年，济南市有石油化工企业120家，实现工业总产值13.51亿元。1986～1990年，全市石油化学工业系统基建技改总投资1.78亿元，完成基建技改项目46项，建成万吨无水氟化氢、6000吨丙烯酸涂料、2000吨聚氨酯泡沫塑料、250万盒音乐原版磁带、25万盒录像磁带等生产线，建成投产技术水平居国内领先地位的80万吨重油催化裂化项目，开发生产铬盐、钛白粉、有机氟、铝粉浆等多种拳头产品。完成科技开发项目102项，其中填补国内空白14项，达到国内先进水平41项，填补省内空白41项，达到省内先进水平3项。共获省级及以上优质产品28种，其中化工部优质产品7种，山东省优质产品21种。合资企业从无到有，引进合资企业5家，5年共完成出口供货值9603万元。全市石油化学工业系统有国家二级企业2家、省级先进企业8家、市级先进企业2家。

1991～1995年，济南市石油化学工业持续、健康、稳定发展，完成固定资产投资54764万元，其中基本建设8374万元，技术改造46390万元，更新改造主要生产设备1000余台(套)，建成先进技术生产线10条。全系统共完成科技开发项目50项，其中填补国内空白5项，填补省内空白30项，获市以上科技成果进步奖14项，开发生产新产品44种，5年累计实现新产品产值3.9亿元，新产品利税7200万元。实施“腾笼换业”工程，先后有6家企业从市区黄金地段搬迁，腾出黄金地段发展第三产业。外资总投资额4698万美元，注册资本3486万美元，合同利用外资1124万美元。自营出口创汇实现零的突破，获自营进出口权企业2家。1995年，全市有石油化工企业164家，从业人员42461人，实现工业总产值54.11亿元。济南市石油化学工业局有直属企事业单位42家，其中，事业单位4家，国有企业7家，集体企业11家，三资企业20家；年末职工20499人，拥有固定资产原值12.53亿元，净值10.93亿元；全年实现工业总产值10.59亿元(1990年不变价)，销售收入10.73亿元，利税5445万元，利润1377万元。

1996～2000年，济南石油化学工业技改投入不断加大、装备水平明显提高，完成15万吨合成氨扩产、碳铵转产尿素及5万吨甲醇、2万吨过氧化氢、1.5万吨/年金红石钛白、铬盐扩产、2万吨/年甲酸项目及炼油系统技术改造等项目，形成门类较为齐全，科研、设计、教育基本完备的工业体系。获自营出口权的企业15家，出口品种15种，累计出口创汇5169万美元；外商投资企业21家，累计利用外资5000万美元；在境外办企业1家。2000年，全市有规模以上石油化工企业105家，从业人员42351人，实现工业总产值105.13亿元(现价)。济南市石油化学工业局系统有县属以上企、事业单位37家，年末固定资产原值21.48亿元，净值13.53亿元，在职职工1.74万人，全年完成工业总产值13.19亿元(1990年不变价)，产品销售收入16.42亿元，工业增加值3.87亿元，利税1

亿元。

2001年，撤销济南市石油化学工业局和医药管理局，以局属企、事业单位资产为基础成立济南市化学医药国有资产经营有限公司。同年，济南市化学医药工业办公室成立。2002年，济南市化学医药国有资产经营公司拥有下属企、事业单位37家，总资产50亿元，净资产14亿元。2004年8月31日，撤销济南市化学医药工业办公室，所属职能、人员、资产分别划归济南市经委和新成立的济南市国资委。2004年，济南市有规模以上石油化工企业143家，完成工业总产值246.19亿元(现价)。“明泉”牌尿素被评为第三届国际农业博览会金奖，“明泉”牌商标被认定为山东省著名商标；“生生”牌工业铬酸酐和二氧化钛颜料、“泉城”牌浓硝酸等产品被评为济南市名牌产品。2005年，全市规模以上石油化工企业实现销售收入310.41亿元，其中石油加工业完成销售收入168.78亿元，化学原料及制品制造业完成销售收入141.63亿元；实现利税17.64亿元，利润5.18亿元。销售收入过亿元的企业33家，其中过5亿元的企业8家。

2010年，全市有规模以上石油化学工业企业172家，从业人员34597人，实现工业总产值564.67亿元(现价)，其中石油加工、炼焦及核燃料加工业281.89亿元，化学原料及化学制品制造业282.78亿元，全行业实现主营业务收入572.75亿元，利税80.87亿元。

第一章　石化工业综合

第一节 行业构成

1986年，全市有有机化工、精细化工、合成材料、涂料颜料、化工机械、石油加工、橡胶加工、无机化工、化肥等九大行业。1988年，济南石化工业已形成具有相当生产规模、门类比较齐全、品种多样的体系，并成为济南市五大支柱行业之一。同年，全市有石油化工产品420种，按产值计：化肥占11.91%，基本化工原料占10.97%，有机化工原料及合成材料占15.17%，石油制品占32.3%，精细化学品占20.56%(其中涂料4.38%、颜料5.82%、试剂助剂10.36%)，橡胶加工占7.38%，化工机械占1.18%。通过调整，济南市石油化工系统的名优适销产品、支农化工产品和紧缺的化工原料得到发展，深加工和最终产品所占比重明显提高，新产品开发和更新换代步伐加快，出口创汇产品品种和规模进一步扩大。1989年5月12日，《济南市石油化学工业产品结构调整规划纲要(初稿)》通过评审。该规划是济南市石油化学工业发展史上的第一部，按化肥、基本无机化工、基本有机化工与合成材料、石油炼制、精细化工、橡胶加工、化工机械等七个行业提出1989～1992年具体规划要点。

1990年，济南市石油化工行业实现工业总产值13.51亿元，其中石油加工及炼焦业实现工业总产值5.15亿元，占38.16%；化学工业实现工业总产值8.36亿元，占61.84%，其中基本化学原料制造业占全行业工业总产值的9.33%，化肥制造业占10.56%，有机化学及合成材料制造业占30.09%，日用化学品制造业占10.78%，其他为1.08%。

1998年，全市有规模以上石油化学工业企业99家，其中亏损企业19家，完成工业总产值63.69亿元，工业增加值19.93亿元，实现销售收入5953亿元，利税7.42亿元，利润2.42亿元，全部从业人员4.53万人。

2005年，全市规模以上石化行业实现销售收入310.41亿元，占全市工业4.96%。其中，石油加工业完成销售收入168.78亿元，化学原料及制品制造业完成销售收入141.63亿元。石油加工业所占比重较大占67.23%，有机化工占15.22%，化肥制造业6.45%，无机化工3.13%，农药1.77%，其他6.2%。

2008年，全市有规模以上石油化学工业企业179家，全行业实现主营业务收入478.56亿元，比全市工业经济增速高12.2个百分点，占全市主营业务收入的12.9%。其中，过10亿元的4家，过20亿元的1家，过100亿元的1家。企业技术创新和市场竞争能力增强，形成多种具有明显竞争优势的品牌产品。结构调整步伐加快，具有传统产业优势的氟化工产品，在氟硅材料市场占有重要地位；高浓度化肥、缓释控释复合肥、无机颜料、氟合成材料、高效低毒低残留农药等产品的比重提高。化工园区建设初具成效，产业聚集逐步形成。

2010年，全市有规模以上石油化学工业企业172家，亏损企业22家，实现工业总产值564.67亿元，工业增加值133.42亿元，工业销售收入553.65亿元，全部从业人员3.46万人。

第二节 生产能力

1985年，济南石化工业形成较大生产能力，其中，精细化学品9085吨，石油加工167万吨，化肥15.2万吨，无机化工12.6万吨，有机化工11.68万吨，涂料颜料1.57万吨，合成材料3330吨。1988年6月，万吨级无水氟化氢项目在济南化工厂破土动工，该项目是国内最大的无水氟化氢生产装置。12月9日，济南炼油厂80万吨重油催化裂化装置建成试运喷油，一次开车成功。同年，济南石化行业在增加短线产品生产能力、提高质量、降低消耗方面，完成基建和技术改造项目15项，其中有10项当年投产。全市石化工业在全国30个化工重点城市中，工业总产值居第十位；在山东省16个地市中，济南石化生产规模居第二位。1989年12月，全国生产规模最大的铬盐工程在济南裕兴化工总厂开工建设，设计能力年产红矾钠1万吨；济南明水化肥厂4万吨/年尿素工程开工建设。1992年5月，济南炼油厂150万吨/年常减压装置投入使用，后经过3次扩能改造，装置处理能力提高至400万吨以上。1993年5月，济南石油化工二厂30万吨/年常减压炼油装置一次开车成功。1995年8月，国内第一套采用催化蒸馏技术2万吨/年MTBE装置在济南炼油厂一次开车成功。1997年1月18日，由济南橡胶总厂和济南橡胶制品厂联合发起组建的济南三星橡胶有限责任公司成立。1998年3月，济南石油化工二厂2万吨/年甲酸项目建成投产。1999年，济南市石油化工系统实施基建技改项目10项，完成投资2.36亿元。其中，济南裕兴化工总厂1.5万吨/年金红石钛白粉项目于12月投料试车；明水化肥厂完成合成氨改造和二期尿素工程，合成氨生产能力15万吨，尿素生产能力20万吨；济南化肥厂挖潜改造，浓硝年产量增至9.57万吨；济南石化(集团)股份有限公司2万吨/年甲酸项目经过技术攻关实现单套满负荷生产，对甲醛装置进行技术改造，生产能力由2万吨/年提高到3万吨/年；济南长城炼油厂建成SBS改性沥青防水基材生产线；济南三星橡胶有限公司搬迁改造基建工程和济南宏业音像化工有限公司硬脂酸盐搬迁改造工程基本完成。2000年4月，济南炼油厂MTBE装置扩能改造为4万吨/年。

2001年，济南市石油化工系统全年完成技改投资1.6亿元，重点技改项目投产6个。4月，济南三星橡胶有限公司完成轮胎项目搬迁改造工程；济南石化(集团)股份有限公司完成15万吨/年重油催化改造项目；明水化肥厂建成2万吨/年过氧化氢和2万吨/年甲醇项目。5月，济南有机化工厂实施“腾笼换业”，在章丘龙山建成4万吨/年甲醛生产装置。6月，济南化肥厂有限公司建成2万吨/年甲醇二期生产装置。

2003年，中国石油化工股份有限公司济南分公司原油加工量突破300万吨。2005年，中国石油化工股份有限公司济南分公司原油加工量突破400万吨。2007年，山东明水化工集团有限公司52万吨尿素改造工程竣工投产，尿素生产采用先进的大颗粒技术，产品附加值提高。2010年6月，济南裕兴化工有限公司10万吨/年金红石型钛白粉项目投产暨济南新材料产业基地揭牌仪式在济南化工产业园区举行。9月，中国石油化工股份有限公司济南分公司160万吨/年柴油加氢精制装置开工建设；11月，7万吨/年环保型芳烃橡胶填充油工业示范装置开车，填补国内环保型橡胶填充油工业化生产空白。

第三节 产 品

一、产品结构

1988年，济南石化工业开发新产品21种，完成新产品产值4027万元，新产品产值率8.2%。1989年，开发研制新产品21种，新工艺1项。1993年，济南市石化系统有化肥、石油加工、基本化工原料、无机化工、有机化工、涂料颜料、助剂试剂、橡胶制品、农药、化工机械等十几个行业，可生产化工产品270多种。1994年，济南市石化系统全年完成科研项目11项，其中填补省内空白8项，获市科技进步奖6项，实现新产品产值1.2亿元，新产品利税1000万元；形成可生产400余种化工产品、门类比较齐全的石化工业体系。1991～1995年，全系统完成科技开发项目50项，获市以上科技成果进步奖14项，开发生产新产品44种，累计实现新产品产值3.9亿元，新产品利税7200万元。1996～2000年，济南市石化系统各企业进行产品结构调整。济南裕兴化工总厂由过去的铬盐、钛白、磷肥并举，逐渐向技术含量高附加值高的钛白、铬盐倾斜，两大产品的装备水平和技术水平不断提高。济南化肥厂按照“以工养肥、工肥并举”方针，改变单一生产化肥的局面，先后开发浓硝酸、甲醇、三聚氰胺、二氧化氯等产品，产品结构不断优化。明水化肥厂形成以合成氨、尿素为主导，甲醇、过氧化氢并举的产品结构。

2001年，济南市石油化工系统主要产品产量均有较大幅度提高。其中，生产浓硝酸10.85万吨，比1996年增长144.89%；生产化肥20.41万吨，比1996年增长60.09%；生产铬酸酐1.33万吨，比1996年增长49.05%；生产钛白粉1.93万吨，比1996年增长236.9%，生产甲酸4961吨，比1996年增长23.84%；生产甲醛6.79万吨，比1996年增长92.91%；生产甲醇5.98万吨，比1996年增长192.43%；生产乌洛托品3835吨，比1996年增长356.55%。

2005年，全市14种重点石化产品中有10种产品产量同比有不同程度增长。原油加工量增长6.28%，合成氨增长5.01%，浓硝酸增长16.07%，氢氧化钠增长15.35%，农药增长32.19%，纯苯增长43.36%，精甲醇增长11.49%，油墨增长31.61%。部分产品产量有小幅度降低，其中农用化肥降低4.84%，无机颜料降低2.07%。2008年，主要化工产品受市场竞争和社会需求影响，生产形势表现出很大差异，支农产品化肥和农药市场呈现较快增长态势，生产化学肥料(折纯)48.55万吨，其中尿素44.36万吨。部分化工产品增长强劲，生产精甲醇30.71万吨，生产塑料树脂及共聚物29.14万吨，生产化学试剂1.1万吨，原油加工466.14万吨，生产颜料4.37万吨。硫酸、浓硝酸、盐酸产量大幅降低。2010年，完成原油加工496.45万吨，生产汽油122.98万吨，柴油211.95万吨，农用化肥(折纯)49.09万吨。

2010年济南市石油化学工业主要产品产量情况表

表 7-5-1

产品名称	产量(万吨)	产品名称	产量(万吨)
原油加工	496.45	浓硝酸(折 100%)	10.75
汽油	122.98	合成氨(无水氨)	76.09
柴油	211.95	农用化肥(折纯)	49.09
润滑油	25.37	氮肥(折含 N100%)	49.09
燃料油	3.81	尿素(折含 N100%)	43.92
石脑油	16.38	化学农药原药(折有效成分 100%)	3.05
溶剂油	3.40	除草剂原药	3.00
润滑脂	0.19	涂料	0.41
液化石油气	28.58	油墨	0.59
石油焦	33.74	颜料	4.46
石油沥青	25.15	染料	0.15
盐酸(含量 31%)	0.27	初级形态的塑料	18.53
烧碱(折 100%)	3.65	聚丙烯树脂	8.61
纯苯	2.67	化学试剂	10.11
精甲醇	43.34	催化剂	0.33

二、产品质量

1988年，济南市化工行业坚持质量第一，严格按标准组织生产，开展质量创优活动，在原有29种省以上优质产品的基础上，又有15种化工产品被认定为省、部优产品，省以上优质产品占产品总数的1/5，其中普通过磷酸钙、亚硫酸铵、三聚氰胺、酚醛膜塑料、碳酸钾、硝酸钾被认定为化工部优质产品；聚四氟乙烯树脂、甲醇、软麻油、中绿醇酸酯胶调和漆、锂基脂、绝缘鞋、亚硫酸铵、酚醛膜塑料、三聚氰胺被认定为山东省优质产品。裕兴化工厂是全国普钙生产重点企业之一，是山东省最大的普钙生产厂家，普通过磷酸钙年生产能力15万吨。济南化工厂的聚四氟乙烯树脂年生产能力1000吨，该产品俗称塑料王，是一种高级工程塑料，广泛应用于航天航空、化工、电子、石油等工业。济南石油化工二厂的甲醇年生产能力5000吨。济南精细化工厂的三聚氰胺年生产能力1500吨，该产品广泛用于合成树脂、塑料、造纸、油漆、纺织、木材加工业等。

1989年，市属化工企业优质品率42%。硝酸钾、对硝基氯化苯、邻硝基氯化苯、工业甲醛被认定为化工部优质产品，对硝基氯化苯、邻硝基氯化苯、工业甲醛、阻燃矿用导风筒、B109型中变催化剂、试剂氢氟酸、造纸钛白、氨基金属闪光漆、工业乙二胺四乙酸、三盐基硫酸铅、190#溶剂油被认定为山东省优质产品。1990年，市属化工企业以调整产品结构为中心，以提高产品质量、降低物质消耗、改善环境、消除污染、发展高技术、高性能产品为重点，开展技术攻关活动，加强与高等院校、科研单位合作，移植科技成果，全年完成科技开发项目20项，鉴定16项。其中，填补国内空白2项，达到国内先进水平10项，填补省内空白1项，达到省内先进水平3项。市考核的25项重点化工产品质量稳定提高率95.83%，优质品产值率48.62%，省以上产品质量抽检合格率88.9%；邻苯二甲酸二异丁酯和轻柴油被认定为山东省优质产品。在全市产品质量评比中化工系统名列第一。

1991年，济南市化工行业开展"质量杯"竞赛活动，产品质量稳定提高。市考核的重点产品质量稳定提高率100%，省以上产品质量监督抽检合格率100%；省以上优质品产值率57.5%。全年开发新产品18种，其中填补国内空白1种，填补省内空白9种；被认定为部优产品1种、省优产品6种。至1992年年底，市直企业累计被认定为省以上名优产品57种，其中国优2种、部优21种、省优34种；采用国际标准和国外先进标准的产品34种。至1994年年底，累计利用国际标准的产品43种。1999年，济南市石化行业在市考核的25种重点产品中，各项指标全部合格，济南裕兴化工总厂"生生"牌铬酸酐被评为山东省名牌产品；明水化肥厂"明泉"牌尿素、济南裕兴化工总厂"生生"牌钛白粉、济南石化(集团)股份有限公司"泰山"牌甲酸和济南化肥厂有限公司"泉城"牌浓硝酸被评为济南市名牌产品；"明泉"牌尿素被评为中国国际农业博览会名牌产品。全年评出优秀QC成果41项，其中部级1项、省级6项、市级12项；评出优秀现代化管理成果15项，其中市级6项。

2000年，开展以"两本管理"为核心的管理效益年活动，全年共评出优秀现代化管理成果13项，其中市级以上10项；评出局级优秀QC成果36项，其中获市级QC成果一等奖1项、二等奖11项。"生生"牌铬酸酐被评为山东省名牌产品，"生生"牌钛白粉、"泰山"牌甲酸、"泉城"牌浓硝酸、"明泉"牌尿素被评为济南市名牌产品。2004年，"明泉"牌尿素被评为第三届国际农业博览会金奖，"明泉"商标被认定为山东省著名商标；"生生"牌工业铬酸酐和二氧化钛颜料、"泉城"牌浓硝酸等产品被评为济南市名牌产品；济南圣泉集团股份有限公司的"圣泉"牌产品先后被评为国内同行业最高奖金鼎奖、山东省名牌产品、中国农业博览会名牌产品，"圣泉"商标被认定为山东省著名商标。2008年，"圣泉"商标被认定为中国驰名商标。

第四节 经济效益

1986年，济南市有石油化工企业85家，实现工业总产值8.4亿元(1980年不变价)。1988年，济南市有石油化工企业111家，石油化工系统内35家企业完成工业总产值5.61亿元，实现利税1.3亿元。1990年，济南市有石油化工企业120家，实现工业总产值13.51亿元(1980年不变价)。石油化工系统完成工业总产值6.31亿元，其中市属企业完成工业总产值5.18亿元，实现利税6274万元。1995年，济南市有石油化工企业164家，实现工业总产值54.11亿元。济南市石油化学工业局有直属企事业单位42家，实现工业总产值10.59亿元(1990年不变价)，销售收入10.73亿元，利税5445万元，利润1377万元。2000年，济南市有规模以上石油化工企业105家，实现工业总产值105.13亿元(现价)。济南市石油化学工业局有县属以上企、事业单位37家，完成工业总产值13.19亿元(1990年不变价)，产品销售收入16.42亿元，利税10014万元。

2005年，济南市有规模以上石油化工企业164家，实现工业总产值299.62亿元(现价)。其中石油加工、炼焦及核燃料加工业实现工业总产值157.34亿元，化学原料及化学制品制造业实现工业总产值142.28亿元。2010年，济南市有规模以上石油化学工业企业172家，实现工业总产值564.67亿元(现价)，实现利税80.87亿元。

第二章 石油工业

第一节 沿 革

1986 年，济南石油加工业有生产企业 3 家。2010 年，济南市共有 3 家大中型原油加工和石油制品生产企业，分别是中国石油化工股份有限公司济南分公司、蓝星石油有限公司济南分公司、济南长城炼油厂。

一、中国石油化工股份有限公司济南分公司

公司前身是筹建于 1971 年 3 月的济南炼油厂筹建处，同年 12 月更名为济南石油化工厂筹建处，隶属于济南市燃料化学工业局。1975 年 7 月，改为济南石油化工厂。1983 年 8 月，划归中国石化总公司。1984 年，济南石油化工厂改称济南炼油厂。1998 年，流转至中国石化集团公司。2000 年，根据中国石化集团公司重组改制方案，企业进行主辅分离，主业即进入中国石油化工股份有限公司，成为中国石油化工股份有限公司济南分公司。

二、蓝星石油有限公司济南分公司

公司前身是始建于 1958 年的济南石油化工二厂。1994 年，经山东省体改委批准，由该厂发起创立济南石化(集团)股份有限公司，成为济南市石化系统首家股份制企业，拥有石油加工、基本有机化工原料两大系列产品。2002 年，济南市政府与中国蓝星(集团)总公司签订重组协议，由中国蓝星(集团)总公司重组。2008 年 3 月，蓝星石油有限公司济南分公司划归中国化工油气开发中心(中国化工油气股份有限公司)管理，主营业务是石油加工。

三、济南长城炼油厂

原为中国人民解放军第九七三一工厂，成立于 1971 年。1998 年 12 月 31 日，原隶属济南军区的济南长城炼油厂划归市石化局管理。2002 年，济南市政府与中国蓝星(集团)总公司签订重组协议，济南长城炼油厂划归中国蓝星(集团)总公司。

第二节 生 产

1986 年，济南石油加工业有生产企业 3 家，产品 39 种，全市原油加工能力 157 万吨，实际加工原油 97.44 万吨。同年，济南炼油厂 80 万吨 / 年重油催化裂化装置工程由国家计委批准立项，是国家和石化总公司“七五”期间重点建设项目之一，也是该企业建厂后第一个大型建设项目。该工程由 80 万吨 / 年重油催化裂化装置、50 万吨 / 年汽油脱硫醇装置、10 万吨 / 年液化气脱硫装置、3200 标准立方米 / 时干气脱硫装置和催化新区系统组成，工程于 1986 年 6 月开工，1988 年 12 月建成投产。1989 年 6 月，济南炼油厂 150 万吨 / 年常减压装置工程开工建设。至 1990 年，济南市石油加工工业炼油能力从 1986 年的 157 万吨 / 年扩大到 320 万吨 / 年，润滑油从 1986 年的 5 万吨 / 年扩大到 7 万吨 / 年，石油制品的二次加工能力从 1986 年的 20 万吨 / 年扩大到 90 万吨 / 年。其中，建成 80 万吨重油催化裂化装置、两套 3 万吨 / 年蜡油催化装置以及具有 80 年代先进水平的 1000 吨 / 年通用锂基脂装置。

1992年5月，济南炼油厂150万吨/年常减压装置投用。1993年5月8日，济南石油化工二厂30万吨/年常减压炼油装置一次开车成功，相配套的4.5千米长的输油管线及储运站建成投入使用。该项目总投资4775万元，主要由华东石油勘察设计研究院设计，山东省建筑公司承建，省安装公司三公司安装建设。主要设备250多台，投入运行后，工艺和设备等均达到要求。1995年8月，济南炼油厂国内第一套采用催化蒸馏技术的2万吨/年MTBE装置一次开车成功，产品合格。1996年10月，济南炼油厂140万吨/年重油催化装置建成投产。1998年6月，济南炼油厂30万吨/年液化气脱硫醇装置投产；8月，7万吨/年聚丙烯装置开车。1999年3月，济南炼油厂5000吨硫黄回收装置开车；12月，济南长城炼油厂建成SBS改性沥青防水基材生产线。

2002年8月，中国石油化工股份有限公司济南分公司2万吨/年硫黄回收装置建成投入使用；11月，50万吨/年延迟焦化装置投产。2003年，蓝星集团以信用担保投资方式向济南长城炼油厂投入流动资金3400万元，对长城炼油厂30万吨炼油装置进行改造，出油率提高20%，吨油成本下降300元。2004年4月，中国石油化工股份有限公司济南分公司40万吨/年蜡油加氢装置投产，年加工原油377.30万吨，生产93号清洁汽油38.92万吨，润滑油基础油8.22万吨，液化气16.92万吨，聚丙烯8.31万吨，实现销售收入101.31亿元，利税7.95亿元。同年，全市加工原油425.1万吨，实现销售收入112亿元，利税9.9亿元，分别占全市规模以上工业企业销售收入的6.9%和5.8%。

2005年，中国石油化工股份有限公司济南分公司全年加工原油409.39万吨，液化气产量同比增长21.67%，高标号汽油占汽油总量的比例同比提高32.88个百分点；化工轻油产量同比增长27.98%。同年，在原油加工全行业亏损的情况下，蓝星石油有限公司济南分公司、济南长城炼油厂，根据市场需求，进行产品结构调整，新建气分和MTBE装置，提高重油催化能力，降低原料购进成本，全年实现盈利。2006年，中国石油化工股份有限公司济南分公司全年加工原油400.16万吨，实现销售收入148.18亿元。2009年，中国石油化工股份有限公司济南分公司8万吨/年苯抽提装置、90万吨/年汽油吸附脱硫装置（S-Zorb）相继开车投产。2010年9月，160万吨/年柴油加氢精制装置开工建设；11月，7万吨/年环保型芳烃橡胶填充油工业示范装置开车，填补国内环保型橡胶填充油工业化生产空白。

至2010年，蓝星石油有限公司济南分公司主要生产装置和设施有100万吨/年延迟焦化装置、70万吨/年加氢精制装置、10000标方/小时制氢装置、2万吨/年硫黄回收装置、原油30万吨/年炼油常减压装置、18万吨/年重油催化裂化装置、7万吨/年气体分馏装置、1万吨/年MTBE生产装置、15万吨/年重油碳四生产装置。济南长城炼油厂常减压装置加工能力30万吨/年，重油催化裂化装置加工能力18万吨/年。

第三节 产 品

1986年，济南石油加工业原油加工量97.44万吨，主要产品产量燃料油33.9万吨、溶剂油1.82万吨、汽油16.09万吨、煤油3.68万吨、柴油23.79万吨、润滑油3.16万吨、液化石油气1.09万吨、沥青6.69万吨。

2010年，中国石油化工股份有限公司济南分公司石油产品有燃料油、润滑油和石蜡、沥青及其他产品。燃料油有汽油、煤油、柴油、重质燃料油；润滑油有机械油、变压器油、齿轮油、压缩机油、汽油机油、柴油机油、液压油、汽轮机油、密封油、软麻油、橡胶填充油、润滑油基础油、半精炼油等；石蜡、沥青及其他产品有石蜡、沥青、油漆工业用溶剂油（200

号溶剂油)、乙烯装置专用石脑油、工业用丙烷、丁烷、液化石油气、石油焦、分子筛料、洗萘液。蓝星石油济南分公司石油产品有汽油、柴油、液化气、丙烯、硫黄、MTBE、石油焦等。济南长城炼油厂主要产品有汽油、柴油、液化气等。同年,全市原油加工量496.45万吨,主要产品产量:燃料油3.81万吨、溶剂油3.4万吨、汽油122.98万吨、柴油211.95万吨、润滑油25.37万吨、液化石油气28.58万吨、沥青25.15万吨。

第三章 化肥制造业

第一节 沿 革

化肥工业是济南市石油化学工业的一大优势产业。1986年,济南市有化肥厂9家,其中,氮肥生产厂6家,磷肥生产厂3家。1997年,平阴化肥厂整体划归鲁西化工集团,更名为平阴鲁西化工第三化肥厂有限公司。1998年,济南乐喜施肥料有限公司成立,主要生产复(混)合肥、缓控释肥。2000年,济南市石油化工系统有化肥生产企业8家,其中,氮肥生产企业5家,磷肥生产企业1家,复(混)合肥生产企业2家。5月,济南化肥厂完成有限责任公司改制,成立济南化肥厂有限责任公司,并保留济南化肥厂法人资格;后由济南化肥厂有限责任公司改制重组为济南盛源化肥有限责任公司。2002年,章丘市第一化肥厂改制组建章丘鲁明化工有限公司。2005年4月,济南市明水化肥厂改制,更名为山东明水化工有限公司。6月26日,成为山东明水大化集团的核心企业。6月28日,与山西晋城无烟煤矿业集团有限公司签订战略合资合作协议,实施强强联合。2006年1月,章丘鲁明化工有限公司被山东明水化工有限公司兼并。2007年1月,章丘日月化工有限公司(其前身为章丘市第二化肥厂)成为晋煤集团控股子公司。2009年10月,山东明水化工有限公司更名为山东晋煤明水化工集团有限公司。12月,章丘日月化工有限公司更名为山东晋煤日月化工有限公司。2010年,济南市化肥制造业有收入过亿元的企业10家,主要生产氮肥和复混肥,其中氮肥生产企业3家。

第二节 生 产

1986年,济南化肥厂家合成氨总产能13.70万吨/年,生产合成氨12.84万吨,生产碳酸氢铵(实物量)50.05万吨,商品液氨4084吨。1989年,国家以45亿元贷款作为化肥建设项目的专项资金,在全国进行尿素和磷氨项目招标,济南明水化肥厂以全国小化肥行业管理先进单位一举中标,承担4万吨/年小化肥改尿素项目,12月开工建设。1990年12月21日,山东省唯一一套硝酸磷肥硝酸生产装置在济南化肥厂点火成功。1991年9月24日,济南明水化肥厂第一套年产4万吨尿素生产装置竣工投产,年底达到设计能力。同年,平阴、长清、章丘、商河4县5个小氮肥企业共投资500万元,对合成氨系统进行技术改造。

1995年,济南明水化肥厂对合成氨、尿素进行工艺设备挖潜改造。1996年年底,济南明水化肥厂合成氨生产能力10万吨,尿素生产能力7万吨。1998年6月,第二套年产4万吨尿素生产装置投入生产,年产合成氨10万吨、年产尿素15万吨。至1999年11月，济南明水化肥厂先后对合成系统、尿素系统进行配套改造，合成氨生产能力达到15万吨，尿素生产能力达到20万吨。2000年，对尿素系统落后的工艺、设备进行改造，尿素生产能力达到24万吨。

2006年2月，山东明水化工有限公司52万吨尿素技改一期工程项目落户章丘化工工业园。12月，公司通过国家安全标准化专家组验收，成为国家安全标准化一级企业。至2006年年底，章丘日月化工有限公司先后投入4.1亿元，开发14万吨尿素、4万吨甲醇、3万吨过氧化氢、2万吨液氨、5万吨苯胺、4万吨DMF6个新产品和每小时6000千瓦热电联产发电机组1套，形成年产17万吨合成氨的生产能力。同年，公司实现销售收入5.65亿元，利税8112万元，列入济南市工业企业50强(第33位)。2007年3月、10月，山东明水化工有限公司52万吨尿素技术改造一、二期工程相继竣工投产，并生产出合格的大颗粒尿素和甲醇产品，该生产线采用国内最先进的设备、工艺和技术，达到节能减排、提高效率、保护环境的目的。整个工艺流程操作采用DCS自动控制系统，同时企业自主创新研究设计脱硫气还原媒法、氨库抽负压充氮转换法等新技术。2008年年底，章丘日月化工有限公司形成年产氨醇37万吨，产能15亿元，利税过亿元的经济规模。

2010年，山东晋煤明水化工集团有限公司化肥生产形成年产氨醇130万吨，尿素100万吨(其中大颗粒尿素40万吨)，碳酸氢铵52万吨，缓释尿素15万吨，缓释BB肥10万吨的规模。同年，平阴鲁西化工第三化肥厂有限公司处于停产。

第三节 产 品

一、磷肥

(一)普通过磷酸钙 1988年，济南裕兴化工有限公司生产的普通过磷酸钙被化工部评为优质产品。

2000年，济南裕兴化工有限公司普通过磷酸钙产量4472吨。后因企业产品结构调整，该产品逐渐停产。

(二)钙镁磷肥 1986年，济南市有钙镁磷肥生产企业2家，生产规模较小，由于钙镁磷肥不适于本地土壤，生产受到一定限制。

二、氮肥

(一)碳酸氢铵 1986年，济南市有碳酸氢铵生产企业6家，产量50.05万吨。2010年，碳酸氢铵主要生产企业有山东晋煤明水化工集团有限公司。

(二)尿素 1997年，济南市明水化肥厂生产的“明泉”牌尿素被评为第三届中国农业博览会名牌产品。

1999年，“明泉”牌尿素被评为中国国际农业博览会名牌产品。2004年，“明泉”牌尿素被评为第三届国际农业博览会金奖，“明泉”商标被认定为山东省著名商标。2006年，山东明水化工有限公司生产的“明泉”牌尿素、章丘日月化工有限公司生产的“白云湖”牌农用尿素被评为山东省名牌产品。2007年，“白云湖”牌商标被认定为山东省著名商标。

2010年，山东晋煤日月化工有限公司年生产尿素13.48万吨。

三、混配复合肥料

2007年，济南乐喜施肥料有限公司“离不了”牌高浓度复混肥料和济南农博士绿色肥料有限公司“农博士”牌复混肥料被评为济南市名牌产品。

2010年，济南市规模以上混配复合肥料生产厂家有济南乐喜施肥料有限公司、济南康奈尔控释肥有限公司、济南龙庄园艺工程有限公司、济南农博士绿色肥料有限公司等企业。

1986～2010 年济南化肥制造业部分年份主要产品产量统计表

表 7-5-2 单位：万吨

产 品	1986 年	1990 年	1995 年	2000 年	2005 年	2010 年
合成氨	12.84	16.80	21.91	45.54	52.57	76.09
化肥(折 100%)	10.69	14.44	14.03	28.41	28.88	49.09

第四章 无机化工原料及产品制造业

第一节 沿 革

1986 年，济南市无机化工原料及产品制造业有工业企业 11 家，生产产品 20 余种。济南裕兴化工总厂是济南市唯一的硫酸生产厂，生产能力 3.5 万吨 / 年，产品基本自用，用于生产磷肥、钛白、铬盐，济南市所需商品硫酸主要由淄博、南京等地供货。1988 年，济南化工厂获山东省质量管理奖和山东省先进企业称号。1994 年 3 月，济南石化系统首家集团公司——济南鸿华集团总公司成立。该集团公司是集科、工、贸为一体的经济实体，由济南东风化工厂、济南树脂厂、济南精细化工厂 3 家为核心层企业，2 个紧密层企业及 20 多个松散层企业组成。主要生产经营无机盐、树脂、化学肥料等三大类产品。山东塑料试验厂是济南市基础化工原料生产基地和软质聚氨酯泡沫塑料定点生产企业，主要产品有烧碱、液氯、盐酸、氯化铁、漂白液等，2003 年烧碱生产能力 8 万吨。2005 年，济南裕兴化工有限公司主要产品生产能力为：铬盐4万吨/年、钛白粉 3 万吨 / 年、硫酸 9 万吨 / 年。2010 年 6 月 20 日，济南裕兴化工有限公司 10 万吨 / 年金红石型钛白粉在济南化工产业园区投产，配套硫酸装置生产能力 30 万吨 / 年。2010 年，济南市共有无机化工产品生产企业 7 家。

第二节 生 产

1986 年，济南化工厂与美国施多福公司签订“万吨 / 年无水氟化氢制备技术和关键设备引进项目”合同。同年，济南市无机化工主要产品年生产能力为硫酸（折 100%）3.5 万吨、盐酸（含量 31% 以上）1.8 万吨、烧碱 2.55 万吨、纯碱 1.2 万吨、碳酸钾 1500 吨、硫化钠 2000 吨、硝酸钾 1100 吨、硝酸钠 500 吨、轻质碳酸钙 8000 吨、无水氟化氢 1400 吨、铬酸酐 1800 吨、红矾钾 500 吨、红矾钠 5000 吨、高锰酸钾 660 吨。

1988 年 6 月 28 日，万吨级无水氟化氢项目在济南化工厂动工，总投资 2937 万元。1989 年 12 月，该项目投产。同年，全国生产规模最大的铬盐工程经山东省经委批准在济南裕兴化工总厂开工建设，装置设计能力为年产红矾钠 1 万吨，总投资 4915 万元。1990 年起，济南化肥厂进行产品结构调整、配套改革，确定“以化肥为基础，发展短平快化工产品，走工肥并举，多种经营”发展思路。1993 年 7 月，济南化肥厂将原复肥装置改为年产 5 万吨工业硝酸铵生产线，并一次试车成功。同年 8 月，2 万吨 / 年第二套浓硝酸装置建成投产，形成 4 万吨的生产能力。

2000年，济南市无机化工原料及产品制造业年生产能力为硫酸(折100%)8万吨、盐酸(含量31%以上)2.3万吨、浓硝酸(折100%)10万吨、烧碱3.5万吨、氢氧化钾(折100%)5000吨、碳酸钾3000吨、硝酸钠5000吨、轻质碳酸钙7500吨、无水氟化氢1.2万吨、铬酸酐1.37万吨、红矾钾500吨、红矾钠2.2万吨、高锰酸钾2000吨、过氧化氢1万吨。

2003年，济南市无机化工原料及产品制造业年生产能力为：硫酸(折100%)8万吨、盐酸4万吨、浓硝酸(折100%)10万吨、烧碱8万吨、无水氟化氢1.2万吨、铬酸酐1.8万吨、红矾钠3万吨、过氧化氢1万吨。

2008年7月，济南裕兴化工有限责任公司10万吨/年金红石钛白粉项目开工建设，包括与其配套的30万吨/年硫黄制酸装置。2010年6月，该项目建成投产。

第三节 产 品

一、无水氟化氢

无水氟化氢由济南化工厂生产。1983年，无水氟化氢产品被评为国家金质奖。1988年，进行复评，保持金奖称号。2006年11月，无水氟化氢由迁建到德州市临邑工业园内的山东兴氟新材料有限公司生产。

二、铬盐

1959年，济南裕兴化工有限公司开始生产铬盐产品，该公司是中国最早生产铬盐的厂家之一。2005年，公司铬盐产品生产能力4万吨/年，铬盐产品品种有工业铬酸酐、红矾钠、红矾钾和铬粉其中主导产品工业铬酸酐质量达到国际先进水平，先后蝉联三届国优产品，被评为化工部质量好产品、山东省著名商标产品、济南市名牌产品。工业重铬酸钠和工业重铬酸钾产品也多次被评为省优、部优产品。2009年，济南裕兴化工有限公司实施搬迁工程，铬盐产品停产。

三、无机酸

(一)硫酸 由济南裕兴化工有限公司生产。2010年，济南裕兴化工有限公司30万吨/年硫酸项目投产。

(二)盐酸 1986年，济南市盐酸产量1.45万吨，由山东塑料试验厂生产。2000年，济南市盐酸产量1.56万吨，生产企业分别为山东塑料试验厂和济南司普润化工产品有限公司。2010年，济南市盐酸产量2700吨，由山东塑料试验厂生产。

(三)浓硝酸 1999年、2000年，济南化肥厂有限公司“泉城”牌浓硝酸被评为济南市名牌产品。2010年，浓硝酸产量10.75万吨。

四、烧碱

1986年，济南市烧碱产量2.42万吨，其中济南化工厂产量6400吨，山东塑料试验厂产量1.78万吨。1995年，济南化工厂氯碱装置停产。2003年，山东塑料试验厂年产烧碱5.55万吨，市场覆盖率大幅提高。2010年，山东塑料试验厂烧碱产量3.65万吨。

五、钠盐

硝酸钠、碳酸钠是济南东风化工厂的主导产品。1999年，硝酸钠产品停产。碳酸钠产品随着模拟电视的问世而发展，1999～2004年是最兴盛时期，该产品随着液晶、等离子电视的问世于2005年年底被淘汰。

六、钾盐

1988年，济南东风化工厂的碳酸钾、济南试剂总厂的硝酸钾被化工部评为优质产品。2000年，山东省长清化肥厂碳酸钾产量945吨。2001年，山东省长清化肥厂碳酸钾产量355吨。2002年停产。

七、硫黄

1986年，济南市硫黄产量327吨，由济南化肥厂和明水化肥厂生产。1991年，济南炼油厂开始生产工业硫黄。2000年，济南市硫黄产量5283吨，其中中国石油化工股份有限公司济南分公司产量4837吨。2002年8月，中国石油化工股份有限公司济南分公司2万吨/年硫黄回收装置建成投用。至2006年，中国石油化工股份有限公司济南分公司共生产工业硫黄6.84万吨。2010年，蓝星石油济南分公司硫黄回收装置能力为2万吨/年。同年，中国石油化工股份有限公司济南分公司硫黄产量1.15万吨。

八、过氧化氢(双氧水)

1986年，济南市过氧化氢产量700吨，黄台化工厂生产。2000年，章丘市第二化肥厂过氧化氢产量8685吨。2005年，章丘日月化工有限公司过氧化氢产量36823吨。2010年，山东晋煤日月化工有限公司和山东晋煤明水化工集团有限公司过氧化氢年产能分别为3万吨、3.7万吨。同年，山东晋煤日月化工有限公司过氧化氢产量3.14万吨。

1986～2010年部分年份济南无机化工制造业主要产品产量统计表

表7-5-3 单位：万吨

年 份	硫 酸（折100%）	盐 酸（含量31%以上）	浓硝酸（折100%）	烧 碱（折100%）
1986	4.09	1.45	—	2.42
1990	7.59	—	—	2.96
1995	5.75	2.02	—	3.30
2000	6.72	1.56	10.41	3.01
2005	10.00	0.86	17.10	7.05
2010	—	0.27	10.75	3.65

第五章 有机化工原料及产品制造业

第一节 沿 革

济南市有机化工原料和合成材料工业有较好的基础，有机硅、硝基物、甲酸、有机氟、氟丁胶系列黏合剂等一系列产品在国内、省内具有产品优势和技术优势，石化产品、焦化产品、农副产品等具有比较丰富的原料资源优势。1986年，济南市有机化工生产企业8家。至1988年，平阴县相继新建和改建化工生产企业7家。其中，平阴第一化工厂主要生产电石和乙炔，电石年生产能力1000吨，乙炔60吨；平阴第二化工厂主要生产国内外市场紧缺的染料中间体2.4-二硝基-6-溴苯胺，年产量在1500吨以上，产品执行省出口标准，填补省内空白，为山东省科委“星火计划”项目。平阴第一化工厂生产的溶解乙炔被评为济南市优质产品。1989年，济南市属化工企业有12种产品被评为省以上优质产品，其中对硝基氯化苯、邻硝基氯化苯、工业甲醛等产品被评为化工部优质产品、山东省优质产品。济南化工厂生产的硝基物系列产品在国内占有重要地位，是山东省重要的出口创汇产品。济南石化二厂是山东省唯一甲酸生产厂家，在国内占有重要地位，年生产规模3500吨。

“八五”期间，有机化工原料和合成材料产业是国家重点支持发展的产业之一。济南炼油厂建成5000吨/年聚丙烯装置，建成15万吨/年气体分馏装置2套、甲基叔丁基醚（MTBE）装置1套，化工生产规模逐步扩大。1996年，济南有机化工厂甲醛装置进行技术改造，新增生产能力4000吨/年。1998年，济南炼油厂7万吨/年聚丙烯装置建成投产，成为大型炼油化工企业。

2001年5月，济南白云有机化工有限公司实施“腾笼换业”，在章丘龙山建成4万吨/年甲醛生产装置，2003年甲醛产能达到8万吨，乌洛托品产能达到1万吨。2003年，济南市石油化工系统有机化工生产企业8家，主要产品有精甲醇、甲醛、乌洛托品、苯胺、三聚氰胺等。2005年，济南市化肥行业改变单一农用肥的产品结构，充分利用碳化学的资源优势，发展有机化学品，企业盈利能力提高。2010年，济南市有机化工原料及产品制造业有生产企业6家。

第二节 生 产

1985年11月，济南炼油厂2.4万吨/年气体分馏装置建成开车，1986年开始生产工业用丙烯，主要用于有机化工原料。1986年，全市有机化工生产企业主要产品年产能：工业萘750吨、纯苯3000吨、甲苯300吨、二甲苯120吨、重质苯70吨、精甲醇4000吨、甲醛12000吨、甲酸3000吨、苯二甲酸酐4500吨、乌洛托品1000吨、邻硝基氯化苯1000吨、对硝基氯化苯2000吨、二硝基氯化苯6000吨。1989年9月，济南化工厂年产4000吨四氯化碳装置建成。

1995年8月，国内第一套采用催化蒸馏技术的2万吨/年MTBE装置在济南炼油厂一次开车成功，生产出合格产品。同年，济南石化（集团）股份有限公司2万吨/年甲酸甲酯法甲酸生产装置开工建设，1998年3月建成。1999年，济南石化（集团）股份有限公司2万吨/年甲酸项目实现单套满负荷生产；对甲醛装置进行技术改造，生产能力由2万吨提高到3万吨。

2000年起，明水化肥厂先后新上年产2万吨甲醇、年产2万吨过氧化氢和年产2000吨异丙胺项目，分别于2000年12月、2001年7月和2002年12月投入生产。其中甲醇、过氧化氢产品生产运行良好，经济效益明显。2003年，济南市石油化工系统有机化工生产企业8家，主要产品年产量：精甲醇8.03万吨、甲醛7.97万吨、乌洛托品5472吨、苯胺7255吨、三聚氰胺5730吨。

2007年，山东明水化工有限公司52万吨尿素技术改造工程竣工投产，生产出大颗粒尿素和甲醇产品。2010年，山东晋煤明水化工集团有限公司有机化工产品年产能：甲醇50万吨、三聚氰胺2.6万吨、乌洛托品1.5万吨、甲醛5万吨。山东晋煤日月化工有限公司有机化工产品年产能：甲醇17万吨、苯胺5万吨、二甲基甲酰胺（DMF）8万吨、乙胺2万吨、二甲基乙酰胺（DMAC）4万吨。“十一五”期间，济南市以煤炭为原料的化肥生产企业发挥煤化工优势，以“做强化肥”主业为基础，进行碳一化工有机化学品的开发和生产，形成以煤化工为主导的多产品经营模式。

第三节 产 品

一、醇类

1988年，石油化工二厂生产的甲醇被评

为山东省优质产品。2000年，济南市精甲醇产量3.03万吨，其中济南化肥厂有限责任公司产量2.26万吨，明水化肥厂产量433吨，章丘市第二化肥厂产量7204吨。2003年，济南市精甲醇产量8.03万吨，其中济南化肥厂有限责任公司产量3.56万吨，明水化肥厂产量3.14万吨，章丘日月化工有限公司产量1.33吨。

2010年，济南市精甲醇产量43.34万吨，主要生产企业有山东晋煤日月化工有限公司、山东晋煤明水化工集团有限公司。其中，山东晋煤日月化工有限公司甲醇产量12.59万吨。

二、胺类

(一)苯胺 2005年，章丘日月化工有限公司生产苯胺1.42万吨。2010年，山东晋煤日月化工有限公司苯胺产能达到5万吨，生产苯胺4.34万吨。

(二)乌洛托品 1971年，济南有机化工厂投产乌洛托品，填补山东省空白。2003年，济南白云有机化工有限公司乌洛托品产量5472吨。2009年，济南白云有机化工有限公司乌洛托品产品停产。

(三)其他胺类 2010年，山东晋煤日月化工有限公司生产二甲基甲酰胺8.58万吨、乙胺8739吨，产能分别为二甲基甲酰胺（DMF）8万吨、乙胺2万吨、二甲基乙酰胺（DMAC）4万吨。

三、醚类

1995年8月，济南炼油厂2万吨/年甲基叔丁基醚（MTBE）装置投产，开始生产甲基叔丁基醚。2000年4月，中国石油化工股份有限公司济南分公司MTBE装置扩能改造为4万吨/年。2005年，蓝星石油有限公司济南分公司新建气分和MTBE装置，MTBE装置能力1万吨/年。2010年，中国石油化工股份有限公司济南分公司甲基叔丁基醚产量3.53万吨。

四、醛类

1986年，济南市甲醛产量1.06万吨，由济南有机化工厂生产。2003年，济南市甲醛产量7.97万吨，由济南白云有机化工有限公司和济南石化(集团)股份有限公司生产，产量分别为5.84万吨、2.13万吨。同年，济南石化(集团)股份有限公司甲醛产品停产。2009年，济南白云有机化工有限公司甲醛产品停产。

五、酸类

1999年、2000年，济南石化(集团)股份有限公司生产的“泰山”牌甲酸被评为济南市名牌产品。2007年9月，甲酸产品停产。

六、其他有机化工产品

(一)硝基物 “七五”期间，济南化工厂的硝基物系列产品在国内占有重要地位，是山东省重要的出口创汇产品，主要产品有二硝基氯化苯、邻硝基氯化苯、对硝基氯化苯。

1989年，对硝基氯化苯、邻硝基氯化苯被评为化工部优质产品、山东省优质产品。邻硝基氯化苯、对硝基氯化苯、二硝基氯化苯分别于1995年、1996年、1998年停产。

(二)焦化产品 由济南钢铁集团总公司焦化厂生产，2010年生产纯苯2.67万吨。

(三)电石 化学名称碳化钙。1988年，济南市电石产量6985吨，生产厂家有3家，分别是济南电石厂、长清孝里化工厂和平阴第一化工厂。1993年，济南市电石产量3172吨，由济南电石厂生产，后该产品停产。

(四)胆碱 2000年，济南鸿华集团总公司研发模拟电视需用的胆碱溶液，填补国内电视机制造业市场空白。2005年，胆碱溶液停产。

第六章 合成材料制造业

第一节 沿革

1986年，济南合成材料制造业生产企业共9家，生产产品20余种。1988年，济南有机化工厂生产的酚醛膜塑料被评为山东省优质产品、化工部优质产品，济南化工厂生产的聚四氟乙烯树脂、济南第四橡胶厂生产的绝缘鞋被评为山东省优质产品。同年，济南橡胶制品厂被评为市级先进企业。

1991年，济南第四橡胶厂更名为济南胶鞋总厂。1993年7月，济南天茂树脂化工公司成立，主要生产环氧树脂系列产品。同年，济南圣泉集团股份有限公司成立，该公司是一家立足于玉米芯等植物秸秆综合利用深加工，涉足铸造材料、工业酚醛、生物质能源及生物质化工等产业的大型企业集团，其前身是刁镇糠醛厂。1995年11月，济南化工厂改制更名为济南华氟化工有限责任公司，主要生产3个系列12种产品，分别为聚四氟乙烯树脂、聚全氟乙丙烯树脂、分散聚四氟乙烯树脂、氟制冷剂－11、氟制冷剂－12、氟制冷剂－22、无水氟化氢、二硝基氯化苯、邻硝基氯化苯、对硝基氯化苯、氯丙烯及各种氟塑料制品加工件等。1997年1月18日，由济南橡胶总厂和济南橡胶制品厂联合发起组建的济南三星橡胶有限责任公司成立，总股本4377.4万元，其中国家股2400万元，法人股1330万元，职工股647.4万元。公司拥有固定资产原值9212万元，净值5866万元，员工1768人。主要产品有轮胎、胶管、三角带、导风筒、黑胶布、军工产品、橡胶杂品等。12月，济南华氟化工有限责任公司改制为由国有控股公司上海华谊集团全资事业单位出资的国有控股公司，更名为济南三爱富氟化工有限责任公司。同年，济南圣泉集团股份有限公司与英国HMC矿物及化学品有限公司合资建立中英济南圣泉海沃斯化工有限公司；济南圣泉集团股份有限公司被认定为山东省高新技术企业。济南胶鞋总厂、济南文力鞋业有限公司破产，全部资产被济南三星橡胶有限责任公司收购。1998年，济南三星橡胶有限责任公司收购济南胶鞋总厂后，经过资产重组和调整，成立劳保鞋分厂，设计能力100万双/年。

2000年，济南圣泉集团股份有限公司有糠醛、糠醇、呋喃树脂、酚醛树脂、冷芯盒树脂、固化剂、泡沫陶瓷过滤网、铸造用辅助材料等八大系列120余个品种，形成系列化配套体系规模化生产。同年，济南圣泉集团股份有限公司被科技部认定为国家火炬计划重点高新技术企业，被国家经贸委列入全国农副产品深加工十大重点企业之一。2001年2月，山东康洁非织造布有限公司成立。2002年，济南圣泉集团股份有限公司被认定为济南市首家“农业产业化全国重点龙头企业”。2002～2004年，由于企业兼并、搬迁改造以及人员包袱沉重等因素，济南三星橡胶有限责任公司效益下滑，连年亏损，2004年基本停产。2004年，济南三星橡胶有限责任公司与中国电工设备总公司、济南鲁联物产有限公司实施重组。2005年9月，济南鲁联集团橡胶制品有限公司成立。2006年9月，台橡（济南）实业有限公司成立。至2006年11月，济南三爱富氟化工有限责任公司实施“腾笼换业”工程，对位于市区内的化工生产装置实施搬迁，完成济南氟塑料制品分公司和济南化工厂分厂迁建；新组建山东华氟化工有限责任公司、济南华临化工有限公司和山东兴氟化工有限公司。5家迁建后的企业延续生产济南化工厂原有的中粒度聚四氟乙烯、细颗粒聚四氟乙烯、模塑用聚全氟乙丙烯（F46）、聚四氟乙烯预烧结粒料、牙膏级氟化钠、氟塑料制品、无水氟化氢、氟化氢铵产品，同时研发生产四氟乙烯－乙烯共聚物（F40）、二氟甲烷（F32）、二氯四氟乙氧基苯胺(氟醚)、氟碳涂料树脂、功能性系列氟碳涂料、氟硅纳米涂料、含氟光电黏合剂、三氟乙酸等8个含氟化工新产品。其中，聚四氟乙烯和聚全氟乙丙烯是国家高新技术产品，F40填补国内生产空白。先后承担完成国家自然科学基金、部、省、市级科研课题10余项，分别获国家、部、省、市级科技进步奖6项。同年，济南三爱富氟化工有限责任公司“鹿”牌商标被认定为山东省著名商标。2007年2月，济南天茂树脂化工公司组建山东天茂化工有限公司。同年，中英济南圣泉海沃斯化工有限公司改制组建山东圣泉化工股份有限公司；山东华氟化工有限责任公司被认定为山东省高新技术企业。2008年，“圣泉”牌商标被认定为中国驰名商标。2009年，济南华临化工有限公司被认定为山东省高新技术企业。2010年，济南圣泉集团股份有限公司企业技术中心被认定为国家级企业技术中心。同年，济南市合成材料制造企业有35家，其中收入过亿元企业15家。

第二节 生 产

1986年，济南合成材料制造业主要产品有聚四氟乙烯、聚全氟乙丙烯、酚醛塑料、环氧树脂、不饱和树脂、硅橡胶等。20世纪80年代中期，济南圣泉集团股份有限公司开始生产铸造材料，逐步形成玉米芯—糠醛—糠醇—呋喃树脂的系列化产品生产链。1988年，济南橡胶厂新建30万套/年轻型轮胎项目；济南树脂厂不饱和树脂产能由600吨/年扩大到1200吨/年；济南第四橡胶厂新建足球鞋、篮球鞋生产线等项目投产。“七五”期间，济南市的有机氟系列产品已初具规模，各项经济技术指标在国内居领先地位。

1990年，济南炼油厂建成5000吨/年聚丙烯装置。1991年，济南橡胶制品厂实施三角带、导风筒和黑胶布产品搬迁改造工程。1997年，中英济南圣泉海沃斯化工有限公司主要生产酚醛树脂系列产品，公司具备世界先进的生产工艺和技术。1998年8月，济南炼油厂7万吨/年聚丙烯装置投产。同年，济南圣泉集团股份有限公司与俄罗斯国家化学应用中心签订在中国生产聚四氢呋喃独家技术许可合同，该技术在引进的基础上，对工艺进行创新和提高。

2001年4月，济南三星橡胶有限责任公司完成轮胎搬迁改造项目，轮胎生产能力达到30万套/年。2004年，中国石油化工股份有限公司济南分公司聚丙烯装置扩能至10万吨/年。至2006年，中国石油化工股份有限公司济南分

济南圣泉集团股份有限公司

公司共生产各种牌号的聚丙烯产品67.92万吨。2007年2月起，山东天茂化工有限公司相继建成5000吨/年液体双酚A型环氧树脂、2000吨/年固体双酚A型环氧树脂、1000吨/年酚醛环氧树脂、1000吨/年乙烯基酯树脂、1000吨/年固化剂项目。9月，台橡（济南）实业有限公司热塑性弹性体项目在济南临港经济开发区建成投产，年产TPE/TPR热塑性弹性体材料5000吨。2008年，济南圣泉集团股份有限公司的新一代呋喃树脂成为国家重点火炬计划项目暨火炬计划国际化项目，“圣泉”牌呋喃树脂成为国家高新技术产品。同年，圣泉集团的生物能源与生物化工联产项目——糠醛、木糖产品联产乙醇一体化示范装置，列入财政部扶持项目计划。公司逐渐形成由植物秸秆深加工生产呋喃树脂、聚四氢呋喃、有机生态肥等生物质化工产品和热电、乙醇等生物质能源产品的产业群体。

2010年，位于章丘市刁镇化工工业园内的山东华氟有限公司生产基地具有年产3000吨/年聚四氟乙烯、100吨/年聚全氟乙丙烯等能力；济南圣泉集团股份有限公司呋喃树脂年产能10万吨，酚醛树脂年产能12万吨，以呋喃树脂为代表的各种铸造材料产品有12个系列、130多个品种，远销50多个国家和地区。

第三节 产　品

一、聚丙烯

中国石油化工股份有限公司济南分公司生产的主要聚丙烯有JLZ30S、JLH30S纺丝类聚丙烯树脂、JLT36FBOPP薄膜类聚丙烯树脂、JLT30S薄膜丝/单丝类聚丙烯树脂、HPP-100聚丙烯薄膜料、JNW28非织造布专用聚丙烯树脂等。2010年，聚丙烯产量9.1万吨。

二、合成树脂

（一）酚醛树脂　1997年，济南圣泉集团股份有限公司生产的酚醛树脂获“八五”星火博览会金奖，同时获中国铸造协会和中国造型材料总公司联合评选的“金鼎”奖。

（二）呋喃树脂　济南圣泉集团股份有限公司生产的86-A型呋喃树脂获国家“七五”星火计划成果博览会金奖，填补国内空白。“圣泉”牌自硬呋喃树脂获国家科委、中国科协、中国科学院、国家外国专家局联合评审的“第三届科技大会”金奖。1999年，“圣泉”牌树脂被评为山东省名牌产品。2008年，“圣泉”牌商标被认定为中国驰名商标。

（三）环氧树脂、不饱和聚酯树脂　环氧树脂、不饱和聚酯树脂是济南树脂厂的主导产品，在济南鸿华集团成立后逐渐停产。2010年，山东天茂化工有限公司的主要产品有液体双酚A型环氧树脂E-44、E-51、E-39D；固体双酚A型环氧树脂E-12、E-20；酚醛环氧树脂F-44、F-51；乙烯基酯树脂X-158、X-151、MFE-2；环氧树脂固化剂T-31、590、591、650、651。

（四）氨基树脂、丙烯酸树脂　济阳三强化工有限公司于1998年开始生产油漆、涂料类专用树脂。2010年，公司主要产品有氨基树脂、丙烯酸树脂两大系列10多个品种。

三、氟聚合物

（一）聚四氟乙烯（S-PTFE）　1993年12月，济南化工厂千吨聚四氟乙烯生产技术获国家科技进步一等奖。企业生产PTFE中粒度一等品、合格品，细粉Sm021（E）、Sm021（F）一等品、合格品等两个品种6个品级。2006年1月，PTFE转至迁建到章丘化工工业园内的山东华氟化工有限责任公司生产。

（二）聚全氟乙丙烯（FEP）　FEP是由四氟乙烯和六氟丙烯共聚而成的高分子材料，济南化工厂生产的FEP包括5号、6号、7号、8号4个品种，1980年年产能力50吨。2006年1月，该产品转至山东华氟化工有限责任公司生产。

（三）氟塑料制品　1980年，济南化工厂设立氟塑料加工车间后，年加工能力由最初的40吨扩大到200吨，其中PTFE定向膜的年产能力140吨。企业生产的氟塑料包括以PTFE为基料的板材、管材、薄膜、封带(条)、喷涂和以FEP为基料的管材、V型槽等10个品种60余个规格。2009年1月，济南三爱富公司氟塑料制品分公司迁入济阳县孙耿镇。

(四)乙烯－四氟乙烯共聚物(F40) F40是继F4和F46之后的第三大氟树脂品种，也是排在F46之后的第二大含氟可熔融加工的高分子材料，兼有F4与聚乙烯(PE)的优点。山东华氟化工有限责任公司成功研发生产和国际上大公司产品质量相近的产品，完成年产50吨项目的工业化实验。

(五)氟碳涂料树脂(FEVE) 该产品由四氟乙烯单体与其他功能单体共聚而成，由济南华临化工有限公司与济南大学联合开发，拥有年产FEVE生产能力1000吨，并形成通用四氟树脂(HLP-1)、改性四氟树脂(HLP-2)、防腐专用四氟树脂(HLR-2H)产品系列化，是国内唯一用四氟乙烯合成FEVE树脂的生产企业。

四、橡胶材料

1986年，济南市橡胶制造企业共有4家，分别是济南橡胶制品厂、济南橡胶厂、济南第四橡胶厂和济南轮胎翻新厂，共生产三角带387.2万A米，胶管202.5万标米，导风筒402千米，胶鞋256.6万双。同年，济南石油化工四厂生产硅橡胶43.98吨。1988年，济南市化工行业鉴定的新产品有坦克胎、为皮棉清理机配套的HBB型六角胶带、橡塑抗静电阻燃矿用导风筒、纯维仑布三角带、玻璃线绳三角带、881型男轻便靴、绝缘运动鞋等，坦克胎填补省内空白，绝缘鞋被评为山东省优质产品。1989年，济南橡胶制品厂研制生产改性PVC(聚氯乙烯)树脂软管和彩色聚氯乙烯绝缘胶布带。1997年，济南三星橡胶有限责任公司共生产轮胎外胎21.33万条，轮胎内胎22.75万条，普通V带(三角带)405.38万A米，汽车V带(风扇带)1.19万条，胶管111.8万标米，导风筒288.96千米。2000年，共生产普通V带(三角带)91万A米，胶管41万标米，导风筒193千米。2003年，济南三星橡胶有限责任公司主要产品产能：年产农用胎、载重车胎50万标准套，胶管200万标米，黑胶布150万盘，三角带100万A米，负重轮2万条，橡胶杂品500吨，布面胶鞋300万双；实际生产胶管7万标米，导风筒112千米，胶鞋48万双。2004年，济南三星橡胶有限责任公司基本停产，仅保留军工产品的生产。2005年，济南鲁联集团橡胶制品有限公司成立后产品逐渐扩展至八大系列50多个品种。生产经营军工产品、矿用导风筒、矿用阻燃、抗静电涂敷布、橡胶制品等；其中履带车辆挂胶负重轮市场占有率80%以上。2009年，济南鲁联集团橡胶制品有限公司为新中国成立60周年国庆阅兵装甲车车型配套。2010年，济南市橡胶制造企业有5家，分别是台橡(济南)实业有限公司、济南市福力胶辊厂、济南平阴金达橡塑厂、济南鲁联集团橡胶制品有限公司、山东惠丰耐磨工业有限公司。其中，台橡(济南)实业有限公司主要产品为可塑性弹性塑料、塑料合金，济南市福力胶辊厂、济南平阴金达橡塑厂的主要产品为砻谷胶辊。

五、其他合成材料

2010年，济南市其他合成材料生产企业有10家，涉及化工、纺织、建材等行业，产品包括聚酰胺、无纺布、铝塑复合板、PTFE填充料等10余个品种。山东康洁非织造布有限公司主要产品有丙纶纺粘无纺布、亲水无纺布、SMS无纺布、熔喷无纺布等，各类无纺布年产能达2.1万吨，产品60%以上出口，销往30多个国家和地区。

第七章　精细化工产品制造业

第一节 沿 革

1986年，济南市石油化工系统共有精细化工企业13家。济南油漆厂为全国重点涂料厂之一，生产14大类200多个花色品种的油漆涂料及溶剂稀料等，主要生产醇酸树脂漆、过氯乙烯漆和氨基树脂漆。济南市颜料产品主要为无机颜料，生产品种有钛白粉、银粉浆等。1987年12月，向阳化工一厂更名为济南金属颜料总厂，主要生产银粉浆，年产量占全国同类产品总产量的60%，是全国同类产品唯一的出口厂家。1988年8月31日，济南金碧曼有限公司成立，该公司是由济南金属颜料总厂与香港海虹船舶油漆有限公司联合建立的合资经营企业，生产经营各种金属颜料及化工颜料，金属颜料生产规模800吨/年。同年，章丘桑园金属颜料厂成立，主要产品是金属颜料铝银粉。

1990年，济南银河金属颜料厂成立，主要生产铝银浆产品。同年11月，济南金峰颜料有限公司成立，该公司是济南金属颜料总厂与港商合资经营企业，生产经营鳞片状铝粉，年生产规模500吨。同年，济南市化学农药制造业有企业3家，其中，农药原药生产企业1家，农药制剂生产企业2家，实现工业总产值209万元。1991年，山东绿野化学有限公司成立，主要生产杀菌剂“菌毒清”。1992年3月21日，中美合资企业济南康地涂料有限公司成立，主要产品有建筑涂料和工业涂料。8月，章丘桑园金属颜料厂更名为章丘市金属颜料厂。同年，济南石油化工四厂以联营形式加入山东绿野集团公司。1994年，山东泺源集团有限公司成立，公司主要生产“明湖”牌醇酸漆以及各种高档工业漆。1997年，济南绿霸化学品有限责任公司成立。同年年底，山东绿野化学有限公司由山东胜利股份有限公司出资控股。1998年2月，山东绿野化学有限公司更名为山东胜邦绿野化学有限公司，公司产品种类增多，以除草剂为主。4月，隶属于济南市石化系统的集体企业济南试剂总厂并入济南华幸化工集团有限公司管理。8月24日，济南玛博伦环保涂料有限公司成立。11月17日，济南油漆厂改制为股份合作制企业。后济南油漆厂逐渐停产。1999年1月，章丘市金属颜料厂改制重组为章丘市金属颜料有限公司。

山东化工厂车间　　（1990年　王泽祥摄）

2001年12月31日，山东化工厂整体改制为山东北方现代化学工业有限公司；公司主营军民两用密封胶、胶粘剂、复合材料、特种涂料等产品。2002年5月，济南泰山金鹏涂料有限公司成立，公司位于济南油漆厂院内，是依托济南油漆厂的技术、设备、品牌的基础上成立的民营企业。公司主要生产各类醇酸树脂、过氯乙烯漆、氨基漆、环氧漆、丙烯酸漆、醇酸漆、聚氨酯漆、各类稀释剂等工业漆及中、高档家具漆，年生产能力3000吨。同年，济南裕兴化工有限公司与中国蓝星(集团)重组，成为中国蓝星(集团)股份有限公司的直属企业。2004年5月，济南金属颜料总厂改制为山东美晖金属颜料有限公司。至2006年，济南市取得农药生产许可证或农药生产批准证的农药生产定点企业共44家，占山东省的20%。其中，农药原药生产企业7家，分为化学合成药和生物发酵药；农药制剂(加工、复配)生产企业37家。济南市农药(原药和制剂)生产企业全年实现销售收入14亿元。同年，济南宏润达化工有限公司成立，公司前身是济南银河金属颜料厂。2007年3月14日，山东北方现代化学工业有限公司整体债转股，公司注册登记类型由国有独资公司变更为中国兵器工业集团公司控股的有限责任公司。同年，济南市有氟化工企业40多家，经营范围涉及氟化学品原料生产、氟化学品加工、四氟乙烯树脂、氟化盐制造等，在氟材料研发方面形成一定基础，特别是在氟材料、ODS替代品、含氟精细化学品的研发和产业化过程中具有丰富的应用技术能力。2008年，章丘市金属颜料有限公司筹建章丘市金属颜料研究所，“银箭”牌商标被认定为济南市著名商标。2009年，章丘市金属颜料研究所成为济南市市级企业研究中心，成立汽车漆、印刷油墨、五金烤漆、气雾漆等多个应用实验室。济南绿霸化学品有限责任公司改为山东绿霸化工股份有限公司。2009年、2010年，章丘市金属颜料有限公司生产的“银箭”牌铝银浆产销量均居国内行业第一。2010年，山东绿霸化工股份有限公司被认定为山东省高新技术企业。

第二节 生 产

1986年，济南市精细化工企业共生产15大类产品，主要产品有塑料助剂、印染助剂、化学试剂、磁记录材料、油漆、铝银浆、钛白粉、氟制冷剂、皮革助剂等。1989年，开发出丙烯酸改性过氯乙烯机床漆、超细彩色氨基金属闪光漆、BSB－7各色丙烯酸塑料漆以及高固体份丙烯酸面漆、丙烯酸改性聚氨酯机床漆等工业用漆新品种。在民用漆向工业用漆、低档漆向高中档漆的转变方面迈出一大步。同年，济南石油化工四厂有机硅材料新增耐高温有机硅树脂和SD－S聚醚改性硅油两个新品种。清河化工厂研制的水质稳定剂，解决困扰锅炉操作的结垢问题。济南化肥厂B109型中变催化剂被评为山东省优质产品。“七五”期间，济南市精细化工产品主要发展钛白粉、录音磁带、录像磁带等产品，其中钛白粉从2500吨/年扩大到5000吨/年。开发油墨用铝粉浆、塑涂铝粉浆、超细闪光铝粉浆和航天用球形铝粉等新产品。引进DP-80高速复录系统，形成原版音乐磁带250万盒/年的能力，建成25万盒/年的录像磁带生产线。引进建成6000吨/年丙烯酸涂料生产线，开发投产环氧类电泳漆、高固体份丙烯酸改性漆等高档油漆产品。济南金属颜料总厂所产喷雾铝粉、鳞片状铝粉、铝浆和水分散铝浆四大类产品在国内同行业中产量、质量、品种、生产技术设备等方面均居领先地位。1988年，济南金属颜料总厂研制W-203水性铝浆新产品，可用于新型建材加气混凝土制造。同年，济南油漆厂单组份苯丙乳胶水性地板漆、高固体份丙烯酸面漆成为济南市化工行业鉴定的新产品。

1991年，济南金属颜料总厂建成年产60吨球形铝粉项目。1994年10月20日，济南化工厂年产2.4万吨氟制冷剂限上技改项目开工建设，该项目为国家重点技改项目，总投资9995万元(含外汇562万美元)。1995年，山东化工厂高强度系列密封胶技术改造项目建成投产，该项目投资2772万元，年增产密封胶2000吨。1999年12月26日，济南裕兴化工总厂引进斯洛文尼亚技术的1.5万吨/年金红石钛白粉项目建成投产，生产出合格的锐钛型钛白粉。该项目是国家批准的重点建设项目，也是济南市外汇投资最大的项目，项目总投资37170万元。2000年5月4日，1.5万吨/年金红石钛白粉项目正式生产出金红石型钛白粉，至12月生产钛白粉6678吨，其中金红石型1600吨，日产达到设计能力。该项目将引进技术与消化吸收、改造创新相结合，逐步实现部分进口设备的整机和部分零配件的国产化。

2002年3月，济南玛博伦环保涂料有限公司涂料生产项目在黄台魏家庄1号建成投产，生产线年设计生产能力6000吨。主要产品有内外墙建筑涂料、真石漆、水包水多彩仿大理石涂料、汽车漆、防腐涂料、塑钢漆、高温氟碳漆、新型宽频带电磁波吸收涂层隐身涂料，主要应用于建筑、汽车和钢结构、桥梁管道防腐等行业。2003年，山东绿霸化工股份有限公司年产3000吨百草枯原药暨10000吨20%百草枯水剂项目被列入国家高技术产业化现代农业专项项目。2005年，山东胜邦绿野化学有限公司在章丘刁镇选址建设新厂，企业生产规模进一步扩大。2006年，济南市农药(原药和制剂)生产企业实现销售收入14亿元。其中山东胜邦绿野化学有限公司、山东绿霸化工股份有限公司和山东齐发药业有限公司3家以原药为主的企业实现销售收入6.2亿元。2007年12月，山东绿霸化工股份有限公司年产3000吨百草枯原药暨10000吨20%百草枯水剂项目通过验收。年底，山东胜邦绿野化学有限公司新上5000吨双甘膦生产线。2008年7月，济南裕兴化工有限责任公司10万吨/年金红石钛白粉项目开始建设；9月，济南化工产业园铁路专用线开工建设。同年，山东胜邦绿野化学有限公司草甘膦生产线继续扩产，草甘膦设计年生产能力1.25万吨，双甘膦设计年生产能力2.5万吨。2009年年初，位于济南化工产业园的济南银丰硅制品有限公司新厂区正式投入生产，新设全封闭硅粉生产线6条，年生产能力10万吨；硅溶胶年生产能力5万吨。

2010年6月20日，济南裕兴化工有限责任公司10万吨/年金红石型钛白粉项目投产。工程总投资17亿元，包括10万吨/年金红石型钛白粉生产装置、30万吨/年硫黄制酸装置、3台75吨/时中温中压锅炉供热装置，以及水处理、废酸浓缩、110千伏变电站、专用铁路货运站、工业水站、循环水站等26个子项工程，项目及配套公用工程同步一次性建设。同年，济南华临化工有限公司主要装置年生产能力：氟碳涂料树脂1000吨、氟硅树脂500吨、功能性系列氟碳涂料1000吨、二氯四氟乙氧基苯胺3000吨、四氟乙基乙基醚3000吨、四氟乙基三氟乙基醚100吨、含氟光电材料100吨、二氟乙酸乙酯300吨。该公司与中科院上海有机化工研究所、山东省研究所、济南大学建立长期合作关系，在生产区建有国内一流氟聚合物、功解性涂料实验室，共同进行全氟化学品的研制开发，拥有山东省氟材料技术研究中心和济南市氟涂料工程技术研究中心。山东绿霸化工股份有限公司年产3000吨百草枯原药暨10000吨20%百草枯水剂项目获国家高技术产业化示范工程。山东北方现代化学工业有限公司密封胶年产能达到5000吨。

第三节 产　品

一、农药

(一)农药原药　山东胜邦绿野化学有限公司产品以除草剂为主，杀菌剂、杀虫剂为辅，有五大类百余种产品。除草剂类农药主要有草甘膦、双甘膦原药及制剂，均三氮苯类、酰胺类及二甲戊乐灵、2.4–D丁酯、精喹禾灵等；杀菌剂有国家专利产品辛菌胺醋酸盐原药及制剂、戊唑醇制剂；杀虫剂有阿维菌素原药及制剂。其中“玉农思”玉米田专用除草剂系列产品拥有较强的品牌力和美誉度。2006年，山东绿霸化工股份有限公司“绿霸”商标被认定为山东省著名商标。2007年，山东胜邦绿野化学有限公司“玉农思”商标被认定为山东省著名商标。2009年，山东胜邦绿野化学有限公司41%草甘膦被评为山东名牌产品；山东绿霸化工股份有限公司“绿霸”牌百草枯被评为山东省名牌产品，“绿霸”牌百草枯母药被山东省农业厅评为“十大农药名牌产品”。2010年，“玉农思”玉米田专用除草剂被评为山东出口名牌产品奖；山东齐发药业有限公司阿维菌素原药被评为山东省名牌产品。

（二）农药制剂 济南绿邦化工有限公司产品有除草剂、杀虫剂、杀菌剂三大剂型80余个品种。济南天邦化工有限公司是农药制剂的专业生产企业，产品有杀虫剂、杀菌剂、除草剂、植物生长调节剂四大类。剂型分为可湿性粉剂、乳油、悬浮剂、微乳剂、泡腾颗粒剂五大类。2010年，山东中农联合生物科技有限公司的95%啶虫脒原药及可湿性粉剂被评为山东省名牌产品。

二、颜料

（一）钛白粉 由济南裕兴化工有限公司生产。1986年，钛白粉产量2060吨。2000年，钛白粉装置能力2.8万吨/年。2003年，钛白粉产量2.25万吨，其中金红石型钛白粉1.47万吨。2010年6月，公司10万吨/年金红石型钛白粉生产装置投产，至年底产量2.9万吨。产品品种有锐钛型钛白粉及R818、R838、R868、R878等牌号金红石钛白粉，在涂料、油墨、造纸、色母粒等行业广泛应用。锐钛型钛白粉、金红石型钛白粉产品多次被评为济南市名牌产品。

（二）铝银浆 1986年，向阳化工一厂银粉浆产量1744吨。1988年，济南金属颜料总厂银粉浆产量1788吨，铝粉产量212吨；济南金碧曼有限公司银粉浆产量188吨。“七五”期间，济南金属颜料总厂产品类型有喷雾铝粉、鳞片状铝粉、铝浆和水分散铝浆。2000年，济南金属颜料总厂银粉浆产量975吨。2002年，章丘市金属颜料有限公司产品有漂浮型铝银浆、非浮型铝银浆、普闪型铝银浆、强闪型铝银浆、铝银粉、球型细铝粉六大系列上百个品种。2004年，章丘市金属颜料有限公司研制生产银圆状ZF–5018、ZF–6015、ZF–5028、ZF–5030等中细闪银，闪光型铝银浆的白亮度增强。同年，推出ZF–6001、ZF–6002、ZF–6003等丝光银产品，具有粒度分布集中、高光亮和高平滑等特点，是国产铝银浆行业内第二家自主生产丝光银的厂家。2008年，章丘市金属颜料有限公司研制生产ZS–1010、ZS–1016、ZS–1025等树脂包覆型系列铝银浆，应用于家用电器、通信器材等对耐静电击穿有特殊需求的行业。2010年，章丘市金属颜料有限公司研制生产PAHs环保系列铝银浆，生产销售漂浮型铝银浆1600吨，非浮型铝银浆6400吨，出口创汇近1000万美元。济南宏润达化工有限公司主要生产铝银浆产品，品种有漂浮型铝银浆和非漂浮型铝银浆。

三、涂料

（一）工业涂料 1988年，济南油漆厂中绿醇酸调和漆被评为山东省优质产品。济南泰山金鹏涂料有限公司产品品种有各色过氯乙烯磁漆、氨基漆、环氧酯底漆、环氧富锌底漆、丙烯酸磁漆、丙烯酸聚氨酯漆、丙烯酸道路标线漆、醇酸调和漆、聚氨酯磁漆、聚氨酯锤纹漆等。产品用于车辆、机床、桥梁、包装、工程机械、钢架结构、家用电器、仪器仪表等领域。1992年，“泰山”牌油漆被认定为山东省著名商标。1997～2007年，“泰山”牌油漆连续三届被认定为山东省著名商标。济南玛博伦环保涂料有限公司生产的汽车漆主要应用在国内重型卡车行业；公司是中国重型汽车集团有限公司的供应商，所供产品包含面漆和底漆系列，独家供应中国重汽卡车质量要求最高的军车用漆，被指定为新中国成立六十周年国庆阅兵军车专用漆。2009年，山东泺源集团有限公司主要生产“明湖”牌醇酸漆以及各种高档工业漆，“明湖”牌商标被认定为山东省著名商标。

(二)建筑涂料 济南玛博伦环保涂料有限公司“玛博伦”品牌系列建筑涂料产品，在山东省内市场占有率位居前列。2005年，济南玛博伦环保涂料有限公司内外墙涂料产量1701吨。2010年，内外墙涂料产量1371吨。

四、含氟化学品

(一)氟制冷剂 氟制冷剂产品由济南化工厂生产，品种有氟制冷剂-11、氟制冷剂-12、氟制冷剂-22。其中氟制冷剂-11、氟制冷剂-12分别于1997年、1999年停产，氟制冷剂-22于2003年转至山东中氟化工科技有限公司生产。

(二)二氯四氟乙氧基苯胺(氟醚) 由济南华临化工有限公司开发生产。氟醚是新型高级低毒杀虫剂氟铃脲的中间体和基础原料，具有极好的环保效益，成为国际上广泛应用的新型含氟化学农药。由济南华临化工有限公司开发生产的氟铃脲的主要中间体氟醚，综合技术性能达到国内领先水平。

(三)氟涂料 济南华临化工有限公司生产装备制造业专用氟碳漆，其中风力发电、电工电器专用氟碳涂料，解决耐腐蚀、耐高温、环氧/聚氨酯涂料褪色、掉皮等难题，达到国内领先水平。建筑用外墙氟碳涂料，耐久性可达15年以上，耐粘污性能效果好，为理想的外墙涂料更新换代产品。开发生产的氟硅纳米不粘涂料，性能达到国内领先水平，应用于石油、化工、食品、五金等行业的传输、防腐、防粘等领域。

(四)含氟光电黏合剂 济南华临化工有限公司生产的含氟光电黏合剂，可用于制作全息感光材料，也可用于光学仪器制造、广告、产品包装、表面装饰、功能涂料及电子信息等诸多领域，填补国内空白。

五、胶粘剂、密封胶

(一)胶粘剂 1989年，山东化工厂“山泉”牌FN-309胶粘剂被评为国家银质奖。2010年，山东北方现代化学工业有限公司胶粘剂产量1.34万吨，主要产品有FN-303胶粘剂、FN-309胶粘剂、ZN-521胶、SN-002胶、801胶、802胶、803胶、804胶、SBS胶、西卡渗耐防水胶、107防腐漆等品种。

山东化工厂生产的各种规格型号的胶粘剂（1990年摄）

(二)密封胶 2010年，山东北方现代化学工业有限公司密封胶产量5095吨，密封胶产品主要有聚氨酯密封胶、YM系列密封胶、QM密封胶等系列产品。其中聚氨酯密封胶系列产品有AM-120、AM-120AT、AM-121、AM-120CY、AM-130、AM-140、PM-401、AM-150、QM等品种。

六、表面活性剂

济南东信日用化工有限公司表面活性剂产品分为阴离子表面活性剂、非离子表面活性剂和洗毛剂三大类。2010年，主要产品有磺酸、磺酸钠、AEO-9等。

七、磁记录材料

由济南泉新磁带厂(原济南磁带厂)生产，

该企业拥有20世纪八九十年代国际上最先进的美国数码复制生产线，有国家新闻出版署颁发的“音像制品复制许可证”，主要生产原声和空白录音带、录像带等。随着市场上网络视听及数码产品的不断换代升级，2003年前后达到年产品产量1700万盒的峰值，之后录像带、录音带等磁记录产品市场呈逐年萎缩趋势，一路走低，基本处于停产、半停产状态。

八、其他精细化学品

(一)阻燃剂　2009年，济南泰星精细化工有限公司“环泰”牌阻燃剂(硼酸锌、氢氧化铝、氢氧化镁、MCA、APP)被评为山东名牌产品。

(二)硅制品　济南银丰硅制品有限公司生产，其中金属硅粉产品主要应用于三氯氢硅、有机硅、耐火材料、硅溶胶行业；硅溶胶广泛应用于精密铸造、陶瓷、纺织、耐火材料、建筑材料等行业，40%的产品出口至日本、韩国、印度、美国等国家。

(三)染料　2010年，济南金信洋染料有限公司主要产品有染料中间体－酞菁铜、直接耐晒翠兰GL、直接耐酸大红4BS等。

(四)塑料增塑剂　1986年，济南化工五厂塑料增塑剂产量3212吨，其中邻苯二甲酸二丁酯产量1325吨，邻苯二甲酸二辛酯产量1887吨。1988年，济南化工五厂塑料增塑剂产量6099吨。1993年，济南化工五厂塑料增塑剂产量1572吨。1996年，该产品停产。

(五)塑料稳定剂　1986年，济南清河化工厂塑料稳定剂产量769吨，品种有三盐基性硫酸铅、二盐基性亚磷酸铅。2000年，济南宏业音像化工有限责任公司塑料稳定剂产量170吨。2003年后，该产品逐渐停产。

第八章　企业选介

第一节　中国石油化工股份有限公司济南分公司

中国石油化工股份有限公司济南分公司为全民所有制大型炼油企业，位于济南市东郊，筹建于1971年3月，始称济南炼油厂筹建处，同年12月更名为济南石油化工厂筹建处，隶属于济南市燃料化学工业局。1975年7月，改为济南石油化工厂。1983年8月，划归中国石化总公司。1984年，济南石油化工厂改称济南炼油厂。1998年，流转至中国石化集团公司。2000年，根据中国石化集团公司重组改制方案，企业进行主辅分离，主业即进入中国石油化工股份有限公司，成为济南分公司。

1985年11月，济南炼油厂10万吨/年丙烷脱沥青装置建成投产。1988年12月，80万吨/年重油催化裂化装置喷油一次开车成功。1992年5月，150万吨/年常减压装置投入使用。1995年8月，国内第一套采用催化蒸馏技术的2万吨/年MTBE装置一次开车成功，生产出合格产品。1996年10月，140万吨/年重油催化装置建成投产。1998年6月，30万吨/年液化气脱硫醇装置投产；8月，7万吨/年聚丙烯装置开车。1999年3月，5000吨硫黄回收装置开车。2002年8月，2万吨/年硫黄回收装置建成投用；11月，50万吨/年延迟焦化装置投产；12月，2000标准立方米制氢装置、120万吨/年加氢装置建成。2003年，公司原油加工量首次突破300万吨。2004年4月，40万

济南炼油厂　　（1990 年摄）

吨 / 年蜡油加氢装置投产，为汽油质量升级奠定基础。至 2004 年，经多次扩能改造，常减压装置处理能力提高至400万吨以上。2005 年，公司原油加工量突破 400 万吨。2009 年，8 万吨 / 年苯抽提装置、90 万吨 / 年汽油吸附脱硫装置（S-Zorb）相继开车投产。2010 年 9 月，160 万吨 / 年柴油加氢精制装置开工建设；11 月，7 万吨 / 年环保型芳烃橡胶填充油工业示范装置开车，填补国内环保型橡胶填充油工业化生产空白。

2010 年，中国石油化工股份有限公司济南分公司拥有固定资产原值 47.18 亿元，净值 18.4 亿元，占地面积 2.4 平方千米，职工 1995 人，其中各类专业技术人员 602 人，完成工业总产值 205.04 亿元，实现利税 48.88 亿元。

1986 ～ 2010 年中国石油化工股份有限公司济南分公司部分年份石油主要产品产量情况表

表 7-5-4　　单位：吨

年 份	汽 油	煤 油	柴 油	润滑油	商品重油	商品液化气	沥 青	溶剂油	石 蜡	硫 磺
1986	157202	35644	230680	26150	327289	10897	49480	17665	1462	—
1990	310143	45790	355780	62186	288864	52525	79095	14825	5013	239
1995	450074	33787	602508	115048	162655	65662	213088	23564	13408	681
2000	646879	14349	982558	58532	55385	107408	157515	20379	10404	4837
2005	1023391	0	1761629	74863	98925	203629	131287	18615	14378	12168
2010	1041929	0	1673738	83473	1428	217103	151787	31850	13820	11495

第二节　山东晋煤日月化工有限公司

山东晋煤日月化工有限公司位于章丘市化工工业园，其前身为章丘日月化工有限公司，始建于 1976 年，1978 年 5 月建成投产，设计能力为年产 0.5 万吨合成氨。至 1993 年年底，公司一直生产单一产品碳酸氢铵，企业发展缓慢。1994 年起，企业抓住市场机遇，以“做强化肥，做优化工”为发展定位，以原有产品为原料依托，开发煤化工产品，先后多次进行技术改造。至 2006 年年底，先后投入 4.1 亿元，开发 14 万吨尿素、4 万吨甲醇、3 万吨过氧化氢、2 万吨液氨、5 万吨苯胺、4 万吨 DMF6 个新产品和 6000 千瓦时热电联产发电机组 1 套，形成年产 17 万吨合成氨的生产能力。公司生产的“白云湖”牌农用尿素被评为山东省名牌产品。“白云湖”牌商标被认定为山东省著名商标。公司先后通过 GB/T24001-2004/ISO 14001：2004 环境管理体系、GB/T28001-2011/OHSAS18001：2007职业健康安全管理体系、GB/T19001-2008/ISO 9001：2008质量管理体系认证。2007年3月，公司与晋煤集团合资合作，依靠集团公司优质原煤优势，加大投入、加快研发，完成五大扩产改造项目，企业经济规模不断扩大，市场竞争实力增强。2008年，公司拥有固定资产9.99亿元，员工1227人，占地面积34.04万平方米，年产氨醇37万吨，实现销售收入11亿元，利税1.11亿元，其中利润7689万元。2009年12月，章丘日月化工有限公司改为山东晋煤日月化工有限公司。

2010年，公司有6个DOC生产车间，主要产品年生产能力：尿素16万吨、甲醇17万吨、苯胺5万吨、二甲基甲酰胺（DMF）8万吨、乙胺2万吨、二甲基乙酰胺（DMAC）4万吨、热电联产能力2万千瓦时。公司占地面积56.7万平方米，职工1480人，其中工程技术人员167人，全年实现工业总产值16.56亿元，销售收入16.91亿元，利税5032万元。

1986～2010年山东晋煤日月化工有限公司部分年份化肥产品产量统计表

表7-5-5　　单位：吨

产 品	1986年	1990年	1995年	2000年	2005年	2010年
合成氨	11090	14249	29191	88746	143515	183703
氮肥(折含N100%)	7626	10786	17195	52166	67601	62945
碳酸氢铵	43629	62616	97318	—	—	—
液氨	—	—	4437.5	120.73	1936	39214
尿素	—	—	—	110271	143193	134847

第三节 济南裕兴化工有限责任公司

济南裕兴化工有限责任公司位于济南市天桥区桑梓店镇裕兴路1号化工产业园区。公司前身为始建于1919年的中国颜料厂。1922年，改名为山东裕兴颜料股份有限公司。1946年，改名为山东裕兴化学工业股份有限公司。1953年，改名为山东裕兴化工厂股份有限公司。1954年，改名为公私合营济南裕兴化工厂。1966年8月，改名为济南工农磷肥厂。1978年4月，改名济南磷肥厂。1982年10月，复称济南裕兴化工厂。1989年，改名为济南裕兴化工总厂。2000年4月，济南裕兴化工总厂与中国信达资产管理公司签订债转股协议。2001年12月25日，注册成立济南裕兴化工有限责任公司。2002年12月，与中国蓝星(集团)重组，成为中国蓝星(集团)股份有限公司的直属企业。

20世纪60年代后期，公司逐步形成以生产铬盐、磷肥、钛白粉和硫酸为主的4个生产系统。1995年，公司被中国质量管理协会评为全国50家信得过企业和100家信得过产品之一。企业以良好的出口业绩和产品的国际市场占有率成为中国贸促会会员、中国五矿化工进出口商会会员和济南市出口明星企业。90年代末，从欧洲引进全套1.5万吨/年金红石钛白粉生产线，中国钛白行业技术水平得到较大提升。至2000年，公司采取引进技术与消化吸收、自主创新与技改技措相结合的措施，推进产业升级，先后改造和建成4万吨硫酸装置、万吨铬盐装置和1.5万吨钛白装置，形成铬盐、钛白粉两大系列，装置能力为：铬盐4万吨/年，钛白粉2.8万吨/年。其主导产品铬盐和钛白粉的品牌、质量、技术和生产规模在国内同行业一直处于领先地位，为国内最大的铬盐、钛白粉生产基地，是中国知名的钛白粉生产企业之一。2010年6月，公司搬迁到化工产业园区新厂区，拥有10

万吨/年金红石钛白粉生产装置、30万吨/年硫黄制酸装置、废酸浓缩、铁路专用线等设施，是亚太地区最现代化的硫酸法钛白工厂之一。生产的锐钛型钛白粉及金红石钛白粉R818、R838、R868、R878等牌号以优异的白度和光亮度、良好的遮盖力和着色力、稳定的应用性能在国内外享有较高的品牌知名度和美誉度。

2010年，公司占地面积78公顷，职工1500人，拥有固定资产72559万元，实现销售收入5.99亿元，利税2304万元。

第四节　山东华氟化工有限责任公司

山东华氟化工有限责任公司其前身为济南化工厂，创立于1914年5月。1995年11月，济南化工厂改制更名为济南华氟化工有限责任公司。1997年12月，企业改制更名为济南三爱富氟化工有限责任公司。公司实施“腾笼换业”工程，对原位于市区内的化工生产装置实施搬迁，完成济南氟塑料制品分公司和济南化工厂分厂的迁建；新组建山东华氟化工有限责任公司、济南华临化工有限公司和山东兴氟化工有限公司。其中山东华氟化工有限责任公司于2006年组建成立，公司生产基地位于章丘市刁镇化工工业园。

山东华氟化工有限责任公司生产经营济南化工厂及所属企业的四氟乙烯、聚四氟乙烯、聚全氟乙丙烯、牙膏级氟化钠、聚四氟乙烯预烧结料等产品。通过与大专院校、科研院所及跨国公司研究中心密切合作，该公司先后向市场推出具有国际先进水平的乙烯四氟乙烯共聚树脂（F40）、二氟甲烷（F32）等含氟精细化工新产品。公司拥有3000吨/年聚四氟乙烯、100吨/年聚全氟乙丙烯等多套生产装置。2007年，被认定为山东省高新技术企业。

2010年，公司占地面积14.52万平方米，职工392人，固定资产原值6889万元，完成工业总产值1.42亿元，实现销售收入1.5亿元，上缴税金320万元。

1986～2010年山东华氟化工有限责任公司氟聚合物主要产品产能和产量统计表

表7-5-6　　单位：吨

年份	聚四氟乙烯		聚全氟乙丙烯	
	产能	产量	产能	产量
1986	600	636	50	12
1990	1200	1070	50	32
1995	1200	442	50	停产
2000	1500	1040	50	9
2005	3000	2923	100	60
2010	3000	2912	100	43

第五节　山东胜邦绿野化学有限公司

1991年，山东绿野化学有限公司成立，为中外合资经营企业，以杀菌剂“菌毒清”为主导产品。1995年，公司开始生产除草剂，相继推出莠去津、乙草胺、丁草胺等产品。1997年年底，加盟上市公司山东胜利股份有限公司，由山东胜利股份有限公司出资1300万元对公司进行控股，实现优势互补，资源优化配置。1998年2月，公司更名为山东胜邦绿野化学有限公司。2001 年 9 月，公司控股东营胜利农药厂，成立东营胜利绿野农药化工有限公司。2004 年，公司在章丘市刁镇工业园征地 11 公顷，投资 1.2 亿元建设万吨级草甘膦项目。2005 年年底，实现整体搬迁，相继建成制剂生产中心和技术研发中心，并陆续扩建、改建双甘膦、草甘膦合成装置。2010 年，公司东厂万吨水剂项目竣工，投资 6000 余万元，形成以东营工业园原药合成基地、章丘工业园制剂生产基地的战略格局。

2010 年，公司拥有固定资产总值 8.69 亿元，净值 2.05 亿元，完成工业总产值 4.35 亿元，上缴税金 209.24 万元。公司是国家农药定点生产企业、中国最大的除草剂专业生产基地之一。公司总部位于济南市，拥有章丘工业园和东营工业园两大生产基地，下设东营胜利绿野农药化学有限公司、山东瑞立博作物保护技术有限公司、济南胜邦国际贸易有限公司。公司发展成为以除草剂为主，杀菌剂、杀虫剂为辅的农用化学品和精细化工产品生产、经营和科研为一体的现代化企业，拥有五大类 100 余种产品，13 个原药和 84 个制剂登记证，是国内除草剂登记证资源最多最全的企业之一。公司原药生产能力 3 万吨，制剂生产能力 4 万吨。公司“玉农思”品牌形成以封闭除草剂为核心，包括苗后除草剂在内的玉米田专用除草剂系列产品，“玉农思”商标被认定为山东省著名商标，产品被评为山东出口名牌产品，41% 草甘膦被评为山东名牌产品。

第六节 济南宏业音像化工有限责任公司

济南宏业音像化工有限责任公司前身为济南清河化工厂。企业在原济南清河化工厂(济南磁带厂)生产车间的基础上，先后注册成立 4 个自主经营、自负盈亏，独立承担民事责任的法人单位济南泉新磁带厂、济南百花实业总公司、济南弘易化工厂、济南玛博伦环保涂料有限公司，均为股份合作制民营性质。1992 年 3 月 21 日，中美合资企业济南康地涂料有限公司成立。1999 年 7 月 8 日，改制成立济南宏业音像化工有限责任公司。同年，公司通过 ISO 9000 国际质量体系认证。2000 年 1 月，公司生产搬至郎茂山路 16 号。2001 年，公司通过中国环境标志产品认证。2002 年 3 月，公司搬至黄台魏家庄 1 号，拥有先进的生产及检测设备，年设计生产能力 6000 吨。企业主要产品有建筑涂料和工业涂料，拥有十八大系列 200 余个品种。公司先后承担省、市科委下达的重点科技项目，完成氟碳涂料、水性木器漆、水性多彩仿大理石涂料、水性汽车漆的开发研制工作，并分别通过省、市科委有关部门组织的鉴定验收。2009 年，成立济南市水性涂料工程技术研究中心。

2010 年，公司占地面积 7.86 万平方米，拥有固定资产 7049 万元，员工 500 人，年创产值过亿元，利税 300 余万元。公司系国有控股企业，经营管理为集团公司模式，是以环保涂料为主导，以化工产品和磁记录产品为补充，集房地产开发与现代物业管理于一体的现代化企业。企业具备自营进出口权，公司为济南市化学医药系统先进优胜单位，济南市 30 家重点骨干企业集团之一。公司位于济南市市中区二七南路 14 号，下设济南玛博伦环保涂料有限公司、济南泉新磁带厂、济南百花实业总公司等 8 家法人单位(其中 5 家股份合作企业，3 家合作经营企业)。济南玛博伦环保涂料有限公司主要生产高档汽车漆、中高档内外墙乳胶漆、真石漆、多彩塑钢漆等产品，先后开发高科技产品有 PVC - U 彩色塑钢门窗专用涂料、氟碳涂料和水性木器漆等产品。济南泉新磁带厂拥有国际上最先进的美国数码复制生产线，主要生产原声和空白录音带、录像带等产品。

第六篇　纺织工业

1978年，中共十一届三中全会后，济南纺织工业注重技术改造和产品开发，行业及产品结构趋向合理，成为中国纺织工业的主要基地之一。1985年，全市纺织工业总产值14.25亿元。1986年起，济南市国有纺织工业产值逐年增长，至2002年，济南纺织工业发展到最高峰，占据济南市工业企业分类销售收入的首位。2003年，由于济南市国有纺织工业改革滞后，体制、机制不适应市场经济新形势，成为国有纺织工业下滑的拐点。在全国、全省纺织工业以年均20%以上的高速增长中，济南国有纺织工业在为生存挣扎，民营、合资纺织企业艰难起步，并逐渐得以发展。至2010年，济南纺织工业组织结构、企业性质、产业结构都发生很大变化，民营、股份制企业成为纺织工业的主力军，并结束纺织工业近10年的下滑局面。同年，济南纺织工业总产值90.63亿元，仅占山东纺织工业的1.15%。

第一章　纺织工业综合

第一节 行业概况

一、企业与人员

1986年，济南市纺织工业有企业191家，从业人员49069人。2000年，全市有纺织工业企业108家，从业人员36515人。2010年，全市有纺织工业企业105家，从业人员23828人。

二、生产规模

1986年，全市纺织系统拥有棉纺锭317368枚，气流纺锭3600头，线锭92512枚，棉精梳机76台，织布机7825台；毛纺锭11340枚，毛织机116台；化纤纺丝机115台；印染布18000万米；针棉织品折用纱量7453吨。2010年，纺织系统拥有棉纺锭524919枚，气流纺锭17476头，织布机12461台。纱9.66万吨，布8200万米。毛纺织、化纤业基本停产。

2009年9月27日，济南市服装行业协会召开第三届会员代表大会并更名为济南市纺织服装行业协会

1985～2010年济南市纺织行业部分年份主要经济指标一览表

表7-6-1

年份	工业企业（家）	固定资产		职工（人）	工业总产值（万元）	利税总额（万元）	收购值（万元）	出口创汇（万美元）	收购值或出口创汇占全市工业重（%）
		原值（万元）	净值（万元）						
1985	191	59516	41867	49069	142479	16290	18161	—	54.9
1990	222	128270	59936	78597	199142	16986	—	—	—
1995	221	440640	307337	83626	477017	12128	—	2278	—
2000	108	600604	378546	36515	506160	56300	—	11328	—
2005	97	261762	169149	24320	614327	-578	—	7213	4.1
2010	105	313119	202483	23828	906333	82000	—	10077	2.5

第二节 基本建设和技术改造

一、基本建设

1986年，全市纺织行业基本建设投资1164万元。1987年，济南市纺织工业最大的建设项目“涤纶工程”始建，1991年7月建成投产，总投资12.6亿元，年产精对苯二甲酸7500吨、聚酯6.6万吨、涤纶长丝1万吨、涤纶短纤维1.5万吨。2002年，济南正昊化纤新材料有限公司投资2.17亿元，建设日产400吨聚酯生产线1条，年新增聚酯生产能力16万吨。至2002年，基本建设投资累计22.86亿元。

二、技术改造

1986年，全市纺织行业技术改造投资4195万元，其中化纤业628万元、棉纺织业3494万元、服装及制品业73万元。至2002年，全市技术改造投资累计13.75亿元。其中棉纺织行业投资8.87亿元，先后引进清钢联合机3套、并条机54台、粗纱机35台、精梳机44套、自动络筒机45台等一批具有国际先进水平的技术装备，纺织精梳纱比重28%以上，无接头纱比重39.8%，引进各种无梭织机1004台，无梭布比重42.4%。2003年，市纺织系统扩大融资渠道，先后竣工投产多个重大项目。正昊公司投资1.26亿元的7万吨涤纶短丝项目、投资2793万元的PTA增容改造项目基本完成；元首公司与日本郡是公司第三期合资新上1000万双袜子项目；投资2833万元新上1000万件T恤衫项目；赛班公司利用民资，新上112台剑杆织机；恒舜制衣公司2条白衣生产线扩建项目投入使用，与日本奥田公司共同投资740万元新上2条西裤生产线，年内形成1条生产线生产能力；诚通公司自筹资金新上1套精梳设备，棉纱质量明显改善。2005年5月，商河宏业纺织集团有限公司与香港新加坡星展银行达成技改项目融资协议。该项目是在山东宏业纺织股份有限公司6万纱锭的基础上，新增6万纱锭，产品定位在80S～120S高档精梳纱线，投资5500万元，其中企业自筹1200余万元，完成全部土建工程，由星展银行提供2700万元设备贷款，于2006年2月全部到位，设备安装工作全面展开。2008年，齐鲁宏业纺织集团有限公司总投资1.87亿元，实施“改造12万棉纺锭、引进120台喷气织机新型纤维面料技术改造项目”，该项目被纳入省、市工业结构调整重点项目。2009年，全市纺织行业拥有省级技术中心2家，市级技术中心6家。

1986～2002年济南市系统内纺织工业固定资产投资情况表

表7-6-2　　单位：万元

年份	合计	基本建设投资				技术改造投资			
		小计	化纤	棉纺织	服装及制品	小计	化纤	棉纺织	服装及制品
1986	5359	1164	1164	—	—	4195	628	3494	73
1987	8338	4362	3777	550	35	3976	—	3846	130
1988	18825	9610	9254	346	10	9215	2668	6332	215
1989	48785	46449	43240	3209	—	2336	700	1466	170
1990	37522	31588	29738	1850	—	5934	1036	4572	326
1991	49085	38578	38578	—	—	10507	—	10499	8
1992	23630	17631	17228	403	—	5999	25	5879	95
1993	29973	12682	12457	225	—	17291	222	15369	1700
1994	8566	3110	2645	465	—	5456	—	5383	73
1995	24992	18586	18361	225	—	6406	2884	3522	—
1996	17867	11093	10960	133	—	6774	560	6214	—
1997	10991	2304	2304	—	—	8687	620	6067	2000
1998	10321	1830	475	1195	160	8491	1891	6600	—
1999	19153	1040	—	1040	—	18113	9124	6256	2733
2000	14658	3842	3262	580	—	10816	4208	775	5833
2001	15899	9860	9860	—	—	6039	4031	1000	1008
2002	22201	14901	14901	—	—	7300	3742	1390	2168
总计	366165	228630	218204	10221	205	137535	32339	88664	16532

第三节 科技开发

“八五”“九五”期间，济南市国有纺织业科技进步达到高峰期，共承担和开发科研新产品项目509项，投产率85%，其中32项获省、市科技进步奖，12人获拔尖人才称号及国务院特殊津贴。1988年，济南第四棉纺织厂生产的“聘贤”牌19.4Tex、14.6Tex精梳针织专用纱被评为国家质量金质奖，成为全国纺织工业第一块棉纱金牌。济南第一印染厂马骥远发明的旋混喷射式烧毛机火口，1990年获国家发明二等奖，是山东省历史上最高奖项。济南天齐特种平带有限公司生产的高速龙带，1998年被国家科委评为科技进步二等奖。济南化纤总公司曹善文发明专利11项，获中国纺织总会“桑麻基金奖”一等奖，并获国家终生发明奖。“十五”“十一五”期间，民营企业逐步崛起，原国有企业一部分科技人员在国有企业下滑过程中，自主创业，形成一批规模不大，但科技含量较高的民营科技型企业。济南三太阻燃制品有限公司的涤纶阻燃产品具有国际先进水平；济南丽丝特纤维有限公司拥有国际领先的防辐射、抗菌功能纤维；曹善文创立的济南朝晖实业公司以发明专利转化为生产力，产品占国内市场份额的60%以上；齐鲁宏业集团依靠科技进步，取得发展先机。1986～2010年，全市纺织行业专利授权、批准247项，其中发明专利100项。

第四节 结构调整

一、组织结构调整

1986年起，济南纺织工业针对“一家一户”结构调整的弊端，按照社会主义市场经济体制的要求，本着“产品相关、前后衔接、优势互补、规模发展”的原则，以优势企业为核心，以名优产品为主导，相继组建企业集团。

1992年11月21日，经市政府批准成立济南服装集团总公司。该集团是跨行业、跨所有制、跨地区，集科工贸于一体，拥有自营进出口权的大型经济联合体，以原济南市服装工业公司、市服装供销总公司、市服装研究设计中心、市进出口公司服装分公司、济南服装鞋帽设备公司等单位为核心层，以山东省服装进出口公司济南分公司、济南童装厂、济南呢绒服装厂、济南衣帽总厂、济南制衣厂、章丘市服装一厂、长清羽绒厂、平阴服装厂等19个服装企业为紧密层，并按照一个实体、两级法人、统一经营、自负盈亏的原则，对县(市)属紧密层企业实行“供、产、销”三统一。按照利益均沾、风险共担的原则，以区街服装企业为对象组建起集团的半紧密层，主要以96个乡镇服装企业为基础，由集团公司提供咨询服务，发展横向联营联合。

1993年2月，济南齐鲁化纤集团总公司成立，4月28日召开成立大会。该集团以济南化纤总公司、济南合成纤维厂、济南围巾厂、济南染织厂为核心层，以济南袜厂、济南再生切片股份有限公司、济南纸管厂、四川广泉有限公司为紧密层，以济南塑编厂、济南永诚工贸公司为半紧密层，联合省内外与之有互利关系的企业，依法自愿组建跨地区、跨部门、跨所有制的综合性企业集团，属独立核算、自主经营、自负盈亏、具有独立法人地位的全民所有制企业。核心层企业职工近10000人，固定资产13.2亿元。集团组建当年完成工业总产值7.8亿元，实现利税1.45亿元，是济南市“效益二十佳”企业之一。

1995年11月23日，济南印染工业公司成立。该公司由济南第一印染厂、济南第二印染厂、济南第三印染厂、济南东元盛印染有限公司等10个单位组成，负责对所属企业的国有资产和集体资产进行整体调整和管理，向规范化的“公司制”企业集团过渡。12月25日，济南元首针纺集团有限公司成立，以济南元首针织股份有限公司、济南成通纺织有限责任公司、济南人造毛皮厂为集团的紧密层，济南乐契装饰带有限公司等13家企业为参股企业。集团公司注册资本3710万元，其中济南元首针织股份有限公司划转出资国家资本1280万元、济南成通纺织有限责任公司划转出资国家资本1530万元、济南人造毛皮厂出资900万元。济南元首针织股份有限公司、济南成通纺织有限责任公司的非生产经营性国有资产共6949万元，划转集团公司统一代管。至1995年，纺织行业先后组建济南服装集团总公司、济南齐鲁化纤集团总公司、济南印染工业公司、济南元首针纺集团有限公司4家企业集团，对企业的组织结构进行重组，其中国有企业16家、集体企业17家。

1996年10月18日，济南金冠毛纺集团有限公司成立。该集团以济南金冠毛纺织有限责任公司为核心层，联合7家企业为紧密层，注册资本1228万元，其中济南金冠毛纺织有限责任公司股本1180万元。11月8日，济南八方锦纶集团有限公司成立。该集团以济南化学纤维厂、济南纺织发展总公司共同出资，并联合8家企业组建而成。注册资本4318万元，其中，济南化学纤维厂出资4143万元，占总资本的96%；济南纺织发展总公司出资175万元，占总资本的4%。1997年，纺织行业经过集团化运作扭亏为盈，全年实现利税12355万元，利润3005万元。

1998年，中国华诚集团兼并联合元首针纺集团，成为华诚元首集团。1999年，中国济南化纤总公司与八方锦纶集团有限公司合并。至此，济南市纺织行业将原来的四大集团（齐鲁化纤集团、八方锦纶集团、华诚元首集团、金冠毛纺集团）合并为三大集团（齐鲁化纤集团、华诚元首集团、金冠毛纺集团）。2004 年上半年，齐鲁化纤集团改革重组 12 家企业，涉及重组总资产 2.02 亿元，涉及重组债务 3.58 亿元，形成齐鲁化纤、元首两大集团运行的格局。经过调整和运作，企业集团对行业发展的支撑作用不断增强，形成规模、品牌和市场，为济南纺织工业的发展注入活力。

二、产业结构调整

山东盛产棉花，济南纺织一直是中国纺织工业的重要基地之一。1989 年，纺织产业结构以棉纺织印染为主，上游化纤业、下游服装业相对薄弱。其中，棉纺织占行业比重的 47.73%，印染业占 26.43%。“七五”期间，国家重点建设项目“济南涤纶工程”建成投产后，化纤比重大幅上升。“八五”期末，国家制定“压锭改造”政策，棉纺织压缩近 1/3 的生产能力，印染厂相继停产、破产，服装行业发展迟缓。至 2002 年，化纤比重增加到 46.94%，棉纺织占 35.69%。2002 年后，由于国际市场石油价格上涨等外部因素，以及体制、机制等内部原因，齐鲁化纤集团经营日趋困难，几经重组、调整，于 2007 年全面停产。至 2010 年，化纤行业仅有几家小规模的外商独资、民营科技企业，由于产品科技含量高而得到生存和发展，产值占行业 1.65%；棉纺织占行业的 76.91%。

1989 年、2002 年、2010 年济南市纺织行业产值比重情况表

表 7-6-3

行业	1989 年		2002 年		2010 年	
	产值（万元）	比重（%）	产值（万元）	比重（%）	产值（万元）	比重（%）
化纤	9022	6.51	158265	46.94	14957	1.65
棉纺织	65724	47.73	120335	35.69	697061	76.91
印染	36401	26.43	5766	1.71	—	—
针织	6496	4.72	—	—	—	—
棉复制	8216	5.97	2895	0.86	—	—
毛纺织	7150	5.19	3606	1.07	—	—
服装	175	0.13	33109	9.82	133144	14.69
纺机纺器	3429	2.49	2225	0.66	—	—
其他	1088	0.79	10938	3.25	61171	6.75
合计	137701	100	337139	100	906333	100

第五节 企业改制

1986 年年初，济南纺织系统共有市属工业企业 31 家，其中国有企业 14 家，占 45.16%；集体企业 17 家，占 54.84%。改革开放后，济南纺织行业率先进入市场竞争行列，面对激烈的市场竞争，国企机制不活问题凸显。90 年代，济南市本着“因企制宜、全面推进、积极稳妥、先易后难”原则，加快企业改制改组工作。1994 年，由工厂制改为公司制企业 3 家。7 月 9 日，国有大二型企业济南第一棉纺织厂改制为济南鲁成有限责任公司，注册资本 5403 万元，国有股占 60%，职工集体股占 40%（本厂职工以现金形式购买）。9 月 8 日，济南毛纺织厂改制为济南金冠毛纺织有限责任公司，注册资金 1180 万元，其中国有股750万元，占63.5%；职工集体股350万元，占29.7%；上海第三毛纺织股份有限公司等社会法人出资80万元，占6.8%。12月28日，由济南第二印染厂与其他股东共同出资组建济南鲁元有限责任公司，以全体股东实缴的出资额1120万元为总股本额。其中，原济南第二印染厂投入国有企业法人股600万元，占53.57%；职工集体出资380万元，占33.93%；济南第七棉纺织厂出资60万元，占5.36%；禹城棉纺织厂出资80万元，占7.14%。同年，改制组建股份合作制企业2家，分离出2家独立法人企业。济南第二染织厂青年服务社改建为济南天元印染实业公司，注册资金50万元，其中法人股23万元，占46%；职工个人股27万元，占54%。济南毛巾厂服装车间改制为济南天利服装厂，注册资金40万元，法人股和职工股各占50%。由济南第五棉纺织厂分离出“济南元丰纺纱实业公司”和“济南纺织装饰布厂”2家独立法人企业。

1995年，由工厂制改为公司制企业3家。1月8日，国有中型纺织企业济南第四棉纺织厂改制为济南成通纺织有限责任公司，注册资本3000万元，其中，国有资本1530万元，占51%；职工股出资1260万元，占42%；济南针织厂出资210万元，占7%。3月30日，国有大型二类企业济南针织厂采取定向募集方式，改制为济南元首针织股份有限公司，股本总额2180万元，其中，国有股1280万元，占58.7%；向社会特定法人和内部职工出售部分国有资产，募集股份900万元，占41.3%。5月18日，国有中型纺织企业济南第三棉纺织厂改制为济南仁丰纺织(集团)有限责任公司，占总资本的51%，企业职工集体出资980万元，占总资本的49%；经市体改委批准，由济南第三棉纺织厂成立的天丰实业公司等6家企业作为改制集团公司的紧密层企业。

至2002年6月，济南纺织系统内企业通过购并调整、分离改制和合资、股份制等形式组建中小企业82家，其中股份有限公司2家、有限责任公司72家、股份合作制8家；通过经营者及职工持股、中外合资、相互参股等形式，买断国有资产约7000万元(含部分债务)，国有资产退出率44%。

第六节 资产重组

1990年11月，中国济南化纤总公司工商登记，注册资本80050万元，为国有大型一类企业，其前身为国家“七五”重点建设项目“涤纶工程”。1995年，成立济南元首针纺集团有限公司，由济南元首纺织股份有限公司、济南成通纺织有限责任公司(原济南第四棉纺织厂)、济南人造毛皮厂出资组建。1996年起，济南纺织工业按照“鼓励兼并、规范破产、减人增效、分离分流”的工作方针，对长期亏损、扭亏无望或资不抵债、历史包袱过重的企业实行调整，存量资产向优势企业流动，重点是齐鲁化纤集团和元首针纺集团的资产重组涵盖全市大半以上的纺织骨干企业。根据国家优化资本结构政策，先后兼并济南鲁成有限责任公司(原济南第一棉纺织厂)、济南第二棉纺织厂、济南仁丰纺织(集团)有限责任公司(原济南第三棉纺织厂)、济南合成纤维厂等4家企业。

1997年12月，济南毛巾厂、济南第七棉纺织厂、济南纺织机械厂划归济南元首针纺集团有限公司代管。1998年6月2日，经济南市政府批准，由中国华诚集团整体兼并济南元首针纺集团，更名为济南华诚元首集团有限公司。同年，按照国家要求，压缩棉纺锭14.5万枚，由于种种原因，安置和改造政策难以落实到位，企业生产萎靡，大部分职工下岗。中国济南化纤总公司实施政策性债转股，由于国际原油价格上涨等因素及国有体制自身问题，企业负担过重，经营困难，资不抵债，在剥离有效资产组成济南正昊化纤新材料有限公司后，国务院于2003年批准中国济南化纤总公司纳入全国国有企业关闭破产总体规划。

2007年1月9日，经国务院同意，国务院国有资产监督管理委员会、财政部、劳动和社会保障部、中国银行监督管理委员会等四部委联合发文同意济南华诚元首集团移交山东省管理，按有关规定办理企业划转手续，济南华诚元首集团有限公司和济南元首针织股份有限公司两家企业保留存续，济南诚通纺织有限公司、济南诚达毛巾有限公司(原济南毛巾厂)、济南诚益机械有限分公司(原济南纺织机械厂)、济南第七棉纺织厂等4家企业实施政策性破产。8月，经国务院批准，将中国济南化纤总公司(含第一、第二、第三棉纺织厂、合成纤维厂)正式列入国家政策性破产计划。同时，齐鲁化纤集团兼并的济南金冠毛纺集团，济南服装集团总公司济南第一、第二、第三印染厂，济南中恒小商品市场(原济南印染厂)等企业也先后实行破产、租赁、出让等重组，多数职工已经安置。

2008年7月22日，山东省政府、济南市政府与华诚资产管理有限公司签署协议，济南金冠毛纺集团、济南服装集团总公司济南第一、第二、第三印染厂，济南中恒小商品市场(原济南印染厂)等6家企业划转山东省管理，按照“属地管理，分级负责”原则，山东省下放给济南市管理。12月31日，4家企业进入政策破产程序，2011年即将进入终结程序。

第二章　化纤与棉纺织业

第一节 化学纤维业

20世纪80年代初期，济南市化学纤维生产企业有济南化学纤维厂和济南合成纤维厂，分别从事合成纤维——锦纶、涤纶两大类产品的生产经营。1984年，开展济南涤纶工程的选址论证工作。1985年2月，经国家计委批准在济南化学纤维厂的基础上进行建设，其规模为年产精对苯二甲酸7.5万吨、聚酯6.6万吨、涤纶短丝1.5万吨、涤纶长丝1万吨；工程概算12.2亿元，工程建设项目共62项，其中生产项目4项、辅助生产项目14项、公用工程12项、运输工程10项、厂外服务性工程5项、其他工程7项、生活福利工程2项、厂外工程8项。在4套主装置中，精对苯二甲酸(PTA)、聚酯(PET)装置从日本三井油化、三井造船等公司引进技术和设备；涤纶短丝及涤纶长丝装置的主要设备由国内制造，部分设备从日本、美国、德国引进，其他项目的设备全部由国内配套。整个工程共安装机械设备3174台(套)，电气设备1269台，仪表设备8345台，铺设地下管线35千米，地上管线60千米，完成建筑面积18多万平方米。1991年6月～7月，4套主装置一次投料试车成功。从投料试车到1995年6月30日国家验收合格为试生产期。

“八五”时期，济南的化学纤维业得到快速发展，主要体现在济南涤纶工程(1991年更名为中国济南化纤总公司)进入试生产期后，产量大幅增长。1991年，试生产的下半年生产PTA16397吨、PET12860吨、短丝672吨、长丝1064吨，产值1.12亿元。至“八五”期末，化学纤维业产值已占全系统工业产值的46.1%。1996年，工业产值10.3亿元，PTA产量78788吨、PET产量75639吨、短丝16807吨、长丝21837吨。1996年，济南八方锦纶集团有限公司与台湾合作的聚大纤维有限公司2.4万吨锦纶项目前6条生产线投产；同时该公司与日本住友株式会社合资的年产5000吨锦纶短纤维项目建成投产。三个项目相继投产后，彻底改变济南市规模小、产量低的局面，化学纤维业的实力大增，产值从1997年开始占到纺织工业总产值的50%以上，成为济南纺织工业的支柱行业。

2000年前后，根据济南市政府部署，齐鲁化纤集团先后合并兼并济南八方锦纶集团，济南第一、二、三棉纺织厂和济南合成纤维厂，济南市内化学纤维行业均属齐鲁化纤集团有限责任公司管辖。

2000年，全市化学纤维行业有企业8家，固定资产34.35亿元，职工5170人，实现产值14.12亿元，利税1.58亿元，出口创汇1928万美元。

进入21世纪，齐鲁化纤集团对原有化纤装置进行大规模技术改造和规模扩张，投资2.25亿元建设16万吨/年聚酯项目。该项目是济南市"十五"期间第一个大型标志性工业建设项目，采用国内自主开发工艺技术和设备，主要设备国产化率92%，于2002年11月18日一次开车成功。该项目日产聚酯切片460吨(设计能力为440吨)，日增销售收入500万元。其间，齐鲁化纤集团根据市场情况，对原有化纤装置进行大规模的技术改造和规模的扩张，先后投产163吨/年聚酯项目和63吨/年的涤纶短纤项目，但经济效益不理想，致使企业资金运转发生严重困难。

2002年4月，经国务院批准，以原中国济南化纤总公司四套主装置为主，实施改革性债转股，从齐鲁化纤集团有限公司中分离出来，成立济南正昊化纤新材料有限公司。年底，济南正昊化纤新材料有限公司(原中国济南化纤总公司)形成年产精对苯二甲酸9万吨、聚酯切片25万吨、涤纶短纤11万吨、涤纶长丝1.5万吨能力，在全国化学纤维业列第四名。同年，全市化学纤维行业有企业2家，固定资产1.72亿元，职工189人，实现产值15.82亿元，出口创汇1308万美元。

至2005年，以原国有资产及国有企业形式组织运营的化学纤维生产基地处于停产状态，而以民营式多种经济成分组成的企业得到发展。

2007年1月，济南合成纤维厂与外资企业香港顺成兴国际有限公司、仪征信一化纤有限公司签订7500T/Y生产线租赁合同，成立济南朋信化纤有限公司，对该生产线进行改造，由原连续干燥改为转鼓式间歇干燥，于同年5月投料生产。2008年，济南朋信化纤有限公司对该生产线再次改造，增加二级过滤器和产品品种，年产能达到1万吨以上。

2009年，齐鲁化纤集团公司实施主业外迁园区建设，制定以新促老的产业发展方案，编制完成6万吨/年再生涤纶短纤和10万纱锭、300台织机外迁改造建设项目方案，项目建设概算投资64928万元，项目建设周期18个月。2010年12月9日，齐鲁化纤集团与商河县城产业园管委会签订协议，确定该项目落户商河，齐鲁化纤集团商河山东齐鲁化纤有限公司注册，委托上海纺织设计院进行项目设计，进行长周期设备订货谈判等工作，标志着项目正式开工建设。

2010年，全市化学纤维行业有企业1家，固定资产5543万元，职工100人，实现产值1.50亿元，利税181万元，出口创汇100万美元。

2010年，齐鲁化纤集团纺织化纤工业园项目落户商河产业园

1986～2002年济南市化学纤维业在纺织工业企业总产值中的比重(不变价格)情况表

表7-6-4　　单位：万元

年 份	总产值	其 中	
		化学纤维业	占总产值的%
1986	108199	6271	5.8
1987	123010	7830	6.4
1988	136962	8814	6.4
1989	138480	9022	6.5
1990	152120	9516	6.3
1991	190617	10571	5.5
1992	218069	49047	22.5
1993	237198	77190	32.5
1994	239544	95595	39.9
1995	231582	101537	46.1
1996	223274	102986	46.1
1997	285191	152519	53.5
1998	260264	145733	56.0
1999	273686	137143	50.1
2000	279835	141228	50.5
2001	317215	148071	46.7
2002	337139	158265	46.9

第二节　棉纺织业

一、国有棉纺织业

1986年，济南棉纺织国有企业有18家，其中全民所有制企业8家，市属集体所有制企业2家，区(县)街集体所有制企业8家，主要有棉纺、单织、色制、帆布等门类。拥有棉纺纱锭31.7万枚，气流纺锭3600头，棉布织机7825台，线锭92512枚，精梳机76台。完成产值10.82亿元，占全系统总产值的84.2%；从业人员27423人，占全系统总数的49.1%，棉纺织业是济南纺织工业的主体。

1986年，济南第一棉纺织厂完成4万枚纱锭和700台宽幅织机技术改造项目，当年完成纱、布产量1.21万吨、2554万米，实现工业总产值1.39亿元，实现利润1082万元。济南第三棉纺织厂利用技改资金引进日本FC-16型粗纱机5台，DX-500型并条机10台。济南第四棉纺织厂引进部分国外先进设备，对原国产2万枚纱锭进行技术改造，保证纱的出口和济南针织厂补偿贸易针织用纱的质量，当年出口棉纱1015吨，生产的精梳30支、40支针织用纱连续4年被评为省优、部优产品。济南第二染织厂新购置SME235型喷射溢流染色机4台，ZH921C-180织物热定型机1台，GA841-180折布机1台。1987年，济南第二棉纺织厂利用老厂进行改造，新上22356枚纱锭二纺车间，同时对原有2万枚纱锭进行技术改造，引进

280特宽幅喷气织机72台。1988年，济南染织厂新购置高温高压溢流染色机2台；与香港华鲁有限公司以补偿贸易的方式，分别从意大利、中国香港、中国台湾等地购入剑杆织机、预缩机、浆纱联合机等设备118台，新增生产能力300万米。1989年，济南第二棉纺织厂产品达到直接出口标准。济南第三棉纺织厂出口坯布2338.34万米，创历史最高纪录，出口品种8个。1990年，济南第二棉纺织厂产值过1亿元，利税过1000万元；济南染织厂实现产值5220.24万元，利税824.46万元，成为大型二类重点国有企业。

“七五”期间，济南棉纺织业得到较快发展。由于国际国内纺织品需求市场的拉动，棉纺织业固定投资大幅度提高，棉纱产量每年以14%以上的幅度增长，1990年最高增幅46.87%；棉布产量每年增幅在7%以上；棉纺织业年产值占到全系统的80%以上。经济效益增长迅速，1986年利润总额5976万元，1987年利润总额9967万元，1989年利润总额1.39亿元，创历史最好水平。全系统共投入技术改造资金1.97亿元，其中棉纺织业占总投资的60%以上，新增棉纺锭16.5万枚，布机2259台，其中无梭织机2253台，棉纺织业的技术装备水平明显改善。

“八五”期间，济南棉纺织业处在生产总量过大、原料相对短缺的状况，受国际环境影响，出口受阻；国内市场需求不旺，棉纺织行业生产经营困难，经济效益开始下滑。1991年始，工业总产值环比增长速度连续5年呈现负增长，纱、布两大产品产量连续5年呈下降态势，导致全行业自1992年起连续5年亏损。对此，该行业加快经济转型，进行结构调整，吸引外资，发展三资企业；实行主辅分离，将企业所属的幼儿园、食堂、浴室、机修、车队等后勤部门剥离，发展第三产业，自负盈亏。同时，以产权制度为核心，对部分棉纺织企业进行改制。1991年，济南第一棉纺织厂兴办合资企业济南鲁港丝绸织造有限公司，引进喷水织机JW-800型96台。1994年，济南染织厂宣告破产后，在原厂址兴办中恒商城。同年，济南第一棉纺织厂改制为济南鲁成有限责任公司。之后，济南第三棉纺织厂改制为济南仁丰纺织集团公司，济南第四棉纺织厂改制为济南成通纺织有限责任公司，实现由工厂制向公司制的转变。经过“八五”期间的改革调整，济南棉纺织企业逐步走出困境，在所有制改革和结构调整方面有新的突破。

1998年，按照国家压锭、重组、减员、增效的工作部署，济南成通纺织有限公司成为全省开展压锭工作的第一家，之后各企业按计划要求进行压锭，全行业共淘汰落后棉纺锭15.6万枚，占全行业纱锭总数的29.7%；从业人员大幅精减，提前退休1200人，安置下岗职工从事第三产业3300余人，三资企业安置4500余人，开展劳务合作和国际劳务输出安置部分职工，保留14134人。

2001年前后，由于体制、机制等方面的原因，济南棉纺织业(国有)日趋萎缩，济南第二棉纺织厂、济南第六棉纺织厂、济南染织厂、济南第二染织厂相继“退二进三”发展第三产业。至2007年8月，经国务院批准，济南第一棉纺织厂、济南第二棉纺织厂、济南仁丰纺织有限责任公司正式列入国家政策性破产计划。被济南诚通纺织有限责任公司兼并的济南第四棉纺织厂、济南第七棉纺织厂于2008年7月重新下放给济南市管理，并于2009年1月进入破产程序。

国有棉纺织企业在破产、清算的同时，济南市国资委按“退城进园”的思路，利用级差地租和国家关于压锭企业土地出让金用于企业再发展的政策，在商河县、济阳县分别规划齐鲁化纤集团、济南元首集团纺织工业园。2010年，齐鲁化纤集团在商河注册山东齐鲁化纺有限公司，新上6万吨有色短纤维及20万纱锭400无梭织机项目；元首集团在济阳元首纺织针织工业园一期工程建设中新上10万棉纺锭气流纺400头；以上两个项目正在建设中。

二、民营棉纺织业

1986～1997年，棉纺织工业企业全部是国有、集体企业。之后部分县域棉纺织企业逐步由供销社系统的集体企业改制为民营企业。1997年，在濒临破产的济南第十二、第十四棉纺织厂的基础上改制为齐鲁宏业纺织集团有限公司。1999年年底，地处济阳县的济南市第十三棉纺织厂改制为济南银花纺织有限公司。2008年，地处章丘市的济南第十一棉纺织厂，重组并改制为山东省鲁棉集团天元纺织有限公司。

1985～2010年部分年份济南市棉纺织行业主要经济指标情况表

表7-6-5

年份	工业企业(家)	固定资产(万元)		职工(人)	工业总产值(万元)	利税总额(万元)	出口创汇	
		原值	净值				收购值(万元)	创汇(万美元)
1985	65	47684	33519	42752	109803	13736	—	—
1990	81	105376	48182	65401	132917	14461	39918	—
1995	97	220101	144514	60720	257590	1040	—	1514
2000	61	205778	125662	25107	258918	305007	—	1544
2005	60	197774	122201	18736	421424	-604	—	786
2010	74	269211	173145	18000	789079	65000	—	446

第三章 针织与服装业

第一节 针织业

1986年年初，全市共有针织企业8家，其中，全民所有制企业有济南针织厂、平阴针织厂2家；集体所有制企业有济南市织袜一厂、济南市织袜三厂、济南市织袜四厂、郊区针织厂、历下针织厂、枣园针织厂6家；产品主要局限在针织内衣、袜子、围巾、手套等几类内销产品。1991年1月21日，济南织袜一厂划归济南针织厂，其投资建立的合资企业济南佳丽娜针织有限公司的中方股份也随同转交。1992年，济南针织厂获自营进出口权，企业的出口创汇额逐年增加，产品远销日本、欧美、澳大利亚等20多个国家。1995年，济南针织厂改制为济南元首针织股份有限公司。1996年12月23日，济南袜厂破产，其投资建立的合资企业济南芭莉丝针织有限公司和济南天舒针织有限公司的中方股份转让给新成立的济南恒舜工贸中心。2010年，济南市针织企业有8家。

第二节 服装业

济南梭织服装业统称为服装行业，行业内大部分是规模小、劳动密集型企业。1986年，从业人员4430人，其中，从事针织服装生产的4179人，从事梭织服装生产的251人，服装产量1076.6万件(套)，其中针织服装1053万件，梭织服装23.6万件，工业总产值5511万元。1990年5月20日，济南市政府决定将原属于济南市二轻局管辖的济南呢绒服装厂、济南服装二厂、济南服装六厂(含济南市服装研究所)、济南第七服装厂、济南第八服装厂、济南第九服装厂、济南童装厂7家服装企业划归济南纺织系统。7月1日，7家服装企业整建制移交后，成立济南服装工业公司，隶属于济南市纺织工业局。1990年，全市有服装企业137家，从业人员9959人，服装产量1749万件，工业总产值5.63亿元。

1992年，济南市政府决定，组建济南服装集团，为济南市局级企业，计划单列，同时撤销原济南服装工业公司。济南服装集团是跨行业、跨地区、科工贸一体化，拥有自营进出口权的大型经济联合体，以原济南市服装工业公司、市服装供销公司、市服装设计研究所、市服装进出口公司服装分公司、济南服装鞋帽设备公司为核心层，以省服装出口公司济南分公司、济南童装厂、济南呢绒服装厂、济南制衣厂等19家市县属服装企业为紧密层，按照一个实体、两级法人、统一经营、自负盈亏的原则，对各县属紧密层企业，实行“产、供、销”三统一。

1996年8月，济南市政府决定对服装公司进行结构性调整。12月28日，济南服装集团总公司整建制划归济南齐鲁化纤集团总公司，为济南齐鲁化纤集团总公司领导的独立核算法人企业。济南齐鲁化纤集团、济南服装集团总公司其行业管理职能划归济南市纺织工业总会(局)。1997年，济南齐鲁化纤集团对服装集团总公司实行接管后，济南标志服厂、济南服装五厂、六厂、九厂4家企业组合成立济南服装集团总公司制衣一厂；济南童装厂、济南衣帽厂、济南服装一厂3家企业组合成立济南服装集团总公司制衣二厂；济南服装七厂、济南服装二厂2家企业组合成济南制衣三厂。经过对服装企业的调整，济南服装集团总公司对人、财、物实行总控制，优化人员结构和资源配置。5月18日，济南服装集团总公司在十六里河建设的大型现代服装生产楼落成投产，占地1.32公顷，建筑面积1.2万平方米，设计能力年产服装300万件。6月，济南金冠毛纺集团与日本株式会社奥田缝制合资兴建济南冠益制衣有限公司，主要产品为男式西裤，注册资本60万美元。济南金冠毛纺集团有限公司与日本TOWA公司、日本株式会社奥田缝制合资成立济南冠合西装有限公司，投资147万美元，其中金冠毛纺集团有限公司投资110.25万美元占75%，年产西装5万套。同年，全系统服装产量1880.5万件，其中针织服装1683万件，梭织服装197.5万件，完成工业总产值2.21亿元，技改投入200万元。年内，济南服装行业协会成立，大会选举产生理事会和常务理事会，设立秘书处开展工作，协会有团体会员39个、个人会员33人。1998年，受亚洲金融危机影响，服装市场低迷，以外贸生产为主的服装公司效益下滑，生产困难。济南衣帽总厂、济南呢绒服装厂、济南服装一厂、五厂、七厂、九厂6家企业申请破产，经主管部门同意，济南市中级人民法院于1999年9月分别依法裁定，宣告6家企业破产还债。

2000年，济南市服装行业通过企业改制，资产得到合理配置，实施结构调整，采用合资合作、自营出口等方式，多渠道，加大外贸出口力度；同时加大技改投入，增强企业竞争力，实施服装创品牌战略。2002年，济南标志服厂的“堂堂”牌标志服，济南童装厂的“鲁花”牌童装，济南元首针织股份有限公司的“元首”牌精梳针织内衣，华诚编制公司的“九羚”牌羊毛衫，丹依制衣的“老丹”牌衬衣，济南贝格威织造有限公司的“赛班”牌弹力牛仔服，被认定为济南名牌产品。同年，济南金冠毛纺集团、济南元首针织股份有限公司、济南华玫服装有限公司、济南丹依制衣有限公司4家企业获ISO 9002国际质量认证。

2006年后，民营企业发展迅速。山东璟华标志服厂成为公安部、司法部、最高检察院等单位的标志服生产厂家，拥有固定资产8000万元，从业人员1500人，年设计生产能力700万件套。济南新华制衣有限公司主要生产男、女中高档衬衣，职工360人，固定资产818万元，年生产能力120万件。济南韩都衣舍是一个以网上销售为运营方式的新型服装企业，拥有自己的设计团队，年销售收入过亿元。

2010年，全市有服装企业30家，企业体制以股份制、民营企业为主，从业人员5493人，服装总产量6000万件，工业总产值16.88亿元。

1985～2010年济南市服装行业部分年份经济指标情况表

表7-6-6

年份	工业企业（家）	职工（人）	总产量（万件）	总产值（80年不变价）（万元）	固定资产（万元）		利税（万元）	出口收购值及创汇	
					原值	净值		收购值（万元）	创汇（万美元）
1985	124	3139	1077	1749	1595	2699	5723	6000	—
1990	137	9959	1749	56325	13978	9727	2070	11298	—
1995	113	15553	1595	72626	33919	22492	1625	—	764
2000	40	6238	2699	111247	51330	36162	10000	—	7856
2005	35	5395	5723	178567	46754	33806	26	—	5119
2010	30	5493	6000	168806	38365	25526	17000	—	8554

第四章　家纺与印染业

第一节 家纺业

1986年年初，全市家纺企业共12家，有济南毛巾厂、济南第二毛巾厂、济南第三毛巾厂、章丘毛巾厂、天桥毛巾厂、济南床单厂、济南手帕厂、济南围巾厂、济南人造毛皮厂、济南第一、二织带厂、济南合线厂，总占地面积28.6万平方米，建筑面积15.3万平方米，固定资产原值总额4308万元。1986年，济南第二毛巾厂与济南毛毯厂合并成立济南提花织物厂，拥有提花织机112台，毛毯织机24台，产值951万元，年出口创汇180万美元。1987年，济南第二毛巾厂与外商合资，成立济南泉润棉织品有限公司，公司拥有织机260台，折纱1700吨，工业总产值3459万元，年创汇450万美元。1989年4月，济南毛巾厂与澳大利亚恩达公司合资组建济南宇新巾被公司，主要生产经编毛巾、毛巾被、毛巾布等系列产品。同年，济南毛巾厂晋升为国家二级企业。

1990年3月，济南第三毛巾厂划归济南第二棉纺织厂；9月，济南织带二厂被济南服装六厂兼并。1991年5月，济南无纺布厂并入济南第二棉纺织厂；11月，济南制线厂划归济南服装工业公司。1993年1月，济南手帕厂并入济南轻骑摩托总厂。1994年，济南第一织带厂被济南第四棉纺织厂兼并。1995年10月，济南围巾厂破产。1996年，济南床单厂、济南第二毛巾厂破产。1998年5月，以济南毛巾厂的主业及优良资产组建济南诚达毛巾有限公司。

在体制改革和市场运作过程中，民营家纺企业发展较快。山东美捷家用纺织品有限公司是一家经营家用纺织品设计、生产和销售的美国独资出口企业，销售收入在1亿元人民币以上，2010年出口创汇1800万美元，以出口美国为主。

2010年，济南市家纺重点生产企业有济南诚达毛巾有限公司(原济南毛巾厂)、济南华锦毛巾厂、济南美捷家用纺织品有限公司等。

第二节 印染业

1986年年初，全市印染企业共3家，即国营大型企业济南第一印染厂，国营中型企业济南第二印染厂和小型集体企业济南第三印染厂，总占地总面积18.66万平方米，建筑面积12.69万平方米，固定资产原值7748万元。20世纪90年代，济南第一、第二印染厂(国有)、第三印染厂(集体)破产，先后成立合资企业济南引泉印染有限责任公司、济南大鲁阁织染工业有限公司。2003年7月14日，济南大鲁阁织染工业有限公司更名为山东大鲁阁织染工业有限公司，由台湾三功集团投资3300万美元，成为一家独资中型企业，同时公司迁址济阳县济北经济开发区。2005年8月，基建工程竣工，完成整体搬迁，公司占地面积18.7公顷，建筑面积6万平方米。2010年，山东大鲁阁织染工业有限公司年生产织染化纤布3000万米，实现工业总产值2.06亿元，利税2001万元。

第五章 企业选介

第一节 济南齐鲁化纤集团有限责任公司

1993年2月，经市政府批准，成立济南齐鲁化纤集团总公司。该集团是以中国济南化纤总公司、济南合成纤维厂、济南围巾厂、济南染织厂为核心层，济南袜厂、济南再生切片股份有限公司、济南纸管厂、四川广泉有限公司为紧密层，以济南塑编厂、济南永诚工贸公司为半紧密层，联合省内外与之有互利关系的企业，依法自愿组建跨地区、跨部门、跨所有制的综合性企业集团，是独立核算、自主经营、自负盈亏、具有独立法人地位的全民所有制企业。核心层企业职工近10000人，固定资产13.2亿元。集团组建当年完成工业总产值7.8亿元，实现利税1.45亿元，是济南市“效益二十佳”企业之一。

2009年，集团实现营业收入1.37亿元，实现增加值3272万元，实现利税368.4万元，实现利润-53万元。公司主要产品有精对苯二甲酸(PTA)、聚酯切片(PET)、涤纶短纤维、涤纶长丝。

第二节 济南三太阻燃制品公司

1998年，济南三太阻燃制品有限公司成立，是由中国济南化纤总公司设立的子公司改制而成。该公司依托共聚型涤纶阻燃技术即GP-7阻燃剂的产业化推广，采用垂直产业链模式，开发生产阻燃切片、涤纶阻燃长丝、涤纶阻燃短丝及纱和面料，是中国唯一集阻燃剂、阻燃涤纶切片、阻燃涤纶纤维及阻燃涤纶织物一条龙生产的专业厂家。主要产品有磷系共聚型涤纶阻燃剂GP-7、共混型无卤聚合阻燃剂GP-77，阻燃切片；各种规格阻燃短丝、长丝、纱；以及各种阻燃家纺、家具、服装面料；阻燃无纺布；阻燃后处理布。产品具有无毒、低烟、无腐蚀等优点，阻燃性能优异，产品质量稳定，其技术处于国际先进水平。1999年11月，共聚型永久性阻燃涤纶切片获国家重点新产品证书。公司生产的阻燃面料，广泛应用于医院、宾馆、家居和飞机、轮船、汽车内饰等，通过欧美等国家标准检测，远销美国、英国、意大利、加拿大、澳大利亚、新西兰、印度等国家。2006年，公司被山东省科技厅认定为高新技术企业。2007年，被科技部认定为火炬计划企业。2009年，公司获国家中小企业创新基金，商标“GOSPRING”被认定为山东省著名商标。2010年，公司销售收入3000万元，大部分产品销往欧美等国家。

第三节 济南正昊化纤新材料有限公司

2002年4月，济南正昊化纤新材料有限公司成立。该公司由东方资产管理公司、信达资产管理公司和中国济南化纤总公司联合设立，注册资本14.3亿元。公司年生产能力：精对苯二甲酸9万吨、聚酯切片25万吨、涤纶短纤11万吨、涤纶长丝1.5万吨、精纺化纤面料2000万米。2004年起，由于国际石油市场价格暴涨，其他纺织原料价格相对偏低，造成市场对涤纶纤维需求不足，公司停产。2005年起，多次尝试与其他企业合作恢复生产，但均未达到预期效果，于2007年全部停产。

第四节 齐鲁宏业纺织集团有限公司

齐鲁宏业纺织集团有限公司其前身是济南第十二棉纺织厂和济南市第十四棉纺厂。

济南第十二棉纺织厂前身是商河县棉纺厂，是1976年建厂的国营企业。1985年年底，厂址从县城以西的县委党校搬迁至县城以北新修建的县棉纺厂，新增2万锭生产能力。至1996年底，外欠资金近3000万元，债务近亿元，资产负债率120%以上，资不抵债，企业陷入濒临破产倒闭的困境。

济南市第十四棉纺厂位于商河县贾庄镇。1990年，由商河县供销社筹建，有5000纱锭的杂牌设备，投产后因管理不善和市场低谷，生产处于半停滞状态。至1994年上半年，累计生产还不足1年，已无法维持正常运营。1994年下半年，调整领导班子，李汉典任厂长。通过2年多的发展，企业走上良性运行发展轨道，实力不断增强。

1997年2月，商河县委、县政府决定整合资源配置，采取资产重组的方式，以济南市第十四棉纺厂兼并济南第十二棉纺织厂，组建成立商河宏业纺织(集团)有限公司。至1999年，企业的大部分设备得到更新和改造，扭亏为盈。2000年12月，公司管理层买断企业净资产，改制为民营股份制企业，更名为商河宏业纺织集团有限公司。2006年9月5日，更名为齐鲁宏业纺织集团有限公司。

2010年，齐鲁宏业纺织集团有限公司作为以纺织为主业，农、工、贸全方位发展的综合型企业集团，实现销售收入9.28亿元，上缴税金5984万元，净利润1510万元，出口创汇1483万美元。公司总占地面积60余万平方米，资产总值8.5亿元，其中固定资产5.6亿元，拥有纱锭30万、气流纺2600头、布机1000台，员工3000余人。集团主要子公司和分公司有山东宏业纺织股份有限公司、山东宏业纤维科技股份有限公司、济南宏丰纺织有限公司、济南宏泰置业有限公司、无棣国泰棉业有限公司等。集团公司先后获全国纺织工业先进集体、济南市工业企业50强企业、济南市先进单位等，被认定为“国家功能性差别化纤维纱线产品开发基地”，当选为2010年度中国纺织服装行业“十大纺织企业”之一。公司生产的纱线类产品被确定为国家免检产品，是中国棉纺织协会和针织协会“用户信得过优等产品”，被认定为山东省著名商标3个，被评为山东名牌产品1个。

第五节 济南元首针织股份有限公司

济南元首针织股份有限公司前身是济南针织厂，位于济南市北园大街601号，始建于1958年。1967年1月，济南针织厂改名为国营济南针织厂。20世纪80年代中期，济南针织厂推行现代化管理和全面质量管理，企业先后获纺织工业部质量管理奖、山东省质量管理奖。1985年，生产的精梳纯棉针织内衣被评为国家质量金奖。1987年，纺织工业部在济南针织厂召开全国纺织系统现场管理经验交流会，推广济南针织厂先进的生产质量管理经验。1988年，企业被评为国家二级企业。20世纪90年代初期，先后在墨西哥、孟加拉等国家兴办合资企业；在济南与外商合资成立佳丽娜针织有限公司和新世纪印花股份有限公司；与日本郡是公司合作，投资100万美元，成立济南冠世时装有限公司，主要产品有针织时装、童装、内衣和袜子。

1994年，济南针织厂改制为济南元首针织股份有限公司。1995年3月正式挂牌，公司注册资本2180万股（1元/股），国家股占58.7%，社会法人股占13.96%，内部职工股占27.34%。1995年12月，以济南元首针织股份有限公司为龙头成立济南元首针纺集团核心企业。1998年10月，济南元首针纺集团以兼并联合方式整体划入中国华诚集团，成为中央属企业。2000年，企业被评为国家大一型企业。2008年12月，济南元首针织股份有限公司由中国华诚集团划转回济南属地管理，隶属于济南市国有资产管理委员会，股权结构为济南市国资委占14.84%，济南华诚元首集团占50%，内部职工股占27.34%，济南诚通纺织占7.82%。

2010年，济南元首针织股份有限公司实现产值3.11亿元，销售收入3.24亿元，利税2651万元，出口创汇3533万美元，拥有总资产3.6亿元，员工2448人。公司是一家集织造、染整、缝制为一体的全能型企业，是中国针织行业生产和出口骨干厂家、中国针织工业协会副理事长单位，拥有自营进出口权，并通过ISO 9001、ISO 14001、OHSAS18001认证和WRAP环球服装生产责任体系认证。公司生产设备具有国内领先、国际先进水平，年生产各类针织服装3000万件(套)，主导产品为高、中档棉针织服装，分内衣、外衣、T恤、休闲、童装、功能保健六大系列，100多个品种，畅销国内20多个省市自治区，远销日本、韩国、美国、德国等20多个国家。元首品牌被评为中国针织内衣十强品牌，元首牌针织内衣连续13年被评为山东名牌产品，元首牌商标被认定为山东省著名商标，公司被评为全国诚信示范单位、全国纺织工业先进集体、全国企业文化建设优秀单位、山东省纺织行业管理创新优秀企业、山东省消费者满意单位等。

第六节 济南天齐特种平带有限公司

1990年，济南天齐特种平带有限公司成立，位于济南市槐荫区济齐路92号，占地面积3万平方米，建筑面积1.8万平方米。公司为中外合资企业，合资三方分别为济南纺织器材厂(甲方)、香港维斌有限公司(乙方)、爱尔兰天河齐里诺公司(丙方)，公司总投资4500万德国马克，注册资本1800万德国马克，甲、乙、丙三方出资比例为7∶1∶2。1996年，公司正式投入生产。

2010年，公司实现产值6170万元，销售收入6043万元，利税1937万元，利润1287万元，出口创汇220万美元，年生产能力30万平方米，拥有生产设备92台(套)，检测仪器35台(套)，行业排名全国第一、国际第三。公司为国内唯一高性能特种平带研制生产厂家，是科技部认定的国家高新技术企业，建有山东省企业技术中心和山东省特种平带工程技术研究中心。主要产品为高强度传动平带、皮革传动带、节电锭带、糙面橡皮、轻型输送带、无接头橡胶传送带六大类特种平带，产品质量达到国际同类产品先进水平，占有国内市场50%的份额，产品出口到几十个国家和地区。

第七节　山东大鲁阁织染工业有限公司

山东大鲁阁织染工业有限公司，位于济阳县济北经济开发区泰兴西街1号。其前身是济南大鲁阁织染工业有限公司，1996年建厂于济南市天桥区东工商河路11号。2003年，根据济南市城市建设总体规划，公司迁址济阳县济北经济开发区。山东大鲁阁织染工业有限公司，是由台湾三功集团投资3300万美元兴建的一家独资中型企业，7月14日完成更名注册。2005年8月，基建工程竣工，完成整体搬迁，公司占地面积18.7公顷，建筑面积6万平方米。2006年，公司引进二期生产设备，扩充热媒锅炉系统，建立恒温恒湿实验室等。2008年，改单喷为双喷织机72台，成功研发出新型面料“鲁雕织”。2009年，引进日本津田驹水喷粉机36台、新上第一台压花机。2010年，进行污水处理站提升改造，实现日处理污水4000吨；新上转移印花机设备，新型面料“鲁雕织”获“2010年中国最流行面料”称号。

2010年，公司实现产值2.06亿元，销售收入1.92亿元，利税2001万元。拥有固定资产5.8亿元，职工465人，国际一流的织造、染整加工设备431台(套)，其中进口喷织机324台、喷气织机12台、染整加工设备95台(套)，年生产织染化纤布3000万米。公司主要从事锦纶、涤纶等化纤长丝的制造与染整，主要产品有仿蚕丝系列、仿棉系列、交织系列、弹力系列、异形断面系列、高纤高密系列、“鲁雕织”系列等七大系列，防风、防绒、防透湿三大功能，近千个品种。可满足做夹克、风衣、羽绒服、功能服、睡袋、帐篷、雨具等多种不同产品用途。产品以内销为主，同时远销日本、美国、德国、法国、意大利、俄罗斯等数十个国家。公司先后被评为中华人民共和国海关“A类企业”、国家统计调查先进单位、山东省文明诚信百佳台资企业、山东省突出贡献台资企业等。

第八节　山东华诚九羚服装有限公司

山东华诚九羚服装有限公司位于济南市化纤厂路13号。1990年建厂，固定资产30万元。2001年，公司通过国际羊毛局检测，获准加盟国际羊毛局纯羊毛标志使用特许企业。2003年，公司被农业部认定为全国诚信守法乡镇企业，产品被农业部评为名牌产品。至2010年，公司依靠科技发展企业，先后引进德国斯托尔、迈耶和台湾佰龙等高科技生产设备与全自动横机500多台(套)，实现生产自动化，产品设计电脑化，通过互联网与国际市场接轨。公司主要生产羊毛、羊绒衫裤，产品以内销为主，出口产品数量不断增加，主要销往荷兰、新西兰等国家。“九羚”牌商标连续8年被认定为山东省著名商标，“九羚”牌产品连续12年被评为山东省名牌产品。

第九节　济南诚达毛巾有限公司

济南诚达毛巾有限公司(原济南毛巾厂)位于济南市天桥区凤凰山路6号，始建于1956年，是全国纺织业的骨干企业，主要生产毛巾、浴巾、毛巾被等系列产品，生产的209提花毛巾被曾被评为国家银质奖，多品种毛巾被、浴巾被评为部、省优质产品。1989年，晋升为国家二级企业。同年4月，与澳大利亚恩达公司合资组建济南宇新巾被公司。1991年，实现产值7400万元，创历史高最高水平，折纱能力在5000吨以上。1998年5月，以济南毛巾厂的主业及优良资产组建济南诚达毛巾有限公司。2005年，济南诚达毛巾有限公司组织政策性破产申报工作。2006年5月，全厂生产停产，90%以上的职工下岗。2008年年底，进入破产程序。

第七篇 食品工业

1978年改革开放后，济南食品工业主要生产卷烟、啤酒、白酒、面粉、饮料、糕点、植物油、罐头、调味品、糖果等产品，基本形成食品工业生产体系。1984年，市政府决定成立济南市食品工业办公室，负责全市食品工业的统筹、规划、协调、服务。1986年，济南市食品工业办公室在全国首先推行“食品工业生产许可证”制度，中国食品工业协会推广济南市的经验做法。1988年12月，在北京举行的首届中国(国际)食品博览会上，济南市有51家食品企业参展，60种参评食品全部获奖，其中金奖12个、银奖26个、铜奖22个。同年，食品工业被评为省优、部优产品数量居全市各工业行业首位。1989年9月，市政府设立食品工业发展基金，市财政每年列支100万元，用于支持名、优、特和风味传统食品的开发以及中小型技术改造项目，济南食品工业得到快速发展，市场稳定，有效供给增加。至1990年年底，济南食品工业发展成为济南工业的四大支柱行业之一，全市有食品工业企业1371家，其中市属企业65家、区县属企业60家、乡镇企业112家、村办企业1134家；职工2.4万人，拥有固定资产(原值)5.35亿元。同年，全市独立核算食品企业完成工业总产值20.9亿元，利税5.1亿元。产品有4大门类、18个中类、38个小类、4000余个花色品种，主要有卷烟、罐头、面粉、白酒、啤酒、糖果、糕点、饮料冷食、食用油脂、方便食品、茶叶、屠宰分割肉及肉制品、蜂蜜、乳制品、酱腌菜、酱油、食醋、调味料、豆制品、食用酒精、食品添加剂、传统小食品等。

1993年3月，济南市食品工业产品标准化技术委员会成立，进一步推动全市食品标准化。同年，评出济南酿酒厂(现济南趵突泉酿酒有限责任公司)39° 趵突泉特酿、济南第二酿酒厂(现济南今朝酒业有限公司)39° 封王御液、山东长清县酒厂44° 白鹤泉特酿、济南阁老贡酒厂44° 阁老进贡酒等4种白酒为“济南市嘉宾酒”。1994年，评选出“将军”牌卷烟、“趵突泉”牌34° 特酿、“百脉泉”牌44° 特曲等102种产品为“济南市第一届食品精品”。1995年，成立济南市食品工业协会白酒专业委员会，调味品专业委员会，糕点糖果专业委员会，快餐、方便食品专业委员会，饮料专业委员会，冷食专业委员会等6个专业委员会，进一步加强行业间信息交流，协调产品价格，促进行业间公平竞争。1995年，全市食品工业企业1749家，其中市属企业66家、区县属企业48家、乡镇企业91家、村办企业1544家，共有职工68954人。独立核算食品工业企业全年完成工业总产值61.9亿元(1990年不变价，下同)，实现利税16.7亿元，其中利润2.7亿元。“八五”期间，济南食品工业加大技术改造力度，全市食品工业共完成技术改造178项，总投资3.56亿元，开发新产品269项，其中，填补国内空白11项、填补省内空白36项，共完成出口交货值4300万元。

1996年起，根据市委、市政府“银企联手，发展规模经济”工作思路，食品工业重点向大企业(集团)倾斜，加快大企业(集团)的低成本扩张，增强对全市食品工业的带动作用。山东酒精总厂整体收购破产的济南罐头食品厂，兼并山东长清县酒厂。济南泰脉集团先后兼并6个市、区属食品企业，成为济南市重点食品企业集团。通过实施骨干膨胀战略，山东将军集团、济

2008年12月，济南市食品工业协会第八届会员代表大会召开

南啤酒集团、济南灵芝集团、山东酒精集团、济南农工商集团、济南泰脉集团、商河县食品集团总公司和济南酿酒厂等发展成为省内知名企业集团。2002年，一批国内外知名食品企业相继在济南投资建厂，为济南食品工业发展注入活力。3月，台湾旺旺集团投资1950万美元，在济阳县建立山东旺旺集团食品有限公司。11月，百事可乐公司投资2亿元在济南高新开发区建立饮料罐装基地；维维集团投资7000万元，在历城区遥墙镇建立乳制品生产基地；福建达利集团、河北中旺集团等外地企业在济阳县投资建立生产基地等。2003年12月25日，市政府召开全市食品工业工作会，将食品产业列入全市重点发展的六大产业链之一。2005年，全市年销售收入500万元以上食品工业企业156家，从业人员3.4万人，完成工业总产值125亿元，实现年销售收入115.7亿元，实现利税33.2亿元，其中利润8.5亿元。销售收入过亿元的企业有10家，分别是济南卷烟厂、济南民天面粉有限责任公司、济南啤酒集团、济南趵突泉酿酒有限责任公司、济南佳宝乳业有限公司、济南维尔康食品有限公司、百事可乐济南分公司、福建达利食品济南分公司、山东旺旺集团、济南群康食品有限公司。

“十一五”期间，食品工业确定为济南六大支柱产业之一，一批国际国内知名食品企业可口可乐、伊利集团、南京雨润、青岛啤酒、娃哈哈、银鹭等在济南投资建厂，济南食品工业整体发展水平提高；本地食品企业清真友和食品有限公司、益康食品公司、群康食品公司、金乔食品公司、圣康食品公司、稻香园食品有限公司等进一步加大技术改造力度，扩产扩能，加快发展。至2010年年底，全市食品行业有规模以上企业(年销售收入500万元以上)306家，其中年销售收入10亿元以上企业12家、50亿元以上企业1家。全市食品工业形成食品加工、食品制造、饮料制造和烟草制造4大门类、19个中类、42个小类、7000余个花色品种的生产体系。拥有“佳宝”牌液态奶、“民天”牌小麦粉、“维尔康”牌鲜冻分割猪肉等中国名牌产品3个，山东省名牌产品14个；拥有中国驰名商标3件，山东省著名商标32件。拥有国家级技术中心1个，省级企业技术中心4个，省级工程技术研究中心2个，市级技术中心8个。

第一章　食品工业综合

第一节 行业构成

1986年，济南市食品工业主要产品门类有卷烟、啤酒、白酒、粮食加工、饮料、糕点、植物油、罐头、调味品、糖果等，食品行业企业以国有和集体所有制为主，企业分别隶属于济南市第一轻工业局、第二商业局、乡镇企业局、粮食局和农工商公司等。1991年，全市食品工业总产值25.8亿元。其中，食品加工业占14%、食品制造业占36%、饮料业占17%、卷烟业占33%。至2010年，随着产品结构优化调整和产业升级，全市食品工业产品门类发生较大变化。牛奶及制品由1986年的9062吨发展到2010年的139.24万吨，是1986年的153.7倍；瓶(桶)装饮用水(矿泉水、纯净水)从无到有，至2010年年总产量65万吨；冷食行业1986年有10余家企业生产冰糕、冰淇淋，年产量1904吨，至2010年生产企业仅6家，年产量6万吨；糖果行业1986年市区主要生产企业有7家，年产量8596吨，至2010年仅有2家企业附带生产，年产量很小；罐头行业1986年主要生产企业有30余家，肉罐头、水果罐头、蔬菜罐头等年产量13197吨；其中“飞轮”牌芦笋罐头远销欧洲、东南亚、日本等国家和地区，至2010年全市没有一家企业生产罐头产品；调味品行业1986年市区主要生产企业有7家，全市各县(市)每个乡镇供销社均有一个小酿造厂生产酱油、食醋、甜面酱，全市酱油年总产量8万多吨，至2010年市区主要生产企业仅剩2家，全市各乡镇供销社小酿造厂均停产，全市酱油年总产量3.82万吨；食用植物油行业1986年全市主要生产企业有4家，至2010年进行加工生产企业仅存1家。

2010年，全市食品行业主导产品门类有卷烟、乳制品、软饮料、啤酒、白酒、肉制品、面粉及其制品、调味品、糕点、冷食、方便休闲食品等，行业资本结构发生很大变化，国有、集体资本大部分退出，民营资本、外资等大量进入，股份制企业和私营企业占到规模以上企业总数的98%。同年，全市食品行业有规模以上企业(年销售收入500万元以上)306家，从业人员7.2万人，实现年销售收入308.1亿元，其中，食品加工业占15.2%、食品制造业占35.7%、饮料业占21%、卷烟占28.1%。年销售收入在全市各工业行业中排第3位。年产值过亿元的食品生产企业有26家，年销售收入10亿元以上的企业有12家，其中济南卷烟厂年销售收入50亿元以上。

1986～2010年济南市食品工业总产值及销售收入情况表

表7-7-1　　单位：亿元

年 份	总产值	销售收入	年 份	总产值	销售收入
1986	8.6	8.2	1999	68.2	62.5
1987	9.4	8.9	2000	72.2	65.2
1988	10.9	10.1	2001	67.8	73.8
1989	11.3	10.9	2002	73.7	78.1
1990	20.9	19.8	2003	103.0	89.0
1991	25.8	21.5	2004	118.3	108.0
1992	29.4	27.8	2005	125.0	115.7
1993	36.9	36.1	2006	136.0	126.8
1994	56.0	47.2	2007	193.2	179.4
1995	61.9	71.0	2008	248.7	237.1
1996	61.6	48.5	2009	288.2	270.6
1997	66.9	54.0	2010	321.6	308.1
1998	72.1	63.2			

第二节 产 品

一、产品结构

1986年，全市食品行业有食品加工、食品制造、饮料制造、烟草制造4大门类、17中类、38小类、3000余个花色品种。进入21世纪后，旺旺、达利、伊利、娃哈哈、银鹭、可口可乐、百事可乐等国内外知名食品企业在济南市投资建厂，对全市食品工业产品结构调整起到较大的推动作用。2004年，济南市食品工业协会组织山东金乔食品厂、济南市益康食品厂、山东朝阳食品有限公司、济南群康食品有限公司、济南华盛食品有限公司、济南全客隆食品有限公司、济南一大食物公司、济南万彩达工艺礼品公司等联合研发鲁式月饼新产品，并通过省级新产品鉴定，填补国内空白。鲁式月饼新产品改变广式月饼重油、苏式月饼重糖、京式月饼重油轻糖的工艺，突出轻油、轻糖，具有皮酥松、爽口、不油腻的特色，更适合现代人口味，成为全国月饼行业新的派系。至2010年，全市食品行业有食品加工、食品制造、饮料制造和烟草制造4大门类、19中类、42小类、7000余个花色品种，形成门类齐全、初具规模的食品工业生产体系。同年，全市液态奶和包装饮用水产量分别完成70.48万吨和29.3万吨，均位列全省同行业第一位；济南民天面粉有限责任公司生产的"民天"牌面粉，产销量列全省同行业第二位；济南德馨斋食品有限公司生产的"德馨斋"牌甜酱，产量列全省同行业第一位。

二、产品质量

1986年，济南市食品工业协会每年组织具有食品感官质量评价员证书资格的专家，对全市生产的月饼、白酒、冷食、调味品、元宵、粽子、面包等食品进行感官质量评价，对质量好的产品评定为市行业优质产品或行业精品，获奖产品102种，全行业食品质量得到提高。同年，济南市食品工业拥有国家级优质产品1个（"洛口"牌食醋国优银奖），省级优质产品21个，部级优质产品10个。1991年，济南市食品工业产品被评为国优产品6个（"洛口"牌食醋、"飞龙"牌芝麻蒜辣豆酱、"飞轮"牌芦笋罐头、"济食"牌奶油椰蓉饼干、"将军"牌卷烟和"三杯"牌食用酒精），省优、部优产品55个，全市食品工业优质品率30.3%。1996年，济南市经济委员会、济南市食品工业办公室、济南市第一轻工业局、济南市工商行政管理局、济南市质量技术监督局、济南市卫生防疫站、济南市消费者协会、济南市食品工业协会八个部门，从产品质量、市场占有率、企业生产设施、企业发展潜力等方面，认定命名济南趵突泉酿酒有限责任公司生产的"趵突泉"牌特酿酒为"济南市市酒"。2003年，"将军"牌卷烟、"佳宝"牌纯牛奶、"趵突泉"牌啤酒、"普利思"牌矿泉水、纯净水，分别被济南市经济委员会、济南市食品工业协会、济南市消费者协会认定命名为"市烟""市牛奶""市啤酒""市水"。2005年，"佳宝"牌液体奶成为济南市食品工业第一个中国名牌产品。"民天"牌小麦粉、"维尔康"牌鲜冻分割猪肉相继被评为中国名牌产品。趵突泉酿酒有限公司"趵突泉"商标、百脉泉酿酒有限公司"百脉泉"商标、将军（集团）烟草有限公司"将军"商标分别被认定为中国驰名商标。至2010年年底，全市食品行业有中国名牌产品3个、山东省名牌产品14个、济南市名牌产品21个；拥有中国驰名商标3件、山东省著名商标32件、济南市著名商标35件。

第三节 经济效益

1986～2010年，济南市食品工业经济效益呈现上升趋势，利税不断增长，中间也有起伏。2001年，由于受企业改革改制、产品转型等因素的影响，行业效益出现滑坡。经过产品结构调整后，2003年起食品行业效益逐年上升，卷烟、酒类企业是全市食品行业利税大户，食品行业税金占全市各工业行业首位。2010年，全市食品行业实现利税62.57亿元，其中利润23.28亿元。

1986～2010年济南市食品行业利税利润情况表

表7-7-2 单位：亿元

年 份	利税	其中利润	年 份	利税	其中利润
1986	3.30	0.64	1999	16.49	4.54
1987	3.34	0.81	2000	16.80	6.00
1988	4.78	1.07	2001	15.30	3.00
1989	4.70	0.92	2002	19.60	2.75
1990	5.10	0.63	2003	24.60	4.20
1991	6.10	0.70	2004	29.40	6.90
1992	7.30	1.00	2005	33.20	8.50
1993	8.10	1.10	2006	38.76	12.30
1994	13.10	2.90	2007	44.31	14.72
1995	16.70	2.70	2008	49.70	17.60
1996	16.24	3.01	2009	56.39	20.77
1997	15.20	4.07	2010	62.57	23.28
1998	16.57	4.16			

第二章 烟草工业

第一节 沿 革

1983年3月，成立山东省烟草公司济南分公司，济南卷烟生产由济南烟草分公司专营，实行产供销合一；在管理体制上，山东省烟草公司济南分公司、济南卷烟厂、济南烟草专卖局实行“三位一体”。1986年，济南市主要卷烟加工企业是济南卷烟厂，位于济南市北园路1号。1991年5月，山东—乐福门烟草公司成立，由中国烟草总公司山东省公司与乐福门国际烟草(英国)有限公司合资，厂址位于济南市北园路6号。1992年，济南卷烟厂迁址至济南市将军路80号。1993年1月，济南卷烟厂、山东省烟草公司济南分公司、山东省烟草公司聊城分公司、临清卷烟厂联合成立济南烟草集团公司。济南烟草集团公司是全国烟草行业第一家集团公司，济南卷烟厂是集团公司的核心企业。1995年5月，济南卷烟厂被取消法人资格；6月，济南烟草集团公司更名为汇友烟草(集团)有限公司，济南烟草集团公司济南卷烟厂更名为汇友烟草(集团)有限公司济南卷烟厂；10月，汇友烟草(集团)有限公司更名为山东将军烟草(集团)有限公司，汇友烟草(集团)有限公司济南卷烟厂更

济南卷烟厂将军烟包装流水线　（1990年摄）

名为山东将军烟草(集团)有限公司济南卷烟厂。1998年10月，山东烟草系统实行综合配套改革，济南烟草专卖局、山东省烟草公司济南分公司、济南卷烟厂“三位一体”体制解体。1999年8月，山东将军烟草(集团)有限公司更名为将军烟草集团有限公司，山东将军烟草(集团)有限公司济南卷烟厂更名为将军烟草集团有限公司济南卷烟厂。同年，英国乐福门公司与英美烟草公司合并，山东—乐福门烟草公司中的英国乐福门公司股份由英美烟草公司承接，中方股份由山东省烟草公司转让将军烟草集团有限公司。2001年4月，双方股份变更后，山东—乐福门烟草公司更名为华英烟草有限公司，生产和委托加工“黑猫”牌、“希尔顿”牌香烟。2005年11月，华英烟草有限公司董事会审议通过终止合资企业经营。2006年9月，山东烟草工业进行管理体制改革，山东中烟工业公司整合全省卷烟生产主营业务，济南卷烟厂成为山东中烟工业公司直属加工厂，名称变更为山东中烟工业公司济南卷烟厂。2007年，山东中烟工业公司济南卷烟厂迁址至济南市高新区科航路2006号。2010年4月，山东中烟工业公司改制更名为山东中烟工业有限责任公司，山东中烟工业公司济南卷烟厂更名为山东中烟工业有限责任公司济南卷烟厂。

第二节 生 产

1986年，济南卷烟厂卷烟产量42.57万箱。同年起，历时3年，济南卷烟厂进行技术改造，完成总投资950万元，安装设备109台(套)。1988年，因济南市全福立交桥道路改造，济南市计划委员会批准济南卷烟厂在济南市大桥路东侧(将军路80号)前王村、宋刘村部分土地实施易地技术改造项目。厂区占地面积23.6公顷，建筑面积13万平方米，总投资1亿元。1990年4月开工建设，1992年7月技改迁厂任务完成，1993年6月验收交付使用。1995年，济南卷烟厂新增制丝、卷包设备27台(套)，总投资6亿元。同年，卷烟产量增加到57.85万箱。2000年，卷烟产量增加到65.86万箱。2005年4月，因济南市历城区水景园规划建设占用济南市大桥路(将军路80号)厂区，国家烟草专卖局批复济南卷烟厂易地技术改造项目。新厂位于济南市高新区科航路2006号，占地面积74.27公顷，基础建设投资12亿元，建筑面积16万平方米，是全国烟草行业第一个占地千亩以上的现代化工业园区。2005年11月18日新厂破土动工，2007年11月18日新厂建成实现各单体的正常运行。2009年12月，100万箱卷烟生产线正式下线，济南卷烟厂卷烟年产量突破100万箱，企业跨入行业“百万大厂”行列。2010年10月，济南卷烟厂易地技术改造项目通过总体验收，更新集控制丝线、高速卷接包机组等设备，生产设备达到或接近国际先进水平。同年，济南卷烟厂卷烟产量100.58万箱，实现产值72.1亿元，利税52.83亿元。

1986～2010年济南卷烟厂部分年份主要经济技术指标情况表

表7-7-3

年 份	职 工(人)	产 量(万箱)	产 值(亿元)	利 税(亿元)
1986	2710	42.57	2.42	2.18
1990	3300	51.17	7.29	4.09
1995	2724	57.85	16.78	13.63
2000	1618	65.86	19.09	12.6
2005	1519	81.44	44.89	26.55
2010	1740	100.58	72.10	52.83

第三节 产 品

1986年年初，济南卷烟工业生产烤烟型和混合型两大类，从甲到戊5个等级19个牌号的产品。甲级烟有大鸡、福寿等4个牌号；乙级烟有琥珀、长青、岱岳、金鹤等10个牌号；丙级、丁级和戊级烟有泉城、金菊、珍珠泉、大众等5个牌号。卷烟合格率98.6%，一类品率80.8%，二类品率19.2%。1987年，济南卷烟厂与英国乐福门公司联合研制“将军”牌卷烟，当年产量2025.6箱，并出口东欧、东南亚等地区。1989年，“将军”牌卷烟被评为全国烤烟型优质产品。1991年，“将军”牌卷烟被评为国家质量奖银质奖。1994年，“将军”牌卷烟被评为山东名牌产品、济南市食品精品。1999年，“将军”牌卷烟被评为全国名优卷烟。2000年，“将军”(特醇)“大鸡”(精品)牌卷烟被国家烟草专卖局评定为行业卷烟优等品。2001年，“将军”牌卷烟被评为全国36个名优卷烟之一，是山东省唯一上榜品牌。2003年，“将军”“琥珀”“大鸡”牌卷烟被评为济南市名牌产品；“将军”牌卷烟被评为济南市“市烟”。2004年，“将军”品牌入选国家烟草专卖局《卷烟百牌号目录》。2005年8月，将军烟草集团有限公司济南卷烟厂注册的“将军及盾”商标被济南市中级人民法院司法认定为济南市首例“中国驰名商标”。2010年，烟草行业实施“大市场、大品牌、大企业”战略，山东卷烟品牌整合，济南卷烟厂主要生产“将军”品牌卷烟。同年，各规格将军卷烟开始纳入泰山卷烟系列。

1986～2010年，济南卷烟厂产品在国家烟草专卖局、山东省烟草专卖局市场质量抽检中合格率均为100%。

第三章 乳制品工业

第一节 沿 革

1986～1990年，济南市乳品行业主要生产企业有济南市第二商业局主管的济南乳品厂、济南牛奶食品厂、济南第一奶牛场、济南第二奶牛场等，生产规模比较小。1994年10月，山东兴牛乳业有限公司成立(前身为山东省农科院乳品厂)。1998年11月，济南市政府决定，由济南农工商集团对济南乳品厂、济南牛奶食品厂、济南第一奶牛场、济南清真食品厂等7家单位整建制合并，成立济南佳宝乳业有限公司。同年，中国乳制品工业协会成立，济南佳宝乳业有限公司成为首批会员单位。2001年，根据济南市政府“国退民进”的要求，济南佳宝乳业有限公司开始股份制改造，国资委控股30%，企业全民持股70%。2003年，济南佳宝乳业有限公司母公司济南农工商集团更名为山东佳宝集团，在济南市农业高新技术开发区建设佳宝工业园。2004年，企业进行第二次改制，国有股全部退出，济南佳宝乳业有限公司成为民营股份制企业。2007年4月，山东高速生物工程有限公司登记注册，系山东高速集团下属全资控股企业，其前身为山东天甫乳业有限公司，该公司是集奶牛饲养、乳品研发、生产加工、销售、物流配送为一体的现代化乳品企业，主要经营“特地”高端鲜牛奶和酸牛奶。2008年5月，山东高速生物工程有限公司正式投入生产。2010年，济南市乳制品工业有山东佳宝集团、山东兴牛乳业有限公司、山东高速生物工程有限公司3家本地企业，引进品牌企业主要有位于济南市历城区的济南维维乳业有限公司、位于平阴县的济南伊利乳业有限公司、位于济阳县的山东旺旺食品有限公司。

第二节 生　产

1986年前，计划经济仍占主导地位，只有城市的奶业公司饲养少量奶牛，牛奶凭证供应，农村不养奶牛；济南乳制品生产企业的生产方法基本上都是原始的巴氏杀菌法，所生产的乳制品需要低温保存，在2～6摄氏度的环境下，保质期在3～7天。1986年后，奶业实行国营、集体、个体一起发展方针，允许和支持农民饲养奶牛，奶牛存栏数量迅速增加。至80年代末，个体奶牛饲养比例超过95%，各地兴建起一批乳品企业和奶源基地，但企业规模都不大，以奶粉和巴氏消毒奶为主，年产量一般在300～400吨左右，其主要特征就是规模小而分散，计划配给为主。

1990年后，饲料价格放开，奶业进行市场化改革，放开牛奶购销价格，取消牛奶补贴，开放乳制品市场，实行市场竞争。1998年，济南佳宝乳业有限公司成立后，率先引进UHT(超高温瞬时处理超高温瞬时灭菌)长效灭菌法生产牛奶，并引进系列先进生产设备，应用二次灭菌的生产法将牛奶中的细菌全部杀死，牛奶可以在常温下存放，保质期延长至30～45天。

1999年后，是生产方式转变时期，全市推行奶牛养殖小区和规模化养牛场建设，奶牛养殖业呈现规模化、集约化、标准化。同年，济南佳宝乳业有限公司在全国率先成立奶业合作社，发展饲养小区，企业的核心奶源开始建立；在长清县投资建设第一个3000头的规模化牧场。2000年，济南佳宝乳业有限公司与欧盟合作项目在济南市张庄路建设投产，全部引进德国康美包和瑞典利乐枕、利乐砖设备，产品档次提升。2003年，济南佳宝乳业有限公司在济南市农业高新技术开发区征地66.7公顷，投资5亿元，建设佳宝工业园，全部引进世界最先进的机器设备，标准化生产，车间实行GMP(生产质量管理规范)十万级空气净化设备，24小时电子监控。产品有灭菌奶、巴氏奶、酸奶、含乳饮料等100多个品种，年产能设计40万吨。

2008年后，是乳品行业转型时期，一批注重奶源基地建设的地方乳品企业迅速发展，全市奶业发展从单纯数量扩张阶段向整体优化结构、提高产业素质和产品竞争力阶段转变。同年，山东高速生物工程有限公司在济阳县新市镇投资5000余万元，建成占地面积46.7公顷奶牛饲养规模5000余头的现代化自有牧场，引进以色列先进设备，生产特地巴氏纯鲜牛奶和特地高端搅拌型酸牛奶，日均产量50吨。2010年，全市乳品产量25.68万吨。

1986～2010年济南市乳制品产量统计表

表7-7-4 单位：吨

年 份	产 量	年 份	产 量
1986	9062	1999	28940
1987	10960	2000	44069
1988	9713	2001	17172
1989	10837	2002	57459
1990	16230	2003	87913
1991	17172	2004	180059
1992	13398	2005	186342
1993	11818	2006	200500
1994	11069	2007	216500
1995	53400	2008	208500
1996	20091	2009	225500
1997	13819	2010	256800
1998	21858		

第三节 产 品

1986年起，各乳制品企业把产品质量放在首位，同时加大新产品的开发和研制，济南市乳品厂生产的果汁奶深受消费者欢迎。1988年，济南牛奶食品厂推出的双歧因子酸奶填补国内空白，并获山东省经济委员会颁发的省级新产品奖。1988～1989年，济南市乳品厂研制草莓酸奶、果汁奶、婴幼儿奶粉、强化VAD甜牛奶、强化VAD消毒奶，其中草莓酸奶被评为农业部优质产品，强化VAD消毒奶被评为省优质新产品并填补省内空白。1990～1991年，试制成功加盐奶油和乳酸菌饮料。1993年，设计盒装酸牛奶生产工艺流程，草莓酸奶灌装工艺由原来的暴露式手工灌装改为封闭式阀门控制灌装，更加符合卫生标准。

1996年，济南乳品厂研制开发的双歧酸奶上市，企业效益提高。1999年，济南佳宝乳业有限公司生产的液态奶被评为济南市名牌产品。2000年，完善原料乳抗生素检测的留样办法，由只留混合大样改为每户留样检测方式，便于质量追溯。2001年，利用美国B150红外线五项牛奶成分检测仪对原料乳收购实行乳脂肪、乳蛋白、非脂干物质、乳糖、全乳固体等多项指标综合计价。同年，济南佳宝乳业有限公司生产的液态奶被评为山东名牌产品。2003年，“佳宝”牌牛奶被评为济南市“市牛奶”，成为济南市乳制品的代表。2004年，改进采样模式和数量，样品更具科学性和代表性。

2005年，佳宝系列液态奶被评为中国名牌产品，成为济南市食品行业第一个中国名牌产品。2006年，将原料乳滋、气味检测作为每户原料奶的必检项目，进一步保障原料乳质量。2007年，使用美国安普抗生素快速检测仪检测出抗生素乳1686批次并拒收；现场检测原料乳共20160批次，其中合格原料乳18530批次；检测出异常乳1630批次，给予拒收。

第四章　酿酒行业

第一节 白 酒

一、沿革

20世纪80年代，济南市白酒行业企业实行厂长负责制，管理水平低、产品档次低。1986年，白酒市场竞争激烈，许多酒厂效益大幅下降，部分厂家被迫停产。全市有历城、章丘、平阴、长清4家酒厂。同年，历城仲宫酒厂更名为济南酿酒厂；平阴县酒厂更名为济南阁老贡酒厂。1988年，企业实行集体承包经营，尝试两权分离探索。1990年，商河县、济阳县划归济南市后，济阳县酒厂更名为济南韶台酿酒厂。同年，全市有济南酿酒厂、章丘县酒厂、济南阁老贡酒厂、长清县酒厂、济南韶台酿酒厂、商河曲酒厂、商河酒厂7家，均为国有企业。1992年，章丘撤县设市，章丘县酒厂更名为章丘市酒厂。1994年11月，章丘市酒厂进行产权制度改革，实行股份制，改制为济南百脉泉酿酒(集团)有限公司。1995年始，济南先后出现20家个体小酒厂，主要有济南恒龙酒业有限公司、鲁酒王酒业、百老泉酒业，其中百老泉酒业主要生产经营散装白酒，年生产量超万吨。同年，济南市食品工业协会白酒专业委员会成立；商河曲酒厂、商河酒厂合并成立美冰酿酒集团。1996年10月，济南阁老贡酒厂被山东三株药业集团收购，更名为山东三株阁老贡酒业有限责任公司，为民营企业。同年，公司实行三项制度改革，职工告别“铁饭碗”，全部实行合同制。1997年年底，济南韶台酿酒厂破产。1999年7月，企业实行“国退民进”，国有资产变现退出，职工一次性买断，济南酿酒厂改制为济南趵突泉酿酒有限责任公司。同年，长清县酒厂改制为济南白鹤泉酿酒有限公司。2000年8月，济南百脉泉酿酒(集团)有限公司进行第二次“国退民进”改革，更名为济南百脉泉酿酒有限公司，注册“清照园”商标。2002年，美冰酿酒集团改制为民营股份制企业，更名为济南今朝酒业有限公司。同年，济南白鹤泉酿酒有限公司破产。至2003年，济南市主要白酒企业由7家减至4家。2005年2月，山东三株阁老贡酒业有限责任公司被山东鑫箭集团收购，更名为济南阁老贡酒业有限公司。同年12月，济南百脉酿酒有限公司更名为山东百脉泉酒业有限公司。

至2010年年底，济南市共有大小酒厂30余家，规模较大、知名度较高的生产企业主要有济南趵突泉酿酒有限责任公司、山东百脉泉酒业有限公司、济南阁老贡酒业有限责任公司、济南今朝酒业有限公司、济南裕龙酒业有限公司、济南御泉酿酒有限公司等，除山东百脉泉酒业有限公司是国有控股企业外(该企业由原国有改制成股份制，但国有占大股)，其他均为民营企业。同年，济南市有国家级评酒委员5人、省级评酒委员10人。

二、生产

1986年，济南酿酒厂投资121万元，进行酒精生产设备产量翻番配套工程改造，建10吨链条锅炉1座。1988年7月，章丘县酒厂与山东济南制药厂签订年产600吨无水酒精合作生产协议，建成无水酒精生产线，酒精车间采用低温蒸煮新工艺，年节煤1000吨。1990年，全市7家酒厂共有职工3344人，固定资产1.18亿元，产值1.4亿元，产量2.43万吨，年销售收入1.24亿元，实现利税2838万元。

1991年，章丘县酒厂投资500万元，新建2209平方米粮食酒车间和1087平方米配套原料仓库及1000平方米大曲车间，新建550平方米锅炉房和1520平方米的灌装车间，新装微机调控10吨锅炉1台，新增灌装流水线2条。同年，济南韶台酿酒厂扩建粮食酒生产车间1个，增加发酵池100个；商河酒厂增建发酵池260个，粮食酒产量1000吨，新上灌装线4条。1992年，济南酿酒厂酒精蒸馏改两塔式为三塔式装置，生产符合国家标准的食用酒精，质量比原来提高两个档次。包装车间改为机械化灌装，日产瓶酒由10吨提高到30吨，购进色谱仪1台，对出厂产品质量指标全部进行普检。同年，章丘市酒厂安装SED10-13型10吨燃烧锅炉1台，新建窖池190个，更新老窖池60个，年生产白酒6412吨，工业总产值2005万元。1993年，济南酿酒厂采取窖池养护、加热浆、慢蒸馏新工艺，粮食酒出酒率由35.9%提高到41.9%，使用微机勾兑，产品质量稳定提高。1994年，济南百脉泉酿酒(集团)有限公司无水酒精停产，对酒精生产进行扩产改造，由原年生产能力7000吨扩产到9000吨，完成产值2300万元，实现利税1100万元。同年，济南阁老贡酒厂与山东工业大学联合改造酒精生产项目，酒精年产量5000吨。1995年，济南百脉泉酿酒(集团)有限公司增建发酵池110个，粮食酒产量由1991年的600吨增至900吨，购进1102气象色谱仪，气象色谱检测与微机勾兑联网。

1996年6月，因卧虎山水库污染问题，经济南市政府批准，济南酿酒厂停止酒精生产。同年，济南酿酒厂新建5000平方米制曲车间，实现用曲自给；新建3300平方米灌装车间，灌装线15条，日灌装能力100吨；新建1000吨粮食酒车间。1997年，山东三株阁老贡酒业有限责任公司增建发酵池200个，发酵池累计600个，粮食酒生产能力1500吨。1998年，济南酿酒厂淘汰手工灌装线，全部改造成22条自动流水线，年灌装能力3万吨；扩建2500平方米粮食酒车间，粮食酒生产能力5000吨；开发50°、53°兼香型趵突泉特酿。

2000年，济南趵突泉酿酒有限责任公司投资200万元，建成3400平方米制曲楼，年产曲1800吨，实现自给自足，更换高精度定量灌装机。2002年，酒精市场产大于求，企业亏损严重，济南百脉泉酿酒有限公司停止酒精生产。2004年，济南百脉泉酿酒有限公司引进制曲机，变过去人工踩曲到机械制曲曲坯成型，克服脚踩曲曲砖硬度低、升温快、质量不稳的难题。同年，济南趵突泉酿酒有限责任公司被国家统计局列入“中国白酒工业百强企业”；趵突泉成功推出历时20多年的研究成果——54°趵突泉芝麻香型白酒，第一个将芝麻香型商品酒推向市场。2005年，山东百脉泉酒业有限公司试验成功“有机窖泥培养”工艺，开始研制五粮酒，同时开发研制芝麻香型白酒。2007年9月，山东百脉泉酒业有限公司研制生产芝麻香型白酒。2009年，济南趵突泉酿酒有限责任公司被山东省政府和中国轻工业联合会授予“中国芝麻香型白酒领军企业”称号。2010年，全国白酒标准化技术委员会芝麻香型白酒分技术委员会秘书处落户济南趵突泉酿酒有限责任公司；“趵突泉”仲宫白酒传统酿制技艺被收入山东省“省级非物质文化遗产”保护名录；百脉泉传统酿酒技艺被认定为济南市非物质文化遗产项目。同年，济南趵突泉酿酒有限责任公司投资500万元，建成2800平方米的制曲车间和1000平方米的麸曲车间，粮食酒产量6000吨。

2010年，全市白酒行业共有员工1963人，固定资产2.42亿元，生产浓香型、兼香型、芝麻香型3种香型白酒，该市企业自酿造白酒产量1.51万吨(本地企业大量从四川购入原酒经勾兑后灌装销售，号称四川是白酒生产大省，山东是销售大省)，年产值5.4亿元，年销售收入6.09亿元，实现利税1.41亿元。

1986～2010年济南市商品酒产量统计表

表7-7-5　　单位：吨

年份	产量	年份	产量	年份	产量
1986	15183	1995	47339	2004	38597
1987	16472	1996	47040	2005	32777
1988	19893	1997	47789	2006	38539
1989	16167	1998	38094	2007	42600
1990	24313	1999	68080	2008	47896
1991	26899	2000	41766	2009	49250
1992	29217	2001	26899	2010	51500
1993	34314	2002	37883		
1994	54381	2003	36007		

三、产品

(一)产品品种 1986年，济南市白酒产品主要有济南酿酒厂的锦绣川特酿、锦绣川佳酿、锦绣川大曲、卧虎山白酒；章丘县酒厂的百脉泉特曲、百脉泉佳酿、百脉泉玉液、绣江春白酒；济南阁老贡酒厂的阁老贡白酒；长清县酒厂的白鹤泉白酒。1990年，白酒主要产品增加济南酿酒厂的舜井特酿、万竹园特酿、万竹园陈酿、仲宫川液，章丘县酒厂的清照特曲、清照大曲、清照二曲，济南阁老贡酒厂的阁老贡精酿、阁府宴酒，济南韶台酿酒厂的韶台特酿、韶台贡、韶台春，商河酒厂封王玉液。1993年，市场出现低度白酒。至2000年，济南市白酒产品发展到168个品种。其中，济南趵突泉酿酒有限责任公司有110个品种，主导产品有52° 趵突泉特酿、34° 趵突泉特酿、36° 趵突泉特酿、38° 趵突泉特酿、39° 趵突泉特酿、39° 锦绣川特酿；济南百脉酿酒(集团)有限公司有54个品种，主导产品有39° 百脉泉特曲、34° 清照特曲、36° 清照特曲、38° 清照特曲、39° 清照特曲、36° 清照王；山东三株阁老贡酒业有限公司的阁老贡十年、阁老贡招待专供；美冰酿酒集团的今朝白酒、娇泰白酒。2010年，济南市白酒有300余个品种。其中，济南趵突泉酿酒有限责任公司有76个品种，增加54° 芝麻香型白酒、34° 芝麻香型白酒、42° 芝麻香型白酒、54° 趵突泉兼香型白酒、39° 浓香型精品趵突泉特酿；山东百脉泉酒业有限公有192个品种，先后开发36° 清照王子酒、36° 清照乡音酒、34° 清照词人酒、52° 金清照、38° 豪情百脉泉、42° 浓清百脉泉、42° 激情百脉泉酒等；济南阁老贡酒业有限责任公司有10个品种，主导产品有阁老贡醉明月、阁老贡新十年、阁老贡精酿、阁府宴酒等；济南今朝酒业有限公司有23个品种，主导产品有50° 今朝缘、39° 封王金酿、38° 封王御液、38° 娇泰精品、38° 今朝缘十年陈、38° 今朝至尊、36° 今朝经典商务。

(二)产品质量 1991年，54° 百脉泉、44° 百脉泉特曲、娇泰白酒、韶台特酿被评为省优质产品。1992年，“阁老贡”商标被认定为山东省著名商标。1992年起，“趵突泉”商标连续5届被认定为山东省著名商标。1993年，济南酿酒厂39° 趵突泉特酿、济南第二酿酒厂39° 封王御液、山东长清县酒厂44° 白鹤泉特酿、济南阁老贡酒厂44° 阁老进贡酒被评为“济南市嘉宾酒”。1995年起，清照特曲、百脉泉特曲连续8年被评为省优级产品。1996年,“趵突泉”牌特酿酒被评为济南市“市酒”。1998年,39°趵突泉特酿被评为山东名牌产品。2002年,“清照”商标被认定为山东省著名商标。2003年起,趵突泉特酿连续3次被评为山东名牌产品。2005年,“阁老贡”牌白酒被评为济南名牌产品,“百脉泉”“清照”牌白酒被评为山东名牌产品。同年,“趵突泉”商标被认定为中国驰名商标,是山东白酒行业的第一个驰名商标。2006年,“百脉泉”“今朝”商标被认定为山东省著名商标。2007年,“趵突泉”被认定为第一批“山东老字号”,被商务部认定为“中华老字号”。2008年,“今朝”白酒被评为济南名牌产品;“百脉泉”商标被认定为中国驰名商标。2010年,“阁老贡”被认定为山东省著名商标,济南4家白酒厂有5个商标被认定为山东省著名商标。

第二节 啤 酒

一、沿革

1986年,济南市啤酒行业生产企业有济南市第一轻工业局主管的济南啤酒厂和济南郊区政府主管的济南白马山啤酒厂2家。1986～1990年,中国啤酒行业进入高速发展期,同时济南啤酒企业快速发展。其间,相继建成济南发酵食品厂啤酒车间、济南酿酒厂啤酒车间、济南市黄台啤酒厂。1987年4月11日,撤销郊区和历城县建制,设立济南市历城区,济南白马山啤酒厂划归济南市第一轻工业局。1990年,全市啤酒生产企业有5家,啤酒企业的性质从纯国有企业,增加非国有制企业黄台村投资的济南市黄台啤酒厂。

1991年5月5日,以济南啤酒厂、济南白马山啤酒厂为主导企业成立济南啤酒集团总公司,共有职工2161人,固定资产1.2亿元,啤酒生产能力15万千升,成为全国啤酒行业的大型企业,并相继兼并济南金笔厂、济南趵突泉宾馆、济南白马山肉联厂。济南啤酒行业经过几年的快速发展,啤酒年生产量不断增加,发展速度开始减缓,济南啤酒行业开始进入调整期。

1993年,济南啤酒集团总公司内的核心企业济南啤酒厂和济南白马山啤酒厂与加拿大卢堡中国集团有限公司合资成立济南卢堡啤酒有限公司,并进行技术改造,达到25万千升生产能力。同年,在济南出现全国第一家酒店内国产自酿啤酒设备,酿制不经过滤的原浆鲜啤酒,随后又有10余家酒店安装自酿啤酒设备,酿制原浆鲜啤酒。至1995年,济南发酵食品厂、济南酿酒厂相继退出啤酒行业,济南啤酒行业有啤酒企业3家。1996年,济南印刷二厂并入济南啤酒集团。1998年4月10日,济南啤酒集团与合资方发生纠纷,直至2002年合资双方停止诉讼,达成部分谅解。

2001年起,中国啤酒行业进入大规模兼并时期,济南啤酒市场进入白热化竞争阶段,青岛啤酒有限公司的青岛啤酒、崂山啤酒和济南啤酒集团总公司的趵突泉啤酒、北冰洋啤酒为主要竞争对手。其间,济南趵突泉啤酒、北冰洋啤酒产量自2003年开始出现明显下降。2006年起,济南周边又相继建成一些5万吨以下规模啤酒生产企业,竞争越来越激烈。2006年12月,山东省鲁商集团对济南啤酒集团进行重组;同时,青岛啤酒有限公司宣布在济南建厂。2007年4月,青岛啤酒(济南)有限公司在济南奠基,2008年1月开始生产啤酒,当年生产9万千升。2009年6月,济南啤酒集团以2.5亿元的价格将济南啤酒集团的所有品牌转让青岛啤酒有限公司,并退出啤酒行业。自此,趵突泉、北冰洋品牌啤酒由青岛啤酒有限公司生产。其间,济南黄台啤酒厂、济南百脉泉啤酒饮品有限公司、济南方圆啤酒有限公司也相继停产。至2010年年底,济南市已无千吨以上规模本地企业生产啤酒,只有青岛啤酒(济南)有限公司在济南高新区生产啤酒。

二、生产

济南啤酒厂生产线 （1989年摄）

1986年，济南市啤酒生产采用14立方米/锅的三锅一槽糖化设备，60～100立方米的发酵罐，棉饼过滤机过滤，8000瓶/小时啤酒灌装线；糖化工序、发酵工序、过滤工序均采用仪表显示、人工控制的方法。其中发酵工序大部分采用露天发酵工艺，部分仍然采用前发酵、后发酵工艺，前后发酵工艺发酵时间长，需在0～10摄氏度环境下工作；棉饼过滤机过滤和清酒罐也是在低温下操作。1986～1990年，济南啤酒厂投资5000万元，济南白马山啤酒厂投资1000万元，进行技术改造，先后从联邦德国引进20吨/小时硅藻土过滤机和2万瓶/小时啤酒罐装线；济南啤酒厂先后建成2925平方米的糖化车间、7614平方米的包装车间，建成内装发酵工序的厂房2978平方米，并安装28台165立方米的露天发酵罐；白马山啤酒厂建成内装910万大卡制冷工序的708平方米厂房和年产8000吨麦芽的6000平方米制麦车间。经过技术改造，济南啤酒厂和济南白马山啤酒厂生产能力分别提高至10万吨和7万吨。其间，济南啤酒厂晋升为国家二级企业；济南啤酒厂、济南白马山啤酒厂评为省级先进企业。全市啤酒产量从1986年的5.21万吨，增至1990年的11.65万吨。

1991年，济南啤酒集团总公司成立后，年产8000吨萨拉丁箱麦芽生产线正式投产，弥补啤酒主要原料大麦麦芽的不足。当年生产啤酒14.3万吨，名列全国同行业第三位；完成工业总产值1.44亿元，名列全国同行业第四位；完成销售总收入2亿元，列全国同行业第二位；实现利税总额5142万元，名列全国同行业第四位，实现利税名列市属150家国营工业企业首位。1993年，从联邦德国引进克朗斯公司3.6万瓶/小时的罐装线和斯坦尼克公司全过程微机控制的糖化设备，自动化程度达到全国一流水平。同年，济南啤酒集团生产啤酒17.34万吨，年销售收入2.5亿元，实现利税6000万元。1995年，济南啤酒集团生产啤酒15.03万吨，并连续几年徘徊于此产量。2000年，济南啤酒集团生产啤酒15.78万吨，销售收入3.5亿元，实现利税6874万元。2001年，济南啤酒集团开始进行产品升级及设备改造，引进丹麦APV公司的全自动酵母扩培设备和高浓稀释设备，在济南啤酒厂区建成当时最先进的不经巴氏杀菌、利用膜过滤技术实现无菌化生产的2万瓶/小时的纯生啤酒生产线。2002年6月，“趵突泉纯生啤酒”成功上市；同年，设计建成国内首创的鲜啤酒自动灌装线，设计推出具有自主知识产权的专利鲜啤酒桶，自此济南扎啤在全国销量第一。当年，济南啤酒集团完成产量17.5万千升，实现利税8000万元，创历史最高水平。2003～2006年，随着市场竞争的日益加剧，济南本地啤酒产量逐步下降，2003年啤酒产量15.8万千升，2004年啤酒产量14.6万千升，2005年啤酒产量13.8万千升，至2006年跌至16年来最低，当年生产啤酒11.3万千升。2007年，济南啤酒集团被鲁商集团重组后产量提高至12.3万千升。

同年，济南百脉泉啤酒饮品公司啤酒产量0.3万千升，济南方园啤酒公司啤酒产量0.2万千升，其他几个小型鲜啤厂啤酒产量0.2万千升。2008年，青岛啤酒公司在济南投产，当年生产啤酒9万千升，济南啤酒集团12.8万千升，济南百脉泉啤酒1万千升，方园啤酒公司生产0.3万千升，小型鲜啤厂生产0.2万千升，全年济南市共生产啤酒23.3万千升。2009年6月，济南啤酒集团品牌转让，1～6月共生产啤酒7.3万千升，青岛啤酒济南公司生产啤酒14.5万千升，其他合计生产啤酒1万千升，全年济南市共生产啤酒22.8万千升。2010年，全市生产啤酒22万千升，其中青岛啤酒(济南)有限公司产量19.3万千升。

三、产品

(一)产品品种 济南市生产的啤酒有淡色啤酒、红啤酒、黑啤酒、纯生啤酒、小麦啤酒、无醇啤酒和特色啤酒。1986～2000年，主要生产12°P淡色啤酒。2000年起，逐渐发展为11°P淡色啤酒、10°P淡色啤酒、8°P淡色啤酒和7°P淡色啤酒。2000～2009年，济南主要生产8°P淡色啤酒，在包装形式上分为瓶装、易拉罐和桶装鲜啤酒三种。2009年7月起，趵突泉系列啤酒均为青岛啤酒(济南)有限公司生产。

(二)产品质量 1985年始，进行啤酒质量评定，“趵突泉”牌啤酒、“北冰洋”牌啤酒被评为历届省优、部优产品及轻工部A级产品。1993年，12°P“趵突泉”啤酒被评为“中国公认名牌”，12°P趵突泉啤酒被中国酿酒工业协会评为1995年全国啤酒行业优质产品。1996年，北冰洋“复方SOD”啤酒列为国家星火项目，北冰洋“复方SOD”营养保健啤酒问世，该产品为国家卫生部批准的保健产品，此项目获山东省星火科技二等奖。1997年，“趵突泉”牌啤酒、“北冰洋”牌啤酒被山东省经贸委评为山东省名牌产品。1999年，6°P趵突泉无醇啤酒被列入国家火炬计划，2000年通过山东省科技厅成果鉴定，该项目达到国际先进水平，于2002年获济南市科技进步二等奖。2002年，济南啤酒集团研制的趵突泉红啤酒、趵突泉暖啤酒上市，并获济南市科技进步三等奖。2003年后，由于市场竞争激烈，企业经济效益下滑，啤酒产品没再获奖。

1986～2010年济南市啤酒产量统计表

表7-7-6　　单位：吨、千升

年份	产量	年份	产量	年份	产量
1986	52059	1995	150300	2004	146000
1987	67835	1996	158000	2005	138000
1988	97353	1997	152000	2006	113000
1989	109480	1998	153000	2007	135000
1990	116500	1999	150000	2008	233000
1991	142921	2000	157800	2009	228000
1992	164808	2001	165000	2010	220000
1993	173400	2002	175000		
1994	150500	2003	158000		

说明：2001年起，啤酒的计量单位改为千升

第五章 粮油加工业

第一节 粮食加工

一、沿革

1986年，济南市共有国有粮食加工企业(含粮库面粉车间)11家，即济南面粉厂、北山面粉厂、济南粮食加工厂、平阴县面粉厂、章丘县面粉厂、长清县粮油加工厂、东郊面粉厂、历城仲官粮食加工厂、郭店粮食加工厂、辛庄粮库制粉车间、黄台粮库制粉车间。1989年，济南中心面粉厂建成。1990年，济阳县面粉厂、商河县面粉厂随其行政区域划入济南市，全市国有粮食加工企业达到14家。1991年，章丘市面粉厂改制更名为章丘荣元面粉有限公司。1994年，组建山东鲁星面粉公司。1997年，济南面粉厂被济南中心面粉厂兼并；济南中心面粉厂改制为济南民天面粉有限责任公司。1998年4月，国有独资企业济南三良有限责任公司成立，隶属于济南市粮食局。1999年5月，长清县粮油加工厂破产，面粉车间停止生产。同年，历城仲宫粮食加工厂停产。

2000年，济阳县面粉厂破产。2001年，济南三良有限责任公司并入济南第三粮库。2002年，济南民意面粉有限公司(北山面粉厂)并入济南民天面粉有限责任公司。2003年，成立济南民天集团；济南鲁星面粉有限责任公司停产；平阴县面粉厂破产。2004年，成立山东荣元粮油有限公司；章丘荣元面粉有限公司破产。2006年，济南鲁星面粉有限责任公司并入济南民天集团；历城第一面粉厂破产。2009年，商河县面粉厂破产后改制为山东民健面粉有限公司。

至2010年年底，全市日处理小麦50吨以上的面粉厂有18家，其中国有面粉厂6家(民天公司处理原粮350吨/日、民意公司处理原粮300吨/日、鲁星公司处理原粮150吨/日、三良公司处理原粮80吨/日、山东荣元公司处理原粮260吨/日、历城金粮公司处理原粮120吨/日)，非国有面粉厂12家(商河县：山东民健面粉公司处理原粮200吨/日、众成面粉加工厂处理原粮100吨/日、民乐面粉加工厂处理原粮60吨/日、百姓面粉加工厂处理原粮50吨/日；济阳县：长健面粉公司处理小麦125吨/日；平阴县：刘官面粉厂处理原粮80吨/日、汇东面粉厂处理原粮60吨/日；市区：来顺面粉厂处理原粮60吨/日、恒德面粉厂处理原粮60吨/日、东兴面粉厂处理原粮70吨/日、金山面粉公司处理原粮80吨/日、宝昊粮油食品公司处理原粮80吨/日)。

二、生产

1986～1992年，是粮食实行计划调控和市场调节相结合的“双轨制”阶段。济南市国有粮食加工企业以计划调控为主，在完成国家粮食加工计划的前提下，实行市场调节，扩大计划外粮食加工自营业务(粮食兑换、自产自销、议价加工)，由单纯生产型向生产经营型转变。1992年，粮食价格开放后，对国有面粉加工企业带来严重冲击，由于长期受计划经济体制的影响，部分企业经营困难。市粮食局开始对国有面粉加工企业进行大规模技术改造和产品结构调整。1994年，济南第二粮库制粉车间进行技术改造，建成日处理小麦150吨的等级粉生产线，组建山东鲁星面粉公司。1995年，济南第三粮库面粉厂实施技术改造，形成日处理小麦80吨的生产能力。1997年，济南中心面粉厂实施技术改造，生产能力由建厂初期的日处理小麦250吨，提高到350吨，产品由过去生产等级粉到生产等级粉、专用粉和营养保健面粉三大系列70余个品种。同年，济南北山面粉厂引进意大利奥克利姆公司生产的日处理小麦300吨的专用粉生产线。1998年，实现粮食储备与生产经营的分离，结束运行40余年的厂库合一体制，粮食加工企业真正走上自主经营、自负盈亏的市场化道路。2003年，整合国有粮食加工企业，初步形成以济南民天面粉有限责任公司为龙头的面粉业集团化运作和经营。济南民天面粉有限责任公司打造"民天"牌面粉品牌，开拓省内外市场，同时以提升"民天"牌面粉专卖店为重点，在市内居民小区设销售网点160余家。山东荣元粮油有限公司打造"荣元"牌无增白剂放心面品牌，占领章丘市场，并不断开拓省内外市场。2005年5月，山东荣元粮油有限公司异地改造，采用布勒磨粉设备及其他国产先进设备，改成日处理小麦260吨的自动化制粉生产线。2010年，全市生产小麦粉14.86万吨，实现年销售收入1.93亿元，利税2320万元，利润1250万元。

三、产品

(一)产品品种 20世纪80年代，济南市面粉品种以标准粉为主，辅以特二粉、特一粉。1986年后，精粮加工比重逐年加大，标准粉产量逐年下降，粮食产品结构不断调整优化。至2010年，面粉品种由原来单一的等级粉发展到等级粉、专用粉、营养保健粉三大系列，有特精粉、超级特粉、特一粉、特二粉、各种面包粉、各种方便面粉、各种馒头粉、饼干粉、自发粉、高筋粉、各种出口粉、巨能钙粉、各种麦胚制品(粉)、7+1营养强化面粉等50多个品种，高附加值产品比重明显提高，位居全国同行业前列。

(二)产品质量 济南面粉在全国享有盛誉。1994年11月，"民天"牌系列面粉在国庆四十五周年赴京展销活动中，被评为最受消费者欢迎产品。1996年7月，国内贸易部部长陈邦柱给济南中心面粉厂题词："民以食为天"。1997年，济南中心面粉厂生产的"民天"牌小麦粉被评为第三届中国农业博览会名牌产品。至2010年，"民天"牌小麦粉先后被评为省优质产品、山东名牌产品、全国质量信得过食品；"荣元"牌面粉先后被评为山东省放心面、中国面粉十佳名优品牌。

1991～2010年济南市粮食加工产品获奖情况表

表7-7-7

年 份	生产企业	产品名称	获奖名称
1991	济南中心面粉厂	"民天"牌特一粉	山东省优质产品
1992	济南面粉厂	"亚丰"牌面粉	山东省提名奖商标
1992	济南北山面粉厂	"梅蝠"牌面粉	山东省提名奖商标
1997	济南中心面粉厂	"民天"牌小麦粉	第三届中国农业博览会名牌产品
1998	济南民天面粉有限责任公司	"民天"牌小麦粉	山东名牌产品
1999	济南民天面粉有限责任公司	"民天"牌高纤维小麦粉、水饺粉、特一粉	中国国际农业博览会名牌产品
2001	济南民天面粉有限责任公司	"民天"牌特一粉、水饺粉、面包粉	国家粮食行业协会放心面粉

续表7-7-7

年 份	生产企业	产品名称	获奖名称
2002	济南民天面粉有限责任公司	“民天”牌特一粉、水饺粉、面包粉	全国质量信得过食品
2003	济南民天面粉有限责任公司	“民天”牌特一粉、面包粉、水饺粉	国家粮食行业协会放心面粉
2004	山东荣元粮油有限公司	“荣元”牌系列面粉	国家粮食行业协会放心面粉
2004	山东荣元粮油有限公司	“荣元”牌面粉	中国面粉十佳名优品牌
2005	济南民天面粉有限责任公司	“民天”牌商标	山东省著名商标
2005	山东荣元粮油有限公司	“荣元”牌面粉	山东省放心面
2006	济南民天面粉有限责任公司	泉城“民天”牌精制挂面	中国粮协全国挂面知名品牌
	山东荣元粮油有限公司	“荣元”牌挂面	
2007	济南民天面粉有限责任公司	“民天”牌小麦粉	中国名牌产品

第二节 粮油食品加工

一、沿革

1986年，济南市粮食系统共有工厂化粮油加工企业8家，分别是济南挂面厂(生产方便面、挂面)、济南粮食加工厂(生产方便面)、长清县粮油加工厂(生产挂面、油脂类食品、花生制品)、章丘县面粉厂(生产挂面)、济南油脂公司(生产油脂类食品、花生制品)、平阴县榨油厂(生产淀粉、油脂类食品)、济南榨油厂(生产淀粉)、济南槐荫粮油食品贸易公司(生产糕点)。1988年，济南榨油厂、平阴县榨油厂停产。1990年，济阳、商河两县划归济南市，济阳、商河两县棉厂(生产棉籽油)转归济南。1991年，济南顶利油脂食品有限公司成立；章丘县面粉厂改制更名为章丘荣元面粉有限公司。1992年，济南伊玛食品有限公司成立。1996年，长清县粮油加工厂油脂车间与济南市长清植物油厂合并。1997年，济南挂面厂、济南粮食加工厂(挂面)停产，济南顶利油脂食品有限公司破产。1998年，济南油脂公司、济南油脂公司花生制品厂停产。1999年，济南伊玛食品有限公司破产。2004年，山东荣元粮油有限公司成立，章丘荣元面粉有限公司破产。至2010年，全市粮食系统粮油食品加工企业主要有济南民天面粉有限责任公司(济南中心面粉厂)和山东荣元粮油有限公司。

二、生产

1986年，济南市粮食系统粮油食品加工企业完成由单纯生产型向生产经营型转变，面制类食品除供应本市外，还大量销往省内、省外的20余个城市，同时出口部分产品。同年，济南市粮食系统面制类食品年加工能力14950吨，其中，方便面加工能力6250吨，挂面加工能力8700吨。济南挂面厂生产设备最为先进，拥有日本产方便面生产线2条和挂面生产线3条(其中日本产1条)，年生产能力10150吨，其中，方便面生产能力4150吨，挂面生产能力6000吨。1989年，济南粮食加工厂购置广东产方便面生产线1条，年生产能力4200吨。1991年，济南粮食加工厂购置辽宁阜新产挂面生产线1条，挂面年生产能力增加4500吨。1992年11月，济南市粮油食品销售价格随同粮食价格全面放开，粮油食品加工企业成为产品商品化、经营市场化的企业。同年，济南中心面粉厂建立食品车间，增加馒头、挂面生产；与意大利合资建立济南伊玛食品有限公司，安装意大利产通心面生产线1条，年生产能力3484吨。1995年，济南中心面粉厂对挂面生产线进行扩产改造，建立日产15吨的挂面车间。2002年，章丘荣元面粉有限公司购置馒头生产线，在荣元广场建立食品中心，生产“荣元”牌放心馒头。2003年，章丘荣元面粉有限公司购置蒸车3套，日生产能力60吨。2006年，济南民天面粉有限责任公司对食品车间进行改造，食品日生产能力25吨，花色品种50余种。2010年，济南民天面粉有限责任公司拥有连锁配送专卖店150家，同时产品销往全市各大超市。山东荣元粮油有限公司的“荣元牌”放心馒头在生产和销售环节上各做到“四个统一”，即在生产环节上做到“统一原料采购、统一产品配方、统一生产工艺、统一质量检测”，在销售环节上做到“统一销售价格、统一销售标志、统一持证上岗、统一保温车配送”。

1986～2010年，济南市粮油食品加工企业共生产面制类食品26.58万吨，其中，挂面8.34万吨，方便面5.02万吨，速冻食品4.22万吨，通心面0.08万吨，馒头8.23万吨，其他0.69万吨。

三、产品

(一)面制类食品 1986年，面制类食品只有方便面和挂面两个品种，方便面有6种包装5个风味(牛肉、鸡肉、香辣、海鲜、排骨等)；挂面有不同粉质的龙须面、二细、三细等。1991年，增加速冻水饺。1992年，增加通心面和馒头。同年，粮油销售价格放开后，粮油市场供应充足，济南面制类食品更加丰富。至2010年，适应人们生活节奏加快需要，快捷方便消费的面制类食品成为主流。

1986～2007年济南市面制类食品获奖情况表

表7-7-8

年 份	企业名称	产品	获奖名称
1986	济南挂面厂	“泰山”牌油炸方便面	山东省优质产品
1986	济南挂面厂	“泰山”牌牛肉风味油炸方便面	商业部优质产品
1987	济南挂面厂	“鲁泉”牌标准粉挂面	商业部优质产品
1988	济南挂面厂	“泰山”牌油炸方便面	首届中国食品博览会银奖
1988	济南挂面厂	“鲁泉”牌精粉龙须面	首届中国食品博览会铜奖
1988	济南挂面厂	“鲁泉”牌精粉挂面	山东省粮食局优质产品
1990	济南挂面厂	“鲁泉”牌精粉龙须挂面	商业部优质产品
1990	济南挂面厂	“鲁泉”牌精粉挂面	山东省优质产品
1991	济南粮食加工厂	“乘风”牌三鲜伊面油炸方便面	商业部优质产品
1991	济南粮食加工厂	“乘风”牌三鲜伊面油炸方便面	山东省新产品二等奖
1991	济南粮食加工厂	“乘风”牌三鲜伊面油炸方便面	中国“九一”国际旅游节优秀食品
1992	济南挂面厂	“泰山”牌油炸方便面	山东省著名商标
1992	济南挂面厂	“鲁泉”牌方便面、挂面	山东省提名奖商标
1992	济南粮食加工厂	“乘风”牌油炸方便面	山东省提名奖商标
1992	济南市三合速冻食品公司	“三合”牌速冻食品	山东省提名奖商标
2005	济南民天面粉有限责任公司	“泉城”牌精制挂面	山东省粮食行业协会放心挂面
2006	山东荣元粮油有限公司	“荣元”牌挂面	中国粮协全国挂面知名品牌
	济南民天面粉有限责任公司	泉城“民天”牌精制挂面	
2007	济南民天面粉有限责任公司	“民天”牌小麦粉	中国名牌产品

(二)油脂类食品　1986年，油脂类食品有麻汁、花生酱、辣香油、辣花生油等。1988年，济南油脂公司生产的“新零星”牌辣香油获全国优质保健食品“银鹤杯”，并获首届中国食品博览会铜奖，为首届全国城市运动会指定食品。1986～1998年，油脂类食品产量1655吨。

(三)饮料类食品　1986年，济南健力敏饮料食品厂建立，属集体性质，生产“第一泉”牌饮料。1987年，健力敏Ⅱ型饮料被商业部评为优质产品。1988年12月，健力敏饮料获首届中国食品博览会银奖。1989年，引进德国BET自动饮料灌装线、瑞典全自动料灌装线和与之配套的瑞典全自动瞬间超高温灭菌设备，生产规模迅速扩大。其中，利乐复合材料包装每小时产量6000盒(250毫升)、BET塑瓶每小时产量1200～1500瓶(500毫升和1.25升)，是当时长江以北具有两种灌装生产线的唯一企业。同年7月，健力敏饮料获首届北京国际博览会银牌奖。1991年6月，济南健力敏饮料厂与济南饮料厂合并，保留济南健力敏饮料厂名称和品牌，同时增加“津美乐”商标。1992年，“第一泉”牌(饮料)商标被认定为山东省著名商标。由于两企业合并后带来的一系列问题及激烈的市场竞争，产品质量下降、滞销，1993年年初开始处于半停产状态，1998年停产。1986～1998年，累计产量1.47万吨。

(四)糕点类食品　1986年，糕点类食品品种较少。1988年，济南市四季馨食品厂和济南槐荫食品贸易公司生产品种扩至烘烤类、油炸类、面点类、节日糕点类等，共有30～50个品种。1990～1992年，是糕点类食品加工企业最好时期，年产量在900吨左右。

(五)淀粉类食品　济南市粮食系统淀粉类食品加工企业生产淀粉时间较短，生产厂家有济南榨油厂和平阴榨油厂，1988年年底停产。1986～1988年，共生产淀粉8075吨。

(六)花生制品类食品　1986年起，济南油脂公司花生制品厂生产品种主要有“新春”牌油炸花生米、涂层花生米、南乳花生米，先后获全国优质保健产品“新星杯”和首届中国食品博览会铜奖。1989年，“新春”牌南乳花生米被评为山东省粮食局优良产品。济南油脂公司花生制品厂生产的产品主要销往美国、东欧、东南亚等国家和地区及中国香港，长清县粮油加工厂生产的花生饼两度销往东南亚。仅1990年，出口创汇236万美元，累计创汇522.7万美元。1986～1998年，花生制品类食品总产量1.58万吨。

第三节　饲料加工

1986年，济南市粮食系统饲料加工企业(含车间)共计9家，其中市区4家、县区5家。主要经营各种饲料原料及添加剂、兽药等，饲料加工品种主要是单一混合饲料包括蛋鸡饲料和生长育肥猪饲料。全年饲料产量4700万千克，比上年增长122.8%；创利润283.7万元，比上年增长249%。

1987年，饲料生产以扶植饲养业发展为出发点，坚持保本微利原则，全年共生产饲料5400万千克，比上年增长16.3%；实现利润388.75万元。济南饲料厂建成年生产能力2000万千克饲料生产线，8月正式投产。11月，济南郊区饲料公司更名为济南市饲料公司加工厂，隶属济南市饲料公司。全市粮食系统饲料加工企业11个，年生产能力6704.8万千克，饲料品种发展到十多个系列、20余个品种，有供鸡、猪、鸭、鹌鹑、奶牛、奶羊、骡马、肉役兼用牛、对虾等饲料和不同周龄的禽畜饲料。

1988年，市粮食系统把发展饲料与饲养相结合，筹集资金，购买或租赁场地，添置设备，因地制宜地发展养鸡、养猪事业，进一步带动市粮食系统饲料工业发展。历城、长清、平阴新建3个600万千克中型饲料设备，10月先后建成投产；市饲料公司饲料加工厂500万千克和泺口粮食转运站400万千克饲料加工新机组建设中，全市粮食系统饲料生产设备年班产能力达1亿千克。同年，市粮食系统饲料产量9400万千克；饲料生产厂(车间)12处；养猪场23处，存栏生猪1050头；养鸡场25处，养鸡8万只。同年，济南市粮食系统有三个蛋用鸡饲料获山东省优良产品。

1989年4月，成立济南市饲料公司畜禽养殖试验厂，占地约6700平方米，地上建筑物3000多平方米，主要饲养肥猪、蛋鸡、肉食鸡、各种饲料原料、饲料添加剂、畜禽设备、畜药器械。同年，济南市饲料公司产量达2300万千克，利税179.19万元。同年，参加饲料统检的9家企业、9个品种、9个项目均达到国家统检标准。1990年，市粮食系统生产混合饲料9000万千克，比1985年增长3.29倍；饲养家禽12万只。

1991年10月，济南饲料厂并入济南市饲料公司。全年市粮食系统饲料产量9400万千克，实现利润421万元。其中，市饲料公司全年产量2000万千克，利税121.38万元。1992年10月，济南市饲料公司与泰国正大集团合资建立济南正大有限公司，年生产能力1.2亿千克，生产正大品牌的各种颗粒、粉状全价禽畜饲料和浓缩饲料，共八大系列、80多个品种。该公司拳头产品551乳猪颗粒全价饲料和510肉小鸡颗粒全价饲料质量稳定，换肉率高。

1993年，平价饲料供应停止，饲料企业全面走向市场，除济南市饲料公司及其下属、合资企业外，其他饲料加工企业相继停产。同年，济南粮食系统饲料年产量1.09亿千克，其中市区3500万千克。1998年，经山东省科学技术委员会系统论证，确认济南正大有限公司为“山东省高新技术企业”。

1999年，因受东南亚经济危机影响，饲养业产品出口受阻，国内肉类市场低迷。济南市饲料公司产量大幅下滑，当年产量56.8万千克，利税23万元。

2001年后，济南市饲料公司走联合经营之路。12月，与山东省饲料公司、烟台市饲料公司三家联合出资成立山东惠中公司，生产经营混合饲料（2005年3月山东惠中公司停止经营）。2002年2月，济南正大有限公司被中国饲料工业协会授予“2001年度全国饲料行业百强企业”称号。10月，济南市饲料公司与四平市海天饲料有限公司共同出资组建济南金海天生物科技饲料有限公司。经营制造生产饲料膨化大豆粉、膨化玉米粉、大豆磷脂油粉，年产量600万千克。2003年，济南市饲料公司与山东宝来利来生物工程股份有限公司共同出资组建济南宝来利来饲料科技有限公司，经营饲料及原料（2004年11月停止生产经营）。

2004年，济南正大公司饲料销量7300万千克，销售收入16469万元，利税736万元。2005年，济南市饲料公司饲料产量123万千克，贸易经营完成178万千克，实现收入892万元，利税1.75万元。济南正大公司饲料销售4800万千克，销售收入1.17亿元，利税373万元。9月，国家质检总局授予济南正大有限公司生产的正大牌猪饲料、禽饲料“中国名牌产品”称号。2006年，济南市饲料公司全年饲料产量107万千克，利税−11.38万元。济南正大公司饲料销售3500万千克，销售收入7444.6万元，利税−243.7万元。2007年，济南市饲料公司加工厂停产，全年饲料产量138万千克，利税20.59万元。济南正大公司饲料销售3800万千克，销售收入1亿元，利税−100万元。

2010年，济南正大公司饲料销量4800万千克，销售收入1.43亿元，利税151万元。市饲料公司产量270万千克，利税27.24万元。

第四节　粮油机械加工和包装物加工

一、粮油机械加工

1986～1990年，济南粮油机械厂共生产粮油机械设备3469台，粮油机械配件18.89万千克，工业总产值1523万元，年工业总产值基本稳定在300万元，利税100多万元。同期，济南粮油机械厂自行研制的产品多次获得省级以上荣誉：FKB布袋缝口机1985年获得山东省科学技术委员会颁发的“山东省新产品奖”和商业部“优秀包装产品奖”，1990年获山东省优质产品奖。PHML30连续立式和面机1987年获得山东省科学技术委员会“山东省科技进步三等奖”，取得中华人民共和国实用新型专利权，1989年获得“山东省优质产品奖”。FZSW雾化装置1987年取得中华人民共和国实用新型专利权。FKB-A双头缝口机挂接装置获中华人民共和国实用新型专利权。

1990年后，随着市场经济的发展，中小型粮油加工企业剧增，济南粮油机械厂经营状况不佳，产值维持在400万元左右，利税2万元左右。

1998年，济南粮油机械厂主要产品FKB缝口机、XMS洗麦机基本淡出市场，新开发产品不能支撑局面，市场萎缩，企业用工成本、材料成本大幅上涨，年产值萎缩至不足300万元，利税-20万元。

2000年后，国有粮油机械厂受人才流失、创新能力不足、资金严重短缺、职工队伍严重老化等各种因素影响，至2008年年产值下降到140万元。

2003年8月，济南粮油机械厂实施“腾笼换业”，将厂区迁至天桥区大桥镇桥北工业园内，原厂址土地由济南市土地收储中心收储、出让。12月，由济南粮油机械厂出资、职工参股成立济南元辰粮油机械有限责任公司，全面承接济南粮油机械厂的经营业务；济南粮油机械厂保留，承担债务及历史遗留问题的处理。

2006年，济南粮油机械厂由济南民天集团有限责任公司托管。2009年5月企业停产。11月，济南元辰粮油机械有限责任公司的职工股全部退出，该公司成为济南粮油机械厂的独资子公司。

二、包装物加工

1986年，济南市粮食系统粮油包装物加工企业济南泺口粮食转运站，主要产品是“白雪牌”200升闭口钢桶和“鲁工牌”E4303碳钢电焊条（1994年10月，因市场销路不畅停产）。钢制桶经质量检验达到设计要求，被商业部定为统一调拨油脂装置(钢桶顶部加盖‘中粮’字样钢印)，并列入国家计划。1986～1992年，计划调拨时期共生产钢制桶136万只。

1993年1月，济南泺口粮食转运站投资87.64万元建成塑料编织袋生产线，主要产品为25千克、10千克、5千克用于面粉、各种粮食、饲料等物品的外包装。2002年9月，因产品成本高，缺乏竞争力而停产。1993年3月至2002年9月，塑料编织袋生产线总产量105.07万千克，约1600万条。2月，济南泺口粮食转运站更名为济南粮油包装总公司。钢桶销售开始拓展系统外市场，主要从事化工行业的液体产品包装。根据市场需要，总公司基本形成两条钢桶生产线。产品由过去单一的200升闭口钢制桶发展到200升、208升开口和闭口的镀锌、镀彩、彩色喷漆、常规筋、“W”筋钢制桶。

2002年1月，总公司生产的钢桶，通过山东省出入境检验检疫局出口产品专家的审核，取得出口产品“出口危险货物包装容器质量许可证”。2月，企业顺利通过中国质量认证中心，ISO 9001：2000质量管理体系专家的审核，取得ISO 9001：2000质量管理体系认证证书。2003年，200升开、闭口钢制桶被评为“山东省包装行业优质品牌产品”。2007年，济南粮油包装总公司生产的200升开、闭口钢桶产品，被中国商品质量打假保优维权中心、《商品与质量》名优品牌推广中心评选为“中国质量过硬知名品牌”。

2003年10月，济南粮油包装总公司实施“腾笼换业”，迁址到二环北路西首，投资183万元建成1700平方米钢结构厂房一座，建成580平方米钢结构敞篷2座，用于钢桶生产原料、成品存放。2004年，随着市场扩大和产量提高，总公司先后投资130余万元，对钢桶生产线进行技术改造，购进天津产钢桶封口机2台、天津产预卷注胶机2台、“W”筋成型机2台、山东泰安二手钢板开平生产线1条、北京产自动喷漆设备1套、南通产喷漆烘干线1条，并改造缝焊机，自主研制五点电焊机。

至2010年，济南粮油包装总公司基本完成钢桶生产线的更新改造，钢桶主要用户为济南、烟台、淄博、滨州、齐河等地的化工企业。

1993～2010年，济南粮油包装总公司共生产钢制桶115万只。

第六章 软饮料工业

第一节 沿 革

20世纪90年代前，受技术、体制、大众消费水平等因素影响，济南市饮用水市场基本处于空白。进入90年代，济南市开始有企业进入饮用水行业，主要生产瓶装饮用水，品牌有“鹤展”“双凤山”“洪范池”“三联”等。1993年，济南市自来水公司与香港东山工程公司合资成立济南普利矿泉水有限公司，在历城区王舍人镇建厂。1994年3月，济南普利矿泉水有限公司正式投产瓶装矿泉水，是济南最大的一家企业。1994～1996年，因瓶装矿泉水是新兴行业，市场需求不高，主要集中在酒店、宾馆等消费场所，大部分企业面临三大难：生产难，国家没有生产矿泉水的生产工艺学，产品质量很难控制；配套设备难，各生产厂家设备各异，生产只能靠自己摸索；市场难，消费总需求量与生产能力之比为1∶30。济南市的各水厂面临行业性亏损，纷纷打起价格战、广告战等，竞争异常激烈。1996年，“鹤展”“双凤山”“洪范池”3个品牌企业相继倒闭，济南普利矿泉水有限公司“普利思”瓶装水在济南市场占有率第一，但瓶装水市场走向低谷。济南饮用水企业开始寻找新的产品突破口。同年，由济南日报社投资的济南万众纯净水有限公司开始生产桶装纯净水，是济南市第一家生产桶装饮用水的企业。1997年9月，济南普利矿泉水有限公司更名为济南普利思矿泉水有限公司，将产品结构转向桶装饮用水的生产和销售。1998年，济南普利思矿泉水有限公司第一次实现盈利。

进入21世纪，济南市的桶装水生产企业日益增多，达300多家。绝大多数企业属手工作坊形式，靠低价格抢占低端市场，质量无保证。2002～2004年，是济南市饮用水市场成长最快的时期之一，企业加大管理力度，管理更加规范。2005年8月，由齐鲁晚报社投资建设的山东百脉泉矿泉水有限公司成立；9月，济南啤酒集团与山东三龙电器有限公司合资组建济南趵突泉饮品有限公司。2008年7月，由济南泓泉制水有限公司、济南日报报业集团合资成立济南泉娃饮用水有限公司。

至2010年年底，济南市饮用水市场形成以规模企业为主导、各种杂小水厂并存的局面，共有企业110家，其中规模以上(年销售收入过500万元以上)企业3家，有济南普利思矿泉水有限公司、山东百脉泉矿泉水有限公司、济南泉娃饮用水有限公司，其中济南普利思矿泉水有限公司属济南市饮用水龙头企业。

第二节 生 产

20世纪90年代初期，济南饮用水大部分企业仅仅局限在单纯生产水的层面上，尚不具备完善的、成套的灌装、制瓶等流水线设备，主要生产设备有洗瓶机和直线式灌装机。1994年，济南普利矿泉水有限公司投资100余万元在灌装车间安装仅用于制药行业的空气净化设备，成为国内饮用水行业第一家使用此技术的企业，比国家标准出台早两年实现无菌灌装。1995年，全市饮用水销量5238吨。1996年，济南普利矿泉水有限公司开始购置桶装水生产设备。1999年，济南普利思矿泉水有限公司与国内知名供应商共同研发建成国内第一条全自动电脑控制水处理生产线，并采用国内先进的全自动灌装设备、多级消毒过滤系统，达到桶装饮用水行业领先水平。2000年，全市饮用水销量10万吨。2002年4月，济南普利思矿泉水有限公司被济南市食品工业协会授予“济南市龙头企业”称号。2005年，济南普利思矿泉水有限公司购置RJM10全自动旋转吹瓶机、DS10B-18000三合一灌装机、DSl-335M全自动套标机，共拥有各类设备135台，生产能力和水平达到国内领先。2005年、2008年成立的山东百脉泉矿泉水有限公司和济南泉娃饮用水有限公司的生产设备和工艺通过借鉴同行的经验逐步形成规模。2009年，济南普利思矿泉水有限公司投资更新自行设计研发的桶装水生产线设备，产能由900桶/小时提升到2400桶/小时，保持国内领先水平。2010年，全市饮用水企业桶装水销量29.3万吨。

第三节 产 品

1993～1996年，济南市饮用水企业主要生产瓶装饮用水。1996年，济南万众纯净水有限公司成为济南市生产桶装水的第一家企业。1996年年底，济南普利矿泉水有限公司开始运作桶装水，主打矿泉水品牌，逐步将企业经营战略转至桶装水。1999年，济南普利思矿泉水有限公司在王官庄建厂开始生产桶装纯净水。

20世纪90年代后期，济南市场的桶装水占据绝对优势，但瓶装水市场却受到全国性品牌“娃哈哈”“乐百氏”等品牌强烈冲击。进入21世纪，济南市场饮用水品种逐渐增多，产品结构趋于多元化，除具有国家标准的矿泉水、纯净水之外，各种概念水应运而生，有矿物质水、山泉水、苏打水、果味水等，形成比较完备的产品体系。济南普利思矿泉水有限公司企业管理水平高，产品质量控制严格，大肠杆菌、菌落总数指标始终控制在双零状态，严于国家产品标准，在各级政府产品质量监督抽检中一直保持合格水平。2002年8月，济南普利思矿泉水有限公司生产的瓶装矿泉水被评为国家质量免检产品。2003年12月，济南普利思矿泉水有限公司生产的“普利思”牌矿泉水、纯净水被济南市经济委员会、济南市食品工业协会、济南市消费者协会认定为济南市“市饮用水”；同年，生产的“普利思”牌矿泉水被山东省技术监督局、山东省名牌战略委员会评为山东名牌产品。

2005年6月，“普利思”牌产品被山东省食品工业协、省消费者协会、省质量评价协会认定为“山东省饮料行业(饮用水)十佳品牌”。2006年1月，“普利思”品牌被济南市食品工业协会、济南市消费者协会评定为“安全放心品牌”。2008年1月，“普利思”品牌被济南市食品工业协会评为“济南食品安全放心品牌”。2010年12月，“普利思”牌瓶桶装饮用水被山东省轻工业协会、山东省饮料工业协会联合评为山东轻工名牌产品。

第七章 肉类加工业

第一节 沿 革

1986～1990年，济南市肉类加工业主要企业有济南第二商业局主管的济南肉类联合加工厂、济南市食品公司肉食品加工厂及清真食品厂等。其中济南肉类联合加工厂是骨干龙头企业，列全国十大肉联厂之一，承担着商业部下达的对山东省暨华东、华北地区肉类食品的保障供应。

1990年7月，济南肉类联合加工厂与济南市食品公司合并成立济南肉类食品总公司(集团)，设一套机构，挂两个牌子，为市属大型企业。1993年，恢复济南肉类联合加工厂，与市食品公司分开。1997年9月，济南肉类联合加工厂、济南市食品公司、济南市副食品公司整建制划转济南市农委管理，由济南农工商集团公司实施兼并。1998年8月28日，济南肉类联合加工厂全面恢复屠宰，在全市开设维尔康放心肉专卖店，市民吃上放心肉。标志着济南肉类行业在历经近10年的停滞不前、濒临倒闭破产后，重新步入发展轨道。2000年10月，华东地区食品产业联谊会年会在济南肉类联合加工厂召开，华东地区6省1市18家大型肉类加工、冷藏企业主要负责人参会，对济南肉类联合加工厂扭亏为盈的先进经验进行探讨交流。

2001年起，济南市肉类加工业进入快速发展阶段，企业改制、资产重组、对外扩张成为发展重点。2001年11月16日，济南市最大的肉类加工企业济南肉类联合加工厂整体改制，更名为济南维尔康食品有限公司，建立现代企业制度。随着市场的全面放开，民营资本、外地肉类加工企业进入济南肉类行业，济南圣都食品有限公司、济南黄老泰食品有限公司、济南万润肉类加工有限责任公司等企业先后竣工投产。同时国内知名肉类加工企业河南双汇集团、江苏雨润集团，山东金锣、得利斯集团、喜旺集团等公司的产品也相继进入济南市场。

至2010年年底，济南肉类加工企业主要有济南维尔康食品有限公司、济南圣都食品有限公司、济南黄老泰食品有限公司、济南万润肉类加工有限公司4家，小规模企业有10余家，分布在济南周边乡镇。济南维尔康食品有限公司成为济南市肉类加工业的龙头企业，涵盖生猪屠宰、熟肉制品、生化制药、出口宠物食品、肉类水产批发五大产业，下辖山东维尔康三阳食品有限公司、山东维尔康联合食品有限公司、济南维尔康生化制药有限公司、济南联美宠物食品有限公司、维尔康恒华工贸有限公司、维尔康联益生物科技有限公司、海维经贸有限公司7个子公司和济南维尔康肉类水产综合批发市场，规模实力居济南市同行业首位，进入中国肉类食品行业前十强。

第二节 生 产

1986年10月，济南肉类联合加工厂建成年屠宰生猪150万头的屠宰车间，标志着济南市肉类加工业迈入半机械化屠宰时代。随着生猪和产品市场的全部放开，国有屠宰加工业进入短暂生产黄金期。1986 年起，连续 3 年屠宰量快速上升，济南肉类联合加工厂达到日屠宰量 3500 头以上。1987 年、1988 年济南肉类联合加工厂工业总产值连续 2 年过亿元，利税过千万元，跨入省级先进企业行列。1988 年，济南肉类联合加工厂获商业部全面质量管理奖及设备管理奖。1989 年 6 月，济南肉类联合加工厂晋升为国家二级企业。1990 年，济南肉类联合加工厂实现年产肉类 1.32 万吨，占全市肉类总产量 75%。

1991 年起，由于受市场经济冲击及国有企业观念滞后、市场营销手段薄弱和个体屠宰业快速兴起的影响，国有企业屠宰量逐年萎缩。至 1995 年，济南市国有屠宰业基本退出市场竞争，济南肉类联合加工厂在经历与市食品公司的合并与分开后，连年亏损，濒临倒闭破产。

1997 年，济南肉类联合加工厂被济南农工商集团实施兼并后，逐渐恢复生机。1998 年 8 月 28 日，济南肉类联合加工厂全面恢复屠宰，并在济南市区建设放心肉专卖店。从此，济南市进入品牌肉与农贸市场猪肉并存的市场局面。2002 年 6 月 8 日，济南维尔康食品有限公司新建肉制品厂竣工投产，结束济南市没有现代化熟肉制品加工企业的历史。2003 年 9 月，济南维尔康食品有限公司新建 8000 吨冷库投产，奠定济南维尔康食品有限公司在济南冷藏市场的龙头地位。2004 年 12 月 26 日、2005 年 7 月 26 日，济南维尔康食品有限公司在山东省阳谷县、聊城市投资新建山东维尔康三阳食品有限公司、山东联合食品有限公司两个生猪屠宰加工基地投产，年屠宰量 300 万头。至 2010 年，济南维尔康食品有限公司拥有全国最大的冷库群 18 万吨，济南维尔康肉类水产批发市场交易额、吞吐量均居全国同类市场首位。

2010 年，全市肉类加工企业全年完成生产总值 28.8 亿元，销量 13.53 万吨，利税 1.66 亿元。

1986 ～ 2010 年济南维尔康食品有限公司（济南肉类联合加工厂）肉类产量统计表

表7-7-9　　单位：吨

年 份	肉类产量	年 份	肉类产量
1986	20100	1999	8927
1987	21500	2000	14400
1988	22590	2001	14980
1989	17860	2002	15740
1990	13200	2003	20900
1991	10287	2004	21300
1992	10510	2005	39800
1993	7470	2006	49200
1994	6446	2007	55297
1995	7232	2008	55490
1996	2337	2009	55770
1997	2128	2010	67650
1998	4227		

第三节 产 品

一、产品品种

1997年前，济南市肉类加工业产品品种比较单一，主要有热鲜肉、冷冻分割肉和传统腌腊肠及猪肉罐头产品。1997年后，随着肉类加工业的发展，尤其是国外先进设备工艺的引进，产品品种不断增多。至2010年，生肉主要产品有白条肉、红条肉、冷鲜分割肉、各类猪肉馅、小包装猪下货等200多个品种，熟肉制品有西式火腿类、灌肠类、烧烤类、蒸煮类等四大类60多个品种。

二、产品质量

济南肉类加工业产品质量一直享有较高的声誉。1987年，济南肉类联合加工厂生产的“荷柳”牌圆火腿被商业部评为优质产品。1990年，济南肉类联合加工厂冷冻猪肉产品被评定为国家质量奖。1999年，济南肉类联合加工厂生产的大红肠、圆火腿被评为全国食品行业质量信得过产品。

2001年起，“维尔康”品牌连续被评为山东省肉制品行业十大品牌。2004年、2007年，“维尔康”牌低温肉制品被评为山东名牌产品。2007年，“维尔康”牌鲜冻分割肉被评为中国名牌产品。

第八章 酿造工业

第一节 沿 革

1986～1990年，济南市酿造行业主要生产企业有济南第二商业局主管的济南酿造厂、济南第二酿造厂，济南市供销社主管的济南市泺口酿造厂、济南红星酿造厂及各乡镇酱油、食醋、酱菜加工点，济南蔬菜公司主管的济南红升酱菜厂、济南前进酱菜厂、济南醴泉酱菜厂、济南市副食品加工厂。其间，酿造用粮由国家计划供应，各企业实行厂长负责制。1988年，国有企业推行承包经营责任制，济南第二酿造厂作为市财贸系统第一家企业进行试点，随后在济南国有酿造企业推行。1990年11月1日，酿造用粮全面放开，济南市国有酿造企业转入市场经济。由于国有企业营销理念、管理方式滞后，在市场竞争中受到巨大冲击，酿造企业进行改制，寻求合作。1991年，济南前进酱菜厂被山东绿野集团兼并，更名为济南调味品厂。1993年，济南红升酱菜厂被济南试金集团有限公司兼并，更名为济南试金集团德馨斋酿造分公司，同时恢复“德馨斋”老字号品牌。1998年，济南酿造厂改制为济南风船酿造有限责任公司。2000年，济南市泺口酿造厂改制为济南市泺口酿造有限责任公司。同年9月18日，济南第二酿造厂整建制划归济南试金集团有限公司管理，与济南试金集团德馨斋酿造分公司合作，组建济南试金集团德馨斋酿造有限公司。济南调味品厂、济南红星酿造厂受市场经济的冲击分别于1996年、2002年退出酿造行业。2003年8月28日，济南试金集团有限公司与北京时代集团公司战略重组，济南试金集团德馨斋酿造有限公司成为北京时代集团有限公司控股企业，更名为济南德馨斋食品有限公司，于12月8日举行揭牌仪式。2004年，具有65年生产历史的老字号济南风船酿造有限公司从济南市区迁往

济南德馨斋食品有限公司 （2010年摄）

章丘市圣井镇，2005年被济南冶金研究所收购，于2007年退出酿造行业。2005年，济南醴泉酱菜厂退出酿造行业。2008年，济南泺口酿造有限责任公司停止生产。济南飞龙食品有限公司迁往济南历城区董家镇，其主导产品甜面酱在部分农村市场销售。

酿造用粮放开后，济南周边县（市）区、乡镇个体兴办一批酿造企业，有济南居易酿造有限公司、济南天桥区益民调料厂、济南合事利酿造有限公司、济南鑫谷丰酿造有限公司、济南龙浩酿造公司、济南市历城区山泉酿造厂、历城区董家镇季家酿造厂。

至2010年年底，济南酿造行业主要企业有济南德馨斋食品有限公司、济南居易酿造有限公司2家，小规模企业有10余家。其中济南德馨斋食品有限公司为济南市调味品生产行业中的龙头企业。

第二节 生 产

1986年，济南酿造企业生产酱油以豆粕、麸皮为原料采用低盐固态工艺生产。1988年前，济南酿造企业主要向市场销售散装产品，用大塑料桶（25公斤装）或铁罐装酱油、食醋销售到各零售点、批发商。1988年，济南第二酿造厂率先购进袋装灌装机2台，成为全省第一家用塑料袋包装酱油、食醋的厂家。随后，济南酿造厂、济南泺口酿造厂等厂家先后购置袋装灌装机包装酱油、食醋。1990年，酿造用粮放开后，原料价格上升，各生产企业为降低生产成本，寻找酱油生产的替代原料，济南酿造厂、济南第二酿造厂用花生粕为原料生产酱油，由于影响酱油风味，一段时间后恢复使用豆粕。1994年，济南试金集团德馨斋酿造分公司利用传统工艺与现代工艺相结合，采用玻璃房天然发酵生产黄豆酱油、甜面酱，产品质量有很大提高。同年，济南第二酿造厂年产4000吨食醋车间建成投产，分别采用前液后固、液态发酵两种工艺生产食醋。散装的酱油、食醋在运输和经销环节易造成二次污染，监督部门在查出质量问题时又无法查清是哪个环节造成、哪家产品，为便于追责保障质量安全，市政府规定从1995年7月1日起，在市内五区全面实行酱油食醋产销定型包装，市场上一律停止销售散装酱油、食醋，在此之前政府还出资鼓励企业购置包装设备给予补贴。此后，酱油、食醋瓶装、塑料桶装、壶装等包装形式呈现多样化。同年，济南试金集团德馨斋酿造分公司将酱菜、酱油、食醋、甜面酱等调味品组装成礼盒，在中秋节、春节期间推向市场。

2000年前，济南酿造企业生产食醋以瓜干、高粱为原料，采用固态发酵工艺生产。2001年，济南试金集团德馨斋酿造有限公司率先采用大米为原料生产食醋；济南试金集团德馨斋酿造有限公司将济南第二酿造厂原酱油车间改建成管道式天然发酵甜面酱车间，年生产能力5000吨，产量居全国第一。2005年，济南德馨斋食品有限公司对济南第二酿造厂年产万吨酱油车间进行改造，采用浇淋增香工艺生产酱油，酱油品质有很大改善；在全省率先购进2台直线型灌装机，用于酱油、食醋塑料桶的罐装。2006年，山东欣和食品有限公司在长清区建厂，生产豆酱。2010年，济南酿造工业产品总产量7万余吨，销售收入2亿余元。

1986～2010年济南市酿造工业主要产品产量情况表

表7-7-10

单位：吨

年份	酱油	食醋	甜酱	酱菜	年份	酱油	食醋	甜酱	酱菜
1986	78776	12219	1310	6714	1999	41314	26229	3650	172
1987	66966	10699	1452	5149	2000	37306	19728	2864	3012
1988	71029	11976	1597	6853	2001	59057	24424	3150	6157
1989	72532	11982	1756	6324	2002	34647	32497	3841	1020
1990	75344	17935	1931	2849	2003	64350	48773	4558	3352
1991	59057	14424	2124	6157	2004	51749	34787	8104	3579
1992	54024	11862	2336	1598	2005	52957	36918	8291	1709
1993	49588	16614	2569	2393	2006	47660	33226	8125	1896
1994	40163	15547	2830	2756	2007	42895	29902	7963	1985
1995	43750	16693	3125	795	2008	38605	26914	8247	1760
1996	42443	17969	3424	3919	2009	35179	22325	8146	1653
1997	42813	18462	3766	3236	2010	38224	24183	8462	1786
1998	43537	18404	3820	1889					

第三节 产 品

1986年，济南市蔬菜公司副食品加工厂生产的“飞龙”牌芝麻辣豆酱被评为国家银质奖。1987年，济南发酵食品厂生产的“山菊花”牌味精、济南调味品厂生产的“丰收”牌酱合锦菜和酱佛手萝卜、济南醴泉酱菜厂生产的“泉城”牌酱包瓜、济南红升酱菜厂生产的“白云”牌龙须菜被商业部评为优质产品，济南酿造厂生产的“风船”牌一级酱油、济南第二酿造厂生产的“谷丰”牌高粱醋被评为山东省优质产品。1988年，济南市泺口酿造厂“洛口”牌食醋获首届中国食品博览会金奖。1989年，济南第二酿造厂生产的“谷丰”牌二级酱油被商业部评为优质产品。1997年，济南酿造厂生产的“风船”牌原汁酱油、济南泺口酿造厂生产的“洛口”牌食醋、济南试金集团德馨斋酿造分公司生产的“德馨斋”牌黄豆酱油、精制甜面酱被评为中国食品行业名牌产品。同年，济南市泺口酿造厂的“洛口”牌商标被认定为山东省著名商标。1999年，济南市泺口酿造厂“洛口”牌食醋被评为山东名牌产品。2002年，济南风船酿造有限责任公司生产的“风船”牌原汁酱油、食醋，济南市泺口酿造有限公司生产的“洛口”牌醋被评为山东省调味品十大品牌。2004年，“德馨斋”牌原汁酱油、五粮醋、甜面酱被确认为山东省产品质量免检产品。济南市泺口酿造有限责任公司生产的“洛口”牌冰糖醋被评为山东省调味品十大品牌。2005年，“德馨斋”牌酱油被确认为国家免检产品。2006年，济南市泺口酿造有限责任公司生产的“洛口”牌蘑菇酱油、陈香醋、冰糖醋被评为山东省调味品十佳品牌。至2008年，济南德馨斋食品有限公司生产的“德馨斋”牌酱油、食醋、甜面酱连续4届被评为山东省调味品十大品牌，2次被评为山东省名牌产品。2010年，济南德馨斋食品有限公司“德馨斋”商标被认定为山东省著名商标。

至2010年年底，济南酿造工业主要生产酱油、食醋、甜面酱、料酒、酱菜五大类100余个品种，产品主要在济南地区及鲁西南、鲁西北地区销售。济南德馨斋食品有限公司生产的“德馨斋”牌甜面酱在河南深受消费者喜爱，并销往深圳、武汉、安徽、沈阳等地区。

第九章　糕点加工业

第一节 沿 革

20世纪80年代中后期，全市糕点加工业主要有济南食品厂、济南胜利食品厂、济南儿童食品厂、济南一大食物公司、济南泰康食物公司、济南市益康食品厂、济南清真糕点厂、济南柳埠食品厂等国有、集体企业，均以传统中式糕点作为主打产品，其品牌知名度和产品总量，在济南市糕点市场占主导地位。

1995年1月，冶金部山东地质勘查局与上海中华老字号“上海乔家栅食府”联营，组建山东金乔食品厂，精工制作“乔家栅”牌广式月饼、粽子及糯米糕团食品。1997年，山东朝阳食品有限公司成立，是济南市第一家中日合资糕点加工企业，公司生产设备全部由日本引进，是专业生产面包、面包屑和裹粉的企业。正规专业的面包屑生产企业在山东省仅此两家。1998年，济南盛康食品有限公司成立。

至2000年，济南市糕点加工业经历大调整后，济南食品厂、济南泰康食物公司、济南同乐食品厂、济南儿童食品厂等老国有、集体企业由于机制原因包袱沉重逐渐退出，一批私营和民营股份制企业迅速发展，济南华盛食品有限责任公司、济南圣康食品有限公司、山东金乔食品厂、济南稻香园食品有限公司、山东鲁芳斋食品有限公司、山东金德利集团快餐连锁有限责任公司、济南麦琪尔食品有限公司、济南野风酥食品有限公司等一批新的糕点加工企业相继建成，通过引进港台先进设备和技术，以蛋糕房、饼屋、专卖店等形式，加工销售面包、西式糕点、裱花蛋糕，新的经营理念、管理模式及产品结构对全市糕点加工业产生较大影响。

2001年起，济南市糕点加工业进入快速发展期，一个经济体制多元化、产品门类齐全的糕点食品工业框架基本形成。2001年，济南市益康食品厂提出“以厂促店，以店带厂”的特色经营模式，兼并两家企业进行改造。2002年，济南市益康食品厂厂址由堤口路搬迁至无影山北路，占地2.8万平方米，实现年销售收入近2亿元，利税2000多万元。2005年，济南市益康食品厂实行改制，更名为济南市益康食品厂有限公司。2007年，济南稻香园食品有限责任公司更名为山东稻香园食品有限责任公司。乡镇企业性质的济南柳埠食品厂20世纪90年代初停产，原济南柳埠食品厂厂长刘克祥之子刘明海于1996年5月27日创办私营企业济南野风酥食品有限公司，继续生产祖传的糖酥煎饼等产品，2010年销售收入1.52亿元，利税564万元。

至2010年，全市糕点加工业共有95家，主要知名企业有济南市益康食品厂有限公司、山东金乔食品厂、山东稻香园食品有限公司、济南圣康食品有限公司、济南华盛食品有限责任公司、济南一大食物公司、山东鲁芳斋食品有限公司、济南清真友和食品有限公司、济南串蜜食品有限公司、山东朝阳食品有限公司、山东金德利集团快餐连锁有限责任公司、济南麦琪尔食品有限公司、济南野风酥食品有限公司、济南爱礼食品有限公司、济南好利来食品有限公司、济南古德食品有限公司等。

第二节 生 产

1986～1990年，济南胜利食品厂、济南儿童食品厂、济南食品厂等规模较大的国有企业，分别从国外进口食品加工设备和较单一的生产流水线，一些实力较弱的企业争相模仿国外技术对现有设备进行自行设计改造，产品质量和产量提高，济南市糕点加工企业在生产结构和产品结构上发生质的变化。同时，带动一些规模较小、设备简单、手工作坊式小型食品加工企业。

1991年起，一些新的糕点加工企业应运而生。1995年，成立的山东金乔食品厂，与“中华老字号”上海乔家栅食府联营，引进先进的管理模式和技术，传承其糯米糕团、粽子、月饼等传统糕点食品制作工艺，从上海购进济南市第一台月饼成型机，率先将“广式月饼”投放济南市市场。同年，济南稻香园食品有限公司在师范路开设第一个面包店，公司迈进“连锁店时代”，购进先进设备现场制作西式糕点，成为济南市一大亮点。1998年，济南盛康食品有限公司引进澳门西式糕点制作先进技术，在泉城路开设第一家以销售港式糕点为主的专卖店，并将产品拓展到各大超市。1999年，山东金乔食品厂购进医用高压灭菌设备和蒸汽发生器1台，将粽子制作变为工业化生产。

2001～2010年，济南市益康食品厂有限责任公司，建成符合食品安全HACCP(危害分析和关键控制点)标准车间1座，购进全自动燃气锅炉、2000立方米冷库、大型隧道烤炉、月饼自动化生产线、平网速冻机等先进设备，新增固定资产投资2000余万元。2007年，山东稻香园食品有限责任公司在济南市天桥区大桥镇征地近万平方米，建立食品工业园，建成华北最大的OEM(委托加工)基地和山东最大的GMP(良好作业规范)十万级净化车间。济南一大食物公司、济南华盛食品有限公司、济南盛康食品有限公司、山东鲁芳斋食品有限公司先后建设新的生产基地，建立标准化生产车间。10年间，济南市的糕点加工业进入快速发展期，老字号企业稳中有升，新企业发展壮大。

1986～2010年济南市糕点加工企业产量统计表

表7-7-11　　单位：吨

年 份	产 量	年 份	产 量
1986	28923	1999	9358
1987	26909	2000	11384
1988	26227	2001	13651
1989	26319	2002	5038
1990	27178	2003	8530
1991	23651	2004	8587
1992	12538	2005	11912
1993	10957	2006	14950
1994	7984	2007	19430
1995	8980	2008	24258
1996	10316	2009	30835
1997	8622	2010	38580
1998	8965		

第三节 产　品

20 世纪 80 年代，济南市糕点品种以传统的中式糕点为主，面包花色品种较单一。济南一大食物公司、济南泰康食物公司、济南市益康食品厂，生产的羊角蜜、虾仁酥、沙琪玛、百粒糕、鸡蛋糕、长寿糕、油茶、元宵、提浆月饼等中式糕点，深得济南市民喜爱。1986 年起，西式糕点开始进入百姓生活，以花色面包、裱花蛋糕、曲奇饼、蛋挞等为代表的西式糕点，深得年轻人宠爱。90 年代后出现的糕点加工企业，大多以西式糕点为主打产品。进入 21 世纪，一些老字号品牌产品得到恢复，传统的中式糕点得到较快发展。

2000 ～ 2010 年，济南市益康食品厂有限公司生产的"益利思"牌水果蛋糕被中国食品工业协会评为金牌糕点，其国内独创的葡萄软馅月饼风味独特品质优良，连续 3 届获中国月饼节"优质月饼"称号，是济南月饼行业一大亮点。2006 年，济南泰康食物公司被山东省商务厅授予"山东老字号企业"称号。2007 年"益利思"商标被评为山东省著名商标。山东稻香园食品有限公司连锁店多次获全国优秀饼店和山东省十佳品牌。济南一大食物公司先后被命名为"中华老字号""中华焙烤老字号"企业。济南圣康食品有限公司生产的粗粮糕点、粗粮面包以及低糖食品受到消费者青睐，在济南市食品工业协会"十二五"规划中列为重点支持的十大基地之一。济南华盛食品有限责任公司生产的"冠中华盛"牌月饼，多次被评为山东省精品月饼，在第五届全国食品博览会上获金奖。山东金乔食品厂生产的"乔家栅"牌粽子，连续 7 届获全国粽子文化节金奖和全国著名粽子产品；"乔家栅"月饼蝉联山东省十佳品牌。山东朝阳食品有限公司生产的日式面包、面包屑其独特的发酵工艺处于国内同行业领先水平，产品除返销日本外，还畅销北京、天津、青岛、大连、郑州等地。

济南糖酥煎饼是济南市两大特产食品之一(糖酥煎饼、高粱饴)，风味独特，薄如纸、脆如冰、色如金，尤其是济南野风酥食品有限公司生产的"野风酥"牌糖酥煎饼更为有名，原料选用南山小米，采用石磨磨浆，手工精心摊制而成，先后被授予"山东老字号"、山东名牌产品、山东历史文化名吃等称号，销往全国 20 多个省、市，并进入北京人民大会堂风味名吃食品专柜。

第十章　冷饮加工业

第一节 沿　革

1984 年，济南市举办国际食品博览会，一个新兴的产业冷食，受到众多参观者的关注，冷食产业进入百姓生活。会后由市财政出资将 9 台(套)国际水平的食品生产设备留在济南，其中意大利的冷冻饮品生产"脆筒""雪人"2 条冰淇淋生产线分别被分配到济南市群康食品厂和济南市糖果冷食二厂，济南市冷冻饮品质量、产品档次和产量得到很大提升，带动全市冷冻饮品行业的快速发展。

1993 年，济南生产冷冻饮品厂家数量达到鼎盛，约 200 家。随着国家对产品质量和生产卫生条件要求提高的政策影响，小作坊逐渐被淘汰，济南冷食行业得到提升和规范，形成以山东齐美食品有限公司、济南丽人食品有限公司、济南市糖果冷食一厂、济南市糖果冷食二厂、济南市天桥社会福利冰糕厂、山东财政学院冷食厂、济南一建长城冷食厂、济南飞达食品有限公司、济南市群康食品厂、济南市乳品厂、济南市牛奶食品厂、济南沪康冷食厂、济南泰康食品有限公司、济南市蔬菜公司经营部冷食厂(以下简称"蔬菜冷食厂")为代表的冷食行业。

1998年，冷食企业开始改制，济南市群康食品厂改制为民营股份制企业，更名为济南群康食品有限公司，为本市冷冻饮品生产龙头企业。同年，本土冷食生产厂家减至60家。

2002年，外地冷冻饮品陆续进入济南市场，面对激烈的竞争，济南群康食品有限公司率先创新经营模式和产品口味，建立"群康模式"冷食直销网络，产品"爽乐"棒冰成为济南大众喜爱的冷食产品，畅销济南市场。

2005年，全市实行食品生产许可证QS认证，济南群康食品有限公司和济南夏君乐冷食有限公司两家取得QS认证，获准生产出售冰淇淋、雪糕等产品，其他企业在未获得市场准入前禁止销售，导致本土冷食中小企业倒闭。

2010年，济南市冷冻饮品生产企业主要有本地的济南群康食品有限公司、济南君乐乳业有限公司、济南圣水食品有限公司、济南顺昌食品有限公司和外地在济南的济南伊利乳业有限公司骨干生产企业。

第二节 生 产

1984年，国际食品博览会的成功召开为济南市冷食行业带来发展机遇，先进的技术和生产设备促使济南市冷食生产由作坊生产逐渐向规范生产转变。进入90年代，生产标准逐渐规范，一些生产环境较差、卫生条件不合格的生产企业被取缔，生产厂家锐减。1998年，除济南群康食品有限公司、蔬菜冷食厂、济南夏君乐冷食有限公司等冷饮企业外，济南本地冷食厂家普遍存在企业规模小、生产成本高，自动化程度低、生产工艺差，口感不能及时适应消费者的变化等缺点，而外地大量的高档冷食产品进入济南市场。2002年，济南生产冷食销售收入近1亿元，仅占济南市场份额10%。2010年，全市冷食销售收入1.9亿元，销量5363吨。

1986～2010年济南市冷食销量统计表

表7-7-12 单位：吨

年 份	销售总量	年 份	销售总量
1986	1905	1999	7945
1987	9407	2000	9930
1988	11550	2001	10322
1989	13362	2002	6250
1990	14566	2003	2510
1991	14322	2004	2725
1992	14007	2005	2466
1993	5831	2006	3147
1994	2544	2007	5013
1995	4658	2008	4389
1996	4525	2009	5517
1997	4627	2010	5363
1998	5788		

第三节 产　品

1990年，济南市主要冷食品种有水蜜桃雪糕、万年青山楂雪糕、鸳鸯雪糕、芝麻雪糕、笑笑冰淇淋、娃娃形冰淇淋、彩珠冰淇淋、康乐冰淇淋、足球冰淇淋等50余个。万年青山楂雪糕在外形上采用全市最新样式，主要原料有优质白糖、奶粉和新鲜山楂，产品包装及口味居全国前列。2000年，蔬菜冷食厂生产的紫雪糕、花生乳雪糕、香芋雪糕等几个系列的雪糕占雪糕产品市场50%，群康的“脆筒”冰淇淋占冰淇淋产品市场50%。2002年，济南群康食品有限公司生产的“爽”和“大奶块”产品风靡一时。由于外地知名冷食企业的竞争，本地企业产品主要集中在低端市场。2005年，本地冷食企业研发中高端产品，其中，济南群康食品有限公司研发的“小精灵”“奥菲乐”等产品畅销，并在济南市食品工业协会举办的冷食鉴评活动中多次获奖。2009年，“群康”牌商标被认定为山东省著名商标，是济南市冷食行业第一家，并成为第一个覆盖山东和辐射江苏、河北、河南等地的济南本土冷饮品牌。2010年，济南市本土冷饮产品有100余种，畅销产品20余种，其中高端产品以济南群康食品有限公司的“奥菲乐”冰淇淋、“珍珍巧克力”雪糕为主导产品；中端产品以济南群康食品有限公司的“山楂之恋”棒冰、“大枣牛奶”雪糕、“豆排”“果排”棒冰，济南夏君乐冷食有限公司的“米香红豆”雪糕，济南圣水食品有限公司的“相思红豆”雪糕，济南顺昌食品有限公司的“小不点”雪糕为主导产品；低端产品以济南群康食品有限公司的“爽乐”棒冰、“大奶块”雪糕，济南夏君乐冷食有限公司的“雪莲”冰块，济南圣水食品有限公司的“烤地瓜”棒冰，济南顺昌食品有限公司冷饮的“蔬冷老冰棍”棒冰为主导产品。济南群康食品有限公司生产的冷食先后被评为济南名牌产品、山东名牌产品。

第十一章　食品馅料业

第一节 沿　革

1988年前，济南市食品馅料行业基本空白，月饼用馅料品种少，主要以五仁、豆沙、枣泥为主，各食品企业馅料自给自足，馅料的生产、销售未能形成一个具有特色的行业。1989年，厂长董超在平阴县创立山东宏源食品厂，主要生产果酱、各类食品馅料。1992年5月，山东宏源食品厂改名为山东董老大食品有限公司，注册资金300万元，厂房1260平方米，注册商标“董老大”。1993～1995年，食品馅料、果酱行业发展较快，逐渐由瓶装向大包装烘焙原料类发展，在济南市内生产馅料的企业唯有山东董老大食品有限公司。1996年，山东董老大食品有限公司董事长董超在国内巡回考察，决定发展烘焙业，在上海应用技术学院聘用高科技人才，在平阴安城扩建厂房新上设备，引进台湾水果馅生产工艺，产品上市迅速占领国内烘焙业市场，“董老大”馅料产品已成为行业内知名品牌。1997年5月，在上海食品烘焙业展览会上，山东董老大食品有限公司以一流的产品、独特的工艺赢得赞誉，厂家纷纷订货。2005年，新征地3.3万平方米，创建董老大食品工业园。至2010年，山东董老大食品有限公司已发展成为集团公司，下设山东董老大食品销售公司、宏源分公司、济宁金乡分公司、董老大食品添加剂公司、济南家正多油脂公司、香之秀科技发展公司，在山东、安徽、河南、福建等地设有6家生产基地。

2010年，全市食品馅料行业共有11家，主要企业有山东董老大食品有限公司、济南好帮食品有限公司、济南佳禾食品有限公司、济南毛氏食品有限公司、济南槐荫天翼食品厂、济南嘉兴园食品有限公司、济南济莲香食品有限公司等。

第二节 生 产

1988年前，馅料生产品种单一，产量规模小。1989年，山东宏源食品厂成立，成为济南市第一家生产食品馅料的专业厂。建厂初期，仅有员工6人，投资5万元，年销售收入不过百万元。厂长董超对市场进行考察，研究以冬瓜为基料的水果馅产品，解决过去馅料产品起酥性差、龟裂、口感差等缺陷，产品受到用户的好评。冬瓜纤维的制作方法获得国家发明专利。1996年7月，山东董老大食品有限公司在平阴安城扩建厂房，新上夹层锅、锅炉、蒸箱等生产设备。1998年5月，在东平县建立冬瓜脱水厂，建成专业的半成品加工基地。1999年2月，改进生产工艺提高果酱、馅料产品产量和质量。

2001年4月，山东董老大食品有限公司扩建仓库1000平方米，“董老大”牌果酱、馅料已占中国烘焙市场主要份额。2007年，山东董老大食品有限公司在行业中率先建成、使用GMP（良好作业规范）车间生产果酱、馅料产品。GMP车间由日本樱川株式会社整体规划，山东省医药工业设计院设计，山东金鑫建筑公司承建，建筑面积3000平方米，总投资1260万元。车间内装进口304食品级不锈钢板，实现全封闭、无菌、无尘生产，由中央空调调温换气，车间温度控制在18°C～23°C恒温状态。年产果酱系列产品1万吨、馅料产品0.8万吨。

2007年6月30日，国家质量监督检验检疫总局、国家标准化委员会、中国商务部、中国商业联合会等在山东济南召开国家标准审定会，审定并通过由山东董老大食品有限公司负责起草的《食品馅料》GB/T21270-2007国家标准。2008年6月，审定并通过由山东董老大食品有限公司负责起草的《果酱》GB/T22474-2008国家标准。2009年，山东董老大食品有限公司获济南市创新型城市建设科技创新大奖。公司先后被评为全国食品安全承诺单位、市级高新技术企业、市级农业产业化龙头企业，获国家实用新型专利7项，发明专利2项。

2010年，全市食品馅料行业生产食品馅料6.65万吨，其中豆沙蓉馅类约占2/3，调味果酱馅类占1/3，销售收入3.8亿元。

第三节 产 品

1989年，山东宏源食品厂馅料产品主要有五仁、豆沙、枣泥等；果酱开发出草莓酱、香橙酱、巧克力酱等产品，包装以瓶装为主。1996年，山东董老大食品有限公司研发生产以“冬瓜纤维”为基料的水果馅产品。2004年，山东董老大食品有限公司生产的水果馅、无糖馅料、阿胶蜜枣馅料被中国商业联合会、中华全国工商业联合会烘焙业公会评为达标优秀月饼馅料。2005年，阿胶蜜枣馅料、松仁玉米馅料被济南市食品工业协会评为金牌馅料；菠萝月饼馅料被评为济南市食品工业协会银牌产品；红参炼奶月饼馅料被评为济南市创新产品。2009年，“董老大”牌果肉型果酱被评为济南市十佳品牌；“董老大”牌天然紫薯月饼馅料、阿胶蜜枣月饼馅料被评为济南市精品馅料；紫甘薯油沙月饼馅料被评为济南市优质月饼馅料。2010年，蜂蜜枣沙月饼馅料被评为济南市优质月饼馅料；香酥椒盐月饼馅料、天然无花果月饼馅料、天然草莓月饼馅料被评为济南市精品月饼馅料。至2010年，烘焙果酱系列品种有果味酱、果粒酱、果肉酱、果汁酱，细分为简装系列、低糖系列、高糖系列；馅料系列有果汁系列、果肉系列、真品系列、纯天然系列、香酥馅系列、无糖系列等90余个品种。

第十二章　企业选介

第一节 山东中烟工业有限责任公司济南卷烟厂

山东中烟工业有限责任公司济南卷烟厂其前身为1928年创建的北洋东裕隆烟草公司。1945年，改名山东第一烟草公司济南造烟厂。1949年10月，改称山东省烟草公司济南烟厂。后更名为黄台烟厂、黄台制烟厂、地方国营济南卷烟厂、山东济南烟厂、国营济南卷烟总厂。1970年1月，改为济南卷烟厂。

1986年，济南卷烟厂位于济南市北园路1号。1990年，济南卷烟厂有职工3300人，固定资产1.27亿元，占地32.39万平方米。生产卷烟51.76万箱，完成产值7.29亿元，实现利税4.2亿元。济南卷烟厂生产从甲级到戊级5个等级19个牌号的卷烟，为全国16家大型卷烟厂之一，国家二级企业。1992年，济南卷烟厂迁址至济南市将军路80号。1993年1月，更名为济南烟草集团公司济南卷烟厂。1995年6月，更名为汇友烟草(集团)有限公司济南卷烟厂。10月，更名为山东将军烟草(集团)有限公司济南卷烟厂。1999年8月，更名为将军烟草集团有限公司济南卷烟厂。2005年11月18日，在济南市高新区科航路2006号建设新厂，占地面积74.27公顷，基础建设总投资12亿元。2006年9月，进行管理体制改革，济南卷烟厂成为山东中烟工业公司直属加工厂，更名为山东中烟工业公司济南卷烟厂。2007年11月18日，济南卷烟厂现代化工业园区实现各单体正常运行。2010年4月，更名为山东中烟工业有限责任公司济南卷烟厂。

2010年，济南卷烟厂设管理处室21个，生产车间4个，共有员工1740人，年生产卷烟100.58万箱，实现销售收入75亿元，利税52.83亿元，固定资产33.47亿元。企业拥有8000千克/时制丝线、6000千克/时制丝线、3000千克/时梗丝线、2000千克/时制丝线、1000千克/时白肋烟生产线、800千克/时膨胀烟丝线、200千克/时薄片线等制丝生产线7条；有德国HAUNI公司PROTOS、意大利GD公司GD、德国FOCKE公司FOCKE等卷接包设备70多台(套)，组成国内一流、国际先进水平的现代化卷包生产线30条。企业是具备生产烤烟型、混合型、雪茄烟等多类型卷烟技术能力的生产企业，是全国四家定点雪茄烟生产企业之一。主要生产“泰山”“将军”牌卷烟，“将军”牌商标被认定为中国驰名商标。产品覆盖全国264个市场，初步实现全国市场布局。济南卷烟厂先后获全国五一劳动奖状、全国烟草行业先进企业、全国烟草行业企业文化建设先进单位、全国设备管理先进企业、全国名优产品售后服务行业十佳单位、全国经营十强企业、中国企业500强、山东省级文明单位、山东省质量管理奖第一名、山东省AAA级信誉等级企业等称号。

第二节 济南佳宝乳业有限公司

1998年11月，济南佳宝乳业有限公司成立，是由原济南乳品厂、牛奶食品厂、清真食品厂等企业整体改制而成。其前身为创始于1932年的“五大牧场”，企业拥有近80年的历史。2003年，济南佳宝乳业有限公司在济南市农业高新技术开发区（长清区）征地66.7公顷，投资5亿元，建设佳宝工业园，全部引进世界最先进的机器设备，进行标准化生产，车间实行GMP十万级空气净化设备，24小时电子监控。

2010年，济南佳宝乳业有限公司是国家级农业产业化重点龙头企业、中国食品工业百强企业和国家大一型企业，总资产5.3亿元，年销售收入6.5亿元。被评为国际乳联IDF委员单位、中国乳制品工业协会和中国奶业协会副理事长单位、山东省乳品工业协会理事长单位，是山东省最大的乳制品加工生产企业，在中国乳品行业位居第二位。企业一次性通过ISO 9001、HACCP、ISO 18001、ISO 14001、标准化良好行为示范企业等体系认证，企业拥有发明及包装等专利近20项，承担国家“十一五”重点科技项目10余个。公司产业涉及奶牛饲养、乳制品、冷食冷饮、饲料加工等领域，拥有员工2000人，综合经济实力连续5年稳居中国液态奶前十强。主要产品有灭菌奶、巴氏奶、酸奶、含乳饮料等100多个品种，年产能力40万吨。全部产品采用自营国家级标准化示范大型牧场的优质奶源，有万头黑白花的荷斯坦奶牛，全部实行机械化挤奶，原料奶的各项指标均高于国家标准。销售市场以济南为中心，经销商及专卖店遍布山东17地市及周边河南、河北、江苏、安徽、北京等10余个省市，近3万余家。

第三节 济南民天面粉有限责任公司

济南民天面粉有限责任公司前身是成立于1989年的济南中心面粉厂，隶属于济南市粮食局。成立之初，济南中心面粉厂与济南第一粮库为厂库合一。1997年，济南中心面粉厂改制为济南民天面粉有限责任公司，成为济南民天集团有限责任公司的下属子公司，同年兼并济南面粉厂。1999年，济南民天面粉有限责任公司与济南第一粮库实施厂库分离。

2010年，济南民天面粉有限责任公司已是一个集面粉加工、粮食储存、食品生产、粮油贸易和进出口贸易为一体的国有粮食加工骨干企业，年总产值1.18亿元，销售收入1.58亿元，利税247万元，其中利润127万元。公司位于济南机床二厂路3号，占地6.7公顷，拥有固定资产1亿元，员工300余人。有进口面粉生产线1条，日加工能力2000吨。在做强做大面粉主业的同时，发展食品产业，拥有2000平方米的食品生产基地，日产馒头50吨；有国内先进的挂面生产线1条和出口挂面生产线1条；培植粮油副业，形成油脂、杂粮等新的经济增长点，遍布济南市大街小巷民天连锁专卖店160余家。公司ISO 9001质量管理体系、ISO 14001环境管理体系和HACCP食品安全管理体系整合认证。有省级技术中心和省级工程技术研究中心。公司是农业产业化国家重点龙头企业、全国首批放心粮油示范加工企业、全国粮食系统先进集体。“民天”牌产品被评为中国名牌产品、山东省名牌产品，“民天”商标被认定为山东省著名商标。

济南民天面粉有限责任公司先进的生产设备

第四节 济南趵突泉酿酒有限责任公司

济南趵突泉酿酒有限责任公司位于历城区仲宫镇。公司是山东省粮食酒重点生产企业，酒文化底蕴深厚，酿酒历史悠久，始创于370余年前明代崇祯年间的富泉酒店。中华人民共和国成立后，历经公私合营，1958年收为国有，建成历城仲宫酒厂。1986年，历城仲宫酒厂更名为济南酿酒厂。1999年，济南酿酒厂改制为民营济南趵突泉酿酒有限责任公司。2004年，公司推出54°“趵突泉芝麻香”型白酒，在第三届苏鲁豫皖白酒峰会上获“风格金奖”。2005年，“趵突泉”商标被认定为中国驰名商标，成为山东省白酒行业的第一个驰名商标。2007年，被商务部认定为“中华老字号”企业。2009年，“仲宫白酒传统酿制技艺”被列入第二批省级非物质文化遗产名录；被中国酿酒工业协会授予“中国芝麻香白酒领军企业”称号，同时被国家标准化管理委员会批准为全国白酒标准化委员会芝麻香白酒分技术委员会秘书处承担单位。2010年9月，被中国酿酒工业协会授予“中国低度浓香型白酒著名企业”称号。

2010年，济南趵突泉酿酒有限责任公司拥有员工1000余人，资产6亿元，年产商品白酒1万吨，销售收入8亿元。公司下设济南趵突泉包装有限责任公司、济南泉华包装制品有限公司2家控股子公司，产品涉及白酒、印刷、食品包装等领域，被国家统计局列入中国白酒工业百强企业。主导产品趵突泉特酿利用“天下第一泉”趵突泉源头矿泉水精工酿造而成，具有醇厚丰满、绵甜爽净、香而不艳、窖香口感独好的特点，代表鲁酒的典型风格。趵突泉特酿先后被授予世界金奖、山东省名牌产品、山东省白酒行业十大品牌、济南市“市酒”等称号。

第五节 山东百脉泉酒业有限公司

山东百脉泉酒业有限公司位于章丘市，其前身是创建于1948年的章丘县酒厂，由清末光绪年间的“福祥和”老字号酒店传承而来，是章丘最早的国有企业。1992年，更名为章丘市酒厂。1994年11月，章丘市酒厂改制为济南百脉泉酿酒(集团)有限公司。2000年8月，更名为济南百脉泉酿酒有限公司，注册“清照园”商标。2002年起，因公司内部管理不善及市场原因，经营开始出现滑坡，濒临破产。2004年年初，章丘市委、市政府决定重新改组公司领导班子，李成新临危受命担任公司党委书记、董事长、总经理，制定“科技先导、质量生存、品牌战略、诚信经营、内聚合力、外增人气、百年强企、奉献社会”的经营思想，实施“2004年保稳定、2005年树形象、2006年大发展”战略，提出“先做人、后做酒，做好人、做好酒”的企业核心理念。此后，山东百脉泉酒业有限公司驶入跨越式发展轨道。2005年12月，公司更名为山东百脉泉酒业有限公司。2008年6月，“百脉泉”商标被认定为中国驰名商标，改写章丘市没有中国驰名商标的历史。2009年，公司在全国白酒行业内率先提出生态酿酒理念，并于4月2日在济南舜耕山庄召开由山东白酒工业协会主办、山东百脉泉酒业有限公司协办的“中国生态酿酒倡导者”新闻发布会，成为全国生态酿酒倡导者。12月1日，公司生产的百脉泉生态芝麻香型白酒通过省级鉴定。2010年1月6日，在章丘宾馆召开新产品上市新闻发布会，百脉泉芝麻香型白酒成功上市。11月12日，公司通过省级工业游创建单位检查验收，成为山东省工业旅游示范点企业。

至2010年，山东百脉泉酒业有限公司成为集白酒科研、生产、销售、服务以及工业旅游于一体的国家中型企业，拥有员工800余人，年实现销售收入2.1亿元，利税5000多万元。

公司先后被评为全国酒行业优秀企业、全国酒行业明星企业、山东省重点白酒生产企业、山东省白酒行业浓香型及芝麻香型白酒标准化生产示范基地、山东省重合同守信用企业、山东省AAA级信誉企业，连续多年被评为山东省消费者满意单位，首批获国家白酒生产许可证。顺利通过ISO 9001国际质量和ISO 14001国际环境双体系再认证及ISO 22000食品安全体系认证。公司生产的浓香型和芝麻香型白酒，以“龙山”秘方为法，名泉圣水为源，御贡香米为根，神秘窖泥为本，并聘请五粮液专家给予技术指导。公司有国家级白酒质量评委2人，省级白酒评委6人，专职技术人员68人，其中，高级工程师12人，高级酿酒技师5人。“百脉泉”“清照”两大系列产品具有清澈透明、窖香浓郁、绵甜甘洌、回味悠长的特点，被誉为鲁酒五粮液，“百脉泉”“清照”牌白酒被评为山东名牌产品。

济南普利思矿泉水生产流水线 （2008年摄）

第六节 济南普利思矿泉水有限公司

1993年，济南市自来水公司与香港东山工程公司合资成立济南普利矿泉水有限公司，位于济南市历山路111号，在历城区王舍人镇建有水厂。1994年3月，正式投产瓶装矿泉水。1997年9月，济南普利矿泉水有限公司更名为济南普利思矿泉水有限公司，产品结构转向桶装饮用水的生产和销售。2003年，公司投资建造国内第一条水世界科普参观走廊。2005年、2007年分别被评为市级工业旅游示范点、省级工业旅游示范点，先后接待各界消费者6万余人(次)。普利思矿泉水水源取自地下381米，富含锶、偏硅酸等20余种对人体有益的微量元素和矿物质，经岩层溶滤，纯净无污染。纯净水及天然泉水厂位于历城区张马屯，水源采自地下582米不透水层，无污染。公司建成国内第一条电脑控制的全自动水处理生产线、自动化程度最高的桶装水灌装线，率先将制药行业的GMP(良好作业规范)标准和空气净化技术引入饮用水行业，在符合美联邦209E100级标准的空气净化间内实现无菌灌装，企业独创的三段式34道冲洗灌装桶生产工艺，成为国内饮用水行业的标杆和典范。

至2010年，济南普利思矿泉水有限公司是山东省内规模最大的生产饮用天然矿泉水、饮用纯净水及其他饮用水的企业之一，在济南市场占有率70%，年销售收入7000余万元，年缴税700余万元。公司产品包括桶、瓶装两大系列10余种产品，“普利思”为国内知名的饮用水品牌，居山东省饮用水行业龙头地位，是济南饮用水市场第一品牌。企业通过建立、巩固以连锁加盟为核心的桶装水销售服务网络，安置就业人员1200人。拥有省内最早建立的饮水机专业维修与清洗服务中心，有专业化配送队伍700人，在济南设普利思服务水站300多家。产品先后被评为国家免检产品、山东名牌产品，公司被评为国家食品放心工程先进单位，“普利思”商标被认定为山东省著名商标。

第七节 济南德馨斋食品有限公司

济南德馨斋食品有限公司位于历城区北园大街36号，始创于1930年的德馨斋酱园。1956年，公私合营。1958年，更名为济南市槐荫区蔬菜公司德馨斋腌菜厂。1966年，更名为济南红升酱菜厂。1993年，被济南试金集团有限公司兼并，恢复“德馨斋”老字号品牌，更名为济南试金集团德馨斋酿造分公司。2000年，与济南第二酿造厂组建济南试金集团德馨斋酿造有限公司。2001年，公司将济南第二酿造厂老酱油车间改建成全国一流的管道式天然发酵甜面酱车间，年生产能力5000吨，产量居全国第一，销售收入2000万元。2003年，成为北京时代集团公司控股企业，更名为济南德馨斋食品有限公司。同年，公司当选为山东省食品工业协会调味品专业委员会会长单位，成为中国调味品著名品牌50强企业。2006年，被商务部认定为“中华老字号”企业，德馨斋品牌荣登“首届中华老字号品牌价值百强榜”，价值0.45亿元。2008年，被山东省农业厅确定为山东省农业产业化重点龙头企业。2009年，位于济南市经六路纬十二路的德馨斋酱园老厂区拆迁，公司生产、销售全部迁址北园大街36号。同年，被山东省食品工业协会认定为山东省调味品标准生产示范基地。2010年，获山东省食品行业十大品牌企业。

2010年，济南德馨斋食品有限公司拥有固定资产1077.93万元，主要产品有酱油、食醋、甜面酱、高档酱菜四大类一百余个品种，酱油3万吨，食醋2万吨，甜面酱1万吨，高档酱菜3000吨。“德馨斋”牌黄豆酱油和精制甜面酱被为评全国食品行业名牌产品，“德馨斋”牌酱油、食醋被评为山东名牌产品。“德馨斋”牌原汁酱油、五粮醋、甜面酱连续五届获山东省调味品十大品牌。“德馨斋”商标被认定为山东省著名商标。

第八节 济南市益康食品厂有限公司

济南市益康食品厂有限公司前身是成立于1977年的济南市北园糕点厂。1978年，该厂由济南市泺口迁址堤口路149号，并更名为济南市益康食品厂，占地面积2公顷。1990年，企业经营跌至低谷，只能维持基本生产。1994年，王忠本调任该厂任厂长兼书记，提出“以厂促店，以店带厂”的特色经营模式，并与次年开办第一家仓储超市。1997年，兼并北园牛肉干厂，并对该企业进行改造，建立仓储、物流配送中心。2001年，兼并天桥区原北园第三中学土地7000余平方米，新建济南市益康食品厂。2002年，老厂区实行腾笼换业工程，当年济南市益康食品厂迁址济南市无影山北路袁庄西路9号新厂。2003年起，“益利思”牌葡萄软馅月饼连续3年获第九、十、十一届中国月饼节“优质月饼”。2004年，该厂被评为山东省食品百强企业，并通过ISO 9001质量体系认证。2005年，改制并更名为济南市益康食品厂有限公司，实行全员持股，成为民营股份制企业。同年，在全市率先通过国家食品安全生产“QS”认证(饼干、速冻面米食品、糖类分装、糕点4类)，并被评为济南市糕点食品生产行业龙头企业。2007年，“益利思”商标被认定为山东省著名商标。2008年，“益利思”月饼、汤圆被评为济南名牌产品；“益利思”月饼被评为第五届山东省焙烤食品行业十佳品牌；公司被评为山东省食品行业协会第六届理事会常务理事单位、山东省鲁式月饼生产示范企业。2010年，被中国食品协会评为中国著名月饼品牌企业。

2010年，济南市益康食品厂有限公司成为生产月饼、汤圆、粽子、中西式糕点、速冻食品为主的大型食品加工企业，年产各类食品200余种，产量2000吨，销售收入近2亿元，利税2000多万元。公司占地2.8万平方米，有职工

800余人，拥有固定资产净值近3000万元，总资产8000多万元。企业建有糕点、速冻、面包、饼干、裱花蛋糕等车间，拥有1吨全自动燃气锅炉、2000立方米冷库、大型隧道烤炉3条、15米平网速冻机1台、高标准月饼自动化生产线2条、枕式自动包装机2条、和面机等先进设备。创办社区店、标超店、便利店、益康食品店网点50余家。

第九节 济南维尔康食品有限公司

济南维尔康食品有限公司位于济南市历城区工业北路303号，始创于1956年，原为山东省济南肉类联合加工厂。1990年，山东省济南肉类联合加工厂与济南市食品公司合并，更名为山东省济南肉类食品总公司(集团)。1993年，山东省济南肉类联合加工厂与济南市食品公司分开，企业名称恢复为山东省济南肉类联合加工厂。2001年，企业改制，更名为济南维尔康食品有限公司。

至2010年，济南维尔康食品有限公司成为集生猪屠宰、肉制品加工、冷藏物流、农业部定点肉类水产综合批发市场、生化制药、国际贸易于一体的大型企业，主要产品有维尔康系列肉制品、冷鲜肉、生化药品、宠物食品等四大类600多个品种，全年完成生产总值14.98亿元，销售肉及制品67650吨，实现利税8820万元。公司拥有自营进出口权，占地面积42万平方米，拥有全国最大的18万吨冷库群，建有年产肉制品3万吨、屠宰生猪300万头、加工出口宠物食品2万吨的国内一流的现代化厂房，是全国唯一的中央、省、市三级政府储备肉加工储存企业；是商务部重点流通商品监测企业。年出口总额和综合实力居全国同行业前十强。公司全面建立现代企业管理信息系统（ERP)，通过ISO 9001:2008国际质量体系认证、ISO 22000:2005食品安全管理体系认证、HACCP食品安全管理体系认证、ISO 14001环境管理体系认证、OHSAS 18001职业健康安全管理体系认证；通过国家质检总局出口食品生产企业注册、美国FDA宠物食品注册；通过国际SGS食品质量安全体系、国际INTERTEK企业社会责任体系审核。公司被评为农业产业化国家重点龙头企业、中国肉类食品行业强势企业、中国机械化屠宰加工优势企业、山东省商贸流通先进企业、山东省守合同重信用企业等。维尔康产品被评为中国名牌产品、山东名牌产品。维尔康商标连续12年被认定为山东省著名商标。

第十节 济南华鲁食品有限公司

济南华鲁食品有限公司成立于1994年7月，位于历城区柳埠镇，其前身为济南华鲁食品添加剂厂。公司坚持“用科技创造绿色，做龙头带动三农”的经营理念，建立“以企业为龙头，以农产品基地为基础，以签约农户为支柱，以协会为接口”的运作机制。

至2010年，公司成为集种植、生产、销售为一体的综合性农业产业化企业，主要从事农产品精深加工。注册资金2568万元，年销售额1.88亿元。公司设办公室、财务部、质检部、生产部、营销部、技术中心6个部门，职工864人，其中专业技术人员120人。公司先后研制开发核桃油、板栗仁、烟熏木屑、山楂核烟熏香味料等7大系列100多个产品，其成果和技术达到国内先进水平，并取得国家标准2项，分别为中华人民共和国国家标准“核桃油”（GB/T22327-2008）、中华人民共和国轻工行业标准“食品添加剂－山楂核烟熏香味料Ⅰ号、Ⅱ号”（QB/T-1122-2007）。认证无公害果品基地1500公顷，绿色食品基地2个共267公顷，有机食品基地8个共400公顷。在济南南部山区形成黄巢、窝铺、闫家、李家塘、柳埠5个基地，加盟农户3万户，农户人均增收6500元。企业先后被评为山东省林产品经营加工“十佳”标兵、山东省农业产业化重点龙头企业、省级先进龙头企业等。公司是济南市高新技术企业，核桃油项目被列入国家“星火计划”项目。

第十一节　济南野风酥食品有限公司

济南野风酥食品有限公司位于历城区柳埠镇，其特色产品糖酥煎饼起源于20世纪30年代，济南南部山区的刘氏家族世代手工摊制煎饼，销往济南大观园。1931年，时任公司法人的刘明海祖父煎饼传人刘洪均在济南五龙潭遇到泰安人王维康，此人也做煎饼，二人经常就煎饼制作工艺进行切磋交流，并创出糖酥煎饼、咸酥煎饼等多种系列煎饼，后因战乱，各自返乡。20世纪60年代，国家发展乡镇企业，开发民间食品。济南市挖掘特产食品煎饼，于是到南部山区寻找刘洪均，但此人已过世，找到其子刘克祥，并请他到济南胜利儿童食品厂研制系列煎饼。由于煎饼制作的文化发源地在南部山区，是南部山区妇女的拿手绝活。于是，市政府决定成立乡镇企业性质的济南柳埠食品厂，刘克祥担任厂长，这就是济南野风酥食品有限公司的前身。刘克祥发扬前辈的食品文化，该食品厂取得较好的社会效益和经济效益，生产的糖酥煎饼产品历年被评为省、部级优质产品，畅销全国各地，并被北京人民大会堂定为国宴用品。1986年，国务院副总理陈云的夫人全国著名营养学家于若木到厂视察并题词。90年代初，随着农村体制的改革及市场变革，食品厂停产。

1996年5月27日，刘克祥之子刘明海继承先辈食品产业，成立私营企业济南野风酥食品有限公司，糖酥煎饼产品当年叫响野风酥品牌。2005年，历城区柳埠镇政府在摩天岭工业区划拨土地，公司当年建厂投产。2007年，济南野风酥食品有限公司被评为省级农业产业化重点龙头企业。

公司坚持以农产品深加工、精加工和高科技开发为战略目标，坚持以企业为龙头，基地为基础，协会为接口的发展模式和“三盟两链”(企业、协会、基地三个主体结盟＋市场订单链＋质量保证链)的新机制，形成政府政策引导、协会技术指导、基地示范带动、农户加工生产、公司组织销售的一条龙良性循环的产业运作模式。主营产品有“野风酥”牌煎饼系列、高粱饴系列、全小麦烧饼、小杂粮、玫瑰、阿胶等7大系列160多种品种。其中“野风酥”被中国食品协会评为“优秀民族食品”，获“中华名吃”称号。产品连续获国家级食品展销会畅销产品奖，成为山东省的特色食品，省、市旅游局的十佳旅游产品，在国内各大型超市大润发、沃尔玛、家乐福、统一银座、华联等和在济南周边城市的机场、车站、码头、旅游景点均有销售。公司生产的糖酥煎饼薄如纸、脆如冰，香酥可口，是济南市在全国知明的两大特产食品(糖酥煎饼、高粱饴)之一，其精选山区优质杂粮为主料，配以花生、大豆、芝麻、核桃等辅料，精心摊制而成，曾被授予“山东老字号”、山东历史文化名吃等称号，被评为山东名牌产品，销往全国20多个省、市，并进入北京人民大会堂风味名吃食品专柜。为挖掘山东食文化，保护煎饼的传统制作工艺，“野风酥”牌煎饼的原料采用原始石磨加工，传统工艺制作，薄如蝉翼，色如金，富有营养，易消化，包装精美，易存放，为食用、馈赠之佳品，是山东煎饼中的佼佼者，成为山东传统食品的代表。2008年，刘明海之子刘俊强任总经理，继承祖业，将传统食品产业越做越大。

2010年，公司生产煎饼系列产品1.2万吨、高粱饴系列产品7000余吨，销售收入1.52亿元，利税564万元。产品销往全国各地，并出口日本、加拿大等国家，在同行业销售排名中稳居第一位，国内市场占有率75%以上。公司建设基地累计投资2600余万元，带动农户4万余户，经山东省农业厅认定建立的无公害粮食基地1500公顷。

第八篇　医药制造业

1986年起，随着改革开放不断深化，济南市医药制造业在产业结构、技术装备、科研开发、品种质量、产量产值及经济效益等方面均有较大提高和较快发展，基本形成包括中成药、化学合成原料药、中间体、生物制药以及各种制剂、医疗器械、仪器、器材在内，门类齐全，品种多样比较完整的医药工业体系。1990年，全市医药工业企业有26家，职工10467人，其中工程技术人员915人，固定资产原值1.46亿元，建筑总面积35.96万平方米，完成工业总产值3.64亿元，利税3209万元，全员劳动生产率34812元/人。其中，济南市医药管理局直属企业12家(在优化生产组合中，划归山东三联电子公司医疗器械厂1家、跨行业兼并电器线材厂1家)，职工7021人，其中工程技术人员565人，固定资产原值8169万元，建筑总面积24.6万平方米，完成工业总产值2.21亿元，全员劳动生产率31420元/人，利税1882万元。

1993年，济南市医药制造业通过转换机制，增强活力，加快建立现代企业制度步伐，持续保持高速增长。固定资产(原值)达到2.06亿元，实现工业总产值9.97亿(1990年不变价)，分别高于全国、全省同行业16.73%、9.32%。1995年，济南市医药管理局共有直属、归口企业24家，其中直属企业11家，职工8269人，固定资产3.4亿元，全行业全年完成工业总产值25.88亿元(1990年不变价)，居全省医药行业第一首；完成销售产值(当年价)23.69亿元。年内全行业共有在建项目25项，总投资3.04亿元。当年竣工13项，完成投资1.33亿元。济南市医药管理局11家直属企业均设立科研机构，其中规模较大的有济南阿胶研究所、济南市中药研究所、济南市医药研究所、济南市医药开发研究中心、金泰集团科研所等5个。全市医药工业行业完成新产品开发项目36个，其中，填补国内空白7项，填补省内空白14项，投产新产品28个，实现新产品产值1.5亿元，利税2500万元，分别占全省新产品产值30%、利税总额50%以上。完成市以上科研计划18项，其中国家一类中药新药人工麝香获国家中医药局科技进步一等奖。

“九五”期间，全国医药行业出现经济滑坡，在资金、原材料和能源方面存在较多的制约因素，但济南医药系统创历史最好水平。1996年，实现工业总产值50.27亿元(1990年不变价)。1997年，全国医药行业仍处于调整和转型时期，医药工业面临的经济形势严峻，从全行业统计口径看，全市医药工业企业完成工业总产值39.71亿元，工业增加值7.94亿元，利税5.87亿元。1999年12月，济南市药品监督管理局成立，其直属事业单位济南市药品市场稽查大队同时成立。该局是在原济南市医药管理局基础上，划入药政、药检职能后组建，结束药品监督管理体制不顺、多头管理的局面。2000年，全市医药行业生产经营和经济效益稳步增长。济南医药行业共有规模以上工业企业21家，从业人员10657人，总资产37.87亿元，其中流动资产17.83亿元，固定资产11.38亿元，负债率44.9%。实现工业总产值(1990不变价)38.42亿元，工业增加值5.96亿元，销售收入16.42亿元，利税2.31亿元，出口交货值5490万元。

“十五”期间，济南市医药制造业坚持以加快发展为主题，通过改革改制、重组整合，经济结构和产品结构发生较大变化，产业结构日趋合理，经济总量提升，质量效益提高，技术创新能力增强，企业数量和产品品种增多，逐步形成比较完整的医药生产体系。2001 年，撤销济南市医药管理局、济南市石油化学工业局。5 月，成立济南市化学医药工业办公室和济南市化学医药国有资产经营有限公司。2005 年，济南市第一家医药胶囊生产企业——中日合资的山东新得康胶囊有限公司正式投产。同年，济南市医药行业，通过各种形式改革改制、整合重组、合资合作等，股份制企业、民营企业和“三资”企业已成为济南医药工业的主体。

“十一五”期间，济南市医药制造业持续稳定发展，经济规模不断扩大，骨干企业地位突出。2006 年，济南市有医药生产企业 77 家，规模以上企业实现销售收入 52.07 亿元，利税 9.24 亿元，利润 5.97 亿元。销售收入过亿元的企业 12 家，完成销售收入 32.14 亿元，占全市医药行业的 61.72%。2008 年 3 月 25 日，国家工商总局核定山东博士伦福瑞达制药有限公司生产的“润洁”牌滴眼液为“中国驰名商标”，成为中国滴眼液类产品中第一个中国驰名商标。6 月，齐鲁制药有限公司以“哺乳动物细胞高效表达”项目被确定为“国家工程实验室”。在第四届“中国制药百强年会”上，齐鲁制药有限公司被列入 2008 年度“中国制药工业百强榜”，位列第 19 位。2010 年，济南市有医药制造业规模以上企业 74 家，其中国有及控股企业 4 家，完成总产值 113.65 亿元，工业增加值 50.71 亿元，销售收入 108.9 亿元；固定资产原值 49.31 亿元，资产总计 151.95 亿元；全员劳动生产率 30209.7 元 / 人，年均从业人数 16785 人。

第一章　医药制造业综合

第一节 行业构成

一、专业结构

1986 年，济南市医药工业由中成药、化学药、医疗器械等生产专业及医药包装卫生材料等构成，形成门类齐全、品种多样、工商一体的医药体系。1987 年，济南市有中西药品、医疗器械、医药包装、卫生材料等生产企业 48 家，专业医药科研机构 1 家；其中，属济南医药公司系统中药厂 2 家，西药厂 5 家，电子医疗仪器厂 1 家；共有职工 5930 人，固定资产净值 2829 万元；生产中西药品、医疗器械 293 种。1988 年，济南市首次生产基因工程药物，行业构成包括中成药、化学合成原料药、中间体、各种制剂，多种医疗器械、仪器、器材、医药包装品、卫生材料等，主要生产中成药、化学药、医疗器械、医药包装品、医药中间体共五大类 600 余个品种。1992 年 8 月，山东济南制药厂成立济南医药进出口公司，成为全市医药行业第一家有自营进出口权的企业。同年，济南市共有医药工业企业 36 家，主要生产化学原料药、西药制剂、中成药、医疗器械、卫生材料、医药包装六大类 600 多个品种；出口产品 30 余种，畅销世界 20 多个国家和地区，全行业对外出口交货值 2.14 亿元。2000 年 7 月，由山东金泰集团生物工程公司研制的国家一类新药链激酶获新药证书，为济南市医药史上第一个国家一类生物药品，并被列为山东省十大高新技术产品。生物医药产业开始成为济南市经济发展最快的产业之一。2005年，济南市共有医药生产企业65家，形成化学原料药及制剂、中成药、中药饮片、药用包装材料、药用辅料等生产门类，能生产片剂、丸剂、粉针剂、滴眼剂等40多个剂型，涉及抗感染、抗肿瘤、心脑血管、神经系统用药、生物制品及传统中药等类别的药品1400多个，企业、剂型产品数量均居全省前列。2010年，全市有医药工业企业831家。

二、所有制结构

1986年年初，济南市有医药工业企业26家，其中，全民所有制企业11家，集体所有制企业15家；济南医药公司所属企业13家，军队药厂4家，县属企业3家，乡镇企业2家，其他系统企业4家。1988年，隶属山东省济南医药公司的医药工业企业13家，其中，全民所有制企业7家，集体所有制企业6家，共有职工6893人。

1991年，全市有医药工业企业26家，其中，隶属济南市医药管理局的国营工业企业7家，职工4809人；集体企业5家，职工1792人。工程技术人员537人，占全部职工总数8.14%。固定资产原值1.18亿元。1992年，济南市医药系统以企业转换经营机制为重点，加大改革力度，推行人事、劳动、分配三项制度改革；调整企业产业结构，促进企业兼并联合，注重发展规模经济。同时进行多种管理模式改革试点。山东济南制药厂开始探索按照国际惯例经营管理。4月，经市体改委批准，以山东医药工业研究所试验厂为核心，组建济南金泰集团公司；11月13日，该公司又经市体改委批准成立济南金泰集团股份有限公司，发行内部股票。济南第三制药厂、山东济南中药厂、济南医用光学仪器厂和齐鲁制药厂，分别与香港客商合资建立华加制药有限公司、济南宏济药膳有限公司、华为建筑机电工程有限公司和齐鲁制药有限公司。山东济南制药厂、山东济南中药厂仿照“三资”企业试点管理，成为第一批股份制试点企业。济南第三制药厂被批准为济南市第二批股份制试点企业。同年，全市有医药工业企业36家，其中市医药管理局直属企业11家，职工6494人。

1995年4月1日，民营企业济南三株药业有限公司纳入济南市医药行业管理。5月18日，山东福胶集团有限责任公司在平阴县正式成立，该集团以山东平阴阿胶厂和平阴县医药公司为核心层，以平阴营养滋补厂、平阴中药饮片厂、平阴实业公司、山东阿胶研究所为紧密层组成，并改制为民营有限责任公司。1998年11月4日，具有90余年历史的国有企业——山东济南中药厂正式改制更名为济南神方中药有限责任公司。1999年9月3日，山东东方药业集团有限责任公司兼并济南中环医药集团有限责任公司。

2001年7月23日，山东金泰集团股份有限公司在上海证券交易所上市。2002年，济南化医公司与力诺集团达成整合济南医药工业的意见，将济南宏济堂制药公司、济南永宁制药公司等进行资源整合，组建大型医药工业集团。同年，济南东风制药厂与深圳太太药业股份有限公司、香港天成实业有限公司建立山东健康药业股份有限公司。东方药业集团与沈阳北泰方向集团签订共同整合东方药业集团的意向协议书，同时签订《北泰方向集团向东方药业集团借款350万元进行GMP改造的协议书》。2004年2月26日，济南市召开重点国有工业企业改革座谈会，要求加快改革、改制、重组步伐，加速产权制度改革，使现有企业国有资本有序退出或减持，逐步实现投资主体多元化。5月23日，经济南市政府批准，济南化医公司将东方药业集团的国有股权及企业经营管理权委托沈阳北泰方向集团管理。8月31日，撤销济南市化学医药工业办公室，所属职能、人员、资产分别划归济南市经济委员会和新成立的济南市国有资产管理委员会。

2005年，全市医药工业企业的产权改革初步完成。济南市医药行业坚持市场化、国际化，通过改革改制、整合重组、合资合作等形式基本形成资产多元化的经济结构。

2010年，济南市有医药工业企业83家，其中，规模以上74家，国有及国有控股企业4家。

第二节 生产能力

一、技术装备

1985年，全市医药工业固定资产原值4770万元。1988年，隶属山东省济南医药公司的医药工业企业共13家，固定资产原值7039万元，主要设备1968台(套)，建筑总面积22.94万平方米，能生产中成药、化学合成原料药、中间体、各种制剂及多种医疗器械、仪器、器材。“七五”期间，济南市医药管理局直属企业固定资产总投资8058万元，新增固定资产5386万元。其中引进胶囊机、片剂铝箔包装自动化流水线、口服液PVC灌封机等一批先进设备；增建一批标准较高的厂房和库房。投入技术改造资金5900万元，实施维生素C、庆大霉素、呋喃唑酮、阿胶改建扩产及中药饮片加工等技术改造项目31项。化学原料药生产能力比1985年增长130%，全员劳动生产率比1985年增长73.85%。

1992年，济南市有医药制造业企业36家，其中济南市医药管理局所属工业企业11家，职工6494人，固定资产原值1.20亿元。全年在建项目23个，计划投资总额1.66亿元，当年落实资金4030万元，竣工投产项目9个，新增产值5000万元，新增利税800万元。其中，山东济南制药厂VC扩产改造项目，实际超过设计能力，新增产量402吨，新增产值2400万元。列入省市重点计划的济南第三制药厂“针剂和大输液GMP改造”、平阴阿胶厂“阿胶制剂GMP改造”、济南第二制药厂“年产20吨核糖霉素车间”、金泰集团股份公司“制剂车间GMP改造”相继开工，投资总额1.24亿元，其中外汇370万美元。山东济南制药厂的“抗癌药制剂及原料技改工程”、济南永宁制药股份有限公司的“针剂车间GMP改造工程”平阴阿胶厂的“中药材制胶GMP改造工程”年内被批准列为国家专项技术改造项目，3个项目总投资6379万元，其中贷款4900万元。项目完成后新增生产能力抗癌原料药2.5吨、片剂5亿片、针剂1.3亿支、阿胶110吨；新增产值2.9亿元，新增利税6698万元。

1995年，济南市医药制造业年内在建项目25项，计划投资总额3.04亿元。当年竣工项目13个，完成投资1.33亿元。1997年12月3日，齐鲁(制药厂)安替比奥(意大利制药集团)有限公司于历城区董家镇竣工投产，占地5.6万平方米，一期工程投资3000万美元。1998年，济南医药工业资产总额23.63亿元，从业人员14134人。2000年3月8日，济南宏济堂制药有限公司前列欣胶囊生产线改造项目(设计年产5亿粒，计划投资4300万元，国家贴息贷款3500万元)和齐鲁制药厂的国家二类新药盐酸特比萘芬及制剂项目(设计年产原料2.2吨，片剂1800万片，计划投资8000万元，国家贴息贷款6000万元)列入国家“双高一优”项目导向计划。至2000年，济南医药行业(统计口径)年末规模以上工业企业21家，从业人员10657人，总资产37.87亿元，全部从业人员年平均人数16785人。

至2010年，济南市医药工业企业通过技术改造和引进国外先进制药设备，企业技术装备水平不断提升，固定资产原值49.31亿元。通过GMP改造，多数原料药生产和医药制剂生产企业工艺技术达到全国先进水平，部分企业技术装备和工艺技术接近或达到世界先进水平。济南齐鲁制药厂建有各种制剂、原料药等生产车间30余个，主要的生产设备均购于美国、德国等世界专业制药设备生产厂商，所有厂房设备均按照国际标准设计、安装和验证，多个产品的生产规模为国内或亚洲甚至世界最大。

二、产量产值

1985年，全市医药工业总产值1.68亿元。

1986年，全市共生产化学药品1221吨，中成药1154吨。1987年，仅济南市第一、第二、第三药厂共生产化学原料药2779吨，片剂30.7亿片，针剂1.55亿支，大输液330万瓶，胶囊2000万粒。1988年，全市年生产原料药3361.25吨，片剂29.1亿片，针剂1.44亿支，大输液335万瓶。1990年，全市医药工业企业完成总产值3.64亿元，生产化学原料药5057吨，中成药972吨，阿胶30.7万公斤，针剂2.49亿支，大输液392万瓶。

1992年，全市医药工业企业实现总产值7.66亿元（1990年不变价），完成出口交货值6429万元，两项指标的增长幅度均居济南市各工业局之首；销售收入完成3.25亿元；国有、集体企业全员劳动生产率分别为16320元/人、11160元/人。1995年，济南市医药管理局系统生产化学原料药7522吨，中成药1153.8吨，工业总产值23.85亿元。全行业完成工业总产值25.88亿元（1990年不变价）。1998年，全市医药工业生产化学原料药2458.02吨，中成药1030.08吨，实现工业总产值14.57亿元。2000年，全市医药工业生产24大类化学原料药1365吨，医药中间体85.58吨，粉针剂3.36亿瓶，大输液3788万瓶，注射液2.88亿支，片剂25.15亿片，中成药1595吨，实现工业总产值38.42亿元（1990不变价），工业增加值5.96亿元，销售收入16.42亿元，利税2.31亿元，出口交货值5490万元。

2005年，全市医药工业规模以上企业实现销售收入41.56亿元，利税8.14亿元，利润5.42亿元。销售收入过亿元的企业有7家，共完成27.59亿元，占全市医药行业66.39%；其中过5亿元的企业有齐鲁制药厂、山东博士伦福瑞达制药有限公司和齐鲁安替比奥制药有限公司3家，共完成销售收入、利税、利润分别为21.57亿元、5.34亿元、3.86亿元，占全市医药行业的51.9%、65.6%、71.22%。同年，中日合资企业山东新得康胶囊有限公司正式投产，年产医药胶囊20亿粒，年产值5000万元。

2007年，济南市有规模以上医药企业75家，实现工业总产值71.73亿元，工业增加值28.54亿元，销售收入67.64亿元。其中规模以上国有及国有控股企业实现工业总产值10.18亿元，工业增加值4.54亿元，销售收入9.79亿元。2008年，济南市有规模以上医药生产企业77家，完成主营业务收入81.59亿元，实现利税17.92亿元，利润13.11亿元，出口产品交货值6.9亿元。2009年，济南市有规模以上医药企业83家，实现产值99.79亿元，工业增加值36.74亿元，销售收入95.87亿元。规模以上国有及控股企业4家，实现产值4.63亿元，工业增加值1.39亿元，销售收入4.4亿元。国有工业企业1家，从业人员2246人，实现产值3.54亿元，工业增加值1.09亿元，销售收入3.31亿元。2010年，济南市医药制造行业有规模以上医药企业74家，完成工业总产值113.65亿元，工业增加值50.71亿元。

第三节 产 品

一、产品结构

1986年，全市医药工业产品形成中成药、化学药、医疗器械等三个系列。1988年，全市化学制药厂及生产配套厂16家，共生产213个品种（249个规格）药品，25种原料药，以及片剂针剂、输液瓶、医用仪器设备、医用包装材料、医用辅材、手术器械、医用玻璃仪器等。山东济南中药厂生产79（85个规格）个品种，山东平阴阿胶厂生产11个品种，中药生产品种规模居全省首位。同年，山东济南制药厂“阿普唑仑”国家二类新药正式投产。1990年，全市医药系统开发新产品25种，其中填补省内空白22种，当年投产22种。卡铂、阿米卡星，单品种年产值过千万元。实现新产品产值4500万元，新产品产值率12.35%。1996年，全市共有化学原料药、制剂、中成药、医疗器械、医药包装、滋补保健品等七大类近千种产品。2005年，全市共有医药生产企业65家，形成化学原料药及制剂、中成药、中药饮片、生物制药等七大门类，能生产片剂、丸剂等40多个剂型，制剂药品1400多个。力诺药业的麝香酮、异氟烷及制剂(特殊麻醉药品、盐酸哌替啶的替代品)、健康药业的盐酸左氟沙星分散片全国独家生产。2010年，全市共有规模以上医药生产企业74家，1587个药品生产文号，品种数量占全省25%。随着产品结构的不断优化，传统产品的地位不断巩固和加强，新兴优势产品得到培植和提高，拳头产品具有明显优势。

二、产品质量

1986年起，济南市医药工业通过加强全面质量管理、“GMP”标准(药品生产质量管理规范)认证，产品质量不断提高。在全国同类产品质量评比中，山东平阴阿胶厂生产的阿胶获第一名。1988年，各医药企业加强全员全过程质量管理，济南医药公司在市场抽查中西药品5000种次，未发现重大质量问题；山东省医药公司、济南市经委在市场抽查中产品合格率100%。山东平阴阿胶厂生产的阿胶膏被评为省优质产品；“福字”牌阿胶被评为国家优质产品，是当年全国医药系统唯一获国家金质奖牌的优质产品。山东济南中药厂冠心苏和丸、石斛夜光丸再次被评定为国家优质产品。1989年，山东济南制药厂生产的阿普唑仑片获省优秀新产品二等奖，山东省医工所试验厂生产的痢特灵(呋喃唑酮)、济南第三制药厂生产的异烟肼片、济南医用光学仪器厂生产的XSY-1-1A型综合荧光显微镜被评为省优质产品。1990年，济南市医药管理局直属工业企业被评为国优产品4个、部优产品1个、省优产品19个。部分主要产品采用国际标准或国外先进标准组织生产。“济字”牌单硫酸卡那霉素被评为部优产品，是年内山东省唯一获此奖的抗生素。年内经复查，单硫酸卡那霉素、索米痛片、喉症丸保持省优产品称号。500毫升输液瓶，省优复查合格并在中国包装10年成果展览中获银奖。市经委考查的品种计划完成率100%、稳定提高率66.67%。

1991年，济南市医药系统开展企业“质量、品种、效益年”活动。1992年，市医药局系统开展全面质量管理和药品生产质量管理规范知识普及教育，企业质量管理和药品质量不断提高。系统内考核的21个品种，药品质量稳定提高率完成50%；市经委考核的10个品种，药品质量稳定提高率完成60%；优质产品产值率完成48.57%；国家监督抽查1批，合格率100%；省、市药检所抽验1076批，合格率98.33%；多次市场抽查未发现质量问题。济南东风制药厂生产的医药保健品——新蚨螨灵霜在中国新产品新技术博览会上被评为医药保健品金奖，同年被评为中国优质保健品金奖。济南硅橡胶制品厂QC小组的“完善基础工作向管理要效益”课题获国家中医药管理局优秀成果奖，山东济南中药厂质检科QC小组“蜂蜜标准”课题获国家中医药管理局先进成果奖。

1996年6月7日，济南医药系统7家企业联合召开新闻发布会，向社会推出“卡莫氟、前列欣胶囊、阿胶胶囊、芬那克、非普拉宗、三株赋新康口服液、金鸣片、柴黄口服液、速溶阿胶冲剂、生肌愈皮膏”十大独家新产品和“胃安膏、海龙蛤蚧精、新肤螨灵霜、升血灵冲剂、山东阿胶膏、雏凤精”六大特色产品。1998年，“福”牌阿胶被省经委评为山东省名牌产品。齐鲁制药厂的盐酸特比萘芬原料及制剂研制获山东省科技进步一等奖。山东济南中药厂生产的人工麝香获国家中医药局科技进步一等奖。1999年，济南宏济堂制药有限公司的前列欣胶囊、齐鲁制药厂的阿奇霉素及制剂获国家新产品证书；山东东方药业集团有限公司的“白泉”牌卫生材料、济南东风制药厂的“扬帆”牌盐酸环丙沙星片、山东金泰集团股份有限公司的“JT”牌非普拉宗及制剂、齐鲁制药厂的“鼎鼎”牌阿米卡星注射液、注射用哌拉西林钠被认定为济南市名牌产品。

2005年，宏济堂药业生产的冠心苏合丸、石斛夜光丸、六味地黄丸、金鸣片、海龙蛤蚧精、小儿消食片、雏凤精、麝香心痛宁等产品有较高市场知名度，福胶集团的“福”牌阿胶以其正宗地道、质优效高而享誉海内外。全市医药行业拥有“四世同堂”“阿井”“东阿镇”“润舒”“宏济堂”等5个山东省著名商标；拥有“齐鲁”“福”“东阿镇”“神方”“力诺”“润洁”牌等8个山东名牌产品；拥有“四世同堂”“鼎鼎”“欧贝”“白泉”“明辉”“JT”“扬帆”“益均诛”“依普定”牌等18个济南名牌产品。

2008年，国家工商总局核定山东博士伦福瑞达制药有限公司的“润洁”牌滴眼液商标为“中国驰名商标”，这是滴眼液类产品中的第一个中国驰名商标。2009年，宏济堂制药公司生产的金鸣片和冠心苏合丸被评为济南市名牌产品，公司所持有的“鲁”牌、“神方”牌商标被认定为济南市著名商标。至此，宏济堂制药公司拥有“宏济堂”1个中国驰名商标，“宏济堂”“鲁”牌2个山东省著名商标，小儿消食片、前列欣胶囊、喉症丸、西羚解毒片4个山东省名牌产品，金鸣片、冠心苏合丸2个市级名牌产品。

至2010年，济南市所有医药生产企业完成GMP认证，建立严格规范的质量控制和质量保证体系。

三、产品研发

1988年，济南医药公司所属工业企业开发新产品22项，其中，填补国内空白9项，省内空白8项。年内，先后有白细胞干扰素、硝酸甘油气雾剂、硅橡胶开化导管等投放市场，实现产值3300万元、利税800万元，分别占医药工业总产值、利税总额的17.7%和29.75%。山东济南制药厂新药阿普唑仑填补国内空白，首家上市，新产品产值实现134.94万元。济南东风制药厂三硅酸镁填补省内空白。济南第三制药厂研制成功萘普生片等15种新产品。济南医用硅橡胶制品厂研制成功斜式硫化装置，属国内首创。济南医用光学仪器厂研制的落射荧光显微镜和XSY-LX落射荧光显微镜装置通过省级鉴定。

1991年，新肤螨灵霜、速溶阿胶、六味地黄口服液、金鸣片、载玻片标本定位器等新产品填补国内空白。新肤螨灵霜获第14届日内瓦国际发明展览会银奖；齐鲁制药厂抗癌新药卡铂获国家科技进步三等奖，阿米卡星素获山东省科技进步三等奖；济南医用硅橡胶厂一次性使用注射器橡胶活塞获山东省优秀新产品三等奖；济南卫生材料厂复方牵正膏获山东省医药管理局科技进步二等奖。1993年，全行业共投入科研和开发资金1056万元(其中争取省科委拨款8万元，银行贷款585万元，企业自筹463万元)，共开发研制新产品50种，其中，填补国内空白4项，填补省内空白23项。山东济南制药厂国家级火炬计划项目——抗癌新药卡铂、济南东风制药厂省级火炬计划项目——盐酸环丙沙星片、济南东方制药厂省级火炬计划项目——东方活血膏、齐鲁制药厂省级火炬计划项目——氨力农等全行业31种试产新产品实现产值1.79亿元，新产品产值率17.95%，新产品实现利润2950万元。1995年10月19日，经国家计委批复，同意山东济南中药厂采用国内技术和设备生产人工麝香及制剂。“八五”期间，全市医药生产企业获国家新药证书11个，其中，二类新药证书3个、三类新药证书1个、四类新药证书7个；药品生产文号39个，其中有33个产品填补省内空白。

1996年，注射用重组人红细胞生成素获新药证书，该药是赛诺金公司和南京军事医学院研究所共同研制开发的国家二类生物药品，1997年获国家药品批准文号。注射用重组人白介素－2是山东金泰集团历时6年的国家二类生物药品，于1997年1月获新药证书，1998年

8月获国家药品批准文号，投入正式生产。1998年，盐酸特比萘芬是齐鲁制药厂独家研制的新一代抗真菌新药，该产品填补国内空白，各项技术指标达到国际先进水平，获山东省科技进步一等奖。当年实现产值1266万元，利税628万元。1999年，济南宏济堂制药有限责任公司的麝香酮新工艺获济南市科技进步一等奖。2000年7月，山东金泰集团生物工程公司研制的国家一类新药链激酶获新药证书，为济南市历史上第一个国家一类生物药品。

2005年，博士伦福瑞达制药有限公司在玻璃酸钠系列产品的研究及应用方面达到国际先进水平和国内领先水平，获国家科技进步二等奖，润舒滴眼液是国内市场第一个年销售额过1亿元的眼科产品。2008年6月，齐鲁制药有限公司以“哺乳动物细胞高效表达”项目被确定为“国家工程实验室”。2010年，济南市医药行业规模以上工业企业共有科技开发项目286个，新产品开发项目284个，从事科研开发人员2266人，投入科研经费3.53亿元，实现新产品产值50.8亿元。

第四节　经济效益

1988年，济南市医药公司系统所属企业完成工业总产值1.86亿元，全员劳动生产率27047元/人，实现利润1849.13万元，税金839.94万元。1989年，济南市医药公司系统所属企业完成工业总产值2.01亿元，全员劳动生产率29424元/人，实现利润1335.2万元，税金889.8万元。1990年，济南市医药公司系统所属企业完成工业总产值2.21亿元，全员劳动生产率31420元/人，实现利润908万元，税金974万元。1991年，济南市医药管理局所属企业共完成工业总产值3.33亿元，实现利润1553.20万元，利税2208万元。国营企业资金利税率13.37%。1992年，济南市医药工业实现总产值7.66亿元(1990年不变价)，完成出口交货值6429万元，销售收入3.25亿元，利润1823万元，全员劳动生产率国有企业1.63万元/人、集体企业1.12万元/人。1994年，济南市医药管理局所属企业完成工业总产值14.01亿元(1990年不变价)，比全国、全省同行业高出28.4和18个百分点。局直属工业企业实现利税6974万元，利润4399万元，比上年增幅均居济南市工业系统领先地位。1995年，济南市医药工业实现工业总产值25.88亿元(1990年不变价)，为全省医药行业榜首；全行业完成销售值(当年价)23.69亿元。固定资产3.4亿元。“八五”期间，累计实现利润1.32亿元，年平均增长15.02%；累计实现利税2.15亿元，年平均增长16.08%。1996年，全国医药行业经济滑坡，济南医药系统经济效益创历史最高水平。全市医药行业完成工业总产值50.27亿元，接近全省医药工业总产值的二分之一。1997年，全国医药行业处于调整转型期，医药工业受国际市场影响，部分医药工业主导产品处于停产半停产状态，市场竞争激烈，盈利水平下降。全市医药工业增加值比上年下降16.16%；销售收入下降9.84%；工业总产值下降20.86%；利税下降25.88%。1998年，药品市场严重供过于求，济南市医药行业受到严重影响。工业总产值比上年下降38.7%；工业增加值下降60.4%；销售收入下降64.51%；实现利税1.01亿元，下降82.81%；实现利润4272万元，下降88.07%。但市属工业企业仍保持较大的增长幅度，工业总产值增长51.14%；工业增加值1.36亿元，增长20.91%；销售收入5.32亿元，增长26.7%；利税5900万元，增长35.88%；利润2700万元，增长55.35%；产销率94.6%。1999年，全市医药行业呈现恢复性增长势头，工业总产值同比增长11.08%；工业增加值4.16亿元(生产法)，增长21.04%；销售收入14.25亿元，增长16.21%；实现利润2365万元，由于三株公司利润大幅下降的影响，同比下降44.64%。2000年，全市医药行业经济效益开始稳步增长，实现工业总产值

38.42亿元(1990年不变价),同比增长39%;实现工业增加值5.96亿元,同比增长43.27%;销售收入16.42亿元,同比增长15.2%;实现利税2.31亿元,同比增长104.42%;实现出口交货值5490万元,同比增长8.35%。2005年,全市医药工业有规模(经济收入500万元)以上企业65家,完成销售收入41.56亿元,利税8.14亿元,利润5.42亿元。2010年,全市规模以上医药企业74家,实现主营业务收入108.9亿元,实现利税28.81亿元,其中利润21.27亿元。

第二章 中成药业

第一节 沿 革

1986年年初,全市中药制造业有中药厂和阿胶厂各1家,均系全民所有制企业,共有职工1031人,其中,工程技术人员59人,具有大专文化程度者66人,中专和技工学校毕业生137人,固定资产原值639.44万元,建筑面积4.46万平方米。1988年,济南市有中药制药厂、阿胶厂各1家,有职工1222人,固定资产原值1243.36万元,主要设备208台(套),建筑总面积4.9万平方米。山东济南中药厂是全国21家重点中药企业之一。1990年,山东济南中药厂、平阴阿胶厂为全民所有制独立核算工业企业,年末职工1209人。1992年,山东济南中药厂与香港合建济南宏济药膳有限公司。1995年4月1日,济南三株药业有限公司纳入济南市医药行业管理范围。5月18日,山东福胶集团有限责任公司(以下简称福胶集团)在平阴县正式成立。该集团以山东平阴阿胶厂和平阴县医药公司为核心层,以平阴营养滋补厂、平阴中药饮片厂、平阴实业公司、山东阿胶研究所为紧密层组成,并改造为有限责任公司。福胶集团的组建,是济南市医药管理局推行工商企业联合、深化企业制度改革的一种尝试。同年,山东济南中药厂被国内贸易部评为“中华老字号”企业。1996年,山东济南中药厂被国家中医药管理局命名为中成药生产企业50强,主要生产11个剂型,100多个品种。1998年11月,山东济南中药厂改制为济南神方中药有限责任公司。1999年7月,更名为济南宏济堂制药有限责任公司,公司总股本1360万元,其中国家股700万元、职工股660万元,分别占总股本的51.47%、48.53%。2002年10月,济南宏济堂制药有限责任公司按照“强强联合,优势互补,资源共享,共同发展”的原则,与力诺集团进行整合,成为力诺集团的核心企业。2004年,山东正大福瑞达有限公司合资兴建山东明仁福瑞达制药有限公司,开始涉足中药行业。2010年,济南市中药生产厂家增至10家,其中,济南宏济堂制药有限公司、山东福胶集团有限公司是中药生产行业的龙头企业。

第二节 生 产

1988年7月16日,山东济南中药厂引进PVC液体灌装机投入生产,与原手工操作相比减少工时40%,效率提高一倍多。9月,山东平阴阿胶厂扩产改造项目竣工,阿胶生产工艺环境条件有较大改善,由原来的季节性生产,改为常年性生产。当年增加产值100余万元,增加利润40万元。1989年,山东济南中药厂有职工887人,占地面积4.2万平方米,建筑面积3.3万平方米,拥有各类设备300多台,共有车间5

个、分厂1个、科室17个，是一家能生产多品种、多剂型的综合中成药厂。1994年，济南市中药及中药饮片生产1303吨，其中山东平阴阿胶厂生产胶剂5054千克。1995年10月，山东济南中药厂总投资1.64亿元、年产3吨人工麝香及制剂工程项目经国家计委批复立项。人工麝香是山东济南中药厂与中国药材公司、中国医学科学院、上海市药材公司合作，历经20年共同研制成功的国家级重大科研成果，1994年获国家新药证书。该项目由国家开发投资公司、中国药材公司、山东济南中药厂三家出资，基本建设贷款分别纳入中央和地方"九五"基建计划。1998年，济南市中成药生产760吨。1999年，中成药生产953吨。

2000年，济南市中成药生产1595吨。2003年，济南市中药企业有2家，主要品种有片剂、膏剂、胶囊剂、口服液等，年产量1496吨，年生产能力4699吨。实现工业总产值1.57亿元，实现利税2258万元，从业人员8861人。中成药生产企业固定资产原值1.78亿元，净值6208万元。2003年，福胶集团、济南宏济堂制药有限责任公司，按照卫生部公布的预防"非典"处方，组织技术人员进行攻关实验。报市药监局批准后，预防"非典"中药合剂共6.8万瓶投放市场，实现销售收入80万元。2005年，济南市生产中成药818吨。2010年，济南市从事中草药种植、中药生产加工的规模以上企业10余家，年销售收入15亿元。其中，主要生产企业有山东福胶集团有限公司、济南宏济堂制药有限责任公司，主要种植企业有济南禾宝中药材有限公司，教学科研单位有山东省中医药大学、山东省中药现代化(济南)科技产业示范园。济南禾宝中药材有限公司位于平阴县，是全市中药材种植、加工骨干企业之一，种植基地被济南市政府列为万亩中药材特色品牌基地，承担多个济南市创新计划项目，其中的《优质"矮蔓瓜蒌"规范化生产基地建设》项目获2008年国家资金支持。

第三节 产 品

一、传统产品

1988年，济南中药行业有产品90种。其中，山东济南中药厂共生产79种(85个规格)，山东平阴阿胶厂生产11种，生产规模品种数量均居全省之首。山东济南中药厂是全国21家重点中药厂之一，生产处方主要来源于《太平惠民和剂局方》和北京同仁堂的传统方剂，其中很大一部分为清宫秘方，有安宫牛黄丸、局方至宝丹、牛黄清心丸、大活络丹等。口服液有海龙蛤蚧精、雏凤精口服液、藿香正气水；丸剂有杞菊地黄丸、六味地黄丸、冠心苏合丸、逍遥丸、通宣理肺丸、黄连上清丸、橘红丸、七制香附丸、乌发丸、生发丸；片剂有复方丹参片、犀羚解毒片、抗菌消炎片、小儿消食片、利胆片等。1994年，山东济南中药厂国家一类中药新药人工麝香酮及制剂投入生产，基地规模之大为亚洲之首。1996年6月7日，济南医药系统推出三株赋新康口服液、金鸣片、柴黄口服液、速溶阿胶冲剂、胃安膏、海龙蛤蚧精等新品。2006年，济南宏济堂制药有限责任公司有国家准字号产品140多个，自行研制国家中药保护品种8个和药品生产专利产品13个。福胶集团五大系列17个品种的食品、保健食品(糕点类、蜜饯类、配制酒类、蒸煮类糕点和饮料类)全部通过QS认证。2008年，济南市中药产品有80个品种入选《国家基本药物品种目录》，66个品种入选国家OTC药品目录。东阿镇"福"牌阿胶制作工艺入选国家第二批非物质文化遗产保护项目。其制作工艺历经两千余年的实践，探索形成一套独特的技术，是全国中药传统生产工艺的典型代表。至2010年，福胶集团通过实施中药现代化建设，逐步由单一剂型发展为胶剂、膏剂、冲剂、口服液、片剂、胶囊剂、酒剂等七大剂型百余品种的产品体系，成为国内品种最多、剂型最全的阿胶生产企业。

二、出口产品

山东济南中药厂的冠心苏和丸、石斛夜光丸、犀羚解毒片、海龙蛤蚧精、小儿回春丹等13个品种，连续多年出口日本、新加坡、马来西亚等国家。1988年，出口产品产值118.7万元，创汇35.5万美元。山东济南中药厂被评为1988年度外贸出口信得过企业。1989年，山东济南中药厂完成出口交货值266.08万元，出口品种、交货总值、利润均创该厂最高水平。1990年，山东济南中药厂出口乌鸡白凤丸、海龙蛤蚧精、雏凤精等8种产品，价值24万元。平阴阿胶厂出口福字牌阿胶2.5万千克。2003年，山东济南中药厂出口石斛夜光丸、西黄丸13.12万丸；犀羚片、银翘片206万片。济南中成药每年都有产品出口，其中“福”牌阿胶以其正宗地道、质优效高而享誉国外，成为民族医药行业的奇葩，在同行业中开拓海外市场最早、销售额最大、知名度最高。

三、名优产品

1988年，山东平阴阿胶厂通过建立健全质量管理制度，强化质量保证体系，年内阿胶产品多次获奖。“福字”牌、“东阿镇”牌阿胶被评为国家最高质量奖金奖；“福字”牌阿胶复评为省优质产品，并在全国营养食品研评会上被评为“熊猫杯”金奖；“福字”牌阿胶和“东阿镇”牌阿胶被评为全国首届中成药“健康杯”金杯奖、全国首届“百病克星”大赛金奖，并在全国旅游商品研评会上被评为金奖。1994年，“鲁”牌冠心苏合丸、石斛夜光丸、六味地黄丸被评为国家银质奖。1998年，人工麝香产品获国家中医药局科技进步一等奖。1999年，济南宏济堂制药有限责任公司前列欣胶囊获国家新产品证书；麝香酮新工艺研究获济南市科技进步一等奖。2005年，济南中药制造业拥有“四世同堂”“阿井”“东阿镇”“宏济堂”4个山东省著名商标；拥有“齐鲁”“福”“东阿镇”“神方”等8个山东名牌产品。“宏济堂”商标被认定为“中国驰名商标”。2006年，济南宏济堂制药有限公司通过省级技术研发中心认定。小儿消食片、前列欣胶囊、喉症丸、西羚解毒片评为山东省名牌产品；金鸣片、冠心苏合丸评为济南市名牌产品。12月22日，宏济堂制药公司通过国家高新技术企业认定。山东福胶集团“福”牌阿胶以3.82亿元的品牌价值荣登“首届中华老字号品牌价值百强榜”，名列山东省上榜企业之首。“福”牌阿胶制作技艺被列为济南市首批43项非物质文化遗产之一；参茸阿胶被《国家药品标准》确认为唯一“补血生精”产品；“即食阿胶”制作工艺获国家专利。

第三章 化学药业

第一节 沿 革

1986年年初，全市有化学制药厂14家、配套生产厂2家。其中，全民所有制企业7家，集体所有制企业9家；省、市医药公司所属企业7家，军队药厂4家，农村、学校及县属企业5家；以生产原料药及中间体为主的企业3家，生产制剂的企业8家，生物化学制药厂2家，兽药厂1家，医药玻璃厂、包装厂各1家。1988年，全市有化学制药厂及配套生产厂16家。其中，隶属山东省济南医药公司的药厂5家，医药玻璃、医药包装厂各1家。1990年，济南医药管理局成立。济南市医药管理局对所属企业治理整顿，进行生产要素优化组合。12月，济南第二制药厂兼并槐荫电器线材厂，是济南市跨行业、不同所有制兼并的首例。齐鲁制药厂与美国安泰技术贸易公司合资兴办安平制药有限公司，总投资664万美元，双方各占50%。1992年，山东省医药研究所实验厂与日本雅马哈株式会社合资组建济南鲁雅制药有限公司。同年，经济南市体改委批准，由山东省医药工业研究所实验厂出资1430万元，发起设立济南金泰集团股份有限公司(后更名为山东金泰集团股份有限公司)，首次发行内部职工个人股及社会法人股。1992年3月7日，济南金泰集团股份有限公司与香港金盾国际(香港)公司合资建立济南金达药化有限公司。1992年8月17日，“山东省医药工业研究所实验药厂”更名为“济南金泰制药厂”。山东济南制药厂、山东济南中药厂仿照“三资”企业试点管理，成为第一批股份制试点企业。济南第三制药厂被批准为济南市第二批股份制试点企业。1993年，济南第三制药厂改组为济南永宁制药股份有限公司。11月，经国家体改委批准，山东金泰集团股份有限公司按有关规定申请异地上市。1994年6月，济南制药厂组建鲁药集团总公司，形成科工贸一体化的生产经营格局，由单一国有经济变为多种经济并存，被列为济南市30家转换经营机制试点企业之一。1996年，山东金泰集团股份有限公司全年实现销售收入1.94亿元，实现利税3588万元，利润2709万元，居全省医药行业前列、全市医药工商企业首位。同年，山东金泰集团股份有限公司被评为济南市高新技术优秀企业；山东金泰集团股份有限公司、三株药业有限公司成为济南市“九五”期间重点发展的16家企业集团之一。1997年6月27日，经市体改委批准，济南东风制药厂实施股份制合作改造，成为济南市首家股份合作制制药企业。12月3日，由齐鲁制药厂与意大利安替比奥有限公司制药集团合资兴建的安替比奥有限公司竣工投产，一期工程总投资3000万美元。1999年9月3日，山东东方药业集团有限责任公司正式兼并济南中环医药集团有限公司。1999年9月，建厂近50年大型国有企业济南制药厂进入破产程序，于2001年3月破产倒闭，被齐鲁制药厂收购。2000年6月，济南利民制药有限责任公司(其前身为济南利民制药厂，始建于1969年)改制为股份制企业。2001年1月，济南第二制药厂进入破产程序。7月23日，山东金泰集团股份有限公司正式在上海证券交易所挂牌上市。12月，济南恒基制药有限公司由山东金泰集团股份有限公司与济南恒基投资有限公司共同投资设立，注册资本3600万元，主要生产片剂、胶囊剂、膜剂、软膏剂等药品制剂。2002年，力诺集团与济南永宁制药公司、济南宏济堂制药公司签订资产重组协议。济南明鑫制药股份有限公司(原济南市明水制药厂)，完成国有企业改制，成为股份制公司。厂区占地面积6.8万平方米，建筑面积4.2万平方米，公司注册资金5000万元，固定资产1.2亿元，净资产9500万元。2002年，根据山东省委、省政府及济南市委、市政府的“把医药工业做大、做优、做强”的决议和统一部署，按照“强强联合、优势互补、资源共享、共同发展”的原则，济南永宁制药股份有限公司与力诺集团进行资产重组。

2002年8月，山东力诺科峰制药有限公司由力诺集团和山东省医药工业研究所合资组建，以麻醉剂、心脑血管药物、降血糖药物为主导产品，集化学制剂药品的研发、生产、销售一体化的现代化新型制药企业。2003年8月30日，齐鲁制药厂国有产权转让协议在山东省(鲁信)产权交易中心签订，原厂职工以51572.4万元的价格一次性买断全部国有股权，成为山东第一家改制为民营的国有企业。2003年9月，山东中大药业有限公司，由山东中医药大学和山东鲁信集团公司和共同出资将药厂改组为山东鲁信药业有限公司。

2004年5月23日，经济南市政府批准，济南化学医药公司将国有股权及企业经营管理权委托沈阳北泰方向集团管理。2004年10月，山东科源制药有限公司注册成立。山东科源制药有限公司是山东省最大的民营企业力诺集团与山东省医药工业研究所强强联合组建的高科技制药企业，主要从事化学原料药的研发、生产及销售。

2006年，由山东山大集团有限公司、山东山大华特科技股份有限公司和山东山大科技园发展有限公司及自然人股东共同投资组建山东山大康诺制药有限公司(前身为山东医科大学实验药厂)，公司注册资金1300万元，占地面积1.68万平方米，主要从事片剂、胶囊剂、颗粒剂及化学原料药的生产经营，集教学和药品的研发、生产、销售为一体，是山东大学学生实习和药学成果转化基地。2006年，由齐鲁制药有限公司和安替香港国际有限公司共同投资成立的中外合资经营企业齐鲁天和惠世制药有限公司成立，总投资2亿元，注册资本9000万元。主要生产抗感染类、抗肿瘤类、心脑血管类、精神系统类原料药和β-内酰胺酶抑制剂原料药及其制剂，是集原料药品生产、医药研发为一体的高科技医药企业。2010年，济南市有30余家化学医药企业，其中规模以上企业有22家，经过改革改制，国有经济成分陆续退出，民营经济成分逐步上升为主导地位。

第二节 生 产

1986年年初，全市有化学制药厂、配套生产厂16家，固定资产原值4770.98万元，主要设备822台(套)。1988年，隶属山东省济南医药公司药厂5家，固定资产原值4872.34万元，各类生产设备1452台(套)；建筑总面积14.35万平方米。化学制药生产原料药25种，产量3361.25吨，片剂29.1亿片，针剂1.44亿支，大输液335万瓶。1989年，济南市医药工业公司系统年内共实施技术改造项目8个，投资总额2589万元，新增产值1000万元。其中，济南第二制药厂庆大霉素产量提高7.6吨；山东省医工所实验药厂呋喃唑酮产量提高到200吨。1990年，生产化学原料药5057吨，针剂2.49亿支，大输液392万瓶。1991年，山东济南制药厂从香港华鲁公司引进资金164.5万美元，对维生素C生产设备进行技术改造，维生素C由原来的年产100吨提高到500吨。济南鲁雅制药有限公司建成350吨能力的呋喃唑酮生产车间、平阴分厂。至年底，共利用外资604.89万美元。1994年，济南市化学医药工业发展快速，化学原料药产量完成6538.96吨，制剂5.49亿支，针剂2.79亿支，大输液2255万瓶，胶囊1亿粒。1998年1月，济南市医药行业首次正式生产基因工程药物。注射用重组人白细胞介素-2和注射用重组人红细胞生成素，分别在山东金泰集团和山东赛诺金生物药业有限公司正式投入批量生产。同年，生产24大类化学原料药2458吨，抗生素分装3.74亿支，水针2.45亿支，片剂25.31亿片，胶囊8552万粒。2000年，生产24大类化学原料药1365吨，中间体85.58吨，粉针剂3.36亿瓶，注射液2.88亿支，片剂25.15亿片，大输液3788万瓶。齐鲁制药厂盐酸特比萘芬及制剂改造项目，总投资8000万元，其中国家贴息贷款6000万元。建成后，年产国家二类新药盐酸特比萘芬原料药2.2吨，盐酸特比萘芬制剂1800万支(片)，新增销售收入4.28亿元，利税1.17亿元。2000年6月8日，中南合资最大制药企业在济南建成投产，是中国与南斯拉夫联盟共和国最大的制药合资项目，注册资本1360万美元，南方控股70%，济南永宁制药股份有限公司占30%股份。按国际通行标准(GMP)建成厂房4.4万平方米，设备从德国、意大利、荷兰、瑞典等国家引进，现代化程度高，工艺先进，属世界一流水平。产品有氨基酸输液和常规输液等10余个品种，年生产能力3000万瓶。2003年，济南市化学医药工业固定资产原值11.58亿元，净值10.24亿元，生产能力(化学药二十四大类)1638.13吨。2010年，生产化学药品原药1.18万吨。

第三节 产 品

一、产品结构

1986年，随着改革开放不断深化，济南市化学制药工业在产品结构、科研开发、品种质量等方面均有较大提高。共生产原料药25种，各种药品制剂包括抗生素分装、片剂、针剂、大输液、胶囊等。1990年，“济字”牌单硫酸卡那霉素评为部优产品，500毫升输液瓶在中国包装10年成果展览中获银奖。1991年，济南东风制药厂和大专院校进行技术协作，开发集医疗和保健功能为一体的新肤螨灵霜，填补国内空白，并获第14届日内瓦国际发明展览会银奖。阿米卡星注射液等13项新产品、新工艺填补省内空白。齐鲁制药厂的新抗癌药物卡铂获国家科技进步三等奖，阿米卡星获山东省科技进步三等奖。齐鲁制药厂卡铂当年生产48万支，实现产值3840万元，实现利税901万元。1993年，山东济南制药厂的抗癌药卡铂列入国家级火炬计划项目，济南东风制药厂盐酸环丙沙星片列入省级科技发展计划项目，济南东方制药厂东方活血膏列入省级火炬计划项目，齐鲁制药厂氨力农列入省级火炬计划项目。1996年，以山东济南制药厂、济南第二制药厂为代表的化学原料药生产企业主要生产维生素类、抗生素类、解热镇痛药、抗肿瘤药等10余种原料药；以济南永宁制药股份有限公司为代表西药制剂生产企业能生产水针、粉针、片剂、大输液、胶囊等五大类300余个品种。盐酸特比萘芬是齐鲁制药厂独家研制的新一代抗真菌新药，1996年6月投入生产，该产品填补国内空白，各项技术指标达到国际先进水平，1998年7月获山东省科技进步一等奖。1999年，齐鲁制药厂的阿奇霉素及制剂获国家新药证书；“白泉”牌卫生材料、“杨帆”牌盐酸环丙沙星片、“Jt”牌非普拉宗及制剂、“鼎鼎”牌阿米卡星注射液、注射用哌拉西林钠等被认定为济南市名牌产品。

2003年，山东健康药业公司的盐酸氟桂利嗪片和盐酸左氧氟沙星分散片项目通过市科技局组织的专家鉴定，东方药业集团的“东方活血膏”巴布剂的研制和化工研究所的乙肝新药阿地福韦双特戊酰氧甲酯科研项目分别通过专家评审，被列为2003年济南市科技明星项目。在申报的省市科技进步奖项目中，东方药业集团感冒止咳合剂、金泰生物公司注射用基因工程药物白细胞介素－2在防治“非典”工作中发挥重要作用。2005年，力诺药业的麝香酮、异氟烷及制剂(特殊麻醉药品，哌替啶的替代品)和健康药业的盐酸左氧沙星分散片均为全国独家生产。2006年，力诺科峰制药对二甲双胍片换用全水型包衣。6月，齐鲁制药有限公司申报的山东省技术创新项目“多西他赛(多帕菲)的产业化研究”通过专家鉴定，其稳定性优于同类进口产品。2007年9月3日，齐鲁制药两个产品获COS/CEP证书。齐鲁制药公司非无菌原料药盐酸特比萘芬通过欧洲药典委员会EDQM对申请文件及提交的补充文件的技术审评，并获EDQM于8月28日签发的CEP/COS证书(欧洲药典适用性证书)。12月21日，盐酸昂丹司琼获欧盟EDQM签发的COS/CEP证书。齐鲁制药在药品生产中质量管理、生产管理及厂房设备设施等各方面达到国际领先水平。

二、产品出口

1988年，山东省济南医药公司加快外向型经济的发展，组织有关企业先后参加青岛、深圳、对苏边界贸易洽谈会和珠海新闻发布会，与法国、韩国及中国香港地区的10余个贸易团、组进行实质性接触。4个企业组团到新加坡、芬兰、联邦德国、英国及中国香港地区考察、交流，拓宽对外贸易渠道。山东济南制药厂多渠道、多口岸、多层次发展出口创汇产品，先后与日本、美国、英国等外商签订来料加工合同，引进外资160多万美元，出口对乙酰氨基酚649吨、维生素丙46吨多、乌拉坦38吨多，总值1182万元，占济南医药系统出口产品收购总值的55.4%，创汇438万美元，成为济南市出口创汇大户。济南第二制药厂出口庆大霉素2吨，林可霉素0.43吨，产值304.77万元，创汇81.93万美元。山东济南制药厂、济南第二制药厂被市政府授予“1988年度外贸出口信得过企业”称号。出口产品还有济南第三制药厂生产的复方降脂片、山东济南医药研究所实验厂生产的呋喃唑酮粉。1989年，济南医药工业企业出口产品26种，交货总值2044万元。其中，山东济南中药厂完成出口交货值266.08万元，出口品种、交货总值、利润均创该厂最高水平。山东济南制药厂出口的对乙酰氨基酚、维生素C、乌拉坦等3种产品总量58吨，总值193.5万元，创汇44.58万美元。济南第二制药厂出口卡那霉素855公斤，庆大霉素1382公斤，总值120.3万元，创汇32.33万美元。山东省医药工业研究所实验厂出口呋喃唑酮64吨，总值193.44万元。济南医用硅橡胶制品厂年内创汇100万港元。1990年，全年出口呋喃唑酮粉108.6吨，创汇近百万美元；热息痛752.38吨、维生素C5吨、乌拉坦8.4吨，创汇501.27万美元。1991年，济南鲁雅制药有限公司扩大生产能力，全年共生产呋喃唑酮656吨，创汇510万美元，实现利税636万元，利润528万元，成为济南市合资企业中的利税大户。1993年，主要原料药对乙酰氨基酚、维生素C、呋喃唑酮出口量分别比上年增长47%、35%、36%。1994年，济南鲁药集团以对乙酰氨基酚、维生素C两个产品为主导，出口交货值9400万元，实现创汇200万美元。1995年，济南鲁药集团总公司是济南市唯一有自营进出口权的企业，全年自营出口创汇553万美元。济南鲁雅制药有限公司出口创汇1024.25万美元。主导产品呋喃唑酮，出口五大洲30多个国家和地区，产、销量均居世界首位。

2000年，济南金达药化有限公司，主要出口产品卡洛芬、呋喃西林、丹曲林钠、呋喃唑酮等产品先后四次通过美国FDA现场检查，出口化学原料药60万美元；2010年出口110万美元。

齐鲁制药有限公司通过多渠道、高效率的国际合作关系，多种制剂及原料药40多个产品远销欧洲、北美、日本、韩国、南非、南美、印度等46个国家，2000年出口创汇1185万美元；2005年出口原料药203吨，创汇3713万美元；2009年，出口创汇11000万美元；2010年出口原料药352.4吨，创汇15885万美元，获国家“医药企业十优国际化先导企业”称号。

第四章 生物药业

第一节 沿 革

1991年，山东省商业科学技术研究所与美国福瑞达国际有限公司签订协议书，合资成立山东福瑞达制药有限公司。以“透明质酸”相关产品开始发展生物医药产业。1992年12月，山东金泰生物工程有限公司成立，是国内最早从事生物技术领域药物开发的企业之一。1996年，山东省商业科学技术研究所更名为山东省生物药物研究所。1997年，山东科兴生物制品有限公司成立，该公司是由正中医药集团有限公司和深圳科兴生物工程有限公司共同出资兴办，主要承担基因工程药物、微生态制剂药物的开发、产业与商业化运作的高科技生物制药企业。1998 年，合资成立山东福瑞达生物化工公司、山东福瑞达生物工程有限公司，开始发展原料药和以“透明质酸”为原料的系列化妆品生产。2000 年，山东省政府批准，成立山东省生物药物研究院，该院前身为山东省生物药物研究所。2001 年 10 月，山东金泰生物工程有限公司通过国家 GMP 认证，成为集生物技术药品研发、生产和销售的省级高新技术企业。自主开发产品有国家一类新药基因重组链激酶、国家二类新药基因重组人白细胞介素 -2(拥有国内最全规格 -20/50/100/200/400 万国际单位，其中 400 万国际单位为国内独家产品)。2005 年，山东正大福瑞达制药有限公司更名为山东博士伦福瑞达制药有限公司。同年，经山东省工商局批准成立山东福瑞达医药集团公司，下属企业有山东博士伦福瑞达制药有限公司、山东福瑞达生物化工有限公司、山东福瑞达生物工程有限公司、青岛海盾福瑞达生物工程有限公司等。所属行业涉及药品、消毒制剂、保健食品、食品、化妆品、医疗器械和原料药，拥有“润舒”“润洁”及“施沛特”“颐莲”等多个知名品牌。2007 年，在整合山东省生物药物研究院、山东省医药工业研究所、山东省医疗器械研究所和山东省医药工业设计院基础上，经省政府批准成立山东省药学科学院。至 2010 年，全市拥有山东省生物药物研究院、山东省医疗器械研究所、山东省医药工业设计院和国家糖工程技术研究中心(合作单位)、国家海洋药物工程技术研究中心(合作单位)、海洋生物技术研究所、中医药研究所及药物安全性评价中心等科研开发机构，生物工程学院、硕士和博士点及博士后工作站等人才培养中心，山东博士伦福瑞达制药有限公司等 10 余家高科技企业及其他产业。齐鲁制药、福瑞达、福胶集团、宏济堂、山东胜利生物、山东金泰生物工程有限公司等一批具有核心竞争力的创新型企业已成为带动全市生物医药产业发展的骨干力量。生物医药科研开发体系日趋健全与完善，拥有国家重大新药创制综合大平台和国家(山东)创新药物孵化基地，生物医药企业拥有国家级企业技术中心、国家级实验室各 1 处，省级企业技术中心 2 处，省级生物技术研究院(所)2 家，市级企业技术中心 5 家。主要生物药品品种有用于肿瘤、感染、心脑血管等治疗的基因类、酶类原药及制剂和动物疫苗等。生物医药产业已成为济南市经济发展最快的产业之一。

第二节　产　品

一、产品结构

1998 年，济南市首次生产生物基因工程药物。注射用重组人白介素 -2 和注射用重组人红细胞生成素，分别在金泰集团股份有限公司和山东赛诺金生物药业有限公司投入生产，填补济南市不能生产基因工程药物的空白，其产品技术水平在山东省处于领先地位。注射用重组人白介素 -2 是山东金泰集团股份有限公司历时 6 年研制成功的国家二类生物药品，1998 年获新药证书、生产文号，正式投入生产。至年底，生产该药 5.98 万支，实现产值 605.4 万元，销售收入 338 万元。注射用重组人红细胞生成素是山东赛诺金生物药业有限公司和南京军事医学院研究所共同研制开发的国家二类生物药品，于 1996 年获新药证书，1997 年获生产文号，1998 年 1 月正式投入生产。至年底，生产 24 万支，实现产值 2976 万元，销售收入 1500 万元。2000 年 7 月，由山东金泰集团生物工程公司研制的一类新药链激酶（Sk）获新药证书，成为济南市获得的第一个生物一类新药。链激酶为利用溶血性链球菌 G 群基因进行重组，通过大肠杆菌表达而制得的一种蛋白质，具有溶解纤维蛋白的作用，主要用于治疗肺栓塞、深层静脉血栓和动脉血栓形成以及急性透壁性心肌梗死等症，该产品被列入山东省十大高技术产品发展计划。

2005年，全市被列入生物药品类别(不含中药)的生物制药厂有12家，生产品种60余个，品种规格200余个，实现销售收入12.11亿元，利税3.39亿元，分别占全市医药工业的23.79%、35.02%。2006年，博士伦福瑞达企业销售收入5.13亿元。2008年，“润洁”牌商标被核定为中国驰名商标。2009年，济南市生物制药主营业务收入16.94亿元，占医药工业17.1%。2010年，全市有生物制药企业10家，年销售收入13亿元，占全市制药企业的12%。实现产业化的生物药物产品主要有基因重组类药物人白细胞介素-2、重组人粒细胞集落刺激因子(rhG-CSF)、重组人白细胞介素-11(IL-11)、重组人白介素-2(125Ser)、重组人红细胞生成素(rh-EPO)、重组瑞替普酶、重组人神经生长因子、二十二碳六烯酸等，新型微生态制剂口服酪酸梭菌和双歧杆菌二联活菌制剂，微生物发酵法生产的辅酶A和三磷酸胞苷二钠，固定化酶转化法生产的聚肌苷酸、聚胞苷酸，采用分离纯化技术生产的胰激肽原酶等原料药和制剂等，玻璃酸钠在眼科和骨科用药的复方硫酸软骨素、奈敏维、氯霉素、左氧氟沙星、复方硫酸新霉素等滴眼液，玻璃酸钠、施奈特注射液，动物用疫苗有冻干苗、灭活苗等。

二、优势产品

在济南市形成的产业化生物技术药物中，大部分产品在省内及国内占有绝对优势地位。2010年，主要有注射用重组白细胞介素-2(金路康)、注射用重组白细胞介素-11、重组人粒细胞集落刺激因子注射液，市场占有率全国第一。重组人血管内皮抑制素注射液(恩度)、酪酸梭菌、双歧杆菌二联活菌、400万单位注射用重组白细胞介素-2(金路康)均系国内独家生产。滴眼液复方硫酸软骨素(蓝润洁)和奈敏维(红润洁)的市场份额超过30%，氯霉素滴眼液(白润舒)市场份额超过25%，骨科产品施奈特的市场占有率80%。注射用重组人红细胞生成素(EPO)产量国内第二、市场份额30%、出口量第一。齐鲁制药厂的生物制品重组人粒细胞集落刺激因子(rhG-CSF)、重组人白细胞介素-11分别占全国30%、60%的市场份额。头孢他啶原料药、阿米卡星原料药及制剂年销售额均超过1亿元。润舒滴眼液是国内第一个年销售过亿元的眼科产品，超过全球前四位眼科药品制造商在中国的年销售总额。山东博士伦福瑞达制药有限公司，在“玻璃酸钠及其药物应用”方面处于领先水平，以玻璃酸钠载体的生物药物年销售收入8亿元。眼科用药“润洁”“润舒”成为国内知名品牌，市场占有率稳居全国市场第一位。

第三节 技术水平

济南市生物制药业的研发和生产起步较早，始于20世纪90年代。至2010年，先后承担国家级、省级、市级的火炬计划、星火计划、科技攻关、技术改造等研发及产业化项目。“玻璃酸钠及其药物制剂”和“盐酸布替萘芬及其制剂”的研究与开发先后获国家科技进步二等奖；多项研究和开发获国家、部委、省级的科技进步、重点产品、科技成果等奖项以及济南市的科学技术最高奖、一等奖。原核、酵母、动物细胞表达蛋白的表达体系构建和培养、蛋白质纯化技术等处于领先水平。重组瑞替普酶、重组人神经生长因子、二十二碳六烯酸拥有自主知识产权和发明专利。微生物发酵法生产的辅酶A和三磷酸胞苷二钠，固定化酶转化法生产的聚肌苷酸、聚胞苷酸，采用分离纯化技术生产的胰激肽原酶等原料药，生产工艺和技术居国内领先水平。注射用重组人白介素-2(金路康)、注射用重组人红细胞生成素(EPO)，填补济南市无生物基因工程药物空白，其技术水平在山东省处于领先地位。山东金泰集团生物工程公司研制的国家一类新药链激酶被列为山东省十大高新技术产品。生物基因类药品重组人粒细胞集落刺激因子(rhG-CSF)成功研发并制定国家标准，以及被国家列为创新药物(1035工程)立项的长效型rhG-CSF。济南市在肿瘤化疗增加白细胞药物方面进入世界领先技术研发行列。

第五章 医药器械制造业

第一节 沿 革

1986年年初，全市医疗器械业企业有8家，职工1994人。其中，全民所有制企业2家，集体所有制企业6家；隶属于济南医药公司的企业4家，职工1229人；产业结构为：医疗器械厂4家，卫生材料厂、放射器材厂、医用硅橡胶制品厂、化学试剂厂各1家。1988年，全市有专业医疗器械厂8家、兼产厂3家，专业化学试剂厂1家、兼产厂7家。隶属于济南医药公司的企业有：医疗器械厂2家，卫生材料厂1家，医用硅橡胶制品厂1家；共有职工1165人，固定资产原值923.77万元，主要设备308台(套)，建筑总面积36837平方米，生产品种104个。1990年9月1日，山东省济南医疗器械厂划归山东三联电子公司。同年，全市医疗器械生产企业7家，其中，全民所有制企业1家，集体所有制企业6家。1991年，济南硅橡胶制品厂、济南卫生材料厂分别与中国台湾、韩国合资合作建立嘉林桂香硅橡胶有限公司、济南百事妥卫生材料厂。1992年3月，济南市医药局按照调整结构、促进企业联合发展的思路，将产品单一、多年亏损的济南医药玻璃厂整建制划归济南第三制药厂管理。1993年，济南医用光学仪器厂调整内部产业结构，成立济南为民实业总公司，经营五金交电产品、制冷设备等产品，利税、利润同比分别增长71.07%、28.77%。济南卫生材料厂通过化小核算单位，发展多元化经营，利税、利润同比分别增长63.7%、79.77%。1997年5月18日，济南中环医药集团成立，该集团是由济南中环医药集团有限公司、济南卫生材料厂、济南民康制药厂、济南衣柜橡胶厂、济南中泰橡胶制品有限公司、济南中汇医用胶塞厂、济南中环医药工贸公司、济南中环医疗器械厂、济南中环包装印务有限公司、中环大酒店、中环百货商店及济南百事妥卫生材料有限公司、济南嘉林硅橡胶制品有限公司、济南中环房地产开发有限公司等组成，涉足卫生材料、医药包装、医疗器械、房地产等十几个领域。1999年9月3日，经市经委批准，山东东方药业集团有限责任公司正式兼并济南中环医药集团有限责任公司。山东东方药业集团有限责任公司为全民所有制企业，位于济南市西郊，占地16公顷，有大量的闲置厂房和设备，生产品种单一。济南中环医药集团有限责任公司为集体所有制企业，发展迅速，由于地处市区繁华地段，其扩张受限。通过兼并，双方盘活存量资产，实现优势互补，生产规模扩大。2002年，济南市医疗器械生产企业从业人员120人，固定资产原值18990万元。2005年，山东福瑞达医疗器械有限公司成立。2007年，济南市医疗器械生产企业有126家，其中52家为二、三类医疗器械生产企业。2009年，济南市规模以上医疗器械生产企业有7家。2010年，济南市已经取得生产许可证的医疗器械企业有87家。

第二节 产 品

一、产品结构

1988年，济南医用硅橡胶制品厂研制成功斜式连续硫化装置，属国内首创，经半年试运行，新增产值70万元，创利润7.5万元。济南医用光学仪器厂研制成功落射荧光显微镜和XSY-Lx落射荧光显微镜装置，并通过省级鉴定，可用于普通显微术和显微照相，又能用于荧光显微术观察，具有一机多用、体积小、使用方便等特点。1989年，济南医用光学仪器厂生产的XSY1-1A型荧光显微镜被评为山东省优质产品。1991年，济南医用硅橡胶制品厂研制的一次性使用注射器橡胶活塞获山东省优秀新产品三等奖。济南卫生材料厂的“复方牵正膏”研制项目获山东省医药管理局科技进步二等奖。新产品载玻片标本定位器填补国内空白。2005年，济南市第一家医药胶囊生产企业山东新得康胶囊有限公司正式投产。该公司由日本生物化学株式会社与济南报业集团共同投资兴建，主要产品为医用胶囊，年产胶囊20亿粒，产值5000万元。

二、产品出口

1988年，济南医用硅橡胶制品厂出口医用硅橡胶导管16.52万米、硅橡胶弯管142.13万件，实现产值369万元，创汇80.18万港元。1989年，济南医用硅橡胶制品厂，加工出口硅橡胶异型管和密封件700万件，创汇100万港元。济南中环医药集团产品畅销全国各地，其中卫生材料、医用导管等产品出口韩国、日本、澳大利亚、东欧、非洲及东南亚等十几个国家和地区。

第三节 经济效益

1988年，济南市医疗器械制造业实现工业总产值1985万元，全员劳动生产率17039元/人，实现利润168.13万元，税金75.1万元。1989年，实现工业总产值1876万元，全员劳动生产率16456元/人，实现利润92万元，税金61万元。1990年，实现工业总产值2021万元，全员劳动生产率20900元/人，实现利润135万元，税金109万元。1997年，济南市医疗器械制造业实现销售收入4000多万元。2002年，医疗器械产品实现产值588万元，固定资产原值268万元；药用包装从业人员702人，实现产值(力诺集团)1.9亿元。2003年，医疗器械产品实现产值1672万元，利润16万元，税金65万元。2010年，济南泰康药械公司、山东峰源医用材料公司、正大福瑞达医疗器械公司销售收入分别为1.3亿元、1.07亿元、0.3亿元。

第六章 企业选介

第一节 齐鲁制药有限公司

齐鲁制药有限公司前身为创建于1958年12月的山东省济南兽医生物药品制造厂，隶属省农业厅，生产猪、鸡用疫苗等。1969年，改名为济南生物药厂，开始生产人用化学药品。1982年，更名为齐鲁制药厂，以生产人用抗生素、化学合成原料药和粉针剂为主，是全民所有制中型综合制药企业。后更名为齐鲁制药有限公司。2010年，齐鲁制药有限公司成为中国大型综合性现代化制药骨干企业，主要从事治疗肿瘤、心脑血管、感染、精神神经系统、呼吸系统、消化系统、眼科疾病的制剂及其原料药的研制、生产与销售。下设齐鲁安替制药有限公司、山东齐发药业有限公司、齐鲁天和惠世制药有限公司、齐鲁动物保健品有限公司、齐鲁制药(海南)有限公司等子公司，建有占地175万平方米的科研、制剂、化学合成、生物技术、抗生素发酵等七大生产基地。实现销售收入49.9亿元，实现工业增加值21.7亿元，实现出口创汇15885万美元，实现利税16.6亿元，上缴税金4.7亿元。

公司产品结构类别完整、剂型齐全。有抗感染药、抗肿瘤药、心脑血管系统用药、呼吸系统用药、消化系统用药、神经及精神系统用药六大类的原料药和各类药物制剂200多个品种。有世界级一流全自动生产线，粉针、水针、片剂、胶囊、冻干等生产线均从德国、美国、意大利等地引进具有世界先进水平的生产设备，生产能力居全国医药行业首位。下属合资企业齐鲁安替比奥制药有限公司，是亚洲最大的头孢菌素生产基地，年生产能力达600吨。销售网络遍布全国各大省市，远销欧美、东南亚等国家和地区。

公司设有药物研究开发中心、生物技术药物开发中心、天然药物开发中心。集团总部建有药物研究院，各子公司成立研究所、研发部，有专职研究人员803人，其中硕士及以上学历者314人；主要研究者59人，具有博士学历者22人，均来自国内、外(美国、加拿大)等重点院校。先后开发上市化学药物160多种，生物药物7种(包括2种重组蛋白药物)，研制成功巨和粒、多帕菲、申捷、邦达等近100个国家级新药，公司的多项研究成果被评为国家、省级科技进步奖。被山东省政府认定为省级企业技术开发中心，成为国家级企业技术中心、哺乳动物细胞高效表达国家工程实验室、山东省注射用微粒给药新技术重点实验室等多个创新平台。GM-1神经修复剂产品获国家进步二等奖；白介素-11获国家教育部科技进步一等奖。

齐鲁制药有限公司拥有严格规范的质量控制机构和完善的质量保证体系，是首批国家食品药品监督管理局GMP认证企业，先后被评为全国医药工业50强、中国100家最大医药工业企业、全国500家最佳经济效益工业企业、全国高新技术百强企业、首届中国企业集团竞争力500强企业、国家医药企业十优国际化先导企业等。

第二节　山东福胶集团有限责任公司

山东福胶集团有限责任公司前身是山东省平阴县东阿镇阿胶加工厂，始建于1952年，位于平阴县东阿镇，是全国建立的第一家国营阿胶专业生产厂，也是全国最早的阿胶生产企业。1995年5月18日，山东福胶集团有限责任公司在平阴县成立。集团以山东平阴阿胶厂和平阴县医药公司为核心层，以平阴营养滋补厂、平阴中药饮片厂、平阴实业公司、山东阿胶研究所为紧密层组成。福胶集团通过全面实施中药现代化建设，逐步由单一剂型发展为胶剂、膏剂、冲剂、口服液、片剂、胶囊剂、酒剂七大剂型百余品种的产品体系，成为国内品种最多、剂型最全的阿胶生产企业，拥有30多件注册商标，其中“福”牌、“东阿镇”牌于1992年、1997年、2001年被认定为山东省著名商标。主导产品“福”牌阿胶，独家继承东阿镇祖辈流传的作为中国非物质文化遗产的熬胶技艺，正宗地道，质优效高，是海外华人唯认品牌，远销新加坡、马来西亚、泰国、日本、美国及中国香港、澳门、台湾等地。福胶集团为国家大二型企业，阿胶行业首批中华老字号企业，中国医药行业十大最具成长力企业。2008年被认定为省级企业技术中心，2009年建成济南市阿胶现代化工程技术研究中心，有研发人员191人，其中享受国务院津贴专家2人、博士1人，外聘专家10人，先后与山东师范大学、山东中医药大学、齐鲁工业大学、山东省医学科学院、山东省食品发酵工程设计研究院等科研院所签订产学研合作协议，并建立研究生本科生教学实习基地。先后承担山东省技术创新项目11项、济南市科技发展计划7项，自主立项开展科研项目70余项，共研发66项新产品、新工艺。确定研发新产品的三个方向：纯阿胶制剂(速溶阿胶颗粒、阿胶胶囊)，复方制剂(山东阿胶膏、阿胶补血口服液、阿胶参芪酒等)，以阿胶为原料的保健品(即食阿胶、山东阿胶浆等)。编写全国通用的首部《阿胶生产工艺规程》和《阿胶生产岗位操作法》；率先建立阿胶生产、质量、检测标准并载入《中国药典》，成为全国阿胶质量控制的规范。被省医药管理局评为质量明星企业，被国家质量检验监督总局认定为全国质量诚信承诺先进典型企业。先后获全国阿胶质量评比第一名、国家金质奖、中国阿胶之乡、阿胶原产地注册、中国驰名商标、国家级非物质文化遗产、国家级高新技术企业、国家知识产权重点保护单位、中国企业文化建设五十强等。

2010年，福胶集团拥有20多个药品的产品生产权和5个国家中药保护品种、40余件国内外注册商标，总资产3亿元，员工1500余人，生产能力10亿元，阿胶块产销量、阿胶现代化制胶种类和数量居行业首位，是国家大二型企业，首届中华老字号、山东品牌榜价值第一，全国中药50强企业，山东省高新技术企业，山东质量明星企业，省级中药现代化科技示范企业，省食品卫生A级单位，济南市30家重点发展企业之一，济南市医药支柱产业，济南市“守合同、重信用”企业。

第三节 山东福瑞达医药集团公司

山东福瑞达医药集团公司隶属于山东商业集团有限公司，位于济南市高新区新泺大街888号。公司前身为山东省生化药品公司，成立于1993年4月17日，2005年名称变更为山东福瑞达医药集团公司。公司拥有13家高科技企业，是集科工贸、产学研为一体的大型医药制造集团，产业板块包括药品、医疗器械、生物制造等领域，主要从事原料药、生物药物、天然药物、化学合成药物、医疗器械、保健食品、食品饮料、化妆品及卫生用品的研发、生产与销售，公司发展成为一家大型制药企业和国内最大的眼科药品生产基地之一。

集团公司以山东省药学科学院为技术依托，专注现代生物医药健康产业，持续优化与整合医药产业资源，先后投资成立山东博士伦福瑞达制药有限公司(原正大福瑞达制药有限公司)、山东福瑞达生物医药有限公司、山东明仁福瑞达制药有限公司、山东福瑞达生物工程有限公司等多家高科技企业。公司拥有4家省级顶尖生物医药领域研究所，为国家新药创制大平台及国家山东创新药物孵化基地创新核心参与单位。集团有员工3600人，四大科研院所员工530人，其中高级职称115人，中级职称135人。

集团公司拥有“润舒”“润洁”“施沛特”“颐莲”“明仁”等多个知名品牌。“润舒”：第一个含玻璃酸钠的滴眼液，也是国内眼科领域第一个销售额过亿元的产品。“润洁”：成为继润舒之后又一个销售过亿的品牌产品，2008年，被国家工商总局核定为“中国驰名商标”。“施沛特”：1995年在国内率先研制并上市，为骨关节炎患者提供全新的治疗方法。“颐莲”：开创国内将透明质酸应用到化妆品的先河，形成皮肤护理和眼部护理七大系列50多个品种。“明仁”：拥有骨科、妇科、内科为主的五大系列40余个品种，其中颈痛系列是唯一治疗神经根型颈椎病的系列中成药，属国家中药保护品种。

2010年，公司主营业务收入实现12.3亿元，利润1.53亿元，利税2.92亿元，资产总额13.87亿元。

第九篇　轻工业

1986～1995年，济南市轻工业处于较快发展期，不断开拓城乡市场，“轻骑”牌摩托车、“小鸭”牌洗衣机、“友爱”牌铅笔、“华光”牌洗涤用品、“大明湖”牌保温瓶、“康巴丝”牌石英钟等一大批轻工产品受到消费者青睐；日用机械和家用电器产品成为行业主导产品，造纸、酒精、啤酒、卷烟和洗涤用品、塑料薄膜等产品产销两旺。1995年，全市轻工业规模以上工业企业完成工业增加值59.97亿元，轻重工业比重45.8∶54.2，环比增速高出重工业10个百分点。年产轻骑摩托车72.23万辆、小鸭洗衣机33.5万台、康巴丝石英钟56.2万只、洗涤用品2.03万吨、啤酒15.04万吨、酒精4.73万吨，卷烟、机制纸及纸板创历年最高产量，分别为59.95万箱、26.17万吨。

1996～2000年，济南市轻工业进入徘徊起伏期，产品滞销，生产下滑，国有亏损企业不断增多，工业总产值、工业增加值均出现负增长，对全市国民经济的贡献率下降。

2001～2010年，济南市轻工业开始进入全面调整重组时期，全市轻工行业管理体制和企业资本结构及产品结构发生重大变化。2001年，市政府将第一、二轻工业局国有及国有控股企业组建成立济南市轻工国有资产经营公司，同时撤销市第一、二轻工业局，成立济南市轻工业办公室和济南市集体企业联社。2004年，撤销济南市轻工业办公室和济南市集体企业联社，撤销济南市轻工资产经营公司，将原济南市轻工资产经营公司管理的企业移交济南市国有资产委员会管理。2009年年底，全市50家企业自发组建成立济南轻工业协会。

2010年，全市轻工业完成工业增加值274.05亿元，实现利税166.9亿元，占规模以上工业利税比重28.5%。济南玫德铸造有限公司、力诺玻璃制品有限公司分别被评为中国轻工五金行业和中国日用玻璃行业十强企业，济南金钟电子衡器有限公司获全国轻工行业科技进步奖，章丘炊具机械总厂、济南玫德铸造有限公司先后被中国轻工业联合会认定为中国炊具机械、中国玛钢件的生产基地。

2009年12月18日，济南轻工业协会召开成立大会

第一章 轻工业综合

第一节 行业构成

1986～1995年，济南市轻工业形成日用机械、日用化工、造纸、印刷、文教用品、玻璃搪瓷、塑料、服装、灯具、家用电器、家具、日用五金、皮革制品、工艺美术等行业。1995年，全市轻工业企业1048家，职工24.53万人。其间，全市轻工业发展较快，日用机械、造纸、印刷、玻璃搪瓷、塑料、家用电器等行业形成较大规模，在全省和全国同行业中占有重要地位。

1996～2000年，济南轻工行业新兴行业发展较慢，传统行业缺乏竞争优势，在低谷徘徊。2001～2010年，济南轻工业进行全面调整重组，初步形成以市场为导向、由政府宏观管理与行业自律组织规范引导相结合的轻工行业发展新格局。

2010年，全市轻工产品形成机制纸、人造板、家具、印刷品、文教体育用品、塑料制品、皮革及制品、日用机械、日用化工、家用电器、五金制品、太阳能系列产品以及工艺制品等15大类，拥有规模以上工业企业635家，其中国有及国有控股企业44家；规模以上工业企业从业人员11.96万人，其中国有及国有控股工业企业从业人员2.44万人。

第二节 生产规模

1986～1995年，济南轻工业企业通过技术改造和技术引进，一批家电、摩托车、石英钟、塑料、家具、服装等大中型企业的生产规模扩大。摩托车、石英钟进入全国同行业领军企业行列，机制纸、全自动洗衣机、保温瓶、灯泡、合成洗涤剂、宽幅吹塑膜、聚氨酯人造革等生产在省内外占有重要位置。

1996～2000年，受市场影响，济南轻工业生产呈现徘徊起伏特点，部分国有和集体企业产能过剩。同时，部分民营企业崛起，九阳股份有限公司、山东力诺集团、山东桑乐太阳能有限公司、山东龙力电器有限公司等新兴企业开拓小家电、太阳能、钢塑门窗新兴市场，生产规模扩大。

2001～2010年，济南轻工业以市场为导向，进行全面重组调整，改变行业管理模式，淘汰落后产能，优化重组资本结构，部分畅销产品生产规模不断扩大。2010年，全市轻工业实现产值858.63亿元，拥有固定资产原值296亿元。

1986～2010年济南市部分年份轻工业主要经济指标情况表

表7-9-1

年 份	工业企业(家)	工业总产值(万元)	利润总额(万元)	固定资产原值(万元)	从业人员(人)
1986	741	401058	25303	172766	—
1990	874	840418	3249	356488	248014
1995	1048	1995752	73834	1118829	245328
2000	466	2395196	108897	1768958	172321

续表7-9-1

年 份	工业企业(家)	工业总产值(万元)	利润总额(万元)	固定资产原值(万元)	从业人员(人)
2005	553	4243818	244607	1908312	116967
2010	635	8586342	864984	2960124	119579

说明：1.工业总产值按当年价格计算。

2.1997年前，统计口径为乡及乡以上工业企业；1998年后，为全部国有及年销售收入500万元以上工业企业

第三节 产 品

一、产品产量

1986年，济南主要轻工业产品产量：机制纸及纸板9.3万吨，人造板1.6万立方米，家具67万件，大型专用衡器832台，木杆铅笔3.0亿支，塑料制品2.9万吨，皮革(折牛皮)47.4万张，摩托车4.56万辆，合成洗涤剂2.6万吨，洗衣机27.3万台。1990～1995年，济南轻工产品产销呈现以卖方市场为主的特点，摩托车、石英钟、洗衣机、合成洗涤剂、塑料制品、家具、铅笔等产品畅销，产量大幅增长。

1996～2010年，轻工产品结构不断变化，相继向市场投放豆浆机、太阳能热水器、日用玻璃、玛钢管件、电波表、瓦楞纸箱、电动自行车、玩具等轻工产品。

2010年，济南主要轻工业产品产量：机制纸及纸板(外购原纸加工除外)、纸制品3.5万吨，摩托车95.5万辆，家用洗衣机21.1万台，豆浆机2263万台，钟384.52万只，家具31.3万件，塑料制品19.2万吨，日用玻璃10.3万吨，合成洗涤剂1.9万吨，木杆铅笔9.7亿支，衡器(称)4793台。

1986～2010年济南市部分年份主要轻工业产品产量情况表

表7-9-2

产品	1986年	1990年	1995年	2000年	2005年	2010年
机制纸及纸板(万吨)	9.3	12.7	26.2	13.1	7.9	3.5
人造板(万立方米)	1.6	—	7.7	0.1	1.0	1.2
家具(万件)	67.0	90.2	346.7	4.5	34.4	31.3
衡器(台)	832.0	1072.0	64956	—	—	4793.0
木杆铅笔(亿支)	3.0	3.3	5.9	12.6	15.8	9.7
塑料制品(万吨)	2.9	3.1	9.4	7.9	14.8	19.2
皮革(折牛皮)(万张)	47.4	23.6	83.5	23.4	—	—
摩托车(万辆)	4.56	8.57	104.1	121.6	95.9	95.5
合成洗涤剂(万吨)	2.6	2.8	2.0	0.9	0.6	1.9
洗衣机(万台)	27.3	5.1	33.6	45.6	43.9	21.1

二、产品质量

1986年起，轻工企业通过技术改造、更新产品生产装备、提高质量检验检测手段，产品质量显著提高。轻骑摩托车整车生产线、康巴丝石英钟流水组装线、高速多色彩印成套设备、高速宽幅纸机等一批生产线和成套设备相继投产使用。

1986～1995年，济南一、二轻工业系统被评为省以上优质产品204个，其中，国优17个、部优68个、省优119个。其中，“双鹤”牌电子计算机纸被评为国家金质奖，“金凤”牌字典纸、“佳丽”牌香皂、“康巴丝”牌指针式石英钟和建筑用石英钟、“金钟”牌BM-L5-20T称重传感器、“小鸭”牌圣吉奥TEMA831型全自动洗衣机、“历山”牌农用聚乙烯吹塑薄膜等被评为国家银质奖。“轻骑”牌QM50、QM90摩托车、“万青”牌誊写油墨、中铬黄颜料、“大明湖”牌洗衣膏、“小鸭”牌双桶洗衣机、“金钟”牌TGT-50台称、硬质PVC板材等被评为轻工业部优质产品奖。“康巴丝”牌石英钟被评为全国消费者最受喜爱的产品，连续8年为中央电视台春节联欢晚会零点报时。

济南轻工企业全面贯彻实施质量认证工作，不断完善质量管理体系，名牌产品和驰名商标逐年增多。至2010年年底，济南轻工企业通过ISO 9001质量体系认证、ISO 14001环境体系等认证29家，被评为省以上名牌产品18个，被认定为山东省著名商标7个，中国驰名、著名商标6个。

第四节 经济效益

1986年起，济南轻工业呈现生产、效益同步增长趋势。1995年，完成轻工业总产值199.58亿元，实现利税30.76亿元，分别比1986年增长4.55倍和3.55倍，乡及乡以上轻工业总产值占全市工业比重44.8%，利税占57.4%，高于同期重工业4.8个百分点。

1996～2000年，消费品市场竞争激烈，济南轻工企业大部分产品销售不畅，国有企业产品积压严重。1998年，济南轻工国有企业亏损面41.85%，当年全市轻工业总产值、工业增加值均出现负增长。同时，一批民营企业快速成长，成为拉动济南轻工业经济增长的新亮点。

2001～2010年，济南轻工业企业贯彻“转方式、调结构、促发展”的方针，以市场为导向，全面调整重组轻工行业结构、产品结构和企业组织结构，加快发展民营、股份和“三资”(中外合资经营企业、中外合作经营企业、外商独资经营企业三类外商投资企业)企业，促进优势产品和优势企业快速成长，全市轻工企业经济效益显著增加。

2010年，规模以上轻工企业完成工业增加值274.05亿元，实现利税166.9亿元，总资产贡献率和资金利税率分别为27.79%、33.52%，高于同期重工业比重13.7个、15.5个百分点。全员劳动生产率22.92万元/人。

1986～2010年济南市部分年份轻工行业主要经济效益指标情况表

表7-9-3

年 份	产品销售率(%)	总资产贡献率(%)	资金利税率(%)	增加值率(%)	全员劳动生产率(元/人)	流动资金周转次数(次)	经济效益综合指数(%)
1986	—	—	25.27	—	17441	3.30	—
1990	—	—	—	—	24086	—	—
1995	97.0	—	16.60	25.90	24568	1.80	—
2000	98.22	8.92	10.56	33.78	46948	1.38	119.91
2005	97.09	17.29	20.49	36.56	132656	2.08	197.20
2010	98.06	27.79	33.52	—	229180	2.72	300.28

第二章 造纸工业

第一节 沿革

1986年，济南市造纸及纸制品企业有40家(不包括农村村办、农村合作经营、城乡个体工业)，职工11998人。其中，隶属于济南造纸工业公司管理的有山东造纸总厂东厂(全民中型企业)、山东造纸总厂西厂(全民中型企业)、山东黄台造纸厂(全民中型企业)、济南造纸厂(全民中型企业)、济南造纸机械厂(全民小型企业、原济南造纸机械修配厂)和济南造纸科研所(集体小型企业、原济南市天桥造纸厂)，共有职工6814人。同时管理济南市重点建设项目济南纸浆厂。济南纸浆厂项目是经国家计委及山东省计委批准的漂白草浆及漂白棉浆项目，位于历城区遥墙镇，设计生产规模为年产漂白草浆1.7万吨和年产漂白棉浆2万吨，总投资8747万元。

1988年，山东黄台造纸厂更名为山东造纸高级薄页纸厂。1989年，济南市造纸工业企业有21家，其中，市属11家，区县、乡镇属10家，职工11000人。同年，山东蔡伦纸业有限公司成立，隶属于济南造纸工业公司，为中外合资企业，由香港港澳国际投资有限公司、山东造纸印刷企业联合(集团)总公司及济南高级薄页纸厂三方合资组成，总投资2108万美元，注册资本1250万美元，合资期限15年，生产经营热敏纸、浮雕装饰纸、背涂碳纸。1991年，济南市造纸及纸制品企业有38家，其中亏损企业11家，共有职工15165人。9月，济南市造纸工业公司行政隶属关系划归济南市第一轻工业局，济南市造纸工业公司对所属企业和济南市造纸工业继续行使行政和行业管理职责。

1993年，济南市造纸及纸制品企业有36家，其中亏损企业6家，职工14462人。1月，由济南市所属的山东造纸总厂东厂、山东造纸总厂西厂、济南造纸厂、济南纸浆厂、山东高级薄页纸厂与香港喜多来集团有限公司合资成立济南大易造纸有限公司。济南大易造纸有限公司总投资4551万美元，其中，中方出资1820.4万美元，占40%；港方出资2730.6万美元，占60%，港方控股，合资时限50年。济南大易造纸有限公司行政隶属于济南市第一轻工业局。原山东造纸总厂东厂、山东造纸总厂西厂、济南造纸厂、济南纸浆厂、山东高级薄页纸厂分别更名为济南大易造纸有限公司一厂、二厂、四厂、五厂及三厂，职工6962人。同年，行政隶属于济南市第一轻工业局的造纸企业有济南大易造纸有限公司、济南新华纸业总公司、济南蔡伦纸业有限公司、长清造纸厂、济阳造纸厂、济南造纸科研所、济南造纸机械厂，共有职工10250人。

1996年，济南市造纸及纸制品企业有34家，其中亏损企业5家，职工14666人。同年，拥有职工2561人、固定资产净值1207万元、生产产品8个系列33个品种、年制浆能力1万吨、机制纸年生产能力8000吨的长清造纸厂因环境污染停产。1997年，济南造纸及纸制品企业有34家，其中亏损企业4家，职工14630人。6月，终止济南大易造纸有限公司与香港喜多来集团有限公司的合资合同，撤销批准证书，依法进行清算。所属济南大易造纸有限公司一厂、二厂、三厂、四厂、五厂仍隶属于济南市第一轻工业局。同年，济阳造纸厂停产。

1999年，济南造纸及纸制品企业有40家，其中亏损企业3家，职工14927人。4～8月，原济南大易造纸有限公司所属企业实施“分兵突围、切块搞活”的改革措施，济南市第一轻工业局投入1250万元，职工入股700万元，分别组建银星(原济南大易造纸有限公司三厂)、鲁丰(原济南大易造纸有限公司一厂和原济南大易造纸有限公司五厂)、晨光(原济南大易造纸有限公司二厂)、金至(原济南大易造纸有限公司四厂)4家自主经营、自负盈亏的独立法人纸业公司，均隶属于济南一轻国有资产总公司。

2001年，全市规模以上造纸及纸制品企业有40家，其中亏损企业7家，职工1496人。其间，传统的市属造纸企业，逐步退出市场，济南造纸及纸制品工业行业的构成发生较大的变化。2004年，全市规模以上造纸及纸制品企业有39家，其中亏损企业8家，职工11519人。同年7月，撤销济南轻工业办公室和济南市集体企业联社，撤销济南市轻工资产经营公司，将原济南市轻工资产经营公司管理的企业移交济南市政府国有资产监督管理委员会管理。银星、鲁丰、晨光、金至纸业有限公司隶属济南市政府国有资产监督管理委员会管理。

2005年，全市规模以上造纸及纸制品企业有35家，其中亏损企业9家，职工6269人。2010年，全市规模以上造纸及纸制品企业有29家，其中亏损企业4家，职工4195人。国有及国有控股企业2家，其中亏损企业1家，职工427人。

第二节 生 产

1986年，山东造纸总厂东厂投资580万美元，引进法国阿里贝公司薄页纸生产线；山东造纸总厂西厂投资244.5万美元，引进法国马德莱二手纸机生产线。同年，全市制浆(漂白草浆、漂白棉浆、漂白麻浆)能力7.93万吨，纸及纸板生产能力9.26万吨，实际年产量9.3万吨，其中济南造纸工业公司直属的5家造纸企业年产量5.63万吨，占济南造纸行业的60.5%；全年济南造纸及纸制品工业总产值2.1亿元(按1980年不变价格)，利润2192万元。1987年，济南造纸工业拥有造纸机52台，加工纸机14台，超级压光机11台，其中具有国际先进水平的造纸设备4台。同年，制浆能力8.85万吨，纸及纸板生产能力10.53万吨，实现工业总产值2.46亿元(按1980年不变价格)。1988年，山东造纸总厂西厂投资239.2万美元，引进美国太可内珂特不干胶生产线；济南高级薄页纸厂投资9.5万美元，引进日本吉永铁工厂餐巾纸加工设备。同年，济南造纸工业完成总产值1.96亿元，实现利税4890.6万元，利润2325.7万元。1989年，山东造纸总厂东厂投资3000万元，购置日产50吨国产装饰纸生产线。

1990年，济南蔡伦纸业有限公司投资750万美元，引进热敏纸生产线。同年，济南造纸及纸制品行业经济效益下滑，出现严重亏损，全行业40家企业有亏损企业8家，利税总额-1822万元，利润-4521万元。1993年，东港实业公司先后引进具有国际先进水平的年产万吨无碳复写纸涂布生产线和六、五、四色等多功能先进轮转印刷设备等。同年，济南造纸及纸制品行业经济效益整体回升，实现利税总额3524万元，利润79万元，造纸工业有较大幅度的减亏。济南第一轻工业局所属企业济南大易造纸有限公司、章丘造纸厂、济阳造纸厂利税总额-186万元，利润-1883万元。

1995年，济南造纸及纸制品工业机制纸及纸板产量26.2万吨。其中，济南大易造纸有限公司制浆能力5.6万吨，纸及纸板生产能力10.96万吨，完成纸及纸板总产量7.5万吨；济南新华纸业总公司年产量3万吨；长清造纸厂年制浆能力1万吨，机制纸生产能力0.8万吨。同年，济南造纸及纸制品行业经济效益在保持稳定中并略有增长，其中，济南一轻工业局所属大易造纸有限公司、山东造纸机械厂、长清造纸厂、济阳造纸厂、济南造纸科研所、济南蔡伦纸业公司、济南新华造纸厂7家企业利税总额

3323万元，利润-420万元；东港实业有限公司实现销售收入1.8亿元，利税2300万元。1996年，因济南造纸和纸制品工业的重点企业济南大易造纸有限公司在合资上出现问题，致使全行业产量下降，年产量仅15.14万吨。1998年，因环保要求及部分纸厂的停产和自制浆的限产、停产，济南造纸业的纸及纸板产量大幅度下滑，年产量6.66万吨。同年，纸制品产量开始突破万吨，1999年达到6.46万吨。

2000年，济南造纸工业机制纸及纸板产量13.1万吨。同年，济南鲁丰纸业公司用4000平方米土地置换资金2000万元，投入造纸工业生产，当年停产1个月，次年再次停产。2001年，济南造纸及纸制品工业的机制纸及纸板产量有较大幅度回升，完成产量19.32万吨。2004年，济南鲁丰纸业有限公司在拥有烟纸生产许可证(国内18家)和客户急需卷烟纸产品的情况下，因资金缺乏，于4月27日最后一条卷烟纸生产线(法国进口设备)停产。

2005年，纸制品产量在保持上升趋势的同时，传统纸及纸板产量也有较大幅度回升。2006年后，纸及纸板生产又大幅度下滑。至2009年，纸及纸板产量6.06万吨，纸制品产量11.18万吨。2010年，机制纸及纸板年产量3.45万吨(外购原纸加工除外)，未涂布印刷书写用纸1.92万吨，纸制品9.23万吨，利税总额-99万元，利润总额-152万元。

1986～2010年，济南造纸工业机制纸及纸板累计产量301.64万吨，利税22.99亿元，利润9.99亿元。

第三节 产 品

济南市造纸工业产品较为独特，高级、高档、全国独家产品较多，造纸原料有自制的棉浆(包括棉短绒、估棉)、麻浆、草浆及商品进口木浆等。棉浆得率一般在60%，草浆得率一般在40%。机制纸及纸板产品综合成品率一般保持在88%以上。不同产品品种的成品率一般保持在69%～92%之间，机制纸的一等品率保持在78%左右，优质品率23%～26%。

1986年起，山东造纸总厂东厂生产的低定量涂料画报纸连续14年被轻工业部评为优质产品。1987年，电子计算机纸获国家质量奖金牌奖，“双鹤”牌打孔电报条纸、金穗80克有光纸、“金凤”牌周报纸被轻工业部评为优质产品，转移印花原纸获山东省优秀新产品二等奖和全国轻工业优秀新产品，“海燕”牌装饰原纸被评为山东省优质产品。1988年，103-Ⅲ纸被轻工业部评为优质产品，卷烟纸被评为省优良产品，装饰原纸被评为全国轻工业优质产品。

1989年，济南造纸工业公司开发新产品17个，其中，山东造纸总厂东厂研发填补国内空白的80克/平方米～100克/平方米贴面原纸、180克/平方米液体饮料包装纸，居国内先进水平；济南造纸厂再生新闻纸、抛光白板纸试产成功；山东济南高级薄页纸厂无碳复写原纸、餐巾纸达到国内先进水平。全系统新产品产量1041吨，产值978万元，新产品产值率5%，实现利润249万元，新产品利税率8.3%；其中涂料凹印邮票纸和低定量贴面原纸产值均在100万元以上。同年，章丘造纸厂有光纸获轻工部优质奖，凹印涂料邮票纸被评为山东省科学技术进步三等奖。

1990年，济南造纸工业公司试投产2WQ15-1760双刀切纸机、圣经纸、涂料邮票纸、热敏传真记录原纸、卫生纸压花折叠机、铸涂机、白火柴盒纸7个新产品，新产品产值254.02万元，产值率1.54%。同年，装饰纸原纸获国家质量奖银牌奖，凹印涂料邮票纸(95克/平方米)被轻工业部评为优质产品，凹印涂料邮票纸获省一轻系统新产品一等奖。

1991年，山东造纸总厂东厂、山东造纸总厂西厂、蔡伦纸业公司引进的生产线相继投产，3条生产线生产全麻烟纸、压敏标签纸等16种系列产品，其中热敏传真纸、热化学型心电图纸、计算机记录纸均达到国际先进水平，可取代进口。

至 1999 年，全行业生产品种近 300 个，常年生产品种近 70 余种。1999 年后，济南晨光纸业有限公司，调整产业结构，以资产经营补充、支撑造纸工业，保留下羊皮纸国内较为稀缺的品种；济南银星纸业公司通过自产、异地生产的方法保留圣经、字典等薄页纸的品牌。

2000～2010 年，纸及纸板生产品种不足 100 个品种，常年生产品种不足 40 个，没有生产出省、部级及以上获奖产品。

第三章 日用机械工业

第一节 自行车

一、沿革

1985 年 6 月，济南自行车厂并入济南轻骑摩托车总厂。1986 年 7 月，济南自行车厂从济南轻骑摩托车总厂分离，恢复法人地位，重新恢复自行车生产。1993 年 1 月 16 日，以济南自行车厂为主成立山东五环集团总公司，以生产自行车为主，但一直亏损。至 1999 年年底，累计亏损 8000 余万元，资产负债率 420%。1999 年 12 月 29 日，公司进入破产程序，2003 年破产终结。

二、生产

1986 年，济南自行车厂拥有固定资产净值 1274 万元，职工 1714 人，占地面积 8.95 万平方米，建筑面积 4.9 万平方米，生产设备 500 余台(套)，其中，自行车专用设备 100 余台(套)，自行车生产流水线 9 条，主要设备年生产能力 50 万～60 万辆。同年，对烤漆线进行技术改造，可生产多种色彩烤漆自行车。1987 年，新产品“永乐”牌自行车开始批量生产，有三种规格(24 吋、26 吋、28 吋)15 个花色品种。同年，年产自行车 20.03 万辆，创该厂历年产量最高水平，“白鹤”牌、“永乐”牌自行车销售市场遍布全国 20 多个省、市、自治区。1992 年，济南自行车厂产量在亏损困境中一度回升，全年生产自行车 10.57 万辆，实现利润 17.4 万元，经济效益由全国同行业的 52 位跃居 21 位，产品质量在国家质量抽测中定为一等品。同年，在商业部组织的国产最畅销产品评选中，该厂新产品中德合作生产的“阿特斯”牌自行车获“金桥奖”。1993 年起，山东五环集团总公司自行车产量连年下降。1996 年，仅生产 4.26 万辆。1997 年，山东五环集团总公司由于连年亏损停产，济南自行车工业生产同时退出市场。

1986～1997 年济南市自行车产量情况表

表7-9-4

年 份	1986	1987	1988	1989	1990	1991
产量(万辆)	10.22	20.03	17.52	15.01	11.00	7.72
年 份	1992	1993	1994	1995	1996	1997
产量(万辆)	10.57	9.22	7.00	7.06	4.26	停产

三、产品

山东五环集团总公司(济南自行车厂)生产的自行车以“白鹤”牌为主导产品，先后开发“永乐”牌、“阿特斯”牌产品，共有24吋、26吋、28吋三种规格，还有12吋BMX童车。

(一)“白鹤”牌自行车(主导产品) ZA84型710毫米(28吋)主要结构特征：加重长车架，加重前叉、保险叉，后轮加粗辐条，加重轮胎，载重量200公斤。PA02型710毫米(28吋)主要结构特征：全链盒，前后涨闸。QH30型610毫米(24吋)主要结构特征：U型车架。QH32型610毫米(24吋)主要结构特征：双斜梁车架。

(二)“永乐”牌自行车(26吋) 主要适用中年妇女骑用。

(三)“阿特斯”牌自行车(24吋、26吋) 主要结构特征：采用日本西玛诺变速器。

第二节 摩托车

一、沿革

1984年2月，在济南机动脚踏车总厂的基础上建立济南轻骑摩托车总厂。1988年9月1日，中国轻骑摩托车集团总公司成立，公司以济南轻骑摩托车总厂为主导厂，形成年产20万辆摩托车生产能力。1993年11月25日，济南轻骑摩托车股份有限公司成立，成为全国摩托车行业第一家上市公司。该公司是由中国轻骑摩托车集团总公司3个分厂(第一总装厂、第二总装厂和发动机厂)合并组成创立，采购、销售、研发均由轻骑集团负责，与轻骑集团是两块牌子一套班子。1994年3月25日，中国轻骑摩托车集团与日本铃木株式会社、日商岩井株式会社三方签订合同，成立济南轻骑铃木摩托车有限公司，设计生产规模为年产20万辆轻骑“铃木”牌摩托车。2006年12月5日，中国轻骑摩托车集团总公司与中国兵器装备集团公司进行战略重组，济南轻骑摩托车股份有限公司第一大股东变更为中国兵器装备集团公司。2009年，济南轻骑摩托车股份有限公司启动迁建高新区。

二、生产

1985年，济南轻骑摩托车总厂生产出第一辆轻骑“木兰”牌踏板摩托车，填补国内踏板车空白。1995年，中国轻骑摩托车集团总公司被国家特批为特大型企业，主导产品有8个系列，50余个品种，摩托车行业首家通过ISO 9001国际质量体系认证，“轻骑”牌摩托车大批量出口欧、美、亚等30余个国家和地区。1999年，轻骑摩托车年产量169.37万辆，创历史最高水平，“轻骑”商标被认定为中国摩托车行业首批中国驰名商标。2001年，济南轻骑摩托车股份有限公司脱离中国轻骑集团有限公司独立运营，重建研发、销售、采购、生产等体系，相继推出10余款具有自主产权的产品。2010年，济南市摩托车年产量95.45万辆。

济南轻骑摩托车总厂生产的摩托车　　(1990年摄)

1986～2010年济南市摩托车产量情况表

表7-9-5　　单位：万辆

年份	1986	1987	1988	1989	1990	1991	1992
产量	4.56	5.46	11.32	9.65	8.57	13.17	22.71
年份	1993	1994	1995	1996	1997	1998	1999
产量	51.76	70.80	104.10	145.36	161.29	166.46	169.37
年份	2000	2001	2002	2003	2004	2005	2006
产量	121.60	102.54	59.71	73.90	79.20	95.90	93.79
年份	2007	2008	2009	2010	合计		
产量	108.07	117.89	99.01	95.45	1987.08		

三、产品

济南轻骑摩托车股份有限公司生产的“轻骑”牌摩托车从25cc～300cc排量有15大系列150余个产品型号，“轻骑”牌商标被认定为中国驰名商标，在全球90多个国家和地区注册出口产品。代表产品有轻骑木兰系列摩托车、轻骑铃木系列摩托车。

轻骑木兰系列摩托车有大观木兰、新潮木兰、新霸木兰、潇洒木兰、飘逸木兰等。轻骑铃木系列摩托车有铃木王、骏威、锋彩、韵彩、赛驰等。轻骑摩托车其他代表性产品有御马、野马、雄风、骏马、藏獒、山猫、马龙、豹龙、霸天龙、自由鸟、巡天鹰、帅骑、豪马等。

第三节 钟 表

一、沿革

1980年2月，济南钟厂和济南表厂合并为济南钟表厂。1983年，搬迁至山大路新厂区。1989年7月5日，以济南钟表厂为主成立康巴丝钟表集团总公司。2000年，变更为山东康巴丝钟表有限公司。2007年2月，由济南钟表厂、山东康巴丝钟表有限公司成立山东康巴丝实业有限公司。2010年11月，公司迁址济南市高新技术开发区，占地3.33万平方米，建成面积1.50万平方米。公司拥有总资产8364万元，主要设备800余台(套)，员工1200人。

二、生产

1983年，济南钟表厂搬迁至山大路新厂区后，生产规模扩大，实际生产能力年产机械手表40万只、石英钟30万只。1986年始，康巴丝石英钟连续8年为中央电视台春节联欢晚会零点报时。该厂先后从日本、瑞士、德国引进具有国际先进水平的设备，康巴丝钟表产量不断增加。1987年，生产110.97万只。1990年，达到203万只，在全国设销售网点800多个，全年完成销售收入5910万元，康巴丝钟表集团生产经营创历史最高水平，位列全国石英钟生产厂家之首，产品质量在全国石英钟测试评比中名列第一。

1992～2000年，由于企业管理不善，产品更新过慢及商标流失等原因，康巴丝集团生产经营陷入困境。特别是商标意识差，致使“康巴丝”被多家企业使用，造成市场混乱。1999年，年产量仅20.4万只，销售收入不到1000万元。2000年，康巴丝集团投入90万元买断“康巴丝”商标。2002年起，康巴丝集团生产经营进入新的发展阶段，主要经济指标保持较高增幅。2007年，山东康巴丝实业有限公司生产钟

表639.21万只。2010年，山东康巴丝实业有限公司推出继石英电子钟表之后的国际第五代最先进的计时钟表——电波钟表。同年，生产钟表700万只。

1986～2010年济南市钟表产量情况表

表7-9-6　　单位：万只

年 份	1986	1987	1988	1989	1990	1991	1992
产 量	—	110.97	170.00	200.00	203.00	203.02	90.04
年 份	1993	1994	1995	1996	1997	1998	1999
产 量	16.57	32.22	56.22	48.05	38.09	36.50	20.40
年 份	2000	2001	2002	2003	2004	2005	2006
产 量	96.87	233.21	310.69	280	407	499	578.96
年 份	2007	2008	2009	2010			
产 量	639.21	603.73	624.98	700.00			

三、产品

“康巴丝”牌石英钟花色品种主要有民用石英挂钟、石英闹钟和各种特异型钟等400多种款式。1989年，产品石英钟获国家银质奖。2005年，“康巴丝”牌石英钟被评为中国名牌产品。2007年，“康巴丝”商标被国家工商总局认定为中国驰名商标。2010年，公司推出最新产品康巴丝电波钟表。

第四节　炊具设备

一、沿革

济南市炊具设备厂家主要是章丘市炊具机械总厂。该厂成立于1974年，原为章丘县刁镇刁西村的村办集体企业。1984年，定厂名为章丘县炊具机械厂。1992年，更名为章丘市炊具机械总厂。2000年，总厂部分资产与香港合资成立济南银鹰食品机械有限公司。至2010年，章丘市炊具机械总厂占地面积6万平方米，固定资产原值3750万元，主要设备300多台(套)，年生产能力5万台，职工700多人。

二、生产

1986年，章丘县炊具机械厂产量2205台，销售收入315万元，实现利润78万元。1990年，主要产品产量3720台，销售收入630万元，实现利润65万元，完成技改投资20万元。2000年，主要产品产量22415台，年销售收入6338万元，实现利润470万元，完成技改投资400万元。2001年起，为部队生产后勤装备，多种产品中标，获中国人民解放军军需给养物资生产许可证。2010年，公司产品向高档次、自动化、节能环保安全卫生方向发展，全年共完成主要产品产量3.73万台，产值2.1亿元，销售收入1.55亿元，实现利税2593万元，利润1432万元，出口创汇281万美元，完成技改投资800万元。

三、产品

章丘市炊具机械总厂主导产品有“银鹰”牌各种系列和面机、馒头机、切菜机、揉面压皮机等。济南银鹰食品机械有限公司生产的“银鹰”牌炊具设备有炊事机械、酱菜机械、蔬菜加工机械、大型铸件加工和厨房设备五大系列。公司注册商标“银鹰”牌率先在全国同行业中被认定为中国驰名商标，在全国同行业中率先获得ISO 9001质量管理体系认证，生产的和面机、馒头机、切菜机、揉面机系列产品先后被评为山东省名牌产品。章丘市炊具机械总厂被中华全国工商联厨具业商会授予“中国厨具业十强优秀企业”称号，技术中心被认定为山东省省级技术中心。公司在全国设有十大办事处，销售网点300多家，产品远销美国、俄罗斯、韩国、澳大利亚、芬兰、丹麦等国家。

第五节 啤酒设备

一、沿革

济南市啤酒设备制造厂家主要是山东中德设备有限公司。1997年，山东中德设备有限公司成立，位于济南市历城区工业北路71号，注册资金5000万元，占地10万平方米，职工590人。2010年，公司成为集生物发酵工程技术研发、设备制造、技术应用于一体的高新技术企业，拥有齐河科技园、山东安克生物工程有限公司、山东中德生物科技有限公司等分支机构和全资子公司。

二、生产

公司全面运行实施ISO 9001质量管理体系、ISO 14000环境管理体系、OHSAS 18000职业健康安全管理体系，通过国家质检总局核定的D级Ⅰ、Ⅱ类压力容器设计与制造资质、GC2压力管道安装许可资质，公司产品获得欧盟CE认证。公司被认定为山东省高新技术企业、山东省企业技术中心。2008年，中德设备商标被认定为山东省著名商标。2009年，“CGET”牌啤酒发酵实验成套设备被评为山东省名牌产品。拥有发明专利、创新成果等40余项。公司具有独立的进出口权，产品远销美国、加拿大、法国、德国、俄罗斯等40多个国家。2010年，公司经营总收入10011万元，利税总额1647万元，利润1116万元，出口创汇330万美元。公司总资产1.98亿元。

三、主要产品

主营产品有啤酒酿造设备、生化制药设备、食品饮料设备、环保、水处理设备。啤酒酿造设备：大中型啤酒厂工程项目、小啤酒厂及酒店用自酿啤酒设备以及葡萄酒、果酒、香槟酒、白酒、味精等发酵、过滤、提纯、处理设备。生化制药设备：生物、制药等繁殖、浓缩、提取、储存等系列生化反应设备。食品饮料设备：生产汽水、可乐、香槟等含二氧化碳的碳酸类饮料，浓缩果汁、茶等不含气的软饮料设备以及豆奶、花生奶、果汁奶类、保健饮品等健康饮料设备。环保、水处理设备：有效处理啤酒厂、葡萄酒厂、白酒厂、酒精厂、味精厂、制药厂、食品饮料厂等生产时排出的污水，进行循环利用的水处理设备。

第四章 日用玻璃搪瓷工业

第一节 灯 泡

1986年，济南灯泡厂生产的“泉城”牌灯泡产量2322万只。1989年，灯泡产量3322万只，产品产量、质量在全国、全省同行业保持领先地位。同年，从香港三英洋行引进彩色节日灯泡生产线，节日灯泡新产品填补省内空白，产品全部返销。1990年，引进和利用外资项目，新增节日灯年生产能力120万串，出口灯泡300万只，实现总产值3474万元，利税460万元，利润154万元，职工2097人。1991年，灯泡厂通过多渠道筹措资金，接通城市管道煤气，解决多年困扰企业正常生产的煤气供应问题。1992年，灯泡厂与山东大学联合研制的计算机控制广告和灯光填补省内空白。1993年，研制达到国内先进水平的环形荧光灯和彩色内涂灯泡，填补省内空白。玻壳内涂设备新增生产能力1000万只环灯生产线。1995年，灯泡产量5494.87万只，工业总产值5797万元，销售收入5345万元，职工2162人，固定资产10735万元。1998年，济南灯泡厂与美国太平洋(刘氏集团)有限公司共同投资组建中外合资企业山东华美照明电器有限公司。投资1000多万元，新上普灯生产线10条、直管荧光灯生产线1条、24头吹泡机1台，实现一炉四机，并将4台吹泡机全部改为电脑控制，公司生产能力比合资前提高2倍多，形成年产1.2亿～1.4亿只生产能力，普灯生产能力居全国前五位、特灯居全国前三位。全年共生产各种电光源产品8294万只，工业总产值8620.96万元，实现销售收入7368万元，利税827.61万元。1999年，产量11841.73万只。2000年，产量10073.6万只。2002年后，济南灯泡厂生产大幅度下降、连年亏损。2007年1月5日，济南灯泡厂被济南市中级人民法院宣告破产。2008年济南灯泡市场产量204万只，2009年产量260万只。2010年，灯泡产量290万只，灯具及照明装置2.08万套，主要生产企业有济南泺华灯具有限公司、济南欣泺灯具有限公司、济南黄岗集团有限公司等。

第二节 保温瓶

1986年，济南保温瓶厂生产的“大明湖”牌保温瓶产量591万只。1988年5号，生产的气压瓶被轻工业部评为优质产品，生产的不锈钢4号旋塞保温瓶、薄型煤气灶填补国内空白。1990年，在首届全国轻工业博览会上，音乐气压出水保温瓶获银奖。同年，保温瓶产量576.03万只，生产能力800万只，出口19.2万只，工业总产值3502万元，固定资产1718万元，职工1813人。1993年，生产的6升电热保温开水容器、异型保温瓶胆，填补省内空白。1995年，工业总产值4512万元，实现销售收入4567万元，固定资产8504万元，职工1650人。1997年，保温瓶厂因玻璃池炉超期运行，企业被迫停产。企业通过整体剥离式股份制改造，组建大明湖保温容器有限公司。通过职工集资、盘活资产等措施，建起新炉。企业内部实行层层聘任上岗，企业经营机制发生明显变化，月产量80.5万只，创历史最好水平。2000年12月29日，老国有企业济南保温瓶厂经济南市中级人民法院宣告破产。

第三节 搪瓷制品

1989年，济南搪瓷厂从意大利引进高档煤气灶生产设备，年产高档煤气灶5万台，新增产值6000万元，创汇225万美元。1990年，济南搪瓷厂研制开发生产多功能高档煤气灶，搪瓷制品生产能力5900吨。1995年，济南搪瓷厂工业总产值1914万元，产品销售收入2127万元，固定资产10642万元，职工1239人；济南搪瓷二厂产值309万元，产品销售收入329万元，固定资产490万元，职工428人。1996年8月19日，济南搪瓷厂由济南市第一轻工业局整建制划转山东小鸭集团。1997年，济南搪瓷厂宣告破产。1999年6月，济南搪瓷二厂破产后划归山东华光日化集团有限公司。

第四节 玻璃器皿

1986年起，济南玻璃器皿厂产品产量很低。2000年后，济南台有玻璃制品有限公司、益达玻璃制品有限公司、华通中空玻璃厂、力诺玻璃制品有限公司等新企业开始成立。2005年，日用玻璃产量11.88万吨，钢化玻璃产量30.14万平方米。2009年，日用玻璃产量7.65万吨，钢化玻璃产量13.42万平方米，中空玻璃产量161.63万平方米。2010年，日用玻璃产量10.29万吨，钢化玻璃产量49.85万平方米，中空玻璃产量146.22万平方米。

第五章 日用化工产品工业

第一节 火 柴

1986年，济南火柴厂火柴产量97.15万件。1987年，火柴产量110.12万件。1989年，火柴产量113.28万件，利税在全国、全省同行业保持领先地位。1990年，引进利用外资项目，新增火柴能力7万件，火柴生产能力达135万件。同年，完成工业总产值4172万元，拥有固定资产1843万元，职工2457人。1992年，济南火柴厂各项经济指标急剧下滑，工业总产值3438.4万元，火柴产量75.4万件，亏损483万元，成为济南亏损大户。其原因是推行GB393-88火柴新标准后，造成产品积压，全国火柴产大于销；内部管理水平差，销售力量薄弱；“三角债”以及新产品开发缓慢等。1993年12月29日，该厂以净资产2898.86万元折为1000万股，以市国有资产管理局法人股形式参入山东渤海集团股份有限公司。

第二节 洗涤用品 香精香料 牙膏

一、洗涤用品

(一)肥皂 1986年，济南轻工化学总厂肥皂产量2.8万吨。1987年，“佳丽”香皂被轻工业部评为轻工业优秀出口产品银质奖。“华光”肥皂、“金牛”肥皂、“佳丽”香皂保持国优、部优、省优产品。1990年，肥皂产量2.5万吨。1991年8月，济南轻工化学总厂与台湾天龙公司合资成立济南天龙日用化工有限公司，引进台湾设备：皂粒配料、拌料系统、三辊碾压机、冷打印多联打印系统，对香皂生产线进行技术改造，提高质量。1995年，肥皂产量1.3万吨。1996年12月17日，济南轻工化学总厂被济南市中级人民法院裁定破产还债。

(二)合成洗涤剂 1986年，济南轻工化学总厂为扩大液体洗涤剂及浓缩洗衣粉生产能力，组建液体洗涤剂厂，合成洗涤剂产量2.61万吨。1987年，合成洗涤剂产量2.95万吨。“大明湖”牌洗衣膏保持国优、部优、省优产品称号。1990年，合成洗涤剂产量2.82万吨。1992年，济南化学轻工总厂与香港莊月集团公司合资成立济南齐月日用化工有限公司，引进先进设备，采用三氧化硫黄化及附聚成型新工艺，改造扩大年产5万吨无磷洗衣粉项目。1994年12月24日，济南轻工化学总厂与香港远东艾达发展公司合资成立济南艾达日用化工有限公司，主要生产“小鸭”牌加酶洗衣粉、消毒洗衣粉、特洁净、全能清洗剂等。1996年12月17日，济南轻工化学总厂被济南市中级人民法院裁定破产还债。1997年12月24日，济南一轻国有资产经营总公司通过招标竞买，买断济南艾达日用化工有限公司、济南天龙日用化工有限公司股份(中方股权2244.2万元)。1998年8月，按照《中华人民共和国公司法》及组建企业集团的要求，以济南一轻国有资产经营总公司为母公司(核心企业)，以控股的济南华光日用化工有限公司为子公司(紧密层企业)，组建成立山东华光日用化工有限公司。公司为国有独资性质，总资产 1.24 亿元，净资产 8131.9 万元。同年，实现销售收入 1.35 亿元，利税 506 万元，扭转多年亏损局面。1999 年，菏泽荣华日化有限公司加入山东华光日化集团有限公司。2000 年，合成洗涤剂产量 0.9 万吨。2002 年 9 月，按照国有资本退出一般竞争性领域政策，山东华光日化集团进行国有企业改革改制。2003 年，“华光”“小鸭”洗涤用品被评为济南市名牌产品；无磷洗涤用品获省轻工业科技进步三等奖。2005 年 9 月 28 日，美国联合（UNI）服装日化公司与市政府(国资委)签订全面收购全部股权、重组山东华光日化集团有限公司协议，成立外商独资企业山东华光日化集团有限公司。新成立的山东华光日化集团有限公司位于济阳县济北经济开发区，占地 14.8 万平方米，总投资 1.6 亿元，综合生产能力 9.2 万吨，其中液体洗涤剂年产能力 1 万吨。2010 年，合成洗涤剂产量 1.87 万吨。

二、香精香料

1988 年，轻工化学总厂成立山东香料厂，生产的“芳蕾”牌乳化橘子香精获省一轻工业新产品二等奖；碳酸饮料生产线生产的“寿泉”牌橘子汽水在全省同行业评比中分数居首位。2005 年产量 425 吨，2007 年产量 100 吨，2009 年产量 100 吨，2010 年产量 84 吨。

三、牙膏

1987 年，济南牙膏厂产量 1121 吨，生产的“分外香”和“佳丽”牙膏被评为部优产品和省优质产品。1990 年，济南牙膏厂工业总产值 4575 万元，职工 695 人。1995 年，工业总产值 3916 万元，产品销售收入 3364 万元，职工 733 人。1998 年 10 月，济南牙膏厂行政关系由济南市第一轻工业局划归到山东华光日化集团有限公司。2002 年，济南牙膏厂破产。

第三节 骨胶 油墨

一、骨胶

1985 年，济南制胶厂生产骨胶 1705 吨，产品除在国内销售外，还畅销日本、美国、英国、新加坡、印度、澳大利亚等国家和中国香港。1992 年，济南制胶厂新上医疗设备，生产宫颈扩张棒，做到一业为主多种经营。1995 年，工业总产值 1458 万元，产品销售收入 1420 万元，固定资产 2869 万元，职工 445 人。2000 年 12 月 29 日，济南制胶厂被市中级人民法院裁定破产还债。

二、油墨

1988 年，济南油墨厂晋升为省级先进企业，生产的“万年青”牌胶印亮光油墨被轻工业部评为优质产品。1989 年，“万年青”牌誊写油墨获轻工业部优质产品奖。1990 年，中铬黄颜料被化工部评为优质产品。1991 年 9 月，“万年青”牌胶印亮光油墨被评为山东省优质产品。1995 年，工业总产值 2438 万元，职工 599 人。1999 年，济南油墨厂与清华大学共同研制水溶性凹印油墨。2000 年 12 月 15 日，济南油墨厂常起辉个人出资 106.2 万元，全额买断企业经营性净资产。“公有资产退出，民营资本进入”的方式是调整产业结构的有益尝试，在全市为首例。2001 年，济南油墨厂与韩国东洋油墨株式会社洽谈高档单张纸胶印油墨项目签订技术合作协议，项目总投资 1000 万美元。2005 年，油墨产量 1478 吨。2008 年，产量 4800 吨。2010 年，产量 5900 吨。

第四节 电 池

1986 年，济南电池厂生产干电池产量 643

万只。1989年，产量665万只。1990年，产量298万只，生产能力2500万只。1991年9月，济南轻骑摩托车总厂兼并济南电池厂。

1989年，济南蓄电池厂生产的NB8740C型多用途电源、3MA-4蓄电池等5种产品被省一轻厅评为优良产品。1991年9月，“VAANDA”牌3MA-4蓄电池被评为省优质产品。1994年，新增蓄电池产量80万只。1995年，济南蓄电池厂生产的摩托车用蓄电池进入全国同行业前十名，工业总产值1506万元，实现销售收入1622万元，固定资产1428万元，职工331人。2002年，蓄电池厂划归济南灯泡厂管理。

第六章 印刷文教用品工业

第一节 沿 革

1986年年初，济南市印刷文教用品工业独立核算企业有88家(其中文教用品工业20家)，共有职工14755人(其中文教用品工业3012人)。济南市第一轻工业局对市属印刷文教用品工业实行统一管理，主要有济南印刷厂、济南印刷二厂、济南印刷三厂、济南印刷四厂、济南印刷五厂、济南印刷六厂、济南印刷八厂、济南瓷用花纸厂、济南纸箱厂、济南市印刷研究所、济南铅笔厂和济南打字机厂等。6月，济南印刷五厂更名为济南复合包装印刷厂。1988年，济南印刷六厂更名为济南彩印厂。

1990年，济南市印刷文教用品工业独立核算企业有77家(其中文教用品工业17家)，其中亏损企业11家(其中文教用品工业5家)，共有职工14414人(其中文教用品工业3204人)。9月，济南印刷三厂改名为济南新华印刷厂。1992年，济南市印刷文教用品工业独立核算企业有73家(其中文教用品工业18家)，其中亏损企业6家，共有职工13379人(其中文教用品工业3149人)。3月，济南金笔厂并入济南啤酒集团总公司；济南打字机厂并入济南啤酒集团总公司后，组建济南趵突泉宾馆；11月，济南印刷八厂并入三联电子集团公司。1994年，济南市印刷文教用品工业有69家(其中文教用品工业12家、国有印刷业11家)，共有职工16391人(其中文教用品工业1976人、国有印刷工业4754人)。同年，济南印刷厂改名为济南三元印刷总公司；济南铅笔厂与香港亨通公司合资成立济南亨通制笔有限公司。

1995年，济南市印刷文教用品工业有149家(其中文教用品工业16家、国有印刷业16家)，其中亏损企业21家(其中文教用品工业4家、国有印刷工业5家)，共有职工17415人(其中文教用品工业3005人、国有印刷工业4936人)。6月，济南三元印刷总公司改组为济南三元印刷有限责任公司。1996年，济南市印刷文教用品工业有85家(其中文教用品工业14家、国有印刷工业13家)，其中亏损企业11家(其中国有印刷工业5家)，共有职工11917人(其中文教用品工业2457人、国有印刷工业3973人)。5月，济南印刷二厂被济南啤酒集团总公司兼并，整建制划归济南啤酒集团总公司，并更名为济南啤酒集团总公司印刷厂。1997年，济南市印刷文教用品工业有63家(其中文教用品工业16家、国有印刷工业9家)，其中亏损企业10家(其中文教用品工业3家、国有印刷工业1家)，共有职工12954人(其中文教用品工业2966人、国有印刷工业3095人)。4月，由济南市第一轻工业局、山东房地产开发集团总公司、济南纸箱厂三方联合签署济南纸箱厂“腾笼换业”项目合同。济南纸箱厂在济南高新技术开发区（颖秀路3号）征地4.5万平方米，原厂址（山大南路）交山东省房地产开发集团总公司进行综合开发。济南新华印刷厂原位于历山路南端，与山师大毗邻，占地1.7万平方米。同年，在历下工业园一次性征地4.6万平方米，新建厂房1.5万平方米。

1998年，济南市印刷文教用品工业有33家（其中文教用品工业7家、国有印刷工业8家），亏损企业4家，共有职工9384人（其中文教用品工业1568人、国有印刷工业2721人）。同年，济南三元印刷总公司由济南新华印刷厂托管（代管）；7月，济南复合包装印刷厂分别与天桥区房管局综合开发公司和王舍人镇宿家张马村签订合同，将花店街原厂区出让给天桥区房管局，在宿家张马村购买新厂区（工业北路93–2号）；10月，济南趵突泉宾馆（原打字机厂）根据济南市“建设泉城广场”的需要，企业驻所被定向爆破；12月，济南瓷用花纸厂破产清算，由济南印刷四厂买断。

2000年，济南市印刷文教用品工业有32家（其中文教用品工业8家、国有印刷工业8家），亏损企业4家（其中国有印刷工业2家），共有职工8505人（其中文教用品工业2004人、国有印刷工业2553人）。2002年，济南市印刷文教用品工业有36家（其中文教用品工业14家、国有印刷工业8家），亏损企业6家（其中文教用品工业1家、国有印刷工业4家），共有职工7550人（其中文教用品工业1874人、国有印刷工业2374人）。12月，济南彩印厂破产，实施财产拍卖。

至此，一批老的、传统的、市属印刷文教用品工业企业，逐步退出市场。济南印刷文教用品工业的行业构成发生较大的变化。由济南市第一轻工业局统一管理的仅有济南三元印刷有限责任公司、济南新华印刷厂、济南印刷四厂、济南复合包装印刷厂、济南纸箱厂和济南亨通制笔有限公司。

2004年，济南市印刷文教用品工业有47家（其中文教用品工业8家、印刷业国有11家），亏损企业12家（其中国有印刷工业4家），共有职工8222人（其中文教用品工业1532人、国有印刷工业2552人）。7月，济南市轻工业国有资产经营公司和济南市轻工业办公室所属的印刷文教用品工业的国有资产划归济南市政府国有资产监督管理委员会管理，行业管理职能由济南市经济委员会行业管理办公室行使。2005～2009年，济南印刷文教用品工业企业由45家增至62家，职工总人数稳定在6766～7916人。

2010年，济南市印刷文教用品工业有57家（其中文教用品工业14家、国有印刷工业43家），亏损企业10家（其中印刷企业9家），共有职工7517人（其中文教用品工业1860人、国有印刷工业5657人）。原市属国有印刷文教用品工业划归济南市经济委员会行业管理办公室管理，山东省新华印刷厂归山东省出版集团直属、7213印刷厂归人民日报社、济南日报报业集团印务发行中心归济南日报报业集团。其他新兴的各种所有制规模以上的印刷文教用品工业企业如济南含章印务有限公司、济南黄氏印务有限公司（民营企业）、山东中和新华印刷有限公司，均由所在地的区、县、乡管理（有若干规模以上印刷文教用品企业无主管部门）。

第二节 生 产

一、印刷

2005年，济南市规模以上印刷业生产本册2117万本。2006年，生产本册100万本。2007年，单色印刷500万令。2008年，单色印刷品279.45万令，多色印刷品320.07万对开色令。2009年，生产本册100万本，单色印刷品233.09

万令，多色印刷品171.68万对开色令。2010年，生产本册54.6万本，单色印刷品354.86万令，多色印刷品870.01万对开色令。

2010年，部分规模以上印刷企业主要有山东中和新华印刷有限公司、济南黄氏印务有限公司、山东新华印务有限公司、济南日报报业集团等。山东中和新华印刷有限公司拥有平版印刷机9台，轮转印刷机8台，零印机8台，彩色制版设备6台，年生产能力50万令。济南丰利彩印有限公司拥有印前、印刷、印后设备及辅助系统30台(套)，年生产能力排字2亿字。山东新华印务有限公司拥有制版、印刷、装订、热熔胶生产设备500余台(套)，年生产能力排字2亿字，书刊印刷300万色令，热熔胶生产2000吨。济南日报报业集团拥有德国曼·罗兰75型印刷生产线，一次能完成32个版对开大报的双面彩印，年印刷能力15亿对开张，双面彩色印刷80%以上。

二、纸箱

1997年，济南纸箱厂用“腾笼换业”受益资金3500万元，在济南市高新技术开发区(颖秀路3号)征地4.5万平方米，新建厂房1.5万平方米，新上生产线1条，生产能力翻一番。2005年，生产纸箱3.07万吨。2006年，生产纸箱2.53万吨。2007年，生产纸箱1.89万吨。2008年，生产纸箱1.3万吨。2009年，生产纸箱10.02万吨。2010年，生产纸箱8.02万吨。

三、铅笔

1986～1990年，共生产木杆铅笔15.04亿支，平均每年3.01亿支。1991～1995年，共生产木杆铅笔26.57亿支，平均每年5.31亿支。1996～2000年，共生产木杆铅笔43.64亿支，平均每年8.73亿支。2001～2005年，共生产木杆铅笔52.97亿支，平均每年10.59亿支。2006～2009年，生产木杆铅笔54.55亿支，平均每年13.64亿支。2010年，生产木杆铅笔9.7亿支。

第三节 产 品

一、印刷产品

济南印刷业产品有普通本册、教材教科书、图书期刊、高精画册、商标广告、包装装潢及《邓小平文选》《江泽民文选》各种政治学习宣传材料印刷品等。全行业产品质量及档次稳步提高，市场竞争能力不断增强，行业中多种产品被评为山东省、轻工部及国家级优质产品。1987年，济南瓷用花纸厂网印花纸被轻工业部评为优质产品。1989年，济南瓷用花纸厂陶瓷贴花树脂油墨及应用技术获轻工部科技进步三等奖。1990年，济南复合包装印刷厂印制的《华堂春》挂历被轻工业部评为优质产品；济南瓷用花纸厂平印花纸评为山东省优质产品。1991年，济南三元印刷有限公司印制的精装笔记本、影星挂历被山东省第一轻工业厅评为优质产品；济南复合包装印刷厂生产的《奇花异卉》塑料挂历被山东省第一轻工业厅评为优质产品；济南纸箱厂“苹果”牌纸箱被山东省第一轻工业厅评为优质产品。1994年，济南瓷用花纸厂小膜花纸获山东省科技进步三等奖。1996年，济南瓷用花纸厂陶瓷釉上贴花降铅镉盖膜获济南市科技进步三等奖。2005年，山东中和新华印刷有限公司产品分别被评为国优产品和省优产品。2007年，济南丰利彩印有限公司“WO6-184中行福娃”在山东省包装印刷新产品评比中被评为山东省优秀包装印刷品。2009年，济南丰利彩印有限公司期刊《扮靓泉城》获山东包装印刷产品铜奖，期刊《旅伴》获山东包装印刷产品金奖。

二、铅笔产品

1986年起，济南市铅笔制造工业铅笔合格率一直保持在98%以上。1989年，济南铅笔厂生产的12色彩色铅笔被评为山东省优质产品。1990 年，济南铅笔厂中级 HB 皮头铅笔被评为山东省优质产品。1998 年，济南亨通制笔有限公司“友爱”牌铅笔被评为济南名牌产品。2000 年 12 月，济南亨通制笔有限公司“友爱”牌铅笔被评为山东名牌产品。2001 年，济南亨通制笔有限公司被中国制笔协会授予“中国铅笔王”称号，“友爱”牌铅笔被评为中国名牌产品。

第七章　五金工业

第一节 沿 革

1986 年，济南市五金工业企业有 50 家，其中，济南市二轻系统的企业有济南衡器厂、济南制锁厂和济南铁管厂 3 家全民企业，济南砂布厂、济南铝制品厂、济南五金工具二厂等 21 家中小集体企业；济南市二轻系统外企业 26 家。共有职工 14106 人(其中全民 1860 人、集体 8445 人，系统外 3801 人)，其中工程技术人员 265 人(其中全民 48 人、集体 162 人，系统外 55 人)。同年，济南市砂布厂搬出洪家楼教堂。1987 年，济南铜件厂并入济南煤气用具厂，由煤气用具厂统一领导，统一规划，统一经营，统一核算；济南五金工具二厂承包济南五金工具七厂；济南制锁总厂组建山东佳菱造锁集团公司；平阴县五金厂与平阴县第二机械厂合并，仍称平阴县五金厂。1988 年，济南五金工具二厂兼并济南五金工具七厂；济南五金工具四厂、工具六厂和济南防护设备厂合并组建济南五金工具总厂。1989 年，济南煤气用具厂兼并济南链条厂；平阴县五金厂更名为济南玛钢厂；济南市砂布厂改名为济南砂布厂。

1992 年 11 月，济南衡器厂改制为济南金钟电子衡器股份有限公司，是全市首家国有改制企业，省委书记赵志浩为公司揭牌。同年，济南玛钢厂兼并平阴县车辆厂；济南五金工具总厂分解，恢复原济南五金工具四厂、工具六厂和济南防护设备厂，成为自主经营、自负盈亏、独立核算具有法人资格独立企业，原集体性质不变；济南铝制品厂更名为济南铝制品总厂。1993 年，济南玛钢厂与美国哈德逊有限公司合资成立济南玫德铸造有限公司。济南铁管厂并入济南小鸭电器公司，保留厂名，纳入公司预算内企业，法人地位和经济来往均有公司承担，实行一级法人，独立核算、自负盈亏、统一管理。同年，济南五金工具四厂并入济南洗衣机厂，企业性质不变，洗衣机厂实行人财物、产供销统一领导、统一管理并承担债权债务。1994 年，济南玛钢厂改制为济南玛钢股份有限公司，成为平阴县首批股份制改造企业。同年，济南螺钉厂划归小鸭集团统一领导、统一规划、统一管理，经济独立，仍有法人资格，企业名称不变。1995 年，济南金钟电子衡器股份有限公司代管济南木器一厂、济南电表厂、济南拔丝编织厂、济南建筑五金二厂和济南五金工具六厂等。

1996 年，济南拔丝编织厂实行股份制改造。同年，济南制锁总厂兼并济南防护设备厂，组建济南佳菱五金制品有限公司，代管济南拔丝编织厂；济南铝制品厂整建制改制为股份合作制企业；济南砂布厂整建制改制为股份合作制企业，成为全市首家买断国有资产的企业；砂布厂与台商合资组建济南锋利磨具有限责任公司；济南五金工具六厂破产，由山东泰脉集团整体收购；济南金钟电子衡器股份有限公司代管济南五金工具二厂。1997 年，济南金钟电子衡器股份有限公司兼并平邑衡器厂，组建济南金钟电子衡器股份有限公司平邑衡器厂。同年，济南小鸭电器公司正式兼并济南铁管厂。

2001年，济南市第二轻工业局撤销，市属集体企业隶属济南市轻工集体企业联社。同年，济南金钟电子衡器股份公司和济南佳菱五金制品有限公司划归济南市轻工国有企业资产公司；济南建筑五金厂实现整体买断；济南砂布厂实施腾笼换业；济南玛钢股份有限公司筹建济南玛钢钢管制造有限公司。2003年，济南砂布厂整建制改为民营企业，由股份合作制企业改制为有限责任公司，更名为山东博世磨具实业有限公司，迁至经十东路。2004年，济南市轻工集体企业联社撤销，所属企业交属地管理。同年，济南玛钢钢管制造有限公司收购济南瑞雪螺旋焊管公司。2006年，济南五金工具二厂进入破产程序。2007年，济南佳菱五金制品有限公司由济南天银投资公司重组。2009年，济南玛钢股份有限公司更名为济南玫德玛钢有限公司。

第二节 生 产

1986年，济南市砂布厂引进瑞士砂带转换设备12台；济南日用五金二厂从意大利引进皇冠瓶盖生产线1条，当年投入生产；济南制锁厂自行研制自动冲齿微机控制系统并投入使用，从日本引进球型门锁生产线1条。全市全年完成五金工业总产值1.39亿元，出口交货值674万元。全民企业全员劳动生产率9725元/人，列省内10个可比地市第4位。全市五金工业主要产品年产量：铝压力锅19.7万口，铸铁锅67.8万口，锁具459.16万把(其中门锁97万把)，大型及专用衡器832台、小型衡器2.2万台，工具钳20.01万把，扳手14.2万把，钢锯架64.3万把，锤子9.01万把，旋具433，8万把，砂布砂纸2928万张，铁丝1.43万吨，木螺钉20742万件，圆钉3646吨，合页2600万付。

1988年，济南衡器厂、济南砂布厂和济南五金工具二厂被评为省级先进企业；济南铝制品厂、济南五金工具总厂和日用五金二厂被评为市级先进企业；砂布厂被授予“济南市外贸出口信得过企业”称号，获轻工业部颁发的出口创汇“金龙腾飞”奖。同年，门锁产量204.26万把，同比增长65.4%；济南五金工具二厂生产断线钳25.9万把，同比增长75.6%。1989年，济南制锁总厂和济南日用五金二厂被评为省级先进企业；济南衡器厂、济南铝制品厂和济南五金工具二厂被评为市级先进企业；济南衡器厂晋升为国家二级企业，并获轻工业部质量管理奖；济南制锁总厂获山东省二轻厅质量管理奖。1990年，济南铝制品厂被评为省级先进企业，获济南市质量管理奖；济南衡器厂获山东省质量管理奖。同年，全市五金工业有56家，共有职工11345人(其中系统外3047人)，完成工业总产值2.38亿元(其中系统外5016万元)，出口交货值3646万元(其中系统外134万元)，年生产压力锅32.35万口、锁具183.09万把(其中门锁150.09万把)、铁丝1.5万吨、铸铁锅80.82万口、不锈钢制品45.82万件、铁皮炉子19.53万个(其中系统外9.8万个)。

1991年，济南五金工具二厂获山东省二轻厅质量管理奖，济南砂布厂被评为省级节能先进企业。同年，济南衡器厂产品通过国际OIWL和美国NTEP认证。1992年，济南衡器厂579名职工由国有固定工改为企业合同制职工，与企业签订劳动合同书，为全市首批依法鉴证的劳动合同书。同年，济南玛钢厂与美国哈德逊有限公司合资成立济南玫德铸造有限公司，中方出资75%，外方出资25%，并被国家经贸委批准为享有自营进出口权企业。1993年，“佳菱”牌复开弹子门锁被评为济南市首批免检产品。1994年，济南五金工具二厂被国家经贸委批准为享有自营进出口权企业，在国内同行业中有“钳王”之称。1995年，全市五金工业有35家(其中系统外16家)，共有职工11078人(其中系统外1416人),完成工业总产值3.75亿元(其中系统外2992万元),出口交货值1.02亿元(其中系统外703万元),年生产压力锅40万口、锁具304.8万把(其中门锁182.58万把、自行车锁104.7万把、家具锁9.67万把)、工具钳32万把、铸铁锅64.15万口、合页65.96万付(其中系统外11.4万付)、旋具15万把、拉手12.5万付。

1996年,济南玛钢股份有限公司被山东省政府确认为济南市14家规范股份制企业之一。1997年,全市五金工业有26家,共有职工8749人,完成工业总产值4.32亿元,年生产压力锅12.75万口、锁具132万把。1998年,济南砂布厂通过中国商检质量体系认证。2001年,济南砂布厂实施高档水砂纸生产线技术改造,年生产能力3600万张。2002年,济南砂布厂在孙村镇庄科工业园建新厂区,进行技术改造,新上生产能力600万平方米/年的全树脂砂布生产线。2003年,博世磨具实业有限公司实现工业增加值2060万元,销售收入6035万元,创汇120万美元,被济南市政府评为发展民营经济先进企业。2004年,济南玫德铸造有限公司列山东省200户重点工业企业集团第188位,列轻工行业第40位,列山东省出口百强企业第57位,出口创汇7792万美元。同年,博世磨具实业有限公司获中国机床工具工业协会2003～2004年度质量管理先进单位。2005年,博世磨具实业有限公司获出口创汇先进单位、济南市中小工业企业行业排头兵称号。同年,全市五金工业有20家,共有职工7945人,完成工业总产值17.9亿元,出口交货值7931万元。

2006年,博世磨具实业有限公司年获中国机床工具工业协会涂覆磨具分会创名牌先进单位称号。2007年,济南玫德铸造有限公司被评为全国重合同守信用企业;博世磨具实业有限公司获中国机床工具工业协会涂覆磨具分会销售十佳和出口先进企业称号。同年,台湾大华金属工业股份有限公司在章丘明水开发区引进美国二片式铝制易拉罐生产线2条,生产能力12亿只/年。2010年,五金行业主要生产企业济南金钟电子衡器股份公司生产大型衡器4793台。

第三节 产 品

济南市五金工业门类和规格繁多,主要产品有衡器(机械衡器、电子衡器、称重传感器、显示器等)、铸铁产品(玛钢、铸铁锅、铸铁炉具等)、锁具(门锁、家具锁、机床锁、自行车锁等)、砂布砂纸(磨片、砂带等)、铝制品(压力锅、铸铝制品等)、五金工具(钳类、旋具、金刚石刀具等)等。

一、衡器

1986年,济南衡器厂生产的“金钟”牌ZGT-300型台秤被评为山东省优质产品。1987年,济南衡器厂开发机电式系列地上衡、地中衡。同年,“金钟”牌ZGT-5型地中衡、ZGT-30B型地中衡和TGT-50型台秤被轻工业部优质产品,其中ZGT-30B型地中衡和TGT-50型台秤同时被评为山东省优质产品。1988年,“金钟”牌TGT-300型台秤和SGT-3型地上衡被轻工业部评为优质产品,“金钟”牌ZGCS-30B地中衡和AGT-6型案秤被评为山东省优质产品。同年,开发并投产30T电子汽车衡、XK3101称重显示控制器、SGT-2型机电砂石配料秤等。1989年,“金钟”牌ZGT-20型地中衡、TGT-500型台秤和SCS-50型电子汽车衡被轻工业部评为优质产品,其中SCS-50型电子汽车衡被评为山东省优质产品;同年,开发并投产高精度称重传感器和电子计价秤等新产品。

1990年,高精度称重传感器获山东省科技进步三等奖和山东省优秀新产品一等奖;“金钟”牌SCS-30型电子汽车衡、BM-LS-20T称重传感器(20吨)、SCS-5型电子汽车衡和ACS-15型电子计价秤被轻工业部评为优质产品,其中ACS-15型电子计价秤和系列称重传感器被评为山东省优质产品。1991年，衡器厂从日本、美国等国家引进加工中心及部分关键设备，扩大重点产品产能，称重传感器由2万只/年增加到4万只/年，由7个品种30个规格增加到10个品种100个规格，产品通过国际OIWL和美国NTEP认证。同年，“金钟”牌BM-LS-20T称重传感器获同行业唯一国家优质产品奖银奖，“金钟”牌SCS-20型电子汽车衡被轻工业部评为优质产品。1995年，公司新开发的电子静动态轨道衡填补国内空白，“金钟”牌称重传感器被评为山东名牌产品，“金钟”牌商标被认定为山东省著名商标。2002年，开发并投产不锈钢称重传感器、数字化轨道衡、汽车衡。2006年，“金钟”牌称重传感器通过山东名牌产品复评。2007年，公司生产的固定式电子秤获国家质检总局颁发的产品质量免检证书，“金钟”牌电子衡器再次被评为山东名牌产品，“金钟及图”商标被认定为山东省著名商标。2009年，“金钟”牌称重传感器经复评为山东名牌产品。

二、铸铁产品

济南市生产的铸铁产品主要有各种铸铁管道、管件和铸铁锅、铸铁炉具等。1987年，济南铁管厂开发的直径300～700毫米柔性机械接口铸铁管被评为山东省优秀新产品。至2001年，济南玫德铸造有限公司共生产山东名牌产品“矩鬲”牌铸铁锅5.5万吨。2002年，济南玫德铸造有限公司“迈克”牌商标被国家工商局认定为中国驰名商标。2006年，济南玫德铸造有限公司生产的管路连接件被评为山东名牌产品。2009年，济南玫德铸造有限公司生产的管路连接件复评为山东名牌产品。

三、锁具

1986年，济南制锁总厂开发116型钩舌外装弹子保险门锁。1987年，济南制锁总厂生产的JDS-1型机床电器控制柜锁被评为山东省优质产品，111型压铸保险门锁被评为济南市优秀新产品。1988年，开发并投产125系列球形门锁，114型双锁头复开弹子保险门锁和115复开弹子保险门锁被轻工业部评为优质产品。1989年，“佳菱”牌双舌门锁获国家优质产品奖银奖。同年，自行研制的NSL-16型锁芯拉槽机，锁芯、锁头弹子孔自动钻孔机应用于生产；新开发的全方位外装门锁开始批量生产。

1990年，全方位外装门锁获济南市科技进步三等奖，“佳菱”牌118型全方位外装门锁获山东省优秀新产品一等奖。同年，开发2型全方位外装门锁。1991年，“佳菱”牌118型全方位外装式门锁被评为山东省优质产品。1995年，新研制的按键式球型门锁填补国内空白。

四、砂布砂纸

1987年，济南砂布厂生产的“工字”牌、“泰山”牌和“手”牌页状干磨砂纸被评为机械工业部和山东省优质产品。1988年，“工字”牌、“泰山”牌页状干磨砂纸复评为山东省优质产品。1990年，开发并投产半树脂砂布；“工字”牌页状耐水砂纸被评为山东省优质产品。1991年，“工字”牌半树脂砂布被评为山东省优质产品。1997年，“工字”牌砂布被认定为济南市免检产品。2001年，“工字”牌商标被认定为山东省著名商标。2004年，开发并投产多层复合抛光轮磨片；“工字”牌商标再次被认定为山东省著名商标。2006年，山东博世磨具实业有限公司(砂布、砂纸)的“BOSS”牌商标被认定为山东省著名商标；“工字”牌砂布、砂纸和水砂纸被评为山东名牌产品。2007年，山东博世磨具实业有限公司的“工字及图”商标被认定为山东省著名商标。2009年，“BOSS”牌商标再次被认定为山东省著名商标。

五、铝制品

1987年，济南铝制品厂开发的24厘米铝镁新型压力锅获济南市优秀新产品奖。1988年，开发并投产24厘米铝氧化压力锅。同年，“双喜”牌24厘米铝压力锅被评为山东省优质产品。1989年，“双喜”牌24厘米铝压力锅被轻工业部评为优质产品。1990年，开发并投产18厘米和20厘米铝氧化压力锅。1995年，研制并批量投产适用于企业和农村卫生站的小型蒸汽压力灭菌器，获国家专利。1996年，由济南铝制品总厂开发并拥有完全自主知识产权的产品海纳尔不爆压力锅投入批量生产，在国内同行业中首获中国人民保险公司（济南财产保险公司）承保，并获多项国家专利。1997年，海纳尔不爆压力锅在第一届全国专利技术新产品博览会上获金奖。

六、五金工具

1986年，济南钻石工具厂生产的“飞鹰”牌L型系列金刚石修整笔被评为山东省优质产品。1988年，济南钻石工具厂生产的“飞鹰”牌金刚石玻璃刀被评为轻工业部和山东省优质产品。同年，济南五金工具二厂生产的“铁锚”牌平口铁柄刨、济南五金工具四厂生产的“剑鱼”牌200～300调节钢锯架被评为山东省优质产品。1989年，济南五金工具二厂生产的“双工”牌管式断线钳被评为轻工部和山东省优质产品。同年，济南钻石工具厂开发并投产金刚石磨盘。

1990年，济南五金工具总厂生产的“永久”牌塑柄方杆螺钉旋具被评为山东省优质产品。同年，济南五金工具二厂开发并投产的电缆断线钳填补省内空白。1991年，济南五金工具二厂生产的“双工”牌DG300～900毫米管式断线钳获国家优质产品奖银奖。同年，济南钻石工具厂生产的“飞鹰”牌L1－110型金刚石修整笔被评为山东省优质产品。

第八章　塑料工业

第一节 沿 革

1986年，济南市塑料行业企业有25家，市属企业隶属于济南市第二轻工业局，其中济南塑料一厂、济南塑料九厂为全民企业，济南塑料三厂、山东塑料试验厂等9家企业为集体企业，历下塑料一厂、黄台塑料厂等14家企业为区街企业，共有职工7830人（其中全民2020人、集体4192人、区街1618人），其中工程技术人员120人（其中全民38人、集体78人、区街4人）。同年，济南制革二厂并入济南塑料八厂，转产注塑产品。1987年，济南塑料研究所并入济南塑料八厂。1988年，济南塑料十三厂兼并济南旅游鞋厂。1990年，济南塑料八厂和济南塑料十三厂合并，组建济南塑料制品总厂。1994年，济南文教用品厂和济南塑料十四厂先后并入山东塑料试验厂。1995年，山东塑料试验厂兼并济南制革厂东厂。同年，济南塑料十厂由济南塑料一厂代管。1996年，济南塑料三厂整建制改为济南三塑有限责任公司。同年，以全资或控股的中得利塑胶公司、历山塑料有限公司、斯玛特塑胶建材、雅美装饰工程有限公司等4家企业为子公司，组建山东三塑集团有限公司；济南塑料一厂代管济南家具总厂和家具工业总公司，实行“党政紧密，生产经营独立，具有法人资格，性质名称不变，独立承担法律义务责任”；济南塑料十厂代管济南塑料六厂；济南塑料制品总厂和济南塑胶公司（塑料六厂）改为股份合作制企业。1997年，济南塑料四厂整体改为股份制企业；济南塑料一厂兼并济南家具总厂并组建济南方信集团；济南塑料十厂改制组建涌泉塑料厂和板材厂等股份合作制企业。1999年，济南方信集团买断国有资本185.8万元。同年，山东三塑集团一次性买断二轻联社在该集团的资产；济南塑料四厂买断企业产权；济南塑料九厂买断国有资本，改为股份合作制企业。2001年，济南方信集团、济南塑料九厂、济南塑料工业公司等国有企业划归济南市轻工国有企业资产公司，市属集体企业隶属济南市轻工集体企业联社。2004年，济南市轻工集体企业联社撤销，所属企业交属地管理。2007年，济南方信集团与市国资委签订国有股权转让协议，改制为民营股份制企业，下属管道公司、防水材料公司和型材公司等3个控股子公司。2010年，全市塑料工业企业有66家。

第二节 生 产

1986年，塑料工业完成工业总产值1.45亿元，出口交货值66万元。全民企业全员劳动生产率25932元/人，列省内12个可比地市第3位；集体企业全员劳动生产率17563元/人，列省内16个可比地市第11位；区街企业全员劳动生产率11530元/人。年生产塑料制品2.87万吨，其中，薄膜制品6570吨、电缆料4497吨、板片1832吨、型材3103吨、泡沫塑料2040吨、塑料包装箱及容器2236吨、编织制品3021吨、人造革199万平方米1500吨、日用塑料制品1554吨(塑料凉鞋277万双)。

1988年，济南塑料一厂、三厂、四厂、五厂和历下塑料一厂、济南橡塑球厂等被评为省级先进企业，山东塑料试验厂、济南塑料六厂、塑料十三厂被评为市级先进企业。同年，济南塑料一厂获轻工业部质量管理奖；济南塑料三厂获山东省二轻厅质量管理奖。1989年，济南塑料三厂晋升国家二级企业，并获轻工业部质量管理奖；济南塑料三厂与山东塑料试验厂获市级先进企业；济南塑料十厂获济南市优秀企业。1990年，全市塑料工业企业有27家(其中区街15家)，年生产塑料制品3.08万吨(其中区街0.28万吨)，完成工业总产值2.67亿元(其中区街3270万元)，出口交货值1122万元(其中区街69万元)，共有职工9196人(其中区街1443人)。

济南塑料三厂生产车间　　　　(1990年摄)

1991年，济南塑料一厂和济南塑料三厂获济南市质量管理奖。1994年，济南塑料三厂在济阳县青宁工业园建立生产基地，占地12.25公顷，主要生产车间陆续迁入。1995年，全市塑料工业企业有21家(其中区街10家)，年生产塑料制品9.4万吨(其中区街0.1万吨)，完成工业总产值4.58亿元(其中区街4267万元)，出口交货值1822万元(其中区街1144万元)，共有职工6533人(其中区街910人)。

1996年，山东三塑集团组建，实现销售收入2.25亿元，利润1100万元，利税1112万元，成为济南市重点企业集团之一。1997年，全市塑料工业企业有53家，年生产塑料制品9.56万吨，完成工业总产值9.33亿元，共有职工11637人。1999年，山东三塑集团被清华大学确定为“研究生实践基地”。2000年，山东三塑集团实施腾笼换业，在青宁生产基地新征土地2.67公顷，济南市区的生产单位全部搬迁至济阳县青宁生产基地。同年，济南方信集团与大同三塑合作，建立大同方信塑胶有限公司，生产聚氯乙烯棚膜、灯箱膜、工业用膜等。济南方信集团在章丘建工业园，引进台湾泓阳设备，扩大灯箱膜生产能力。济南塑料四厂实施腾笼换业，在章丘征地建设新厂。同年，全市塑料工业企业有32家，年生产塑料制品7.91万吨，完成工业总产值10.39亿元，共有职工8412人。2000年后，山东华塑建材等一批新型企业快速崛起。

2001年，山东三塑集团被认定为国家二级企业，企业技术中心被确认为省级企业技术中心。同年，山东三塑集团与台湾泓阳公司合作生产经营压延薄膜。济南方信集团产品被中国质量检验协会建材专业委员会认定为2001年质量信得过建材产品。济南塑料四厂由济南市建设路搬迁至章丘新厂。2002年，山东塑料试验厂租赁经营新泰东都氯碱厂，生产经营氯碱，成为企业新的增长点，全年实现工业增加值2088万元，实现销售收入1.3亿元，实现利税540.6万元。同年，济南塑料五厂实施腾笼换业搬至济阳县青宁工业园。2003年，山东三塑集团加大土工防水（渗）材料和工业配套产品在生产经营中的比重，实现工业增加值6280万元，销售收入3.72亿元。同年，济南方信集团将地板公司实施腾笼换业搬至章丘工业园。2004年，山东三塑集团在全国轻工业重点行业销售收入排名中列第29位。同年，三塑集团与韩国KG公司合作租赁地板革生产线。山东塑料试验厂先后与湖北楚源公司合资成立山东富源化工有限公司，生产“间苯二铵”；与安徽蚌埠八一氯碱厂合资，注册成立新泰昊源化工有限公司，新上“对硝基苯酚”项目；与山东巨业精细化工有限公司合作生产过氧化氢、医药中间体等产品。济南塑料五厂停产。

2005年，济南方信集团按照济南市国资委要求实行国有股权转让；山东三塑集团技术中心通过省级企业技术中心复评。同年，全市塑料工业企业有65家，年生产塑料制品14.79万吨，完成工业总产值30.46亿元，共有职工5838人。2006年，济南方信集团地板公司由章丘工业园搬回白马山厂区。2010年，全市生产塑料制品19.22万吨，完成工业生产总值55.33亿元。

第三节　产　品

2010年，全市塑料制品主要有农用塑料制品、日用塑料制品、工业用塑料制品、塑料建材产品、塑料包装产品和土工材料产品等。山东塑料试验厂主要产品有烧碱、盐酸、液氯、三氯化铁和聚氨酯泡沫塑料等。

一、农用塑料制品

（一）聚乙烯吹塑薄膜　1988年，济南塑料三厂生产的“历山”牌农用聚乙烯吹塑薄膜被轻工业部评为优质产品。1989年，“历山”牌农用聚乙烯吹塑薄膜获国家优质产品奖银奖和山东省优质产品。同年，开发农用聚乙烯吹塑无滴棚膜。1991年，新建的共挤复合宽幅农膜项目填补国内空白。1993～1994年，“历山”牌农地膜先后被评为济南市首批和山东省免检产品。1995年，“历山”牌农地膜通过山东名牌产品复评，被评为省、市名牌产品。1997年，产能为8000吨/年的聚乙烯双向拉伸多功能膜项目建成投产。同年，“历山”牌农地膜复评为山东省免检产品。1998年，新上产能4000吨/年农用复合多功能膜生产线。2000年，开发聚乙烯多功能大棚膜并投产。2003年，开发海水养殖专用膜并批量生产。2006年，济南新三塑有限公司“兴桥”牌农用地膜商标被认定为济南市著名商标。2008年，济南新三塑有限公司的“兴桥及图”（农用地膜、农膜）商标被认定为山东省著名商标。

（二）聚乙烯农用管材　济南塑料一厂、三厂、四厂等多个厂家生产。1986年，济南塑料三厂采用吹塑工艺生产薄壁输水软管和聚乙烯网格增强输水软管(农民称之为小白龙)。1987年，薄壁输水软管和聚乙烯网格增强输水软管被评为济南市优秀新产品。1988年，开发聚乙烯喷滴灌支流管。2006年，胜邦塑胶管道系统集团有限公司生产的“胜邦VICOME”牌乙烯管道被评为山东名牌产品。2008年，胜邦塑胶管道系统集团有限公司生产的“胜邦VICOME”牌塑料管材管件复评为山东名牌产品。

二、日用塑料制品

(一)全塑鞋 1989年，济南塑料十厂生产的“涌泉”牌聚氯乙烯全塑凉鞋被评为山东省优质产品。因其他企业仿冒侵权，塑料十厂加强对知识产权保护。1997年，济南塑料十厂获中国专利山东明星企业称号。2006年前后，塑料十厂被职工买断，2010年产量逐年减少。

(二)塑料薄膜包装袋 济南塑料三厂、十四厂等企业先后引进吹膜、印刷、制袋自动、半自动生产线。1991年，济南塑料三厂生产的“朋友”牌背心式薄膜袋(方便袋)被评为山东省优质产品。2002年前后，市属企业停产。

三、工业配套塑料制品

(一)硬聚氯乙烯板材 济南塑料一厂有3200吨层压机，可压制全国面积最大的硬聚氯乙烯板材。1986年，“鲁泉”牌硬聚氯乙烯板材被评为山东省优质产品。1987年，“鲁泉”牌硬聚氯乙烯板材被轻工业部评为优质产品。1988年，开发硬聚氯乙烯无毒板材。1991年，“鲁泉”牌硬聚氯乙烯板材复评为山东省优质产品。2005年停产。

(二)硬聚氯乙烯管材 1986年，济南塑料一厂开发的硬聚氯乙烯饮水管获济南市科技进步二等奖。1987年，硬聚氯乙烯饮水管获山东省优秀新产品奖；“鲁泉”牌化工用硬聚氯乙烯管材被评为山东省优质产品。1988年，开发硬聚氯乙烯双壁空腹管材和硬聚氯乙烯透明管材。1990年，研制冷弯高强度聚氯乙烯电线管。2003年，建筑排水用PVC-D内螺旋消音管材获山东省轻工科技进步三等奖。2008年，胜邦塑胶管道系统集团有限公司生产的“胜邦YICOME”牌塑料管材管件通过山东名牌产品复评。2009年，济南方信集团管道公司开发的缠绕管可取代混凝土管、玻璃钢管和钢筋混凝土管，当年应用于房地产项目。

(三)聚氯乙烯工业用压延薄膜 该产品是济南塑料工业生产多年的传统产品。2002～2003年，山东三塑集团和济南方信集团先后开发投产聚氯乙烯灯箱膜、灯箱布。2003年，山东三塑集团开发6米宽幅双向拉伸压延膜，并批量生产。2008年，章丘海泰涂覆布业有限公司的“海泰涂布及图”(涂塑布、苫布和帐篷)被认定为山东省著名商标。

(四)电缆料 1986年，济南塑料一厂生产的“鲁泉”牌绝缘级电缆料被评为山东省优质产品。1988年，济南塑料一厂先后开发70℃高电性能绝缘电缆料、105℃绝缘级阻燃电缆料。同年，“鲁泉”牌70℃护层级电缆料被评为山东省优质产品。1990年，开发黑色聚乙烯电缆护套料。1991年，“鲁泉”牌J-70绝缘级PVC电缆料被评为山东省优质产品。1998年，济南塑料制品总厂在济阳县青宁工业园新建护套电缆和交联聚乙烯电缆料生产线2条，小批量试生产后停产。1999年，方信集团的电缆料停止生产。

(五)人造革 1986年，济南塑料一厂从日本引进人造革压花辊3条，并于当年投产见效。1987年，济南塑料一厂开发的聚氨酯泡沫人造革填补省内空白。1990年，济南塑料一厂“鲁泉”牌聚氯乙烯泡沫人造革被评为山东省优质产品。1992年，济南塑料一厂生产的“鲁泉”牌0.9毫米聚氯乙烯泡沫人造革获山东省产品质量免检证书。1996年，方信集团人造革停止生产。

(六)泡沫塑料　1986年，济南塑料四厂生产的“三友”牌45倍高发泡聚乙烯塑料板材被评为山东省优质产品。同年，分别从香港、台湾和日本引进挤出发泡片材生产线1条及填平补齐发泡成型机配件，并于当年投产。1987年，济南塑料四厂开发的LLDPE发泡制品填补省内空白。同年，山东塑料试验厂生产的“冬乐”牌聚醚型软质聚氨酯泡沫塑料被评为山东省优质产品。1989年，山东塑料试验厂在消化吸收引进设备的基础上，相继开发投产立式发泡机组、切割机等。1991年，济南塑料四厂生产的“三友”牌45倍高发泡聚乙烯塑料板材被评为山东省优质产品。1997年，济南塑料四厂完成联合国环境署资助的“450吨丁烷替代氟化物做发泡剂聚乙烯挤出发泡片材”项目，并顺利通过验收。同年，山东塑料试验厂新上2000吨/年AC发泡剂技改项目，并批量生产。2005年前后，济南塑料四厂的泡沫塑料产品停产。同年，全市生产泡沫塑料6208吨。2010年，全市生产泡沫塑料3.45万吨。

(七)聚四氟乙烯制品　1988年，济南塑料一厂生产的“鲁泉”牌螺纹密封用聚四氟乙烯生料带被评为山东省优质产品。1990年，研制聚四氟乙烯定向膜和低密度聚四氟乙烯生料带，其中聚四氟乙烯定向膜获济南市科技进步三等奖。1998年，济南塑料一厂被职工买断。2002年前后，迁址长清区。2003年，济南方信集团开发的半球状填充PTFE机车心盘衬垫和大截面油井加热电缆PTFE薄膜获山东省轻工科技进步三等奖。同年，氟塑料复合尼龙管获国家专利。

(八)聚氯乙烯地板　1987年，济南塑料一厂生产的“鲁泉”牌硬聚氯乙烯空心地板被评为山东省优质产品。

四、塑料建材

(一)硬聚氯乙烯异型材和钢塑门窗　1989年，济南塑料一厂开发硬聚氯乙烯百叶窗帘和硬聚氯乙烯低发泡装饰型材。1994年，济南塑料三厂与德国维卡公司合资成立济南维卡塑料公司，生产高档聚氯乙烯异型材和高档塑料门窗。1995年前后，济南塑料一厂成功研制小康60、73、80等系列型材，平开、上悬、推拉等方式的彩色塑窗，开发普通型及高中档钢塑门窗。1997年，济南维卡塑料公司提前终止合作经营，异型材停产撤出，钢塑门窗保留生产。2006年，山东华塑建材有限公司生产的“鲁宏”牌门窗用未增塑聚氯乙烯型材被评为山东名牌产品。2007年，山东海泰股份有限公司的“海泰及图”(建筑用塑料板、非金属建材)被认定为山东省著名商标；山东华塑建材有限公司的“鲁宏及图”(非金属建筑材料)和山东海泰股份有限公司的“海泰”牌建筑用塑料管被认定为济南市著名商标。2008年，济南鸿腾实业有限公司生产的“鸿腾开源”牌塑料门窗被评为山东名牌产品。2009年，济南方信集团型材公司新上型材共挤项目，当年投产见效；山东华塑建材有限公司生产的“鲁宏”牌PVC-U门窗异型材复评为山东名牌产品。

(二)聚氯乙烯地板革和塑料装饰地板砖　1989年，济南塑料三厂开发并投产彩色硬聚氯乙烯塑料装饰地板砖。同年，济南塑料三厂生产的“中得利”牌无纺布衬底聚氯乙烯卷材地板(地板革)被评为山东省优质产品。开发铺炕革，

济南塑料三厂地板革生产车间　(1990年摄)

畅销东北地区，市场供不应求。1995年，从荷兰引进发泡地板革生产线并投产。1997年，“中得利”牌聚氯乙烯地板革被评为济南市免检产品。2002年停产。

(三)聚乙烯钙塑泡沫装饰板 1987年，济南塑料三厂开发的聚乙烯静电植绒钙塑泡沫装饰板填补省内空白。1990年，济南塑料三厂生产的“天花”牌聚乙烯钙塑泡沫装饰板被评为山东省优质产品。

(四)屋面防水卷材 1989年，济南塑料一厂引进瑞士防水卷材技术设备，生产屋面防水卷材，其耐老化配方研究获济南市科技进步三等奖。1997年，济南塑料一厂与瑞士萨耐公司合资，成立济南渗耐鲁泉防水材料公司，生产聚氯乙烯防水卷材。

(五)卫生间设施 济南历下塑料一厂引进人造大理石项目，开发面盆、浴盆等卫生间设施。1988年，济南塑料十三厂研制并投产节水型低水箱洁具。1990年，济南塑料十三厂研制的低噪音防虹吸节水型低水箱洁具获山东省优秀新产品二等奖。

(六)轻型墙体材料 1991年，济南塑料四厂开发并投产的轻型墙体材料彩钢泡沫塑料夹心板。2005年前后停产。

五、塑料包装产品

(一)塑料编织袋 济南塑料五厂、塑料二厂和区街企业生产塑料纺织袋，除内销外还出口日本、泰国等国家。1986年，济南塑料五厂开发的聚乙烯篷布及集装袋获济南市科技进步三等奖。1987年，济南塑料五厂生产的“经纬”牌聚丙烯编织袋被评为山东省优质产品。1989年，“经纬”牌复合编织布和柔性集装袋分别被轻工业部评为优质产品。1990年，济南塑料五厂生产的“经纬”牌柔性集装袋和济南塑料十三厂生产的“金波”牌聚丙烯捆扎绳被评为山东省优质产品。同年，塑料五厂开发的集装袋吊带填补省内空白。2003年前后停产。

(二)塑料中空容器 1986年，济南塑料六厂投资12.8万美元，购进意大利吹瓶印刷生产线1条，并于当年投产。1987年，济南塑料六厂生产的聚乙烯、聚氯乙烯吹塑瓶获山东省优秀新产品奖。同年，济南塑料九厂从德国引进设备，开发高密度聚乙烯大型中空容器，填补省内空白；济南塑料一厂开发的食品包装用硬聚氯乙烯透明粒料获济南市优秀新产品奖。1989年，济南塑料六厂和济南塑料十三厂开发注、拉、吹聚酯塑料瓶，填补省内空白。2004年，塑料九厂的中空容器产品停产。

(三)塑料包装周转箱 济南塑料八厂、黄台塑料厂从事周转箱生产。2007年前后，济南塑料制品总厂周转箱停产。

六、土工材料产品

主要有PE宽幅土工膜、复合土工膜、土工布和土工格栅等。1998年，山东三塑集团新建产能1000吨/年防渗膜片生产线，该项目后获省财政贴息118万元。1999年，山东三塑集团被国家经贸委确定为39家土工材料重点生产企业。

2001年，完成聚氯乙烯加筋防水片材和超宽土工膜(布)项目改造，成为企业的主导产品。2009年，济南方信集团防水材料公司研发的“聚脲喷涂工艺应用”是施工技术的一次飞跃，已应用于京沪高铁、宁杭高铁、济南市邢家渡引黄灌溉项目和南水北调等水利工程。

七、化工产品

主要产品有烧碱、盐酸、液氯、三氯化铁等。1993年，山东塑料试验厂与港商合资，注册资金150万元，成立济南金利化工有限公司，生产三氯化铁，出口到欧洲、东亚和南亚等地区。

第九章　皮革工业

第一节 沿 革

1986年，全市皮革工业企业有15家，其中市属企业有济南制革厂、济南制革二厂、济南皮鞋厂、济南皮鞋二厂、济南皮鞋三厂、济南皮鞋四厂、济南皮件厂、济南皮件二厂以及济南市皮革制品科学研究所等，济南制革厂、济南皮鞋厂和济南市皮革制品科学研究所为全民所有制企业，其他为集体企业，共有职工4964人(其中全民1606人、集体2724人、区街634人)。同年，济南制革二厂并入济南塑料八厂，转产注塑产品。1987年，济南服装四厂和济南皮鞋二厂合并组建济南裘革制品总厂。同年，济南皮鞋四厂并入济南市装饰成套公司，转入装饰行业。

1990年，济南皮件二厂更名为济南箱包总厂，下属包袋厂、软箱厂、ABS箱厂和出口箱包厂，由总厂统一领导、统一管理、独立核算、自计盈亏。同年，济南泰丰箱包产业有限公司建立。1992年，济南箱包总厂与美商合资组建济南双利达箱包有限公司。1993年，济南皮鞋三厂划归济南雅仕总公司。1994年，省二轻厅直属的中意合资企业山东鲁意丝白皮革有限公司成立。同年，济南皮革制品科学研究所划归济南美术总厂。

1995年，山东塑料试验厂兼并济南制革厂东郊分厂。同年，济南皮件厂由济南泰丰企业集团代管；济南皮鞋厂由桑纳特实业公司代管。1996年，济南运动鞋厂整建制划转三联集团。同年，济南制革厂整建制划归小鸭集团，仍具有法人资格，独立核算，自负盈亏，独立承担法律责任义务。1997年，济南泰丰有限公司改制为股份合作制的有限责任公司。2001年，济南市第二轻工业局撤销，市属集体企业隶属济南市轻工集体企业联社。济南皮鞋厂划归济南市轻工国有企业资产公司。2004年，济南市轻工集体企业联社撤销，所属企业交属地管理。2010年，全市皮革工业企业共有9家。

第二节 生 产

1986年，济南制革厂引进片皮机、熨皮压花机、双头喷漆线、旋转连续喷漆线等各1台(套)。同年，全市皮革工业完成工业总产值6508万元，出口交货值1345万元，年生产皮革47.4万张(折牛皮)、轻革109.94万平方米、皮鞋156.5万双、革皮箱26.49万只、各类包73.81万个、手套26.5万付、革皮服装5.99万件、毛皮服装6.27万件。1987年、1988年，济南裘革制品总厂分别生产男女革皮衣4.07万件和4.54万件，居省内同行业第一。1988年，济南裘革制品总厂被评为省级先进企业，济南皮件二厂被评为市级先进企业。1989年，济南裘革制品总厂被评为市级先进企业。

1990年，济南箱包总厂全塑箱产量同比增长49.4%，成为同类产品长江以北最大生产厂家。同年，全市皮革工业企业有11家(其中区街2家)，完成工业总产值1.03亿元(其中区街282万元)，出口交货值3363万元，共有职工4828人(其中区街175人)，年产箱29.22万只、革皮衣7.81万件、包袋73.79万个、皮鞋173.36万双。

1991年，济南裘革制品总厂获山东省二轻厅质量管理奖。同年，裘革制品总厂成立时装表演队，先后到郑州、长春等地表演促销，仅在长春销售革皮衣1.5万件，价值750万元。1992年，济南裘革制品总厂革皮衣产值突破3000万元。同年，济南皮鞋厂在经二路纬四路原皮鞋厂门市部的基础上创办“济南鞋店”，成为当时省内最大的一流专业皮鞋店，年销新款式5000余个，年销量15万余双。1993年，济南裘革制品总厂生产革皮衣9.09万件，同比增长28.75%；箱包总厂生产全塑箱22.97万只，同比增长58.1%。同年，济南箱包总厂与济南制革厂实行两厂一长管理模式；济南裘革制品总厂与济南皮鞋厂联合经营，皮鞋厂保留法人地位，分别核算，新领导班子对人财物、产供销实行统一领导、统一规划、统一管理。

1994年，济南泰丰箱包产业有限公司生产的出口箱包和高尔夫球袋等箱包制品创产值5680万元，出口交货值3020万元，获济南市十佳出口企业称号。同年，济南裘革制品总厂被国家经贸委批准为享有自营进出口权企业；济南裘革制品总厂开发革皮衣电脑绣花编排系统；中意合资企业山东鲁意丝白皮革有限公司在长清县建立，专业生产经营高档皮革及进出口贸易。

1995年，济南箱包总厂旅行箱产量14万只，创产值3263万元，利税370万元。同年，全市皮革工业企业有11家(其中区街2家)，完成工业总产值1.34亿元(其中区街129万元)，出口交货值6298万元，共有职工4219人(其中区街59人)，年产箱43.56万只、革皮衣8.13万件、皮鞋13.32万双、包袋50.55万个，鞣制皮革83.55万张。

1997年，“飞鹰”牌革皮衣和“双利达”牌箱包分别被评为山东省免检产品。同年，全市皮革工业企业有19家，完成工业总产值3.87亿元，共有职工5432人，年产箱42.66万只、革皮衣10万件、皮鞋25.86万双。1999年，济南裘革制品总厂通过ISO 9000质量体系认证。

2002年前后，济南皮件厂、济南裘革制品总厂、济南皮鞋三厂等企业实施腾笼换业，实行场地设备租赁经营，市属皮革企业除济南双利达箱包公司正常生产经营外，基本退出皮革制品生产经营。2003年，双利达箱包公司挖掘生产设备潜力，试制投产汽车内饰件等产品，全年实现工业增加值4650万元，销售收入1.2亿元，出口创汇191万美元，出口交货值911.2万元，创企业历史最高水平。2005年，全市皮革工业企业有13家，共有职工2335人，完成工业总产值9.3亿元。2010年，全市皮革工业企业有9家，共有职工1645人，完成工业总产值9.53亿元。

第三节 产 品

全市皮革工业主要产品有猪、牛修面革，皮鞋、皮拖鞋，皮革服装，箱包、皮包，手套等。

一、皮革

济南制革厂是猪、牛等皮革的专业生产厂，曾试生产羊皮、骡马皮革等。品种主要有猪、牛修鞋面革。济南制革二厂主要生产猪、牛修面革和羊、狗、兔等裘皮。1986年，济南制革厂研制的铬鞣黄牛正软鞋面革获济南市优秀新产品奖，生产的“春花”牌铬鞣猪修鞋面革被评为轻工业部优质产品和山东省优质产品。1988年，济南制革厂生产的“春花”牌铬鞣黄牛修饰鞋面革复评为山东省优质产品、轻工业部优质产品。

1991年，“春花”牌铬鞣猪修鞋面革复评为山东省优质产品。2007年，济南鲁日钧达皮革有限公司生产的“钧达”牌牛二层绒面革被评为济南名牌产品，“钧达及图”被认定为济南市著名商标。

二、皮鞋

济南皮鞋厂、济南皮鞋二厂、济南皮鞋四厂和济南皮革制品研究所都是专业皮鞋生产厂家，主要产品有男女胶黏猪、牛、羊修面革皮鞋、皮凉鞋等；济南皮鞋三厂主要生产为外贸出口的男女皮拖鞋，以羊皮居多。济南皮革制品研究所研制投产部分专业用鞋，主要有电工安全鞋、警用鞋、护士鞋、耐油劳动保护鞋等。1988 年，济南皮鞋厂生产的“飞行”牌猪皮胶黏男皮鞋被评为山东省优质产品。1989 年，济南皮鞋厂生产的“飞行”牌牛皮胶黏女皮鞋被评为山东省优质产品。1990 年，济南运动鞋厂生产的“桑纳特”牌仿耐克运动鞋被评为山东省优质产品。同年，皮鞋三厂生产的羊面皮(毛)里男女皮拖鞋获山东省优秀新产品二等奖。1991 年，济南皮鞋三厂生产的“泉城”牌男女羊皮拖鞋被评为山东省优质产品。

三、皮革服装

济南裘革制品总厂生产的男女革、皮衣主要面料为羊皮，款式随时代变化，有猎装、夹克、休闲装、西装、长大衣、套装、专业装(警用装、运动装)等。裘皮衣多为外贸出口合同产品，主要是高档女长大衣等。1987 年，济南裘革制品总厂试制投产高档水貂裘皮衣。同年，济南裘革制品总厂生产的“飞鹰”牌羊革摩托车驾驶服被评为山东省优质产品。1988 年，“飞鹰”牌羊革摩托车驾驶服被轻工业部评为优质产品。

1989 年，开发国际标准羊革射击运动服，填补国内空白，替代进口产品。同年，裘革制品总厂生产的“飞鹰”牌山羊皮男式上衣被评为山东省优质产品；“金貂”牌裘皮衣复评为山东省优质产品。1990 年，济南裘革制品总厂生产的国际标准羊革射击运动服获山东省优秀新产品一等奖，摩托车驾驶套装填补省内空白。

四、箱包

济南皮件厂和济南皮件二厂主要生产各种款式、规格的公文箱、模压箱、旅行箱及男女各式提背包等。1986 年，济南皮件二厂生产的“明湖”牌旅行软箱被轻工业部评为优质产品。同年，济南皮件厂生产的“泉城”牌公文箱被评为山东省优质产品。1987 年，济南皮件厂研制开发塑料旅行箱。同年，济南皮件二厂生产的“济南”牌皮革、人造革男式提背包和济南皮件厂生产的“泉城”牌皮革、人造革女式提背包分别被评为山东省优质产品。1988 年，济南皮件二厂生产的“明湖”牌旅行衣箱被轻工业部评为优质产品。1989 年，济南皮件厂开发 89－1 型电子报警公文箱，生产的“泉城”牌女式提背包被轻工业部评为优质产品。同年，济南皮件二厂生产的“明湖”牌模压旅行箱和济南皮件厂生产的“环球”牌旅行衣箱分别被评为山东省优质产品。

1990 年，济南箱包总厂开发的华冠 ABS 公文箱填补省内空白，获山东省优秀新产品一等奖。同年，济南箱包总厂生产的高档系列皮包获山东省优秀新产品三等奖；生产的“双利达”牌 ABS 公文箱、旅行软箱和济南皮件厂生产的“环球”牌旅行软箱分别被评为山东省优质产品。

1991 年，济南皮件厂生产的“泉城”牌公文箱复评为山东省优质产品。1994 年前后，济南箱包总厂相继研制开发 ABS 双向报警公文箱、拼接式仪器箱、抽拉杆多功能旅行箱(内置拉杆)等，其中 ABS 双向报警公文箱和抽拉杆式多功能旅行箱达到国际先进水平。2001 年，“双利达”牌旅行箱、公文箱和公文包商标被认定为山东省著名商标。2003 年，双利达箱包公司开发投产多功能拉杆电脑包。2004 年，“双利达”牌商标再次被认定为山东省著名商标。2007 年，“双利达”牌箱包被评为济南名牌产品。

第十章　家电灯具工业

第一节 沿 革

1986年，济南市家电灯具工业企业有14家(其中区街1家)。家电类企业3家，其中，济南市二轻系统的企业有济南洗衣机厂、济南家用电器厂2家；灯具类企业有11家，其中，济南市二轻系统的企业有济南灯具厂、灯具二厂、灯具三厂、灯具配件厂、建筑灯具厂和灯具研究所等6家；济南电筒厂、济南煤气用具厂归属济南市二轻系统的家电灯具行业。以上都是集体所有制企业，共有职工5002人(其中区街466人)。同年，济南灯具厂并入济南洗衣机厂，保留原厂名，实行松散式联合，为洗衣机厂配套；济南灯具三厂更名为济南鲁光灯具总厂，下属民用灯具厂、建筑灯具厂、镇流器厂等3个非独立企业，由济南鲁光灯具总厂统一管理，独立核算，自负盈亏；济南市铜件厂并入济南煤气用具厂，由煤气用具厂统一领导，统一规划，统一经营，统一核算。1988年，济南灯具厂从济南洗衣机厂划出。1989年，济南煤气用具厂兼并济南链条厂，更名为济南煤气用具总厂，下设链条、铜件、钢瓶、消防器材等分厂。同年，济南家电总厂与香港客商合资创建济南家利乐电器有限公司；济南灯具厂与台商合资创建济南太阳灯饰公司，台商投资11万美元，生产出口灯具。

1992年，组建独立核算、自负盈亏的全民企业济南小鸭电器公司。1993年，济南铁管厂并入济南小鸭电器公司，保留厂名，纳入公司预算内企业，法人地位和经济来往均有公司承担，实行一级法人，独立核算，自负盈亏，统一管理。同年，济南工具四厂并入济南洗衣机厂，企业性质不变，洗衣机厂实行人财物、产供销统一领导，统一管理，承担债权债务；济南家电总厂并入济南洗衣机厂，企业性质不变，实行独立核算，自负盈亏，单列账号，具有法人资格。1994年，组建山东小鸭集团公司，核心层企业有济南洗衣机厂、济南工具四厂、济南照明电器厂，紧密层有济南家电总厂、济南电扇厂等9家企业，集团公司为集体所有制，隶属于济南市第二轻工业局。同年，济南第二建材厂划归济南小鸭电器公司，实行统一规划，统一领导，统一管理、经营；济南螺钉厂和济南电机厂划归山东小鸭集团公司，统一领导，统一规划，统一管理，经济独立，仍有法人资格，企业名称不变；小鸭集团组建济南家用电器配件公司，隶属济南小鸭电器公司；济南照明电器厂并入济南洗衣机厂；济南小鸭电器公司兼并济南第三毛纺厂。1994年，创建九阳小家电公司。同年，济南制镜厂组建济南鲁得贝车灯有限公司(股份合作制)；济南灯具厂、灯具二厂、济南电机二厂合并组建济南灯饰总公司(集体所有制)。1995年，小鸭集团与意大利考斯坦公司合资创建济南英特制冷有限公司，生产商用冷柜，合资期限30年。同年，小鸭集团正式兼并济南第二建材厂；济南家电配件公司与新加坡泺亨公司合作创建济南中新微电机公司；济南鲁光灯具总厂由济南灯饰总公司代管，企业性质名称不变，实行党政紧密、经济独立、仍具有法人地位、独立承担法律责任义务。

1996年，济南搪瓷厂整建制划归济南小鸭电器公司，保留法人地位，独立承担民事责任。同年，组建股份制的济南小鸭肯达燃气具有限公司，济南小鸭电器公司占80%，职工占

20%；济南制革厂整建制划归济南小鸭电器公司，仍具有法人资格、独立核算、自负盈亏、独立承担法律责任；济南小鸭电器公司兼并济南第一电机厂，保留企业名称；济南搪瓷厂实施股份制改造组建济南立鹤搪瓷厂；济南电扇厂实施股份制改造组建济南泺源电扇厂。1997年，济南钟表厂和山东电影机械厂整建制划归济南小鸭电器公司。同年，济南小鸭电器公司正式兼并济南铁管厂、济南制革厂、蓬莱工艺美术机械厂；济南搪瓷厂和济南电扇厂进入破产程序；济南鲁得贝车灯公司兼并济南灯具二厂；山东师范大学科技开发中心兼并济南仪器厂；济南家用电器配件公司与西班牙伊比梅电机公司合资在济南创建济南伊比梅电机有限公司。1998年，济南煤气用具厂隶属小鸭集团管理。同年，济南灯饰总公司变更为股份合作制企业。1999年11月，济南小鸭电器公司股票在深交所成功上市，股票名称“小鸭电器”，股票代码000951。

2000年，小鸭集团收购广东汇丰空调器厂，组建小鸭静林空调公司。同年，山东电影机械厂更名为山东吉美乐有限公司；山东小鸭集团不再代管济南煤气用具厂、济南压铸厂、济南泺源电扇厂、济南建筑五金厂和济南第二车辆厂。2001年，济南市第二轻工业局撤销，市属集体企业隶属济南市轻工集体企业联社。小鸭集团、康巴斯集团、济南第一电机厂、山东电影机械厂划归济南轻工国有资产公司。同年，山东快信集团兼并济南包装厂；济南灯饰总公司实施改制买断产权，组建济南灯饰公司，保留济南灯具厂名称；济南鲁得贝车灯有限公司改为有限责任公司。2002年，创建山东九阳小家电有限公司。同年，济南鲁得贝车灯有限责任公司完成民营化改造，成立山东鲁得贝车灯公司。2003年，“小鸭电器”股票被ST处理，小鸭集团将其持有的“小鸭电器”股份47.8%(计12059万股)转让给中国重汽集团，按照中国证监委批复意见，小鸭集团与重汽集团于2003年年底前完成资产置换。同年，山东鲁得贝车灯公司改为股份有限公司。2004年2月，“小鸭电器”股票名称变更为“中国重汽”。同年，济南市轻工集体企业联社撤销，所属企业交属地管理。2007年，山东九阳小家电有限公司改为山东九阳股份有限公司。2008年5月，山东九阳股份有限公司股票在深交所成功上市，股票名称“九阳股份”，股票代码002242。

第二节 生 产

1986年，全市家电灯具工业完成工业1.12亿元，出口交货值261万元，年生产洗衣机27.3万台、液化气钢瓶16.6万只、燃气灶具6.44万台、电风扇8.91万台、手电筒255.5万只、桅灯45.3万只、煤油灯164万只、各类灯具88.89万只。全行业全员劳动生产率35542元/人(其中区街4800元/人)，在全省6个同行业中列第三位。1988年，济南煤气用具厂被评为省级先进企业，济南鲁光灯具总厂和济南灯具二厂被评为市级先进企业。1989年，济南鲁光灯具总厂被评为省级先进企业，济南电筒厂被评为市级先进企业，济南煤气用具总厂获山东省二轻厅质量管理奖。1990年，济南灯具厂被评为省级先进企业。同年，济南市家电灯具工业企业有14家，共有职工6478人，完成工业总产值8713万元，出口交货值397万元，年生产洗衣机5.11万台(其中单缸1.42万台、双缸2.62万台、滚筒1.07万台)、电风扇8.51万台。

1995年，济南市家电灯具工业企业有7家，共有职工5666人，完成工业总产值7.97亿元，出口交货值555万元，年生产洗衣机33.55万台(其中滚筒33.2万台、双缸0.35万台)、空调器3.24万台。1997年，济南市家电灯具工业企业有12家，共有职工8262人，完成工业总产值1.00亿元，年生产洗衣机46.41万台(其中滚筒31.75万台)、冷柜2000台、空调器1.02万台。1998年，济南煤气用具总厂开发的“X射线工业电视在液化石油气钢瓶焊接质量检验与控制”和TSP-15型液化石油气钢瓶采用缩口装置等项目应用于生产。1999年，济南灯饰总公司和电影机械厂的技术中心被认定为市级企业技术中心。20世纪90年代，济南灯饰总公司相继开发航空障碍灯、三防灯(工矿用防水、防尘、防静电)、光带灯、木架灯、冲压模具CAD、电力调度模拟盘、选煤集中控制系统等，陆续投入生产。2000年，济南钟表厂、济南煤气用具厂、小鸭电器公司铁管厂和济南电筒厂等企业实施腾笼换业。2002年，济南灯饰总公司迁至历城区孙村。2005年，完成工业总产值11.69亿元，其中照明电器2.22亿元，出口交货值555万元，年生产洗衣机43.9万台、冷柜1004台、空调器6751台。2008年，济南灯饰总公司停产。2010年，全市生产灯具及照明装置2.08万套(台、个)，生产家用电风扇4.5万台。

第三节 产 品

全市家电灯具工业主要产品有洗衣机、热水器、商用冷柜、小家电、普通灯具、汽车灯具、桅灯、手电筒、电风扇、液化石油气瓶、灶具等。

一、洗衣机

(一)波轮洗衣机 1986年，“小鸭”牌普通单、双缸洗衣机被轻工业部评为优质产品。1987年，XPB20－15型普通双缸洗衣机获济南市优秀新产品奖。

(二)全自动滚筒洗衣机 1987年，“小鸭”牌TEMA831型全自动滚筒洗衣机分别被评为轻工业部优质产品和山东省优质产品。1988年，“小鸭”牌TEMA831型全自动滚筒洗衣机获国家优质产品奖银奖。同年，开发TEMA-832型全自动滚筒洗衣机。1990年，TEMA-832型全自动滚筒洗衣机获山东省优秀新产品奖。1992年，XQG50-4、5、6型系列全自动滚筒洗衣机获山东省二轻厅工业设计大奖赛一等奖。1994年，新开发的8型系列全自动滚筒洗衣机填补国内空白，达到国际先进水平。1995年，开发的模糊控制全自动滚筒洗衣机填补国内空白。1997年，开发的洗涤—烘干一体全自动滚筒洗衣机和喷泉式喷淋全自动滚筒洗衣机填补国内空白；模糊控制全自动滚筒洗衣机在第一届全国专利技术新产品博览会上获金奖，成为山东省免检产品。2000年，全自动滚筒洗衣机获山东省产品质量奖。2006年，开发并投产“蓝富龙”不脏筒全自动滚筒洗衣机，在同行业中以独有技术申请国家专利、商标。

(三)商用洗涤设备 主要有大容量商用洗衣机、干衣机、熨平机等。蓬莱工艺美术机械厂是省内商用洗涤设备的专业生产厂家，1997年被小鸭集团兼并。1998年，投资6500万元进行技术改造，相继投产，2000年生产1100台(套)。2007年，济南绿洲清洗设备有限公司生产的“绿洲”牌CXF型环保型干洗机被评为济南名牌产品，“绿洲”牌(干洗机、烘干机、熨平机和消毒机)商标被认定为济南市著名商标。2009年，小鸭蓬莱洗涤设备有限公司研制的TBI3000R型燃气烫平机获中国轻工业联合会科技进步优秀奖。

二、热水器

(一)电热水器 1997年，小鸭集团引进电热水器生产线，产能60万台/年，主要规格有50升/24万台、80升/18万台、100升/12万台和120升/6万台。1998年投产，当年销售4000台。2000年，全年生产19万台，实现销售收入1.47亿元；同年开发投产电脑控制全自动热水器。2005年，“小鸭”牌电热水器停产。

(二)太阳能热水器 1999年，小鸭集团试制并陆续投产70升、80升、90升、100升、140升、150升、200升、260升等多种规格的太阳能热水器。2000年，实现销售收入6765万元。2005年，生产3万台。2010年，生产7万台。

三、商用冷柜

1995年，小鸭集团引进生产线9条，主要为国内超市、部分食品生产经营企业配套，是国内主要供应商。1998年，投入生产，当年生产668台(套)。2000年，生产2570台(套)。2005年，生产1136台(套)。2010年，生产2929台(套)，实现销售收入5796万元，创汇358万美元。

四、小家电产品

1987年，济南家电总厂开发并批量生产JX－100型手提式吸尘器。1988年，济南家电总厂开发并批量生产电磁灶和家用切搅机。1994年，九阳小家电公司发明的家用豆浆机是拥有完全自主知识产权的产品，后陆续开发并投产开水煲、榨汁机、电磁炉、电压力煲等小家电产品。1996年前后，小鸭集团小家电公司先后开发并投产药膳煲、饮水机等。

五、灯具

(一)普通灯具　1986年，济南灯具厂研制的GKYZ－40高效快速启动荧光灯获山东省科技进步三等奖。1989年，济南鲁光灯具总厂生产的“鲁光”牌12瓦荧光吊灯复评为山东省优质产品。1991年，济南鲁光灯具总厂生产的“鲁光”牌MZ28单火壁灯被评为山东省优质产品。

(二)汽车灯具　济南制镜厂在生产民用镜、工艺镜、汽车后视镜等产品的基础上，开始试制、生产汽车灯具，先后为轻骑集团、重汽集团、陕汽集团、一汽集团、东风汽车、北方奔驰、北汽福田、川汽红岩、南京依维柯、上汽维柯、华泰汽车、奇瑞轿车等企业配套，是出口和军车指定供应商，成为山东最大的车灯公司。

(三)桅灯　济南灯饰总公司(原济南灯具厂)生产多种规格型号的桅灯，品种多、产量大，主供外贸出口。1989年，济南灯具厂生产的“晶字”牌桅灯被评为山东省优质产品。1994年，济南灯饰总公司新开发投产包铜桅灯并通过美国UL产品认证。

六、手电筒

1988年，济南电筒厂生产的“晶字”牌120–SQ–2冰花手电筒获轻工业部优质产品，“金牛”牌、“晶字”牌120–SQ–2冰花手电筒被评为山东省优质产品。1990年，年产量504万只。采用注塑工艺开发新型手电筒、系列钓鱼灯等。1996年，该厂实施腾笼换业。

七、电风扇

济南家电总厂生产吊扇、排气扇。1986年，济南电扇厂生产的“泺源”牌CP–Ⅱ型住宅排风扇设备和“泺源”牌FA3–40型400毫米排风扇被评为山东省优质产品。1987年，济南家电厂生产的“鲁光”牌FCI–140型吊扇被评为山东省优质产品，同时开发并投产KHG1–25B型换气扇。1991年，济南电扇厂生产的“泺源”牌FA3–40型轴流式排气扇被评为山东省优质产品。1994年前后，受南方产品及名牌产品冲击，家电厂和电扇厂转产，为小鸭集团配套生产排水泵等。

八、液化石油气钢瓶及灶具

济南煤气用具厂生产的“星火”牌YSP–15型液化石油气钢瓶多次被评为山东省优质产品、轻工业部优质产品，并获国家优质产品奖银质奖。1986年，开发并投产自动点火双眼煤气灶，获济南市1987年度优秀新产品奖。1987年，煤气用具厂生产的“三美”牌JLYTR2压电陶瓷自动点火台式煤气灶被评为山东省优质产品。1991年，“星火”牌YSP–15型液化石油气钢瓶经复评获国家优质产品银奖。1996年前后，小鸭集团小家电公司先后开发并投产油烟脱排机和高档燃气灶具等。2000年前后，钢瓶灶具产量逐步萎缩停产。2002年，济南喜相逢电器有限公司的“喜相逢”牌商标(燃气炉和热水器)被认定为山东省著名商标。

第十一章 家具工业

第一节 沿 革

1986年，全市家具工业企业有13家，全部为集体企业。其中市属企业有济南家具公司、济南钢制家具厂、济南木器一厂、四厂、五厂和济南家具研究所6家，共有职工4058人，其中从事木制家具生产的有2679人。同年，济南家具公司更名为济南家具总厂，下属有家具分厂、人造板分厂、锯材分厂和炊具分厂等，企业性质和隶属关系不变。1988年，济南制镜厂被济南家具研究所兼并。同年，济南木器四厂被济南装具厂兼并。20世纪90年代起，济南沙发厂、济南信和家具有限公司、山东今日家居发展有限公司等一批新型企业先后成立，并迅速发展壮大。1992年，济南泰丰企业集团成立，兼并济南木器五厂组建济南钢木软体家具厂。1995年，济南木器一厂由济南金钟电子衡器股份有限公司代管。1996年，济南家具总厂由济南塑料一厂代管，企业名称和性质不变，具有法人资格，独立承担法律责任和义务。同年，济南钢制家具厂改制组建济南中压容器厂和济南高频焊接管厂等股份制企业。1997年，济南塑料一厂兼并济南家具总厂。2000年，济南木器一厂整体改制为股份制企业。2001年，济南市第二轻工业局撤销，市属集体企业隶属于济南市轻工集体企业联社。2004年，济南市轻工集体企业联社撤销，所属企业交属地管理。2010年，全市家具工业企业有17家。

第二节 生 产

1986年，济南家具公司和木器一厂开发并投产拼接组合薄木贴面家具，美观实用，产品档次提高；木器四厂投资28.4万美元，引进瑞士设备7台。同年，全市家具工业实现工业总产值3927万元，年产家具67万件。1988年，济南家具总厂开发投产艺术薄木贴面板和多功能板式家具。同年，济南木器一厂开发投产现代化办公系列家具；济南木器五厂开发并投产壁挂式双层床和铝合金组合套装家具。1990年，全市家具工业企业有12家(其中区街4家)，共有职工4500人，完成工业总产值5120万元(其中区街1363万元)，年产家具90.2万件(其中区街1.51万件)。

1995年，济南木器一厂逐步转产，为小鸭集团配套生产滚筒洗衣机前面板和顶盖等配件。同年，全市家具工业企业有8家，共有职工2457人(其中区街420人)，完成工业总产值2799万元(其中区街825万元)，出口交货值18万元(其中区街0.73万元)，年产家具346.74万件(其中区街9.37万件)。1997年，全市家具工业企业有25家，共有职工2756人，完成工业总产值1.59亿元，年产家具55.71万件。2000年，全市家具工业企业有7家，共有职工1155人，完成工业总产值5661万元，年产家具4.54万件。

2001年，济南钢制家具厂出租厂房、设备，并以中压容器制造资质为条件进行合作经营。同年，济南装具厂、济南木器一厂和济南钢木软体家具厂等实施腾笼换业，进行厂房、设备租赁经营，原市属家具企业基本退出家具生产。2005年，全市家具工业企业有12家，共有职工1801人，生产家具34.4万件，完成工业总产值55.63亿元，出口交货值1995万元。2009年，山东今日家居发展有限公司技术中心被认定为省级企业技术中心。2010年，全市生产家具31.27

万件，完成工业总产值6.25亿元。

第三节 产 品

一、木制家具

济南家具总厂、济南木器一厂、木器四厂等企业生产经营木制家具，主要产品有组合家具、办公家具等。1990年，济南家具总厂生产的“彩虹”牌JJF904－1型办公写字台和中级文件橱被评为济南市优质产品。2007年，济南佳诚家具有限公司生产的办公家具被评为山东名牌产品。同年，山东今日家居发展有限公司“DRAMAX”商标被认定为山东省著名商标；山东财富办公家具有限公司生产的“财富”牌办公家具和济南迪亚实业有限公司生产的“迪芬尼”牌整体橱柜被评为济南名牌产品；济南信和家具有限公司(家具及办公家具)的“阳光信和”牌商标被认定为济南市著名商标。2008年，济南信和家具有限公司生产的“信庭轩”牌实木家具和济南市天桥区雅仕达家具厂生产的“雅仕达”牌板式家具被评为山东名牌产品。2009年，济南千禧亚虎实业有限责任公司(家具、碗柜、餐具架)“亚虎及图”和济南信和家具有限公司(家具及办公家具)的“阳光信和”牌商标被认定为山东省著名商标。

二、钢木家具

济南钢制家具厂、济南木器五厂等企业生产经营钢木家具，主要产品有烤漆钢木折叠桌椅，烤漆钢木课桌、椅、凳，烤漆钢木床、双层床，铝合金家具和喷塑餐椅等。济南木器五厂有一个车间生产聚乙烯、聚酯等粉末涂料，除自己少量使用外，大部分供应省内市场。1986年，济南钢制家具厂生产的“金牛”牌烤漆钢折桌被评为山东省优质产品。1987年，“金牛”牌烤漆硬面钢折椅被评为山东省优质产品。1989年，济南钢制家具厂生产的“金牛”牌烤漆钢制圆折桌、“金牛”牌烤漆硬面钢折椅复评为轻工业部优质产品。1990年，济南木器五厂开发的低温固化静电粉末涂料获山东省优秀新产品二等奖；济南钢制家具厂生产的“金牛”牌喷塑高背餐椅被评为山东省优质产品。2009年，济南好乐家住宅设施有限公司的“好乐家”牌(陈列柜和餐具柜)商标被认定为济南市著名商标。

三、软体家具

济南木器四厂、济南装具厂、济南沙发厂和济南钢木软体家具厂生产经营软体家具，主要产品有席梦思床垫、汽车用航空座椅、沙发等。1988年，济南装具厂生产的“三可”牌航空汽车座椅被评为山东省优质产品。1991年，济南沙发厂生产的“优姿”牌布面软沙发被评为山东省优质产品。2008年，济南喜莱盈家具制造有限公司生产的“喜莱盈”牌床垫被评为山东名牌产品。2009年，山东今日家居发展有限公司的(床、沙发、床垫)“欧家及图”再次被认定为山东省著名商标。

第十二章　工艺美术工业

第一节 沿 革

1986年，全市工艺美术工业企业有济南市刺绣厂、济南市地毯厂、济南市美术工厂、济南市美术二厂、济南市美术三厂、济南市工艺雕刻厂、济南市制镜厂、济南市文教用品厂等，全部为集体企业，共有职工2843人。同年，济南市刺绣厂更名济南刺绣总厂。1987年，济南时装厂并入济南市刺绣总厂，由济南刺绣总厂组建山东鲁绣集团；济南市美术工厂更名济南美术总厂，下设工艺奖品、油画、羽毛画、金属工艺品、影集、铅印、彩花、绢花、涤纶花、橡塑花等分厂；济南美术三厂隶属于济南美术总厂，属党政紧密型，经济独立型联合体，企业性质不变；济南胜利食品北厂并入济南美术总厂。1988年，济南美术总厂兼并济南市美术二厂(即济南人造花厂)，实行全员股份制。同年，济南市制镜厂兼并济南家具研究所。1990年，济南制衣厂(济南市服装三厂)、济南市美术三厂、济南市工艺雕刻厂、济南市皮革研究所等先后并入济南美术总厂。1992年，济南市地毯厂更名为济南地毯总厂；济南市制镜厂更名为济南制镜总厂。1994年，济南市丝绒厂(济南市塑料二厂)并入山东鲁绣集团；济南制镜总厂更名济南鲁得贝车灯有限公司，转产从事汽车灯具生产。1995年，济南美术总厂油画分厂实行公有民营改造。1996年，山东鲁绣集团整建制划转山东三联集团公司。2001年，济南市第二轻工业局撤销，市属集体企业隶属于济南市轻工集体企业联社。济南地毯总厂由济南市道德西街搬至白马山分厂，实施腾笼换业。2004年，济南市轻工集体企业联社撤销，除美术总厂归属市国资委投资控股公司外，其他企业交属地管理。2010年，全市工艺美术工业企业有18家。

第二节 生 产

1986年，济南刺绣总厂投资16.3万美元引进意大利电脑绗缝机；济南市制镜厂生产民用镜18.5万平方米；济南市地毯厂生产地毯6.61万平方米。同年，全行业完成工业总产值(80年不变价)3587万元，出口交货值1245万元。1987年后，济南刺绣总厂相继购入日本电脑绣花机和计算机辅助设计系统等先进设备。受轻工业部、纺织工业部委托与常州第四棉纺织厂共同起草绗缝制品产品标准；按照轻工业部的要求，与上海、青岛、佛山等绗缝厂家编制绗缝行业产品评比细则。1988年，济南市地毯厂生产地毯7.1万平方米；同年，济南市地毯厂、济南刺绣总厂和济南美术总厂被评为省级先进企业；济南市制镜厂和济南文教用品厂被评为市级先进企业。1989年，济南美术总厂和济南刺绣总厂被评为市级先进企业；同年，济南市地毯厂生产地毯8.28万平方米。1990年，济南美术总厂和济南刺绣总厂获山东省二轻厅质量管理奖；济南文教用品厂被评为省级先进企业；济南美术总厂技术人员自行研制圣诞树枝条成束机。同年，全市工艺美术工业企业有7家，共有职工7874人，完成工业总产值1.04亿元，出口交货值3515万元。

1991年，济南刺绣总厂获济南市质量管理奖。1992年，济南地毯总厂开发钢塑门窗加工设备。1993年，济南地毯总厂将维修车间改组为广通实业公司，生产经营钢塑门窗及设备。1994年，济南地毯总厂和济南刺绣总厂获自主进出口权。金属工艺品厂与个体实行合作经营。1995年，全市工艺美术工业企业有9家，共有职工4821人，完成工业总产值1.14亿元，出口交货值6245万元。1997年，全市工艺美术工业企业有8家，共有职工2838人，完成工业总产值6370万元。2005年，全市工艺美术工业企业有19家，共有职工5599人，完成工业总产值5893万元，出口交货值921万元。2003年，济南地毯总厂被上海赛科塞斯公司收购。2010年，全市工艺美术工业企业有18家，共有职工2465人，完成工业总产值20.67亿元。

第三节 产 品

全市工艺美术工业主要产品有抽纱刺绣、地毯、人造花树、工艺油画、草编工艺品、金属工艺品、民用镜、印染染料、助剂等。

一、抽纱刺绣

主要有手绣、发丝绣、机绣、泉城花边、济南镶边、绗缝制品等。1986年，抽纱刺绣品完成产值1222.6万元。1988年，抽纱刺绣品完成产值2307万元。1990年，有抽纱刺绣品企业2家，共有职工1089人，完成产值3916万元，出口交货值1071万元。1995年，有抽纱刺绣品企业1家，共有职工1161人，完成产值3781万元，出口交货值2600万元。2005年，有抽纱刺绣品企业6家，共有职工1714人，完成产值1127万元，出口交货值2568万元。

(一)发丝绣　济南发丝绣在继承传统发绣基础上，发展到人发与丝线结合施绣。其突出特点：风格粗犷中见精微，绣线独特；人发与丝线结合，技艺表现能力宽阔；丝理光泽、质感逼真；色彩典雅，表现水墨、飞白尤绝，色中有墨，墨中有色；经久不蚀、不褪色，宜于长期保存，保值增值。1986年6月，济南市刺绣总厂完成发丝绣珍品《黔娄之俦》。该绣品是当代著名画家范曾专为济南发丝绣创作的精品。《黔娄之俦》采用传统鲁绣发丝绣工艺，使用颜色11种、线色150多个，工时750多个。在预审、预展期间，受到国家领导人、画界、工艺美术界人士好评。画家范曾肯定绣品是一幅成功之作，欣然题句“神完韵足，颇得江东范曾精髓，发前人所未至，称发绣之冠可也”。同年，该绣品获全国工艺美术百花奖和设计创新一等奖。1987年，“秋菊”牌发丝绣获山东省工艺美术百花奖。1988年，济南刺绣总厂完成大型发丝绣座屏《竹林七贤图》。该绣品是依据著名画家范曾的代表作《竹林七贤图》，运用发丝绣工艺精绣而成。总体设计师张培明集多年从事发丝绣研究经验，以体现原作精髓进行设计。考证运用魏晋年间的瓦当花纹和织物图案，应用于衣饰、图纹等处，增强绣品的工艺性和装饰效果。赵玉兰等9位刺绣艺人选用色线200多种，运用针法27种，耗费工时3240个，历经400天，完成这幅空前的发丝绣品。大型发丝绣座屏《竹林七贤图》在发丝绣品中其技法之精细，工艺之复杂，工程之浩大，堪称发丝绣之大成。轻工业部副部长康仲伦题词“技艺精湛，巧夺天工；发丝绣品，艺术享受。”画家范曾对工艺上的创新极为赞赏，题词“乾坤金针里，神韵彩线中”。同年，大型发丝绣座屏《竹林七贤图》获中国工艺美术百花奖珍品奖。2006年，济南刺绣总厂停产。

(二)机绣　机绣产品品种繁多，主要有台布、盘布、被套、枕套、床罩、面巾、服装、围裙等，主要机绣产品有泉城花边、济南镶边、绗缝制品等。

泉城花边　是在鲁绣技法基础上发展的机绣抽纱新品种。原料以棉布、棉麻交织布等为主，采用“以机代手，机手结合”的绣制方法，经过独特的技术处理，具有手绣大套、满工扣锁的工艺效果。1987年，“秋菊”牌泉城花边获山东省工艺美术百花奖。1991年，“秋菊”牌泉城花边台布被轻工业部评为优质产品。

济南镶边　是用缝纫机将B-3原料和即墨花边、梭子花边的针法有机融合的新品种。产品具有即墨花边的端庄、

发丝绣——《竹林七贤图》

挺拔，又具有梭子花边清秀细腻、玲珑剔透等特点，形成“济南镶边”独特艺术风格。1987年，“秋菊”牌济南镶边获山东省优秀新产品奖。1989年，“秋菊”牌济南镶边被评为山东省优质产品。

绗缝制品 是20世纪80年代中期发展起来的，主要产品有席梦思床垫、床罩、踏花被褥、挎背包，室内装饰材料有座、靠垫，服装和儿童用品等。1988年，“秋菊”牌绗缝床罩被评为济南市优质产品。1989年，“秋菊”牌绗缝制品被轻工业部评为优质产品；“秋菊”牌绗缝床罩被评为山东省优质产品。1990年，“秋菊”牌机绣制品被评为山东省优质产品和轻工业部优质产品。1992年，“戏剧脸谱”服装、圆满拼接补绣盘带床罩等获山东省二轻工业设计大奖赛三等奖，“舞凤”手绣旗袍和日本新型网纱晚礼服获山东省二轻工业设计大奖赛优良设计奖。同年，研发的“人造丝绒手补拼接机绗暖罩”获山东省二轻工业设计大奖赛二等奖；“手绗拼接床盖”获山东省二轻工业设计大奖赛优良设计奖。2005年前后，剧装、绗缝制品停产。

二、地毯

1990年，全市有地毯企业3家，职工1835人，完成产值3.18亿元，出口交货值1428万元，出口地毯3.7万平方米。1995年，全市有地毯企业3家，职工1035人，完成产值3878万元，出口交货值2133万元，出口地毯1.79万平方米。2005年，全市有地毯企业3家，职工684人，完成产值481万元，出口交货值118.9万元。

地毯主要有男工(手工)地毯、机织地毯两大类产品。男工地毯属高档产品，以羊毛为原料，特点是做工精细，工艺复杂，弹性好，色泽如锦，有浮雕感。机织地毯用羊毛纺纱、棉线交织而成，特点是工艺较为简单，颜色一致，不褪色，成本低，产量大。

手工W扣打结地毯是济南市地毯厂博各类地毯之长，采用手工编结，各色毛纱形成W结扣结构，是国内首创地毯新产品。该产品比普通高级手工地毯每平方米可提高工效23%，片投工效提高114%，毛纱消耗降低23.7%。以等量色纱可增产手工W扣打结地毯31%，其艺术效果可与普通高级手工地毯相媲美。1986年，手工W扣打结地毯获济南市科技进步二等奖。1988年，“海鸥”牌机织地毯被评为山东省优质产品。1989年，“海鸥”牌手工W扣羊毛打结地毯被评为山东省优质产品。1993年，开发新产品轿车地毯、针刺挂毯。2001年前后，企业处于停产和半停产状态，济南地毯总厂腾笼换业后产品停产。

三、画、花工艺品

(一)羽毛画 羽毛画是济南市美术工厂的传统产品，其表现形式可分为：平贴羽毛工艺挂屏、浮雕羽毛工艺挂屏、双面平贴羽毛工艺座屏、双面浮雕羽毛工艺座屏、圆雕、立体装饰羽毛小件壁饰、摆件，以及浮雕涤羽工艺画、羽毛工艺小件等，品种繁多。题材有新旧山水、古今人物、花卉鸟兽、草虫博古及名人佳作等。其中平贴、半立体、圆件为该厂独创。1986年，“凤凰”牌羽毛画被评为山东省优质产品。1991年，“凤凰”牌羽毛工艺品被评为山东省优质产品。1997年，因泉城广场建设，美术总厂厂房拆迁，羽毛画停产。

(二)工艺油画 工艺油画是济南美术工厂的主要产品之一，由多位技工分工序合作制成的商品油画，有手工画和丝网印制之分。1987年，“凤凰”牌风景油画获山东省工艺美术百花奖。1988年，开发并应用彩色阶调丝网印技术。1992年，新工艺油画获山东省二轻工业设计大奖赛一等奖。2007年，美术总厂油画分厂停产后转为个体经营。

(三)人造花树 产品分绢花和塑料花等。主要有瓶插花束、花篮、盆景、佩花、头花、胭花、挂屏、座屏等。花的品种有梧桐、星花、玫瑰、喇叭、月季、梅花等200多个花色。圣诞树和圣诞饰品，造型各异，品种繁多，外贸出口量大。1988年，开发的“藤蔓仿生植物”填补省内空白。1990年，美术总厂的“凤凰”牌绢花被轻工业部评为优质产品；同年，为圣诞树配套的“镀膜材料工艺品开发”项目获济南市科技进步二等奖。1991年，“凤凰”牌绢花被评为山东省优质产品。1992年，为圣诞树配套的立体静电植绒玩具获山东省二轻工业设计大奖赛二等奖。2010年，济南美术总厂的圣诞树和圣诞饰品为主的人造花树年销售收入100余万元。

四、草编工艺品

草编工艺品是用玉米皮、麦秆、苇草、高粱皮、琅琊草等为原料，经选材、漂染、整理、编织而成。主要品种有帽、篮、筐、包等1000余种。特点是轻巧耐用，物美价廉，内销出口都有一定市场。2001年，美术总厂草编工艺品厂停止生产，实施腾笼换业。

五、金属工艺品

金属工艺品主要有金属装饰品、匾牌、奖杯等，由金属材料变形加工、焊接、表面处理、装饰制成。1986年，济南市美术工厂的“铜制工艺品”获济南市科技进步三等奖和济南市优秀新产品奖，开发并投产铜板漆画、仿古铜车马等新产品。1989年，“凤凰”牌铜制工艺品被评为山东省优质产品。2007年，因大明湖扩建，美术总厂金属工艺品因厂房拆迁停产。

六、民用镜

济南市制镜厂主要产品有家具用镜片、工艺镜、梳妆镜和汽车后视镜、汽车灯具等。1986年，T170–3汽车防眩前照灯获济南市优秀新产品奖和济南市科技进步二等奖。1988年，“金牛”牌工艺美术镜被评为济南市优质产品。1989年，“金牛”牌工艺美术镜被评为山东省优质产品。1994年，济南市制镜厂转产，生产汽车灯具。

七、印染色浆、助剂

济南文教用品厂主要从事纺织品印染色浆、助剂及装饰涂料等产品的生产，先后开发并投产806、808、809等新型印花黏合剂、轧染黏合剂、改性聚乙烯醇耐洗刷内墙涂料、颜料色粉等新产品。1988年，济南文教用品厂生产的“泉城”牌荧光涂料色浆被评为山东省优质产品。1991年，“泉城”牌各色涂料印花色浆被评为山东省优质产品。1999年，济南文教用品厂停产，实施腾笼换业。

第十三章　企业选介

第一节 济南轻骑摩托车股份有限公司

公司是中国最早生产摩托车的厂家之一。1956年，轻骑厂建立。1964年，第一辆以“轻骑”牌命名的产品轻骑15型机动脚踏车问世。1985年，中国摩托车行业第一家开发生产踏板摩托车。1993年11月25日，由中国轻骑摩托车集团总公司三个分厂改组成立济南轻骑摩托车股份有限公司，公司位于济南市历下区和平路34号。A股股票在上海证券交易所上市，成为中国摩托车行业首家上市公司。1995年，在全国同行业率先通过ISO 9001国际质量体系认证。1997年，成功发行B股股票，成为业内首家同时拥有A股、B股的企业。1999年，“轻骑”商标成为中国摩托车行业首批“中国驰名商标”。2005年，中国摩托车行业第一家开发、生产从动力到整车真正意义上的越野摩托车QM200GY。2006年10月28日，公司与法国标致摩托合资项目在济南签署协议，总投资2.55亿元，各占50%。12月28日，合资公司奠基并开工建设，2007年年底建成投产。

至2010年年底，公司经营场地面积70.97万平方米，资产总额13亿元，从业人员6303人，其中具有大专以上学历的1397人。公司拥有先进的摩托车整车及发动机装配线、质量检测线、烤漆生产线、冲压焊接生产线和高低压铸造生产线，以及亚洲一流的成套机加工设备，形成年产摩托车80万辆、发动机100万台、电动车5万台的生产能力。公司有国家级技术中心，与德国、日本、意大利、法国、巴西等国家和中国台湾地区建立研究、设计、试验和经营等多方位、多层次合作关系。公司拥有25cc～300cc排量15大系列、150余个型号的摩托车、ATV、电动车、三轮车及滑板车系列产品，"轻骑"商标在全球90多个国家和地区注册，出口产品品种80余个。2010年，公司完成工业总产值15.24亿元，销售收入13.42亿元，实现利税-3114万元，利润-7311万元，出口创汇6565万美元，拥有固定资产原值10.68亿元。

第二节 山东康巴丝实业有限公司

1980年，济南钟厂和济南表厂合并为济南钟表厂。1983年，搬迁至山大路新厂区。1989年7月5日，以济南钟表厂为主成立康巴丝钟表集团总公司。20世纪80年代，公司率先把国际先进的石英技术应用于计时仪器，打破机械钟表一统天下的格局，引发钟表制造业一场深刻革命。康巴丝石英钟以精湛的工艺和精确的走时，赢得市场和消费者青睐。2000年，变更为山东康巴丝钟表有限公司。2003年，"康巴丝"商标被认定为山东省著名商标。2004年，康巴丝石英钟被国务院行政司选定为国务院办公用钟。2005年，"康巴丝"牌石英钟被评为中国名牌产品。2007年2月，由济南钟表厂、山东康巴丝钟表有限公司成立山东康巴丝实业有限公司。公司坚持以人为本、诚信经营，以科技创新、持续发展为宗旨，形成集科、工、贸为一体的跨行业经营模式。同年，"康巴丝"商标被国家工商总局认定为中国驰名商标。2010年11月，公司迁址济南市高新技术开发区，位于济南市高新技术开发区出口加工区港园六路1417号，占地3.33万平方米，建成并投入使用面积1.50万平方米。

2010年，公司完成工业总产值7723万元，实现销售收入7140万元，利税1101万元，利润118万元，拥有固定资产原值7466万元，企业员工526人。"康巴丝"牌石英钟连续8年被中央电视台选定为春节晚会零点标准报时钟；连续12年被商业部、轻工业部评为"最受消费者欢迎的消费品"。公司先后研发各种款式多功能民用石英钟以及GPS卫星定位塔钟、景观钟、世界时钟、机械透视钟和电波钟表等系列产品。其中2010年公司推出的电波钟表是继石英电子钟表之后的国际第五代最先进的计时钟表，以其自动接收国家授时信号，自动追时，而确保三千年不差一秒。电波钟表以走时精确性，成为航天、国防、新闻机构、交通运输、学校、机关、科研机构等单位以及企业、家庭的首选计时工具。

第三节 济南亨通制笔有限公司

1994年，济南亨通制笔有限公司(前身为济南铅笔厂，始建于1950年)与香港亨通公司合资经营，下设印刷厂和机械设备公司。公司位于济阳县济北开发区，占地面积5.6万平方米，拥有固定资产6000多万元。公司是集产品研制、生产、销售于一体的重点企业。

2010年，公司有生产设备800台，员工1100人。铅笔年生产能力10亿多支，开发生产100多个花色品种的铅笔以及不同芯径的石墨、彩色铅芯，主要品种有120色彩芯系统铅笔、高级HB铅笔、绘图铅笔、木工铅笔、大皮头铅笔、水溶笔、碳画笔、化妆笔以及礼品包装组合铅笔。铅笔外观采用沾头、辊印、激光膜等先进工艺，产品具有高雅、气派、美观、大方的特点。生产的“友爱”牌铅笔多次被轻工业部和山东省评为优质产品，产品主要销往美洲和欧洲，年出口量占生产总量的90%，年创汇1000万美元以上，为济南市优秀出口专业厂。

第四节　济南黄氏印务有限公司

2004年，济南黄氏印务有限公司成立，属民营企业，为国家级出版物印刷企业、山东省政府定点印刷单位、济南市政府定点印刷单位、国内第三家通过绿色精装书认证的印刷企业、济南十佳印刷企业。公司位于济南市高新区香格里拉北塔15层，注册资本500万元。公司有先进的印前、印刷、印后设备及辅助系统，印刷设备主要有海德堡CP2000–CD102对开四色印刷机、海德堡CP2000–SM74四开四色印刷机、海德堡平张八色印刷机及进口马天尼精装生产线一条，公司每年完成出版项目200余部。至2010年年底，已出版各类书籍3000余部。公司拥有现代化厂房8000余平方米，固定资产5000万元，职工150余人；年销售额7500万元，利税320万元。

第五节　济南金钟电子衡器股份有限公司

济南金钟电子衡器股份有限公司前身是1918年创办的“美利公司”。1955年11月30日，济南市14家台秤制造厂、1家台秤修理厂、3家翻砂铁厂合并为公私合营济南台秤制造厂。1960年5月，济南台秤制造厂与齐鲁机床厂合并为济南第三机床厂。1962年5月，又分厂为济南台秤厂。1964年10月30日，改名为济南衡器厂。1992年，经省体改委同意，改组为济南金钟电子衡器股份有限公司。

济南金钟电子衡器股份有限公司位于济南市英雄山路147号，自1986年起，先后进行6期技术改造项目。第一期技术改造项目，至1989年结束，引进具有国际先进水平的电子衡器、称重传感器、显示仪表等制造技术和关键生产、检测设备等500余台(套)。引进日本久保田公司称重传感器的研发、制造技术，成为中国第一家将称重传感器进行工业化生产的企业，总投资990万元，含外汇205万美元。1988年，济南衡器厂获济南市质量管理奖。1989年，济南衡器厂晋升为国家二级企业，获轻工部质量管理奖。

1990～1991年，实施第二期技术改造项目，主要是对一期项目填平补齐，正式进行电子衡器生产制造，总投资1350万元，含外汇127万美元。1990年，济南衡器厂获山东省质量管理奖。“金钟”牌SCS–30型电子汽车衡、BM–LS–20T称重传感器（20吨)、SCS–5型电子汽车衡和ACS–15型电子计价秤被轻工业部评为优质产品。1991年，济南衡器厂从日本、美国等国家引进加工中心及部分关键设备，产品通过国际OIWL和美国NTEP认证。

1992年4月至1994年6月，实施第三期技

济南衡器厂电子秤、仪表生产流水线　(1991年摄)

术改造项目——电子称量系统技术改造项目，引进日本先进的生产技术和工艺，显示器技术水平和生产能力大幅提高，项目总投资2300万元，含外汇220万美元。1992年，济南衡器厂579名职工由国有固定工改为企业合同制职工，与企业签订劳动合同书，为全市首批依法鉴证的劳动合同书。同年11月，创立全市首家国有企业改制的股份制企业——济南金钟电子衡器股份有限公司，股份分配比例为国家50%、法人30%、职工20%，所筹资金用于电子衡器的技术改造。企业当年实现工业总产值4511万元、利税1085万元、利润800万元，同比增长84.1%、59.74%和52.33%，增长幅度列市属预算企业第1位。1993年前后，从美、日、德等国家引进关键设备，增加显示器产能1万台/年。1994年，第三期技术改造项目年底投产，传感器和电子产品占全部工业总产值的95%以上、总利润的98%以上。全年实现销售收入8552.9万元，利润突破2000万元，列全国同行业第一，被评为全市12个质量效益型企业，晋升为A类企业。同年，开发150吨动静两用电子轨道衡、100吨电子钢材秤等20余个品种，电子衡器12个品种24个规格。

1995年10月至1997年12月，实施第四期技术改造项目——应变计技术改造项目，通过引进日本先进的应变计生产技术和关键制造设备，改变应变片依靠进口的状况，实现自主生产，并出口创汇。项目总投资2762万元，含外汇191万美元。1995年，公司工业总产值超过亿元，实现销售收入1.03亿元，高精度称重传感器产量超过2万台；新开发的电子静动态轨道衡填补国家空白。项目完成后，应变计产能增至120万片/年，称重传感器产能增至6万只/年，显示器产能增至2万台/年，称量系统100套。1996年，公司质量体系通过ISO 9000认证。1998年，通过ISO 9001认证；新辟日本、新西兰、澳大利亚、伊朗、印度等国家和地区市场，实现出口交货值600万元。1999年，从荷兰引进非连续累计自动衡器生产技术设备，进行料斗秤生产设备购置和非连续累计自动衡器的技术改造，产能200台/年，填补国内空白。同年，“金钟”牌称重传感器被评为山东省名牌产品，“金钟”牌商标被认定为山东省著名商标。

2000年3月至2002年6月，实施第五期技术改造项目——采用柔性制造系统（FMS）制造数字网络化工业自动衡器技术改造项目，主要是引进荷兰MOLEN公司ABS系列非连续累计自动衡器技术。项目总投资2874万元，支付外汇57.7万美元。自主开发LCS自动定量包装秤，该产品通过省级技术鉴定。2001年，公司技术中心被确认为省级企业技术中心。同年，“金钟”牌商标再次被认定为山东省著名商标。2002年，开发并投产不锈钢称重传感器、数字化轨道衡、汽车衡，并为美国定牌生产称重传感器，和日本合作生产叉车用传感器等。同年，公司实现销售收入1.56亿元，利税1555万元。2003年，公司通过ISO 4001环境管理体系认证。同年，实现采用柔性制造系统FMS制造数字网络化工业自动衡，出口电子台秤7400余台、传感器10897只，创汇105万美元。2004年，公司获中国轻工业联合会质量效益先进企业、中国轻工业信息化先进单位、山东省轻工明星企业、济南市工业企业50强，实现工业增加值7180万元，销售收入1.91亿元，在全国重点行业销售收入排名第6位，利税1485万元，创汇185万美元。

2005年1月至2008年4月，实施第六期技术改造项目——车辆自动称重监测系统技术改造项目，主要是新购土地、新建生产厂房，建成配套综合设施，购置设备50台(套)，建成柔性生产线。该项目总投资4500万元，其中固定资产投资2982万元。2005年，济南金钟电子衡器股份有限公司技术中心经复评被确认为省级企业技术中心。2006年，“金钟”牌称重传感器通过山东名牌产品复评。同年，济南金钟电子衡器股份有限公司被山东省知识产权局批准为全市唯一山东省第一批知识产权试点企业。在章丘明水经济开发区征地 13.33 公顷建设新厂区，进行车辆自动监测系统项目改造，建成模块化秤台柔性自动生产线，产能 1500 套 / 年。2007 年，济南金钟电子衡器股份有限公司生产的固定式电子秤获国家质检总局颁发的产品质量免检证书，“金钟”牌电子衡器再次被评为山东名牌产品，“金钟及图”商标再次被认定为山东省著名商标。2008 年，公司研制的定量装车控制系统和 FBO 数字防爆电子衡器通过省有关部门验收。2009 年，“金钟”牌称重传感器复评为山东名牌产品，定量装车控制系统获中国轻工业联合会科技进步二等奖。

2010 年，济南金钟电子衡器股份有限公司主要产品产能：传感器 10 万只 / 年、工业衡器 1800 台(套)/ 年、商用衡器 5 万台 / 年。公司在全国大中城市设立办事机构 10 余个，建立销售服务和分销网点 100 多个，设立海外代理处 8 个，产品畅销几十个国家和地区。全年完成主要产品产量 47701 台(套)，工业总产值 1.35 亿元，实现销售收入 1.7 亿元，利税 1731 万元，利润 653 万元，拥有固定资产原值 2.5 亿元，职工 624 人。公司是多种衡器产品标准的起草及修订单位，是全国衡器标准化技术委员会秘书处承担单位，是山东省首批高新技术企业，建有省级技术研发中心和山东省工业智能衡器工程技术研究中心。

第六节　山东九阳股份有限公司

1994 年，创建九阳小家电公司，研制发明拥有完全自主知识产权的第一台“九阳”牌家用豆浆机。之后陆续开发并投产开水煲、榨汁机、电磁炉、电压力煲等小家电产品。2001 年，“九阳”牌家用电动搅拌机、豆浆机商标被认定为山东省著名商标。“九阳”牌电磁炉、料理机和榨汁机商标被认定为济南市著名商标。2002 年，创建山东九阳小家电有限公司，位于济南市槐荫区经十路 28038 号。2004 年，“九阳”牌家用电动搅拌机、豆浆机商标被再次认定为山东省著名商标。2005 年，“九阳”牌豆浆机复评为山东名牌产品；电磁炉获全国同类产品三大畅销品牌。2006 年，“九阳”牌商标被认定为中国驰名商标；“九阳”牌电磁炉、电热水壶、料理机和榨汁机被评为山东名牌产品。2007 年，山东九阳小家电有限公司改为山东九阳股份有限公司。“九阳 JOYOUNY”牌豆浆机被评为中国名牌产品，列全国第一品牌；“九阳”牌紫砂煲被评为山东名牌产品；“九阳及图”商标再次被认定为山东省著名商标；公司技术中心被确认为省级企业技术中心；九阳小家电部分产品获中国节能产品认证证书，并列入国家《节能产品政府采购清单》。2008 年 5 月，山东九阳股份有限公司股票在深交所上市，股票名称“九阳股份”，股票代码 002242。公司获第十届中国专利优秀奖，“九阳”牌开水煲、榨汁机(料理机)电磁炉和电压力煲复评为山东名牌产品；“九阳”牌(豆浆机、料理机和榨汁机)商标被认定为山东省著名商标。2009 年，豆浆机五谷精磨技术与智能温控技术获 2009 年度家用电器创新奖；公司获 2008 ～ 2009 年“中国推动力”最具责任感企业称号；企业通过 ISO 14001 环境管理体系认证(德国莱茵公司 TUV 三合一认证)。同年，“九阳”牌商标被认定为中国驰名商标，在中国最有价值品牌中排第 74 位，轻工产品中排第 36 位，品牌价值 27.09 亿元。在全省工业利润百强企业中列第 70 位，在山东省轻工业销售收入百强企业中列第 31 位。

至 2010 年，公司拥有国家专利 520 项，其中发明专利 27 项、实用新型专利 252 项、外观设计专利 241 项。公司在全国有经销商 470 余家，销售终端 2 万多个，并与沃尔玛、家乐福、大润发、国美、苏宁、麦德龙等国内外连锁零售企业形成稳固战略合作关系，产品覆盖全国 30 多个省、市、自治区，并远销美国、日本、新加坡、印尼、泰国等 20 多个国家。2010 年，公司完成产量 2263 万台，工业总产值 39.11 亿元，销售收入40.26亿元，实现利税9.16亿元，利润6.18亿元，出口创汇469万美元，拥有固定资产原值1.1亿元，职工1285人。

第七节 山东小鸭集团有限责任公司

1979年8月，济南第二拖拉机厂转产洗衣机，并改名济南洗衣机厂。1985年，济南洗衣机厂生产的“小鸭”牌洗衣机有单桶、双桶等5个品种，完成工业总产值6576万元，利润312万元。1986年，济南洗衣机厂投资100.1万美元，从意大利和中国香港引进万克注塑机2台；投资25.5万美元，从意大利引进滚筒洗衣机顶盖生产线1条。1986～1989年，企业生产经营起伏不定，导致1989年前后经营困难亏损。1990年8月，济南市委、市政府决定调整企业领导班子，新班子抓管理、抓质量、抓创新、促销售，带领企业逐步走出困境，实现快速膨胀发展。1990年，济南洗衣机厂在广州建立15个销售网点，成立维修中心。1992年，组建独立核算、自负盈亏的全民企业济南小鸭电器公司。同年，投资163万元在国内16个城市建立办事处，加大销售和服务力度，当年实现工业总产值1.24亿元，销售收入1.1亿元，同比分别增长108.3%、110.6%，实现利润100万元，扭亏为盈；“小鸭”牌商标被认定为山东省著名商标；全自动滚筒洗衣机获1992年最受消费者欢迎的产品、“国货精品”、中国社会公认名牌产品等。1993年，全自动滚筒洗衣机月产量首次突破万台，年产16万台，实现工业总产值3.04亿元，销售收入3.96亿元，利税3149万元。“小鸭”牌洗衣机被评为1993年全国最畅销产品、中国消费者协会推荐产品，在国产精品博览会上济南洗衣机厂被授予“中华企业形象金奖”称号。1994年，小鸭集团被国家经贸委批准为享有自营进出口权企业；被评为济南市10个现场管理样板企业、A类企业；技术中心被认定为国家级企业技术中心。同年，新增20万台/年全自动滚筒洗衣机技术改造项目投产见效，产能由1984年引进时的10万台/年增至30万台/年，当年生产30.6万台。

1994年，组建山东小鸭集团有限责任公司，位于济南市工业南路51号，核心层企业有洗衣机厂、工具四厂、照明电器厂，紧密层有家电总厂、电扇厂等9家企业，集团公司为集体所有制，隶属于济南市第二轻工业局。1995年，小鸭集团质量体系通过英国雅斯利认证公司复审；集团在各地设有办事处59个，并在全国率先启动“超值服务”工程(即企业在履行国家“新三包”的服务之外，为用户提供超越附属产品的义务、超越用户心理期待，使服务遵循契约，建立和用户的亲和关系，体现对用户的自觉关怀，进行延伸服务)。同年，实施全自动滚筒洗衣机第二次技术改造，产能60万台/年，当年产量33.2万台。1996年，“小鸭”牌洗衣机获德国莱茵公司GS产品质量安全认证标志；当年实现销售收入7.61亿元，利税1.1亿元。1997年，小鸭集团被评为中国质量万里行光荣榜上榜企业、全国质量效益型先进企业、中国轻工总会质量管理先进企业、中国专利山东明星企业。“小鸭”牌洗衣机被评为山东名牌产品，全自动滚筒洗衣机成为山东省免检产品。1998年，小鸭集团被列为全国专利试点企业，小鸭集团的“超值服务”工程获国家经贸委现代化管理成果一等奖(全国共7个)。

2001年，小鸭集团与中科院固体所联合成立纳米材料应用技术研究所

同年，小鸭集团质量体系通过新一轮认证。1999年，“小鸭”牌商标被认定为中国驰名商标。同年11月，济南小鸭电器公司股票在深交所成功上市，股票名称“小鸭电器”，股票代码000951。

2000年，小鸭集团被国家商检局评为2000年全国质量管理先进企业，“小鸭”牌全自动滚筒洗衣机获山东省产品质量奖。同年，小鸭集团收购广东汇丰空调器厂，组建小鸭静林空调公司；山东小鸭集团不再代管济南煤气用具厂、济南压铸厂、济南泺源电扇厂、济南建筑五金厂和济南第二车辆厂。2001年，小鸭全自动滚筒洗衣机被确认为首批国家质量免检产品和中国名牌产品。2003年，“小鸭电器”股票被ST处理。同年9月，小鸭集团将其持有的“小鸭电器”股份47.8%（计12059万股）转让给中国重汽集团，按照中国证监委批复意见，小鸭集团与重汽集团于2003年底前完成资产置换。2004年2月，“小鸭电器”股票名称变更为“中国重汽”。2005年，小鸭集团与南京斯威特集团整合重组，产业定位调整为以冷柜、商用洗涤、厨房设备、模具制造为主导的轻型装备制造业，“小鸭”牌电热水器停产。

2010年，小鸭静林空调公司停产。2010年，小鸭集团完成产量40万台，工业总产值3.2亿元，销售收入3.1亿元，实现利税-612万元，利润-1174万元，拥有固定资产原值2.5亿元，职工887人。

第八节　山东鲁得贝车灯股份有限公司

1986年，济南市制镜厂在生产汽车后视镜的基础上，逐步开始试制、生产汽车灯具。同年，济南市制镜厂开发生产的T170-3型汽车防眩前照灯获济南市科技进步二等奖。1988年，济南市制镜厂生产的“鲁得贝”牌T170-3型汽车防眩前照灯被评为山东省优质产品。1992年，济南汽车灯具厂开发的T180X280重型汽车前照灯获山东省二轻厅设计大奖赛优良设计奖。1994年，济南制镜总厂组建济南鲁得贝车灯有限公司（股份合作制），开发并投产斯太尔和一汽6平柴汽车灯具，其中斯太尔前照灯填补国内空白，达到国际先进水平。1995年，济南鲁得贝车灯公司实现为重汽、一汽、陕汽、川汽、轻骑等提供配套。同年，实现销售收入1558.4万元，比上年增长164.8%，在偿还改制前贷款及利息后实现利税118.1万元。1996年，公司实施100万只车灯/年技术改造项目。1998年，公司质量体系通过方圆委认证。同年，技术中心被认定为市级企业技术中心。2001年，公司通过QS 9000认证。2002年，济南鲁得贝车灯有限公司完成民营化改制，组建山东鲁得贝车灯股份有限公司。同年，公司搬迁至济南高新技术开发区天辰路777号，开发并投产多曲面汽车前照灯，当年实现工业增加值3256万元，销售收入6770万元，各项经济指标创历史最高水平。2003年，山东鲁得贝车灯股份有限公司轿车灯具成为新的增长点，当年完成工业增加值4670万元，销售收入1.02亿元。同年，“鲁的贝及图形”（车灯、后视镜）被认定为山东省著名商标。2005年，技术中心被认定为省级企业技术中心，“鲁的贝”牌车灯复评为山东名牌产品。2008年，“鲁的贝”牌车灯再次被评为山东名牌产品。

2010年，公司完成主要产品产量255.6万只，工业总产值2.13亿元，销售收入2.09亿元，实现利税2454万元，利润1196万元，拥有固定资产原值9647万元，员工327人。公司先后通过ISO 9001、QS 9000质量体系认证、ISO 4001环境管理体系认证、ISO 18001职业健康安全管理体系等认证；部分产品通过EMARK认证。企业先后获山东省升级免检企业、省级文明诚信民营企业、山东省个体私营经济践行科学发展观示范企业等称号。汽车灯具产能500万只/年，产品系列40多个，品种300多个，覆盖轿车、微型汽车、轻卡、中型卡车、重型汽车等。产品主要销往一汽集团、重汽集团、陕汽集团、东风汽车、北方奔驰、北汽福田、川汽红岩、南京依维柯、上汽维柯、华泰汽车、奇瑞轿车等，是出口和军车指定供应商，为山东最大的车灯公司。

第九节 济南玫德铸造有限公司（济南玛钢股份有限公司）

济南玫德铸造有限公司前身是成立于1964年的平阴县五金厂。1989年，平阴县五金厂更名为济南玛钢厂。1990年起，投资1.2亿元，完成5000吨玛钢管件技术改造、玛钢管件扩产改造、钢管接头技术改造和球铁管件扩产改造等项目。1992年7月，兼并位于孔村镇的平阴县车辆厂。

1993年，济南玛钢厂与美国哈德逊有限公司合资成立济南玫德铸造有限公司。按美国ANSI标准开发管件并打入美国市场。同年10月，正式申请注册“迈克”牌商标。1994年6月，公司被国家外经贸部批准为享有自营进出口经营权企业。同年，企业作为平阴县首批股份制改革试点单位，在干部职工中募集股金；公司主导产品玛钢管件产量突破1万吨。

1995年，生产铁锅64.15万口，玛钢管件12966吨，被评为山东省三资企业500强。1996年10月，公司开始在生产管理中应用微机辅助管理并开发德标管件，在全国同行业中首家取得中国、美国等多国质量体系认证和产品认证。山东名牌产品“矩鬲”牌铸铁锅是公司的主导产品。1999年9月，股东大会通过《关于将股份公司中的法人股、社会法人股、原始股平价有偿转让给职工的决定》，内部职工出资将公司中的法人股570万股和社会法人股830万股一次性买断，形成全员持股，经营管理层持大股，董事长持最大股、承担最大责任风险享受最大利益的经营模式。同年，“迈克”牌商标被认定为山东省著名商标。主导产品山东省名牌产品“矩鬲”牌铸铁锅达到最高产量9100吨。

2001年，公司取得ISO 14001环境体系认证。2002年，“迈克”牌卫生用水管设备商标被国家工商局认定为中国驰名商标，并在82个国家和地区注册，“迈克”品牌及企业价值202.42亿元。同年，企业利润首次突破亿元。2003年，生产管件7.11万吨，创历史最高产量。完成销售收入5.02亿元，实现利税1.51亿元，利润1.07亿元。同年，进行中国方圆标志认证委员会和法国BVQI两个认证机构的ISO 9001质量体系标准2000版的转换，通过ISO 14001环境管理体系认证监督审核。2004年，公司列山东省200家重点工业企业集团第188位，列山东省轻工行业第40位，列山东省出口百强企业第57位，出口创汇7792万美元。

2005年，产量突破10万吨。2006年，公司生产的管路连接件被评为山东名牌产品。2007年，公司被评为全国重合同守信用企业。2008年，上缴税金2.49亿元，在山东省利税百强中列93位。同年，投资1.5亿元，在平阴县工业园新征土地近12公顷，新建产能4万吨/年球铁分厂。2009年，公司生产的18–20管路连接件复评为山东名牌产品。同年，公司被山东省科技厅、财政厅、国税局、地税局等部门认定为山东省高新技术企业，上缴税金2.22亿元，列山东省100家工业企业利润第99位。

至2010年，济南玫德铸造有限公司有英标、美标、德标三大系列，5000多个品种规格的铸造产品，总产能近30万吨/年，其中玛钢管件10万吨、螺旋钢管10万吨、球铁沟槽管件4万吨、钢管接头接管2万吨、电力金具1万吨、青铜管件500吨、其他铸造产品1万吨等，产品远销80多个国家和地区，年自营出口超过2亿美元，已成为中国玛钢管件的生产基地。2010年，公司完成主要产品产量17.6万吨，工业总产值18.3亿元，销售收入21.2亿元，实现利税8.1亿元，利润6.5亿元，出口创汇2.1亿美元，拥有固定资产原值5.6亿元，职工3300人。

第十篇　电子信息工业

1986年年初，全市有市属电子企业28家，职工13635人。其中，全民所有制企业7家，集体所有制企业21家；通信设备生产厂2家，广播电视设备生产厂2家，半导体器件生产厂5家，电子元件生产厂9家、测量仪器和应用整机生产厂3家、设备模具生产厂2家、配套器材厂3家和电子工业供销公司、电子应用公司。共生产9大类230多种产品。1988年，济南市电子工业系统全面贯彻、执行《中华人民共和国企业法》，全面推行厂长负责制，精减非生产人员，实行中层干部选聘制，企业内部实行计件工资、定额工资、岗位工资等形式，工资总额同实现利税挂钩浮动。1990年，济南市电子工业系统有企事业单位33家，其中市属企业26家，研究所2家，供销公司1家，中外合资企业4家，职工13253人，固定资产净值1.33亿元。1995，济南市电子工业局开展“管理效益年”活动，优化产业结构，全行业盈亏相抵后，实现利润149.9万元。1998年，开展“两本管理”和“管理效益年”活动，推广泰山集团、济南无线电十四厂加强成本管理经验。2000年，编制《济南市信息化建设及信息产业“十五”规划》，制定《电子系统对外贸易工作意见》，实行“以外带内、以内促外”策略，对外贸易成为亮点。至2010年，济南市电子信息产品制造业形成以高新区为中心，辐射历城临港工业园、章丘明水工业园、槐荫民营工业园、长清晶恒工业园“一区四园、两翼展开”的产业格局，有通信设备、信息家电、半导体元器件、汽车电子4大产业集群，产品涉及投资类、消费类、元器件类三大类别400多个品种。

第一章　电子工业体制改革

第一节 管理体制改革

1986年起，济南市电子工业系统在坚持改革、开放的同时，对管理体制进行改革，推行“ABC管理物资法”“目标管理法”“成本控制法”等现代化管理方法，加强企业管理，挖掘企业内部潜力，提高经济效益。1988年年底，全系统有企事业单位27家。其中，整机厂7家，元器件厂12家，工艺协作厂3家，后方厂2家，研究所2个，职工12899人。1990年，济南市电子工业系统把利用外资、兴办中外合资企业与系统内产品结构调整及“八五”时期行业发展计划相结合，统筹安排。鼓励企业多渠道与外商洽谈合资项目，引导外商向系统内通信、元器件等重点优势领域投资。同年利用外资526万美元。

1991年，济南市电子工业系统加强对中外合资企业的管理、协调和服务，发展外向型经济。至年底，共批准成立外商投资企业11家，总投资1182万美元，其中实际利用外资293万美元。1992年，济南市电子工业系统制订《深化企业劳动用工制度改革，搞活内部分配的实施意见》。在干部人事制度方面，实行干部聘任制；在用工制度方面，实行优化组合；在分配制度方面，把个人收入与个人贡献、企业效益挂钩。1993年，济南市电子工业系统加强宏观调控，发展第三产业，推进二、三产业的交叉延伸。至年底，全系统发展第三产业67家，从业人员700多人，占职工总数的6%；营业收入3200多万元，实现利税200多万元。1994年，济南市电子工业系统制定《第三产业发展规划》及考核、奖励等办法，推动全系统第三产业快速、健康发展。

1995年年初，济南市电子工业系统制定有关加强企业管理文件，规范企业行为。同时，以优势企业兼并亏损企业、与国际知名大公司合作、推动"产学研"联合，加快第三产业发展。1996年，济南市电子工业系统提出调整产品结构、转机建制的新思路，明确今后济南电子向产业、行业、信息产业三个层次发展的方向和当年遏制住下滑局面，三年大变样，五年建成支柱产业的三步走发展目标。在系统各企业内实施再就业工程，发展第三产业。

1997年，济南市电子工业系统以市场为导向，以培育新的经济增长点为重点，运用机制和政策激发科技人员的积极性和创造性。全系统共开发新产品36项，其中达到国际先进水平2项，达到国内先进水平4项，达到省内先进水平3项，通过火炬计划验收3项。深化两本管理，强化以财务管理为基础的成本管理和会计工作，管理效益创新高。1998年，受东南亚金融危机冲击，外贸出口大幅下滑。济南市电子总会(局)正确处理"改革、发展、稳定"的关系，集中力量打好"三个攻坚战"(改革、扭亏、再就业)。济南市电子工业系统颁布《科技进步奖励办法》，制订《行业产品结构调整方案》《优化资本结构中小企业改制改组方案》《加强成本管理，压缩两项费用的实施意见》等。1999年，在改革改制中实行重点突破、分类指导，分别制订改革改制意见。至年底，改制企业总股本金4931.27万元，其中吸收职工入股金617.98万元。同年，济南市电子总会(局)提出立足省会城市，建立发展济南信息产业的新框架，用四年时间在全系统开展"二次创业"活动，解决部分产品结构不合理、档次低等问题，制订《电子行业发展方案》和《电子工业产品调整实施方案》。

2000年，全年全行业改制面75%，改制企业股本总额15387万元。济南无线电十四厂整体改制，组成济南豪商电子有限股份公司；山东通信集团组建为山东大齐通信电子有限责任公司，职工股占70%，企业股占30%；济南半导体总厂进行改制后股份重新确认；济南无线电九厂确定为国有企业；山东电子器材厂切块剥离后组建3个具有法人资格的股份合作制企业。2001年6月，机构改革，济南市电子总会(局)撤销，成立济南市机械电子工业协会(办公室)。同时，开始组建济南市机械电子国有资产经营公司(以下简称市机电国资公司)，12月18日正式挂牌成立，行使国有资本出资人职能，监管集体企业资产，享有国有资本运营机构权力，承担相应责任。按照现代企业制度要求，完善法人结构，理顺母子公司产权关系，建立以产权为纽带的权属关系，承担国有资产保值增值责任。下辖国有及集体企业61家，职工43372人，总资产64.67亿元，负债5.49亿元，负债率8.5%，净资产6.99亿元。2002年，市机电国资公司按照"产权清晰、权责明确、管理科学、运作规范"的方针，探索国有资产管理、经营的新途径、新方法，济南机电工业得到快速发展。全系统共实现工业增加值9.31亿元，销售收入27.84亿元，利税1.87亿元，利润3164万元，全年外贸出口创汇3300万美元，利用外资2100万美元。2003年，市机电国资公司加大投入，改造提升传统产业，抓优势骨干企业，重新编制《济南市机电工业发展规划》《济南市机械装备工业发展规划》。2004年，经过技术改造、新产品开发，机电系统一批技术水平高、经济效益好的新产品替代老产品，成为全系统的主要产品和优势产品。8月，济南市机械电子工业协会(办公室)、济南市机电国资公司撤销；9月11日，成立济南市人民政府国有资产监督管理委员会。

2005～2010年，市政府先后制定《济南市电子信息产业调整振兴规划》《济南市人民政府关于创建中国软件名城的意见》《关于推进信息化与工业化融合，加快信息化建设的意见》等政策和措施，全市信息产业(电子工业)得到快速、健康发展，形成较为完备的产业体系。

第二节　企业改革

1988年，济南市电子工业公司深化企业内部改革，改革企业领导体制，全面推行厂长负责制；改革企业干部制度，调整机构，精简非生产人员，健全规章制度，在企业中实行中层干部选聘制，并引入竞争机制；改革企业内部劳动制度，在部分集体企业试行优化劳动组合制度；改革企业内部分配制度，在国家规定的工资总额范围内，企业内部有权实行计件工资、定额工资、岗位工资等形式；在企业推行“工效挂钩”，即工资总额同实现利税挂钩浮动。至年底，全系统完成工业总产值3.08亿元。1989年，开展“双增双节运动”和“企业管理年”活动，有6种产品出口，全年完成出口交货值1001万元。1990年，济南市电子工业系统充实、完善销售承包责任制。1992年，贯彻落实《全民所有制工业企业转换经营机制条例》，国有企业转换经营机制，股份制试点在规范中发展；以发展企业集团为重点，企业组织结构进一步优化。1993年，济南市电子工业局对长期存在的“三多三少”(低市场占有率的老产品多，高市场占有率的新产品少；经济规模小的产品多，经济批量大的产品少；内销产品多，外销产品少)不合理结构进行调整，全年全系统开发新产品25种，新产品产值率40%。1994年，济南市电子工业局实施“一招三引”(招商、引资、引技术、引产品)，全年与外商达成合作意向、协议25个，项目总投资2.55亿美元，协议利用外资8000万美元。1995年，济南市电子工业局开展“管理效益年”活动，全行业盈亏相抵后，实现利润149.9万元。1998年，开展“两本管理”和“管理效益年”活动，推广泰山集团、济南无线电十四厂加强成本管理的经验，全年实现管理效益780万元。济南无线电十四厂和泰山集团的两项管理成果获市三等奖，济南无线电十四厂获成果发布二等奖并被评为市企业管理先进单位。

2001年，济南市机械电子工业办公室将结构调整作为工作重点，实施产业创新和技术创新，培植一批新的经济增长点。2002年，加大权属企业改造投入和结构调整力度，系统各企业以谋求资产效益最大化为目标，外拓市场，内抓管理和调整。在工业园区建设上、在调整盘活资产重组上、在产权制度改革上、在企业退出职工身份转换上进行“四个突破”资产运营尝试，明确企业产权纽带关系。2003年，企业改革改制迈出实质性步伐，面向资本市场，以股权转让、战略重组进行改革，完成试金集团与北京时代集团的战略重组；考格尔集团重组调整，剥离与专用车产品没有关联的济南重工股份、济南宏力电器公司2家企业，由资产经营公司管理；以晶恒电子工业园为载体对电子企业整合调整；对仪表企业、电控企业结构调整，由济南第三仪表厂、济南市中光大电控厂分别牵头调整重组济南压力表厂和济南开关厂；以济南中电科技有限公司为母体对困难企业重组调整，整合重组济南引力公司、济南专用汽车厂2家企业；对劣势老大难企业加快退出市场调整，基本完成济南轧钢厂破产清算工作。2004年，按照市委、市政府提出的两年内完成深化产权制度改革任务，国有股比例下降到30%以下的总体目标，对权属49家企事业单位，按照建立现代产权制度的要求，完成25家(其中国有18家、集体7家)企事业单位的改革，对8家优势企业进行提升改造，11家企业进行改制重组搞活，6家企业退出市场。2005年，济南市电子信息产品制造业形成较为完备的产业体系。在产业布局上，形成以高新区为中心，辐射历城临港工业园、章丘明水工业园、槐荫民营工业园、长清晶恒工业园"一区四园、两翼展开"的产业格局，规模经济和产业集中度明显提高。在产业结构上，形成计算机及通信设备、信息家电、半导体元器件、汽车电子四大产业集群，产品涉及投资类、消费类、元器件类三大类别400多个品种。浪潮服务器、浪潮计算机、浪潮税控机、松下彩电、九阳小家电、神思智能公话、积成电力控制设备和晶恒半导体分离器件等一批高技术、高附加值、高效益产品在国内外市场占据竞争优势。2009年年底，全市电子信息产业(电子信息制造和软件服务)有规模以上企业500余家，实现销售收入864亿元。

第二章 计算机制造业

第一节 沿 革

1986年年初，济南电子计算机工业有山东计算机技术服务公司、山东省电子研究所2个省驻济南全民所有制单位，有职工768人，其中工程技术人员167人。1987年7月，浪潮电子信息产业集团公司(以下简称浪潮集团)成立。1988年9月，浪潮集团形成以"浪潮"牌微机为龙头产品，以山东计算机服务公司、山东电子设备厂、山东省电子研究所、山东省电子器材公司和中国电子技术进出口总公司山东分公司等5家省属企事业单位为实体层，以山东黄海软件开发公司等5家独资公司、东港实业有限公司等4家中外合资企业和济南微电脑服务中心等8家内联合资企业组成紧密层，以47家合作配套单位为松散层的经济实体。1994年，浪潮集团建立技术中心，投资2600万元。1995年，浪潮集团将原研究所五室与软件开发公司合并成立系统公司。11月27日，济南计算机总公司宣告破产还债。1998年10月27日，浪潮集团召开"浪潮电子信息产业股份有限公司"创立大会和第一届股东大会。浪潮电子信息产业股份有限公司总股本1.5亿股，各发起单位的股权比例为浪潮集团85.8%、东方电子6.67%、算通科技3.33%、时风集团1.87%、金达实业1.33%、全泰电脑1%。1999年，浪潮集团与济南市广电局合资成立广电浪潮信息服务有限公司；与北京佳软公司合资成立浪潮佳软电子商务技术有限公司。

2000年年初，浪潮集团联合山东大学科技开发总公司、华资投资有限公司等股东，同时吸收潍坊东方工业电讯有限公司，共同组建浪潮齐鲁软件有限公司。4月，浪潮股票A股发行，6月8日在深交所挂牌交易。12月16日，浪潮齐鲁软件有限公司与泰山旅游股份公司签订收购协议，并将1.47亿元优质软件资产注入泰山旅游，该公司变为主营电信类软件高科技公司，泰山旅游更名为齐鲁软件。2001年，浪潮集团与英特尔公司(INTEL)、韩国LG集团等世界一流企业建立合作伙伴关系。2006年4月18日，浪潮集团在国内使用中英文结合的新品牌标识"Inspur浪潮"，海外单独使用英文标识"Inspur"。2009～2010年，新认定软件企业38

家，累计310家；新认证系统集成资质企业9家，累计70家；通过CMM/CMMI认证企业26家；凌佳公司通过ISO 27001认证，实现济南市信息安全认定“零的突破”。

第二节　研发与创新

1986～1987年，浪潮集团获山东省优秀应用项目奖5项，获山东省优秀新产品奖2项，获省科技进步奖1项。1988年，浪潮集团开发新产品8项，完成开发项目20项，其中通过部级鉴定1项，通过省级鉴定3项。1990年，浪潮信息产业集团公司生产的产品获国家、机电部、山东省优质奖6项。1991年，浪潮集团推出主机新品9种，其中486－25C/33C微型计算机和被列入山东省火炬计划的CAG显示卡达到国际技术水平。1992年，浪潮486SX微机达到国际同类机型先进水平；浪潮XW多用户字处理和浪潮WP字处理软件是第一个具有自己版权并通过部级鉴定的产品。浪潮486B－33C、386－40C/33C/25C等产品均达到国际水平；浪潮386－40C被机电部评为优等产品。1993年，浪潮集团在新加坡研制出中国第一台小型机服务器。1995年，浪潮集团研发的大型数据库客户机——服务器体系结构（C/S）为国内最先进水平。1996年，浪潮集团完成新品开发21项，其中有6项分别获国家及省、市科技成果和优秀新产品奖，其中浪潮586－60微机和SMP－2000小型计算机被国家经贸委评为国家级新产品奖，同时被国家科委评为国家科技进步二等奖，成为1996年度计算机界最高科技奖。1997年，“浪潮奔腾系列服务器”和“银行资金清算系统”等硬件产品和软件系统通过省级以上技术鉴定。其中，SMP3000小型机获省科技进步二等奖，并获国家级优秀新产品。浪潮服务器被列入国家“863”重点支持项目。1998年，浪潮集团完成科研开发项目16项，通过省级鉴定7项，其中，SMP3000和SMP6000小型机分别获国家科技进步三等奖和山东省科技进步二等奖。

2005年，浪潮高性能服务器获国家信息产业重大技术发明奖。2007年8月2日，国际权威测试组织SPEC在其官方网站上发布消息，浪潮集团完成全球第一个基于Intel四核平台SPECjAppServer–。2004年9月，浪潮服务器刷新世界商用智能TCP–H世界纪录，是中国服务器首次打破世界纪录。10月，由中创软件

中创软件工程股份有限公司　（2010年摄）

商用中间件股份有限公司与国防科技大学、北京大学、北京航空航天大学、中科院软件所组成的投标联合体中标承担国家“863计划”重点项目“高可信软件生产工具及集成环境”，获经费6813万元。2008年，中创软件工程股份有限公司建立中国首个基于IBM Rational的跨区域协同开发平台。12月，由中创软件承建并运营的中国第一张三卡合一的昆山市民卡工程开通。2010年，城市一卡通成为第一个覆盖全省的便民卡，累计发卡50多万张，日交易额80万元，安装POS机1万多台，一卡缴费包括公交、高速公路、出租、公园、统一银座、通信等范围，签约商户1000多家。开展新一代信息技术推广应用，推动物联网在城市管理等典型领域的应用，基于物联网的路灯节能系统开始建设，年节电量1亿度。

第三节 生 产

1988年，浪潮集团形成年产微机2万台、显示器2万台、电子推广应用产品2万台的生产能力，完成工业总产值1.33亿元，实现销售收入1.56亿元，实现利税总额1600万元，创汇600万美元，成为中国电子行业百家先进企业之一。销售收入列中国计算机行业第三位，被列为中国计算机工业的三大支柱企业之一。1989年，生产各种微机5632台，完成工业总产值1.14亿元，完成销售收入1.5亿元，实现利税1625万元。1990年，生产“浪潮”牌0500系列微机138万台，出口创汇623.9万美元。1994年，浪潮微机年销量在国内计算机厂家中居第二位。1996年，共销售各类系统、应用软件2.3万套，浪潮国强财务软件在国家天然气总公司系统中标，一次推出9000套，成为中国有重大影响的财务软件。1999年，与古巴签订出口PC机1万台的合同，合同金额600万美元，成为国内一次性出口PC机最大订单。

2000年，销售服务器1.42万台，销售微机30.58万台，软件及集成实现销售收入2.5亿元。浪潮服务器跻身于中国服务器市场前三名。2002年，全市生产电子计算机2.65万台，微型电子计算机23.67万台。2004年，生产小型电子计算机5.4万台，微型电子计算机29.8万台。2005年，生产小型电子计算机5.8万台，微型电子计算机30.5万台。2006年，生产电子计算机6.02万台，微型电子计算机30.28万台。浪潮服务器，连续第10次蝉联国产服务器销量与销售额第一名。2007年，浪潮集团以四核战略和占领新兴市场为契机，建立横向资源整合，产品、技术、市场等各个方面锁定领先地位。2008年，全市生产电子计算机8.3万台，微型电子计算机42.24万台。2010年，全市生产电子计算机30.07万台，微型电子计算机20.14万台，服务器9.93万台。

第四节 产 品

1986年，浪潮LC0520A型微型计算机被评为山东省优质产品和电子工业部优质产品。1987年，浪潮LC0520A型微型计算机被评为国家优选系列机。1988年，浪潮LC0520D型机和浪潮LC0530型微机分别被评为山东省和机械电子工业部优质产品。1990年，浪潮微机在全国计算机行业质量评比中以99分的最高分获一等奖，并在国家首次计算机国优奖评比中获国家银质奖(评比最高奖为银质奖)，产品优质品率83.4%。1991年，浪潮386SX微机分别被评为省优、部优和国优产品；386H－33C微机被评为省优产品；浪潮集团优质品率82.2%。1994年，浪潮微机系列产品被评为山东名牌产品。1996年，浪潮集团自主开发的VCD影碟机、浪潮420绿色终端机进入批量生产；浪潮MVC－3000多媒体视频监控器和SMP－3000小型机批量投入市场；浪潮PS系列微机和浪潮银行客户服务系统进行试生产。

2000～2005年，各企业开发生产计算机及其应用类产品、网络类产品、软件类产品、新一代通信产品、数字视听设备、税控机和利用电子系统技术改造传统产业产品等七大类近40个品种。2007年，新一代存储产品由浪潮集团AS400研发成功，该产品使用户在体验4Gb带来的高速传输和高可靠性的同时，还能获取SAS技术更佳的带宽和扩展性，在软件方面AS400系统可配置路径冗余软件、快照、Mirror等用户增值软件，远程复制功能变为现实。9月28日，浪潮集团联合北京航空航天大学研制出商业化虚拟集群软件平台——CROWN Virtual Cluster，该产品具有较好的WEB界面和图形显示方式，解决高性能计算中操作命令难记、界面难懂、结果难看等诸多问题。同年，浪潮集团主力产品“稳定之星”NF280D完成45纳米平台升级。12月14日，国家质量监督检验检疫总局将浪潮服务器列为国家唯一免检服务器产品。2009年，新登记软件产品202个，累计1858个。2010年，登记软件产品2055个，具有自主知识产权的软件产品占95%以上。

第三章 通信设备制造业

第一节 沿 革

1986～1988年，济南市电子工业系统有济南无线电一厂、九厂及山东省无线电厂3个通信设备制造企业。1992年12月12日，山东通信电子产业集团公司在济南成立。1995年3月，山东通信电子产业集团建立山东泉清通信有限公司。1997年5月28日，公众多媒体信息网——169济南信息港正式开通。7月19日，济南市电信局拆分为济南市电信局和济南移动通信公司。浪潮集团加入信息产业部的国家无线通信标准组（CWTS），并承担信息产业部第三代移动电话（CDMA）的科研试制计划项目。

2000年，山东通信电子产业集团公司组建山东大齐通信电子有限责任公司，于2001年改制成立。2001年2月28日，济南市电信局更名为山东省电信公司济南市分公司。5月21日，中国联通有限公司济南分公司注册成立。2002年1月26日，以研发、生产、销售CDMA数字移动通信产品及相关产品为主的浪潮乐金数字通信有限公司落户开发区。5月，中国电信南北分拆，中国网络通信(集团)有限公司成立。10月16日，山东省电信公司济南市分公司更名为山东省通信公司济南市分公司。12月8日，济南市电信局主附(主辅)分离，成立济南市电信实业公司。2003年2月17日，中国卫通济南市分公司成立并与省公司市场部合署办公。6月，山东省通信公司济南市分公司完成与吉通和网通(控股)公司的融合重组工作。12月，济南市电信公司注册成立。2004年11月16日，中国网通(集团)有限公司济南市分公司成立。2008年3月，济南联通与济南网通融合重组，成立中国联合网络通信有限公司济南市分公司。

第二节 生 产

1986年，市通信设备制造企业生产通信整机405部。1989年，生产通信整机1880部，其中山东省无线电厂完成国家银牌产品明线十二路载波机584部。1990年，生产通信整机893部；完成电子电话机5.18万台。1991年，生产通信整机(不含电话机)907部。1992年，山东通信电子产业集团公司通过对所属企业的优化组合，其整体实力与优势明显增强，新研制的“点对多点无线电通信系统”被列为机电部技改规划，并投资2500万元给予重点扶持。1995年，山东泉清通信有限公司初步形成产品“生产一代，储备一代，开发一代”的局面，全年实现工业总产值2500万元，利税100万元。

2000年年底，市长途自动交换机容量9万路端，长途业务电路9万余路。本地网新建、扩容交换设备25.9万线，接入网设备22.1万线，本地网交换机容量171.17万门(线)，新建2M端口1.6万个，新建2.5GSDH环11个。新增光缆1180皮长千米，2.47万芯对千米；新增电缆8056皮长千米，134.64万芯对千米；新增管道72管程千米，381管孔千米。2006年，生产光通信设备1.6万台，生产电话单机6.6万部。中国网通(集团)有限公司济南市分公司投资4.98亿元，完成无线市话八期和九期网络优化、中小企业信息化平台、视频监控平台、平安济南试点等工程建设，新增无线市话容量134.17万线、ADSL端口55.46万线、调整交换接入网设备222.28万门(线)，新增行政村宽带接入点520个、综合接入点53个，实现行政村100%宽带覆盖。2007年，中国联通有限公司济南分公司投资6.53亿元加大网络建设和优化，完成联通GSM网络十、十一、十二期工程和CDMA网络四期工程建设，新建开通125个基站，联通网络实现包括章丘、长清大学城在内的所有驻济南高校无缝覆盖。加大对农村地区网络覆盖，城乡覆盖率99%以上。对CDMA1X网络进行扩容，无线上网速度大幅提高，无线上网用户快速增长。济南联通固定资产投资31亿元，长途光缆线路602千米，本地光缆线路6000多千米，本地数字微波线路420千米。2008年，生产光通信设备17903台，电话单机8.19万台。2009年，中国铁通济南分公司宽带装机比2008年净增长15%；中国电信济南分公司在细分市场、创新营销、行业应用、客户维系、强化支撑等方面成绩显著。移动用户数同比增长54%；3G业务市场占有率65%。宽带业务结合精品宽带建设实施“宽带提速”工程，市场占有率提高到92%。

第三节 产 品

1986～1988年，主要产品有无绳电话机、PCM终端机、明线十二路载波机及CK－2型矿用采煤通信讯号控制装置等产品。1989年，济南无线电一厂开发生产无绳电话机、PCM终端机等新产品；山东省无线电厂CK－2型矿用采煤通信讯号控制装置被评为山东省优质产品，有6种新产品通过部级或省级鉴定。1990年，浪潮集团有限公司研制出全球第一台中文寻呼机，并开发制定全球第一个汉字寻呼标准。1991年，山东省无线电厂、济南无线电一厂与清华大学联合研制开发的点对多点无线通信系统通过国家级技术鉴定。1992年，山东通信电子产业集团公司新研制成功“点对多点无线电通信系统”，主要经济技术指标达到国外同类产品80年代后期水平。1993年，家用卫星电视接收系统达到80年代末世界先进水平；12ZD－37型铁线12路载波机达到国内先进水平。1994～1999年，主要产品有2GHz、8GHz、13GHz系列数字微波通信设备，多功能综合业务接入设备，WDT-1000型点对多点无线通信设备，WDT-500型点对多点无线通信设备，WSF-1.5G微波收发信机模块，无线用户环路设备、中小容量PDH光传输设备等多种高新技术产品。其中点对多点无线通信系统填补国内空白；无线用户环路设备与技术被列为国家“863项目”。1999年，山东泉清通信有限公司开发的突发/连续模块一体化微波收发信机被列入国家经贸委当年重点技术创新项目。2000年，山东泉清通信有限公司突发与连续便捷式一体化收发信机填补国内空白。6月，浪潮集团相继研发第二代和第三代CDMA芯片；10月，浪潮集团推出800MHZLC-2000型CDMA样机。

2001年，齐鲁考格尔集团下属济南考格

尔公司研制的移动通信车具有可升降天线，内置大容量通信设备，具有固定通信系统的所有功能、移动应急、产品附加值高等特点。2002～2010年，主要有山东大齐通信电子有限公司生产的KTC2矿用微机通信控制保护装置、KTC6炮采工作面通信控制闭锁装置、KTC8矿用通信控制装置、KTC系列井下工作面监控系统及井下LED照明灯、KXT10矿用打点信号通信装置、KJD17矿用带式输送机电控装置用微机控制箱、KTC118矿用通信控制装置、ZB127矿用隔爆兼本安型广播装置、KGS5速度传感器及数字微波系列产品——2G、8G、13G频段、点对多点无线通信系统——1.5G、5.8G频段、中小容量光传输设备、多功能综合业务接入设备、网络连接产品、移动通信基站放大器系列产品等。其中，KTC2矿用微机通信控制保护装置是以微机处理技术为核心，集多种功能于一体的新一代可编程通信控制装置，适用于煤矿井下机械化高档普采、综采、综放、顺槽及掘进工作面、泵站等场合的通信。可控制监视破碎机、转载机、运输机、清水泵、乳化泵等设备，并将其控制信息、参数信息、运行状态信息等数据通过中继器、避雷器、传输接口或网络交换机等设备传递给井上计算机。该装置拥有16组开关量接点控制，16路开关输入量。液晶汉字显示运行、故障、闭锁、电源、电压等参数，输入电压交流127伏，宜带扩音电话10～15个，最大通信距离1500米。

第四章　广播电视器材制造业

第一节 沿 革

1986～1989年，济南市广播电视器材制造业有山东电视机厂、济南无线电十三厂、山东三联电子公司3家专业生产厂和济南无线电六厂1家兼业生产厂。1992年，济南广播电视发展公司成立。1995年11月，山东松下电子信息有限公司成立。1996年，山东电视机厂、山东东辰集团、松下电器(中国)有限公司与日本松下电器产业株式会社共同投资2992万美元，创办山东松下映像产业有限公司。1997年11月18日，山东电视机厂更名为山东泰山电器集团公司。1998年，山东星光恒业科技有限公司成立，主要生产广播电视设备。2000年，山东通广科技开发公司成立，主要生产经营控制台、卫星接收天线、数字卫星接收机等产品。2003年，济南无线电六厂改制为山东中宝检测设备有限公司。11月，日本松下电器株式会社（PAVC）将山东松下映像产业有限公司更名为山东松下电子信息有限公司（PAVCSH）。2009年4月，济南松上影视器材有限公司成立，经营影视器材、灯光音响设备、照相器材等。

第二节 研发与创新

1993年，山东电视机厂开发35厘米、43厘米两个黑白电视新机型和64厘米大屏幕彩色电视机以及卫星接收机、程控交换机及电视附加器等一批新产品，新产品产值率75%以上。1996年，山东松下映像产业有限公司研发TC－2148和TC－2158最先进的电路和具有I2C总线控制的电路程式彩色电视机。1998年，山东松下映像产业有限公司先后研发“新潮一族”、“音飞98”系列、“画王”系列、“豪华66”系列彩色电视机等16个品种。2000年12月，山东松下映像产业有限公司推出锐屏 GIGA 系列数字彩色电视机，为世界领先技术水平，可对应全国将要开始的数字信号播放。2001 年 7 月，山东松下映像产业有限公司推出 43 英寸背投彩色电视机，在亮度和视角等方面领先于其他市场产品。11 月，山东松下映像产业有限公司推出 51 英寸背投彩色电视机。2002 年 4 月，山东松下映像产业有限公司推出 47 英寸 16 : 9 宽屏背投彩色电视机。2003 年，山东松下映像产业有限公司成功研制出 56 英寸宽屏背投彩色电视机，填补国内市场空白。2009 年，浪潮集团有限公司研发出济南市首批自主创新产品"浪潮数字电视机顶盒"。

第三节 生 产

1986 年年初，济南市广播电视器材制造业专业生产厂有职工 1889 人，工程技术人员 187 人，占地面积 6.27 万平方米，建筑面积 3.83 万平方米，固定资产原值 1558 万元。1987 年，山东三联电子公司生产的 JP-7105-1 型台式机、JP-7106 型立式机、JP-7107 型便携机、JP-7105-2 型台式机、JP-6103 型袖珍机、JP-7105-4 型台式机、JP-1010 型台式机等收音机产品因产量大减而被迫停产。1989 年，全市生产电视机 13.6 万台，其中彩色电视机 5.92 万台。1990 年，山东电视机厂单独成立黑白电视机出口车间，投资 98 万元建成黑白电视机出口生产线，形成年产 20 万台黑白电视机生产能力。同年，该厂共出口黑白、彩色电视机 2 万余台，出口交货值 2502.12 万元。1993 年，山东电视机厂完成产值 2.2 亿元，完成销售收入 1.81 亿元，实现利税 1300 万元，利润 315 万元，电视机开箱合格率保持在 98% 以上，出口 20 多个国家和地区，年实现创汇 235 万美元。1996 年，山东松下映像产业有限公司生产 TC－2148 和 TC－2158 彩电 7.08 万台，实现销售 5.9 万台，销售收入 1.2 亿元；其中出口彩电 2.07 万台，出口创汇 486 万美元。1997 年，山东松下映像产业有限公司实现工业总产值 8.74 亿元，销售收入 5.8 亿元，分别占全系统的 58.6% 和 71.5%。同年，山东泰山电器集团公司签订向南非出口 5000 台 35 厘米黑白电视机合同。1998 年，山东松下映像产业有限公司，实现工业总产值 16.68 亿元，工业增加值 1.9 亿元，实现销售收入 10.38 亿元，利税 7106.4 万元，利润 2191 万元，产量累计突破 50 万台，成为世界上第五大彩色电视机生产基地。1999 年，山东松下映像有限公司投资 1.1 亿元，新建高水平大屏幕电视机生产线。同年，山东泰山电器集团公司实施低成本扩张、资本运营战略，先后以投资多元化方式，吸引国内企业法人资本、职工个人资本、国外资本、社会自然人资本等多种方式，成为省、市电子行业中发展最快的集团之一。2000 年 12 月 22 日，由山东松下映像产业有限公司研制生产的第一台高清晰度数字彩色电视机诞生。2006 年，生产彩色电视机 32.15 万台。2007 年，山东松下电子信息有限公司生产的彩色电视机年产量 150 万台，一次成品合格率 97.17%。2010 年，浪潮集团有限公司生产的浪潮数字电视机顶盒年产量 100 万台以上，是国内机顶盒大规模制造生产基地之一。

第四节 产 品

1986 ～ 1988 年，全市主要产品有广播电视器材、发射器材、调频发射机、广播发射机、电视转播车、接收器材、广播接收器材、收音机、电子管收音机、晶体管收音机、便携式收音机、袖珍式收音机、台式收音机、落地式收音机、扩音机、收扩两用机、录音机、电唱机、舞台扩音设备、电视接收器材、电子管电视机、晶体管电视机、黑白电视机、彩色电视机、集成电路电视机等。1993 年，"泰山 2185" 彩色电视机被评为全国金奖产品。1996 年，山东松下映像产业有限公司生产的 TC－2148 和 TC－2158 彩色电视机机芯采用最先进的电路，具有 I2C 总线控制的电路程式。采用自动白平衡电路、IC 延时电路，彩色电视机画面质量和工艺生产水平得到提高。电路中通过计算机接口实现自动调整，保证产品的一致性和优良品质。1998 年，山东松下映像产业有限公司生产“新潮一族”、“音飞”98 系列等彩色电视机 16 个品种。同年，山东星光恒业科技有限公司推出自主产权产品 Magiplay 硬盘播出系统、ProHD On Tour 系列移动演播系统。

2000 年，山东松下映像产业有限公司推出豪华型 33 英寸、纯平面豪华 29 英寸、豪华外观型 21 英寸、25 英寸、29 英寸等系列彩色电视机和山东通广科技开发公司生产的控制台、卫星接收天线、数字卫星接收机、投影机及闭路监控设备等产品。2005 年，山东松下电子信息有限公司生产的液晶系列电视首获国家产品质量免检资格。2007 年，山东松下电子信息有限公司生产的液晶电视 TC-32LX700D/70D、TC-37LZ700D、TC-37LX70D 获节能产品认证、中国环境标志（Ⅱ 型）认证，TC-37LZ700D、TC-37LX70D 获首批政府强制采购产品并列入“节能产品政府采购清单”。2008 年，山东松下电子信息有限公司研制出高端电视机机顶盒。2009 ～ 2010 年，山东星光恒业科技有限公司研制出便携式演播室系统。该系统采用全新一次铸压成型的 PPS 新型改良材料，坚固耐用、抗高温低温老化、抗震、防水、防干扰，结构紧凑、坚固、便携。浪潮集团有限公司研制出浪潮 STB-7161C 高清双向数字有线电视机顶盒、浪潮 STB-7181C 高清数字有线机顶盒、浪潮 STB-7166C 高清双向数字有线机顶盒、浪潮 STB-7160C 高清双向数字有线机顶盒、浪潮 STB-5102C 标清双向数字有线机顶盒、浪潮 STB-5100C 标清双向数字电视机顶盒、浪潮 STB-3200C 标清数字有线机顶盒、浪潮 STB-3700C 高清数字有线机顶盒、浪潮 STB-7100C 高清双模数字电视机顶盒、浪潮 STB-2201C 双向数字电视机顶盒、浪潮 STB-5200C 标清双模数字电视机顶盒、浪潮 STB-2600C 数字电视机顶盒，并通过 MTBF（平均无故障工作时间）≥ 1.5 万小时的可靠性实验。

第五章　电子元器件制造业

第一节 沿 革

1986 年年初，济南电子元器件制造业有 9 家企业：济南无线电五厂，生产电声元件；济南无线电七厂，生产电解电容器；济南无线电八厂，生产印刷电路板；济南无线电九厂、十厂，生产接插件；济南无线电十二厂，生产涤纶电容器；济南无线电十四厂，生产继电器；济南无线电十六厂，生产电阻器；济南磁性材料厂，生产磁性元件。皆为集体所有制企业，共有职工 3934 人，其中工程技术人员 205 人。1988 年，市电子工业系统中有元器件厂 12 家，研究所 2 个。济南半导体元件实验所成为山东省电子行业第一个 A 级标准器件生产厂。1990 年，济南半导体一厂与台商成立济南固锝电子器件有限公司，主要生产传真机、电子电话机、无线电话机、小型办公自动化工作站以及开关、整流二极管等产品。1992 年，济南无线电九厂和济南无线电十厂联合成立济南接插件总厂。1993 年，济南变压器厂改制为济南志友集团股份有限公司。1994 年 11 月，济南无线电四厂破产还债。

1995年，济南无线电十四厂兼并济南无线电线材厂。1996年8月，济南无线电设备制造厂并入中国轻骑摩托车集团总公司。1997年，济南电容器总厂收购破产企业济南电子工业供销公司。1998年12月，济南接插件总厂分立为济南无线电九厂和济南无线电十厂两个法人实体单位。1999年，济南半导体元件实验所与日本山田尖端科技株式会社签订合资意向书，并成立济南晶恒山田电子精密科技有限公司，该项目投资195万美元，其中外资61万美元。同年10月，济南晶恒有限责任公司成立，主要生产半导体分立器件和芯片。

2000年，济南无线电十四厂整体改制，组建济南豪商电子有限股份公司；山东通信集团组建山东大齐通信电子有限责任公司；山东电子器材厂切块剥离后组建济南半导体一厂、济南电子塑料厂和山东电子器材厂3个具有法人资格的股份合作制企业；济南无线电六厂被山东省农村经济开发服务总公司兼并。2001年12月18日，济南市机械电子国有资产经营公司成立，该公司行使国有资本出资人职能，监管集体企业资产，享有国有资本运营机构权力，承担相应责任。2004年9月11日，济南市人民政府国有资产监督管理委员会成立，撤销济南市机械电子工业办公室和济南机械电子国有资产经营公司。2004～2009年，半导体照明与光伏产业发展迅速。山东华翼微电子公司注册成立，填补RFID芯片、天线设计两项空白，加速RFID完整产业链形成。总投资10.8亿元的晟朗太阳能多晶硅、电池片及光伏组件项目一期工程开工建设。总投资40亿元的浪潮(济南)光电子产业园奠基。山东浪潮华光光电子有限公司、济南宝世达科技有限公司分别以超高亮度LED外延片、LED显示屏等产品领先国内市场。山东华芯公司收购奇梦达西安研发中心，并与上海博通公司合作研发生产ETC芯片。山东华翼公司与上海坤锐公司合作集成电路设计业务。2010年，器件生产企业仅剩济南半导体元件实验所1家。济南半导体一厂、四厂改制为民营企业，济南半导体二厂、三厂、五厂退出市场。元件生产企业济南无线电九厂改制为济南无线电九厂有限公司，其余16家退出市场。

第二节 研发与创新

1988年，济南半导体元件实验所承担研制的配件获国家科技进步特等奖，硅肖特基接触功率整流二极管获机电部科技成果三等奖。济南无线电十二厂研制的“珍珠”牌涤纶薄膜电容器获全国行评一等奖。1993年，济南半导体元件实验所研发的功率肖特二极管达到80年代末世界先进水平；银镍30电触头达到国内先进水平。1997年，济南固锝电子器件有限公司与台湾美徽科公司联合开发国际新型贴面二极管SMA，并打入国际市场；济南无线电十四厂与清华大学、北京大学、山东大学、山东省科学院等10多家大专院校和科研单位建立长期合作关系，共开发新产品50多种，60%以上填补国内、省内空白，工艺和技术性能具有国内先进水平。济南半导体元件实验所、济南无线电六厂、济南无线电十四厂发展成为高新技术企业。1998～1999年，市电子工业系统颁布《科技进步奖励办法》，重奖4个科技进步、3个技术进步企业的科技开发有功人员。1998年，济南半导体元件实验所、无济南线电九厂、济南电子器材厂被评为技术进步先进企业。1999年，山东通信电子集团华辰公司开发谐振式开关电源，被列入济南市科委1999年重点攻关计划。

2000年12月，济南无线电九厂生产的4种连接器全部通过信息产业部鉴定。2001年，济南志友股份有限公司开发YSS-8000/110、SFSZ9-63000/110大阻抗、SFPSZ9-180000/220特大型、欧式箱型4种变压器新产品，改进110千伏级变压器绝缘结构，开发完成硬纸筒制造和变压器二次吊芯新工艺、220千伏级特大型变压器制造工艺。2002～2004年，市电子工业系统加强技术创新体系建设，与知名院校建立长期产学研合作关系，加速科技成果转化。2002年，济南晶恒有限责任公司获2002年度济南市科学技术进步奖。2003年，志友集团的大型变压器改造项目入选国家“双高一优”(高新技术产业化、高新技术和先进适用技术改造传统产业、优化重点产品和技术结构)专项，当年立项当年投资过千万元；济南半导体元件实验所通过市级技术中心验收。2004年，志友集团省级技术创新重点项目“SFPSZ9-180000/220环保型免维护电力变压器”、市级新产品“智能型SSZ9(10)-20000-50000/110环保免维护变压器”全部完成设计研发并通过省、市级鉴定。2010年，全行业拥有国家级企业技术中心1个、省级技术中心5个、市级技术中心13个，承担国家“863”攻关项目9项，占全市的50%。

第三节　生　产

1986～1988年，市电子工业系统先后引进国外先进设备，建成具有国际80年代初先进水平的生产线19条。至1988年，已具备年生产集成电路500万块、半导体分立器件1亿支、电子元件1.4亿支能力。1989年，生产集成电路404.1万块，半导体分立器件4681万只，电子元件7837万只。其中，济南半导体元件实验所集成电路产量330万块，跃居全国第三位，北方地区第一位。1990年，市电子工业生产半导体分立器件7034万只，集成电路327万块，电子元件9715万只，其中基础元器件产品产值1.37亿元，占电子工业总产值34.3%。1991年，市电子工业主要经济效益指标下滑幅度较大，通过技术改造和加强管理，部分企业扭亏增盈。其中，济南半导体元件实验所、三联电子公司和济南半导体四厂3家企业实现利润增长。同年，基础元器类产品产值1.78亿元，占电子工业总产值40.2%。1992年，由于电子产品降价、原材料涨价，亏损企业效益继续下滑，但元器件制造却稳中有升。济南固锝电子器件有限公司、济南无线电十四厂、济南无线电二厂等企业扭亏增盈。元器件类产值1.97亿元，同比增长10.9%。1993年，兴办第三产业，打破产业封闭，推进二、三产业交叉延伸。济南无线电十二厂兴办“三大”百货商店，安置职工73人，销售额1100万元，赢得“买毛线到三大”的声誉。济南半导体元件实验所第三产业，从一个小门市部起步，1993年实现利润40万元，人均创利6500元。济南无线电八厂的光远电子公司，60名职工年营业收入320万元，上缴利税38万元。1995年，市电子系统实现全行业扭亏为盈。2月17日，济南无线电十四厂兼并济南无线电线材厂，至年底实现产值2500万元，销售收入2000万元，利税180万元，固定资产增值80万元。济南固锝电子器件有限公司开拓国内外市场，扩大生产规模，增加产品品种，全年实现工业产值2600万元，销售收入2500万元，利税400万元，创汇260万美元。1995年，济南固锝电子器件有限公司被评为全国“双优三资企业”，并跨入全省“三资企业500强”行列。1996年，济南固锝电子器件有限公司克服三资企业优惠政策发生重大调整变化和国际电子器件市场大幅度降价等困难，在确保STS、FR、HER、SF、GPP、SKY1-6A二极管、1-35A整流桥主要产品市场的前提下，对原有产品实行规模膨胀，发挥1.5A、2A、3A、6A和KBL、KBU、WOB等新产品优势，开辟新市场。同年，该公司生产整流二极管、整流桥4.5亿支，完成工业总产值3558万元，实现销售收入3410万元，利税295万元，创汇390万美元。1997年，济南无线电二厂、济南无线电十七厂因生产困难被迫停产整顿。济南无线电十四厂全部还清债务，固定资产增加到600多万元，产品由过去单一品种发展到4大系列50多个品种，成为济南市电子行业的骨干企业。济南固锝电子器件有限公司制定“继续加大国际市场力度，创自己企业名牌，加强质量管理，不断开发新品种”经营战略，全年实现出口创汇430万美元，占销售总收入96.7%，被评为“济南市十大创汇企业”之一。1998年，受东南亚金融危机冲击，外贸出口大幅下滑。济南固锝电子器件有限公司把战略重点由亚洲转向欧洲、美洲地区，同时提高产品质量，降低成本，开发研制附加值高的新产品，全年出口创汇360万美元，被济南市政府评为“先进外商投资企业”。1999年，济南半导体元件实验所、济南半导体四厂、济南无线电九厂和济南半导体一厂生产国际现代尖端水平的半导体分立器件、半导体开关二极管、连接器等。

2000年，济南半导体元件实验所盘活和平路厂区土地2万平方米，在长清工业园购地20万平方米，建成引线框架项目、厂房2万平方米。济南无线电十四厂在济南东部购置土地2.67万平方米。2001年，济南志友股份有限公司220千伏级特大型变压器技术改造项目竣工投产，项目总投资2700万元，建成2600平方米的装配车间、发电机房和高压试验大厅，安装200吨行车、试验用发电机、8000千伏安中间变压器、进口气垫运输车等大型设备。济南固锝电子器件有限公司进行土地置换，整体迁入济南市临港经济开发区(南区)，新建标准电子生产厂房及办公、公寓等辅助设施共1.8万平方米，二极管生产能力由7亿支增加到12亿支，年出口创汇800万美元～1000万美元。2002年，济南志友集团股份有限公司实施“市场领先”战略，销售收入1.5亿元，并创一次签单3000余万元的历史最高纪录。2003年，济南半导体元件实验所、济南半导体四厂、济南半导体一厂和济南无线电九厂生产各类半导体分立器件和接插件产品数十万只，受到信息产业部嘉奖。2005年，电子信息产品实现销售收入143.58亿元，完成增加值44.47亿元，完成利税4.53亿元，出口创汇1.45亿美元。在产业结构上，形成半导体元器件、汽车电子两大产业集群，数百个品种。2006年，元器件生产企业共完成半导体分立器件56.84亿件，集成电路1.6万块。济南半导体元件实验所年产值3.44亿元，出口创汇1860万美元，SMD生产线已形成批量生产。2007年，济南半导体元件实验所实现销售收入4.09亿元，出口创汇2032.5万美元，缴纳税金716.3万元。2010年，济南半导体元件实验所完成营业收入2.33亿元，实现利润3240万元，出口创汇541.5万美元。

第四节 产 品

1986～1989年，电子元器件主要产品有集成电路、硅PNP高频/高反压开关晶体管、运算放大器电路、二极管、三极管、接插件和电容器等。二极管品种有肖特基二极管、2CK硅开关二极管和2AK锗开关二极管等。1989年，济南半导体元件实验所共有14种产品先后被评为部优、省优和市优质产品，优质品率80%以上；生产的3CG110硅PNP晶体管被评为“七专”(专人、专机、专料、专批、专检、专技、专卡或专线制成的产品)部优产品，并获“七专”元器件十年工作成绩突出一级奖。济南半导体一厂生产的2AK系列锗开关二极管、半导体四厂生产的2CK51、2CK84“七专”硅开关二极管先后被评为部优、省优产品，并分别获“七专”元器件十年工作成绩突出二级奖。济南无线电十七厂生产的彩电行推动变压器和线性滤波器被评为山东省优质产品，济南半导体四厂生产的2CK硅开关二极管在全国行评中获优秀奖，济南无线电七厂生产的超小型铝电解电容器获机电部优秀奖。1990～1993年，新增稳压、开关和整流二极管、功率肖特二极管和银镍30电触头等元器件产品。1999年，电子元器件的主要种类有二极管、三极管和开关电源、变压器、电容器、芯片、连接器等。其中，元件类二极管、三极管形成普通、稳压、整流、功率等系列几十种产品。主要有肖特基、贴面二极管、2AP、2AK系列锗检波二极管、2CK系列硅开关二极管、2CW系列稳压管、IN914～IN4148开关二极管、2CZ

硅整流二极管、STD 系列贴面二极管、1 ～ 6A 系列普通整流管、FR、HER 系列快速、超快速整流管、1 ～ 35A 系列整流桥以及矽和玻璃封装的 STD、FB、HER、UF、SF、SCHCTTKV、SMD 整流二极管和桥式整流器等。

2002 年，济南志友集团股份有限公司研制出安全性高、低损耗、低噪音、免维护等特点的 SZ10-50000KVA/110KV 环保型变压器，并通过鉴定。2003 年，济南半导体元件实验所研发的 PNP/NPN 系列三极管和三端稳压器以及大功率场效应管的质量在国内同类产品中具有领先水平。2006 年，新增由浪潮自主研发设计的 32 位 SOC（数字集成系统芯片）芯片，该芯片功能和关键指标处于国内同类产品领先水平，同时获“税控数据可靠存储”等多项国家级发明专利。至 2010 年，全市电子元器件种类有二极管、三极管、频率元件、开关元件、继电器、电容器、连接器、电位器、保险元器件、传感器、电感器、电声器件、电声配件、光电与显示器件、磁性元器件、集成电路、电子五金件、显示器件等数千种产品。其中，晶恒公司研发生产肖特基二极管有 584 种，军用硅 PNP/NPN 系列三极管近 100 种，各种器件外壳 40 余种，1 ～ 500 瓦系列开关电源上千种，广泛应用于通信、电力电子设备、计算机网络及周边设备、自动控制和办公自动化等领域。

第六章　电子工业设备模具制造业

第一节 沿 革

1986 年年初，全市有济南无线电设备制造厂和济南无线电模具厂 2 家电子工业设备模具制造厂，有职工 1030 人，其中工程技术人员 52 人。1990 年，济南特利源模具机械制造有限公司成立。1992 年，济南无线电模具厂加入以山东省无线电厂、济南无线电一厂为核心层的经济联合体。同年，济南市历城区精工机械模具厂和济南兴旺模具制造有限公司成立。1993 年，济南天帮模具有限公司成立。1996 年 8 月 12 日，济南无线电设备制造厂并入中国轻骑摩托车集团总公司。1999 年，山东模具总公司整体转制具有法人地位的股份合作企业。2000 年，从济南轻骑集团模具厂中分离出来的济南精创模具技术开发有限公司成立。2003 年，山东模具总公司通过改制退出市场。2004 年，济南宏润诚模具有限公司成立，从事机械、电子设备及模具生产、销售。2005 年 8 月，山东小鸭模具有限公司成立。同年，市内 18 家非公有制模具生产企业联合发起成立济南市工商联模具行业商会，拥有会员单位 42 家，年总产值近 1 亿元。2008 年，济南数控模具科技研究所成立。

第二节 生 产

1989 年，济南无线电模具厂贷款 250 万美元，引进加拿大模具制造技术与设备。1990 年，全市完成电子专用设备 27 台。1991 年，济南无线电模具厂实现扭亏为盈。2002 年 8 月，济南精创模具技术开发有限公司成立注塑加工分厂，分别购进全新双比例电脑控制注塑机 4 台。2005 年，山东小鸭模具有限公司以 CAD/CAM/CAE/CAPP 科学集成为基础，形成数控加工为主、普通机械加工为辅的现代化加工制造模式。2010 年，山东小鸭模具有限公司固定资产 1.2 亿元，生产厂房面积 2.1 万平方米，职工 450 余人，其中，高级工程师15人，工程师45人。

第三节 产 品

1988年，济南无线电设备制造厂研制的C4740II型塑料注射成型机获机电部科技成果二等奖。1988～1992年，主要产品为C4740II型塑料注射成型机。1993～1999年，主要产品扩展到冷冲模、塑料模、压铸模及大型汽车塑料模具、精密塑料模具、锻造模具、压铸模具、橡胶模具、注塑模具、高精度冷冲复合模具、异型橡胶模具等。2000～2004年，主要产品扩展到模具设计制造、模具注塑产品、电子设备及模具和机密焊接设备、塑料加工设备等。2005～2010年，主要产品扩展到PH-4000系列热熔式高速打码机、PH-4000外部安装式同步打码机、PH-4000ZN智能独立式打码机、手动方式打码机、标记机等。

第七章 企业选介

第一节 济南市半导体元件实验所

1958年11月，济南市半导体研究所成立，是中国最早建立的半导体科研生产单位之一，属济南科学研究院。1963年12月，改称济南市半导体元件实验所。1970年，归属济南市无线电仪表工业局。1989年，济南半导体元件实验所集成电路产量330万块，跃居全国第三位。1999年，济南半导体元件实验所与日本山田尖端科技株式会社合资成立济南晶恒山田电子精密科技有限公司。2004年，顺利通过GJB9001A-2001质量体系认证，可提供JP、JT、JCT级产品。每年为船舶、电子等国家重点工程提供大量优质半导体器件。至2010年，济南市半导体元件实验所成为山东省内以研发与生产半导体分立器件、芯片、集成电路、集成电路引线框架、电源模块、光电产品、无线宽带通信接入设备等为主导产业的高新技术（科研）企业，是信息产业部定点的产品生产、科研单位，拥有生产线7条，生产的三端稳压器、肖特基二极管、大功率场效应管和三极管质量在国内同类产品中处于领先水平。

2010年，济南半导体元件实验所完成营业收入2.33亿元，实现利润3240万元，出口创汇541.5万美元。

第二节 山东中宝检测设备有限公司

1965年5月，建立市中区电器生产合作社。1966年，改名为济南无线电元件六厂。1975年，改名为济南无线电六厂，位于历下区文化东路。2003年，济南无线电六厂改制为山东中宝检测设备有限公司，位于山东济南华龙路1110号。主要经营汽车检测设备及其他金属加工机械的生产、销售和企业管理咨询服务。相继开发部分油田、电力等配套产品。公司主要产品有发动机综合检测仪、汽车燃油耗油量记录仪、bnz-c型数字转向测力仪、yy-1型液压监测表、称重仪、发电机组适时监测系统、发动机检测仪检定装置、prg汽车转速适配器、夹持式压力传感器等，产品销售覆盖全国31个省、市、自治区，并远销东南亚。山东中宝检测设备有限公司是国内最早研发生产汽车不解体检测设备的生产厂家，是交通部生产汽车不解体检测设备的定点企业，是交通部汽车保修行业协会常务理事、中国机动车安全检测研究会会员、中国交通企业协会计量委员会汽车检测学组会员单位。

第三节 浪潮集团有限公司

浪潮是中国最早的IT品牌之一。20世纪60年代，浪潮的前身——山东电子设备厂开始生产计算机外围设备和低频大功率电子管。1983年，第一台浪潮微机在济南诞生，这是中国IT发展的新起点。1987年7月，浪潮电子信息产业集团公司(以下简称浪潮集团)成立，位于济南市山大路224号。1990年，浪潮集团研制出全球第一台中文寻呼机，并开发制定全球第一个汉字寻呼标准。1993年，浪潮集团研制出中国第一台小型机服务器。1994年，投资2600万元，浪潮集团建立技术中心。1996年始，浪潮服务器连续15年蝉联国产服务器第一品牌。1998年10月27日，浪潮集团召开“浪潮电子信息产业股份有限公司”创立大会。1999年，浪潮集团与济南市广电局合资成立广电浪潮信息服务有限公司。2004年9月，浪潮服务器刷新世界商用智能TCP-H世界纪录，是中国服务器首次打破世界纪录。2005年，浪潮64位服务器获国家科技进步二等奖。2007年，IT领域唯一设在企业的国家重点实验室——浪潮高效能服务器和存储技术国家重点实验室落户浪潮。2010年，浪潮集团在国内率先发布云海战略，提出行业云理念，并推出中国首款自主研发的云操作系统。浪潮集团拥有“浪潮信息”和“浪潮软件”两家国内A股上市公司和在香港联交所上市的浪潮国际有限公司。形成计算机、软件、移动通信、智能终端、半导体等产业群组；用户遍及中国金融、通信、政府、教育、制造业、烟草等行业和政府部门，为全球20多个国家和地区提供IT产品和服务。在云计算、物联网、三网融合等新兴技术领域，均处于国内领先地位。同年，浪潮集团的销售收入305亿元，综合实力位居中国IT企业前两位、中国自主品牌IT服务商第二名、中国自主品牌软件厂商第一位、中国大企业集团竞争力500强第三位。

浪潮电子信息产业集团生产流水线　　（1990年　王泽祥摄）

第四节 济南市长清计算机应用公司

1992年11月8日，秦旭昌等7人创建济南市长清计算机应用公司。当时公司租赁一套农户院落，仅经营打字复印和自动化设备、耗材。1996年6月，搬迁至清河街工会大楼，占地1000余平方米，全体员工发展到近100人。2002年，公司成立技术研发中心。2004年，公司秉承“诚信、创新、人本、团队”的经营理念，坚持质量第一、全力满足用户需求的质量方针，企业规模不断发展壮大。同年，公司在济南经济开发区征用土地5.4万平方米建设计算机科技工业园，总投资1.2亿元，总建筑面积4.5

万平方米。2005年5月，公司整体搬迁至计算机科技工业园，真正拥有自己的产业基地。同年，公司技术研发中心被批准为市级企业技术中心。公司先后与中国科学院、山东大学、山东建筑工程大学、济南天汇智能卡信息研究中心等科研院校建立长期技术合作关系，聘请山东省科学院、山东大学、山东建筑工程大学的专家教授成立技术专家委员会。同时公司成立科技项目办公室，全面负责科技项目申报、对外技术合作、技术成果转化工作。

2010年，济南市长清计算应用公司完成生产总值8237万元，实现销售收入6336万元，利税1169万元，拥有员工280人，固定资产1512万元。公司发展成为全国燃气报警器行业的龙头企业，是集研发、生产、销售于一体的专业生产厂家。公司是山东省高新技术企业、山东省优秀民营科技企业；中国城市燃气协会理事单位、山东省燃气协会常务理事单位；《中国城镇燃气设计规范》和《车载报警器国家标准》第一参编单位。公司下设研发、生产、检测、销售及售后服务部，拥有市级技术中心。公司有各类专业技术人员120人，其中，高级职称28人，大学本科以上学历86%。公司产品主要有SQJ-IA，SQJ-IIIAII，SQJ-III，SQJ-D型可燃毒性气体检测仪、RB-KY型，RB-KYI型，RB-KYII型气体报警控制器，RB-TTY点型气体探测器，RB-III型家用可燃气体报警器，ZCRD型紧急切断电磁阀，RHZKF空气呼吸器，RB-TZ可燃毒性点型气体探测器，RB-TZY防爆型气体探测器，液化气报警器、氢气报警器、有毒气体报警器、一氧化碳报警器、氨气报警器、气体分析仪、氨气检测仪、甲苯检测仪、SQJ-IA便携式可燃气体检测仪、RB型可燃气体报警控制器，ZCRB防爆电磁阀、绝缘法兰、自给式空气呼吸器等上百种产品。公司通过ISO 9001国际质量体系认证、ISO 14001环境体系认证、OHSAS 18001职业健康安全管理体系认证，产品通过国家级消防产品检验和国家级防爆产品检验，取得消防产品生产销售许可证和计量器具制造许可证，产品多次获国家金奖、银奖。公司被指定为中石化、中石油物资采购系统一级供应商。产品可广泛地应用于燃气、石油、石化、电力、冶金、矿山、消防等领域，畅销全国30个省、市、自治区。在北京、上海、天津、重庆、广州、成都、青岛等全国50多个大中型城市设立办事处，建立完善的销售及服务网络，为客户提供优质的产品和满意的售后服务，“ROBOT(罗伯特)”品牌在国内已深得用户的信赖。

公司先后承担市级以上各类科技发展计划项目10项，其中国家级重点新产品2项、济南市科技攻关计划项目5项、济南市产学研项目3项。获省科技进步奖1项，市科技进步奖2项，获国家专利8项。公司发展不忘回报社会，先后安置残疾职工100多人，下岗职工50多人，大中专毕业生140多人，专业退伍军人5人，伤残军人22人；同时捐助建设敬老院2所、捐助聋哑学校1所、捐助社会残疾人员18人，捐助贫困学生12人等，先后共捐款200余万元。公司董事长兼总经理秦旭昌先后被评为全国优秀福利企业家、山东省优秀民营企业家、济南市十佳民营科技企业家，被中共济南市委授予优秀共产党员称号，获济南市五一劳动奖章。

济南市长清计算机应用公司探测器生产线

（2015年摄）

第八卷

农业

NONG YE

单位审稿、撰稿人员名单

（按姓名笔画为序）

市委农办

审稿人：鞠正江

撰稿人：王艳真　刘方洲　贾　颖

市农业局

审稿人：于兆刚

撰稿人：马美英　车亚莉　李　进　李启诚　李　建　单　波
范培忠　赵书峰　席玉坤　徐晓琳

市畜牧局

审稿人：方明甲

撰稿人：于　洋　李秋梅

市林业局

审稿人：李景全

撰稿人：于婷娟　王洪帅　王　翀　王德君　冷　鹏

市水利局

审稿人：张曰良

撰稿人：安立贵　李全之　杜　振　姜　辛　秦若轼

黄河河务局

审稿人：崔宝卫

撰稿人：侯　霞　秦晓明

第一篇　农业综述

1986年，全市通过深化农村经营体制改革，完善农业承包合同，农、林、牧、副、渔协调发展，农业经济结构进一步趋向合理。同年，全市粮食总产量168.15万吨，蔬菜总产量118.86万吨，果品总产量57.58万吨，肉类总产量6.44万吨，水产品总产量2408吨。实现农林牧渔业总产值20.91亿元，农、林、牧、渔所占比重分别为80.39%、3.78%、15.45%、0.38%。1988年，开始实施为期10年的保泉绿化工程，当年完成全部造林任务的28.5%，造林面积13418公顷。1989年3月，全市加大扶贫力度，市政府提出三年扶贫开发目标。当年全市17个负责对口扶贫的局(公司)共向贫困山区提供资金378.5万元，无偿支援各种物资和机器设备折款50.95万元，完成水利工程428项、解决2.27万人吃水困难，扩大、改善灌溉面积1840公顷。

1990年，全市继续农村深化改革，完善农村各项承包合同，全年签订农业合同88.56万份，农村经济持续发展，农村能源开发利用步入全省先进行列。1992年，济南市贯彻中共中央、国务院关于发展高产、优质、高效农业的指示，调整农业内部结构，发展畜牧、水产、林果、蔬菜生产，新增各种经济作物种植面积0.67万公顷，林、牧、副、渔业产值占农业总产值的比重由1991年的41.1%上升到43.9%。1993年，全市农村经济继续高速增长，农村社会总产值413.91亿元，其中章丘市农业总产值率先突破百亿元大关，达105.6亿元，成为全国农村实力百强县之一。天桥区北园镇，章丘市明水镇，历下区姚家镇，长清县城关镇、归德镇，市中区七贤镇，历城区华山镇、孙村镇、王舍人镇等9个乡镇被评为全省百强乡镇。1994年，全市以“面向市场、利用资源、调整结构、提高效益”为总体目标，种植业提高复种指数，扩大经济作物比重，粮食作物与经济作物的比重调整到55∶45，林牧副渔业产值占农业总产值的比重由1993年50%上升到60%。同年，进行“四荒”(荒山、荒水、荒坡、荒滩)使用权拍卖、实行股份合作制等项改革，全市共拍卖“四荒”面积3万公顷。1995年，全市粮食总产量252.48万吨，单产、总产均创历史最好水平。商河县被评为全国青贮氨化先进县、全国十佳秸秆养牛示范县。全市有30个乡镇、2000个村实现小康目标。

1996年，全市以“推进城乡一体化、农村产业化”为主旨，全年申报科技攻关项目77项，获省、市科技成果142项，其中达国内先进水平13项。农作物良种化率98%，农业科技成果应用推广率40%，科技进步在农业增产中的作用达42%。1998年，全市推进畜牧产业化经营，畜牧专业村达600多个，畜牧基地乡镇36个，专业畜禽交易市场13处，规模饲养场(户)2万多家，畜牧专业户6万户，规模饲养占全市饲养总量20%。1998年10月，依据《中共中央关于农业和农村工作若干重大问题的决定》，全市贯彻土地承包期再延长30年政策，年底60%以上村完成土地承包期延长工作。1999年，战胜严重干旱、病虫等灾害，粮食总产量达279.01万吨，创历史最好水平。

2000年，全市农村以“四个创新”(科技、制度、产业、环境)为指导，发展以“三创”(创收、创汇、创税)农业为标志的优质高效农业，农业产业化和城乡一体化进程不断加快。2001年，推进农业结构战略性调整，农产品品种结构发生重大变化，优质专用农产品快速发展，高效经济作物、畜牧业成为新增长点，粮经作物种植业比例由 7 : 3 调整到 6 : 4，畜牧业产值占农业总产值比重达 33%。2003 年，济南市下发《关于农业实施“双十工程”大力发展高效特色农业的意见》，农业重点培植十大高效特色产业，加快建设十大龙头企业群体。全市加大主导产业培植力度，形成奶业、肉类加工、蔬菜、食用菌、优质果品、速生丰产林、花卉苗木、中药材、淡水养殖、种业等十大主导产业，年销售收入 50 万元以上的农业龙头企业有 339 家，其中规模以上 109 家，过亿元企业 12 家，农副产品批发市场 181 处，有各类农业专业合作经济组织 1055 个，带动 30% 的农户加入产业化经营行列，农村种养加工大户发展到 2.2 万户。2004 年，济南市首次对粮农实行直补政策，直补资金 4369 万元；落实减免农业税政策，全市农民减负 1.58 亿元，人均 46 元。

2005 年，农业结构不断优化，全市认证无公害农产品生产基地 88 个，通过认证的有机、绿色和无公害农产品 126 个，蔬菜、畜牧和林果(苗木花卉)业产值占农业总产值的 76.2%。同年，济南市全部免征农业税及其附加，农民负担减少 1.29 亿元，人均减负 38 元。除全部免除农业税外，逐年不断增加种地补贴，全市兑现粮食补贴、良种补贴和大型农机补贴资金 6000 多万元。2007 年 7 月 1 日，《中华人民共和国农民专业合作社法》颁布实施。8 月 4 日，济南市首批农民专业合作社成立揭牌仪式在长清区举行，标志着济南市农民合作经济组织发展进入新历史阶段。全市成立各类农民专业合作社 323 家，拥有社员 2.77 万人，涵盖种子、蔬菜、林果、畜牧、水产多行业及种、养、加工、销售和技术服务多领域。2008 年，重点建设章丘大葱等 12 处特色品牌示范基地，认证名牌农产品 10 个、著名商标 14 个，农业标准化体系和农产品质量检测体系不断完善。主要农作物良种普及率 98%，农业科技贡献率 52%，农业综合机械化水平 70%，森林覆盖率 27.8%。完成病险水库除险加固 42 座、重点小流域综合治理 18 条，大型灌区续建配套、节水保泉、水资源管理成效明显。

至 2010 年，市委、市政府连续 6 年以一号文件全面部署农村工作，农业农村经济稳定增长。同年，全市粮食总产量 289.4 万吨，蔬菜总产量 601.4 万吨，肉类、奶类、水产品产量分别为 38.1 万吨、31.2 万吨、4.3 万吨。全市森林覆盖率 30%。实现农林牧渔业总产值 378.43 亿元，农、林、牧、渔所占比重分别为 65.22%、1.88%、28.83%、1.2%。都市型农业成效显著，建成特色品牌基地 34 个、都市农业园区 43 个、观光休闲农业精品项目六大类 60 个，基地建成面积 6.7 万公顷(100 万亩)。农业产业化水平不断提高，规模以上农业龙头企业 350 家，其中过亿元企业 45 家；农民专业合作社 2658 家，建成农产品批发市场 187 个。“三品一标认证”得到发展，全市认证无公害产品累计 331 个，绿色食品 75 个，有机农产品 116 个，地理标志农产品 10 个。农业机械化总动力 509.7 万千瓦，全市各类畜牧业规模化小区(场) 747 处。

1986 ～ 2010 年济南市农业主要经济指标情况表

表 8-1-1

年 份	农村劳动力(万人)	农林牧渔业总产值(亿元)	农用机械总动力(万千瓦)	耕地面积(万公顷)	粮食总产量(万吨)	蔬菜总产量(万吨)	肉类总产量(万吨)	粮食单产(千克 / 公顷)
1986	165.86	20.91	147.36	35.40	168.15	118.86	6.44	3855
1987	168.56	24.65	156.23	35.22	167.25	101.52	7.13	3945
1988	171.44	34.24	172.89	35.06	167.95	122.83	8.68	4080

续表 8-1-1

年 份	农村劳动力(万人)	农林牧渔业总产值(亿元)	农用机械总动力(万千瓦)	耕地面积(万公顷)	粮食总产量(万吨)	蔬菜总产量(万吨)	肉类总产量(万吨)	粮食单产(千克/公顷)
1989	173.38	35.14	182.40	34.96	162.45	117.99	9.70	3945
1990	176.83	36.92	183.40	34.76	181.47	126.09	11.38	4273
1991	180.09	40.13	191.00	34.48	207.55	146.87	13.50	4779
1992	182.51	45.14	191.50	34.33	198.29	170.61	15.36	4655
1993	183.78	57.81	194.40	34.15	232.21	205.62	19.12	4963
1994	183.42	85.37	207.40	34.00	237.66	226.39	26.14	5237
1995	183.55	114.07	241.20	33.93	252.48	253.54	28.68	5512
1996	184.68	117.65	247.07	33.73	267.08	350.36	30.43	5602
1997	186.68	131.69	258.50	33.59	240.34	328.64	24.75	5064
1998	186.54	141.45	273.30	33.48	273.10	344.67	27.38	5634
1999	188.27	148.61	297.55	33.37	279.01	366.78	29.89	5752
2000	189.15	154.30	349.47	33.37	240.27	405.95	31.82	5354
2001	189.87	162.27	409.07	33.18	239.08	435.20	33.23	5480
2002	190.98	167.99	410.17	32.94	189.86	478.34	31.87	4440
2003	192.71	180.30	417.43	32.52	220.56	504.81	33.29	5448
2004	191.31	204.39	418.54	32.49	242.74	515.26	35.35	5807
2005	190.21	230.46	426.76	36.70	260.11	529.37	37.93	5932
2006	190.80	247.72	429.62	36.17	267.91	536.28	38.74	6042
2007	191.16	265.49	446.60	35.88	268.01	522.24	31.85	6064
2008	190.45	308.68	466.00	36.13	281.50	548.36	36.20	6230
2009	195.56	329.00	486.00	—	289.47	591.18	37.61	6246
2010	196.85	378.43	509.68	36.23	289.43	601.44	38.08	6192

说明：1.2005年起，耕地面积由市国土资源局提供，无2009年数据。

2.依据2006年农业普查数据，对1997～2007年蔬菜面积、产量作相应调整

1986～2010年济南市农林牧渔总产值情况表

表 8-1-2　　单位：亿元

年 份	合计	农业	林业	牧业	渔业	农林牧渔服务业
1986	20.91	16.81	0.79	3.23	0.08	—
1987	24.65	19.50	0.99	4.05	0.11	—
1988	34.24	24.83	1.42	7.67	0.32	—
1989	35.14	25.04	1.24	8.47	0.39	—
1990	36.92	24.70	1.41	10.36	0.45	—
1991	40.13	26.44	1.47	11.64	0.58	—
1992	45.14	29.01	1.70	13.71	0.72	—
1993	57.81	36.00	1.98	18.86	0.97	—

续表 8-1-2

年 份	合计	农业	林业	牧业	渔业	农林牧渔服务业
1994	85.37	52.36	2.80	29.38	0.83	—
1995	114.07	71.48	2.71	38.69	1.19	—
1996	117.65	77.16	3.35	35.25	1.89	—
1997	131.69	87.91	3.86	38.04	1.88	—
1998	141.45	93.56	3.55	42.17	2.17	—
1999	148.61	96.81	3.12	46.27	2.41	—
2000	154.30	100.18	3.64	48.34	2.14	—
2001	162.27	105.54	3.27	51.16	2.30	—
2002	167.99	106.27	3.51	55.84	2.37	—
2003	180.30	109.41	4.11	60.90	2.05	3.83
2004	204.39	121.28	4.49	71.87	2.50	4.25
2005	230.46	137.01	5.56	80.56	2.69	4.64
2006	247.72	147.98	6.44	84.86	2.89	5.55
2007	265.49	156.88	7.34	91.90	3.06	6.31
2008	308.68	179.13	10.82	105.85	4.20	8.68
2009	329.00	202.74	11.46	100.84	4.26	9.70
2010	378.43	246.82	7.12	109.10	4.54	10.85

1986～2010年济南市农户积累的生产用固定资产原值统计表

表 8-1-3　　　　单位：万元

年 份	合计	市区			平阴县	济阳县	商河县	章丘市
		小计	历城区	长清区				
1986	48098	11978	7610	6379	4687	7528	7325	10201
1987	65227	15254	12297	6884	5482	10523	10656	16428
1988	77633	20233	15161	7252	6346	13323	12686	17793
1989	87488	24902	18529	8160	6526	15002	13494	19404
1990	93706	24862	19175	8338	7614	16615	15406	20871
1991	108426	25497	20069	10647	8968	20762	19782	22770
1992	131110	33546	21034	11961	10230	23368	24394	27611
1993	148881	35460	22348	12198	11226	30292	25729	33976
1994	166021	37578	26026	12804	14931	31161	27518	42029
1995	187499	42896	26904	17788	15127	35747	33767	42174
1996	212343	44653	36037	22723	16746	36967	39342	51912
1997	239129	53273	42386	31267	18051	36313	45214	55011
1998	287541	58608	46436	40365	22120	44544	50180	71724
1999	300114	59486	46918	44760	23048	47114	44476	81230
2000	324679	77164	40790	48285	22664	41932	49571	85285

续表 8-1-3

年份	合计	市区			平阴县	济阳县	商河县	章丘市
		小计	历城区	长清区				
2001	413917	131804	42562	55575	26531	48137	56987	102313
2002	443339	142554	46756	62187	26597	49768	59115	110099
2003	460589	153507	51440	65766	27667	51134	65261	121057
2004	469168	179248	61169	69709	30258	57395	72165	130102
2005	539834	199737	84753	71725	38838	68626	75037	146670
2006	540611	198168	93495	63162	38975	72079	76020	149003
2007	686576	241922	95190	88427	43262	110443	97686	187446
2008	820343	321235	152101	90134	46499	129019	124740	198850
2009	973050	371273	167271	112669	64220	141881	137181	258495
2010	1144327	455827	193998	135485	64541	178344	164617	280998

1986～2010 年济南市农村居民人均拥有生产用固定资产统计表

表 8-1-4　　　　单位：元

年份	合计	市区			平阴县	济阳县	商河县	章丘市
		小计	历城区	长清区				
1986	135	130	118	139	114	167	151	119
1987	183	168	164	150	168	234	218	191
1988	217	221	201	158	196	296	258	204
1989	243	251	244	177	200	329	273	225
1990	258	251	250	180	232	357	294	241
1991	296	256	260	230	272	428	380	262
1992	357	336	272	257	310	501	448	317
1993	406	357	289	262	340	629	490	390
1994	459	379	338	291	471	650	530	486
1995	521	432	350	400	481	748	650	490
1996	595	451	472	512	597	775	769	600
1997	670	541	558	702	644	764	870	637
1998	807	600	611	897	790	928	965	834
1999	842	612	624	998	807	990	854	943
2000	907	789	691	1073	793	880	950	983
2001	1156	923	722	1235	927	1010	1089	1185
2002	1239	998	787	1385	928	1044	1126	1278
2003	1288	1078	866	1468	964	1072	1236	1406
2004	1349	1264	1053	1556	1051	1201	1357	1547
2005	1518	1469	1459	1591	1349	1436	1411	1744

续表 8-1-4

年 份	合计	市区			平阴县	济阳县	商河县	章丘市
		小计	历城区	长清区				
2006	1531	1458	1607	1452	1350	1507	1463	1805
2007	1945	1780	1638	2032	1499	2260	1880	2270
2008	2317	2757	2573	2064	1697	2712	2390	2407
2009	2780	2819	2830	2580	2049	2984	2630	3129
2010	3236	3199	3062	2982	2233	3392	3055	3430

第一章 农村经济体制改革

第一节 农村经营体制改革

济南市农业生产责任制是由点到面，由边远贫困地区到近郊富裕地区，由承包荒地到承包全部土地，逐步建立和发展起来。农村基本经营制度由最初的联产到组、联产到劳、包产到户和包干到户四种形式发展到现在的农村家庭联产承包责任制。20世纪80年代初，长清县双泉乡开始实行“包干到户”，也称“大包干”，即“上缴国家的，留足集体的，剩下都是自己的”，国家集体不因超产而增收，不因减产而减收。对于生产规模小的经营项目，多采用包干到户，规模较大的项目则采用包干到组或联户承包等多种形式。1984年，中央一号文件《关于1984年农村工作的通知》提出“鼓励土地逐步向种田能手集中”后，全市农村土地承包经营权流转兴起，主要以农民自发流转为主，没有相关政策规定。1985年前后，按照中央有关政策，全市开始实施完善第一轮农村土地承包。

1986年，济南市按照《中共中央、国务院关于1986年农村工作的部署》要求，在坚持稳定政策的基础上，推进深化农村经营体制改革，完善农业承包合同，县(区)乡(镇)健全合同管理机构，村设立管理员，形成布局合理的管理网络。至1989年年底，全市共签订以土地承包合同为主的农业、林业、牧业、副业、渔业合同65万份，合同覆盖率90%。1990年，济南市进一步完善农村各项承包合同。全年签订农业合同88.56万份，比1989年增长36%；合同覆盖率93.5%，比1989年提高3.5个百分点；完善承包合同68.7万份，比1989年增长96%。同年，有55个乡镇实行农业承包合同档案管理，占全市乡镇总数的50%。

1993～1996年，家庭联产承包责任制完善阶段。《中华人民共和国宪法》明确土地承包期延长30年不变，同时对农民承包地的转包权、转让权、优先承包权和继承权做出具体规定。土地承包经营权允许流转，在坚持土地集体所有和不改变农业用途前提下，经发包方同意，允许承包方在承包期内对承包地依法转包、转让、互换、入股，以实现“土地的使用权依法有偿转让”。家庭联产承包责任制产权不断调整深化，促进全市农业生产发展。1994年年底，93.8%的农户和92.2%的耕地继续实行家庭承包经营。承包形式主要有均田制、双田制两种。均田制，即土地按人口平均承包到户，实行均田制的有72万农户，占全市总农户74.2%，经营土地24.13万公顷，占全市总耕地70.3%。双田制，即将承包土地分为口粮田和经济田(责任田)。口粮田按实际人口平均分配到户，长期使用，仅需负担农业税和少部分提留；经济田(责任田)实行承包或租赁经营，引入竞争机制。实行双田制19.5万户，占总户数20.1%，经营土地7.17万公顷，占总耕土地20.9%。1994年，全市农村农户97万户，364.2万人，耕地面积34.33万公顷，其中纯粮田24万公顷。1994年起，济南市开始对荒山、荒地、荒滩、荒水的使用权向全社会进行公开拍卖。至1996年，除均田制、双田制承包形式外，济南市出现大户承包、联户承包、集体农场、农业车间、土地股份合作经营、“四荒”使用权进行拍卖等6种新承包形式。大户承包即每户农民承包土地1.3公顷以上，全市有承包大户5192户，其中经营1.3～3.3公顷的4841户、3.3～6.7公顷的298户、6.7～13.3公顷的30户、13.3公顷以上的23户，共经营土地2.17万公顷。联户承包即由1人牵头几户自愿联合承包，全市有135处590户，经营土地256.7公顷。集体农场即集体把一部分土地集中起来成立农场，实行集约化经营，全市有集体农场25处，经营土地800公顷。在部分村办企业较强村兴办农业车间，务农职工工资由企业支付，全市有农业车间13个，劳力325人，经营土地260公顷。土地股份合作经营即以土地的集体所有权、农民的使用权和经营权三权入股，按股分红，全市股份合作经营的土地2333.3公顷，入股农户1200户。对“四荒”使用权进行拍卖。至1997年年底，全市拍卖开发“四荒”5.47万公顷，吸纳非农资金6.2亿元，建成农业商品基地850余处，向社会提供农产品6亿公斤，实现年产值4.8亿元。

1997～2004年，家庭联产承包责任制发展阶段(统分结合的双层经营体制正式确立)。济南市第二轮土地延包工作自1997年开始。二轮延包中，农业县(市)区普遍与农户签订土地承包合同，并发放农村土地承包经营权证书；近郊地区由于征占地频繁，只签订土地承包合同，未发放农村土地承包经营权证书；部分村组由于班子不全、人均土地较少、已征用定界等因素未进行延包。1998年10月，中共十五届三中全会通过《中共中央关于农业和农村工作若干重大问题的决定》，明确提出要坚定不移地贯彻土地承包期再延长30年的政策。同年年底，全市60%的村完成土地承包期延长工作。以活化生产要素为重点，进行四个方面探索。对农村集体资产在搞好清产核资和产权界定的基础上，通过资本运营，确保保值增值；鼓励支持农民、工商企业、社会团体和个人跨所有制、跨地区、跨行业，通过联合、合作、参股、收购、租赁等形式，参与“四荒”、山林、水利设施的开发经营；在发展农村集体所有制经济的同时，鼓励引导个体私营经济健康发展，靠专业大户带动起步，实行区域规模经营；以发展规模经济为重点，探索土地合理流转，采取转包、转让、互换、入股、出租、承包返包等多种形式，促进土地规模经营，最大限度地发掘资源潜力。90年代后，中央制定鼓励工商资本进入农村开发土地的政策，全市各县(市)区引进工商资本流转农民土地，进行农业规模经营开发。至2002年年底，全市土地使用权流转面积5.17万公顷，其中耕地使用权流转面积1.03万公顷，“四荒”使用权流转面积4.13万公顷。2003年，在完善农村双层经营体制基础上，进一步深化土地经营制度改革，加大农村土地(包括“四荒”)使用权流转，吸纳社会资金15亿元。2004年，市委、市政府制定《关于统筹城乡发展促进农民增收的意见》，落实土地承包期30年不变的政策，按照依法、自愿、有偿的原则，引导和规范农村土地承包经营权流转，实行最严格的耕地保护制度。

2006年，济南市委《关于扎实推进社会主义新农村建设的意见》提出：有条件的地方可根据自愿、有偿的原则，依法流转土地承包经营权，发展多种形式的适度规模经营。2007年，济南市委《关于加快发展现代农业扎实推进社会主义新农村建设“十大行动”的意见》提出：加快集体林权制度改革，进一步明晰林地使用权和林木所有权，放活经营权，落实处置权，规范林地流转行为，优化森林资源配置，提高林地使用效益，确保农民得到实惠、林业健康发展、生态得到有效保护。2008年，济南市委《关于切实加强农业基础设施建设进一步促进农业稳定发展农民持续增收的实施意见》提出：积极开展延包后续完善工作，确保农村土地承包经营权证到户，积极探索建立土地承包经营权流转机制，健全土地承包经营权流转市场，加强土地流转中介服务，完善土地流转合同、登记、备案等制度，按照依法自愿有偿原则，积极发展多种形式的适度规模经营。全市扎实推进土地承包经营权流转，出现一批因地制宜、规模经营先进典型，确权发证林地9.4万公顷。2009年，济南市委《关于促进我市农业稳定发展农民持续增收的实施意见》提出：探索农村承包土地随人口增减变动的利益调节机制，稳步开展土地承包经营权登记试点，把承包地块的面积、空间位置和权属证书落实到农户。允许农民以转包、出租、互换、转让、股份合作等形式流转土地承包经营权，发展多种形式的适度规模经营。同年，全市13个试点乡镇建立土地流转服务中心，40个乡镇建立起土地流转服务组织，农村土地流转面积1.9万公顷，涉及农户5万余户。2010年，济南市委《关于加大统筹城乡发展力度加快现代农业产业体系建设的意见》提出：做好土地承包管理工作，全面落实承包地块、面积、合同、证书“四到户”，扩大农村土地承包经营权登记试点范围，保障必要的工作经费。同年，全市推进集体林权制度改革，基本完成明晰产权、明晰经营主体的改革任务。

至2010年年底，全市共有4570个村，耕地面积31.13万公顷，完成二轮土地延包村4169个，占总村数91.2%；二轮延包耕地面积28.33万公顷，占总耕地面积91%；签订30年承包合同80.1万份，发放经营权证书71.6万份。全市土地流转面积2.4万公顷，占耕地总面积7.7%。

第二节 农村税费改革

2000年12月，济南市农村税费改革领导小组召开第一次会议，研究讨论《济南市农村税费改革实施意见(讨论稿)》。2001年1月9日，市委、市政府召开全市农村税费改革座谈会，济南市农村税费改革工作全面展开。5月6日，省委办公厅下发《省委办公厅、省政府办公厅关于2001年农村税费改革试点有关问题的通知》，宣布改革暂缓在全省全面推开，济南市农村税费改革暂停。2002年3月31日，省委、省政府召开全省农村税费改革工作电视电话会议，农村税费改革重新在全省范围内推开。4月3日，市委印发《关于成立济南市农村税费改革领导小组的通知》；6月13日，市委、市政府印发《济南市农村税费改革(试点)实施方案》。农村税费改革的主要内容为“三个取消、两个调整、一项改革”，即取消乡统筹费、农村教育集资等专门面向农民征收的行政事业性收费和政府性基金、集资；取消屠宰税；逐步取消统一规定的劳动积累工和义务工；调整农业税政策；调整农业特产税政策；改革村提留征收使用办法。《济南市农村税费改革实施方案》要求，凡在2002年之前完成第二轮土地延包的地方以土地延包时的承包面积为计税土地面积；未完成延包的地方，对计税面积进行重新丈量核实。通过农村税费改革，全市改革后“两税”及其附加征收额30644万元，乡村公益事业金征收额7339万元，乡村两级收入总额为37983万元，比改革前减收15335万元。2004年，章丘市和市中、历下、槐荫、高新区率先实施免征农业税，其他县(市)区实行减征农业税3个百分点的政策。2005年，济南市在全省率先全部免征农业税及其附加，并取消统一规定的劳动义务工和劳动积累工。

第三节 农村综合改革

2005年10月，市委、市政府下发《中共济南市委、济南市人民政府工作关于大力推进全市农村综合配套改革的意见》，确定农村综合改革分“三步走”的安排部署。第一步，2005年重点抓乡镇撤并工作，全市共撤并乡镇24个，其中镇改街道6个，实际撤销乡镇18个，全市农村乡镇(街道)由98个调整为80个。第二步，2006年上半年重点抓济阳县农村综合改革试点工作。第三步，2006年下半年农村综合改革在全市全面推开。

全市县(市)区乡镇机构改革实现“五个到位”。乡镇职能规范到位，明确乡镇政府主要职能是经济调节、市场监管、社会管理和公共服务；领导班子配备及交叉任职到位，乡镇党政领导班子按9～12人配备，增加交叉任职数量，7个县(市)区乡镇党政领导班子由改革前847人减少到674人，减少173人；内设机构精简到位，各乡镇统一设行政机构4个，分别是综合办公室、经济发展办公室、社会事务办公室(挂人口和计划生育办公室牌子)、社会稳定办公室；乡镇事业机构除农村中小学、卫生院外，统一设置财政拨款事业单位5个，分别是财政所、司法所、计划生育服务中心、农业综合服务中心、文化服务中心，7个县(市)区乡镇内设机构改革后减少219个，精简38.5%；人事编制管理到位，全市乡镇核定行政编制2775人，比改革前减少301人，精简10.8%，核定事业编制2707人，比改革前减少2171人，精减44.6%；人员分流基本到位，共分流在编人员3871人，清理清退临时工435人。

第二章　农村经济结构

第一节 产业结构

1985年，济南市根据中共中央、国务院《关于进一步活跃农村经济的十项政策》和全国45个大中城市农牧渔业工作会议精神，结合本市实际情况，制定1985～1990年农村产业结构调整规划，调整农业、林业、畜牧业、渔业产业结构，大力发展畜牧业、林业和渔业。至2010年，济南市农业产业结构调整呈现以下特点：种植业比重呈下降趋势，生产水平日益提高；畜牧业比重逐渐提高；林业从单纯提供林产品资源转向注重环境生态功能，森林覆盖率不断提高；渔业从单纯依靠捕捞转向适度捕捞、注重养殖，养殖比重稳步上升。农业、林业、畜牧业、渔业总产值的比重由1986年的80.4 : 3.8 : 15.4 : 0.4调整为2010年的67.2 : 1.9 : 29.7 : 1.2。

一、种植业

1985年，粮食种植面积41.79万公顷，总产量163.5万吨；棉花种植面积5.77万公顷，总产量4.87万吨；花生种植面积2.22万公顷，总产量4.17万吨；蔬菜种植面积2.49万公顷，总产量84.11万吨。1990年，开展科技推广年活动，种植业以推广普及八大实用新技术为重点，完成作物良种繁育及提纯复壮面积1.97万公顷，三作三收以上立体种植面积11.63万公顷，推广旱作栽培技术面积3.23万公顷，小麦、玉米模式化栽培面积12.2万公顷，小麦精量、半精量播种面积7.53万公顷。粮食、棉花、蔬菜总产量分别比1989年增长10.99%、0.6%、49.91%。1992年，济南市发展高产、优质、高效农业，重点是畜牧、水产、林果、蔬菜生产。全市粮食作物播种面积比1991年减少8300公顷，新增瓜、果、菜等经济作物种植面积6700公顷，增加瓜、菜产量4.5万吨。

1995年，全市粮食、花生、蔬菜种植面积增加，棉花种植面积减少。同年，全市粮食种植面积45.8万公顷，总产量252.48万吨，比1990年分别增长7.84%和39.13%；棉花种植面积3.69万公顷，总产量2.91万吨，比1990年分别减少56.89%和41.8%；花生种植面积1.06万公顷，总产量3.25万吨，比1990年分别增长12.77%和49.77%；蔬菜种植面积4.94万公顷，总产量253.54万吨，比1990年分别增长72.13%和101%，增幅居全市种植业之首。同年，全市形成章丘大葱基地、长清春菠菜基地、沿黄水生菜基地、唐王冬贮大白菜基地、仲宫早春卷心菜基地、平阴大姜大蒜基地、济阳商河冬春黄瓜基地、近郊稀特菜基地八大区域性蔬菜专业基地，形成蔬菜生产大生产、大基地、大流通、大市场的"四大"产业化格局。2000年，全市农业结构调整工作初见成效，种植业结构更趋优化。全市调减粮食种植面积3.62万公顷，扩大经济作物3.07万公顷，新上大棚7万个，大棚总数15.8万个，初步形成近郊、中郊、远郊3个经济圈和山区、平原、黄河北、近郊4个农业经济区。种植业结构调整力度不断加大，蔬菜产量大幅度增长，总产量405.95万吨，比1995年增长60.11%。2001年，优化品种结构，改善粮经比例，粮经比例调整为73∶27。

2005年，全市粮食种植面积43.85万公顷，比2000年减少1.03万公顷；油料作物种植面积1.62万公顷，比2000年增长14.9%；蔬菜种植面积9.53万公顷。同年，粮食总产量260.11万吨，油料作物总产量5.71万吨，棉花总产量3.55万吨，蔬菜总产量529.37万吨；粮食产值38.6亿元，占农林牧副渔总产值16.75%；蔬菜产值74.2亿元，占农林牧副渔总产值32.2%。2010年，全市粮食种植面积46.74万公顷，油料作物种植面积1.57万公顷，棉花种植面积2.55万公顷，蔬菜种植面积9.71万公顷，果用瓜1.36万公顷。粮食总产量289.43万吨，油料作物总产量5.9万吨，棉花总产量2.94万吨，蔬菜总产量601.44万吨。

二、林业

1985年，全市造林面积2.59万公顷，比1978年增长近2.5倍；四旁植树1037万株，比1978年降低3.98%；育苗面积2256公顷，比1978年增长80.48%；果品产量7.15万吨，比1978年增长26.15%。1990年，济南市进一步推行领导绿化目标责任制，加强对林木资源的保护管理，市政府发布《济南市封山育林管理规定》，出现全党重视林业、全民大办林业的高潮。全市造林面积1.36万公顷，四旁植树1095万株，全年育苗面积553公顷，果品产量6.58万吨。1995年，全市进一步巩固发展"八五"期间灭荒和平原绿化达标成果，提高绿化整体水平，组织开展造林绿化活动。全市新增造林面积1.89万公顷，补植造林1.11万公顷；新建农田林网1.54万公顷，改善农田林网3.89万公顷；育苗1668公顷，四旁植树1429万株；新增经济林面积7915公顷；果品产量19.67万吨。1999年，全市粮经种植比例为79∶21，经济作物总产量占种植业60%。"八五"期间，全市共完成造林面积8.66万公顷(含未成林造林地2.31万公顷)，超"八五"时期计划37.7%；新建农田林网11.69万公顷，超计划26.7%；四旁植树5346.4万株，超计划30.2%。

2000年，新增造林面积1.92万公顷，补植造林5368公顷，新增农田林网1.69万公顷，育苗1611公顷，其中新育苗984公顷，新增经济林面积1.22万公顷，果品产量38.19万吨。至年底，全市林地面积11.5万公顷，农田林网化面积12.09万公顷，林粮间作面积254公顷，全市森林覆盖率19.7%；林业总产值10.2亿元，比"八五"期末增长56.7%。

2005年，全市完成造林面积1.02万公顷，育苗面积3296公顷，四旁植树1393万株，果品产量46.5万吨。2010年，全市完成造林面积1.36万公顷，育苗面积5929公顷，四旁植树1363万株，果品产量56.89万吨。

三、畜牧业

1985年，济南市畜牧业产值2.93亿元(以下均为按当年价格计算)，占农业总产值比重为15.96%。牛、猪、羊、家禽存栏量分别为15.22万头、88.62万头、35.41万只、810万只。主要畜产品产量大幅度增加，全市肉类总产量5.43万吨，奶类产量8568吨，禽蛋产量3.42万吨。1995年，济南市畜牧业持续快速发展，全面超额完成“八五”规划目标。全市大牲畜存养量112.52万头，比1990年增长130.72%，其中牛存栏92.29万头，比1990年增长183.01%；生猪存栏191.72万头，比1990年增长77.2%；羊存栏220.28万只，比1990年增长1.27倍；家禽存栏3279.42万只，比1990年增长1.06倍。全市肉类总产28.68万吨，比1990年增长151.93%；奶类产量3.88万吨，比1990年增长107.52%；禽蛋总产23.31万吨，比1990年增长146.11%。全市畜牧业总产值38.69亿元，占农业总产值33.92%，比1990年提高5.86个百分点。

2005年，全市牛、生猪、羊、家禽存栏量分别为97.34万头、209.7万头、192.26万只、3093.38万只。肉类总产量37.39万吨，禽蛋总产量41.43万吨，奶类总产量19.61万吨。畜牧业总产值80.56亿元，占农业总产值34.96%。农民人均畜牧业收入947元，畜牧业为农民人均纯收入净增244元。新增标准化畜禽小区80余处，全市各类饲养小区1058处，养殖专业户5.79万户。

2010年，全市牛、生猪、羊、家禽存栏量分别为74.4万头、201.43万头、141.49万只、3639.74万只。肉类总产量38.08万吨，禽蛋总产量36.03万吨，奶类总产量31.2万吨。畜牧业总产值109.1亿元，占农业总产值28.83%。全市畜牧业标准化生产基地发展到60处，其中国家和省级标准化生产基地33处，有畜牧合作经济组织616个，辐射带动农户2.9万户。

四、渔业

1985年，全市养殖面积2114公顷，水产品产量1992吨。1995年，全市淡水养殖面积6550公顷，鱼总产量2.55万吨，其中养殖产量2.31万吨、捕捞量2420吨。渔业总产值1.19亿元，占农业总产值1.04%。“八五”期间，围绕生产完成科研、推广项目12项，养殖单产由1990年每公顷1726公斤提高到3521公斤。2005年，全市水产养殖面积7614公顷，比2000年增长1.81%；水产品总产量3.53万吨，比2000年增长2.78%，其中捕捞产量0.33万吨、养殖产量3.2万吨。渔业总产值2.69亿元，增加值1.59亿元。

2010年，全市渔业养殖面积6780公顷，比2005年减少10.95%；水产品总产量4.26万吨，比2005年增长20.68%。渔业总产值4.54亿元，增加值3.02亿元。

第二节　农产品结构

1988年，全市小麦良种面积12.3万公顷，良种普及率100%。其中济南13号3.56万公顷，昌乐5号1.4万公顷，鲁麦5号1.4万公顷，山农辐631.1万公顷，鲁麦11号1.1万公顷、鲁麦7号0.7万公顷、鲁麦1号0.6万公顷。玉米一代杂交种推广面积8.9万公顷，良种普及率100%。其中烟单14号2.7万公顷，鲁玉2号3万公顷，鲁玉3号1.5万公顷，沈单7号0.4万公顷。全市地瓜种植面积3.4万公顷，选用良种3.2万公顷，其中采用高产、抗病品种徐薯18号2.8万公顷。谷子、大豆、水稻、棉花、花生基本良种化，覆盖率分别为94%、92.9%、99.6%、100%和98%。至1988年，全市初步形成四大蔬菜基地，总面积1.04万公顷，年产蔬菜3.5亿公斤。以近郊为主的保护栽培基地，面积0.18万公顷，冬季和早春上市鲜菜3000多万公斤；以大白菜、大葱为主的秋季大宗菜生产基地，种植面积0.5万公顷，其中大白菜面积0.23万公顷，大葱0.2万公顷，越冬菠菜0.07万公顷；以莲藕为主的沿黄水生菜基地，面积0.16万公顷，总产2500万公斤；南部山区越夏度淡菜基地，主要种植番茄、土豆、冬瓜、茄子、甜(辣)椒等，种植面积0.2万公顷，总产量4000多万公斤。

1990年，引种稀特蔬菜品种20多种，其中结球生菜、散叶生菜、菜心、空心菜、黑叶油菜等品种引种成功，陆续投放市场。1995年，引进部分脱毒地瓜苗，安排示范田14.6公顷，其中春地瓜1.93公顷、夏地瓜12.67公顷，品种主要为鲁薯7号、徐薯18号。1997年，全市共推广脱毒地瓜栽培面积14174.33公顷，品种主要为徐薯18号、鲁薯7号、北京553。在蔬菜生产基地建设上，重点发展章丘大葱，唐王大白菜，沿黄莲藕，济阳、商河冬春黄瓜，仲宫卷心菜，长清早春菠菜，南部山区旱作西红柿、佛手瓜，长清、商河大蒜，历城、长清食用菌等名优特菜。全市蔬菜种植面积6.67万公顷，比1996年增长10.4%；总产400万吨，增长14.3%；实现总产值28亿元，增长11.4%。1998年，蔬菜种植重点开发名、优、新、特及出口创汇品种，形成近郊洋葱、章丘牛蒡、商河大蒜等出口基地，全市蔬菜总产456.64万吨。淡水养殖上水平、上档次，精养高产开发面积3333.3公顷，名、特、优开发面积2333.3公顷。1999年，继续开发名、优、新、特及出口创汇品种，大棚樱桃、大棚草莓、小型西瓜、哈密瓜、以色列番茄、人参果等稀有品种大面积推广。全市经济林3.79万公顷，果品产量33.81万吨。

2000年，各县(市)区着重发展具有区域、传统、特色等优势产品，主要有章丘市的优质大葱和明水香米，长清县的优质花生和食用菌，平阴县的地瓜和红提葡萄，济阳县的黄河大米和绿色瓜菜，商河县的棉蒜间作和优质抗虫棉。2001年，优化农产品品质，提高农产品优质率，发展优质专用小麦10.67万公顷，占小麦总面积54%，首次超过普通小麦面积；优质专用及粮饲兼用玉米4.33万公顷。2005年，济南市推进结构调整，增加农业科技含量，引进农业新品种30多个。全面实施优质专用小麦良种推广补贴项目，确定济麦20号、淄麦12号、烟农19号、济南17号、济麦19号、济麦21号、泰山21号、潍麦8号等8个品种为主要推广的补贴品种。

2005年年底，全市超过6500公顷的蔬菜规模基地达7个，发展瓜菜专业乡镇30余个和蔬菜品牌50余个，形成曲堤黄瓜、黄河西瓜、展家黄瓜、董家草莓、唐王早春蔬菜等优势明显的产品基地。2007年，实施《济南市现代农业特色品牌基地规划(2007～2010年)》。2010年，发展都市型农业，集中打造34个特色品牌基地和43个都市农业园区，推出6大类60个观光休闲农业精品项目，基地建成面积6.7万公顷(100万亩)。标准化生产基地累计10万公顷(150万亩)，带动认证农业“三品”(有机食品、绿色食品和无公害农产品)162个、地理标志农产品5个，总量分别为596个和10个，着力打造鲍家芹菜、张而草莓、章丘大葱等一批知名农产品品牌。

第三节　乡镇企业

1978年，以中共十一届三中全会为转折点，济南市乡镇企业在经过其前身——社队企业20多年的曲折发展之后，作为改革开放的新生事物，开始进入大发展时期。

1986年起，市委、市政府明确提出把发展乡镇企业作为振兴农村经济的战略重点，制定《关于大力发展乡镇企业的若干规定》，在信贷、税收、人才培训、技术进步、城乡一体和发展外向型经济等方面，采取一系列保护和扶持政策，并对在发展乡镇企业中做出突出贡献的先进人物进行表彰，乡镇企业发展出现新的飞跃。国务院和山东省《关于乡(镇)村集体工业企业管理条例》相继颁布，以法规的形式把推动乡镇企业发展的各项政策固定下来，乡镇企业发展进入一个“黄金时代”。济南市乡镇企业充分利用省会城市大工业的优势，开展城乡横向联合，引技术、引人才、找项目、抢市场，初步形成机械、电子、纺织、化工、建筑建材等门类齐全的产业体系。1990年，全市乡镇企业8.5万家，从业人员50余万人，总产值68.3亿元(其中工业产值54.9亿元)，平均每家企业拥有固定资产原值20.9万元，创产值70.4万元，分别比1978年提高618%、387%和615%。全市乡镇企业总产值过10亿元的县区有3个，过亿元的乡镇有30个，过1000万元的村39个，国家二级企业1家，省部优产品12种。全市乡镇企业出口交货值有1.43亿元，出口企业144家。

1991年，济南市从发展的战略高度，以发展乡镇企业为振兴全市经济的突破口，制定实施一系列战略措施，推动乡镇企业发展。围绕经济建设这个中心，冲破思想障碍，在东进胶东、南下苏浙取经学习、开阔思路的基础上，市委明确提出把党管经济具体落实到“三级”书记身上，实现县、乡、村三级书记集中精力抓乡镇企业的新局面。通过层层签订目标责任书，一大批乡镇企业新上和技改项目列入县、乡“一把手工程”，乡镇企业发展迅猛。1992年年底，全市乡镇工业总产值突破100亿元大关，实现新的历史跨越。

1993年，市委、市政府做出“在全市农村深入开展村办企业年活动”的决定。各县区立足当地资源搞开发，找突破口，宜工则工，宜商则商，各业并举，多种经济并存，促进乡镇企业快速发展。同年，市委、市政府作出决策，从市直机关、科研单位、大中型企业抽调千名干部到全市最贫困的商河、济阳两县包村驻点，重点帮助乡村上项目，发展乡镇企业，加上县(市)区的下派干部，形成近万名干部下派包村阵容，包村总数4000个。下派干部在农村做好传信息、理思路，送技术、上项目，抓管理、增效益三项任务，为城乡牵线搭桥，引进和新上一批好项目。其中，济阳县引进的三株药业、三塑集团、轻骑集团，商河县引进的三威集团等，成为支撑当地经济新的增长点。全面实施城市工业腾笼换业和产品扩散工程，搞好城乡优势对接，全市先后有100家企业在乡镇设立了分厂或子公司，155家企业整建制迁移到农村，扩散到乡镇企业的产品近2000个。制定优惠政策，鼓励科技人员下乡，为6个农业县(市)区和110个乡镇配备科技副县(市)区长和科技副乡(镇)长、聘请543位专家教授任乡镇科技参谋，为717家乡镇企业建立科技智囊团。

1994年，全市有13家企业被评为全国千家最佳经济效益乡镇企业，其中8家排在全省百位之内。1995年，全市有21家企业入选全国千家最大经营规模乡镇企业，有17家企业入选全国千家最大利税总额乡镇企业；天桥区北园镇经济收入突破百亿元大关，获“山东第一镇”称号。同年，全市乡镇企业9万多家，从业人员85万人；乡镇企业总产值355.5亿元，其中工业总产值260亿元，乡镇工业产值已占全市工业总产值的40%以上；利税总额37.4亿元。

1998年5月，市政府印发《关于加快县乡企业发展实现二次创业的决定》；9月，山东省委、省政府印发《关于推动乡镇企业二次创业的意见》。这一系列重大举措，切实把乡镇企业放在突出位置，开始以加快推进两个根本性转变(经济体制从传统的计划经济体制向社会主义市场经济体制转变，经济增长方式由粗放型向集约型转变)为主线，以改革开放为动力，以市场需求为导向，以调整优化结构为重点，以制度创新、产业创新、科技创新、环境创新为主题的乡镇企业二次创业的新历程，开始由扩展数量向全面提高质量和效益的转变，并在质的飞跃上实现新突破。

“九五”期间，随着社会主义市场经济体制的逐步建立、国有企业改革的深化和个体私营经济的迅速崛起，乡镇企业原来在竞争机制上的相对优势逐步减弱，相当数量的乡镇企业虽然进行改革，但仍不同程度地存在着政企不分、产权不清、责权不明等问题，严重制约乡镇企业发展。因此，济南市按照有退有进、股权流转、加快民营化和公司制改造的基本思路，坚持以制度创新为突破口，以实现投资主体和产权主体的多元化、资本的社会化为目标，并通过股份制、股份合作制和合伙制等多种形式，不断加大乡镇企业的改革力度，加快所有制结构调整步伐。对重点骨干企业，主要引导其建立现代企业制度，按照《中华人民共和国公司法》的要求进行规范的公司制改造，以有限责任公司为主要形式，具备条件的改造为股份有限公司，进一步完善法人治理结构，设立相应的职能机构，明确股东大会、董事会、经理层的职责，使之各司其职，协调运转，有效制衡。对面广量大的中小企业，则进一步加大开放搞活的力度，打破区域、行业和所有制的界限，采取联合兼并、剥离重组、租赁承包、出售破产等多种形式放开搞活。通过联合，使一部分企业实现专业化协作，与大企业组成联合体；通过兼并，使一部分企业进入优势企业；通过剥离重组，使一部分困难企业的有效资产盘活；通过租赁承包，将一部分企业发包或出租给个人或法人机构管理；通过出售，使一部分企业通过产权市场公开拍卖或转让给个人或法人；对长期亏损、严重资不抵债没有发展前景的企业实行依法破产，退出市场。其间，全市乡镇企业共完成技改项目613项，完成投资51.2亿元，新增产值能力75亿元，利税8亿元；实施科技创新项目826项，投入资金4.6亿元，新增产值能力6.5亿元，利税0.7亿元；实施“星火计划”、“火炬计划”项目52项；其中填补省内空白的186项，填补国内空白的43项。

至2000年年底，全市乡镇企业发展到11.38万家，从业人员92.02万人；完成乡镇企业总产值（1990年不变价）1132.5亿元，增加值318.2亿元，其中工业总产值751.3亿元，工业增加值216.4亿元；实现营业收入1144.5亿元，实现利税78.1亿元，实交税金16.4亿元；完成出口交货值49.3亿元；资产总额360.7亿元。

2001年，济南市制定《关于加快县域工业园区建设的意见》。同时，各县(市)区也相继出台若干扶持乡镇企业发展的政策措施。济南市设立乡镇企业发展基金和用于乡镇企业的科技三项经费。全市乡镇企业实施技改项目167项，总投资12.5亿元，完工项目150项，完成投资11.8亿元，完工项目可增产值30.3亿元，利税3.8亿元；实施创新项目300多项，完成技术创新投入3.7亿元，可新增产值10亿元以上，利税2亿元以上；新增产学研合作项目65项，总投资2.44亿元，可新增年产值14亿元，实现利税3亿元。

2002年，全市乡镇企业营业收入5000万元以上的有102家，其中，过亿元的63家，过3亿元的27家，过5亿元的17家，过10亿元的7家；济南市华宇(集团)总公司、清河集团公司、山东泉西集团有限公司分别为40.66亿元、32.69亿元和26亿元。全市农业产业化龙头企业720家，年销售收入83亿元，利税8.63亿元，带动农户34万户，带动基地10.5万公顷。全市乡镇企业完成外贸出口交货值51.86亿元；在域外办企业近300家，其中境外办企业48家；获自营进出口权企业89家，其中出口创汇100万美元以上的企业36家。2004年，济南市乡镇企业局撤销。

第三章　农村经济事务管理

第一节 农村财务管理

1989 年 3 月，贯彻执行省财政厅、省农业厅《关于改革农村会计制度的通知》，改革记账方法即由原来的收付记账法改为借贷记账法，实行“账簿、凭证、报表、会计科目”四统一。1991 年，济南市在农村普遍开展集体财务清理整顿工作，市政府下发《关于在全市范围内对农村集体财产进行一次彻底清理整顿的通知》，各县区分别成立农村集体财产清理整顿工作领导小组。同年年底，全市全面完成清财任务乡镇 80 个，村 3800 个，分别占 72.1 % 和 80 %。全市参加清财工作人员 6000 人，共查贪污挪用资金 195 万元，收回历年拖欠款 685 万元，查出不合理开支 171 万元，压缩非生产性开支 507 万元。通过清财，全市执行新会计制度的村 3850 个，占 81 %；实行财务公开的村 3060 个，占 64 %，初步改变农村集体财产管理混乱状态，农村财务管理工作进入制度化、规范化轨道。1994 年，推行村级账目、村级资金由乡镇代管的“双代管”制度，重点实施以财务公开为主要内容的管理办法。2000 年，制定《济南市农村集体财务管理条例》。市农业局、市财政局先后下发《关于推行农村财务规范化管理的意见》和《关于做好农村财务规范化管理考核工作的通知》，就健全会计机构，稳定会计人员，落实会计人员报酬等做出一系列的规定和要求，全市开始推行以“一证、一书、一卡”(农村会计上岗证、农村会计聘任书、在职教育学习卡)为主要内容的农村财会队伍规范化管理工作。同年，全市持有“会计上岗证”3722 人，持有“农村会计聘任书”2896 人，分别占全市农村会计总人数 74.8%、58.2%。2003 年，市财政局、市农业局、市会计管理局联合下发《关于在全市农村推行会计委派制改革的实施意见》，全面推行农村会计委派制改革。2004 年，省财政厅、省民政厅、省农业厅联合在章丘市召开全省农村会计委托代理工作现场会，全面推行章丘市会计委托代理的农村财务管理新模式。2008 年，市农业局联合市纪委、市财政局等 8 部门制定《关于进一步加强村级集体资金、资产、资源管理的意见》，进一步规范全市农村集体“三资”管理工作的制度化、规范化和民主化。

第二节 农民负担监督管理

1990 年前，农民负担监督管理体制不健全，农民负担监管和约束处于起步阶段，农民负担较重。1990 年 7 月，山东省委、省政府下发《关于切实减轻农民负担的通知》，规定以乡镇为单位，人均集体提留和乡统筹费一般应控制在上年人均纯收入的 5% 以内；农村义务工，一般每个农村劳动力平均负担 5 ～ 10 个标准工；农民劳动积累工，每个农村劳动力年平均负担数量应控制在 30 个标准工以内。农村义务工和劳动积累工以出劳为主。同年 9 月，山东省农民负担监督管理领导小组发布《山东省减轻农民负担暂行办法》，对农民合理负担的项目、数量和使用范围以及农民负担费用的提取和管理，作出明确规定，农民负担工作开始步入规范化轨道。1992 年，建立健全济南市减轻农民负担联席会议制度，成立济南市农民负担监督管理领导小组，领导小组办公室设在市农业局，并开始实行一年两次的农民负担情况大检查。1993年，成立济南市开展减轻农民负担“四清理、三整顿”(清理涉及农民负担的各种文件、项目、非生产性建设、承包合同外收费提留；整顿村提留、乡统筹，整顿各种收费罚款，整顿义务工、劳动积累工的管理使用)工作领导小组，办公室设在市农委。同年，全市发放农民合理负担手册74.76万份，减轻农民负担共计6579万元。1995年，全市农民负担“三提五统”总额21288万元，人均64元，占1994年人均纯收入4.8%。1999年起，在全市推行提留统筹费一定三年不变的管理办法。2000年起，全市推进以“减轻、规范、稳定”为目标的农村税费改革以及落实中央提出的减负工作“四项制度”，即涉农税收价格收费“公示制”、农村义务教育收费“一费制”、农村公费订阅报刊“限额制”、涉及农民负担案(事)件“责任追究制”。2002年，农村税费改革后，全市农民减负总额1.53亿元，人均负担由改革前150.2元减为107元，人均减负43.2元。2003年，市减负领导小组下发《关于实行济南市减轻农民负担工作一票否决制度的通知》，制定济南市减轻农民负担工作一票否决考核办法和考核计分标准。2004年，农民负担减轻1.58亿元，人均减负46元。2005年，济南市全部免征农业税及其附加，全市农民负担再次减少1.29亿元，人均减负38元。除全部免除农业税外，国家逐年不断增加种地补贴，全市兑现粮食补贴、良种补贴和大型农机补贴资金6000多万元。减征和取消农业税造成的乡村两级减收，采取县区自行消化、市按一定比例转移支付和对困难县全部转移支付的办法予以解决。至2007年，济南市对县(市)区转移支付3.4亿元，重点用于保障基层组织建设、义务教育和公益事业发展等。2010年，济南市级财政转移支付1.29亿元，严格执行向村级转移支付不低于20%的规定，确保乡镇和村级组织正常运转。同年，全市共落实粮食直补、农资综合补贴资金3.24亿元；小麦良种补贴24.2万公顷，补贴资金3632.6万元；玉米良种补贴25万公顷，补贴资金3744.9万元；水稻良种补贴面积0.67万公顷，补贴资金150.5万元；政策性农业保险共承保各类农作物14万公顷(小麦7.95万公顷、玉米5.75万公顷、棉花0.3万公顷)，收取农民保费17.66万元，理赔金额共1654.66万元，对建立新型农业防灾减灾机制起到推动作用。

第三节 农民专业合作经济组织

20世纪80年代初，随着农村改革逐步展开，农村“三级所有、队为基础”的人民公社体制被废除，农民专业合作经济组织等新型的农村合作经济组织形式逐渐兴起。90年代中后期，全市农民专业合作经济组织快速发展。1997年，在历城区草莓种植大户赵顺贵倡导下，50户草莓种植户自发组织成立张而村草莓协会，成为全市首家农民专业协会。2002年，该协会被农业部确定为全国百个农民专业合作组织试点单位。全市农民专业合作经济组织发展类型由最初的农民自发创建，逐步发展为农技部门领办、企业带动、专业协会、股份合作等多种类型。2005年，市政府制定《关于加快农民专业合作经济组织发展的意见》，提高全市农民进入市场的组织化程度。2007年起，《中华人民共和国农民专业合作社法》和《山东省农民专业合作社条例》相继颁布实施，全市农民专业合作社进入依法规范、加快发展的新阶段。至2010年年底，全市注册登记合作社2658家，注册资金总额29.28亿元，其中，货币出资27.17亿元，注册资金1000万元以上的27家，合作社成员20.12万户(人)，辐射带动非成员农户31.06万户(人)。

第四节 农村合作基金会

1993年，济南市在长清县归德镇召开合

作基金会试点工作现场会，安排部署农村合作基金会发展工作。1996年，全市新成立乡(镇)农村合作基金会54个，总数85个，其中登记发证72个，年末融资余额2.5亿元。农村合作基金会发展初期，对发展多样化基金融通形式、管好用活农村集体资金、聚集农村闲散资金、增加农业投入、促进乡镇企业发展、壮大地方经济发挥积极作用。农村合作基金会在发展过程中，由于基层政府对合作基金会行政干预多，逐步显现出监督机制弱、管理水平低、资金投放风险放大、经营效益明显下滑等问题，资金投放非农化趋势蔓延，局部地区出现挤兑风波。1999年1月，国务院决定对农村合作基金会进行全面清理整顿。同年，济南市开始清理整顿农村合作基金会，成立济南市清理整顿农村合作基金会领导小组，并设立办公室。通过清产核资、分类处理、清收欠款、存款兑付等措施，完成全市67个农村合作基金会的清理整顿，化解12.96亿元的金融风险。

第四章　农业机械化

第一节 农机装备

20世纪80年代，国家制定允许农民个人购置、经营农业机械政策，农业机械作为商品进入流通领域，出现国家、集体、个体多种所有制、多种经营形式的新格局。1986年，全市农机总动力147.36万千瓦，有农用大型拖拉机6226台，小型拖拉机19898台，联合收割机8台，割晒机816台，脱粒机11872台，柴油机67881台、60万千瓦。1988年，全市农机总值4.1亿元，农机总动力172.89万千瓦，农用拖拉机33706台。1989年，全市农机总值5.73亿元，农机总动力182.4万千瓦。农用拖拉机36138台、41.6万千瓦，柴油机63876台、60.11万千瓦，脱粒机19515台，各类机引田间作业机械39102台(件)。1994年，全市农业机械销售总额8500万元，新增各类农机具13351台(件)，全市机械总动力207.4万千瓦，其中，农用拖拉机41860台、45万千瓦，农用汽车4353辆、31.32万千瓦，排灌机械94637台、77.34万千瓦，农机具6.7万台(件)。农机固定资产总值8亿元。1997年，平阴县农机局和章丘市明水镇农技站共投资50万元购进4架农用超轻型蜜蜂－3C(D)型飞机，同时投资100余万元修建农用超轻型飞机专用机场，填补济南市空白。1999年，全市农业机械结构调整优化，农业机械化装备水平大幅度提高。全市农业机械原值12.65亿元，总动力297.55万千瓦，农业机械经营纯收入4.93亿元。农用拖拉机拥有量47179台，其中大中型拖拉机拥有量4432台，柴油机、电动机拥有量76066台，小麦联合收获机拥有量1664台，玉米联合收获机拥有量44台，农用汽车拥有量6088辆，农用运输车拥有量2126辆，农用机动三轮车拥有量52004辆，工程机械拥有量565台，机引田间作业机械拥有量72715台，割晒机拥有量8501台，旋耕机拥有量4198台，秸秆粉碎还田机拥有量180台，脱粒机拥有量28983台，农产品加工机械拥有量12477台，渔业机械550台，牧业机械6153台，排灌机械拥有量1.1亿台，蜜蜂－3C(D)型农用轻型飞机4架。

2003年，全市农业机械原值18.34亿元，农机装备结构更加优化，动力结构趋向大型化，配套结构趋向一机多用，技术结构高科技含量高、功能多。农用拖拉机及其配套机具分别为59593台、86517台，配套比为1∶1.45。农用飞机拥有量8架。2005年，全市实施农业机械购置补贴政策，落实农业机械购置补贴资金260万元，其中中央资金60万元、省级资金100万元、市级资金100万元。有137户农民享受购置农业机械补贴，补贴农机具319台(套)，其中大型拖拉机92台、耕作机械66台、种植机械27台、收获机械134台。2006年，济南市落实购机补贴资金465万元，其中中央资金190万元、省级资金175万元、市级资金100万元。全市有221户享受到补贴，共补贴农机具461台(套)，重点补贴大中型动力机械、玉米收获机械及秸秆综合利用机械。2008年，全市农机装备总动力466万千瓦，农业综合机械化水平达70%。2009年，农机补贴力度加大，全市共安排购机补贴资金5447.98万元，其中中央资金5240万元、省资金7.98万元、市资金200万元，共补贴各种农机具6235台(套)，受益农民2804户。其中对大型拖拉机、玉米联合收获机及小麦免耕播种机进行重点补贴，分别为850台、580台和440台。通过购机补贴，直接带动农民投资农业机械1.1亿元。同年，全市农机总动力486万千瓦，农机总值27.7亿元。农机装备水平进一步提高，结构进一步优化。全市联合收获机保有量6795台，其中小麦联合收获机4804台，新增889台；玉米联合收获机1991台，新增736台，玉米生产机械化水平进一步提高。全市拖拉机保有量58742台，配套机具保有量31161台(套)，同时小型拖拉机数量减少，比例进一步趋于合理。水稻机械化、经济作物机械化方面有很大突破。2010年，全市农机总动力509.68万千瓦，农机总值28.9亿元。全年中央、省、市共安排购机补贴资金5447.98万元，共补贴各种农机具8884台(套)，受益农民4506户，直接带动农民投资农业机械1.5亿元。全市联合收获机7567台，其中小麦联合收获机5026台，新增222台；玉米联合收获机2541台，新增550台。大中型拖拉机保有量17952台，配套机具保有量27958台(套)。

1986～2010年济南市农业机械化情况表

表8-1-5

年份	农用机械总动力(万千瓦)	农用大中型拖拉机(台)	农用小型拖拉机(台)	联合收割机(台)	电动机、柴油机(台)	割晒机(台)	脱粒机(台)	农用汽车(辆)	机械耕作面积(万公顷)	机械播种面积(万公顷)	机械收割面积(万公顷)
1986	147.36	6226	19898	8	67881	816	11872	3117	21.40	7.42	1.84
1987	156.23	5523	23366	9	71423	981	13166	3255	22.19	9.16	2.03
1988	172.89	4951	28755	19	117106	1612	17678	3373	23.85	10.96	4.23
1989	182.40	4469	31669	20	132478	2390	19515	3360	24.32	11.96	5.66
1990	183.40	3989	32569	25	140293	3159	20580	3258	25.17	13.64	7.72
1991	191.00	3528	33918	38	142101	4359	22314	3489	25.48	14.69	9.87
1992	191.50	3144	35606	75	94537	5045	22847	3943	26.06	15.64	10.95
1993	194.40	3118	37048	77	60042	5207	23703	4067	26.27	16.13	12.35
1994	207.40	3286	38574	82	62619	5425	24964	4353	26.70	15.00	12.50
1995	241.20	2923	39457	116	65417	5948	25778	4590	26.65	15.50	12.57
1996	247.07	3089	39282	200	65243	6312	26642	5193	26.54	17.53	14.47
1997	258.50	3347	40021	536	70265	7132	28132	5433	26.47	18.37	15.34

续表 8-1-5

年 份	农用机械总动力（万千瓦）	农用大中型拖拉机（台）	农用小型拖拉机（台）	联合收割机（台）	电动机、柴油机（台）	割晒机（台）	脱粒机（台）	农用汽车（辆）	机械耕作面积（万公顷）	机械播种面积（万公顷）	机械收割面积（万公顷）
1998	273.30	3804	40038	955	72561	8038	29609	5669	25.61	19.77	16.75
1999	297.55	4432	42747	1708	76066	8501	28983	6088	26.13	20.64	18.72
2000	349.47	6628	48149	1997	78759	10532	30840	6392	26.23	21.35	19.86
2001	409.07	6061	64906	2316	96510	12042	30227	6578	26.77	23.36	20.46
2002	410.17	7046	53659	2664	95918	10038	29250	6475	26.38	25.99	20.69
2003	417.43	7789	51804	2699	96864	8473	28884	6410	26.44	27.42	20.26
2004	418.54	7797	50279	2912	95572	8443	28368	6477	26.41	29.51	26.66
2005	426.76	9133	50266	3286	98523	8193	28292	6616	29.54	30.16	21.26
2006	429.62	10095	47980	3754	95728	6496	24658	—	29.30	30.93	21.73
2007	446.60	11704	45714	4300	95041	5654	24728	—	29.17	35.25	23.91
2008	466.00	15367	41734	5170	83277	3048	18534	—	28.15	37.05	28.21
2009	486.00	16523	42219	6795	85453	4483	18276	—	34.82	40.20	30.60
2010	509.68	17952	42103	7567	85107	4083	18948	—	35.60	42.00	32.80

说明：2005年后农用汽车由公安交通管理部门管理

第二节　农机作业

1986年，全市机耕面积21.4万公顷，机播、机收面积分别为7.42万公顷和1.84万公顷。按照省农机局要求，全市推行农机作业统一领导、统一种植计划、统一调配机具、统一耕种、统一供应油料、统一作业质量和作业“合同制”等管理措施，逐步提高全市农机化程度。1988年，全市机耕面积23.85万公顷，占总播种面积的60%，农副产品初加工和农业运输等基本实现机械化和半机械化。1994年，全市机耕面积26.7万公顷，机播15万公顷，机收12.5万公顷，机械化综合水平65%以上。1995年，全市机耕面积26.65万公顷，机播面积15.5万公顷，机械植保面积6.73万公顷，机收面积12.57万公顷，机械脱粒136.09万吨。1997年，全市机耕面积26.47万公顷，其中深耕作业面积15.25万公顷，机播面积18.37万公顷，机械植保面积10万公顷，机收面积15.34万公顷，小麦联合收获机收获面积4.32万公顷，机械脱粒162.26万吨。1999年，全市小麦生产全过程基本实现机械化，玉米生产机械化水平有新突破。完成机耕面积26.13万公顷，其中深耕深松作业面积15.18万公顷。机播面积20.64万公顷，机械植保面积13.3万公顷。机收面积18.72万公顷，其中小麦联合收获机收获面积9.7万公顷，玉米联合收获机收获面积0.16万公顷。机械脱粒225.84万吨。农用飞机完成林业飞防和农业植保面积1.33万公顷。收割机跨区收割小麦面积3.86万公顷。

2001年，济南市农业局被农业部、交通部、公安部等六部门评为跨区作业先进单位。2002年，“三夏”期间，济南市共发放跨区作业证2000个，派出小麦联合收获机1583台，分赴河南、江苏、安徽、河北、天津等外省市和青岛、烟台、威海等地参加跨区作业，完成跨区作业面积5.21万公顷，实现跨区作业收益3600余万元；“三秋”期间，共派出农业机械1025台，完成作业面积3.62万公顷；接机890台，完成作业面积

2.09万公顷。同年，全市完成机耕、机播、机收面积73.06万公顷，其中机耕面积26.38万公顷、机播面积25.99万公顷、机收面积20.69万公顷；秸秆机械化还田面积8.3万公顷；冬春农田水利基本建设上阵各类农业机械25000台(件)，完成土石方3975万立方米，完成工程量占全部工程总量的90%。2003年，“三夏”期间，由于“非典”影响和连续阴雨天气等因素，全市机具供求矛盾突出。对参加跨区作业机械实行“四统一”(统一调度、统一联系、统一转移、统一服务)，开通“农机110”服务热线，为机手提供24小时全方位服务。全市共组织各类农业机械47487台，其中小麦联合收割机3752台。派出小麦联合收获机1360台，分赴河南、安徽、江苏、河北省和山东省东部地区参加跨区作业，完成跨区作业面积7.51万公顷，实现跨区作业收入3944万元。“三秋”期间，全市共完成机耕面积18万公顷，派出2556台机械参加跨区作业，实现跨区作业收入1060万元。2005年，全市农机跨区作业派机质量明显提高，“三夏”“三秋”期间，机械异地作业面积7.13万公顷，为机手创收5000多万元。济南市农业局被农业部评为全国农机跨区作业先进单位。

2009年5月18日，济南市暨济阳县2009年度农机跨区作业出征仪式在济阳举行。“三夏”高峰时期济南地区上阵的小麦联合收获机超过5500台，参加跨区机收的小麦联合收获机1000台，其中跨省作业的机具800台，跨省作业区域主要分布在河南、江苏、安徽、河北等省小麦主产区。同年，全市机耕面积34.82万公顷，机播面积40.2万公顷，机收面积30.6万公顷。2010年，全市玉米机收率72.8%，实现较大飞跃，成为全省首批基本实现玉米生产机械化的地市之一；全年机耕面积35.6万公顷，机播面积42万公顷，机收面积32.8万公顷。

第三节 农机监理

1986年，农机监理部门针对农业机械大量增加、机械技术状态较差、能源紧缺的问题，加强农业机械的技术监督。1988年，全市共检审拖拉机20271台，占应审数96.5%；小型拖拉机安装气(油)刹车装置17132台，占应安装台数98.5%；农机千台车事故率0.1‰，死亡率0.07‰，低于上年。1990年，全市检验和换发拖拉机牌证27942台，年检率和换发牌证率80.33%；审验驾驶员和换发驾驶证30020人，审验率和换证率99%；检验柴油机46579台、检验脱粒机13540台，检验率分别为79.5%和91%；共发生农机事故8起，死亡3人，重伤4人，千台车事故率、死亡率分别为0.022‰和0.08‰，低于山东省规定指标。1992年，全市强化农机安全监理，年内拖拉机挂牌、检验率分别为96%、97%，驾驶员检验率98%，脱粒机、柴油机审检率分别为91%、80%。1996年，全市检验拖拉机27598台，年检率92%；年审验拖拉机驾驶

济南市“三秋”生产暨机械化收获现场 (2009年摄)

员26378人，年审率91%。1997年，检验拖拉机30734台，年检率98.1%；年审验拖拉机驾驶员27906人，年审率96.1%；检验脱粒机22875台，年检率85.1%；年审农机维修网点和经营网点1050户。1999年，全市年审验农业机械供应和维修网点1221个，年审验率95%；检验拖拉机25842台，检验率95%；审验驾驶员20228人，审验率81%；检验脱粒机20856台，年检验率96%；农机事故率在3‰以下。

2002年6月17日～28日，济南市农业局分两期对全市130名农机监理人员进行为期5天的全封闭准军事化培训，全面提高农机监理人员的整体素质、执法水平和服务质量。同年，全市集中治理“三无”车辆及“黑车非驾”等突出问题，共查处各类违章7687车(次)，核发号牌5728副，其中新挂拖拉机号牌4310副。年内拖拉机和驾驶员年检、年审率分别为96.13%和91.52%，农机事故率控制在3‰以下，确保农业机械安全生产。2003年，山东省农机系统开展“管理工作规范化建设年”活动，市农机系统制定实施方案，将农机监理系统的九项管理工作进行规范。2005年，依据《中华人民共和国道路交通安全法》及省公安厅、省农机管理办公室下发的《关于农用运输车和上道路行驶的拖拉机牌证及驾驶证管理移交工作有关问题的通知》，市公安局、市农业局制定移交工作实施方案。方案明确农用运输车和上道路行驶的拖拉机管理职责，公安交通管理部门负责办理农用运输车牌证及其驾驶证，农机部门负责办理上道路行驶拖拉机牌证及其驾驶证。6月底，济南市农用车和变型拖拉机的档案移交工作全部结束，市农机部门移交车辆档案16212份、驾驶员档案9800份，从公安部门接收车辆档案7份。同年，落实“平安农机”建设，构建以安全生产责任体系和监督检查机制为保障的农机安全管理防控体系。年内共检审拖拉机13487台，查处各种违章4413人(次)，农机事故率控制在3‰以下。2005年后，济南市农机管理部门不再统计发生在道路上的农机事故。2006年，济南市农机监理站组成检查组，对各县(市)区农机监理规范化建设情况进行巡回检查，共检查拖拉机及驾驶员档案1500份，查出问题档案76份，全部进行整改。2007年，开展创建“平安农机”活动，全年共检验拖拉机8540台，年检率77%，拖拉机登记896台，申领驾驶证673本，换发新牌照1546副。同年，济南市拖拉机交强险业务正式开展，全年办理拖拉机交强险业务1.2万份。2008年，市农机监理站举办全市农机监理员培训班，对78名专职监理员进行培训；全年检验拖拉机、联合收割机7025台，新车上户891台，新考驾驶员257人，查处各类违章1000人(次)，下达行政处罚决定书36份，事故率控制在1‰以下，没有发生一起特大农机事故。2009年，全市开展安全生产大检查和集中督查活动，共查处拖拉机无牌460起，驾驶员无证驾驶78起。市监理站获2009年济南市安全生产委员会颁发的“济南市安全生产月活动”优秀组织奖。2010年，全年全市共检验拖拉机、联合收割机4118台，新车上户1229台，新考驾驶员395人。在第二批“平安农机”示范县(市)区和示范乡镇的评选中，长清区被省农机办、省安监局评为平安农机示范区，历城区港沟镇等5个乡镇被评为平安农机示范乡镇。

第四节 农机服务

1986年，全市有乡(镇)村、组、户农机修理网点379个，农机修理人员1694人。1988年，覆盖全市、布局合理的农机管理、供应、维修、人员培训、科研及推广服务体系初步形成，全市67个乡镇有45个成立农机管理服务站，2535个村建立农机组织，占全市有农机村的95%，其中村农机管理服务组织902个，村级农机管理服务人员4696人。农机经销服务呈现两旺形势，全年推广各种新机具5种3169台，农机经营服务单位年经营收入1517.02万元，纯收入187.95万元。平阴县平阴镇农机站被农业部评为全国乡镇农机管理服务先进单位。1989年，济南市贯彻《山东省乡村农机管理服务工作的暂行规定》，坚持“因地制宜、分类指导、重点突破”方针，以“提高县一级，强化乡一级，充实和完善村一级”为原则，加强农机基层组织建设。全市111个乡镇全部建立农机管理服务站，1379个村建立农机管理服务组织，乡村农机人员15.11万人。同年，在全市开展乡镇农机管理服务站达标升级工作，共评定出一级站7个，二级站9个，三级站12个，达标站13个。1992年，全市111个乡镇有88个建立管理、服务、经费一体化的农机站，村级建农机站(队)1402个。平阴镇、孔村镇、归德镇、崮山镇、吴家堡镇、十六里河镇、孙村镇、埠村镇、旭升乡、仁风镇农机站被评为市级“十佳乡镇农机站”。1994年，全市村级农机管理服务站(队)发展到1595个，乡、村两级共有农机管理员10239人。1996年，加强乡镇、村农机基层组织建设工作，建立健全农机供应、维修、科技推广、教育培训、安全监督、工程开发6条服务线，完善农机社会化服务体系。全市有1494个村建立村农机管理服务组织，占行政村总数的32.13%；有2126个村至少配备1名农机管理人员，占行政村总数的45.72%。全市有农机管理服务人员19.07万人，其中农机管理人员5199人。2004年，农机三大市场不断壮大，全市有农机化作业服务组织20.97万个。“三秋”作业中，开辟跨区作业“绿色通道”和“农机110”服务热线，成立应急服务队、帮扶队等农机服务组织390余个，发放跨区作业证1750个，开展农机跨区作业“明星服务队”创建活动。2009年，济南市农机服务体系日趋完善，服务功能不断增强，实现农机经营总收入15.7亿元。6月10日，历城区促农农机专业合作社成立，注册资金65万元，入社社员10户。2010年，全市共有农业机械化机构113个，农机合作社58家。历城区促农农机专业合作社被农业部确定为全国农机专业合作社示范社，完成作业面积0.07万公顷，实现作业收入90万元。5月22日，平阴农用航空服务站开始执行平阴、长清林区飞防任务；之后，对菏泽、潍坊等地执行飞防灭蛾任务；总飞防面积100万亩(6.7万公顷)以上，占全省飞机灭蛾计划的1/3。

第五节 农机推广

1986年，全市推广网络包括市农业机械化推广站1所、4人，县级推广站2所、8人。在乡镇农机站配合下，共同完成机械化的引进、试验和推广。1988年，全市推广的主要新机具、新技术有：2BY-1型玉米套种耧，轻便灵活，播种质量好，适用于麦田套种玉米和直播玉米单行人力播种，也可用于大豆小面积播种；全年推广使用1968台，全市保有量3668台，完成作业面积1.37万公顷。小型化肥耧，可提高施肥工效，减少化肥浪费；全市累计推广358台，其中1988年推广328台，完成作业面积0.46万公顷。小麦半精量播种技术，全市进行大面积推广，推广小麦半精量播种机750台，全市保有量1334台，完成作业面积2万公顷。旱田农业机械化技术开发，推广使用小沟麦播种机械化技术。全市推广小沟麦播种机108台，完成播种面积0.37万公顷。玉米秸秆还田技术。全市新增玉米秸秆还田机15台，全市保有量70台，完成玉米秸秆还田0.32万公顷。1989年，全市引进和推广新机械、新机具和新技术，完成农业机械科技推广项目16项，推广新机械、新机具9470台(件)，推广面积13万公顷。1992年，全市推广各类新机具13730台(件)，其中深耕地13.45万公顷，化肥深施7.69万公顷，小麦精少量播种7.69万公顷，旱沟麦播种1.7万公顷，玉米套播11.33万公顷，机械秸秆还田1万公顷，机械青贮秸秆2.65万公顷，机械植保3.75万公顷，机械铺膜0.41万公顷。1995年，全市完成农业机械化新技术推广项目5项，推广面积39.35万公顷；培训农机专业人员3.06万人，引进、试验、示范、推广各种新机具24909台。1996年，全市完成小麦机械化联合收获技术、小麦精少量播种机械化技术、旧柴油机改造技术、柴油机功率油耗检测节能技术等10项农机化新技术试验、示范与推广工作，引进、试验、示范推广各种新机具14094台(件)。1997年，全市推广195型旧机扩缸增容改造项目，共改装1023台；推广小四轮拖拉机安全增效技术，推广效益2182万元；推广小麦穴播覆膜、小麦精量播种、小麦和玉米联合收获、化肥深施、玉米秸秆还田、玉米套种机械深耕、棉花机械植保等新技术9项。全年推广新机具2228台(件)，推广新技术面积35.04万公顷。推广小麦联合收获机械化新技术，全市共减少小麦损失1310.82万公斤，直接经济效益2134.06万元，该推广项目获济南市科技兴农竞赛活动一等奖。

2002年9月11日，在章丘市召开“全市玉米机收暨小麦免耕播种机械化现场会”，有20余台农业机械做现场演示。该项技术有利于减少水土流失、降低沙尘暴，提高产量、节约成本，成为小麦种植技术上的一次重大改革。

2003年9月18日，在济南市召开全国农作物秸秆综合利用现场会。同年，秸秆机械化还田和保护性耕作面积17万公顷；秸秆生产食用菌556万平方米；建气化站14个，年产秸秆气800万立方米；秸秆饲料、秸秆肥料和秸秆建材、秸秆燃料加工企业40家。通过推广秸秆综合利用技术，全市消化农作物秸秆260万吨，占秸秆产量65%。2009年，全市共产生农作物秸秆47.6万公顷，秸秆综合利用总量42万公顷，综合利用率88%。其中机械化还田面积29.4万公顷，秸秆青贮2.9万公顷，通过发展秸秆养殖食用菌、秸秆压块等秸秆综合利用技术，消化秸秆9.6万公顷。

保护性耕作机械在大田耕地　　（2009年摄）

全市农机总动力510万千瓦，农机总值28.9亿元，分别比2009年增长2.4%和2.6%。在农机补贴政策的大力推动下，全市农机装备水平进一步提高，农机装备结构进一步优化，特别是中央、省、市各级补贴力度的继续加大，为农机化带来了良好发展机遇。联合收获机7567台，增长11.4%，其中小麦联合收获机5026台，新增222台，玉米联合收获机2541台，新增550台，玉米机收率72.8%，实现较大飞跃，成为全省首批基本实现玉米生产机械化的地市之一；机耕面积35.6万公顷，机播面积约42万公顷，机收面积32.8万公顷，分别比2009年增长2.3%、4.6%和7.2%。大中型拖拉机保有量17952台，配套机具保有量27958台(套)，同时小型拖拉机数量进一步萎缩，比例进一步趋于合理。不仅在主要农作物机械的发展上有很大提高，在保护性耕作、设施农业机械化、经济作物机械化等方面也有突破。同时，农机合作社58家，比上年翻了两番多，农机服务体系日趋完善，服务功能不断增强，全年实现农机经营总收入17亿元，比上年增加8.3%。

第六节 农机维修

1986年，全市有乡(镇)村、组、户农机修理网点379个，农机修理人员1694人。1989年，全市拥有农机修理网点527处，修理工1798人，其中技术人员277人。技术人员换发全国统一的“农机维修点技术合格证”“农机维修人员技术等级证书”。全市共有国营拖

维修服务队深入农户家中进行农机检修 （2008年摄）

拉机站6个，全年经营总额328.5万元，纯收入25.5万元。111个乡镇农机管理服务站，全年经营总额2557.8万元，纯收入238.7万元。1992年7月，全国农机包修工作经验交流会在长清县召开，农业部农机化司副司长张承华在会上讲话，肯定长清县在农机包修方面取得的成绩和经验，推广长清县基层农业机械包修做法。年底，全市95个乡镇拖拉机实行包修制，入包拖拉机、柴油机分别为62%、22%。1994年，全市有农机维修网点674个，其中个体网点580个，农机维修工2093人。农机维修网点年审率80%。1995年，全市有农机维修网点809个，修理农用拖拉机、汽车、三轮车65760辆，修理农机具81081台(件)。1997年，全市农机修理网点发展到1169个，修理拖拉机、内燃机、农用汽车共98713台，修理农机具95116台(件)。2004年，全市有农机流通企业、供应点980个，农机修理厂及维修点1452个。2006年，全市检验农机修配网点525个，发放农业机械维修技术合格证650个。2008年，全市有检验农机修配网点689个，发放新农业机械维修技术合格证420个。2010年，全市有检验农机修配网点450个，发放农业机械维修技术合格证210个。

第七节 农机培训

1986年，全市共有4所县级农业机械化学校，管理人员23人，其中，教师14人，负责培训农机手、驾驶员和维修人员。1989年，全市有农机化学校7处，全年共培训各类农机人员20392人，其中新训拖拉机驾驶员3942人，汽车司机500人，农机修理工618人，其他各类农机人员15322人。学校教学条件得到改善，新增教学解剖车4台，柴油发动机原理电化教学模型1套，录放像机2台，配套彩电2台。教室修建面积600平方米。章丘县农机化学校被评为省级先进学校。1992年，全市各级农机校采取多种形式办学形式，共培训各类农机人员29953人。1994年，全市共培训各类农机人员31493人(次)，其中新培训驾驶员3700人。1997年，全市共培训拖拉机、农用汽车驾驶员25175人。

1998年，全市有农机化学校6处。全年共培训各类农机人员19872人，其中新训拖拉机驾驶员1206人，联合收获机手987人，其他培训17679人。1999年，全市共培训各类农机人员14787人，其中新训拖拉机手1197人，联合收获机手788人，阳光培训450人，其他培训12352人。2000年，全市共培训12879人，其中新训拖拉机驾驶员1760人，联合收割机手988人，阳光培训(新型农民)650人，农机管理人员498人，复训驾驶员8983人。2002年，全市共培训16951人，其中新训拖拉机驾驶员1139人，复训拖拉机驾驶员13998人，基层农机管理人员培训371人，其他培训1443人。2004年，全市共培训各类农机人员12050人，其中新训拖拉机驾驶员850人，联合收割机手460人，复训驾驶员操作手10160人，阳光培训320人，农机管理人员260人。2007年，全市共培训10425人，其中新训拖拉机驾驶员758人，复训5927人，联合收割机手407人，保护性耕作培训840人，阳光培训480人，农机管理人员96人，其他培训1917

人。2008 年，全市共培训各类农机人员 12938 人，其中新训拖拉机驾驶员 1629 人，联合收割机手 1020 人，保护性耕作培训 2195 人，阳光培训 250 人，农机经营人员培训 511 人，农机维修工 952 人，其他培训 6381 人。2010 年，全市共培训农机人员 9500 人，其中新训拖拉机驾驶员 718 人，联合收割机手 804 人，保护性耕作培训 1550 人，复训农机手 5880 人，其他培训 548 人。

第五章　农业基础建设

第一节 科教兴农

一、农业科技

1986 年起，济南市强化农业科教队伍，加强农业科技技术推广工作，加快农业高新技术、现代技术的引进、开发和利用。通过实施农业科技攻关、丰收计划、星火计划、良种产业化等项目，全面提升全市科技推广和转化能力。1986 ～ 1998 年，全市共承担科技攻关计划 195 项，获奖项目 126 项。1994 ～ 1998 年，市农委、市农业局牵头组织实施济南市科技兴农竞赛，每年实施科技项目 30 项，获奖项目 20 项，通过科技兴农竞赛共有 82 个项目获得市政府奖励。1998 ～ 2005 年，共承担省、市科技攻关计划 84 项，有 49 项获得科技奖。至 2005 年，全市共实施国家、省、市农牧渔业丰收计划 212 项，获奖 101 项；通过实施良种工程、沃土工程、植保工程等一系列农业科技工程，全市良种覆盖率 98% 以上，测土配方施肥技术覆盖率 30% 以上，基本建立农作物病虫害预警系统，全市农业科技装备水平和推广能力不断提升。

2006 ～ 2010 年，全市农业科技项目共获得省市科技奖 20 项、省丰收奖 38 项。2008 年，市政府办公厅转发《市农业局等部门关于加快农业科技推广能力建设的意见》。至 2010 年，全市共建设农业科技示范培训中心 15 处，实施新品种、新技术“双推”项目 75 项，引进新品种 372 个、新技术 296 项，推广面积 13.7 万公顷，培养百名农业专家团队和新型农民团队两支队伍，完善投入、监管、运行、激励约束四种机制。

二、农业教育

1992 年起，济南市组织实施绿色证书培训，对具有初、高中文化程度的农民进行岗位培训，培训学员 51228 人，获得绿色证书的农民 38820 人，培养出一支能够起示范带头作用的农民技术骨干队伍。1999 ～ 2000 年，全市组织实施跨世纪青年农民科技培训工程。2001 ～ 2005 年，全市实施新世纪青年农民科技培训工程，面向农业和农村生产、经营、服务等领域，共培训学员 54000 人(次)。2004 年起，全市组织实施农村劳动力转移培训阳光工程，至 2005 年共培训农村劳动力 21000 人，转移到非农领域就业 20643 人，培训专业涉及电子机械、服装加工、电气焊、汽车(农用车)驾驶、计算机应用、餐饮服务、家政服务、物业管理等。2006 ～ 2010 年，全市继续实施阳光工程培训，累计培训农村劳动力 72400 人。2007 年起，承担了山东省农业厅启动的新型农民创业培训及新型农民科技培训项目，到 2010 年累计培训新型农民 3580 人，辐射带动 4.8 万个农民示范户。同时，每年采取多渠道、多层次、多形式，充分利用多种资源优势，开展针对性较强的各类农业技术普及培训活动，全市农业系统累计举办培训班 2000 余个，350

万人(次)的农村劳动力接受现代科学技术、法律知识和市场管理知识、农业从业技能培训，普遍掌握1～2项实用生产技术，农民的综合劳动生产技能得到提高。

附：山东省农业广播电视学校济南市分校

1981年6月，中央农业广播学校济南市办公室成立，隶属于济南市农业委员会，辖郊区、历城县、章丘县、长清县4个办公室；开始招收学员5022人，主要教学手段是通过电波让学员收听广播。7月，成立领导小组。1982年12月，市农委、市教育局等7部门联合下文，对参加全国统考的农广校学员加强辅导，教学上实现广播与辅导相结合。同年，招收中专生3046人。1985年，平阴县划归济南市，中央农业广播学校济南市办公室辖郊区、历城县、章丘县、长清县、平阴县5个办公室，定编5人，招收中专生653人。

1986年，中央农业广播学校济南市办公室更名为中央农业广播学校山东省济南市分校(以下简称市农广校)，编制增加到10人。同年，招收中专生761人。1987年5月，郊区分校撤销。同年，招收中专生2245人。1988年，济南市农广校领导小组撤销。1989年，明确市农广校为副县级单位。1990年，中央农业广播学校山东省济南市分校更名为山东省农业广播电视学校济南市分校(以下简称市农广校)。同年，济阳、商河两县分校划归济南市管理。

1990年，山东省教委对县级农广校办学评估，济南市分校所辖章丘、历城、长清、平阴、济阳、商河6所县级分校全部通过评估，农广校办学纳入教委成人中等专业学历教育的计划管理体制，成人中专入学由济南市教委统一组织考试和录取工作，毕业证由中央农广校发证改为省教委统一发放。4月，全国农业广播电视学校学籍管理现场会在济南召开。

1993年，济南市成人教育局同意市农广校举办成人中专学历教育，正式纳入成人教育序列。同年，招收中专生1006人，联办大专招生103人。1994年，市农广校与山东干部函授大学、山东农业大学、山东政法干部管理学院、山东财政学院、山东工业大学联合办学，招收大专生1050人。1997年，市农广校与山东省委党校联合办学，招收学员850人。

2000年，市农广校加挂济南农村(民)科技培训中心牌子，承担政府交办的农民科技培训任务。2001年，市农广校与山东农业大学继续教育学院联合办学，在济南地区招收优秀涉农专业在职工作人员，招收山东农业大学推荐生700人。2001年机构改革，济南市农业委员会撤销，市农广校隶属济南市农业局。

2005年3月，市农广校办公地点从济南市委大院搬入洪楼南路32号。2006年6月，市农广校为全额预算管理正处级事业单位，事业编制20人(含工勤编制2人)，辖章丘、历城、长清、平阴、济阳、商河6个县(市)区分校，教职工55人，常年外聘教师156人；教学实验实习场所13公顷，教室36个，实验实习设备1500余台(件)，教学用车9部，卫星网站3座。同年，市农广校承担完成农村劳动力转移培训阳光工程项目500人；与曲阜师范大学联合办学，招收314人；与东北农业大学联合办学，招收200人。

2007年，全市农广校系统完成绿色证书教育培训12244人，农村实用技术培训27776人(次)，承担完成农村劳动力转移培训阳光工程项目2100人。2008年，全市农广校系统完成绿色证书教育培训9399人，农村实用技术培训35850人(次)，承担完成农村劳动力转移培训阳光工程项目3600人，承担组织完成山东省农村实用人才创业培训试点培训任务100人。

2009年，全市农广校系统完成初等绿色证书教育培训11383人，农村实用技术培训22556人(次)，承担完成农村劳动力转移培训阳光工程项目3100人，承担完成阳光工程技能培训项目930人，承担完成基层农技人员培训196

人，承担组织完成省农广校阳光工程农民创业培训150人，完成农村公益性岗位培训200人。

至2010年，市农广校构建起天网(广播、电视、卫星网络)、地网(教育培训基地、互联网络)、人网(教师队伍、组织网络)三网合一的集教育培训、科学普及和信息传播等多功能一体化的公共教育服务平台，累计向社会输送各级各类学员15万人(次)，学员中获县级以上星火奖励79项、丰收奖55项、科技成果奖232项、其他奖励76项，推广新成果569项，科技示范户5325户，带动农户67082户，增加经济效益25亿元。市农广校先后被评为全省成人教育先进单位、全省农业教育先进单位、全国农业广播电视教育先进单位，连续20年获全省优胜学校称号。

第二节　农业产业化

20世纪80年代中期至2002年为起步阶段。全市针对当时农产品销售难，分散的家庭经营不能适应国内外大市场等问题，在学习潍坊等外地成功经验基础上，以济南农工商集团为代表的部分农产品加工、流通企业，探索成功“农村商品经济大合唱”“贸工农一体化”“产加销一条龙”等农村经济发展新模式。

2003～2008年为快速发展阶段。全市呈现出群体扩张、规模扩大、带动能力增强的特点。2003年，市政府下发《关于扶持农业龙头企业发展促进农业产业化经营的意见》，加大政策扶持力度，发展壮大农业龙头企业群体，鼓励发展农民专业合作社，优化布局农产品批发市场。市政府成立由分管市长任组长，市农业局、市财政局局长任副组长的农业产业化经营工作领导小组，领导小组下设办公室，设在市农业局，负责综合协调农业产业化经营日常事务。济南民天面粉、济南维尔康、华鲁饲料、一品食品、万紫巷5家企业被列入第二批省级重点龙头企业，争取到位农业产业化专项资金605万元。全市销售收入500万元以上的农业龙头企业109家，其中过亿元的企业12家，实现销售收入48亿元，带动农户23万余户。各类专业乡镇30余个，专业村1000余个，专业合作经济组织1058个，各类专业市场181家，专业户2.2万余户。2004年，召开全市双十工程暨农业产业化经营工作会议，认定第一批20家市级重点龙头企业并给予扶持。同年，市农业产业化经营工作领导小组制定《济南市农业产业化经营市级农业龙头企业管理办法(试行)》。同年起，市财政设立农业产业化专项扶持资金3000余万元，并且额度逐年加大。专项资金主要用于扶持产业化项目建设、龙头企业奖励和产品认证奖励。扶持环节包括设备引进、技术改造、新品种引进、基地建设及原料采购；奖励国家和省级重点龙头企业的晋升企业；对龙头企业和合作经济组织的无公害农产品、绿色食品和有机食品认证进行奖励。扶持力度在全省位居前列，扶持范围进一步拓宽，涵盖龙头企业、专业市场和中介组织。2005年，全市农业产业化扶持重点由龙头企业拓展到农民合作经济组织、农产品基地。安排市级扶持项目32个，总投资3.7亿元，其中扶持资金1200万元，争取省级扶持资金196万元。新认定第二批市级重点龙头企业21家。销售收入过500万元的规模以上农业龙头企业155家，其中国家、省、市三级重点农业龙头企业51家。

2009年起，全面深化和创新提高阶段。全市构建政府扶持、龙头带动、农民参与、中介组织服务多方推进的机制，形成每个主导产业都有龙头企业和合作社参与助推的新格局，实现由快速发展向创新提高的新转变。至2010年，先后认定七个批次共259家市级农业龙头企业。

2010年年底，全市销售收入过500万元的农业企业353家，其中销售收入过亿元的47家，过10亿元的4家，员工6.43万人，其中季节性农民工人2.15万人，资产总额148亿元，销售收入270亿元，出口创汇额1.04亿美元，主要原料采购值121亿元，税后利润18.2亿元，上缴税金8.7亿元，农业龙头企业带动种植业生产基地12.3万公顷，带动畜禽养殖2400万头(只)，带动农户总数52万户，其中订单农户37万户，全市53%的农户纳入产业化经营体系，直接和间接带动农户增收14.6亿元。全市拥有国家级龙头企业4家，省级重点龙头企业21家，市级农业企业259家。全市注册登记农民专业合作社2011家，农民专业合作社期末出资总额16.68亿元，合作社成员总数18.13万人(户)，辐射带动非成员农户27万户，产业覆盖粮食、畜禽、林果、瓜菜、食用菌、药材、淡水养鱼、花卉苗木8大产业，服务内容涉及产前、产中、产后三大领域。全市拥有各类市场190处，年交易额5000万元以上的43处，其中产地专业批发市场29处。年交易额363亿元，资产总额21.7亿元，税后利润1.29亿，上缴税金3381万元，入驻经营业户19885户，辐射带动农户68万户。

第三节 农业综合开发

一、黄淮海平原农业综合开发

(一)第一期(1988～1990) 1988年，济南市开始实施农业综合开发，职能暂由济南市白云湖水产开发项目办公室执行。1990年，成立济南市黄淮海平原农业综合开发办公室。黄淮海平原农业综合开发第一期项目以开发中低产田、提高粮食产量为中心，大力发展肉、禽、蛋、奶、鱼、菜、果、瓜等农副产品，建成配套稳定的专业化、系列化农业商品生产基地，形成林牧副渔全面发展、产销一体化的新格局。项目区涉及历下、市中、槐荫、历城、济阳、商河、平阴、长清、章丘9个县区和市直有关部门，总投资5629万元，其中财政资金3920万元，自筹1709万元。

第一期共完成开发建设项目39项，总投资5629万元，其中1988年完成投资1533万元，1989年完成投资2142万元，1990年完成投资1954万元。3年共改造中低产田36400公顷，开垦荒地(建鱼池)1300公顷，开发林地6700公顷，开发草场4700公顷，补源和改善面积8700公顷。项目完成后，粮食总产12.5亿公斤，比1987年(下同)增加1.3亿公斤，增长11.6%；棉花总产1500万公斤，增加365万公斤，增长32.2%；油料总产3500万公斤，增加1250万公斤；肉类总产6500万公斤，增加1500万公斤；蛋类总产5000万公斤，增加1500万公斤；果品总产10000万公斤，增加4000万公斤；淡水养殖总产600万公斤，增加300万公斤；奶类总产2500万公斤，增加1300万公斤；农业总产值13.3亿元，增加1.6亿元；农民人均收入800元，增加180元。

(二)第二期(1991～1993) 黄淮海平原农业综合开发第二期项目涉及历城、长清、济阳、商河、平阴、章丘6个县(市)区，土地治理面积24226.67公顷。完成投资6024万元，其中财政资金3447万元，其他自筹资金2577万元。各县(市)区投资分别为市直554万元，历城区1099万元，长清县800万元，济阳县700万元，商河县750万元，平阴县780万元，章丘市1359万元。

历城区黄淮海平原农业综合开发改造中低产田1560公顷，开荒533公顷；章丘市引黄灌区农业综合开发改造中低产田8667公顷，开荒533公顷；长清县引黄灌区农业综合开发改造中低产田3333公顷，开荒400公顷；平阴县引黄灌区农业综合开发改造中低产田3333公顷，开荒400公顷；济阳县引黄灌区农业综合开发改造中低产田2667公顷，开荒600公顷；商河县引黄灌区农业综合开发改造中低产田3333公顷，开荒867公顷；市郊区引黄灌区农业综合开发开荒1333公顷；市直建苗木繁育基地200公顷，建复合颗粒肥料生产线1条。项目完成后，新增产值21679万元，利润5657万元。

(三)第三期(1994～1996) 黄淮海平

原农业综合开发从第三期开始分土地治理项目和多种经营项目，涉及历城区、章丘市、长清县、平阴县、济阳县、商河县及市直有关部门。总投资8156万元，其中财政投资3928万元，其他自筹资金4228万元。各县(市)区投资分别为市直403万元，历城区2644万元，长清县1172万元，济阳县1478万元，商河县659万元，平阴县614万元，章丘市1186万元。

历城区黄淮海平原农业综合开发改造中低产田2933.33公顷，多种经营项目7个。发展绿色农产品基地项目1个，淡水养殖项目2个，经济林、高档蔬菜基地项目各1个，肉牛育肥场建设项目1个，发展蔬菜保鲜加工项目1个。章丘市引黄灌区农业综合开发改造中低产田3800公顷，多种经营项目3个。生态农业示范区1个，发展大棚蔬菜、畜牧养殖项目各1个。长清县引黄灌区农业综合开发改造中低产田1933公顷，多种经营项目2个。发展大棚蔬菜项目1个，降解地膜生产线扩建项目1个。平阴县引黄灌区农业综合开发改造中低产田1733.33公顷，荒地开发493公顷，多种经营项目2个。发展大棚蔬菜、经济林项目各1个。济阳县引黄灌区农业综合开发改造中低产田1433公顷，多种经营项目7个。发展精米加工、淡水养殖、经济林、大棚蔬菜、苗木繁育、优质高效农业、玉米淀粉加工项目各1个。商河县引黄灌区农业综合开发改造中低产田1933公顷，开荒333公顷，多种经营项目3个。发展淡水养殖、畜牧养殖、大棚蔬菜项目各1个。市直项目6个，其中多种经营项目3个。其中农业高新技术开发区建设投资259万元，三线一片建设投资30万元，种公牛站建设投资30万元，滩区建设投资10万元，市直项目发展畜牧养殖项目2个。新型饲料厂扩建项目1个。

二、农业综合开发

(一)“九五”时期(1996～2000)　“九五”期间，济南市农业综合开发以畜牧业为突破口，重点发展农副产品加工、销售等龙头企业，逐步形成南部山区果牧产业经济区、中部平原丘陵粮食和副食品产业经济区、黄河以北粮棉牧菜产业经济区。南部山区果牧产业经济区，共41个乡镇，其中章丘市9个乡镇、历城区12个乡镇、长清县9个乡镇、平阴县11个乡镇。资源优势：土地较多、山多草多、适宜发展林果业。发展重点：畜牧业、果品业、蔬菜生产、加工业。中部平原丘陵粮食和副食品产业经济区，25个乡镇，其中章丘市13个乡镇、历城区5个乡镇、长清县2个乡镇、市区5个乡镇。资源优势：土质肥沃、灌溉方便、种植水平较高、农村经济发达、离市区较近。粮菜产量较高，是全市重点的粮菜基地。发展重点：蔬菜生产、奶业生产、鲜活商品、加工业。黄河以北粮棉牧菜产业经济区，共44个乡镇，其中历城区3个乡镇、济阳县20个乡镇、商河县21个乡镇。资源优势：耕地和农业后备资源较多。发展重点：畜牧业、蔬菜生产、加工业。“九五”期间，农业综合开发项目主要分为国家农业综合开发项目和世界银行二期农业灌溉项目。1996～1997年，历城、长清、济阳、商河、长清、平阴、章丘7个开发县(市)区共同实施国家农业综合开发项目，1998～2001年，平阴县继续实施国家农业综合开发项目，济南市其他6个开发县(市)区开始实施世行二期项目和国家农业综合开发多种经营项目。“九五”期间，农业综合开发项目土地治理面积52900公顷，投资41494万元，其中财政资金25454.4万元，其他自筹资金8777万元。

国家农业综合开发项目　土地治理面积共1300公顷，投资14761万元，其中财政资金5984万元，其他自筹资金8777万元。历城区农业综合开发改造中低产田1733.33公顷，多种经营项目8个；投资3267万元，其中财政资金895万元。章丘市农业综合开发改造中低产田1866公顷，涝洼地改造20公顷，多种经营项目2个；投资1087万元，其中财政资金718

万元。长清县农业综合开发改造中低产田1333公顷，多种经营项目2个；投资1446万元，其中财政资金515万元。平阴县农业综合开发改造中低产田5866.67公顷，多种经营项目3个；投资3168万元，其中财政资金1592万元。济阳县农业综合开发改造中低产田1400公顷，涝洼地改造项目1个，多种经营项目6个；投资2075万元，其中财政资金649万元。商河县农业综合开发改造中低产田800公顷，开荒133公顷；投资434万元，其中财政资金293万元。市直基地建设项目7个，多种经营项目11个；投资3284万元，其中财政资金1322万元。

世行二期农业灌溉项目　项目涉及历城区、章丘市、长清区、济阳县、商河县、天桥区，土地治理面积51600公顷，其中历城区12000公顷、章丘市5333.33公顷、长清县10266.67公顷、济阳县13333.33公顷、天桥区4000公顷、商河县6666.7公顷。共完成投资26733万元，其中财政资金19470.4万元。共完成疏浚沟渠1531.97万立方米，衬砌渠道135.7万平方米，建地下暗管1.53万米，新建桥、涵、闸、渡槽建筑物6148座、机电排灌站1771平方米，新打机电井4093眼，旧井改善配套2928眼，铺设PVC低压管道2888.8千米，建喷、滴灌769.4公顷，架设输电线路421千米，修田间生产路2171.1千米，购置运行维护设备1489台(套)。完成平整土地23306公顷，深翻土地34122公顷，平衡施肥6825公顷，秸秆还田4790公顷，建县种子公司仓库等建筑物6670平方米、晒场3000平方米，购置设备仪器34台(套)、运输车辆4台；建县农技推广机构建筑物3434平方米，购置仪器115台(件)；建乡镇农技服务站建筑物9047平方米、晒场10482平方米，购置仪器121台(件)；改造乡镇农机服务站建筑物1692平方米，购置农机55台，配套机具195台。建农田林网3242.5公顷，建苗圃340.3公顷。实施科研示范项目24个，建立SIDD试点区1000公顷，SIDD推广面积7067公顷，成立供水公司1处，建立农民用水者协会36个，购置办公设备28台(套)、车辆7台。

1997～2001年济南市世行二期农业灌溉项目统计表

表8-1-6　　单位：公顷、万元

项目名称	单位	乡镇	面积	完成投资	其中财政投资
历城区世行二期	历城区农发办	唐王、董家、遥墙、华山、王舍人	12000	5232.4	3736.8
长清县世行二期	长清县农发办	平安店、城关、归德	5333.33	2266.5	1671.5
章丘市世行二期	章丘市农发办	明水、绣惠、枣园、相公庄、龙山、刁镇、白云湖、宁家埠、党家	10266.7	8016.1	5777.2
济阳县世行二期	济阳县农发办	回河、城关、曲堤、稍门、索庙	13333.3	5766.6	4070.7
天桥区世行二期	天桥区农发办	大桥、靳家	4000	1717.7	1283.1
商河县世行二期	商河县农发办	杨庄铺、钱铺、岳桥、白桥、孙集	6666.67	3158.3	2355.7
市直世行二期	市农发办		—	575.4	575.4

(二)“十五”时期(2001～2005)“十五”期间，济南市农业综合开发坚持以改造中低产田、改善农业基本条件和生态环境为重点，以提高农业综合生产能力、提高开发效益、增加农民收入为目标，发展节水灌溉和高科技农业，调整优化农业结构，发展多种经营，形成南部山区果牧产业经济带、中部平原丘陵副食品产业经济带、黄河北部牧菜产业经济带、城市近郊环城精品农业经济带四大农业经济区。“十五”期间，农业综合开发涉及历城区、章丘市、天桥区、长

清区、平阴县、济阳县、商河县，共改造中低产田10666.7公顷，小流域治理面积2733公顷；扶持多种经营项目34个，建设各种基地面积5733公顷，科技项目2个。投资28846万元，其中财政资金13591万元。

历城区农业综合开发小流域治理项目2067公顷(包括生态治理面积533公顷)，多种经营项目3个，扶持各种基地建设面积1333公顷；投资1864万元，其中财政资金1140万元。章丘市农业综合开发改造中低产田2000公顷；多种经营项目8个，扶持各种基地建设面积1800公顷；科技项目1个；投资1.134亿元，其中财政资金3036万元。长清区农业综合开发改造中低产田1333公顷，多种经营项目2个，长清节水示范基地项目1个，降解地膜生产线扩建项目1个，新型饲料厂扩建项目1个；投资1446万元，其中财政资金515万元。平阴县农业综合开发改造中低产田2000公顷，节水农业示范1000公顷，小流域治理666公顷，自然损毁治理面积667公顷；多种经营项目4个，扶持各种基地建设面积933公顷；投资4352万元，其中财政资金2752万元。济阳县农业综合开发改造中低产田2000公顷；多种经营项目4个，扶持各种基地建设面积667公顷；投资2643万元，其中财政资金1480万元。商河县农业综合开发改造中低产田2000公顷；多种经营项目3个，扶持优质蔬菜、果品和优质粮生产基地面积667公顷，扶持养殖项目2个；投资2677万元，其中财政资金1670万元。市直项目多种经营项目10个，基地建设项目6个，养殖项目2个，加工项目2个。投资3284万元，其中财政资金1322万元。

其间，全市共建设优质粮食基地6000公顷，优质饲料粮基地1333公顷，发展节水灌溉3万公顷，专项生态工程建设4000公顷。林木覆盖率提高至18%以上。发展名特优新稀农产品基地667公顷。新增粮食生产能力5320万公斤，棉花74.05万公斤，油料13万公斤，蔬菜4700万公斤，优质饲料粮750万公斤，粮经作物种植比例调整到60∶40，农民年人均纯收入增加288元。新增利税1.13亿元，新增劳动力就业25990人。

(三)“十一五”时期(2006～2010)“十一五”期间，济南市农业综合开发按照都市观光、近郊优质、远郊特色的发展思路，以南部山区、中部平原、沿黄平原三大农业经济带和环城都市农业、南部生态农业、平阴特色农业、沿黄滨河农业、黄河北高效农业、章丘现代农业、历城临港农业七大农业经济特色区为依托，在全市农业综合开发项目区培植优质专用粮棉、无公害蔬菜、绿色果品和生态农业观光四大主导产业区。“十一五”期间，全市土地治理面积3.96万公顷，科研推广示范项目19个，产业化经营项目22个，累计完成农业综合开发项目总投资42893万元，其中中央财政资金15225万元，省财政资金9507万元，市配套资金2707万元，县配套资金1881万元，县以下群众和企业自筹资金12473万元，银行贷款1100万元。

国家农业综合开发土地治理项目完成治理面积1.76万公顷(含自然灾害损毁工程修复项目2767公顷)，涉及历城、天桥、长清、章丘、平阴、济阳、商河7个县(市)区的19个乡镇，完成投资17600万元，其中中央财政资金7586万元，省财政资金4297万元，市配套资金1298.5万元，县配套资金849.5万元，县以下自筹资金3569万元。利用世界银行贷款加强灌溉农业三项项目完成治理面积2.2万公顷，涉及历城、长清、商河、章丘4个县(市)区的11个乡镇，完成投资15630万元，其中中央(世行)财政资金5395万元，省财政资金3979万元，市财政资金1018万元，县财政资金859万元，乡镇以下投劳自筹4379元。科研推广示范项目19个，完成投资306万元，其中中央财政资金81万元，省财政资金138万元，市配套资金37.5万元，县配套资金10.5万元，县以下自筹资金39万元。产业化经营项目22个，完成投资9357万元，其中中央财政资金2163万元，省财政资金1093万元，市配套资金353万元，县配套资金162万元，企业自筹资金4486万元，银行贷款1100万元。实施完成种植项目4个，养殖项目2个，加工项目10个，中央财政贴息项目6个。

其间，共完成土地治理面积3.96万公顷，新增和改善灌溉面积5万公顷，改善新增除涝面积7666公顷，实现节水灌溉面积4.19万公顷，营造农田林网2493公顷(折实)、生态经济林3520公顷，林木覆盖率提高1.5%，控制水土流失面积8067公顷，治理沙化土地面积2000公顷。共新增粮食9589万公斤、棉花252万公斤、油料134.3万公斤、饲料作物1123万公斤、干鲜果品2218万公斤、蔬菜4743万公斤、花卉70万枝、药材41万公斤、肉类1010万公斤、鲜奶21121万公斤、加工转化农产品34899万公斤。扶持农技服务站12个，建成优势农产品生产基地17处4.07万公顷；扶持产业化龙头项目35家。实现新增农业产值22.6亿元，新增利税3.8亿元。建立各种农民专业经济合作组织48个，农民人均增加收入2105元。

第四节　农业区划

济南市农业区划工作开始于1980年。1988年，完成《济南市综合农业区划》。1995年，市农业区划办公室组织进行农村经济区划工作。2月20日～22日，全市举办农村经济区划培训班，下发《济南市农村经济区划技术规程和工作方案》。1996年5月20日，《济南市农村经济区划》全面完成，依据资源、产业、区划、发展潜力等标准条件，将全市农村地域科学地划分为4条发展轴线、3个经济圈层、6个一级经济区、25个二级经济区和250个三级经济类型区。11月，《济南农村经济区划》出版发行。《济南农村经济区划》研究成果获1996年度农业部科学技术成果三等奖，1996年度省农业区划委员会科技进步奖一等奖，1997年度济南市科学技术进步奖二等奖。

一、环城现代农村经济发达区

该区域共包括5个行政区的10个乡镇、村民委员会369个，乡村人口42.92万人，土地总面积640.79平方千米。依据比较优势和区位条件，确定该区域主要发展农村第三产业、农村第二产业，特别是食品加工业、水产业、奶牛养殖和蔬菜业。

二、南部现代农村经济成长区

该区域包括历城区和长清县的14个乡镇，村民委员会658个，乡村人口49万人，土地总面积1400平方千米。该区属山区丘陵，资源比较丰富，区位优势较大。该区的主导产业与产品是油料、干鲜果、畜牧业、建材业和旅游业等。

三、沿黄现代农村经济成长区

该区域包括历城区、长清县和济阳县的17个乡镇，村民委员会846个，乡村人口63.94万人，土地总面积1253.1平方千米。该区域属黄泛平原区，人均土地较多，农业比较发达，蔬菜、水产、肉类等发展迅速，是供应城市菜篮子的主要基地之一，是全市农村经济活力较大的三角地区。该区域的主导产业与产品分别是第三产业、蔬菜种植业和畜牧业等。

四、西部现代农村经济成长区

该区域包括平阴县全部，村民委员会375个，人口31.5万人，土地总面积900平方千米。该区域是一个纯山区，北部靠近黄河，农业具有较大优势，其主导产业与产品分别是林果业、畜牧业和水产业。

五、东部现代农村经济成长区

该区域包括章丘市全部，村民委员会908个，乡村人口86万人，土地总面积1721平方千米。该区确定的主导产业与产品分别是粮食、蔬菜、畜牧业等。

六、北部现代农村经济成长区

该区域包括济阳县中北部和商河县全部，共36个乡镇，村民委员会1609个，乡村人口87.95万人，土地总面积2009平方千米。该区域是全市最大的传统农业区，是粮棉菜畜主产区，粮棉种植水平较高，二、三产业起步较晚，人均耕地较多，劳动力资源较为丰富。该区域的主导产业与产品分别是粮食、棉花、畜牧业。

1996年济南市农村经济区划分区表

表8-1-7

分区名称	范围(乡镇)
环城现代农村经济发达区(Ⅰ)	姚家镇、七贤镇、段店镇、吴家堡镇、北园镇、洪楼镇、华山镇、王舍人镇、党家庄镇、十六里河镇(10个)
南部现代农村经济成长区(Ⅱ)	彩石乡、仲宫镇、西营镇、锦绣川镇、高尔乡、柳埠镇、崮山镇、张夏镇、孝里镇、万德镇、马山镇、五峰山镇、武家庄乡、双泉乡(14个)
沿黄现代农村经济成长区(Ⅲ)	董家镇、遥墙镇、唐王镇、郭店镇、孙村镇、港沟镇、大桥镇、靳家乡、桑梓店镇、崔寨乡、青宁乡、回河镇、孙耿镇、辛集乡、城关镇、归德镇、平安店镇(17个)
西部现代农村经济成长区(Ⅳ)	平阴镇、栾湾乡、安城乡、玫瑰镇、刁山坡镇、李沟乡、东阿镇、洪范池镇、孝直镇、孔村镇、店子乡(11个)
东部现代农村经济成长区(Ⅴ)	明水镇、普集镇、相公庄镇、绣惠镇、刁镇、水寨镇、龙山镇、枣园镇、埠村镇、垛庄镇、文祖镇、黄河乡、高官寨乡、辛寨乡、白云湖乡、宁家埠乡、党家镇、圣井镇、曹范乡、阎家峪乡、官庄乡、旭升乡(22个)
北部现代农村经济成长区(Ⅵ)	商河镇、牛堡乡、孙集乡、龙桑寺镇、常庄乡、燕家乡、沙河乡、韩庙乡、赵奎元乡、尹巷镇、怀仁镇、张坊乡、胡集乡、贾庄乡、玉皇庙镇、杨庄铺乡、钱铺乡、岳桥乡、白桥乡、展家乡、郑路镇、济阳镇、垛石镇、曲堤镇、仁风镇、稍门乡、店子乡、太平乡、庙廊乡、新市乡、江店乡、唐庙乡、索庙乡、姜集乡、三教乡、三圈乡(36个)

第五节 农村扶贫

1984年，济南市组织有关部门进行扶贫工作调查研究，帮助贫困地区制定规划、研究政策、统筹资金、落实措施。1985年，济南市政府决定对南部山区平阴县的栾湾乡、安城乡、洪范池镇、旧县乡、李沟乡，长清县的双泉乡、五峰山乡、武家庄乡，历城县的高而乡、彩石乡、西营镇、锦绣川乡，章丘县的垛庄镇、曹范乡、阎家峪乡15个贫困乡镇实施脱贫计划。组织15个局、公司和240个厂矿企业分别包15个贫困乡镇和240个人均分配200元以下的贫困村，组织计委、财政、税务、民政、交通、农电、农行、教育、卫生和农、林、水等部门，按照各自业务范围帮助贫困乡镇上工业企业项目，解决通路、通电、人畜吃水困难。至1988年，15个乡镇基本实现脱贫。1989年3月，市政府提出今后三年扶贫开发目标，同年全市17个负担对口扶贫的局(公司)共向贫困山区提供资金378.5万元，无偿支援各种物资和机器设备折款50.95万元，完成水利工程428项、解决2.27万人的吃水困难，扩大、改善灌溉面积1840公顷；帮助乡村新上或改造企业26个，培训各类技术人员1060人(次)；15个贫困乡镇的农民人均收入由1988年的500元提高到550元。1998年，济南市多渠道筹措扶贫开发资金1500万元，重点扶持贫困乡镇的12个开发项目及济阳县辛集乡、店子乡两个少数民族乡，济阳县江店乡的万亩浅水藕，商河县龙桑寺镇、牛庄堡乡的菠菜，济阳县姜集乡的万亩大棚蔬菜，济阳县三教乡、王圈乡的大蒜，历城区高而乡、济阳县辛集乡的小尾寒羊，济阳县店子乡的奶牛，平阴县李沟乡的干鲜果等基地初具规模。

2001年起，被列入全省扶贫县的商河县3年累计完成扶贫开发投资5609万元，共发展设施池藕333.3公顷，黄金梨200公顷，新建养殖小区6处，新增肉牛、奶牛存栏量2000余头，89个贫困村、4.8万贫困群众受益增收。至2002年，济南市为解决贫困地区农民行路难问题，累计投资38.29亿元，修建南部山区旅游专线等沥青路6326千米；建立部门和企业对口帮扶制度，县(市)区共组织机关、企业，帮扶500余个村、8000余户、投入资金5000多万元，引进项目300余个。2003年，市政府下发《关于进一步推进我市农村扶贫开发工作的意见》，对全市“一县十三乡镇”(商河县，平阴县李沟乡、栾湾乡、安城乡、洪范池镇，长清区双泉乡、武家庄乡，历城区高而乡，章丘市垛庄镇、文祖镇、曹范镇，济阳县仁风镇及济阳镇和孙耿镇的两个少数民族管理区)812个贫困村、6.5万贫困户、21.7万贫困人口进行普查，登记造册，建立台账。在全国率先提出“产业扶贫”，明确总体思路，设立专项资金，划定重点区域，坚持产业扶贫，创新体制机制。2004～2006年，全市投入扶贫资金8113万元，实施扶贫项目86个，新发展奶牛、肉牛、肉羊8.2万头(只)，建设设施农业及优质林果1000公顷。全年有7.8万人脱贫，21.7万贫困人口人均增收400元。2005年，全市投入扶贫资金1.06亿元，完成产业项目56个，实现161个村、9.3万人脱贫，贫困发生率由9.4%下降至4.5%。贫困乡村新修公路607.4千米，352个村、21万人受益；解决247个村庄、24万人的饮水困难；贫困地区农民人均纯收入3863.7元，人均增长630元，增幅19.4%；扶贫项目区内贫困农民人均增收991.1元。2006年，全市投入1.2亿元，实施产业扶贫项目53个，实现156个村、9.4万贫困农民脱贫，脱贫人口人均增收900多元。2007年，市政府制定《关于切实做好2008～2010年农村扶贫开发工作的意见》。2008年，济南市根据3年扶贫开发意见，划定重点扶贫区域为一县、十乡(镇)、十三片区，即商河县，平阴县洪范池镇、安城乡，长清区双泉乡，历城区仲宫镇高而办事处，章丘市文祖镇、曹范镇、垛庄镇，济阳县仁风镇、孙耿镇、回河镇；平阴县孔村镇李沟办事处、东阿镇太和办事处等13个片区，涉及农村贫困人口26万人。2007年、2008年，济南扶贫开发办公室连续两年被省扶贫开发领导小组评为扶贫开发先进单位。2010年，全市下拨产业扶贫项目资金3000万元，覆盖232个村、28465户、11.08万人，发展优质干鲜果1828公顷，新建设施冬暖大棚1565个，发展中药材243.3公顷等。至2010年，全市累计发展设施农业1000公顷，建成优质林果、特色种植基地8000公顷，饲养奶牛、肉羊、獭兔等90余万头(只)，培训转移贫困地区农村劳动力2万余人，扶持培育龙头企业、合作社200余家，认证“三品一标”农产品200余个，培育曹范薄壳核桃、双泉波尔山羊、仁风富硒西瓜、沙河设施池藕、孔村食用菌、安城鲜食地瓜等10多个扶贫产业特色专业乡镇，逐步形成产业扶贫、部门扶贫和社会扶贫多方力量、多措并举、多种形式互为补充的“三位一体”的大扶贫格局。同年，济南市扶贫开发办公室被省扶贫办评为扶贫开发先进单位。

第六节 生态富民

一、省柴节煤灶推广

1987年，济南市被农林渔业部评为全国推广省柴节煤先进单位。至“七五”期末，济南市完成国家和省部署的省柴灶试点推广任务，改造农村锅灶33万户。1993年，济南市获农业部推广省柴节煤先进单位称号。至“十一五”期末，相继完成新分户、新开户新式省柴节煤灶15.5万户，全市累计48.5万户。新式省柴节煤灶节煤率、热效率一般可提高1倍，节煤节柴三分之一到二分之一，全市仅省柴节煤一项，累计节约柴草230余万吨，相当于70万吨标准煤。

二、农村沼气建设

（一）大型沼气工程 1992年，济南市大型沼气工程开始建设，济南市农村能源办公室承担为济南市环卫局无害化处理厂建设粪便处理厌氧发酵2000立方米大型沼气达标工程，总投资120多万元。该项粪便处理工程在全省大中城市中是第一家。3月开始建设，7月初竣工使用。8月下旬，全国卫生检查团对工程进行详细检查测试，给予高度评价。2005年，济南佳宝乳业有限公司牧场建设的沼气示范工程是农业部批准建设的第一批规范化奶牛场大型沼气发电能源环保型示范工程，总投资300多万元。平均日产沼气2400立方米，日发电2880千瓦时，年产沼气86.4万立方米，年发电103.6万千瓦时。同时，实现污水循环利用，达到污水零排放。2007年，实施"两湖一河"(南四湖、东平湖和小清河)流域畜禽养殖场污染治理大型沼气工程，山东省农科院畜牧发展中心在省农科院高新技术畜牧示范区内建设大型沼气工程1处，该工程建有750立方米厌氧发酵罐1座，1000立方米沼液储存池1座，180立方米膜式气柜1座。工程总投资183万元，其中申请省补助资金75万元。该工程建设运行年产沼气18.25万立方米，年产沼渣有机肥2190吨，沼液有机肥8030吨，年产电能27.38万千瓦时。同年，长清区华新乳业有限公司和平阴县东阿金兴奶牛场各批复建设500立方米大型沼气工程1处。2009～2010年，相继建成商河县济南绿源种猪繁育有限公司大中型沼气工程、平阴县玫瑰镇夏沟翠屏养猪合作社大中型沼气工程、济阳天甫牧业有限责任公司奶牛场大中型沼气工程、济南驼龙农业生态开发有限公司大中型沼气工程，共申请国家补助资金400万元，省级补助资金100万元。

（二）中小型沼气工程建设 1986～1996年，全市开展废物再利用和技术改造项目，在章丘酒厂、长清酒厂、历城港沟镇奶牛场各建设200立方米中型沼气工程1处。2007年，历城区承建中央养殖小区联户沼气工程建设，总投资104.3万元，其中中央补助30.7万元，省国债专项补助6.4万元，县投资19.2万元，农户自筹48万元。项目下达后，在锦绣川办事处小佛寺村和港沟镇坞东村、鸡山坡村共建成5处110立方米左右的中小型沼气池，每处联户供气25户，总供气125户。2008年，市级"生态富民行动"项目在实施过程中，历城区仲宫镇锦绣川小佛寺村、济阳县济阳镇、槐荫区段店镇等村镇建设20处100立方米以上的沼气池，该项目共申请市级补助560万元。2009年，全市建设20处50立方米以上小型沼气工程，市级补助9.8万元。2010年，全市建设20处100立方米以上沼气工程，市级补助300万元。至"十一五"期末，全市30立方米以上中小型沼气工程累计412处。

（三）农村户用沼气建设 "七五"期末，全市共有沼气池3956个。"八五"期间，全市建成沼气池1800个，累计5756个。1994年9月，实施"四位一体"(沼气池、大棚、种植、养殖)项目，即在蔬菜大棚产区，以沼气为纽带，利用太阳能、生物质能，发展种植业、养殖业，形成农业生态的良性循环。该项目先在历城区董家镇张而村进行试点，后在历城区唐王镇、董家镇、高而乡，章丘市刁镇、水寨等镇进行推广，每个增收节支1844.6元。2001年，在董家镇王合村的生态农业示范基地建设"四位一体"大棚，该项目是农业部农牧渔业丰收计划项目，总投资8.4万元，其中省投资3万元、镇村自筹资金5.4万元。补助标准是每个1000元用于沼气池建设，猪圈和铝合金隔扇由村和农户自筹资金5.4万元，平均每个棚投资2800元，建成后每个棚增收5000余元。2002年，历城区在锦绣川艾家村进行"生态家园富民工程"试点建设，按照农业部要求的"一池三改"(沼气池，改厨、改厕、改圈)模式，建新型强回流沼气池100个，同时改厨改厕改圈各100个，投资10万元。锦绣川艾家村以“生态家园富民工程”项目为突破口，加快文明生态村建设，先后实施户户通自来水工程、户户通水泥路工程、户户通有线电视工程、户户通太阳能工程，村民人均增收2000元。2005年，全市生态家园富民工程现场会在艾家村召开，在全市推广艾家村经验。艾家村被评为全国文明生态文明示范村和全国争创文明村镇先进单位。

2006年，历城区和槐荫区被批准成为山东省第一批农村户用沼气国债项目县(区)，在全市9镇48个村建设4873户“一池三改”农村户用沼气示范户，槐荫区明里村、长清区店台村、历城区艾家村等成为户用沼气池示范村。同年，济南市委、市政府提出建设社会主义新农村“十大行动”，其中户用沼气是“生态富民行动”的主要建设内容。2007～2010年，全市户用沼气建设项目累计申请市级补助资金8177万元，其中，新增农村户用沼气池分别为4.5万户、2万户、3万余户、2万余户。至2010年年底，全市户用沼气池保有量16.9万户。

(四)沼气综合利用　沼渣、沼液都是很好的肥料，可广泛用于养殖业和农业生产。1986年起，主要推广沼渣养鱼、喂猪和沼液浸种。1994年起，在全市推广沼液浸种。至1995年，各县(市)区浸种面积1.17万公顷，产量亩增10%～15%，抗病能力强，收获早。仅此一项，全市可增产粮食350多万公斤。至2010年，南部山区的“猪—沼—渔”的生态模式逐步形成，建成唐王渔场、郭店镇虞山农业示范园区、港沟蔬菜大棚、西营绣川果实基地、章丘大葱基地等“三沼综合利用”试验示范基地18处。

(五)沼气服务体系建设　2003年起，全市开始加强沼气服务体系建设，通过举办各种类型培训班，培训沼气生产技术人员，同时加强区域化服务试点和村级服务网点建设。至2010年，共培训农村能源技术人员2600余人，建成区域化服务组织15处，建成沼气服务网点200处，推行沼气合同化服务5万户。

三、秸秆气化

1997年，全市秸秆气化项目开始实施。至2001年，先后在历城区王舍人镇陈西村，董家镇袁家村，王舍人镇刘家村、小张马村，遥墙镇南郭而村，王舍人镇沙河三村建设秸秆气化站6处，在平阴县孝直镇，济阳县垛石镇，章丘县水寨镇、垛庄镇，长清县五峰等建设秸秆气化站8处，其中历城区王舍人镇沙河三村秸秆气化站、平阴县孝直镇孝直村秸秆气化站建设标准高，成为全国样板工程。山东省科学院能源研究所在历城区董家镇柿子园村建成200千瓦二步法气化发电技术示范工程。2003年，申请农业部秸秆气化站技术改造项目，投资20万元对王舍人镇小刘家村和遥墙镇南郭而村气化站进行改造，改造时间为2004年3月～5月。2006年，申请省秸秆综合利用资金10万元对王舍人镇沙三村气化站进行改造。同年，在欧洲议会大厦举行的全球能源奖颁奖仪式上，董家镇柿子园村的二步法气化发电技术示范工程获2006年全球能源奖空气奖提名和全球能源国别奖。

四、太阳能综合利用

1988年，太阳能热水器开始在部分地区使用。至1990年年底，生产安装5700平方米太阳能热水器。2006年，全市开始实施生态富民行动“阳光屋顶”计划，主要推广太阳能真空管热水器，利用补助政策发展示范村和示范户。至2010年，“阳光屋顶”计划项目，在全市农村共安装太阳能热水器4.2万户。

五、风能利用

在南部山区加强风能利用，通过风力提水、风力发电用于山区农田灌溉。至2010年，全市建成风力提水站近200个，主要集中在历城区南部山区(西营镇、柳埠镇、仲宫镇和彩石镇)，平阴县、章丘市部分山区风力资源较丰富的地区。

第七节 农资市场与监管

一、农资市场

20世纪80年代中期，济南市农资生产企业不足10家，市供销社为政府委托的农业生产资料专营部门，以县供销社为主体，以各乡镇供销社为网络的供销系统承载着农资市场供应的主要任务。80年代中期开始，国家政策允许农资生产企业按一定比例自销，供销社在农资市场的占有份额发生变化。1989年，《中华人民共和国种子管理条例》颁布实施，明确指出种子实行多渠道经营。90年代中期，国家取消供销社对化肥等农资的专营权，社会企业开始涉足农资流通领域。1997年5月，发布实施《中华人民共和国农药管理条例》。1998年，国务院对化肥流通体制再次进行改革的意见，规定化肥、农药由生产企业、供销社和农业推广站(中心)、土肥站、植保站经营，出现三条渠道并存的局面。2000年《中华人民共和国种子法》实施后，种子生产经营格局更趋多元化。

2000年后，济南农资市场化肥产能逐年提高，进口肥料不断增加，不同作物、不同地区的专用肥、复混肥、叶面肥、冲施肥等生产企业建成，农药生产趋于规模化、品牌化，农资批发零售企业快速发展，遍布城乡各地。济南成为辐射全省农资生产经营集散地，“鲁壹”“鲁研”良种、“绿霸”“绿野”农药成为业内重要品牌。至2010年年底，全市有大型化肥企业3家，复混肥、冲施肥、叶面肥等各种肥料企业25家，农药企业43家，种子生产企业23家，各种农资批发企业130家，各类农资门市部1264家。农资经营主体进一步多元化，形成国有、集体、私营主导农资市场的局面。

二、市场监管

20世纪末，农资市场繁荣的同时，各种问题也日益凸显。无证照经营或证照不全超范围经营、以次充好、掺杂使假、短斤缺两、制假售假等现象时有发生。1999年12月，经济南市编委批复组建济南市农业监察大队。2000年3月，正式组建。2002年6月5日，国家公布禁止使用六六六、滴滴涕等18种高毒农药。同年，加大农资市场打假力度，查处违法经营案件211起，查处违法货值1444万元；评选出98个优质农资经营服务单位和32个优质农资产品。2003年，市农业监察大队查处多起种子、农药、化肥等各类生产经营违法案件，涉案金额300多万元；贯彻落实国务院及全省《关于深入开展毒鼠强专项整治工作的通知》精神，共检查企业、市场1800多家，端掉毒鼠强批发窝点31个，收缴毒鼠强等违禁剧毒农药128.24千克，并确定143个鼠药定点专营门市部。

2006年7月，济南市农业监察大队更名为济南市农业监察支队。从2007年1月1日起，甲胺磷、对硫磷等5种高毒剧毒农药禁止销售和使用，甲拌磷等19种农药在蔬菜(果树、茶叶、中草药)上限制使用。同年，济南市以农业局牵头，工商局等9部门参加，开展“绿剑护农”行动。至2008年，全市共有执法人员126人。按照“5330”(抓好种子、农药、肥料、转基因产品、农产品质量安全5个市场整治，开展农资产品市场准入、质量检测、有奖举报3项制度，确保全市30个现代农业特色品牌基地无高毒农药销售)、“双百”(实施树百家诚信服务单位、扶百个放心农资产品工程)、“双进”(实现放心农资产品进村、放心农产品进城的目标)工作目标，全面开展农业综合执法工作。2009年始，全市全面开展农药市场准入备案制度和限用农药禁销制度。至2010年，全市实行备案的生产批发企业有126家，备案农药产品4700个；全市累计查处各类违法案件1000余起，查处假劣农资产品近千吨，为农民挽回经济损失2亿元。

第六章 机 构

第一节 中共济南市委农村工作办公室

1986年，济南市委农村工作委员会(与济南市农业委员会一个机构两块牌子)。事业单位包括市农村能源办公室、中央农业广播学校山东省济南市分校(1990年更名为山东省农业广播电视学校济南市分校)、市白云湖水产开发项目办公室(1990年成立市黄淮海平原农业开发办公室，与市白云湖水产开发项目办公室合署办公)。

1987年，原有科室改为办公室、组织人事处、政策研究处、科技教育处、农村能源办公室、农业区划办公室。1996年，济南市农业委员会(与市委农村工作委员会一个机构两块牌子)，内设8个职能处室：办公室、组织人事处、政策研究处、生产科教处、对外经济工作处(挂企业管理处牌子)、农村基层工作处(挂扶贫开发办公室牌子)、农业资源区划办公室、农村能源办公室。机关编制总额44人。下属事业单位：市农业综合开发办公室(1996年市黄淮海平原农业开发办公室更名为市农业综合开发办公室，县级事业单位)、市棉花办公室(副局级事业单位)、山东省农业广播电视学校济南市分校(副县级事业单位)。

2001年5月，机构改革时撤销，组建市农村工作办公室，为市委办公厅管理单位，内设4个职能处室：秘书处、组织人事处(挂农村基层工作处牌子)、政策调研处、农业产业规划指导处。机关编制总额31人。下属事业单位：市农业综合开发办公室。

2004年12月，济南市农村工作办公室更名为中共济南市委农村工作办公室，内设综合处、政策调研处和县域经济指导处。市农业综合开发办划归市农业局管理。机关编制总额20人。至2010年，机关编制总额26人，机构无变化。

第二节 济南市农业局

一、济南市农业局

1986年，济南市农牧渔业局内设秘书科、生产计划科、土地管理科、财务基建科、政工科5个科室，编制46人。1987年2月25日，内设处室调整为办公室、组织人事处、财务基建处、生产计划处、土地管理办公室。1988年3月29日，增设渔政监督管理处。1989年5月24日，济南市农牧渔业局增设科技教育处。1991年4月18日，更名为济南市农业局。1996年11月26日，根据《关于印发〈济南市农业局职能配置、内设机构和人员编制方案〉的通知》，市农业局成为市政府主管全市农业、农机、水产工作的职能部门。内设办公室(挂离退休干部工作处牌子)、组织人事处(挂法规处牌子)、财务处、科技教育处、农村合作经济管理处(挂农民负担监督管理处牌子)、农业处、农机管理办公室、水产管理办公室(挂渔政处牌子)8个处室。编制40人，其中行政编制36人。

2001年9月24日，市农业区划办、农村能源办、扶贫开发办从市农委划归济南市农业局。济南市农业局增加农业资源区划、农村节能、能源开发利用、扶贫开发、农村对外经济职能。内设办公室(挂法规处牌子)、组织人事处、财务处、发展计划处(挂农业资源区划办公室牌子)、科技教育处(挂对外合作处牌子)、农村经济经营管理处(挂农业产业化经营办公室牌子)、市场与经济信息处(挂农业质量管理办公室牌子)、农业生态处、离退休干部工作处9个处室。编制50人，其中行政编制40人。原内设机构市农业机械管理办公室、市水产管理办公室改为全额预算管理县级事业单位，各定编10人。

2004年9月1日，济南市蔬菜办公室撤销并入济南市农业局。市农业局增加蔬菜生产管理、农业综合开发职能。农业局内设办公室、政策法规处、农村经济经营管理处、发展规划处、市场与经济信息处(对外合作处)、生产指导处(蔬菜办公室)、市扶贫开发办公室(农业资源区划办公室)、生态农业处、农业机械管理办公室、渔业管理办公室(渔政处)、科技教育处(农业产业化办公室)、财务审计处、组织人事处、离退休干部处14个处室。编制74人，其中行政编制63人。

2005年9月6日，内设机构市扶贫开发办公室(农业资源区划办公室)级别由处级调整为副局级。2009年8月21日，增设园区管理处、高新技术处(与市农业局科技教育处合署办公)，行政编制12人。调整后，市农业局编制80人，其中行政编制74人。2010年，市农业局设办公室、政策法规处、组织人事处、发展规划处(挂农业资源区划办公室牌子)、财务审计处、农村经济经营管理处、市场与经济信息处(挂对外合作处牌子)、农产品质量安全监管处、科技处(挂高新技术处、产业化办公室牌子)、园区管理处、种植业管理处(挂农业保险处牌子)、生态农业处、市农业机械管理办公室、市渔业管理办公室(挂渔政监督管理处牌子)14个职能处室和市扶贫开发办公室、离退休干部处。行政编制75人。

二、局属事业单位

1986年，济南市农牧渔业局下属事业单位有15个，分别是市农业技术推广站、市种子站(种子公司)、市植物保护站(市植物检疫站)、市土壤肥料站、市农业经营管理站、市果树站、市畜牧兽医站、市水产技术推广站、市农机管理站、市农业机械化技术推广站、市农业机械修配管理站、市农机安全监理站、市农业机械化学校、市农业科学研究所、市淡水养殖试验场。1988年11月，济南市农业机械化学校更名为济南市农业机械化职工中等专业学校，副县级单位。1993年11月12日，建立济南市淡水养殖科学研究所，与市淡水养殖试验场合署，一个机构两个名称。1995年5月25日，建立济南市农药检定所，与市植物保护站、植物检疫站实行一个机构、三块牌子，编制14人。

1996年6月12日，撤销济南联合大学农业中专部，建立济南市农业学校，与市农业科学研究所合并，一个机构、两块牌子，为全额预算管理处级事业单位，编制226人，隶属于市农业局。1997年11月21日，农业机械化职工中等专业学校与市农业机械技术推广站合并为济南市农业机械技术推广中心，为副县级事业单位，编制38人，保留济南市农业机械化职工中等专业学校牌子。1998年1月20日，市农业技术推广站、市植物保护站(市植物检疫站、农药检定所)、市土壤肥料工作站、市农业环境保护站、市农业经营管理站、市种子站合并，组建济南市农业技术推广中心，编制69人。1998年7月2日，以济南市农业技术中心为主体，联合9家具有独立法人资格的成员单位，组建济南泉星种业集团。1998年11月2日，济南市植物种苗病毒检测中心由市高新农业开发区管委会整建制划归市农业局管理。1999年12月6日，济南市农业监察大队成立，隶属于济南市农业局，为全额预算管理县级事业单位，编制25人，其中从市农业机械技术推广中心划转20人。

2001年9月24日，济南市棉花办公室、济南市农村能源实验站、山东省农业广播电视学校济南市分校、市农村四荒资源开发服务中心交由市农业局管理。山东省农业广播电视学校济南市分校并入济南市农业学校，编制336人，保留山东省农业广播电视学校济南市分校牌子。2003年9月5日，济南市植物种苗病毒检测中心更名为济南市农业质量监督检验测试中心，保留济南市植物种苗病毒检测中心牌子。2004年9月1日，市农业综合开发办公室、市食用菌工作站(市蔬菜产品质量检测中心)、市蔬菜技术推广中心整建制移交市农业局管理，建制级别均改为处级。同年12月30日，撤销济南市植物种苗病毒检测中心、市蔬菜产品质量检测中心、济南市农药检定所，组建济南市农业质量检测中心，为全额预算管理处级事业单位，编制20人。

2005年7月，撤销济南市农业机械化职工中等专业学校；山东省农业广播电视学校济南市分校与济南市农业学校分离，保留原建制级别，由市农业局管理。同月，济南市农业学校(济南农业科学研究所)与济南市卫生学校合并，由济南市卫生局管理。2006年5月18日，山东省农业广播电视学校济南市分校为市农业局所属全额预算管理正处级事业单位，编制20人。7月19日，撤销济南泉星种业集团，保留与其合署的济南市农业技术推广中心；济南市农业监察大队更名为济南市农业监察支队。11月17日，济南市农业信息中心整建制移交市农业局管理。2009年8月21日，设立济南市农业科学研究院，为财政拨款副局级事业单位，由市农业局代管，编制25人。

2010年，济南市农业局所属事业单位有17个，分别是市农业科学研究院、市农业监察支队、市农业综合开发办公室、市农业技术推广中心、市食用菌工作站、市农业机械技术推广中心、市农业机械管理站、市农业机械安全监理站、市农业机械修配管理站、市水产技术推广站、市农村能源实验站、市农业质量检测中心、山东省农业广播电视学校济南市分校、市农业信息中心、市蔬菜技术推广服务中心、市淡水养殖科学研究所、市农村四荒资源开发服务中心，共338人。

第三节 济南市蔬菜办公室

1986年，市蔬菜办公室与市第二商业局合署办公，均隶属于市财贸委员会。1987年，市蔬菜局成立，下设办公室、生产科技处、流通处、组织人事处4个处室，编制20人。局属企业单位有市蔬菜公司(市属企业)；1987年7月，成立市蔬菜技术推广服务中心。1991年1月22日，市蔬菜技术推广服务中心调整为处级事业单位。2001年8月，市蔬菜局更名为市蔬菜办公室(级别不变)，内设秘书处(组织人事处)、生产指导处、科教信息处3个处，编制18人。同年8月9日，设立市食用菌工作站，隶属于市蔬菜办公室管理，为全额预算管理县级事业单位，编制12人。2002年，市蔬菜公司划归市国资委。2004年9月，市蔬菜办公室撤销，职能并入市农业局，所属的市蔬菜技术推广服务中心和市食用菌工作站整建制移交给市农业局管理。

第四节 济南市畜牧兽医局

一、济南市畜牧兽医局

1980年5月，济南市畜牧局重新建立。1983年9月，济南市畜牧局撤销，业务划归市农牧渔业局。1991年10月14日，济南市畜牧局恢复成立，局机关编制20人。内设办公室、组织人事处、计划财务处、企业管理处、审计处(与企业管理处合署)。市农委、市农业局所属的畜牧企业、事业单位整建制划归市畜牧局管理。

1996年9月6日，根据《济南市畜牧局职能配置、内设机构和人员编制方案》，保留市畜牧局，为市政府主管全市畜牧业的职能部门。行政编制22人，内设办公室、畜牧处(挂饲料工业处牌子)、兽医药政处、组织人事处、计划财务处。2001年8月9日，济南市畜牧局更名为济南市畜牧办公室，事业单位，编制21人。内设秘书处(挂财务处牌子)、生产科技处(挂市饲料工业办公室牌子)、兽医与兽药管理处、组织人事处。

2004年9月1日，根据《济南市畜牧办公室主要职责、内设机构和人员编制暂行规定》，保留济南市畜牧办公室为市政府直属局级事业单位。市畜牧办公室配全额预算管理事业编制25人。内设综合处、生产科技处、饲料管理处、兽医与兽药管理处、组织人事处。2008年7月3日，根据《关于济南市畜牧兽医局机构编制的批复》，撤销济南市畜牧办公室及所属济南奶类发展项目办公室，设立济南市畜牧兽医局，为市政府直属全额预算管理正局级事业单位，编制32人。内设办公室、动物卫生防疫处、医政药政处、畜牧科技处、饲料管理处、组织人事处。

2010年4月12日，根据《济南市畜牧兽医局主要职责内设机构和人员编制规定》，济南市畜牧兽医局为市政府直属财政拨款正局级事业单位，依照法律法规授权行使行政管理职能，事业编制36人。内设办公室、组织人事处、畜牧科技处、动物卫生防疫处、医政药政处、饲料管理处、畜产品质量安全监管处(挂市奶业管理办公室牌子)。

二、直属单位

1991年，市畜牧局直属单位有市畜牧兽医站、市畜牧兽医研究所、市兽药饲料监察所、济南市饲料监测站。1993年，市畜牧兽医科技服务中心成立，为市畜牧局企业化经营处级事业单位。1995年，市畜禽良种繁育中心成立，为市畜牧局所属科级事业单位。2001年，市兽医卫生监督检验所从畜牧兽医站分出，更名为市动物防检疫总站，为全额预算管理县级事业单位。济南奶类发展项目办公室成立，为全额预算管理县级事业单位。2008年，市动物防检疫总站更名为市动物卫生监督所，为市畜牧兽医局所属全额预算管理正处级事业单位。撤销市畜牧兽医研究所与市畜牧兽医站，设立市动物疫病预防与控制中心，为市畜牧兽医局所属全额预算管理正处级事业单位。市畜产品质量安全监测中心加挂济南市兽药饲料质量检验所牌子，由市畜牧兽医局管理。市畜禽良种繁育中心更名为市畜牧技术推广站，由市畜牧兽医局管理。济南奶类发展项目办公室职能及人员编制并入市畜牧兽医局。2010年，市畜牧兽医局直属单位有市动物卫生监督所、市动物疫病预防与控制中心、市畜产品质量安全监测中心、市畜牧技术推广站。

第五节　济南市林业局

1983年，济南市林业局机关编制20人，内设秘书科、林业政策调研科、计划生产科，下设市林业技术推广站、市森林保护站、市场圃种苗站3个科级事业单位。1987年，内设处室改为办公室、林政处、生产计划处。同年7月，郊区林业局所属工作人员移交市林业局安置，郊区苗圃更名为济南市苗圃，为市林业局所属科级事业单位，实行企业化管理。同年11月，市林业局内设森林公安处，列入市公安局业务序列，受林业局和公安局双重领导。1990年2月，市果树站划归市林业局。同年7月，设立市护林防火指挥部办公室，与市森林公安处合署办公。1996年，根据《济南市市级机构改革实施意见》，市林业局对内设机构及编制进行调整，新增造林绿化处。2000年，市林业技术推广站、市果树站、市场苗圃种苗站合并组建为济南市林果技术推广站，为县级事业单位，编制24人。同年，成立济南七星台植物园管理处，为县级事业单位，编制15人。2001年，市森林保护站调整为县级事业单位。2003年，市护林防火指挥部及办公室更名为市人民政府森林防火指挥部及办公室。2004年，市林业局对内设机构及编制调整，设办公室、林政处、造林绿化处、发展规划处、森林公安局，编制22人，另配公安行政编制8人。同年，市绿化委员会农村绿化办公室设在市林业局。2006年，增设资源管理处、科技产业处。同年，山东济南药乡国家森林管理处整建制移交市林业局管理。建制级别、人员编制、经费类型、职责任务不变。2010年，市林业局设办公室、发展规划处、林政处、造林绿化处、资源管理处、科技产业处6个职能处室和市集体林权制度改革办公室，行政编制37人。

第六节 济南市水利局

一、济南市水利局

1986年年初，市水利局设秘书科、工管科、工务科、机械站和勘测设计队，实有职工61人。2005年年底，市水利局设办公室、组织人事处、财务审计处、规划计划处、水政处、水资源处、水土保持处7处室，直属事业单位11个，局属企业公司2个。市局机关及所属单位共有职工1356人。2010年4月，市水利局内设办公室、组织人事处、财务审计处、水政处、规划建设处(挂安全监督处牌子)、水资源处(挂节约用水办公室牌子)、水土保持处(挂农村水利处牌子)7个职能处室，行政编制48名，工勤人员3人。实有行政人员43人，工勤人员3人。年底，市水利局机关及直属事业单位实有在编人员共600人。

二、局属事业单位

1985年5月，泰安地区平阴田山电灌管理处改为济南市平阴田山电灌管理处，仍为处级事业单位。1990年11月，德州地区邢家渡引黄灌溉管理处、济南市水利排灌机械维修站合并，成立济南市邢家渡引黄灌溉管理处。1991年3月，市水利勘测设计队更名为市水利勘测设计院，为处级事业单位。1992年3月，成立市水资源管理委员会办公室，为处级事业单位。1993年7月，市水利勘测设计院更名为市水利建筑勘测设计研究院。1996年12月，成立市水利工程建设监理站，与市水利建设站合署，一个机构两块牌子。1998年3月，成立市小清河管理处。2000年5月，成立市农业节水推广中心。2001年3月，市水资源管理委员会办公室增挂市计划节约用水办公室牌子，为全额预算管理处级事业单位。8月，市防汛抗旱指挥部办公室为全额预算管理处级事业单位。2002年10月，成立济南东湖供水工程建设筹建处，为自收自支处级事业单位。2004年9月，市水利管理站更名为市水利工程管理站，市水利工程建设监理站更名为市水利工程质量监督站，撤销市水资源委员会办公室(市计划节约用水办公室)，组建市水政监察大队。2005年9月，卧虎山水库管理处从历城区划转为市水利局所属事业单位。2005年年底，直属事业单位有市防汛抗旱指挥部办公室、市水利工程管理站、市水利工程质量监督站、市水利建筑勘测设计研究院、市邢家渡引黄灌溉管理处、济南平阴田山电灌管理处、市卧虎山水库管理处、市小清河工程管理处、市水政监察大队、市农业节水推广中心、市东湖供水工程建设筹建处11个，局属企业公司有清源水务有限公司、水利工程总公司2个。

2008年7月，济南市邢家渡引黄灌溉管理处由自收自支改为全额预算管理事业单位，平阴田山电灌管理处由差额预算管理单位改为全额预算管理单位，虎山水库管理处由自收自支改为差额预算管理单位。11月，市防汛抗旱指挥部办公室列为参照公务员管理的正处级全额拨款事业单位。2009年2月，撤销济南东湖供水工程建设筹建处，设立市南水北调工程建设管理局。2010年10月，狼猫山水库、绣川水库管理处从历城区划转为济南市水利局所属事业单位。2010年年底，辖济南市南水北调工程建设管理局，局属正处级全额拨款事业单位有市防汛抗旱指挥部办公室、市水利工程管理站、市水利工程质量监督站、市小清河管理处、市水政监察大队、市邢家渡引黄灌溉管理处、市平阴田山电灌管理处、市狼猫山水库管理处、市锦绣川水库管理处9个，局属正处级差额拨款事业单位有市卧虎山水库管理处1个，局属正处级自收自支事业单位有市农业节水推广中心、市水利建筑勘测设计研究院2个。

第二篇　种植养殖业

济南市粮食作物以小麦、玉米、水稻、谷子、地瓜为主，其次是大豆、高粱等；经济作物主要有棉花、花生、蔬菜等。1986年，全市粮食总产量168.15万吨，蔬菜总产量118.86万吨，大牲畜存栏量28.29万头，生猪存栏量89.18万头。全市水产品养殖面积2420公顷，产量0.24万吨。1986年起，全市农业系统贯彻落实中央和省、市有关农业发展的各项政策，引进和推广新品种与新技术，农业生产条件不断改善，农业种植业稳定发展。至1991年，全市粮食总产突破200万吨，达207.5万吨。

1992年起，全市实施良种繁育工程，建立健全良种繁育体系和供种体系，优良品种覆盖率95%以上，其中小麦、玉米主要农作物的良种覆盖率100%。至1995年，水产养殖由普通养殖开始向名优特稀品种转化，有章丘白云湖大兴甲鱼养殖、长清鳄鱼龟养殖。采取上粮下渔、上果下渔、鱼藕混养等模式，实现粮渔果共同发展。

1996年5月，市政府召开专门会议，部署畜牧业规模化生产、产业化经营工作。同年，全市畜牧专业户发展到5.47万户，畜牧专业村286个，规模饲养场1000余家，畜牧小区618处。1997～1999年，全市粮食生产出现新中国成立后的第一个高峰期。1999年，全市粮食总产量279.01万吨，达到历史最高水平。

2000～2004年，受多种因素影响，农作物种植面积大量减少，粮食播种面积由1999年的48.5万公顷下降到2004年的41.8万公顷，减少6.7万公顷。粮食生产总体呈下降趋势。2002年，全市粮食总产量189.86万吨。2002～2004年，是全市粮食生产的低谷时期，但蔬菜种植面积明显增加，蔬菜种植面积由1995年的4.94万公顷增至2002年的11.35万公顷，全市蔬菜总产量由1995年的253.54万吨增至2002年的478.34万吨。

2005年起，全市在种植业生产中实行区域化布局，标准化、规模化生产，创新农业科技推广机制，采取“良种+良法+农业科技人员”“三加”模式，实施推广新品种、新技术的“双推”计划。同时，国家加大对农业投入，连续出台良种补贴、粮食直补、农资综合补贴等各项惠农政策，农民种粮积极性提高，粮食生产呈现全面上升趋势。全市粮食总产从2004年的242.74万吨，上升到2010年的289.43万吨，实现6年连续增长。

2010年，全市蔬菜播种面积9.71万公顷，总产量601.44万吨，总产值83.4亿元。优势蔬菜产品产业带形成，实现区域化种植、规模化发展、专业化生产、产业化经营。全市超过6667公顷（10万亩）的蔬菜基地7个，形成30余个瓜菜专业乡镇和50余个蔬菜品牌。蔬菜品种日益丰富，实现春夏秋冬常年生产、均衡上市。全市牛存栏74.4万头，其中奶牛15.74万头，生猪存栏201.43万头，羊存栏141.49万头，家禽存栏3639.74万只，肉蛋奶总产量105.31万吨，畜牧业总产值109.1亿元。全市渔业养殖面积6780公顷，水产品总产量4.26万吨，渔业总产值4.54亿元。

第一章 粮棉油种植业

第一节 品 种

一、小麦

1986年，全市推广小麦品种有济南13号、山农辐63号、昌乐5号，鲁麦5号、鲁麦1号、渭麦5号等，济南13号、山农辐63号播种面积分别为3.51万公顷、3.25万公顷。1989年，主要品种有济南13号、鲁麦7号，播种面积分别为2.85万公顷、1.81万公顷。1990年后，主要引进鲁麦14号、鲁麦15号、鲁麦19号、济核02号等品种。其中以鲁麦12号、鲁麦14号种植面积最大。1990年，鲁麦12号播种面积6.1万公顷。1991年，鲁麦14号种植面积5.42万公顷。“九五”期间，优质、专用、高产、高效成为育种总体目标。1995年后，以高产优质的济南16号、济南17号、济麦19号、鲁麦19号、鲁麦21号、鲁麦22号、鲁麦23号、莱州953号等品种为主，同时引进推广耐盐碱的济南18号等优质品种。高产品种以鲁麦23号、济南16号、济麦19号、鲁麦22号为主推品种。1997年，鲁麦23号种植面积为5.64万公顷。旱地品种以鲁麦19号、鲁麦21号为主要种植品种。1998年后，全市小麦良种覆盖率100%。

2000年，济南17号、济麦19号仍为主要种植品种。同时引进推广高产优质的淄麦12号、烟农19号，高产稳产的潍麦8号、济麦21号等品种。2001年，济南17种号植面积2.96万公顷。2004年，济麦19号种植面积3.69万公顷。同年，引进推广济麦20号，2005年种植面积4.67万公顷。其间，引进推广济麦22号、济宁16号、邯6172号、石家庄8号、烟农21号等品种。济麦22号自引进开始种植面积逐年增加，2008年全市种植面积4.64万公顷，2010年增至13.93万公顷，成为全市主要种植品种。

二、玉米

1986年，全市推广玉米品种有紧凑型、高光效中熟品种烟单14号、鲁玉2号(掖单2号)和早熟品种鲁玉3号以及鲁原单8号、鲁玉4号、鲁原单4号等品种，主要种植品种是烟单14号、鲁玉2号、鲁玉3号，播种面积分别为3.2万公顷、2.22万公顷、1.62万公顷。1987年后，引进推广掖单4号、鲁玉5号以及平展型品种沈丹7号、丹玉13号。1988年，烟单14号种植面积最大为4.01万公顷。1990年后，主要种植品种是鲁玉2号、掖单4号、烟单14号，同时引进推广掖单12号、掖单13号、鲁原单14号、鲁玉10号等品种。1991年，鲁玉2号种植面积最大为4.75万公顷。1994年后，主要种植掖单12

在章丘市绣惠镇召开全市玉米(审定)新品种展示会
（2006年摄）

号、掖单13号、鲁玉2号，掖单4号，辅助种植鲁原单14号、鲁玉10号、沈单7号。引进推广西玉3号、鲁单50号等品种。其间，掖单13号推广速度最快，1997年种植面积最大为4.47万公顷。1998年后，主要种植鲁单50号、鲁原单14号、掖单13号，辅助种植掖单12号、西玉3号，引进推广农大108号、鲁单981号、登海1号等品种；1999年鲁单50号播种面积最大为4.96万公顷，其次是鲁原单14号为3.4万公顷。

2000～2010年，种植品种更换相对较慢。主要种植品种有农大108号、郑单958号、鲁单50号、鲁原单14号、鲁单981号、浚单20号等品种。2001年，开始引进郑单958号，种植面积逐年扩大，2003年后逐步取代鲁单50号和鲁原单14号，成为推广时间最长、推广面积最大的品种。2006年，引进推广浚单20号后，农大108号和鲁单981号种植面积减少。2008年，郑单958号种植面积最大为7.13万公顷。2010年，浚单20号种植面积最大为6.87万公顷，郑单958号种植面积6.55万公顷。至2010年，先后引进中科11号、先玉335号、浚单18号，与农大108号和鲁单981号成为这一时期的辅助种植品种。

三、甘薯

1986年，全市主要种植品种有徐薯18号、77－6号、烟薯3号、济薯7号。其中以徐薯18号和77－6号为主，面积分别为1.73万公顷、0.8万公顷。1989年，徐薯18号种植面积最大为2.77万公顷，搭配种植77-6号和烟薯3号。1990年后，脱毒种苗开始用于农业生产。1990～1995年，主要引进北京553号、鲁薯7号、鲁薯8号，与徐薯18号成为全市甘薯种植主要品种。其间，引进种植鲁薯2号、鲁薯3号、鲁薯4号、济薯10号等品种。1997年，平阴县被山东省农科院作物所列为脱毒地瓜示范基地。2000年后，引进推广济薯13号、济薯14号、济薯15号、济薯18号、济薯21号、济薯22号等品种。2004年后，发展“五彩地瓜”，北京553号与济薯22号、济薯14号、济薯18号、济薯21号等皮色不同、肉色各异的品种搭配种植，取代鲁薯8号。2008年10月，平阴县被确定为国家甘薯产业体系鲜食甘薯基地；同年12月，甘薯被评为泉城市民最喜爱的济南十佳特色农产品之一。2009年7月，平阴县安城乡被中国甘薯协会授予“中国鲜食甘薯第一乡”称号。2010年，甘薯主要品种有徐薯18号和北京553号，种植面积均为0.4万公顷，搭配种植济薯22号，甘薯生产中良种面积占97%。

四、水稻

1986年，全市主要种植品种有京引119号和日本晴，1989年后，搭配种植辅香3号和小红芒。1990～1995年，引进推广丰优6号、黎优57号、香稻、辽粳5号、矮丰优等品种。1996～1999年，引进圣稻301（H301）号、焦选D2、豫粳5号等品种。2000年始，引进推广香粳9407号、盐丰47号、辽盐16号、临稻11号等品种。2001～2005年，主要种植品种有京引119号、丰优6号、香粳9407号和豫粳6号。2006～2009年，主要种植品种有盐丰47号和豫粳6号。2010年，种植的主要品种有盐丰47号，种植面积0.45万公顷，引进种植圣稻14号、圣稻13号，辅助种植豫粳6号。

五、谷子

1986年，全市谷子种植面积1.5万公顷，其中良种面积占93%。主要种植品种有鲁谷4号、安阳316号、鲁谷5号，辅助种植鲁谷2号和阴天旱(阴天旱是龙山小米的主要种植品种，因其阴天时叶子卷曲貌似天旱而得名，种植在章丘龙山，又被称为“龙山小米”，在历史上为全国四大贡米之一)。1989年，引进推广鲁谷7号，成为主要推广品种。1990～1995年，引进推广鲁谷8号、鲁谷9号等品种，取代安阳316

号。其间，主要种植鲁谷4号、鲁谷5号、鲁谷7号、鲁谷8号和阴天旱等品种。1996年，引进鲁谷10号，逐渐替代鲁谷4号，鲁谷10号成为谷子种植主要品种。1998年，鲁谷10号种植面积最大为1.15万公顷。同年，引进冀谷888，成为又一主要种植品种。2000年后，引进试验种植9051号、鲁谷12号、济谷10号、济谷11号、济谷12号、济谷13号、黄金谷等品种，主要种植品种是鲁谷10号、济谷12号、济谷13号、阴天旱和鲁谷7号等。2010年，主要种植品种鲁谷10号、济谷12号和济谷11号等，良种面积占95%。

六、大豆

1986年，全市大豆种植面积1.6万公顷，良种面积占93%。主要种植品种是小青豆、东懈1号、鲁豆1号，辅助种植齐黄5号、跃进5号和鲁豆4号等品种。鲁豆4号引进后，种植面积迅速扩大，1987年种植面积超过东懈1号，成为全市大豆生产种植面积最大的品种。1989年，引进推广鲁豆7号。1990～1995年，引进推广鲁豆10号、冀豆7号等品种，主要种植品种有鲁豆4号、鲁豆2号和鲁豆7号。1996～1999年，引进推广鲁豆11号、科丰6号、齐荚等品种，成为这一时期的辅助种植品种。2000～2005年，引进种植鲁豆12号、鲁豆13号、齐黄29等品种，主要种植鲁豆4号、鲁豆11号、鲁豆10号和鲁豆3号等品种。2006年后，引进种植鲁豆14号、齐黄31号、早熟1号、中黄13号、菏豆12号、中黄7号等品种，主要种植齐黄31号、鲁豆11号和鲁豆4号等品种。2010年，主要品种齐黄31号种植面积0.23万公顷，鲁豆11号0.16万公顷，辅助种植鲁豆4号、中黄13号、早熟1号、菏豆12号等品种。

七、棉花

1986年，全市棉花种植面积5.45万公顷，全部为良种。主要种植品种有鲁棉2号、鲁棉6号等，引进种植中棉所9号、10号、11号、12号等品种。1990～1995年，主要引进种植中棉所16号、中棉所17号、鲁棉9号、鲁棉10号、鲁棉11号、中杂028、鲁棉80-9等品种，主要种植品种有中棉所17号、中棉所12号、鲁棉9号、鲁棉10号、鲁棉11号、中棉所16号、鲁棉6号。1990年，鲁棉6号种植面积最大为4.19万公顷，占年内棉花种植面积的45%；中棉所12号种植面积3.49万公顷。1991年，中棉所12号种植面积最大为3.63万公顷，逐渐取代鲁棉6号、鲁棉11号。1996年，引进鲁棉14号，成为90年代后期的辅助种植品种。1998年，高产、优质、省工、抗棉铃虫危害的转Bt基因抗虫棉中棉所29号、中棉所30号、美棉33B在全市开始繁育推广。2000年后，全市普及抗虫棉，推广应用转基因常规抗虫棉新品种新棉33B，山农丰抗棉6号，鲁棉研16号、17号、18号、21号、22号、28号、29号，晋棉38号，国欣棉3号，银瑞361，嘉星1号等，推广应用转基因抗虫杂交棉新品种有鲁棉研15号、中棉所29号、鲁棉研30号、鲁RH-1、鲁RH-2等。主要种植新棉33B、鲁棉研21号、鲁棉研18号、鲁棉研22号、鲁棉研28号、鲁棉研15号、山农丰抗棉6号等品种。2010年，主要种植品种鲁棉研28号面积为0.87万公顷，鲁棉研22号0.44万公顷；辅助种植晋棉38号、鲁棉研21号、鲁棉研18号等品种。

八、花生

1986年，全市花生种植面积1.47万公顷，良种面积占92%。主要种植品种有海花1号、徐州68-4、花27号、花28号、白沙1016号和鲁花1号。1987～1989年，引进推广花37号、主要种植品种海花1号、徐州68-4，辅助种植花28号、鲁花1号和白沙1016号等品种。1990～1995年，引进推广鲁花9号、鲁花10号、鲁花11号和79-266等品种。

1996～1999年，引进推广鲁花14号、鲁花12号等品种。鲁花11号、鲁花14号逐渐成为花生生产的主导品种。2000～2005年，引进推广鲁花15号、花育17号、农大818号、丰花1号等品种，主要种植海花1号、鲁花11号和鲁花14号等品种。2006～2010年，引进推广花育22号、花育16号和丰花5号等品种，主要种植品种有鲁花11号、鲁花14号和花育22号等。2010年，主要种植品种鲁花11号种植面积0.33万公顷，花育22号种植面积0.16万公顷；辅助种植鲁花14号、丰花1号等品种；良种面积占100%。

第二节 生 产

一、粮食生产

1986年，全市粮食总产量168.15万吨。1991年，全市粮食总产量突破200万吨，达207.55万吨。1992年起，全市实施“一二五”(麦田总面积万分之一的原种田、千分之二的一级种子田、百分之五的二级种子田)小麦良种繁育工程，建立健全良种繁育体系和供种体系，优良品种覆盖率95%以上，小麦、玉米、棉花等主要农作物良种覆盖率100%。1997～1999年，全市粮食生产达到中华人民共和国成立后的第一高峰期。1999年，全市粮食总产量279.01万吨，达到历史最高水平。2000年起，受多种因素影响，粮食生产总量呈下降趋势。2002年，粮食总产量降至189.86万吨。2002～2004年，是全市粮食生产的低谷时期。2005年起，粮食生产在主攻单产、稳定总产的前提下，针对市场多样化、优质化的需求，发展适销对路的优质粮、加工专用粮和饲料用粮生产。在种植业生产中实行区域化布局、标准化生产、产业化开发的规模生产，代替过去一家一户分散种植模式，制定标准化生产技术规程。同时，国家加大对农村、农业的重视力度，各种惠农政策连续出台，发放良种补贴、粮食直补、农资综合补贴等各种政策补贴，粮食生产呈现上升趋势。济南市对优势农产品进行重新布局规划，规划建设“四大优势产业带”，即济南北部粮棉产业带，抓好优质专用小麦、玉米、棉花的规模化、集约化生产；沿黄优质大米产业带，重点抓好品牌带动，提高竞争力；近郊“四鲜”(鲜玉米、鲜大豆、鲜花生、鲜地瓜)产业带，重点突出济南特色，打造新优势，做强泉城“四鲜”产业；南部小杂粮产业带，重点抓优势农产品和品牌带动，提高整体效益。

2008年，在商河县、长清区、平阴县开展政策性农业保险试点工作，共承保小麦、玉米、棉花8万公顷，各级补贴资金537万元，发放理赔资金518万元。创新农业科技推广机制，采取“良种＋良法＋农业科技人员”的“三加”模式，实施推广新品种、新技术的“双推”计划，在全市筛选出24个主导新品种和23项技术作为重点推广项目，成立农业专家顾问团，确定项目首席专家，落实科技人员责任制。2009年，全市粮食总产量289.47万吨，创历史最高水平。

2010年，中央财政继续对小麦、玉米、水稻良种补贴项目实行种植面积全覆盖，小麦、玉米良种补贴每公顷各150元，水稻良种补贴每公顷225元。全市小麦良种补贴面积24.22万公顷，补贴资金3632.6万元；玉米良种补贴面积24.97万公顷，补贴资金3744.9万元；水稻良种补贴面积0.67万公顷，补贴资金150.5万元；总补贴资金7528万元。全市共承保小麦7.95万公顷，保费总额596.3万元，其中商河县承保5.01万公顷，长清区承保1.58万公顷，平阴县承保1.36万公顷；共承保玉米5.78万公顷，保费总额693.66万元，其中，商河县承保5.29万公顷，长清区承保0.49万公顷；商河县承保棉花0.33万公顷，保费总额88.3万元。全市3个试点县(区)共计成灾面积0.59万公顷，其中，小麦0.08万公顷，玉米0.32万公顷，棉花0.19万公顷，理赔金额1598万元。

1986～2010年济南市主要粮食作物播种面积、产量情况表

表8-2-1　　　　单位：万公顷、万吨

年份	合计		小麦		玉米		水稻	
	面积	总产	面积	总产	面积	总产	面积	总产
1986	43.70	168.15	18.96	72.62	12.68	56.20	0.87	3.46
1987	33.68	112.02	12.45	34.65	8.93	45.71	0.67	4.79
1988	34.10	114.93	12.55	43.78	8.96	42.89	0.70	3.82
1989	41.20	162.45	18.40	74.37	14.16	64.96	0.93	5.29
1990	42.47	181.47	20.45	82.53	13.81	64.93	1.01	5.95
1991	43.43	207.55	21.43	94.45	14.01	80.46	1.14	3.75
1992	42.60	198.29	21.50	100.62	13.36	68.08	0.77	3.42
1993	51.36	232.22	22.25	103.14	15.31	88.82	0.87	5.29
1994	50.98	237.66	22.15	108.30	14.77	89.63	0.91	5.34
1995	45.80	252.48	22.03	112.58	15.98	101.35	0.82	3.53
1996	47.67	267.08	22.62	115.46	17.43	111.87	1.07	6.91
1997	47.46	240.34	22.70	125.36	17.02	85.18	1.10	4.31
1998	48.47	273.10	22.88	121.90	18.18	113.94	1.06	6.04
1999	48.50	279.01	23.00	126.85	18.08	114.54	1.18	7.10
2000	44.88	240.27	20.96	104.11	16.31	96.33	1.43	9.89
2001	43.63	239.08	20.01	101.51	16.28	98.96	1.39	9.56
2002	42.77	189.86	19.52	81.17	16.18	85.33	1.32	9.08
2003	40.48	220.56	17.86	89.52	16.16	99.73	1.11	7.65
2004	41.80	242.74	17.74	97.54	18.15	115.79	1.09	7.81
2005	43.85	260.11	19.58	110.75	18.74	121.04	1.10	7.82
2006	44.34	267.91	20.18	116.90	18.84	123.12	1.09	8.23
2007	44.20	268.01	20.06	114.61	18.93	125.36	1.11	8.18
2008	45.19	281.50	20.76	123.20	19.78	133.48	0.97	7.15
2009	46.34	289.47	21.36	122.81	20.52	142.49	0.88	6.56
2010	46.74	289.43	21.63	126.31	20.85	139.83	0.87	6.45

1986～2010年济南市主要粮食作物播种面积、产量情况表

表8-2-2　　　　单位：万公顷、万吨

年份	谷子		高粱		大豆		薯类	
	面积	总产	面积	总产	面积	总产	面积	总产
1986	1.50	6.1	1.00	2.6	1.60	2.6	4.50	13.87
1987	1.46	4.79	0.46	0.99	1.01	1.79	3.47	19.83
1988	1.41	3.94	0.38	0.82	1.06	1.79	3.35	17.26

续表 8-2-2

年份	谷子		高粱		大豆		薯类	
	面积	总产	面积	总产	面积	总产	面积	总产
1989	1.45	2.59	0.39	0.46	1.60	2.42	3.65	11.24
1990	1.35	4.31	0.40	0.89	1.50	2.39	3.54	19.47
1991	1.32	4.21	0.34	0.87	1.40	2.51	3.37	20.48
1992	1.35	3.64	0.27	0.45	1.73	3.24	3.25	17.67
1993	1.22	4.35	0.34	0.82	3.04	6.85	3.35	21.74
1994	1.15	4.23	0.34	0.99	2.45	5.49	3.24	22.88
1995	1.01	4.2	0.30	0.82	2.20	6.02	3.23	23.10
1996	0.97	3.73	0.28	0.80	1.92	4.50	3.18	23.69
1997	0.93	2.50	0.32	0.58	2.13	4.06	3.15	18.03
1998	0.97	3.21	0.30	0.78	1.97	4.77	2.99	22.06
1999	0.92	3.10	0.33	0.90	1.82	4.41	3.06	21.65
2000	0.85	2.57	0.31	0.96	1.90	4.67	3.02	21.29
2001	0.84	2.88	0.30	0.96	1.81	4.23	2.91	20.61
2002	0.88	1.70	0.25	0.6	1.62	3.14	2.88	8.66
2003	0.80	2.63	0.22	0.58	1.51	3.77	2.74	16.39
2004	0.80	3.01	0.20	0.55	1.39	3.66	2.37	14.19
2005	0.72	2.59	0.15	0.39	1.34	3.56	2.18	13.82
2006	0.67	2.29	0.14	0.34	1.26	3.41	2.11	13.46
2007	0.66	2.29	0.14	0.36	1.26	3.56	2.01	13.49
2008	0.65	2.38	0.14	0.36	1.20	3.49	1.67	11.28
2009	0.66	2.41	0.11	0.28	1.19	3.67	1.61	11.22
2010	0.63	2.36	0.10	0.26	1.14	3.49	1.50	10.70

1986～2010 年济南市主要经济作物播种面积、产量情况表

表 8-2-3　　　　单位：万公顷、万吨

年份	花生		棉花	
	面积	总产	面积	总产
1986	1.47	2.21	5.45	4.77
1987	0.90	2.25	1.16	1.14
1988	0.87	1.77	1.28	0.87
1989	0.90	1.02	7.24	6.01
1990	0.94	2.17	8.56	5.00
1991	0.98	2.55	8.71	6.78
1992	0.85	1.71	8.65	3.81
1993	0.99	2.92	4.01	2.74

续表 8-2-3

年份	花生		棉花	
	面积	总产	面积	总产
1994	1.02	2.98	4.94	2.59
1995	1.06	3.25	3.69	2.91
1996	0.99	3.10	2.28	1.94
1997	1.00	2.63	2.33	1.94
1998	1.10	3.39	2.19	2.03
1999	1.23	3.55	1.87	1.90
2000	1.33	4.44	2.48	2.73
2001	1.30	4.45	2.88	3.09
2002	1.42	3.54	2.49	2.83
2003	1.50	5.05	2.97	3.20
2004	1.47	5.09	3.61	3.93
2005	1.52	5.45	3.03	3.55
2006	1.46	5.38	3.14	3.71
2007	1.46	5.54	3.11	3.56
2008	1.50	5.68	2.99	3.54
2009	1.19	5.75	2.67	3.19
2010	1.44	5.59	2.55	2.94

(一)小麦 济南市是冬小麦生产区。1986年，实行家庭联产承包制后，农业生产主要是以提高农产品产量为目标。新技术、新品种的引进推广，对全市小麦生产水平的提高起到极大作用。1988年，全市遭遇50年来罕见特大干旱，而且春、夏、秋连续干旱。以小麦、玉米、甘薯三大主要作物为主，大面积推广农作物配套栽培技术，全市推广应用配套栽培新技术的粮田面积14.67万公顷。同时对全市的低产田进行改造，3.43万公顷旱薄地小麦开发田平均单产2824.5公斤/公顷，每公顷增产820.5公斤。同年，全市粮食生产取得大丰收，章丘县被列为全国第二批商品粮基地建设县。1989年，干旱持续，20万公顷农田受灾，重灾9.33万公顷，绝产2.67万公顷。同年，在全国范围内开展的粮油创高产活动中，济阳县政府、商河县政府获国务院嘉奖。

80年代末期，全市大面积推广小麦精播、半精播技术，以及配方施肥、化学除草、节水灌溉、根外追肥等多种实用新技术。1990年，小麦播种面积20.45万公顷，占粮食种植面积48%，总产量82.53万吨，平均单产4035.75公斤/公顷。年内粮食耕亩(夏粮、秋粮两季，即小麦与玉米各平均亩产的和)平均达7770公斤/公顷。济南市被国务院评为全国粮食生产先进单位、夏粮生产先进单位，章丘县、平阴县被国务院授予“全国粮食生产先进县”称号。1992年，全市小麦总产量首次突破100万吨大关，达100.6万吨，平均单产4680公斤/公顷。进入90年代中期，生产条件不断完善，种植技术不断改进，粮食产量不断提高，农业生产主要是以高产、高效、优质为目标。1994年，全市实施“双千田”(亩产粮食1000公斤，产值1000元)开发，推广高产、高效种植模式，扩大粮食与蔬菜、花生、棉花等经济作物的间作套种面积，增加单位面积的产量、产值，提高农民收入。在实施过程中总结推广高产、优质、高效种植模式三大类30余种，在项目实施区实现15166.5公斤/公顷(亩产粮食1011.1公斤)，间作套种经济作物，平均每公顷产值27945元(亩产值1863元)。1997年，在粮食生产中重点推广旱地周年地膜覆盖和小麦覆膜穴播一年两熟栽培技术，对山丘旱作农业综合栽培技术进行研究与示范，研究筛选出适宜高产、高效模式三个：粮粮型——周年覆盖条播小麦，翌年春季套种玉米、甘薯；粮油型——周年覆盖条播小麦，翌年春天套种花生；粮菜型——周年覆盖条播小麦，翌年春天套种土豆、冬瓜等。较传统甘薯、花生一年一作的种植模式增加一季小麦，秋季作物产量也得到提高。在春季干旱的情况下，全市小麦单产水平达到历史同期最高水平，平均单产5522.4公斤/公顷。1999年，全市小麦播种面积23万公顷，是全市小麦生产史上种植面积最大的一年，平均单产小麦5515.2公斤/公顷。1999年，开始引进推广优质专用小麦，至2001年优质专用小麦种植面积达10.67万公顷，占年内小麦种植面积的53.3%，超过普通小麦种植面积。2002年，小麦总产降到100万吨以下，为81.17万吨。2004年，小麦种植面积17.74万公顷，是改革开放以来最少种植面积。

免耕直播小麦喜获丰收　　（2008年摄）

2005年，实施优质专用小麦良种推广补贴项目，确定济麦20号、淄麦12号、烟农19号、济南17号、济麦19号、泰山21号、潍麦8号等7个品种作为主要推广补贴品种，章丘、济阳、商河、长清等4个县(市)区为小麦良种补贴项目区，落实面积8.67万公顷，补贴资金1300万元。2008年，全市小麦平均单产5934.45公斤/公顷，创小麦生产史上最高水平。2010年，小麦播种面积21.63万公顷，总产126.31万吨，平均单产5839.5公斤/公顷。同年，全市小麦核定种植面积25.64万公顷，直接获补贴资金3.2亿元(国家粮食直补和农资综合直补标准为83.15元/亩，比2009年降低0.82元/亩，其中粮食直补14元/亩，农资综合直补69.15元/亩)。

(二)玉米　济南市主要以夏玉米生产为主。1986年，玉米生产上开始推广紧凑型单交品种，玉米产量有较大提高。1990年，玉米播种面积13.81万公顷，总产量64.93万吨，平均4701.6公斤/公顷。1994年，玉米单产超过6000公斤，为6068.4公斤/公顷。1995年，玉米总产量首次超过100万吨，为101.35万吨。1996年，玉米单产达到历史最高水平，平均6418.2公斤/公顷。1998年，玉米种植面积达到历史最高水平，为18.18万公顷，总产量113.94万吨。1999年，玉米总产量114.54万吨，达到历史最高水平。

2000年始，引进推广优质专用和粮饲兼用玉米。由于种植业结构调整，玉米生产总体呈现下降趋势。2002年，玉米总产量85.33万吨，占年内粮食总产量44%，所占比例首次超过小麦。2003

年，玉米播种面积16.16万公顷。2000～2003年，是全市玉米生产的低谷时期。2004年，玉米生产开始逐年呈现上升趋势。2007年始，推广“一增四改”技术，即合理增加种植密度、改种耐密型品种、改套种为直播、改粗放用肥为配方施肥、改人工作业为机械化作业。2009年，全市玉米播种面积20.52万公顷，总产量、平均单产连续7年增长，分别为142.49万吨、6943.95公斤/公顷，均创历史最高水平。2010年，玉米播种面积20.85万公顷，达到历史最高水平。

(三)水稻 济南市水稻种植主要集中在济阳县、历城区和章丘市的沿黄地区和小清河两岸。1990年，播种面积1.01万公顷，总产量5.95万吨，平均5891.1千克/公顷。2000年，水稻播种面积1.43万公顷，总产量9.89万吨，均创历史最高水平，平均6916.05公斤/公顷，创历史同期最高水平。2006年，全市水稻平均7550.4公斤/公顷，创水稻生产最高水平。2010年，全市水稻播种面积0.87万公顷，总产量6.45万吨，平均7488.3公斤/公顷。

济阳县水稻项目基地 (2009年7月摄)

(四)甘薯 甘薯种植区主要分布在章丘、历城、长清、平阴四县(市)区的南部山区。2000年以前，甘薯面积稳定在3万公顷以上，总产量20万吨左右，平均单产约7050公斤/公顷(折粮后)。由于重茬种植甘薯病虫害发生严重，1991年开始引进推广脱毒甘薯栽培技术，与未脱毒的相同品种比较，平均每公顷增产幅度在25%以上。建立以农业高新技术开发区和山东省农科院生产甘薯脱毒(茎尖组织培养)试管苗(原原种)、县繁原种薯(苗)、乡(镇)繁原种薯(苗)、村繁生产用脱毒种薯(苗)繁育体系。1996年，全市甘薯总产量23.69万吨，平均单产7449.75公斤/公顷，均创历史最高水平。由于甘薯加工污染环境，2000年后大部分甘薯加工企业相继关闭，全市甘薯种植面积逐年下降，种植品种也由淀粉型加工品种逐渐过渡到鲜食型品种为主。2004年，甘薯种植面积下降到2.37万公顷，2008年降到2万公顷以下。2010年，播种面积1.5万公顷，占粮食种植面积比例由1990年的8%下降到2010年的1.5%；总产量由19.47万吨下降到10.7万吨，占粮食总产量比例由1990年的11%下降到2010的4%左右，平均单产7131.3公斤/公顷。甘薯种植面积减少，总产量下降，但鲜食品牌甘薯成为特色。平阴县安城乡被授予“国家甘薯体系品牌基地”称号。

(五)谷子 1986年，谷子播种面积1.5万公顷，总产量6.1万吨，平均单产4067公斤/公顷。1990年，全市谷子播种面积降到1.35万公顷，之后种植面积逐年减小。1996年，播种面积降到1万公顷以下，为0.97万公顷。2007～2010年，播种面积在0.65万公顷左右。2010年，种植面积0.63万公顷，总产量2.36万吨，平均单产3746公斤/公顷。

(六)大豆 1986年，播种面积1.6万公顷，总产量2.6万吨。1990年，全市大豆播种面积1.5万公顷。1991年起，全市大豆种植面积逐渐扩大。1993年，大豆播种面积3.04万公顷，总产量6.85万吨，平均单产2255公斤/公顷。1994～2005年，全市大豆种植面积在1.3万公顷～2.4万公顷。2006～2010年，全市大豆种植面积在1.2万公顷左右。2009年，平均单产3084公斤/公顷，创历史最高水平。2010年，全市大豆播种面积1.14万公顷，总产量3.49万吨，平均单产 3052.65 公斤 / 公顷。

（七）高粱　1986 年，播种面积 1 万公顷。由于种植业结构调整，高效益农作物种植面积扩大，高粱种植面积迅速下降。1990 年，全市高粱收获面积 0.4 万公顷。1993 ～ 2001 年，全市高粱种植面积稳定 0.3 万公顷左右。2001 年，种植面积 0.3 万公顷，总产量 0.96 万吨，平均单产 3199.95 公斤 / 公顷，创历史最高水平。2010 年，全市高粱种植面积 0.1 万公顷，总产量 0.26 万吨，平均单产 2380.5 公斤 / 公顷。

二、油料作物生产

全市油料作物主要为花生。1986 年，全市花生播种面积 1.47 万公顷，总产量 2.21 万吨。之后，种植面积下降，至 1992 年，播种面积 0.85 万公顷，总产量 1.71 万吨，平均单产 1999 公斤 / 公顷。1993 年起，全市种植面积呈现逐年上升趋势。至 2003 年，全市播种面积 1.5 万公顷，总产量突破 5 万吨，为 5.05 万吨。2010 年，种植面积 1.44 万公顷，总产量 5.59 万吨，创花生生产最高水平，平均单产 3757.95 公斤 / 公顷。

三、棉花生产

20 世纪 80 年代，国家对棉花生产制定一系列奖励政策，农村推行家庭联产承包责任制，棉花生产得到迅速发展。1984 年，全市植棉面积 8.43 万公顷，平均单产 1125 公斤 / 公顷，总产量 9.5 万吨，均创历史最高水平。由于棉花大丰收，出现卖棉难问题。国家当年取消 5% 的价外补贴等植棉优惠政策，实行限制发展棉花生产的策略，棉花种植面积大幅度下降。1986 年，棉花面积和总产量分别下降到 5.45 万公顷和 4.77 万吨。1986 年前，棉花种植以一种一收为主，地膜覆盖、营养钵育苗、化学调控、除草剂等植棉新技术开始应用。1987 年起，大面积推广以“四二式”（四行小麦两行棉花）为主要模式的麦棉套种种植方式，同时试行棉瓜、棉菜等间作套种。1990 年起，棉田立体种植得到发展，推行棉蒜、棉瓜、棉薯、棉菜等多种间套模式。同时国家加大种棉扶持优惠政策，两次提高棉花收购价格，植棉面积呈现上升趋势。1991 年，全市植棉面积发展到 8.71 万公顷，棉花总产量 6.78 万吨。1993 年起，全市棉花生产出现大滑坡现象，到 1999 年全市植棉面积仅 1.87 万公顷。2000 年起，全市推广抗虫棉，转基因抗虫棉、抗虫杂交棉、脱绒包衣种子全面应用于棉花生产，棉花高产简化栽培技术、机械播种技术得到推广应用，并小面积试种抗虫彩色棉。2004 年，植棉面积 3.61 万公顷，之后逐年下降。2009 年，全市实行中央财政棉花良种补贴项目，开展棉花高产创建活动，推广新技术、新品种。2010 年，全市种植棉花 2.55 万公顷，总产量 2.94 万吨，平均单产 1152.9 公斤 / 公顷。

第三节 栽 培

一、种植模式

全市农作物种植一般旱地两年三作，即小麦、玉米、春地瓜（谷子、高粱等）；水浇地一年两作，即小麦、玉米；棉田一年一作。1986 年，推广粮食作物与经济作物、油料作物、蔬菜、瓜果等多茬间作套种立体种植技术，以小麦、玉米为主要作物的间作套种模式逐步发展，棉花生产实现一年两作。1990 年后，随着中低产田改造和生产技术不断提高，一年一作种植面积逐渐减少，间作套种技术在全市推广应用，出现一年三作、一年四作高产、高效模式。主要模式有小麦 //（“//”为间作模式）菠菜 /（“/”为套种模式）玉米、小麦 // 菠菜 / 玉米 // 大豆、小麦 // 菠菜 / 玉米 // 秋菜（芸豆、豆角等）、小麦 // 菠菜 / 玉米 // 花生、大蒜 // 菠菜 / 玉米 // 花生、大葱 // 菜花 / 小麦、菠菜 // 油菜 / 玉米等模式。2000 年始，随着机械化水平提高和农业生产标准化、规模化、产业化的发展，一年两作的套种或直播种植模式逐渐成为全市粮食生产主要模式，主要有粮粮、粮棉、粮经、棉经等类型的不同种植模式。

二、栽培技术

(一)小麦精播、半精播高产栽培技术 1986年开始引进推广该技术。精播技术适用于高产麦田。以有机肥为主，化肥为辅，重施磷肥。一般亩施优质有机肥3000～5000千克，标准氮肥25千克，标准磷肥40～50千克做底肥。在缺钾、缺锌地块，在底肥中适当施用钾肥和锌肥。选用株型紧凑，分蘖力强，成穗率较高，单株生产能力高，植株较矮或中等高度，抗倒性、抗病性、抗逆性好的优良品种。适期播种，适宜播量。中穗品种要求每亩基本苗数8万～12万棵，成穗40万左右，尽量控制无效分蘖和过多有效分蘖，建立合理群体结构。合理运筹肥水。一般不追冬肥，返青期重视划锄。根据群体发展趋势，追施起身肥或拔节肥，追施量为每亩标准氮肥25千克。一般不浇返青水，酌情浇好起身水或拔节水、孕穗水、灌浆水。防治病虫草害发生。半精播高产栽培技术适用于中等肥力麦田，实施要点为“八改二坚持”。“八改”：改大播量为合理播量，要求每亩基本苗数13万～18万棵；改小行距(16.5厘米)为大行距(20或23厘米)；改耧播为机播、半机播；改早播、晚播为适期播种；改浅耕为适当深耕；改劣种、混杂种为良种、纯种；改单一防治地下害虫为综合防治病虫害；改田间管理一促到底为有促有控、促控结合(冬前深耘断根，浇冻水，因苗施冬肥，浇后划锄。返青期划锄保墒，不追肥不浇水；浇好起身拔节水、挑旗水、灌浆水)。“二坚持”：坚持以农家肥为主、化肥为辅，施足底肥，氮、磷配合，酌情补施微肥，重视秸秆还田，提倡分层施肥；坚持足墒播种，提高整地、播种质量，保证全苗，培育壮苗。

(二)晚茬麦栽培技术 1986年后，推行小麦与甘薯、花生、棉花等作物间套种，晚茬麦面积增加。该技术分为“四补一促”栽培技术和独秆麦栽培技术。“四补一促”：增施肥料，以肥补晚。亩施有机肥3000～4000千克，标准氮肥30～40千克，过磷酸钙40～50千克。选用良种，以种补晚。适当增加播种量，以密补晚。一般10月15日左右播种，每亩播种量10～12千克；中旬以后，每晚播2天，亩播量增加0.5～1千克。提高整地播种质量，以好补晚。早管细管，一促到底。起身肥水齐攻，浇好孕穗水和灌浆水。独秆麦适用于有水浇条件的麦田，主要特点是依靠主茎成穗。技术要点为：日平均气温12℃～16℃播种均可获高产；确定适宜播种量，基本苗数相当或略低于种植品种的适宜亩穗数，以穗定苗；基肥施足有机肥和磷钾肥，不施(或少施)氮肥；冬前和翌年拔节前不施肥不浇水，拔节至旗叶露尖时一次追足氮肥，每亩追施尿素15～20千克，并结合追肥浇水，全生育期浇水2～3次。适当缩小行距，以15厘米等行距播种为宜。

(三)夏玉米套种技术 麦套夏玉米种植技术始于20世纪70年代。技术要点是种植小麦时预留夏玉米套种行。适期套种掌握以下原则：满足所用品种对全生育期总积温的要求；前期躲开芽涝，最大需水期与汛期相吻合；后期避开低温，玉米生长发育所需高温期与自然高温阶段吻合；保证“秋分”前后成熟。一般在5月下旬至6月初进行，共生期7～15天。选用高纯度中晚熟紧凑型杂交玉米种。适墒匀墒播种。播深适宜，均匀一致，一般3～5厘米。均匀施肥，种肥适量并与种子隔离，种肥一般亩施标准氮肥4～5千克。种衣剂拌种，及时清苗，严格定苗。对小苗采取追施偏心肥的方法促使玉米田间生长均匀一致。

(四)地膜覆盖栽培技术 20世纪80年代主要应用于经济作物，90年代中后期在粮食生产中推广应用，该技术对推动旱地小麦生产起到重大作用。地膜覆盖分为地膜周年覆盖和覆膜穴播两种。周年覆盖技术要点：汛期结束，秋收以后，趁墒及早深耕整地，一次施足肥料。起高垄(垄高15厘米左右)，拉平耙细垄顶，喷除草剂(防止喷到沟内)，加盖90厘米宽的地膜，做到“实、严、紧”。覆好膜后，在垄上隔1～2米横压一条土带。选用矮秆大穗早熟丰产的中肥品种，每沟播2行小麦，行距15厘米，播量与平种相仿，播深3～4厘米。小麦拔节前后，在秋覆膜的垄上，打孔播种(移栽)经济作物(2行花生或1行棉花或1行甘薯)，密度与纯种相仿。选用株型紧凑、结果(桃)集中的中熟品种。播深4厘米左右为宜，播后用土覆盖播种穴。小麦适时早收，高留茬20厘米，灭茬盖沟。下一轮秋种时，实行沟垄换位轮作。覆膜穴播技术要点为：精细整地，选择抗旱耐瘠的优良品种，增施有机肥，一次施足作物需要的全部有机肥和化肥，采用90厘米宽的地膜，一般在膜上种5行小麦。

三、施肥

(一)肥料种类　主要是有机肥和化肥。有机肥有土杂肥、栏圈肥、堆沤肥、秸秆类等。化肥：氮肥主要有尿素、碳铵、硫酸铵和硝酸铵等，磷肥主要有过磷酸钙、钙镁磷肥和重过磷酸钙等；钾肥主要有硫酸钾和氯化钾，微肥主要有锌肥(硫酸锌)、硼肥(硼砂)、锰肥(硫酸锰)、钼肥(钼酸铵)、光合微肥、稀土微肥等，复合肥主要有磷酸铵、磷酸二氢钾、氮磷钾复合肥等，还有各种专用肥、生物菌肥等肥料。

(二)施肥方法　有机肥20世纪80～90年代，亩施有机肥2500～3000千克。2000年后，一般高产田亩施有机肥3000～4000千克，中低产田亩施有机肥2500～3000千克。有机肥多作基肥，耕地前均匀撒于地表，后耕翻入地。秸秆类还田方式有小麦秸秆还田和玉米秸粉碎还田等。

化肥　采用测土配方施肥。小麦生产一般按每100千克籽粒吸收氮3千克，五氧化二磷1～1.5千克，氧化钾2～4千克计算施肥量。磷钾肥、微肥一般全部用作基肥。有水浇条件的高产田将氮肥的40%左右、中低产田50%～70%用作基肥。无水浇条件的旱薄地氮肥可全部用作基肥。推广化肥深施技术，杜绝地表撒施。覆膜穴播方式采用“一炮轰”施用，即所用化肥一次性全部用作基肥，后期用磷酸二氢钾进行叶面追肥；地膜周年覆盖方式采用全部磷、钾肥以及70%氮肥用作基肥，第二年春季小麦返青至拔节期借墒开沟追施剩余30%氮肥。

玉米生产一般按每100千克籽粒吸收氮2.2千克、五氧化二磷1千克、氧化钾2.1千克计算施肥量。全生育期需用的磷、钾、硫、锌肥，作为基肥或玉米拔节前全部施入。氮肥根据地力情况不同分期施入，遵循“轻施苗肥、重施穗肥、补施花粒肥”原则。高产田苗期在拔节前追施30%，穗肥在大喇叭口期追施50%，花粒肥在籽粒灌浆期追施20%。中产田苗期施用40%，穗期施用60%。低产田苗期施用60%，穗期施用40%。

棉花生产一般按每形成100千克籽棉吸收氮5千克、五氧化二磷1.8千克、氧化钾4千克计算施肥量。磷钾肥作基肥一次施足，基施氮肥春棉占总氮量30%，低产棉田可占40%～50%。春棉第一次追肥在现蕾初期，占总施氮量20%左右。麦套棉(夏棉)麦收后结合整地，一次施足磷钾肥，追施总氮肥量50%左右。第二次均追花铃肥，占施总氮量50%。

第四节　病虫害防治

小麦病虫害。病害主要有条锈病、叶锈病、秆锈病、赤霉病、纹枯病、白粉病、全蚀病、黑粉病、根腐病、腥黑穗病、散黑穗病、黄矮病、丛矮病、土传花叶病毒病、全蚀病、叶枯病等。虫害主要有蚜虫、麦种蝇、吸浆虫、红蜘蛛、叶蝉、蛴螬、金针虫、蝼蛄、麦叶蜂、麦秆蝇等。玉米病虫害。病害主要有苗枯病、大小叶斑病、黑粉病、矮花叶病、粗缩病、青枯病等。虫害主要有地老虎、蝼蛄、蛴螬、金针虫、蓟马、黏虫、玉米螟、玉米蚜、棉铃虫等。棉花病虫害，病害主要有立枯病、炭疽病、枯萎病、黄萎病、棉铃疫病、红粉病等，虫害主要有棉蚜、棉铃虫、棉叶螨、棉蓟马、地老虎、棉盲蝽、玉米螟、棉尖象甲等。

20 世纪 80 ～ 90 年代，使用化学农药防治病虫，开始试验推广化学除草。进入 2000 年以后，逐步推广生物防治技术。秸秆反应堆可有效地抑制病害的发生，频振式杀虫灯，黄、蓝诱杀板有明显防虫效果，降低农药使用量和使用次数。粉锈宁拌种或喷雾可防治小麦锈病、白粉病、全蚀病、根腐病、纹枯病、和腥黑穗病等。氧化乐果喷雾可防治麦蚜、吸浆虫等。用多菌灵拌种或喷雾可防治玉米大叶斑病、小叶斑病、黑粉病等。用辛硫磷拌种可防治小麦、玉米的蝼蛄、蛴螬、金针虫等地下害虫。

第二章 蔬菜种植业

第一节 品 种

1986 年，济南市蔬菜主要种植品种有济南长茄、青园脆萝卜、朱庄秋瓜、裴家营小根白菜、唐王小根、小铃铛皮辣椒、老屯青麻叶白菜、北园抗热小白菜、历红 2 号番茄等。引进的品种有津研系统的黄瓜、长春密刺黄瓜，强力米寿、强丰、特洛皮克、津粉 65 号、齐研矮粉番茄，红嘴燕、之豇 28–2 豆角，京丰 1 号、迎春、夏光甘蓝，瑞士雪球、耶尔福花椰菜，诸城大金钩、汉中韭菜，上海羊角椒、茄门甜椒，法国地芸豆、丰收 1 号芸豆，天津黄苗、玻璃翠芹菜，阿尔及利亚西葫等。

1990 年后，随着设施蔬菜的发展，特别是日光温室的应用推广，全市蔬菜品种日趋丰富，形成一乡一品或一村一品的格局。蔬菜种类主要有大白菜、大葱、西瓜、芦笋、黄瓜、菠菜、芹菜、番茄、大蒜、卷心菜、马铃薯、青萝卜、茄子、花椰菜、芸豆、豆角、莴苣、甜椒等。品种上仍以国内优良品种为主，逐步引进国外温室专用品种进行试种推广。1993 年，全市蔬菜主要品种实现良种化，市蔬菜技术推广服务中心的大白菜良种繁育基地成为农业部定点的良种繁育基地；全市引进推广名优稀特菜 40 余个，种植面积 333 公顷。1999 年，济南市加大国外优良品种引种力度，引进五彩椒、大小西红柿、洋香瓜(厚皮甜瓜)、礼品西瓜、草莓、小黄瓜等 40 余个。2000 年，在济南市农业高新技术开发区建成蔬菜精品园 6 公顷，引进国内外近 40 个蔬菜新品种进行示范种植。由于工厂化育苗的快速发展和大面积应用，部分国外品种因发芽率高、生长势好、抗病高产而逐渐取代一些国内品种成为全市蔬菜主栽品种。2003 ～ 2010 年，引进艾玛 70 号、加西亚等番茄品种，利昂、红罗丹等甜椒品种，黑霸、黑蜜等西瓜新品种，共计 80 余个，近 50 余个新优品种形成种植规模。

第二节 生 产

20 世纪 80 年代初，全市蔬菜生产主要分布在城市郊区，农区只有少量的自食性、季节性菜地。蔬菜品种单一，种植面积小，产量低；粗菜多，细菜少；生产资料匮乏，技术水平低，保护地生产少，冬季鲜菜少。1986 年，蔬菜生产布局基本形成，南部山区越夏淡菜(马铃薯、番茄)

666.6公顷，北部沿黄地区水生菜(莲藕、茭白)基地1333.3公顷，出口菜芦笋基地666.6公顷，名特产章丘大葱基地1600公顷，远郊大白菜基地2000公顷，菠菜基地666.6公顷，大蒜基地666.6公顷；近郊保护栽培基地1333.3公顷；塑料大棚233.3公顷。同年，济南市蔬菜种植面积2.79万公顷，总产量118.86万吨。1989年，全市把局限于近郊的生产基地，发展到章丘、历城、长清3县，原来不种菜的干旱地和低洼沿黄地带，部分建成菜田。蔬菜生产逐步向大面积、大规模、多品种发展。

90年代起，由于城市建设用地需要和近郊劳动力成本上升以及种植结构调整，蔬菜生产从以农区为辅变为以农区为主。蔬菜产业更加集中，各产区以市场为导向，突出区域特色，因地制宜发展本地区蔬菜生产、扩大市场份额。1995年，全市蔬菜播种面积4.94万公顷，总产量253.54万吨，总产值4.28亿元。蔬菜保护地栽培面积3900公顷，其中，大棚533公顷，中小拱棚1600公顷，风障阳畦867公顷，地膜及其他900公顷，特别是冬暖大棚(日光温室)成为发展的重点。至1998年，全市基本建成八大蔬菜基地。基本菜田基地主要分布于5个城区和各县(市)驻地的26个乡镇252个村。山区蔬菜基地发展到5333公顷，蔬菜总产31万吨，总产值9亿元，蔬菜品种由5个发展到20余个。以济南莲藕为代表的水生蔬菜种植基地主要分布在槐荫区、历城区、济阳县、长清县的部分沿黄乡镇。章丘大葱基地主要分布在绣惠镇、宁家埠镇、党家镇、刁镇、枣园镇，种植面积6667公顷，总产量24万吨，60%销往省外。大白菜基地：历城区的唐王镇、董家镇，长清县的长清镇、平安店镇，平阴县孝直镇，是大白菜的主要产区，实现周年生产，周年供应。大蒜、菠菜基地主要分布在商河县白桥乡、长清县归德镇。冬春保护栽培基地：集中产区为章丘市1100公顷，济阳县2100公顷，商河县2100公顷，长清县667公顷；全市有济阳县的孙耿镇、姜集乡和章丘市的刁镇、商河县的展家乡4个乡镇的大棚面积333公顷。出口蔬菜基地主要分布在槐荫区段店镇，章丘市的党家镇、绣惠镇、水寨镇，历城区的华山镇、遥墙镇，长清县的马山乡，槐荫圆葱、长清花菇、章丘大葱为主的出口基地2000公顷，出口创汇1800万美元。

进入21世纪后，全市蔬菜的产量、栽培技术均得到较大提高，城乡蔬菜市场供应数量充足，花色品种丰富，各种名特蔬菜、时令蔬菜、“西洋蔬菜”、加工制品基本满足不同消费水平的需要。2002年，济南市构建无公害蔬菜标准和管理体系，制定下发《济南市无公害蔬菜标准化生产基地管理规定》《无公害蔬菜标准化配送单位管理规定》《济南市无公害蔬菜超市准入管理规定》《关于进一步推行农业标准化工作的意见》，建立市、县、乡镇三级检测体系，进行无公害蔬菜标准化生产基地的检测认定。同年，认定无公害蔬菜标准化生产基地25处，面积0.53万公顷。2003年，全市新认定标准化无公害蔬菜基地11处，累计36处，认证济南市首批无公害蔬菜配送中心12家。2005年，全市蔬菜总播种面积9.53万公顷，总产量529.37万吨，总产值56.56亿元。保护地栽培面积5.62万公顷，其中冬暖大棚面积1.16万公顷，总产量122.35万吨，总产值23.3亿元；拱圆大棚面积0.4万公顷，总产量36.42万吨，总产值2.4亿元；中小拱棚0.98万公顷，总产量57.76万吨，总产值4.87亿元。

2006年起，全市蔬菜产业化经营进一步加快，生产基地、龙头企业与中介组织实现有机衔接。加工出口龙头企业不断壮大，全市具有较大规模的蔬菜加工企业近100家，年出口金额5000万美元左右，占到全市农副产品出口创汇总额50%。济南丰农有限责任公司、济南樱龙食品有限公司是槐荫区的主营圆葱种植、加工和出口的市级龙头企业，产品主要销往日本、韩国。

2010年，济南市蔬菜种植面积9.71公顷，总产量601.44万吨，总产值83.4亿元。其中保护地栽培面积7万公顷，其中冬暖大棚面积2万公顷，总产量210万吨，总产值30亿元；拱圆大棚面积0.8万公顷，总产量80万吨，总产值5亿元；中小拱棚1.8万公顷，总产量120万吨，总产值8亿元。全市形成十大基地，具有影响力的品牌30余个，“万辛”牌富硒大葱、“太平宝”牌西瓜、“曲堤”牌黄瓜、“商玉宝”牌彩椒、“袁庄园”蔬菜、“唐王大白菜” 、“张而草莓”等商标成为市民欢迎的品牌。全市有绿色食品认证单位3个，无公害农产品认证单位27个，地理标志产品有章丘大葱、唐王大白菜2个。

1986～2010年济南市蔬菜种植面积及产量统计表

表8-2-4

年 份	播种面积（万公顷）	总产量（万吨）	年 份	播种面积（万公顷）	总产量（万吨）
1986	2.79	118.86	1999	8.71	366.78
1987	2.47	101.52	2000	10.13	405.95
1988	2.82	122.83	2001	10.35	435.20
1989	2.73	117.99	2002	11.35	478.34
1990	2.87	126.09	2003	12.09	504.81
1991	3.06	146.87	2004	12.06	515.26
1992	3.40	170.61	2005	9.53	529.37
1993	4.33	205.62	2006	9.63	536.28
1994	4.47	226.39	2007	8.99	522.24
1995	4.94	253.54	2008	9.12	548.36
1996	6.04	350.36	2009	9.64	591.18
1997	6.98	328.64	2010	9.71	601.44
1998	8.08	344.67			

2010年济南市蔬菜绿色食品认证情况表

表8-2-5

认证单位	认证产品	证书编号	认证产量(吨)	认证面积(公顷)
济阳宏业蔬菜专业合作社	番茄	LB-15-1010153037A	1100	267
	菜椒	LB-15-1010153038A	360	13
	茄子	LB-15-1010153039A	450	13
济南太平西瓜销售中心	菜椒	LB-15-0910153495A	200	7
	茄子	LB-15-0910153496A	375	10
	番茄	LB-15-0910153497A	300	7
	豆角	LB-15-0910153498A	200	7
	芸豆	LB-15-0910153499A	150	10
	西瓜	LB-15-0910153500A	100000	667
商河县绿野蔬菜服务中心	大蒜	LB-15-0711153441A	40000	3333

2010年济南市蔬菜无公害农产品认证情况表

表 8-2-6

认证单位	认证产品	证书编号	产量(吨)	面积(公顷)
济南市历城区唐王绿色农业发展中心	唐王甘蓝	WGH-06-00986	7013	187
	唐王西葫芦	WGH-06-00987	18000	200
	唐王茄子	WGH-06-00985	10530	234
	番茄	WGH-04-00080	50000	234
	黄瓜	WGH-04-00081	20000	267
	大白菜	WGH-09-02195	7000	90
	甜椒	WGH-09-02196	2000	75
	菠菜	WGH-09-02197	2200	80
	辣椒	WGH-09-02198	2200	80
济南历城田园农产品专业合作社	茄子	WGH-09-09008	3000	300
	芹菜	WGH-09-09009	1800	100
	韭菜	WGH-09-09010	1500	20
平阴安绿蔬菜专业合作社	豆角	WGH-09-09019	7500	333
	甜椒	WGH-09-09018	30000	333
平阴玫瑰绿旺蔬菜专业合作社	芹菜	WGH-09-09011	1875	25
	西红柿	WGH-09-09012	2250	30
	甘蓝	WGH-09-09013	1500	20
	茄子	WGH-09-09014	1500	20
	白菜	WGH-09-09015	600	20
	黄瓜	WGH-09-09016	1200	20
	菠菜	WGH-09-09017	600	20
平阴县东阿镇狮耳山蔬菜协会	韭菜	WGH-07-08797	60000	1000
平阴菌发蘑菇专业合作社	大白菜	WGH-05-00532	24000	400
平阴民享蔬菜配送有限公司	马铃薯	WGH-04-01909	50000	2000
	大白菜	WGH-04-01910	112000	2000
平阴绿丰蔬菜专业合作社	甜椒	WGH-07-08796	60000	1000
	大白菜	WGH-10-13777	18000	400
	马铃薯	WGH-10-13779	12000	400
	萝卜	WGH-10-13781	1800	20
	大葱	WGH-10-13782	525	10
	圆葱	WGH-10-13783	750	10
济南市济北瓜菜购销有限公司	黄瓜	WGH-04-01917	45000	220
山东哈亚东方食品有限公司	胡萝卜	WGH-08-02434	12000	200
	圆葱	WGH-08-02435	6000	2000

续表 8-2-6-1

认证单位	认证产品	证书编号	产量(吨)	面积(公顷)
济南绿星农业科技公司(济南绿阳瓜菜有限公司)	香瓜	WGH-10-08642	11000	333
	芹菜	WGH-10-08643	4000	133
	番茄	WGH-10-08644	5000	133
商河县展旺蔬菜服务中心	茄子	WGH-07-08799	1875	50
	西红柿	WGH-07-08791	7500	50
	黄瓜	WGH-04-01900	52500	333
	芹菜	WGH-04-01897	30000	200
济南金池农副产品有限公司	藕	WGH-08-02436	5000	100
商河县绿野蔬菜服务中心	大蒜	WGH-04-01899	30000	2000
	黄瓜	WGH-08-12286	3500	50
	芹菜	WGH-08-12285	3500	50
商河县商南农贸有限公司	藕	WGH-09-09006	5000	100
	彩椒	WGH-07-08801	50000	333
	西红柿	WGH-07-08800	10000	67
	芹菜	WGH-07-08802	10000	67
商河县殷巷镇高坊村金丝魁王小枣协会	黄瓜	WGH-10-03350	2450	35
	芹菜	WGH-10-03351	2450	35
	西葫芦	WGH-10-03352	700	35
	白菜	WGH-10-03353	2400	67
章丘市名优农产品产销协会	西红柿	WGH-08-02514	6000	100
章丘市农根大葱专业合作社	大葱	WGH-10-03348	1800	30
山东龙源农业开发有限公司	大葱	WGH-10-03354	1800	30
章丘市绣源白莲藕产销专业合作社	白莲藕	WGH-10-03349	250	15
章丘市刁镇蔬菜批发市场	西红柿	WGH-04-01903	2300	20
	黄瓜	WGH-04-01904	1500	20
	甜椒	WGH-04-01905	300	7
章丘市刁镇绿祥蔬菜基地	韭菜	WGH-04-00082	2000	27
章丘市高官寨农业合作社	芦笋	WGH-07-09688	9000	400
章丘市华宝农产品专业合作社	韭菜	WGH-10-08620	180	6
	芹菜	WGH-10-08621	270	6
	菠菜	WGH-10-08622	150	5
	莴苣	WGH-10-08630	188	5
	茴香苗	WGH-10-08624	135	6
	豆苗	WGH-10-08625	120	1
	番茄	WGH-10-08626	270	6

续表 8-2-6-2

认证单位	认证产品	证书编号	产量(吨)	面积(公顷)
章丘市华宝农产品专业合作社	花椰菜	WGH-10-08627	188	5
	油菜	WGH-10-08628	180	6
	萝卜	WGH-10-08629	225	5
济南清园蔬菜营销有限公司	白菜	WGH-08-13326	5360	67
济南齐城源商贸有限公司	马铃薯	WGH-09-05153	15000	50
	茄子	WGH-09-05154	7000	50
济南舜平蔬菜果品有限公司	黄瓜	WGH-09-02193	2380	34
	苦瓜	WGH-09-02194	1275	34

第三节 栽 培

济南市蔬菜栽培可分为露地栽培和保护地栽培两种形式。

一、露地栽培

菜与菜间作 有埂畦并用、大小畦间作、一畦一组间套作等形式。

菜与菜混作 利用作物不同生长期，同时播种，分期收获。

粮与菜间套 有一年种植两粮一菜和两菜一粮两种形式。有“马铃薯、春玉米、大白菜”“冬瓜、玉米”“越冬番茄、甜椒、玉米”。

粮与菜混作 有夏玉米与芸豆、豆角混作，粮菜共生。

菌菜间作 利用高架蔬菜为平菇遮光，平菇培养基废料作为蔬菜肥料，达到菌菜双丰收。

二、保护地栽培

保护地栽培包括早熟栽培、延迟栽培、越冬栽培和软化栽培，主要形式有风障畦、风障阳畦、地膜覆盖、小拱棚、中拱棚、大拱棚、小暖窖、单坡面大棚、冬暖型日光温室、工厂化自控智能温室等。

风障畦栽培 风障畦又名“影棚”，用秫秸密排竖埋于畦北，可起防风保温作用，主要用于越冬菠菜和早春速生菜。

风障阳畦栽培 风障前加盖草苫、苇毛苫、塑料薄膜等覆盖物，用于越冬的芹菜、青蒜、盖韭和早春育苗。

地膜覆盖 1981 年始，推广地膜覆盖。保护栽培几乎全部采用地膜覆盖，地膜覆盖成为设施蔬菜栽培不可或缺的一个重要生产环节。

中、小拱棚 主要用于早春喜温性蔬菜(黄瓜、番茄等)的半促成栽培及耐寒、半耐寒性蔬菜(莴苣、芹菜、油菜、甘蓝、菜花等)的越冬及早春促成栽培及越夏蔬菜育苗。中拱棚主要用于早春喜温性蔬菜促成及半促成栽培。

中拱棚蔬菜栽培　(2008 年摄)

大拱棚 大拱棚在济南地区开始应用比较早，最初为钢架结构，后来发展到各类型材料均有。主要用于喜温性蔬菜及西瓜、甜瓜的早春促成及秋延迟栽培，耐寒及半耐寒性蔬菜的越冬栽培，可使蔬菜在春季早定植15天，秋季延长采收期20天。

单坡面大棚 其特点为投资少、保温效果差、种植品种少，主要用于喜温性蔬菜的早春促成及秋延迟栽培，耐寒及半耐寒性蔬菜的越冬栽培，是80年代推广的主流蔬菜设施栽培类型，现逐渐被冬暖型日光温室取代。

冬暖型日光温室 1988年，从辽宁省瓦房店市引进，经科技工作者和农民实践、改造，冬暖棚的棚型结构、性能及建造更趋科学完善。有山东Ⅰ型、Ⅱ型、Ⅲ型、Ⅳ型、Ⅴ型、Ⅵ型，是全市蔬菜保护栽培的主要设施。

工厂化自控智能温室 1997年在济南农业高新技术开发区内，投资1300万元建成占地1万平方米的荷兰自控智能温室，生产多种反季节、高品质的绿色蔬菜。1999年，由济南市蔬菜技术推广服务中心自筹资金建成济南市第一座工厂化连栋育苗温室，面积1440平方米，试生产蔬菜苗20万株，成为全市第一家蔬菜工厂化育苗单位。之后，济南市陆续成立多家育苗企业，开始进行蔬菜工厂化育苗生产。2007年，济南市蔬菜技术推广服务中心在济南市历城区唐王镇通过土地流转的方式租用土地6.7公顷，进行蔬菜集约化育苗基地的建设。至2010年，济南市工厂化育苗量达到每年2亿株。

第四节 病虫害防治

2010年，济南市蔬菜病虫害主要有：

黄瓜 霜霉病、白粉病、灰霉病、角斑病、叶枯病和美洲斑潜蝇、烟(白)粉虱等。

番茄 晚疫病、病毒病、青枯病、灰霉病和棉铃虫、蚜虫、烟(白)粉虱等。

甜椒 疫病、疮痂病、炭疽病、病毒病、灰霉病、软腐病和烟青虫、茶黄螨、蚜虫、小地老虎。

甜瓜 霜霉病、蔓枯病、枯萎病、炭疽病、白粉病、角斑病、疫病、病毒病和美洲斑潜蝇、蚜虫、黄守瓜、温室烟(白)粉虱。

西瓜 枯萎病、炭疽病、疫病、白粉病、病毒病、青枯病、蔓枯病、角斑病、根结线虫和瓜蚜、叶螨、白粉虱、瓜螟、斜纹夜蛾、小地老虎。

南瓜 疫病、白粉病、病毒病和植食性瓢虫、小地老虎。

大白菜 病毒帮、霜霉病、软腐病和蚜虫、菜青虫、小菜蛾。

萝卜 霜霉病、黑腐病、病毒病和蚜虫、菜青虫、黄条跳甲等。

大葱 紫斑病、葱锈病、软腐病和葱蓟马、种蝇、甜菜夜蛾等。

大蒜 叶枯病、白腐病和蒜蛆、蚜虫。

豆类 枯萎病、根腐病、斑点病、黑斑病、灰霉病、锈病、白粉病、花叶病毒病、疫病、炭疽病、菜用大豆灰斑病、褐斑病和豆蚜、豇豆荚螟、豆荚斑螟、斜纹夜蛾、甜菜夜蛾、温室粉虱、二十八星瓢虫、绿豆象、豌豆潜叶蝇。

在虫害方面，20世纪80年代初期主要采用高毒、高残留农药防治；80年代后期开始禁用高毒、高残留有机氯农药，推广高效、高毒、低残留农药，有机磷农药逐步取代有机氯农药。90年代开始推广高效低毒低残留化学农药和生物农药，先后推广乐果、敌敌畏、辛硫磷、马拉硫磷以及菊酯类等高效低毒化学农药，并推广颗粒体病毒7216、BT乳剂等生物农药。在病害方面，先后推广应用新型杀菌剂，如代森锌、托布津、多菌灵、百菌清、克露、粉锈宁、翠贝等，瓜类的霜霉病、白粉病、疫病以及茄果类、豆类的一些病害得到较好控制。进入21世纪，设施蔬菜生产上应用的病虫害物理防治、生物防治技术日渐成熟，天敌的利用越来越多。2010年，频振式杀虫灯、黄色诱板、蓝色诱板、防虫网、土壤消毒技术等得到大面积应用，其中使用频振式杀虫灯6000余盏，防控面积1.3万公顷以上，防虫网覆盖栽培面积33公顷。

第三章　畜牧业

第一节 畜禽品种

济南市畜禽品种资源丰富，主要品种有牛、羊、猪、禽、兔等。20世纪80年代中期始，大量引进优良品种，进行家畜改良，建立种畜禽场，推广人工授精、冷冻精液和冷配等先进技术。1986年年初，全市共有县配种站4个，乡配种站51个，村配种站46个。至2010年，全市各类配种站(点)235个，种畜禽场33家。生猪、奶牛、肉牛、肉鸡、蛋鸡、肉羊的良种覆盖率分别为92%、100%、40%、100%、95%、40%。面向市场、育繁推用相配套、“祖代场－父母代场－商品场”三级制种相结合的畜禽良种繁育体系基本形成。

随着农业机械化程度的提高，马、驴、骡饲养量不断下降，存养量逐年减少，仅有部分山区零星饲养，主要以拉车、犁地为主。

一、牛

1987年，市种公牛站建立，以乳用公牛的饲养繁育为主，饲养种公牛6头。1995年，由市政府批准建立市畜禽良种繁育中心，主要承担市肉牛和奶牛的饲养繁育、示范、推广和改良工作。至2010年，为济南市及周边市区提供优质冷冻精液细管150余万头份，建立黄牛、奶牛改良站点573处，形成较为完善的人工授精冷配改良技术体系。

奶牛 20世纪80年代初期，全市主要饲养中国黑白花奶牛。80年代中期始，先后从国外引进良种奶牛、胚胎和细管冻精，进行品种改良。1985年9月，章丘县从西德引进荷斯坦黑白花奶牛305头。1990年，从美国引进荷斯坦黑白花种公牛2头。1993年，从加拿大引进荷斯坦黑白花种公牛6头。2000年，从加拿大引进奶牛良种胚胎300枚，移植成功182枚。2003年，从美国引进高产良种奶牛24头，移植优质奶牛胚胎200枚。至2010年，全市的奶牛主要品种是荷斯坦黑白花奶牛。

肉牛 1986年起，先后从法国、美国和加拿大引进利木赞牛、西门塔尔牛、海福特、安格斯等肉用牛品种，同时对本地牛进行改良。1994年，从加拿大引进西门塔尔良种公牛3头，良种母牛10头；海福特公牛2头，母牛10头；安格斯公牛2头。2010年，全市肉牛品种主要有利木赞、西门塔尔、海福特、安格斯杂交后代等肉用牛品种和本地鲁西黄牛。

二、猪

1985年起，济南发展瘦肉型猪生产，先后引进杜洛克、长白、大约克等世界知名的瘦肉型猪种和莱芜黑猪等地方良种，进行二元和三元杂交生产商品猪。20世纪90年代前后，济南市开始推广猪人工授精技术，受多种因素限制，后期使用较少。2007年，由省畜牧局、省财政厅资金支持，在商河县和章丘市建立猪人工授精站点2个。2008年，国家生猪良种补贴项目开始实施，加快猪人工授精技术的推广应用。2010年，全市猪的品种主要有杜洛克、长白、大约克等瘦肉型猪种的杂交改良后代和莱芜黑猪等地方良种。同年，全市猪人工授精站点12家，生猪良种覆盖率92%。

三、羊

济南市主要有绵羊、山羊。

绵羊 以小尾寒羊和山地绵羊繁育为主，其次是美利奴细毛羊和考力代羊的杂交后代。1978～1990年，全市以毛用羊改良为主，先后从新疆等地引进新疆细毛羊、中国美利奴羊、考力代羊等进行改良。90年代后，开始用夏洛来和无角陶塞特等优良品种进行肉用绵羊改良。2003年，从澳大利亚引进纯种无角陶赛特、德克赛尔种羊200余只。2010年，全市绵羊品种主要有无角陶赛特、德克赛尔绵羊和杜泊绵羊的杂交后代等。

山羊 20世纪80年代山羊以鲁北白山羊、青山羊、奶山羊及杂交改良羊为主。90年代始，利用从国外引进的波尔山羊进行杂交改良试验。1998年，章丘市普集镇普西村与省农科院联合从南非引进波尔山羊良种胚胎210枚，以当地奶山羊为受体进行胚胎移植，获得成功。1999年，全市引进纯种波尔山羊98只，小尾寒羊6800只。2000年，引进和纯繁波尔山羊100余只。2001年，山东波尔山羊繁育有限公司成立，存养纯种波尔山羊160只，受体羊200只。2002年，山东波尔山羊繁育有限公司利用胚胎移植改良波尔山羊繁育技术，移植波尔山羊胚胎568枚，生产纯种波尔山羊365只，成活率60%。2003年，从澳大利亚引进纯种波尔山羊154只。2010年，全市山羊品种主要有波尔山羊杂交改良后代以及鲁北白山羊、青山羊、奶山羊等。

四、鸡

80年代初期，引进蛋鸡品种来航、星杂288、海兰和肉鸡品种罗曼、AA及艾维茵。家禽良种普及率70%。1991年12月，济南章丘祖代种鸡场建成投产，饲养品种有罗曼、北京红鸡。同年，全市有父母代种鸡场40余家。进入21世纪，蛋鸡品种相对固定，以海兰为主，肉鸡以罗曼和AA为主。2010年，全市蛋鸡品种主要有来航和海兰，肉鸡品种主要有罗曼、AA以及杂交肉食鸡。

五、家兔

1986～2010年，肉用品种绝大多数从国内外引进，单一品种有比利时兔、加利福尼亚兔、日本大耳兔、青紫兰兔等；配套系有伊普吕配套系。毛用型有安格拉兔、西德长毛兔等；皮用型有兔力克斯兔(又称獭兔)中的德系、美系在全市均有饲养。

第二节 畜禽饲养

一、奶牛

1985年9月，章丘县从西德引进黑白花奶牛305头，其中种公牛3头，在高官寨建立奶牛基地。1997年，欧洲联盟援华《中—欧奶业和食品加工技术及商务合作项目》在济南建立项目区，投资1200余万元。2001年3月26日，由欧盟援款建设的中国—欧盟最大奶类合作项目在农工商集团济南佳宝乳业有限公司建成投产，总投资4700万元。“十五”期间，全市奶类生产持续快速增长。“十一五”期间，国家陆续推出一系列扶持政策。2005年起，省财政设立专项资金对奶牛大县历城和章丘进行冻精补贴，陆续对规模化奶牛场、奶牛小区、优质后备母牛等进行补贴。2008年起，实施现代奶业项目，引导奶业从数量扩张向整体优化、提高质量转变，从传统奶业向现代奶业转变。2010年，全市有省级以上畜禽养殖标准化示范场13家，其中国家级5家；全市奶牛存栏12.27万头，奶牛小区及规模养殖场(户)110余家，其中奶牛存栏在100头以上的规模养殖场(户)、小区共87家，存栏奶牛11.5万头，奶牛养殖规模化达90%。

二、肉牛

1986年起，随着农业机械化程度的提高和畜牧业内部结构的调整，耕牛数量大幅减少，肉牛数量增加。1998年，全市实施50万头肉牛开发项目，形成南部山区、沿黄两大片的格局，繁殖率、出栏率、商品率和肉品品质均有较大提高，全市肉牛出栏53.57万头。进入21世纪，全市开始出现规模化肉牛养殖场，以10～50头规模为主，品种主要以西本杂交牛和利本杂交牛为主。2010年，山东超牛农牧有限公司被确定为山东省畜禽标准化示范场，该公司以饲养鲁西黄牛为主，采用科学化、标准化的养殖方式，生产高档牛肉。同年，全市肉牛存栏量59.7万头，出栏46.9万头，牛肉产量5.88万吨。

三、生猪

1985年起，生猪价格放开，瘦肉型猪得到快速发展。1987年，章丘县被列为全国商品瘦肉型猪基地。1989年建成并通过验收。1989年，章丘县生猪出栏23.4万头，其中商品瘦肉猪18.89万头，占总出栏头数的80.7%。90年代，全市养猪业步入规模化发展阶段。1998年，实施100万头瘦肉型猪开发，章丘、历城、长清3县(市)国家级瘦肉型猪基地县进一步巩固，商河、济阳两县发展步伐加快，全市瘦肉型猪出栏46.2万头。2000年年底，全市生猪存栏191.76万头。进入21世纪后，全市养猪业进入集约化养殖阶段。2007年开始，国务院和省政府先后制定能繁母猪补贴、生猪标准化规模养殖改扩建项目、生猪良种补贴等政策，生猪生产向规模化、标准化方向发展。至2010年，全市先后有156家猪场实施标准化规模养殖改扩建项目，其中国家投资4050万元；有8家猪场成为畜禽养殖标准化示范创建单位，其中国家级2家。同年，全市生猪存栏量201.43万头，出栏300.27万头。

四、肉羊

自80年代中期，全市养羊业得到快速发展，养羊业由单纯家庭副业发展成为畜牧产业中的一个主导产业。1998年，章丘市全面实施国家级秸秆养羊示范县项目，普集镇上皋村1000只小尾寒羊育肥示范场建成投产。2010年，平阴金盛肉羊养殖专业合作社被确定为省级畜禽养殖标准化示范场。同年，全市羊存栏量141.49万只，其中，山羊107.32万只，绵羊34.17万只；羊出栏量195.32万只，羊肉产量2.1万吨，毛绒产量1126.49吨。

五、家禽

1988年，全市畜牧业加快内部结构调整，生产由以猪为主转向肉蛋奶全面发展。1991年，家禽业产值6.31亿元，在畜牧业产值中的比重上升到55%，连续3年超过养猪业。同年，家禽存养量1924.77万只，禽蛋产量11.8万吨，禽蛋人均占有量22.35公斤，比全省和全国平均水平分别高出4公斤和9公斤，居全国省会城市前列。90年代后，家禽的规模饲养得到较快发展。至1996年年底，全市养鸡小区发展到162家。1998年，全市实施1000万只高产蛋鸡开发，商品蛋鸡平均单产14公斤以上，推广规模1200万只。2008年，国家设立专项资金，实施蛋鸡标准化规模养殖场改造以奖代补项目，全市有49个蛋鸡小区实行标准化改造。2010年，全市有省级及国家级畜禽养殖标准化示范场11家，其中国家级4家。章丘市前瑞家禽养殖场成为省级畜禽养殖标准化肉鸡示范场。至2010年年底，全市家禽存栏量3639.74万只，其中鸡3496.18万只，鸭125.45万只。

六、家兔

1987年，长清县承担獭兔饲养技术方面的研究项目，并获省科技进步三等奖。1997年，济阳县王玉梅从欧洲引进伊普吕肉兔配套系列，成立济阳绿色兔业集团。1998年，全市兔加工企业获兔肉出口许可。同年，全市实施500万只肉兔开发项目。2001年，章丘市、长清区、济阳县三大兔业基地初具规模，促进兔业规模生产、产品开发、市场开拓，全市肉兔出栏1499.57万只，章丘市成为“獭兔之乡”。2010年，商河县韩庙乡高家獭兔养殖场成为省级畜禽养殖标准化示范场。

1986～2010年济南市畜禽存栏量及肉蛋奶产量情况表

表8-2-7

年 份	大牲畜（万头）	其中牛（万头）	猪（万头）	羊（万只）	禽（万只）	肉（万吨）	蛋（万吨）	奶（万吨）
1986	28.29	—	89.18	41.28	—	6.44	—	1.10
1987	33.69	8.8	80.11	68.96	781.15	7.13	3.54	1.33
1988	42.03	11.6	102.09	84.50	1117.59	8.68	5.42	1.36
1989	45.70	30.51	103.22	92.01	1300.45	9.70	7.37	1.60
1990	48.77	32.61	108.19	96.65	1583.33	11.38	9.47	1.87
1991	52.14	35.35	115.56	107.40	1924.77	13.50	11.80	2.07
1992	61.30	46.14	122.63	123.91	1962.01	15.36	13.27	2.28
1993	73.04	57.69	143.57	142.57	2297.01	19.12	16.53	2.25
1994	106.20	—	177.91	188.30	2988.00	26.14	19.52	2.98
1995	112.52	92.29	191.72	220.28	3279.42	28.68	23.31	3.88
1996	115.72	—	196.41	228.24	3529.85	30.43	24.80	3.70
1997	97.38	85.56	165.41	130.64	3153.80	24.75	32.52	3.44
1998	99.33	85.99	175.15	140.38	3788.84	27.38	36.89	5.90
1999	111.06	96.77	179.55	158.71	3938.56	29.89	39.87	6.36
2000	114.31	100.30	191.76	173.20	4104.14	31.82	41.61	7.09
2001	118.89	105.03	202.29	182.48	4204.02	33.23	43.02	7.64
2002	124.64	111.54	212.95	192.22	4316.52	31.87	45.14	10.11
2003	129.94	118.68	222.23	202.90	4373.77	33.29	46.87	14.15
2004	133.07	122.26	230.05	211.68	4528.90	35.35	48.95	18.06
2005	99.43	97.34	209.70	192.26	3093.38	37.93	41.43	19.61
2006	88.28	87.65	190.51	164.07	3020.15	38.74	41.63	22.91
2007	68.33	67.71	174.67	124.64	2771.43	31.85	39.13	25.76
2008	73.64	72.74	194.07	133.99	3381.47	36.20	35.27	28.24
2009	73.83	73.65	199.33	137.67	3543.62	37.61	35.88	30.13
2010	74.50	74.40	201.43	141.49	3639.74	38.08	36.03	31.20

第三节 产业化养殖

一、畜禽规模养殖

1986年后，各类畜禽的数量迅速增长，由分散型饲养转向规模化饲养，规模养殖场(户)不断增加。1994年8月，济南市政府在平阴县召开畜牧业规模经营座谈会，表彰首批16名畜牧状元和34名畜牧业致富能手。同年，以个体私营规模经济为重点的畜禽规模饲养发展迅速，全市畜禽饲养专业户发展到3.82万户，比

1993年增长46.9%。1995年4月，济南市政府在章丘市召开畜禽规模经营现场会，推广章丘市建设畜禽饲养小区，发展畜牧规模经营的经验，实行“乡村划地、统一建场、分户饲养、规模经营”，走“小规模、大群体、社会化服务”的路子，畜禽饲养小区迅速发展。1996年5月20日，市政府召开专门会议，部署畜牧业规模化生产、产业化经营工作。同年，全市畜牧专业户发展到5.47万户，畜牧专业村286个，规模饲养场1000余家，畜牧小区618个。2002年，济南市畜牧业标准化技术委员会成立，加强对种畜禽、饲料和兽药生产等的监督管理。2003年，全市按照部级标准新建奶牛集约化饲养小区22个，小区内全部实现设施标准化、品种优良化、饲料全价化、挤奶机械化、服务社会化、鲜奶无公害化生产。济南市被列为全省首批两个畜产品市场准入制度试点城市，在省内率先进行猪肉的市场准入制度试点，编制济南市畜牧业标准体系表。至2005年，基本形成具有明显区域特色的“三大奶牛、三大肉牛、三大肉羊、高产蛋鸡生产经济带”①，各类畜牧小区发展到1058个，规模饲养比例提高到60%以上。同年，制定《济南市生态畜牧业建设规划》，确立畜牧业生态环境建设和循环经济建设的重点领域。

2006年，推进优势畜产品生产基地建设和标准化认证工作，优势畜产品生产基地新增12处，发展到50余处。2007年，国家设立专项资金对生猪、奶牛和蛋鸡生产进行标准化改扩建。同年，全市各类畜禽标准化基地发展到100余处，新增奶牛标准化小区20余处。2008年，全市安排财政专项资金200万元，用于畜禽标准化建设。2009年，全市安排专项资金220万元，奖励规模化标准化养殖场30家。2010年，安排标准化专项资金240万元，按照“规范、统一、简便、易行”的原则，推进标准化生产，全市畜牧业标准化生产基地发展到60余处，其中国家和省级标准化生产基地33处。加快畜产品质量认证，全市无公害、绿色畜产品基地发展到3处，正在申办绿色、有机、无公害认证的单位4家。推广节能减排技术，规模养殖场(小区)粪便污染物实现达标排放144家。

二、畜产品加工企业

1986年，全市主要畜产品加工龙头企业有济南农工商公司的济南乳品加工厂和济南市肉联厂。1998年，济南佳宝乳业有限公司成立。2001年，济南维尔康食品有限公司成立。2001年，坚持“大、高、名、特、强”的原则，实施名牌战略，发展龙头企业。2004年，实施农业“双十”工程，培植壮大肉类加工和奶业加工两大畜牧龙头企业群体。2006年8月10日，中国奶业著名品牌伊利集团在平阴县建成生产基地并投产。2007年，全市规模以上畜牧龙头企业36家，占全市规模以上农业龙头企业的30%以上。形成以济南伊利乳业有限责任公司、济南佳宝乳业有限公司、济南维维乳业有限公司、山东旺旺食品有限公司为龙头的乳品加工，以济南维尔康食品有限公司、济南万润肉类加工有限公司、商河县鑫盛农副产品有限公司、济南长荣食品有限公司、济南绿安食品有限公司为龙头的肉制品加工和以山东百乐沃生物工程有限公司、济南宇飞食品有限公司、济南六和双利食品有限公司为龙头的禽类产品加工三大产业体系，年加工奶类100万吨、生猪200万头、肉羊180万只、肉牛30万头、蛋粉3500吨和肉鸡(鸭)3000万只，吸纳带动70%以上的养殖小区和专业户进入畜牧产业化经营范围。2010年，全市有市级以上牧畜产业化龙头企业62家，产业化经营覆盖率60%。

①环城一圈，章丘、王舍人、党家庄三片的奶牛产业带；200千米沿黄地区和南部山区、北部平原组成的三大肉牛产业带(区)；南部山区黑山羊、北部平原鲁北白山羊和平阴鲁中山地绵羊三大肉羊产业区；章丘环长白山和中部粮食集中产区的高产蛋鸡产业带。

三、畜牧业合作组织

1995年，济南市畜牧协会成立。1998年5月，济南市农工商公司建立全国第一家奶业合作社，奶牛产前、产中、产后诸环节整合为一个完整的产业体系，企业与奶农形成利益共同体，共同对接市场。2001年始，山东省相继成立省畜牧协会禽兔产销分会、生猪产销分会、肉羊产销分会、肉牛奶业分会等，济南市各类行业协会和农民专业合作社加快发展。2006年，济南奶业协会成立。同年，《中华人民共和国农民专业合作社法》颁布实施，为规范农民专业合作社发展提供法律依据。至2010年，全市有畜牧合作经济组织616个，辐射带动农户2.9万户，逐步形成跨区域、广覆盖、大规模、多行业联合发展的合作经济组织，合作组织的带动能力不断提升。

第四节 饲料行业

20世纪80年代中期，济南市饲料业刚刚起步。1984年，山东省化工院在长清县建立化工部饲料添加剂技术开发服务中心，成为全国最早的饲料添加剂生产厂家。同年，中国牧工商总公司、省市政府联合投资，在长清县潘村畜牧基地筹建国营济南浓缩饲料厂，1985年7月建成投产，年生产能力20万吨。1986年，齐鲁饲料添加剂厂正式投产。1987年，山东省粮食公司成立济南饲料厂。此后，历城、长清、平阴三县的粮食系统相继建立饲料厂。1990年年底，全市规模较大的饲料生产企业有7家，国有企业在饲料业中占主要地位。

1991年起，民营企业和中外合资企业迅速发展。1991年，济南桃花山饲料厂投产。1992年，泰国正大公司与济南饲料厂合资，成立济南正大有限公司，成为济南市第一家中外合资的饲料公司。1994年，济南康大饲料有限公司成立；济南黄河兽药厂与日本三菱合资成立济南华菱药业有限公司，生产氯化胆碱，成为济南市首家饲料行业出口企业。1995年年底，全市共有饲料生产企业32家。

1996年起，济南市饲料业开始步入较快发展时期。四川的希望集团、山东的和美化集团、六和集团等集团公司相继落户济南，推动济南饲料业向集约化、规模化、现代化的方向发展。至2006年年底，全市饲料生产企业共有186家，年产饲料75万吨。

2007年起，济南市饲料行业坚持以产品质量为中心、以科技创新为先导，调整结构、优化产品，先后淘汰小作坊式、规模小、竞争力差的企业近50家。至2010年年底，全市共有饲料生产企业131家，其中济南东方希望动物营养食品有限公司、济南资源饲料有限公司、济南安池饲料有限公司、济南正大有限公司、六和饲料(济南)有限公司5家企业年产量3万吨以上，山东天聚安普瑞农牧发展有限公司、济南益佳饲料有限公司、山东省大发饲料有限公司、济南康大饲料有限公司、济南广源饲料有限公司、济南环山饲料有限公司、济南百事得牧业科技有限公司、济南新世纪民星饲料有限公司8家企业年产量超万吨，规模企业总产量36.1万吨，占全市总产量的60%。全市通过HACCP质量认证或ISO 9000认证企业10家，获省、市级名牌产品企业3家，市、县龙头企业12家。

第五节 兽药行业

20世纪80年代后期，市、县、乡各级兽医站开展兽药供应服务。1991年，全市开展兽药生产、经营行业整顿活动，共换发兽药生产许可证6份，换发制剂许可证5份，换发兽药经营许可证40余份。

2000年，农业部对兽药生产企业强制实施《兽药生产质量管理规范》(简称“GMP”)检查验收制度，齐鲁动物保健品厂成为全国第一批通过农业部GMP验收的企业，全市先后完成兽药生产企业GMP改造20余家。2002年，全市有兽药生产企业60多家，年产值近7亿元；全市经营单位300余家，年经营额5亿元。2005年年底，全市共有兽药经营企业550余家，年经营额6亿元。2006年起，先后有20余家企业通过兽药GMP验收。2007年起，全市推行《兽药经营质量管理规范》(简称“GSP”)，先后有111家企业通过省级兽药GSP检查验收。2010年，全市兽药生产企业49家，年产值15.5亿元，利税2亿余元，出口创汇近5000万美元，从业人员4000余人；全市兽药经营企业327家，经营额10亿元。

第六节　动物疫病防控

1983年，济南市农牧渔业局下设畜牧兽医站，负责动物疫病防控工作。1991年，济南市畜牧局成立后，畜牧兽医站更名为畜牧兽医工作站，隶属于市畜牧局。1995年7月，畜牧兽医工作站设立兽医卫生监督所，负责动物及其产品的检疫工作。1996年9月，市畜牧局设立兽医药政处，负责制定疫病防控计划并组织实施疫病防控工作。2001年8月，兽医药政处更名为兽医与兽药管理处。同年11月，兽医卫生监督所单独设置，更名为动物防检疫总站。2008年7月，市畜牧兽医局设立动物卫生防疫处，负责全市动物疫病防疫工作；动物防检疫总站更名为动物卫生监督所，负责全市动物卫生监督工作；畜牧兽医站撤销，成立动物疫病预防与控制中心，具体负责动物疫病监测、诊断、免疫等工作。

一、主要传染病

牛肺疫　20世纪80年代，经过自繁自养、隔离、检疫、治疗、扑杀、免疫和消毒等综合防治，逐渐减少。1988年，应用补体结合反应实验检验牛105头，结果全部为阴性，达到消灭标准。至2010年，全市未再发现牛肺疫病牛。

马传染性贫血　1985年，发病5匹，死亡5匹，防治12383匹，检疫34771匹。在章丘县、长清县等发病县试用马传染性贫血病毒疫苗，获较好效果。90年代后，全市未发生过该传染性疾病。2007年11月，济南市通过农业部消灭马传染性贫血考核验收，达到消灭马传染性贫血标准。

马鼻疽　20世纪80年代，分别在章丘县黄河乡温官庄、马徐、黄徐和长清县孝里乡黄崖村设置病畜隔离管制区，控制疫情扩散并加强产地检疫和入境后的复检，该病有所减少。1992年后，未发现病畜和阳性畜。2000年7月，济南市通过农业部消灭马鼻疽考核验收，达到消灭马鼻疽标准。

致病性禽流感　济南市根据《中华人民共和国动物防疫法》要求，依法防控，采取强制免疫、监测、检疫、消毒、扑杀、无害化处理等措施。至2010年，没有发生禽流感疫情。

畜口蹄疫　1986～2004年，全市未发生牲畜口蹄疫疫情。2005年12月29日，长清区省

2005年11月17日，济南市举行防控高致病性禽流感应急模拟演练

畜禽良种中心种公牛站发生亚洲I型口蹄疫疫情，销毁发病牛及同群牛91头。2006～2010年，全市未发生口蹄疫疫情。

瘟 1995年、1998年，全市发生2次猪瘟流行高峰，死亡生猪上千头。1999年起，猪瘟发病范围、发病数和死亡数呈逐年下降趋势，只是在个别地方零星散发。

新城疫 1986年起，全市新城疫疫病每年都有发生。1995年、1998年分别出现两次大流行，年发病数均达20万只，死亡率14%。1999年起，免疫工作全面开展，发病率和死亡率明显降低，处于有效控制状态。

布鲁氏杆菌病 20世纪80年代起，没有发生过大的布氏杆菌病疫情流行。2005年，全市达到布氏杆菌病稳定控制标准。

结核病 80年代起，全市奶牛养殖业快速发展，引进奶牛数量不断增加，结核病疫情呈散发态势。2010年，结核病基本达到净化标准。

二、畜禽防疫

1983年，济南市防控牲畜口蹄疫指挥部成立。2004年，济南市防控高致病性禽流感指挥部成立。2009年4月1日，济南市防控重大动物疫病指挥部成立，设立指挥部办公室及相应办事机构，统一指挥、协调全市重大动物疫病防控工作。2009年始，建设济南无规定动物疫病区。至2010年，无规定动物疫病区建设进展顺利，未发生重大动物疫病和畜产品安全事件。

济南市对高致病性禽流感、口蹄疫、高致病性猪蓝耳病、猪瘟等重大动物疫病，实施程序化免疫与春秋两季实施集中强制免疫，对所有应免畜禽实施100%免疫。对规模饲养场、饲养大户实行程序化免疫，对农村散养畜禽实行春秋集中免疫和日常补免相结合。疫苗供应由省里统一招标采购，省、市、县逐级免费供应。2010年，全市使用疫苗8743.1万毫升(头份)，免疫各类家禽8407万只、牛羊447万头(只)、猪1200万头(次)，禽流感、口蹄疫、猪瘟、猪蓝耳病等动物疫病免疫密度始终保持在100%。

2010年，根据《济南市养犬管理规定》，开展犬类免疫登记和犬证年检工作。

三、疫病监测

济南市动物疫情监测网络由各级兽医实验室、国家级动物疫病监测情报站、动物卫生监督机构、动物诊疗机构、科研机构以及村级防疫员队伍等组成。每年开展疫情监测和流行病学调查，及时、准确掌握疫情动态。按照集中监测、日常监测和应急监测相结合的原则，开展主要动物疫病疫情监测，监测结果实行月报、半年报和年报制度。2010年，在全市开展口蹄疫、高致病性禽流感、高致病性猪蓝耳病、布鲁氏杆菌病、结核病、狂犬病、仔猪腹泻等动物疫病的流行病学调查工作，全年调查散养户138户、规模养殖场48个、活畜交易市场8个和生猪屠宰场7个，累计调查生猪3963头，牛2850头，羊938只，鸡12000只。

猪病监测 济南市重点监测的猪病主要有口蹄疫、猪瘟、高致病性猪蓝耳病、伪狂犬病等5种。猪瘟、口蹄疫和蓝耳病纳入日常免疫程序，在猪群免疫21天后，对猪瘟、口蹄疫和蓝耳病的免疫抗体水平主要采用ELISA。此外，利用荧光PCR和普通RT-PCR技术对疑似患病动物进行确诊。伪狂犬病主要采用荧光PCR和普通RT-PCR技术进行确诊。

牛病监测 济南市对牛的主要监测疫病为口蹄疫、牛结核病、布鲁氏杆菌病。济南市一直坚持开展奶牛结核病和布鲁氏杆菌病的监测工作。结核病的监测按照农业部2002年《动物结核病诊断技术》(GB/T18645-2002)进行，通过皮内变态反应进行筛查确诊；布鲁氏杆菌病的监测依照农业部2002年《动物布氏杆菌病诊断技术》(GB/T18646-2002)进行筛查，发现可疑或阳性时再采用试管凝集方法进行确诊；口蹄疫的监测按照2003年《口蹄疫诊断技术》(GB/T18935-2003)的要求进行监测，动物在免疫21天后，利用液相阻断ELISA法进行免疫抗体监测，同时利用荧光PCR和普通RT-PCR技术对疑似患病动物进行确诊。

羊病监测 济南市对羊的主要监测疫病为口蹄疫、小反刍兽疫、布鲁氏杆菌病。布鲁氏菌病的监测依照2002年《动物布氏杆菌病诊断技术》(GB/T18646-2002)进行筛查，发现可疑或阳性时再采用试管凝集方法进行确诊；口蹄疫的监测按照2003年《口蹄疫诊断技术》(GB/T18935-2003)的要求进行，动物在免疫21天后，利用液相阻断ELISA法进行免疫抗体监测，同时利用荧光PCR和普通RT-PCR技术对疑似患病动物进行确诊。小反刍兽疫的检测按照每年农业部制定的《主要动物疫病监测与流行病学调查计划》进行监测，羊群在免疫21天后，采用ELISA法进行免疫抗体监测，对疑似患病及阳性动物采用荧光PCR和普通RT-PCR技术进行确诊。

禽病监测 济南市重点监测的家禽疫病主要有高致病性禽流感、新城疫、鸡白痢等。高致病性禽流感的监测按照《高致病性禽流感诊断技术》(GB/T18936-2003)进行。家禽在免疫21天后，采用血凝及血凝抑制试验方法进行抗体监测，对疑似患病家禽采用荧光PCR和普通RT-PCR技术进行确诊。新城疫的检测按照《新城疫诊断技术》(GB/T 16550-2008)进行，检测方法与禽流感相同。鸡白痢的检测按照农业部《鸡伤寒和鸡白痢诊断技术》(NY/T536-2002)进行。

四、检疫

2009年，济南市每个乡镇都设置3个以上的检疫报检点，产地检疫开展面100%，规模场产地检疫率90%以上，屠宰场进场畜禽的产地检疫率、屠宰检疫率、出厂产品持证率、病害畜禽及其产品无害化处理率均为100%，超市、批发市场、农贸市场畜产品检疫证持证率100%。2010年，进一步落实产地检疫报检制度、屠宰检疫派驻检疫员制度、市场派驻监督员制度。加强对动物及产品的产地检疫和屠宰检疫，保证检疫率100%。加强畜产品流通环节监管，推行畜产品市场准入制度，严格执行不合格畜产品退市、禁入、召回、销毁、公布制度和质量安全监测公示制度，确保畜产品质量安全。

五、防疫执法

2008年7月，济南市动物防检疫总站更名为济南市动物卫生监督所，为济南市畜牧兽医局所属全额预算管理正处级事业单位，具体负责动物防疫、检疫与动物产品安全监管的行政执法工作。

2010年，开始重点健全市、县、乡或区域性畜产品质量监管行政执法机构。加强执法队伍建设，规范执法行为，开展检疫员队伍专项整顿，全市378名动物检疫员，全部实行执证上岗。规范证照管理，维护防检秩序，市、县、乡镇都设专人、专库、专账管理，实行逐级领用证制度，严肃法律凭证的出具。强化监督检查，依法查处违法案件。规范检疫工作，完善派驻制度，落实报检制度、到点到场检疫制度，基本实现现场检疫、屠宰检疫、执法设备、执法人员“四到位”，保证产地检疫率和屠宰检疫率100%。强化上市畜禽及其产品的监督检查，不断加大流通领域的监督管理，有效打击收购、贩卖、加工病死畜禽行为，对发现的问题畜禽及其产品，严格按照农业部规定进行处理，保障上市畜禽及其产品的卫生安全。加强道路动物防疫监督检查站建设和管理，有效杜绝疫情传入和传播。至2010年，全市累计查处各类兽医违法案件725起，查获病死畜禽12余万头(只)、病害产品800吨，全部进行无害化处理。

第四章 水产业

第一节 水产品种

一、鱼类

1986年年初，全市鱼类有8目15科65种，其中鲤科鱼类42种，占总数的64.6%。65种鱼分别是鲤、黄河鲤、镜鲤、红鲤、丰鲤、荷元鲤、锦鲤、青鱼、草鱼、鲢、鳙、鲫、日本白鲫、方正鲫、异育银鲫、中华鳑鲏、逆鱼、鳡鱼、南方马口鱼、赤眼鳟、似鳊、鲂条、油鲂条、寡鳞飘鱼、尖头红鲌、青稍红鲌、翘嘴红鲌、细鳞斜颌鲴、兴凯刺鳑鲏、长春鳊、三角鲂、团头鲂、高体鳑鲏、大鳍刺鳑鲏、花䱻、麦穗鱼、黑鳍鳈、棒花鱼、中间颌须鮈、蛇鮈、光唇蛇鮈、北方铜鱼、乌鳢、鲶、鳗鲡、黄鳝、刀鲚、黄颡鱼、光泽黄颡、似黄颡、鱵、鳜、翘嘴鳜、鲈鱼、园尾斗鱼、黄黝、鰕虎鱼、刺鳅、花鳅、泥鳅、大鳞泥鳅、尼罗罗非鱼、莫桑比克罗非鱼、奥利亚罗非鱼、虹鳟鱼。至2010年，先后引进罗非鱼、彩虹鲷、建鲤、虹鳟，俄罗斯鲟、黑鲷、丁鱼岁、淡水石斑、黄颡鱼、淡水蟹、白鲨、蓝鲨、彭泽鲫、大口鲶、红螯螯虾、南美白对虾、白斑狗鱼、鳄龟、宝石鲈、长江鲴鱼、斑点鳟鲑、娃娃鱼等20余个新品种，产品结构不断优化，其中引进的建鲤、罗非鱼等优质品种，已成为养殖生产中的主导品种。加快观赏鱼养殖业的发展，先后引进观赏鱼养殖品种20余个，其中金鱼、锦鲤、锦鲫、地图、燕子等多个品种得到较快发展，全市养殖面积100公顷左右。

全市淡水养殖的主要鱼类有鲢鱼、鳙鱼、草鱼、青鱼、鲮鱼、鲤鱼、鲫鱼、团头鲂、鳊鱼、罗非鱼、虹鳟鱼等。其中鲢鱼、鳙鱼、草鱼、青鱼被称为淡水“四大家鱼”。

鲢鱼 鲢鱼又称白鲢、鲢子等。体形侧扁，鳞细小，腹部银白色，刀锋状，具有发达的鳃耙，腹棱从胸鳍基部到肛门，胸鳍末不超过腹鳍基部。生活于水的中上层，性情活泼，喜跳跃。主要滤食浮游植物，其次为浮游动物、细菌、腐屑以及悬浮的人工饵料粉末。生长的适宜水温是20℃～30℃。1龄鱼可达0.5～1.0千克。适宜在大池塘、水库、湖泊生长，在全市养殖较为普遍。

鳙鱼 鳙鱼又名花鲢、大头鱼。头长为体长的1/3，腹部灰白，体侧有不规则的黑色斑点，具有较发达的鳃耙，腹棱从腹鳍基部到肛门，胸鳍末超过腹鳍基部。生活于水的中上层，性情温驯。主要滤食浮游动物，其次是浮游植物、细菌、腐屑，也滤食人工饵料。2龄时，体重为0.5～1.0千克，3龄鱼体重达1.0～2.0千克，是大水体养鱼的好品种。适宜大水面生长，尤其水库、湖泊养殖。卧虎山、锦绣川等水库及白云湖等为主产区。

草鱼 草鱼又名鲩。体近圆柱形，体色淡青黄色，腹白色，胸鳍、腹鳍橙黄色，背鳍、尾鳍青灰色，具有发达的咽齿。栖息于水体中下层，性情活泼，抢食能力强。主要摄食水草、旱草，食量大，也吃人工饵料；幼草鱼以浮游生物为食。1龄鱼为0.75～1.0千克，2龄鱼为1.5～3.0千克，3龄鱼可达5.0千克以上。适宜池塘、水库、湖泊水域生长，全市养殖较为普遍。

青鱼 青鱼又名青鲩、螺蛳青。体形似草鱼，头稍尖，除腹部灰白色外，其他部分呈青黑色，尤以背部和各鳍更深。栖息于底层。青鱼性情温和，抢食能力差。以螺蚬等水生软体动物为食，也吃人工饵料。适宜生长的水温为20℃～28℃。2龄鱼体重为1.5～2.8千克。受摄食条件限制，全市养殖较少。

鲤鱼 鲤鱼体侧扁，腹圆，有口须2对。栖息在底层，觅食能力强。是以动物性饵料为主的杂食性鱼类。鲤鱼适应性强，在水温15℃～30℃的范围内均能很好地生长。经自然变异和人工选育，已形成不同的亚种和品种，主要有野鲤、镜鲤、红鲤、杂交鲤。野鲤，各地自然水域中生长的鲤鱼。如黄河鲤。镜鲤，身体每侧有3列鳞片，鳞大而不规则。红鲤，全身红色。杂交鲤，为杂食性鱼类，适宜养殖水域多，产量高，全市养殖较普遍。

2011年，济南成功举办锦鲤大赛暨锦鲤文化展

鲫鱼 鲫鱼外形似鲤，无须，体色较深。有2种体形，一种为低体型，体高为体长的40%以下，生长较慢，主要是野鲫；另一种是高体型，体高为体长的40%以上，生长较快。栖息于底层，为典型的杂食性鱼类。生活能力比鲤鱼还强，耐酸碱性，耐高温和低温，耐低氧，在环境条件不良的水域中有时成为唯一的鱼类。鲫鱼分布广泛，成年鱼体重为1.5～2.5千克。该品种生存条件强，全市养殖较多。

团头鲂 团头鲂又名武昌鱼。体高而侧扁，呈长菱形，头短小，腹棱从腹鳍基部至肛门。尾柄高大于尾柄长；胸鳍较短，不到或仅达腹鳍基部；背鳍高度小于头长。栖息于中下层，性情温和。该品种以食草为主，运输成活率低，全市养殖较少。

鳊鱼 鳊鱼又叫长春鳊。体形呈长菱形，腹棱自胸鳍基部到肛门。食性、生活习性与团头鲂相似。团头鲂与鳊鱼的杂交一代，称“武鳊鱼”。该品种以食草为主，产量低，运输成活率低，全市养殖较少。

尼罗罗非鱼 尼罗罗非鱼又叫非洲鲫鱼。原产于非洲。体侧高，背鳍具10余条鳍棘，尾鳍平截或圆刻骨形，体侧及尾鳍上具多条纵列斑纹。栖息在中下层，以植物性饵料为主的杂食性鱼类。在水温10℃左右就会冻死。该品种为季节性养殖，不耐低温，全市养殖相对较少。

二、虾、蟹、贝类

全市湖泊所产的虾有青虾、白虾、小长臂虾和米虾等；蟹主要是中华绒螯蟹。

全市养殖的虾类以南美白对虾为主，主要是从湛江引进虾苗进行淡化，然后进行养殖，现淡化技术已趋成熟，并逐渐扩大养殖面积，是全市养殖的重点品种。

主要食用的淡水蟹是中华绒螯蟹，通称河蟹或毛蟹。处于试验阶段，尚未大规模推广。

贝类主要有螺、蚌和蚬。它们的身体由柔软的组织构成，没有骨骼，体外都具有相当坚固的贝壳，属于无脊椎动物的软体动物门。全市主要捕捞的螺类属于田螺科，有圆田螺、环棱螺和螺蛳。圆田螺又称田螺，环棱螺称湖螺或螺蛳。圆田螺是全市分布较广的一种螺类，也是田螺科内个体较大的种类。它们在湖泊、水库、河流、沟渠及水田中均能生长繁殖。

三、水生植物

根据生活方式的不同，水生植物分为挺水

植物、浮叶植物和漂浮植物等。

挺水植物 挺水型水生植物植株高大，花色艳丽，绝大多数有茎、叶之分；直立挺拔，下部或基挺水植物部沉于水中，根或地茎扎入泥中生长，上部植株挺出水面。挺水型植物种类繁多，全市常见的有荷花、菖蒲、黄菖蒲、水葱、梭鱼草、芦苇等。

浮叶植物 浮叶型水生植物的根状茎发达，浮叶植物花大，色艳，无明显的地上茎或茎细弱不能直立，叶片漂浮于水面上。全市常见的有王莲、睡莲、萍蓬草、芡实、荇菜等。

漂浮植物 漂浮型水生植物种类较少，根不生于泥中，株体漂浮于水面之上，漂浮植物随水流、风浪四处漂泊，多数以观叶为主，为池水提供装饰和绿荫。因为它们既能吸收水里的矿物质，又能遮蔽射入水中的阳光，所以也能够抑制水体中藻类的生长。漂浮植物的生长速度很快，能很快地提供水面的遮盖装饰。但有些品种生长、繁衍特别迅速，可能会成为水中一害，如水葫芦等。全市常见的漂浮植物有紫背浮萍、凤眼蓝、水浮莲、水花生、水浮萍等。

第二节 生 产

济南市渔业生产主要以养殖生产为主。1986年，全市水产养殖面积2420公顷，水产品产量0.24万吨，其中水产养殖0.19万吨。1990年后，在“沿黄一线”先后建成章丘白云湖、槐荫美里湖、长清孝里洼、平阴城西洼四大连片商品基地，成为全市渔业生产的主要产区。同时利用渔业资源，开发建设温流水罗非鱼养殖场3处，冷水鱼类养殖场1处，实施水库大水面养殖和网箱养殖。至1996年，全市水产养殖面积6865公顷，水产品产量2.88万吨，其中水产养殖产量2.64万吨。1996年后，以不断调整渔业产业结构为主线，重点抓渔业的“五个转变”，即从以传统养殖品种为主向名优养殖品种转变，从单一水产品养殖为主向生态养殖转变，从以养殖为主向养殖、休闲观光特色渔业转变，从以追求产量向提高产品质量和效益方向转变，从传统渔业向现代渔业转变，实现渔业生产向优质、高效、生态化的发展。培植名优水产品养殖、生态渔业和休闲观光特色渔业三个支柱产业，发展名优水产品养殖1333公顷，生态渔业2667公顷，休闲观光渔业1333公顷。2000年，水产养殖利用面积7479公顷，水产品产量3.29万吨，其中养殖产量3.09万吨。

2005～2010年，以抓“都市型、城郊型”为目标，远抓基地，近抓园区，加快现代渔业的发展。在近郊及重点渔区，发展6大休闲渔业园区，突出休闲特色，不断提高休闲渔业档次。制定市级休闲垂钓点标准，评选市级休闲垂钓点20处并挂牌。建设沿黄生态渔业养殖区2667公顷，美里湖、白云湖、唐王三大品牌渔业特色基地333公顷。加强渔业科研、龙头企业的培植与建设，建成市淡水养殖科学研究所名优鱼类越冬生产温室6000平方米，打1000余米深温水井

2010年8月29日，白云湖生态甲鱼大型推介会

一口，降低越冬生成成本。建成白云湖生态甲鱼连片基地200公顷及甲鱼越冬、繁育温室4座共4200平方米。建成以市淡水养殖科学研究所、唐王渔场为重点的观赏鱼工厂化生成与繁育基地2000平方米，发展观赏鱼池塘养殖73公顷。在章丘、商河、历城、槐荫等地，先后整治改造旧鱼塘1333公顷。同时打造品牌渔业，先后组织济南市生态甲鱼推介会、济南市休闲观光渔业基地挂牌暨黄河湾垂钓大赛、中国济南(国际)海参文化节等大型宣传活动。2010年，全市水产养殖面积6780公顷，水产品产量4.26万吨，其中水产养殖产量4.10万吨，渔业总产值4.54亿元。

1986～2010年济南市水产品情况统计表

表8-2-8

年份	水产品产量(吨)			面积(公顷)	产值(亿元)
	总量	捕捞	养殖		
1986	2408	473	1935	2420	0.08
1987	3117	457	2660	2400	0.11
1988	4181	580	3601	2827	0.32
1989	8680	1669	7011	3727	0.39
1990	9321	1255	8066	4673	0.45
1991	11099	1112	9987	4540	0.58
1992	13236	992	12244	4853	0.72
1993	16216	975	15241	5243	0.97
1994	20582	1492	19090	3773	0.83
1995	25480	2420	23060	6550	1.19
1996	28760	2332	26428	6865	1.89
1997	28550	1972	26578	7044	1.88
1998	32560	2325	30235	7266	2.17
1999	34006	2057	31949	7499	2.41
2000	32894	1954	30940	7479	2.14
2001	33180	1840	31340	7511	2.30
2002	34330	2160	32170	7600	2.37
2003	28340	1543	26797	6967	2.05
2004	33970	3211	30759	7419	2.50
2005	35285	3322	31963	7614	2.69
2006	36649	2345	34304	7653	2.89
2007	39758	2627	37131	7692	3.06
2008	40886	1910	38976	6722	4.20
2009	41362	1867	39495	6776	4.26
2010	42564	1587	40977	6780	4.54

第五章 济南市农业高新技术开发区

第一节 机 构

1993年6月8日，济南市农业高新技术开发区建设领导小组成立。领导小组下设办公室，为正局级单位，事业编制20人，具体负责农业高新技术开发区建设的日常工作。1993年9月，更名为济南市农业高新技术开发区管理委员会，为市政府派出机构，下设综合处、规划建设处、科技处3个处。

随着开发区的发展和实际工作的需要，开发区人员编制增至40人，内设机构增至到5个处(室)，分别是办公室、土地规划建设处、科技发展处、组织人事处(引进国外智力办公室)、经济发展处(招商处)。1997年9月，经济南市政府批准成立济南市农业信息中心，为全额预算管理正处级事业单位，人员编制40人，隶属于济南市农业高新技术开发区管理委员会。2001年，经济南市政府批准成立济南市药乡森林公园管理处，为全额预算管理正处级事业单位，人员编制25人，隶属于济南市农业高新技术开发区管理委员会。2003年，济南市科学技术局、济南市财政局联合行文向山东省科技厅、山东省财政厅申报济南市农业高新技术开发区为省级农业科技示范园。2006年10月18日，济南市委、市政府决定撤销济南市农业高新技术开发区管理委员会，其管理职能移交济南经济开发区管理委员会，内设机构撤销，人员进行分流安置。所有固定资产，包括土地、房屋、办公设备、在建项目全部移交给济南市农业局。农业信息中心整建制移交市农业局，药乡森林公园管理处整建制移交给市林业局。2007年2月，济南经济开发区管理委员会加挂济南市农业高新技术开发区管理委员会牌子，内部机构增设农业高新技术发展局。

2007年5月，省政府正式批准济南市农业高新技术开发区为省级农业示范园区(鲁政字〔2007〕49号)，纳入省级高新区管理体系，由于之前管理体制的改变，给项目申报、配套资金的争取、驻区企业、单位的协调都带来很多困难和不便。2011年7月18日，济南市政府将济南市农业高新技术开发区管理体制进行调整，将农业高新技术开发区的管理职能从济南经济开发区管委会剥离出来，成立济南市农业高新技术开发区管理委员会，管委会下设办公室，办公室设在济南市农业局。济南市农业局增设园区管理处，负责组织编制农业高新技术开发区中长期建设发展规划和进区项目立项、选址定点、施工管理，驻区企业、单位的协调服务等工作。

第二节 园区规划

济南市农业高新技术开发区位于长清县平安店镇。以潘村畜牧基地(时为济南市菜篮子工程之一，在潘村建有大型养鸡场、浓缩饲料厂、种鸡场等，所以称潘村畜牧基地)为依托向北和西北方向延伸，规划面积7平方千米。划分为五大功能区，即现代种植区、现代养殖区、科研服务区、加工商贸区、观光农业区。至2000年，随着园区的发展和辐射带动作用的提高，在区外建有4个示范区，即北郊的济北分区、东郊蔬菜高科技园区、优质种苗示范园区以及南部山区的林果示范园区，初步形成以济南市农高区为核心，辐射带动周边地区的农业高新技术开发格局。

第三节　园区建设

济南市农业高新技术开发区按照全面规划、分类实施、滚动发展、因地制宜、讲求实效、基础设施和项目引进同步进行的原则，做到边规划、边招商、边建设、边受益。先后完成园区道路4条15千米，埋设供排水管线2万米；架设10千伏高压专线2条，至1995年年底，基本建成功能较齐备的道路、供排水、送配电、通信、生活科研服务等公用设施。通过制定招商引资优惠政策，按照市场引导、政府推动、部门合唱、企业运营的运行机制，吸引国内外农业高科技项目进区安家落户，先后引进济南佳宝乳业有限公司、现代化奶牛养殖场、济南市畜禽良繁中心、济南澳利集团、泉星种业集园、明发兽药、华尔康兽药、新星动物药品、泰丰生物科技、大发饲料、高科益康食用菌、山东省水科院节水研究所、济南市农业节水技术推广中心、济南市林果苗木繁育中心、山东省计委农投公司绿色农业科技服务公司、团省委青少年素质拓展中心等26家农业科技企事业单位。1997年10月，投资1300万元，建成占地1万平方米的荷兰自控智能温室和4000平方米的育苗车间，成为现代设施农业的样板项目。

济南市农科院　　（2010年摄）

2000年，经济南市政府决定，由济南市农业高新技术开发区牵头组织药乡国家森林公园的开发，并同山东省林业局直属的药乡林场签订联合开发协议。山东药乡国家森林公园位于济南市南部，泰山北麓，距泰山主峰8千米，面积1223公顷，植被覆盖率93%，野生名贵药材180余种，主要有黄精、何首乌、灵芝等，唐代“药王”孙思邈曾在此采药，药乡因此而得名，园内夏季气温比市内低8℃～10℃，负氧离子含量是市区的380倍，是名副其实的“天然氧吧”，是集观光、休闲、避暑、度假、科研、教学于一体的旅游胜地。因开发利用价值较高，2001年被市政府列为南部山区开发的重点项目，市交通局负责修通从历城高而至药乡的盘山公路，市房地产开发公司负责园区办公、接待设施建设，市水利局负责打井，市自来水公司负责铺设供水管道，市供电局负责电力供应，市环保局负责在园内建小型污水处理站1处，市环卫局负责建旅游景点公厕及环卫设施，农高区负责协调调度。2001年10月1日，项目建成并对外开放。

2005年，济南市农业高新技术开发区开始规划建设农业生物技术孵化器项目，该项目位于区内明发路北侧，占用济南澳利集团土地1.8公顷，由济南市农业高新技术开发区与澳利集团签订用地协议。2006年5月，工程开工建设，总建设面积11372平方米，计划总投资2000万元。至2006年10月18日，济南市政府决定撤销济南市农业高新技术开发区时，项目正在建设中，属在建项目移交给济南市农业局。2008年5月，该项目建成。2010年，改为济南市农科院和济南市农产品质量检测中心办公用房。

第四节　科技交流与合作

按照“真诚合作、优势互补、互惠互利、讲求实效”的原则，济南市农业高新技术开发区先后与中国科学院、中国农科院、中国农业大学、山东农业大学、山东农科院等单位建立长期科技合作关系，分别从中国科学院和山东农业大学聘请专家教授为科技顾问，为园区建设提供咨询，解决技术难题。山东农业大学和山东农科院先后在园区建立科研教学基地和成果中试基地。在对外科技合作方面，先后邀请以色列、日本、丹麦、巴西、荷兰、美国等国多名专家到园区讲学、访问考察，进行合作研究。同时园区委派有关技术人员出国学习培训。在人才引进方面，通过优惠政策，引进一批博士生、农业专家，形成一支基础素质好、专业结构合理的科技开发队伍。1997 年起，先后承担国家和省级火炬计划、攻关计划和高新技术产业发展计划以及市、区科技计划项目 81 项，获国家专利 9 项，获科技成果 29 项，开发出脱毒种苗、组培花卉、包衣种子、良种牛冷冻精液细管、新型兽药、新型饲料等多项具有高技术高附加值的产品 30 余项。1999 年，山东省人事厅确认济南市农高区为省级引进国外农业高新技术示范园。

第五节 高新技术推广

按照引进、试验、示范、推广的发展思路，以园区内高新技术企业为龙头，辐射带动周边地区经济发展，初步形成农作物良种产业、畜禽良种产业、奶牛养殖与乳品加工产业、兽药制品业、林果苗木业、农业信息服务业六大主导产业。

一、农作物良种产业

2000 ～ 2010 年，以济南澳利集团为龙头，利用引进荷兰工艺和装备建成 1 万平方米自控智能温室，生产多种反季节、高品质的绿色蔬菜、瓜果种苗以及花卉的引种试验示范，利用基质栽培、浅池浮板水培等工艺技术，生产出五彩椒、美国苦菜、太空芹菜、迷你西瓜、以色列黄瓜等 20 余种蔬菜瓜果，采用组培脱毒和大规模立体化繁育技术，每年为周边地区提供优质种苗 3000 万株。以泉星种业集团为龙头发展优质化、专用型农作物新品种，重点进行小麦、玉米、白菜、茄子、章丘大葱的新品种繁育和大面积推广应用，利用“公司 + 农户”的模式，年提供良种 5000 吨。

二、畜禽良种产业

以济南市畜禽良繁培育中心为依托，重点进行奶牛、黄牛、山羊的品种改良，引进欧美地区海福特、西门塔尔、达格斯、荷斯坦 4 个优良肉、奶牛以及波尔山羊等优良品种，利用胚胎移植技术和冷冻精液细管技术进行繁育推广，每年为市场提供牛冷冻精液细管 20 万枚，配种成功率在 90% 以上，成本降低 5 ～ 8 倍。至 2010 年，建立良种牛、羊推广网点，示范农户 3000 余家，年改良黄牛 16 万头。

三、奶牛养殖与乳品加工产业

至 2010 年，以济南佳宝集团为龙头，引进国外先进养殖与挤奶设备，采用先进饲养方法，建成养殖规模 4000 头的现代化奶牛养殖场，辐射带动周围奶牛养殖小区 25 个，带动农户养殖奶牛 2 万头。济南佳宝集团成为济南市菜篮子工程的骨干企业，年产乳制品 7 万吨。

四、兽药制品产业

2010 年，以明发兽药、华尔康兽药、澳利兽药、新星动物药品厂、迅达康兽药、泰丰生物科技等为主，形成兽药制品产业，生产的兽药、疫苗占全省总产量的 80%，兽药品种 100 余个，产品畅销全国 20 余个省市。

五、林果苗木产业

2010年，以济南市林果苗木繁育中心的“两圃一园”(苗圃、采穗圃，果树示范园)为龙头，先后繁育优质绿化、林果、花卉苗木 46 科 69 属 900 余个品种，年繁育苗木 500 余万株。

六、农业信息服务业

1997年，济南市农业信息中心成立，在济南市农业高新技术开发区范围内建立宽带信息网络，并逐步将网络延伸到市农口各局、各县(市)区及乡镇和部分专业协会，初步形成市、县、乡三级农业信息网络体系；建成60余个具有区域特色的数据库，数据总量4.5G；建成山东金农信息网、“易农易”山东农业市场网，搭建农产品电子商务平台；创办《山东金农信息报》，免费发放40万份，为全市农业生产提供科技信息服务。2004年，济南市农业信息中心被科技部确定为第一批国家星火计划农村信息化基地。

第六章　名优特产

第一节 农作物

一、明水香稻

章丘市明水香稻种植源远流长，据《礼记》记载，周朝即有种植。百脉泉头一带是其最初产地，后延至廉坡、砚池、湛王、浅井、前营、后营等村。

明水香稻香味浓郁，品质优良，营养丰富；颜色鲜明，蒸色奶白；食之不腻，清爽可口，有“一地开花满坡香，一家做饭四邻香”美誉，曾被选为贡品。1954年，明水香稻参加在印度举办的国际香稻品种展，以其质优名列榜首。1978年以前，明水香稻品种主要是大、小红芒，公顷产量2250公斤左右。1978年，培育出抗倒伏、早熟、味道香美、营养丰富、产量高的新品种“幅香1号”和“幅香3号”，产量提高2～3倍。明水香稻以泉头米最佳，最佳地块在百脉泉东，由于泉水凉，水质好，米质透明，角质率高。1981年2月11日，中国农科院中心化验室分析：明水香稻含蛋白质8.83%、赖氨酸30%、淀粉69.73%、脂肪2.87%。做稀饭比普通米饭量多，黏而不腻，香甜可口。1993年，在泰国举办的“优质农产品科技成果展览会”上被评为金奖。2000年，获农业部绿色食品认证标志。

二、黄河大米

黄河大米产于历城区、济阳县境内黄河之滨，自明清时期大面积种植，历史悠久。稻田因用黄河水浇灌，所产大米独具特色，被誉为“黄河大米”。由于特殊地理环境因素，产出的大米清香适口，有“一家做饭、十里闻香”之说。黄河大米具有粒大、色泽光亮、黏性强、胀性小、口感黏软香甜的特点。主要栽植品种有豫粳6号、豫粳5号、京引119号和新香糯、紫香糯等。2004年，推广富硒大米技术，富硒大米每公斤含硒192～272微克，比普通大米高24～45倍。主要产地有历城区的华山街道、遥墙街道、唐王镇等，济阳县的济阳街道和曲堤、仁风、回河等镇。

三、龙山小米

龙山小米春秋时期即有种植，以性粘味香闻名，为清代全国四大贡米之一。产地以章丘市龙山街道龙山村西北石人坡为中心，方圆5千米。品种以“东路阴天旱”最佳，出米率一般在80%。龙山小米色泽金黄，米粒大而圆，营养丰富。1994年，经山东省食品质量监督检验站分析检验，含淀粉64%、蛋白质14.3%、脂肪3.6%，人体必需的17种氨基酸及微量元素钙

6%、铁4.4%、锌3.4%。

四、五彩地瓜

五彩地瓜为平阴县1989年引进的品种，有红、黄、紫、白等颜色，薯皮光滑，薯块大小均匀，瓜心有红、杏红、紫红、黄、白等，并具有不同的风味口感，细分可有清香、甜香、面香等，该产品属无污染绿色食品，保健、防癌抗癌食品。集中栽培于安城乡，遍布全县山区。

第二节 果 蔬

一、章丘大葱

章丘大葱栽培历史悠久。公元前685年前后，大葱已在山东广泛种植。山东大葱以章丘大葱为最。明代，章丘大葱已名扬全国，曾为明世宗封为“葱中之王”，成为历代皇室贡品。章丘大葱具有“高、白、脆、甜”四大特点。“高”，一般1米以上，最高2米多，有“葱王”的称号；“白”，葱白又长又直，有六七十厘米，最长1.1米；“脆”，葱白脆而且葱丝少，掉在地上容易摔断；“甜”，少辛辣，适合生吃。章丘大葱富含营养成分，且药用价值很高。1996年，章丘市被农业部命名为“大葱之乡”。1999年，被国家商标局核准“章丘大葱产地证明商标”。2003年10月，章丘大葱基地被命名为国家级“大葱出口示范区”。

章丘大葱被誉为“世界葱王” （2006年11月摄）

章丘大葱具有“葱中之王”的名位，得益于地沃、水净、气洁的天然条件。章丘大葱产区处于北纬36°50'、东经117°25'左右，海拔30～100米，地势平坦，水源充沛，排灌方便。土层深厚，以褐土为主，质地松散，通透性良好，肥沃、粒壮、润松。年日照时数为2638.5小时，无霜期197天左右，形成夏热冬冷，春秋适中，冬春干旱，夏季高温多湿，为大葱生产发育期的节律性需求赋予良好产地条件。

章丘大葱按植株高矮和葱白基部膨大与否分为高葱、矮葱，其中大梧桐、气煞风和鸡腿葱是优良品种。大梧桐，植株高大，身干挺直，管状叶排列较稀，叶色鲜艳，叶端尖锐，叶肉稍簿，易遭风折，抗病力较弱。葱白长而洁白细致，肥嫩脆甜，很少辛辣，最适合生吃，熟食也佳。典型植株高155厘米以上，白长77.5厘米以上，粗4.5厘米以上，单株重0.85公斤，最大株重1.25公斤以上。气煞风，植株高大粗壮，管状叶排列较紧密，叶色深绿，叶端较尖，叶肉肥厚坚韧，抗风抗虫力强，葱白粗壮稍松，味甜稍辣，品质上等，生熟食均佳。典型株高130厘米，白长56.5厘米，粗5.2厘米，单株重0.75公斤，最大1.25公斤以上。鸡腿葱，粗矮，管状叶排列紧密，叶形锥状粗大，叶尖较纯，叶肉肥厚，辛辣味强，最适熟食。典型株高102厘米，葱白长21.5厘米，粗6.5厘米，单株重0.75公斤，最大者1公斤。

章丘大葱的品系类型主要是介于大梧桐、气煞风二者之间的混交型品种，既保留大梧桐高大脆甜的特点，又择取气煞风特有的抗异丰产性，集中二者优点，章丘市种植覆盖面积90%以上。

二、唐王大白菜

唐王大白菜，有一千多年的栽培历史。原产于历城区唐王镇巨野河沿岸，主要分布在唐王道口、韩家、东张、石徐等20余个村庄，后扩展至全镇46个行政村。唐王道口生产的大白菜以质优、味美而驰名省内外。栽培品种有唐王小根、北京新3号等。唐王大白菜营养丰富，每100克白菜中含蛋白质1.7克、脂肪0.2克、碳水化合物3.4克、粗纤维1克、灰分0.8克、水分93.6克、钾130毫克、钙10毫克、磷30毫克、铁0.5毫克、锌0.21毫克、钠89.3毫克、镁12毫克、锰0.21毫克、铜0.03毫克、硒0.33微克、胡萝卜素0.25毫克、维生素B10.06毫克、维生素B20.07毫克、尼克酸0.8毫克，热能41.8千焦。其所含的粗纤维，具有润肠、促进排毒、刺激肠胃蠕动、帮助消化的功能，对预防肠癌有良好作用。

三、白莲藕

明水白莲藕　块大色白、质地细腻、甜脆爽口、嚼后无渣，是宴席上的佳肴。莲花洁白如玉，观之赏心悦目；莲子能安神补虚，历来为席上珍味；鲜藕有解渴、醒酒、散瘀的功能，藕节可止血、止泻；莲子叶可入药，还可用作食品，其味清香适口。章丘市明水白莲藕产于百脉泉头，济青公路南北两侧是重点生产区域，至2010年扩展到白云湖、高官寨、黄河等乡镇。

遥墙莲藕　历城区境内沿黄河一带有名的地方特产，相传三国时期即有栽培。每百克中含有水分77.9克、蛋白质1.0克、脂肪0.1克、碳水化合物19.8克、粗纤维0.5克、灰分0.7克、钙19毫克、磷51毫克、铁0.5毫克、胡萝卜素0.02毫克、硫胺素0.11毫克、核黄素0.04毫克、尼克酸0.4毫克、抗坏血酸25毫克、热量84千卡。具有清热凉血、通便止泻、健脾开胃、止血散瘀等功效。栽培的主要品种有大卧龙、鄂莲4号、大青秸、雪莲。主要产地有遥墙街道、华山街道等。

沙河莲藕　商河县沙河乡莲藕种植历史悠久，自清代开始即围绕沙河种植莲藕。沙河莲

遥墙莲藕

藕以其质地细嫩、清脆爽口获“国家地理标志”商标保护。沙河乡地处古老的大沙河两岸，固定风沙土为沙河一带特有土类，土壤疏松，透气性好，无杂质混入，适合莲藕生产，且不易使莲藕产生污斑，在收获期“拔出藕、不带泥”是沙河莲藕独有的特点。光热同季、干湿明显、雨量集中的气候条件，对沙河莲藕的生长极为有利。沙河莲藕品种有“白莲特”“雪莲一号”等，均含有丰富的碳水化合物、淀粉、蛋白质、氧化酶、天门冬素、维生素C、焦性儿茶酸等多种对人体有益的成分，具有清热凉血、通便止泻、健脾开胃、益血生肌、止血散瘀等食用功能。凉拌、热炒，清脆爽口，甘甜无渣。特别是经过热水浸烫的藕片，放置一两天仍然白韧鲜嫩不变色。2000年起，逐步形成采用硬化藕池栽培方式与池内藕鱼混养、池畔林果间作等一套独具特色的种植技术和生产管理模式。2008年，沙河乡注册成立商河县绿色农家莲藕种植合作社，实行统一种植、统一管理、统一加工与销售。沙河莲藕成为京津冀及东北地区农产品市场的畅销产品。

四、西李山药

西李村位于长清区文昌街道西南部，距城区4千米。民国《长清县志》有山药的记载，西李村山药种植有近百年历史。2005年，西李

村开始引进山药新品种，进行规模种植。2006年8月，成立长清区文昌办事处无公害山药协会。2007年，成立长清区金西李山药专业合作社，注册“金西李”商标。至2008年，全村山药种植面积60公顷，年产量3500吨，建立山药园，山药种植已成为西李村的一大产业，形成“支部+协会+龙头企业+合作社+基地+农户”的管理模式，形成以规模农业、生态农业、合作农业、效益农业为特点的现代农业模式，是济南市山药种植第一村。先后引进大和长芋一号、灵芝山药、紫山药、铁棍山药等新品种13个，其中“大和长芋一号”是金西李山药的主导品种，能生吃，又叫水果山药，口感香甜清脆；山药去皮后洁白如玉，与空气接触不氧化，不发黑；耐储藏，常温下能储存3～4月。“紫山药”也称“紫人参”，为天然紫色，可生吃，味道鲜美，是天然的补品，营养价值极高。山药具有健脾益胃、助消化、滋肾益精、益肺止咳、降低血糖、延年益寿等特点。山药深加工产品有金西李牌山药酒、山药酱、山药面条、山药馒头、山药酱菜等10余个，金西李山药销往上海、广州等大城市，深加工产品进入日、韩等国家。“金西李”牌山药被评为泉城市民最喜爱的十佳特色农产品之一，被农业部确定为全国无公害农产品。

五、曲堤黄瓜

济阳县曲堤镇南接黄河，北临徒骇河，地势平坦，土地肥沃，水利条件优越，种植黄瓜有着得天独厚的优势。1990年后，曲堤镇农民利用大棚发展反季节蔬菜，尝试在冬季种植黄瓜，一举成功。此后，曲堤镇将黄瓜确立为主导产品，重点发展。

曲堤黄瓜皮薄肉厚、汁多味甘、清脆可口、芳香诱人，含有蛋白质、脂肪、糖类等多种营养成分以及钙、磷、铁、钾、钠、镁等丰富的微量元素。曲堤黄瓜成为济阳县农产品的金字品牌，除在当地销售外，还远销东北、华北、华中的50余个城市，并进入北京、上海等地的肯德基、麦当劳等快餐连锁店。2010年，曲堤镇黄瓜大棚发展到1.3万个，面积3200公顷，成为全国最大的黄瓜生产基地之一。“曲堤”牌黄瓜被认定为中国驰名商标。

六、大蒜

商河大蒜 商河县白桥镇有长期大蒜种植历史，是济南市唯一的整建制大蒜生产专业镇，也是商河县25万亩大蒜基地的技术推广中心、销售中心和价格形成中心。是济南市最大的大蒜生产基地、山东省无公害农产品生产基地，被农业部命名为“中国大蒜生产第一乡”。种植大蒜4667公顷，年产蒜头11万吨、蒜薹5.3万吨。辖区内有50家大蒜加工企业，对大蒜、蒜薹进行冷藏、加工。产品有蒜片、蒜米、蒜蓉等，年可生产蒜片2万吨，蒜米1000吨。恒温冷库5座，年可冷藏大蒜、蒜薹3000吨。该镇先后从山东省农科院、金乡、苍山等地引进F106、VF681、金乡一号、改良红皮蒜等优良品种，全镇大蒜品种改良率95%以上。“商玉宝”牌商标在国家工商局注册，并被认证为济南市无公害农产品。所产大蒜肉质脆嫩，香辣味浓，品质优良，营养丰富，无污染，无公害产品远销全国各地，并出口到韩国、日本、马来西亚及非洲部分国家和地区。

归德大蒜 长清区归德镇种植大蒜有近千年历史，主要有白皮蒜和红皮蒜2个品种。蒜头个大、皮薄、味道纯正、汁粘味浓、营养丰富，含多种维生素、矿物质和大蒜素，辛辣清香，具有开胃健脾、增加食欲、帮助消化、舒筋活血、散热驱瘟等功效。2008年，归德大蒜通过农业部无公害农产品认证，大蒜种植面积2000公顷。

曲堤大蒜 主产于济阳县曲堤镇三教管理区，品种以苍山蒜和杂交蒜为主。苍山蒜以产蒜薹为主，所产蒜薹翠绿鲜嫩、粗细均匀、水分充足、辣中带甜，耐贮存、易保鲜，是蔬菜中的上品。杂交蒜以盛产蒜头为主，蒜头直径可达

6厘米以上。蒜食花样繁多，除用于佐餐、烹调外，还可加工制作蒜干、蒜油、蒜粉、蒜汁、脱水蒜片。大蒜远销日本、韩国及中国港澳台地区。2010年，曲堤大蒜种植面积667公顷。

七、西红柿

垛石樱桃西红柿　济阳县垛石镇自2001年种植樱桃西红柿，所产樱桃西红柿以皮薄、肉厚、味美、色佳、营养丰富深受广大消费者喜爱，并注册“垛石”牌商标。产品销往北京、天津、上海、深圳等20余个城市。全镇有樱桃西红柿高温大棚1万个，面积1317公顷，总产量8万吨。

回河西红柿　2009年，济阳县回河镇开始发展西红柿生产。在济太公路以北、澄波湖以西1000米处，规划土地20公顷，投资600万元，建设西红柿生产基地，建成育苗基地和高温大棚38个。西红柿品种主要有大红欧锦粉、美粉宝石、绿皮球、紫圣女、红洋梨、黄五彩、五彩番茄、盆栽黄柿子、博粉四号等。生产中按照“统一种苗、统一农资供应、统一病虫害防治、统一包装、统一品牌销售”的要求，推广生物反应堆、“三沼”(沼气、沼渣、沼液)综合利用、雄蜂授粉等技术，施有机肥，喷低毒农药，西红柿果形周正，无裂口、无虫咬，成熟适度，酸甜适口，肉肥厚，心室小，口味好，可药食两用。2010年3月，回河西红柿生产基地被农业部认定为国家级蔬菜标准园。

八、新市奥阳辣椒

济阳县新市奥阳辣椒，又称羊角椒，因其形如羊角而得名，种植历史悠久，是辣椒科中的优质品种，主要品种为荷兰37-74。奥阳辣椒严格按绿色蔬菜标准种植，施农家肥，浇地下水，为保护地栽植，是典型的绿色食品。2010年11月，注册“奥阳”牌商标。奥阳辣椒主要种植区域有济阳县新市镇的小杨、新市、李坊等15个村，面积200公顷。种植方式以保护地高温大棚种植为主，是济南市黄河以北最大的辣椒种植基地。其产品具有色鲜、果长、肉厚、香脆微甜、辣味适中的特点，维生素C含量较高。产品远销北京、天津、石家庄等地。

九、商河黑皮冬瓜

商河县黑皮冬瓜是济南市30个特色品牌之一，种植面积1000余公顷，总产量近16万吨，平均每个重15千克。生产基地以玉皇庙镇瓦西、瓦东两个村为中心，辐射带动许商、张坊等乡镇(街道)。黑皮冬瓜从播种、施肥、栽培、管理等各个生产环节均已实现标准化生产，生产的冬瓜个大条直，色泽又黑又亮，无阴阳面，肉厚瓤小，味道鲜，是无公害绿色蔬菜。易储存运输，储存期可达3个月。2006年9月，以瓦东村为中心的黑皮冬瓜生产基地被山东省农业厅认定为“山东省无公害农产品产地”；11月，黑皮冬瓜被农业部认证为“无公害农产品”。黑皮冬瓜含有较多的蛋白质、糖以及少量的钙、磷、铁等矿物质和维生素B1、B2、VC及烟酸，其中维生素B1可促使体内的淀粉、糖转化为热能，而不变成脂肪，所以冬瓜有助于减肥。在商河县首届黑皮冬瓜文化节冬瓜王大赛中，参赛的冬瓜最重达32.8公斤。

十、孙耿富硒彩色马铃薯

济阳县孙耿镇后张村种植马铃薯历史悠久，所产绿色有机马铃薯久负盛名。富硒彩色马铃薯为该村引进的特色种植品种，颜色以红色、紫色、黑色为主。富硒彩色马铃薯含有大量的花青素和微量元素硒，具有清除自由基、延缓衰老、抗癌防癌等功效。富硒彩色马铃薯具有主秆发达、分枝少、生长势强、抗病性强的特点，在生产中降低农药的使用剂量，有利于生产出无污染、无公害绿色农产品。彩色马铃薯还可作为特色食品开发，由于本身含有抗氧化成分，因此经高温油炸后彩薯片仍保持着天然颜色。彩色马铃薯对光不敏感，油炸薯片可长时间保持原色。后张村为其申请注册“狮子张”牌商标，获有机农产品认证。

十一、西瓜

仁风富硒西瓜 济阳县仁风镇种植西瓜有300余年的历史。“仁风”牌富硒西瓜瓜形周正，瓤色杏黄，肉质脆而多汁，入口即化，有“冰淇淋西瓜”的美称。该品种采用国内首创富硒技术，硒元素的含量比普通西瓜高出35倍。经山东省硒研究会专家认定，仁风富硒西瓜具有护心脑、保肝肾、防辐射、抗癌变、解毒素、修复胰岛、延缓衰老、提高免疫力等功效。“仁风”牌富硒西瓜被认定为国家级无公害农产品，通过“绿色食品”认证。“仁风”牌商标获山东省著名商标。2009年，被评为十大泉城市民喜爱农产品之一。在首届齐鲁美食节上被誉为绿色美食。

太平宝西瓜 济阳县太平镇西瓜有300余年种植历史。太平镇地势平坦，光照充足，水质好，土地肥沃，富含硼、镁、锌、硒、铁等微量元素，非常适宜西瓜生长，得天独厚的水土资源优势使太平西瓜远近闻名。经过多年探索，培育出品质优良的“太平宝”西瓜。“太平宝”西瓜以“京欣”系列为主，并不断更新西瓜品种，具有瓜型规整、皮薄色鲜、含糖量高、沙甜爽口、风味纯正，久贮耐运等特点，畅销北京、天津、石家庄等地。“太平宝”高温大棚西瓜在4月上中旬上市，大拱棚西瓜在4月底5月初上市，小拱棚和露天西瓜一直持续到8月份。全镇拥有西瓜大棚、小拱棚1.8万个，基地规模发展到3000余公顷。2000年，太平镇在国家工商总局注册“太平宝”商标，并通过山东省无公害农产品认证。2002年，通过全国无公害农产品认证。

十二、崔寨绿阳香瓜

济阳县自20世纪90年代起种植绿阳香瓜，至2010年，全镇有香瓜大棚1600个，占地114公顷，成为济南市面积最大的香瓜种植基地，山东省三大香瓜种植基地之一。绿阳香瓜营养丰富，硒含量5.82微克/千克，含糖量18%以上；主要有伊丽莎白、状元、明月、翠蜜4个品种，其中伊丽莎白香瓜以其果型周正、香味浓郁、耐贮耐运、含糖量高等特点得到普遍认可，成为主栽品种之一。绿阳香瓜元旦前后开始定植，4月下旬开始上市，5月大量上市。绿阳香瓜经国家工商总局注册，被认定为山东省无公害农产品和济南市放心农产品。

十三、张而草莓

1994年起，历城区董家镇张而村开始引进草莓种植技术。张而村及周边区域为主要产区，品种以“丰香”为主。草莓营养丰富，富含多种有效成分，每百克鲜果肉中含60毫克维生素C。此外，草莓还含有丰富的维生素B1、B12及钙、磷、铁、钾、锌、铬等人体必需的矿物质和部分微量元素。维生素C含量比柑橘高3倍，比苹果、葡萄高10倍以上。苹果酸、柠檬酸、维生素B1、维生素B12及胡萝卜素、钙、磷、铁含量比苹果、梨、葡萄高3～4倍。

张而草莓

第三节 玫瑰 茶 栝楼

一、平阴玫瑰

玫瑰，为平阴特产。平阴玫瑰栽培历史悠

久，早在唐代就有僧人慈净在翠屏山下种植玫瑰，以花大、瓣厚、色艳，香味浓郁、品质优异而驰名中外。1915年，平阴玫瑰酒获巴拿马国际博览会银奖。1982年7月，在全国玫瑰花生产座谈会上，专家们一致评价“平阴玫瑰香甜如意，芳香四溢，具有香气正，清香、甜香、浓香等特点”，是中国传统玫瑰的代表。1983年，在全国玫瑰花科研会议上，平阴玫瑰被确定为全国推广的优良品种，平阴县为全国优良玫瑰繁育基地。1984年8月，平阴县人民政府把玫瑰花定为县花。1987年，平阴玫瑰栽培获第一届中国花卉博览会优质产品奖。1996年3月，中国特产之乡命名宣传活动组委会命名玫瑰镇为“中国玫瑰之乡”。2000年，山东省林业局、山东省花卉协会授予平阴县“玫瑰之乡”称号；国家林业局、中国花卉协会命名玫瑰镇为“中国玫瑰之乡”。2001年，平阴玫瑰花新品种选育获第五届中国花卉博览会银奖。2003年8月，中国质量监督检验检疫总局批准平阴县为玫瑰原产地保护地域。

平阴玫瑰之所以“特”，得益于其优越的自然条件。这里地处翠屏山下，玉带河畔，四周山峦环绕，中间谷地狭长，气候温和。冬季、早春雨雪较多，有利于玫瑰的生长发育。从萌动到始花期间，气温上升比较稳定，且花期雨少，光照充足。特殊的地形，特有的气候、土壤，造就浓郁芳香的平阴玫瑰。

平阴县共有玫瑰品种50余个，其中，传统平阴玫瑰4个品种，本地杂交繁育品种近30个，国内外引进品种20余个。传统平阴玫瑰4个品种：单瓣红玫瑰，其特点是花单瓣，香气最浓，能结种子，由于花单瓣、产量低、面积小，故仅作为种子予以保留；含苞玫瑰，其特点为形成花蕾后，不能开放，可作为中药材培植；重瓣红玫瑰，即中国传统玫瑰的代表，该品种花大色艳，香气浓郁，瓣多瓣厚，单花径达8厘米，单花重可达6克，是20世纪90年代前生产栽培的主要品种；传统玫瑰，不结实，出油率高，香味浓，不抗病，产量低。用于大田栽植的品种主要有平阴重瓣红玫瑰、丰花玫瑰和紫枝玫瑰。2006年后，法国格拉斯、保加利亚大马士革等油用玫瑰在平阴得到较快发展。其他品种多栽植在平阴玫瑰研究所示范园内，用于观赏和科学试验。

进入21世纪后，平阴玫瑰产品的加工工艺不断创新，技术含量不断提高，产品种类越来越多，先后研制开发了玫瑰食品、玫瑰饮品、玫瑰精油、玫瑰化妆品、玫瑰保健品、玫瑰家纺等六大系列80余个品种，初步形成医药、化工、饮用、酿酒、香料玫瑰系列产品。

二、长清茶

长清种茶历史悠久，唐朝时期就有记载，灵岩寺内碑刻载有：“身在净土上方界，闲观野鸟鸣幽谷，顿觉超俗话新茶，再整衣冠拜佛牙。”此中的“新茶”即为“长清茶”。后因北方气候严寒、战乱等原因，灵岩寺一带的茶树种植逐渐减少。20世纪50年代，国家进行“南茶北引”，长清县开始恢复茶树的栽培种植，经过长期种植和品种改良，逐步形成耐严寒、耐旱、病虫害较少、易管理的特点，先后建成以马套、坡里庄为核心的国家级茶叶标准园，形成南有“虎跑泉、西湖龙井”，北有“趵突泉、长清茶”的格局。济南立泰山茶叶有限公司生产的被誉为泉城第一茶的“灵岩绿茶”和济南南湖玉露茶叶科技开发有限公司生产的被誉为泉城名茶的“泉城绿茶”，分别于2006年、2008年通过农业部有机食品认证。“长清茶”先后被指定为第七届国际园博会指定用茶、好客山东旅游商品十佳品牌、济南市长清区人民政府指定用茶、第十届中国艺术节指定用茶等。

长清境内属温带大陆性半湿润季风气候，与同纬度的内陆相比，具有气候四季分明、早晚温差较大、雨水丰沛、光照充足、无霜期长的特点。位于高纬度产茶区，地理坐标为北纬

36°14′至36°41′，东经116°30′至117°04′；海拔为200米至683.7米之间。年平均日照时数2447.6小时，年平均气温14.4℃，年无霜期255天，年平均相对湿度62%。茶叶叶片可充分进行光合作用，汲取充足养分。土壤土层深厚，达1米以上，不含石灰石，有机质含量1%～2%以上，通气性、透水性或蓄水性能好，土壤为弱酸性，pH值为4.5～6.0，适宜茶树生长。

长清茶产区纬度高、气温较低、昼夜温差大，生长缓慢，生长期长，形成“长清茶”外形条索卷曲紧结，色泽绿润，内质香高味醇的特点，同时具有小米汤色、板栗香、叶肉厚、耐冲泡的品质特征。长清茶原料均采用基地一芽一叶初展的鲜叶，芽质饱满，色泽翠绿，富含较高的营养成分，采摘期为每年的3～10月。长清茶浸泡后香气高，滋味浓郁。经检测，长清茶水浸出物≥38%、茶多酚≥14%、咖啡碱≥4%、氨基酸总和≥23%、蛋白质≥30%，对人体具有较高的营养价值和解毒消炎、清热降火、提神醒脑等各种保健功能。

(一)山东立泰山茶业科技开发有限公司 山东立泰山茶业科技开发有限公司董事长董庆国出身于茶业世家。1909年，他的祖父董九峰开设首家“立泰山茶庄”，成为长清县最负盛名的茶庄之一。1985年，董庆国子承父业，继续经营立泰山茶庄。一次偶然的机会，他在灵岩寺内一块石碑上发现“灵岩茶”唐朝时在此就曾种植，决心发展茶叶种植业。1999年始，他在崮山镇小梁村租赁土地2.7公顷，种下第一片茶种。后因大学科技园建设，小梁村租赁土地被征用。2002年，成立济南立泰山茶叶有限公司。至2003年7月，他先后投入资金400多万元，终于在灵岩寺的滴水崖下培育出济南市第一片有机茶园，灵岩茗茶正式开业生产，恢复济南中断千余年的种茶史，同时改写济南“饮茶不产茶”的历史。2005年，公司注册“灵岩”“立泰山”商标，主打灵岩品牌、立泰山品牌。2006年，公司又在万德镇马套村流转土地26.7公顷，建成立泰山灵岩茶基地。同年，成立济南市长清茶叶协会，公司通过QS生产许可认证。2007年12月，成立长清区富民茶叶种植专业合作社。2010年5月，公司更名为山东立泰山茶业科技开发有限公司。

至2010年，公司已发展成为集种植、推广、加工、销售于一体的现代化茶企业，采用“公司+协会+合作社+农户”的新型运作模式，茶园面积发展到70.6公顷，年产茶叶13吨。公司是山东省农业产业化重点龙头企业，主要产品有灵岩红茶、灵岩绿茶、立泰山红茶、立泰山绿茶，绿茶具有“小米汤、板栗香、滋味浓、耐冲泡”的特点，红茶则具有“形似菊，相如兰，味若莲”的独特品质。立泰山灵岩茶先后获第四届全国食品博览会金奖、放心茶中茶协推荐品牌、济南市2005年度十佳旅游商品、济南市2007年度十佳旅游商品、北京中绿华夏有机食品认证中心有机认证、中华人民共和国第十一届运动会指定用茶、第八届中国国际农产品交易会金奖。“灵岩”“立泰山”商标被认定为山东省著名商标。公司董事长董庆国先后被评为济南市劳动模范、首届济南青年创业奖、南茶北引功勋茶人、山东新农村建设突出贡献人物、山东茶业行业十佳优秀企业家等，被称为“泉城第一种茶人”。

(二)济南南湖玉露茶叶科技开发有限公司 2007年，济南市长清计算机应用公司董事长兼总经理秦旭昌决定实施“工业反哺农业”策略，开始发展茶叶种植业。2008年1月，成立济南南湖玉露茶叶科技开发有限公司，注册资金300万元。公司注重科技发展农业，先后与山东农业大学、泰安市泰山林业科学研究院建立产学研技术合作关系，采取“公司+科教单位+合作经济组织+基地+农户+市场”的综合发展模式，研究开发长清茶特色种植产业。南湖玉露茶叶种植基地(南湖玉露泉城茶博园)位于济南市长清区万德镇坡里庄村，园区内有南湖(水库)、神龙大峡谷、威龙大峡谷、龙居泉、龙居寺，拥有较好的自然气候环境。公司培育出新品种泉城茶1号和泉城茶2号，承担济南市科技项目3项，产品通过国家QS生产许可认证。注册“泉城”“泉城红”“泉城绿”“南湖龙居”商标，产品有泉城绿、泉城红、泉城白黄金御芽、南湖龙井、南湖乌龙等10多个系列产品，主导产品有泉城绿茶和泉城红茶。泉城绿茶采用不发酵的加工工艺精制而成，成品紧细显毫，色泽翠绿，采用85度热水冲泡最佳，汤色嫩绿明亮，滋味鲜醇，香高持久，具有防衰老、防癌、抗癌、杀菌、消炎之功效。泉城红茶采用全发酵的加工工艺精制而成，成品紧细显金毫，色泽棕褐，采用95度水冲泡最佳，汤色红亮，滋味醇厚甘爽，鲜嫩甜香，具有消炎杀菌、解毒、强壮骨骼、抗氧化、延缓衰老、养胃护胃、抗癌、舒张血管、有益心脏之功效。泉城茶产品生产原料均精选基地一芽一叶初展的鲜叶，芽质饱满，色泽翠绿，产品严格工艺制作，品质上乘。“泉城”牌长清茶以其北方独特的地理特性和制作工艺，具有“小米汤、板栗香、叶片厚、耐冲泡、香气高”特点。产品先后获国家绿色食品认证、山东100种特色旅游商品、山东大众放心茶、济南名牌产品、“中茶杯”一等奖、中国林交会银奖、全国百佳农产品等称号。2010年，济南南湖玉露茶叶科技开发有限公司下属企业有济南市长清区黄金峪茶业专业合作社、南湖玉露商贸公司、南湖玉露茶叶展销中心、南湖玉露茶人会馆等，成为集茶叶种植、加工、销售、茶艺、餐饮、旅游休闲为一体的专业化企业。茶树种植面积53.3公顷，年产茶叶12吨。公司拥有员工80人，注册资金1000万元，固定资产500万元，总产值800万元，销售收入1200万元，利税280万元。南湖玉露泉城茶博园被授予全国农产品加工创业基地、山东省旅游商品研发基地、山东省农业标准化生产基地、山东农业大学教学科研研发基地、济南市现代农业都市观光园重点园区、济南市农业龙头企业等称号。

泉城茶生产线 （2010年摄）

三、马山栝楼

长清区马山镇是著名的栝楼之乡。据《长清县志》记载，早在清代以前，马山镇庄科村、焦庄村一带就开始种植，距今已有400余年历史。栝楼有仁栝楼、糖栝楼和山栝楼，别名瓜蒌、药瓜等，是一种多年生草质藤本葫芦科栝楼属植物，具有清热去痰、宽胸散结、润燥滑肠之功效，多用于治疗肺热咳嗽、痰浊黄稠、胸痹心痛、结胸痞满、乳痈、肺痈、肠痈肿痛、大便秘结等病症，具有极高的药用价值和经济价值。“马山栝楼”作为栝楼中的精品，因主要产地在马山镇庄科村、焦庄村一带而得名。其品质与马山的特定地域环境密不可分，马山具有土层深厚、肥沃、排水良好的沙壤土，四季分明的气候条件，因而能够保证栝楼的产量和质量。马山栝楼个大、皮厚柔韧、籽多、含糖量高、药用价值大。

1987年，全乡种植栝楼130公顷，总产量10万公斤。1989年后，因产品供大于求，价格下滑，利润降低，栝楼种植面积逐年减少，全镇不足10公顷。2008年，在镇政府的倡导下，庄科村开始逐步恢复栝楼种植，面积20公顷。2009年4月15日，“马山栝楼”获国家农产品地理标志认证。

第三篇　林果业

自20世纪80年代初，随着林业“三定”(稳定山权、林权，划定自留山，确定林业生产责任制)工作的逐步完成和《中华人民共和国森林法》的贯彻及全民义务植树运动的开展，济南市林业生产走向正常的发展轨道。1985年，林业生产取得突破性进展，造林2.3万公顷。1988年9月，召开全市林业工作会议，济南市政府与三县五区第二次签订绿化责任状，落实加快发展林业的措施和任务，提出建设近郊保泉绿化工程的设想。1989年起，以保泉绿化工程为重点的山区造林蓬勃发展，造林、营林质量有较大提高。1990年，全市有林地面积8.66万公顷。

“八五”期间(1991～1995年)，是济南市林业发展的一个最佳时期。济南市委、市政府制定《关于奋战十年绿化济南的决定》，层层签订目标责任状，形成市、县、乡一把手亲自抓林业的新局面，采取组织全民会战、开展全民义务植树、抓骨干工程、兴办集体林场等重要措施，开展平原绿化达标、消灭宜林荒山荒滩、省“八五”绿化达标等活动，六个农业县(市)区全部达到林业部规定的平原绿化标准，完成灭荒任务，全市达到省“八五”绿化标准。1995年，全市有林地面积14.63万公顷，果品总产量22093万公斤。

“九五”期间(1996～2000年)，济南市委、市政府做出一系列加快林业发展的重大战略部署，林业生产取得长足发展，形成全党动员、全民动手、全社会办林业的良好氛围。全面推进淮太防护林、治沙造林工程等国家级重点生态工程，重点实施封山育林工程、平原绿化工程、绿色通道工程等三大生态工程和济南市蓝天工程，生态体系建设格局初步形成。2000年，全市有林地面积11.5万公顷，果品总产量38350万公斤。

“十五”期间(2001～2005年)，济南市围绕“实现新跨越、建设新泉城”的总体要求和建设“环保模范城”“生态市”的目标，坚持抓生态林业建设，培育森林资源；抓产业结构调整，增加农民收入；抓资源管护，依法治林，巩固发展造林绿化成果，城乡绿化水平不断提高，生态环境进一步改善，森林资源迅速增长。2005年，全市有林地面积14.31万公顷，果品总产量51450万公斤。

“十一五”期间(2006～2010年)，济南市坚持生态优先、产业支撑、文化引领，开展造林绿化行动和创建国家森林城市活动，突出重点工程建设和区域规模治理，组织实施林业生态建设；培植森林资源和优化产业结构，不断提升林业产业效益；开展生态文明教育，弘扬森林文化，引领社会和谐发展；提升林业管理水平，加大资源管护力度，保障生态和森林资源安全；不断深化林业改革，创新发展机制，促进现代林业全面发展。2010年年底，全市有林地面积19.04万公顷，果品总产量56240万公斤，森林覆盖率30%。

第一章　林业资源

第一节 林 地

一、林地面积

1986年年初，全市有林地面积9.87万公顷。1989年起，以保泉绿化工程为中心的山区造林绿化，带动全市林业的全面发展。创造性地开展驻济南单位包山头活动，加快近郊绿化进度。1990年年底，全市森林资源二类调查显示，有林地面积8.66万公顷。1996年起，全面推进淮太防护林、治沙造林工程等国家级重点生态工程建设，实施封山育林工程、平原绿化工程、绿色通道工程和蓝天工程大环境绿化等工程，有林地面积不断增加。1997年，有林地面积10.84万公顷。2000年，有林地面积11.5万公顷。2005年，有林地面积14.31万公顷。2008年，有林地面积18.15万公顷。2010年，全市有林地面积19.04万公顷。

二、林地构成

1986年年初，全市林业用地面积14.2万公顷，其中有林地面积9.87万公顷。按所有制划分，国有林地面积0.71万公顷，集体、个体有林地面积9.16万公顷。按林种划分，防护林面积4.03万公顷，占有林地面积的40.8%；用材林面积3.62万公顷，占有林地面积的36.7%；经济林面积2.04万公顷，占有林地面积的20.7%(另有6700公顷果树在农业用地中，未计入)；薪炭林面积800公顷，占有林地面积的0.8%；其他林面积近1000公顷，占有林地面积的1%。另外，在农业用地中，有农田林网面积9.23万公顷，占宜林网面积的68%；桐粮间作面积2.53万公顷，枣粮间作面积136公顷；有“四旁”(村旁、宅旁、路旁、水旁)散植树木7001万株。

2000年，全市林业用地面积20.15万公顷，其中有林地面积11.5万公顷。按所有制划分，国有有林地面积1.12万公顷，集体有林地面积10.38万公顷。按林种划分，防护林面积6.34万公顷，占有林地面积的55.13%；用材林面积1.05万公顷，占有林地面积的9.13%；经济林面积4.03万公顷，占有林地面积的35.04%；薪炭林面积仅20公顷，占有林地面积的0.02%；特种用途林面积740公顷，占有林地面积的0.64%。另外，在农业用地中，有农田林网面积12.09万公顷，占宜林网面积的47.6%；地堰开发面积0.71万公顷；“四旁”散植树木1940万株。

2008年，全市林业用地面积22.74万公顷，其中有林地面积18.15万公顷。按所有制划分，国有有林地面积1.41万公顷，集体有林地面积16.74万公顷。按林种划分，防护林面积7.31万公顷，占有林地面积的40.28%；用材林面积6.55万公顷，占有林地面积的36.09%；经济林面积为3.99万公顷，占有林地面积的21.98%；特种用途林面积0.3万公顷，占有林地面积的1.65%。

2010年，全市林业用地面积23.1万公顷。按林种划分，防护林面积8.28万公顷，占有林地面积的45.72%；用材林面积4.13万公顷，占有林地面积的22.8%；经济林面积5.4万公顷，占有林地面积的29.82%；特种用途林面积0.3万公顷，占有林地面积的1.66%。

三、林地分布

1986年年初，济南市的成片林地主要分布在南部山区，山区有林地占全市有林地面积的70%，其主要林种为水源涵养林、水土保持林及用材林和经济林。历城、长清、平阴3县的山区和半山区林木覆盖率均在14%；以平原为主的郊区及章丘县林木覆盖率分别为6.6%和9.9%。平原区的有林地主要是农田林网、林粮间作、沿黄防护林和小片速生丰产林及散植的“四旁”树木，有林地面积不足全市有林地面积的30%。山区林木覆盖率18.2%，平原区林木覆盖率8.5%。按县(区)划分，历城县有林地面积2.97万公顷，占全市有林地的近1/3，章丘、长清、平阴有林地面积分别为2.32万公顷、2.36万公顷、1.97万公顷，郊区有林地面积0.23万公顷。

2000年，全市的成片林地主要分布在南部山区，以水土保持林为主，水土保持林占防护林面积的88.8%；其次是经济林和用材林。历城、长清、平阴3县(市)区的森林覆盖率均在20%，分别为30.7%、22.9%、23.7%；章丘、济阳、商河相对较低，分别为14.6%、13.6%、15.7%。平原区的有林地主要是平原防护林、用材林和经济林。另外，主要是农田林网、间作等。平原防护林主要是防风固沙林、农田防护林、护岸林、护路林等，面积7000余公顷。按县(市)区分，历城区3.48万公顷，占全市有林地的30%，章丘、长清、平阴、济阳、商河的有林地面积分别为1.25万公顷、2.44万公顷、1.52万公顷、1.03万公顷、0.92万公顷，市内4区和济南林场有林地面积0.86万公顷。

2008年，全市的成片林地与2000年相差不大，主要分布在南部山区，以水土保持林为主，其次是用材林和经济林。历城、长清、平阴3县(市)区的森林覆盖率分别为38.7%、29.7%、27.5%，章丘、济阳、商河相对较低，分别为19.4%、18.7%、21.2%。平原区的有林地主要是平原防护林、用材林和经济林。另外，主要是农田林网、间作等。平原防护林主要是防风固沙林、农田防护林、护岸林、护路林等。按县(市)区分，历城区4.77万公顷，占全市有林地的26.3%，章丘、长清、平阴、济阳、商河有林地面积分别为3.07万公顷、3.21万公顷、1.89万公顷、1.81万公顷、1.94万公顷，市内四区有林地面积1.46万公顷。

2010年，全市的成片林地变化不大，主要分布在南部山区，以水土保持林为主，其次是用材林和经济林。历城、长清、平阴、章丘、济阳、商河6县(市)区的森林覆盖率分别为52%、36.8%、31.5%、28%、30.9%、30.9%。平原区的有林地主要是平原防护林、用材林和经济林。另外，主要是农田林网、间作等。平原防护林主要是防风固沙林、农田防护林、护岸林、护路林等。按县(市)区分，历城区4.7万公顷，占全市有林地的24.7%，章丘、长清、平阴、济阳、商河的有林地面积分别为2.76万公顷、3.52万公顷、2.16万公顷、1.89万公顷、2.48万公顷，市内四区和济南林场有林地面积1.53万公顷。

第二节 林木蓄积

1990年，全市林木蓄积量309.83万立方米，其中，用材林、防护林、特种用途林蓄积量127.67万立方米，“四旁”树木蓄积量177.87万立方米，疏林和散生木蓄积量4.29万立方米。在片林中按龄组划分，幼龄林蓄积量62.69万立方米，中龄林蓄积量47.93万立方米，成熟林蓄积量17.05万立方米。1997年，全市林木蓄积量544.72万立方米。2000年，全市林木蓄积量529.03万立方米，其中，森林蓄积323.25万立方米，疏林地和散生木蓄积4.65万立方米，四旁树蓄积201.13万立方米。2002年年底，全市林木蓄积量554.13万立方米。2005年年底，全市林木蓄积量632.7万立方米。2008年年底，全市林木蓄积量933.37万立方米。2010年年底，全市林木蓄积量966.49万立方米。

第三节 林 场

一、国有林场

1986年，全市国有林场有济南林场、柳埠林场、黑峪林场、黄河林场、胡山林场、五峰山林场、大峰山林场、大寨山林场8处。1989年12月2日，德州地区的济阳、商河两县划归济南，国有济阳林场、国有商河林场和国有桑梓店园林场一并划归。国有桑梓店园林场更名为济南市国有北郊林场，隶属于济南市林业局。1992年3月1日，撤销章丘县，设立章丘市(县级)，章丘县国有黄河林场、章丘县国有胡山林场分别更名为章丘市国有黄河林场、章丘市国有胡山林场。1995年7月18日，济南市北郊国有林场整建制划归天桥区，业务上接受济南市林业局指导。该林场行政隶属关系变更后，单位的性质、级别、体制、名称不变。2006年12月，长清区国有茶棚苗圃变更为长清区国有莲台山林场。2007年2月，济南市政府将长清区国有莲台山林场划定为生态公益型林场。至2010年，济南市共有国有林场12处，分布于济南市的4区1市(县级市)3县。根据所处立地条件，分为山区林场和平原林场两大类。其中山区林场有历城区的柳埠、黑峪林场，长清区的大峰山、五峰山、莲台山林场，平阴县的大寨山林场，章丘市的胡山林场，济南林场8处；平原林场有章丘市的黄河林场、天桥区的北郊林场、济阳林场、商河林场4处。

大峰山林场 （2005年摄）

2010年济南市国有林场经营类型划分情况表

表8-3-1

名 称	级别	类 型	主要经营目的	立地条件
历城区柳埠林场	正处级	生态公益型	培育生态公益，发挥森林生态效益	山区林场立地条件差
历城区黑峪林场	副处级	生态公益型	培育生态公益，发挥森林生态效益	山区林场立地条件差
长清区大峰山林场	正科级	生态公益型	培育生态公益，发挥森林生态效益	山区林场立地条件差
长清区五峰山林场	正科级	生态公益型	培育生态公益，发挥森林生态效益	山区林场立地条件差
平阴县大寨山林场	股 级	生态公益型	培育生态公益，发挥森林生态效益	山区林场立地条件差
章丘市胡山林场	股 级	生态公益型	培育生态公益，发挥森林生态效益	山区林场立地条件差
长清区莲台山林场	正科级	生态公益型	培育生态公益，发挥森林生态效益	山区林场立地条件差
济南林场	正处级	生态公益型	培育生态公益，发挥森林生态效益	山区林场立地条件差
天桥区北郊林场	正处级	生态公益型	培育生态公益，发挥森林生态效益	平原林场立地条件差
章丘市黄河林场	股 级	生态公益型	培育生态公益，发挥森林生态效益	平原林场立地条件差
济阳林场	无	生态公益型	培育生态公益，发挥森林生态效益	平原林场立地条件差
商河林场	无	生态公益型	培育生态公益，发挥森林生态效益	平原林场立地条件差

（一）历城区国有柳埠林场　柳埠林场位于济南市南部丘陵山区，地理坐标为北纬36°22'～36°30'、东经117°06'～117°19'。地跨西营、柳埠两个镇，周边分别与泰安市、章丘市的6个乡镇60个行政村接壤，边界曲折，林片分散，地理位置特殊，是素有“泉城水库”之称的柳埠锦阳川和西营锦绣川南北两大沟系水源发祥地，对济南市地下水脉储蓄有着重要作用。1992年11月，被林业部批准为国家级森林公园。1998年，在跑马岭林区开发建设济南野生动物世界，占地400余公顷，是山东省最大的一家野生动物园。

2001年10月，柳埠林场被济南市政府批准为市级自然保护区。2002年，在九顶塔景区建成九顶塔民族风情园。2006年12月，依托葫芦峪林区建成九如山风景区。2009年，柳埠林场被评为全省林业先进集体。2010年，柳埠林场经营总面积2465.53公顷，有林地面积2432.53公顷，森林覆盖率98.5%，活立木蓄积125016立方米。柳埠林场被列入国家公益林面积2296.14公顷，被列入省级公益林面积134.07公顷。地处暖温带，落叶阔叶林区，以生态防护林为主，有树种27科80余种，主要树种有侧柏、松类、刺槐和麻栎。

（二）历城区国有黑峪林场　黑峪林场位于济南市区东郊，距济南市23千米，地理坐标为北纬36°35′5″～36°38′20″，东经117°1′27″～117°16′7″，跨济南市历城区彩石镇、港沟街道，南部与历城区西营镇为邻，东部为章丘市，林场总面积540公顷。林场有林地全部为生态公益林，森林覆盖率98%。生态公益林总面积占有林地面积的100%，占林场总面积的98%。主要树种为侧柏，约占98.5%。1999年，被山东省林业厅批准为省级森林公园。

（三）天桥区国有北郊林场　北郊林场位于济南市天桥区桑梓店镇以西3千米，黄河公路大桥以西14千米，距市区10千米，场部地理坐标为北纬36°47′22″、东经116°52′00″，四至范围：东至济南市天桥区桑梓店镇，西至德州地区齐河县边界，南至309国道，北至齐河县大漠刘村。林场总面积872公顷，南北长7.07千米，东西宽1.6千米，由黄河决口冲积而成的沙滩荒地逐步变成防风固沙的绿色屏障，森林覆盖率70%，造林面积累计400公顷，栽植树木44万株，木材蓄积量4万立方米。树种由原来单一的杨柳树改良为绿化树种。

济南市北郊林场温泉井，温泉泉水清澈、水质优良，水温43.2℃，含多种微量元素。1993年，北郊林场建立省级森林公园。至2010年，已开发形成集温泉、森林、别墅、鱼池多位一体的旅游景点，是济南北部休闲、疗养胜地。

（四）长清区国有大峰山林场　大峰山林场地处长清、平阴、肥城一区两县交界处，距长清城区27千米，经营面积866.7公顷。林场森林覆盖率97%，下设四个营林区，11个自然村与之相连，林场东西14千米，南北10千米，林场树种以侧柏为主，属生态公益型林场。1998年，建立省级森林公园。

（五）长清区国有五峰山林场　五峰山林场位于长清区境内，距济南市区25千米，东南与泰山林场毗邻，地理坐标为北纬36°24′16″～36°30′00″、东经116°46′18″～116°52′00″，104国道与其相邻，京沪铁路和京福高速公路在林场东侧穿过。林场经营面积177公顷，林木蓄积量9864立方米，主要林种是以侧柏为优势树种的防护林和风景林。1993年，建立省级森林公园。

（六）长清区国有莲台山林场　莲台山林场位于长清区张夏镇，距省会济南市30千米，距泰山风景区26千米，紧靠104国道。莲台山自古就是长清的名胜之一。林场历史文化悠久，山上既有佛教文化又有道教文化，是宗教文化的洞天福地。莲台山文物古迹众多，是历史文化名山。莲台山林场经营面积128公顷，森林覆盖率98%。山上植物种类丰富，素有“江北第一天然植物园”之称。

(七)章丘市国有胡山林场 胡山林场地处济南市东部，章丘市城区南部，距济南城区46千米，距章丘市驻地明水6千米，济烟铁路、301国道、242省道分布在林场周围。林场与章丘市的双山街道及管庄街道的5个村庄毗邻，经营面积137公顷，有林地135公顷，林木蓄积量9000立方米，森林覆盖率95%。林场属泰山山脉余脉，境内山势平缓。胡山林场有林木35科93种，主要乔木有侧柏、刺槐等。1995年8月，胡山林场被山东省政府批准为胡山省级森林公园。

(八)章丘市国有黄河林场 黄河林场地处济南市东北部，章丘市西北部，距济南城区35千米，南邻济南国际机场4千米，西距黄河3千米，省道321横贯东西，与章丘市的高官寨镇及黄河乡的12个村庄毗邻，经营面积491公顷，有林地487公顷，森林覆盖率98%。是黄河冲积类平原林场，地势平坦广阔。林场主要是以107杨为主的防护林。其中480公顷为速生107杨树纯林，全部为人工林，林木蓄积量5万立方米；苗圃6.7公顷，树种有白蜡、法桐、垂柳、核桃等。

(九)平阴县国有大寨山林场 大寨山林场位于平阴县洪范池镇境内，由大寨山、云翠山两个营林区组成，东至洪范池镇大寨村，西至洪范池镇刘庄村，南部、东南部与泰安市东平县接壤，北部至洪范池。地理坐标为北纬36°1'37″～36°6'27″、东经116°16'42″～116°20'19″，东西宽5.4千米，南北长8.9千米，经营面积939公顷，全部为省级生态公益林。大寨山林场地理位置独特，地形复杂，人为干扰极少，物种多样性丰富，生态系统结构功能完整。2000年1月，大寨山林场被批准为市级森林公园。2001年9月，晋升为省级森林公园。同年10月，大寨山林场被批准为市级自然保护区。2010年9月30日，晋升为省级自然保护区。

(十)济阳县国有济阳林场 济阳林场位于济阳县孙耿镇洪屯村西，距县城35千米，地形属黄泛平原，位于暖温带半湿润季风气候区内。林场面积149公顷，林木资源以107速生杨和柳树为主。1997年，通过外部公司承包的形式，林场改善经营机制，探索发展多种经营，开展林木培育、林下养鹅、林地花生三项主要业务，林场收入自负盈亏。

(十一)商河县国有商河林场 商河林场地处大沙河故道，经营面积342.48公顷，主要树种为毛白杨和黑杨，木材蓄积量1.06万立方米。林场地处大沙河故道，大部分土地盐渍化、风沙化程度较重。2001年，林场与外部公司合作，以托管的方式交由外部公司管理。

二、乡村林场

1986年年初，全市经营状况良好、面积较大的乡镇、村林场有31处，经营面积3075公顷，从业人员579人。1990年，济南市政府下发《济南市封山育林管理规定》，各地结合开展封山育林，推行“造上一片林，留下一批人，办好一个场，管好一片林”的经验，实行林场化管理，变单纯造林管护型为综合经营型，走“以林为主，多种经营，以短养长，以副养林，自我积累，自我发展”的路子，实现林业生态、经济和社会效益的统一。

1992年，各县区以十年绿化济南为目标，创办集体林场，年内全市共兴办集体林场730处，其中乡镇办22处，联办、村办708处。林场经营总面积9.4万公顷，从业人员7761人。年末经市县考核：一类林场285处占39%，二类林场350处占48%，三类95处占13%。1993年2月18日，市政府做出决定，授予平阴县安城乡林场等58个单位为“乡村林场先进单位”称号；授予潘荣香等75人“乡村林场建设先进个人”称号，对先进单位和先进个人奖励拖拉机36台，机动喷雾器42台。至1994年，全市有各类乡村林场919处，经营面积10.2万公顷。

第四节 森林公园

济南市位于低山丘陵区域，全市有20余万公顷的林业用地。20世纪90年代起，在国有林场的基础上，利用已有的森林资源和景观，按照一套班子，两块牌子的管理体制，建设森林公园，发展森林生态旅游业。1992年11月，林业部批准在历城区国有柳埠林场的基础上，建立国家级柳埠森林公园，成为全市第一个森林公园。1993年1月，长清县五峰山森林公园、北郊温泉森林公园被命名为首批省级森林公园。2000年起，历城区、长清区(县)、章丘市等抓住人们日益增长的“走进森林，回归自然”需求，充分利用“双休日”“旅游黄金周”等有利条件，发挥近郊优势，依托已建成的柳埠、蟠龙山、五峰山、大峰山、胡山等森林公园，引导、带动当地“农业观光”“农家乐”“赏花节”“采果园”“度假村”等多种形式的生态旅游。2001年12月，历城区唐王镇森林公园被命名市级森林公园。2006年，全市南部山区的乡镇，仅森林生态旅游一项，当地农民人均增收568元。至2010年年底，全市有国家森林公园1处，省级森林公园7处，市级森林公园5处，县级森林公园10处。

2010年济南市市级以上森林公园情况表

表8-3-2

名称	所在县区	经营面积(公顷)	主管部门	批准机关	批准文号	批准时间
历城区柳埠国家森林公园	历城区柳埠镇	2522	历城区林业局	林业部	林造批字〔1992〕200号	1992.11
北郊省级温泉森林公园	天桥区桑梓店镇	872	天桥区政府	省林业厅	鲁林场字〔1993〕1号	1993.01
长清县五峰山省级森林公园	长清区五峰山镇	177	长清县林业局	省林业厅	鲁林场字〔1993〕1号	1993.01
章丘市胡山省级森林公园	章丘市明水镇	137	章丘市林业局	省林业厅	鲁林场字〔1995〕12号	1995.08
长清县大峰山省级森林公园	长清县孝里镇	800	长清县林业局	省林业厅	鲁林场字〔1998〕6号	1998.06
历城区蟠龙山省级森林公园	历城区彩石镇	540	历城区林业局	省林业厅	鲁林场字〔1999〕12号	1999.10
平阴县大寨山省级森林公园	平阴县洪范池镇	917	平阴县林业局	省林业厅	鲁林场字〔2001〕16号	2001.09
长清县卧龙峪省级森林公园	长清县万德镇	400	长清县林业局	省林业厅	鲁林场字〔2001〕9号	2001.06
历城区唐王镇市级森林公园	历城区唐王镇	400	历城区林业局	市林业局	济林字〔2001〕32号	2001.12
济南市七星台市级森林公园	章丘市垛庄镇	2333	济南市林业局	市林业局	济林果字〔2002〕19号	2002.12
长清区马山市级森林公园	长清区马山镇	333	长清区林业局	市林业局	济林果字〔2003〕11号	2003.06
章丘市锦屏山市级森林公园	章丘市文祖镇	2500	章丘市林业局	市林业局	济林果字〔2005〕5号	2005.05
济南市凤凰岭市级森林公园	长清区武家庄乡	80	长清区林业局	市林业局	济林果字〔2005〕7号	2005.12

第二章 采种 育苗

第一节 采 种

济南市主要采集的种子为侧柏、黄栌、刺槐、国槐、核桃、桃、杏等，侧柏种子产量最多，其次为刺槐、桃、核桃、杏、黄栌，每年种子产量在11万～13万公斤。特别是侧柏、黄栌种子的育苗在济南市的荒山绿化中起主导作用。侧柏的采集区一般在历城区的柳埠、彩石、西营镇；章丘市的垛庄镇；长清区的万德、张夏镇；平阴县的大寨山林场的母树林。全市每年的侧柏种子产量在8万～9.5万公斤。

第二节 选 种

20世纪90年代起，济南市林业局先后在历城区柳埠林场、黑峪林场和平阴县大寨山林场、章丘市胡山林场、长清区(县)大峰山林场5处林场，通过加强疏伐整地、除草、施肥等抚育措施，建立1333公顷的优质侧柏母树林；长清区国有苗圃有I–214杨、沙兰杨和I–72杨(圣马丁诺杨)、I–63杨(哈佛杨)和I–69杨(鲁克斯杨)等国内外优良黑杨派欧美杨无性系15个，建立面积4.5公顷的测定林1处；平阴县大寨山林场林木良种基地为全国侧柏种源基地之一，除有生长良好的母树林外，还有69个种源的侧柏试验林，在基地中发现的3株圆枝侧柏为侧柏的第63个栽培变种。先后在市中区、章丘市等地选育出红双星、山东早红、大粒六月紫3个葡萄新品种，济南脆酸枣、高维C大酸枣、双茬脆枣3个枣树新品种，章丘水蜜、龙山红蜜2个桃树新品种，济丽红、优系红荷包2个杏品种。

第三节 引 种

20世纪90年代中期起，济南市林业局先后建立济南七星台植物园和济南市林木良种种质资源繁育基地。济南七星台植物园集中和引进60科134属266种(变形)的林木种质资源，济南市林木良种种质资源繁育基地集中和引进46科78属176种的林木种质资源，并对红玉、小国光、沙果等部分在济南市濒临灭绝的经济林树种进行集中保护。先后在历城区、章丘市等地引进香玲、鲁光、丰辉、中林1号、中林5号、元丰等8个核桃良种，分别建立良种汇集区、测定园和采穗圃，引入红灯、早大果、美早、拉宾斯、斯坦勒等7个甜樱桃良种。

第四节 育 苗

济南市花卉苗木业伴随着林业的快速发展得到迅猛发展。至2010年年底，全市有各类苗圃1168处，其中个体苗圃1067处，占91%，育苗面积6096公顷，总产苗量2.02亿株；花卉业作为朝阳产业，育苗面积156.5公顷。所产苗木除满足济南市造林绿化和产业结构调整需求外，每年外销的苗木占苗木产量的50%，形成花卉苗木生产培育市场、市场引导花卉苗木发展的良好局面。

一、大田育苗

用播种的方法即大田育苗，来培育苗木。其培育的苗木对外界条件的适应性强，后期生长快，寿命长，能够形成比较稳定的林分。至2010年年底，全市大田育苗面积6142公顷。

长清区龙柏育苗基地　　（2006年摄）

二、容器育苗

适用于有些树种裸根苗栽植不易成活，带土栽植困难的情况而逐步发展形成的一种育苗方式。侧柏容器苗是济南市应用最广泛的荒山造林树种，能提高造林成活率和造林质量，多用于较大苗木造林育苗中。其特点：造林季节不受限制；节约种子；缩短育苗年限且容器苗出圃时，省去起苗、假植等作业；有利于培育优质壮苗；提高造林成活率。2010年，全市容器育苗3299万株。

三、塑料薄膜棚育苗

利用塑料薄膜价格低廉、使用方便特点，形成温度高、湿度大，有利于苗木生长的环境，缩短育苗周期，促进苗木速生丰产，主要方式有塑料大棚育苗和拱罩育苗。

四、组培苗

其原理是利用植物细胞的全能性，取植物的部分组织或者单个细胞，在合适的培养基上经培育可以长成一株完整的植物过程。

第五节　苗　圃

一、国有苗圃

1986年年初，济南市有国营苗圃14处，其中属市园林部门管理的有5处，经营面积150余公顷，年产各种苗木40万～50万株(多为大苗)；属各县(区)管理的国营苗圃9处，面积238.27公顷(包括山场110余公顷)。2006年12月，济南市长清区茶棚苗圃撤销，改组为济南市长清区莲台山国有林场。2010年年底，全市共有济南市国有苗圃、章丘市枣园圃、章丘市杨官苗圃、长清区中心苗圃、平阴县营子苗圃、平阴县仁和苗圃、济阳县国有苗圃、商河县国有苗圃8处国有苗圃，苗圃总面积194.9公顷，育苗面积130.7公顷，年产苗量466.5万株；全市国有苗圃共有人员325人，其中，在职人员228人，离退休人员97人；专业技术人员92人。

2010年济南市国有苗圃情况表

表8-3-3

苗圃名称	隶属	占地面积(公顷)	在职职工(人)	类型	备注
济南市国有苗圃	市林业局	22.6	92	混合经营型	
章丘市枣园苗圃	章丘市	35.0	35	混合经营型	
章丘市杨官苗圃	章丘市	7.0	10	混合经营型	
长清区中心苗圃	长清区	15.3	50	生态公益型	
平阴县营子苗圃	平阴县	4.0	3	生态公益型	2009年由商品型转生态公益型
平阴县仁和苗圃	平阴县	24.5	13	生态公益型	
商河县国有苗圃	商河县	70.7	15	混合经营型	
济阳县国有苗圃	济阳县	15.8	10	生态公益型	

二、集体苗圃

1983年后，社队集体苗圃多数转为个体经营。1986年年初，集体经营的苗圃仅剩10余处。2005年，集体苗圃54处，占育苗面积的7.1%。2010年，集体苗圃66处，育苗面积占总面积的3.2%。

三、私营苗圃

20世纪80年代，林业生产实行责任制后，育苗专业户大量涌现，向社会提供大批优良商品苗木。1986年年初，全市育苗专业户4702户，育苗面积1000余公顷，占全市育苗总面积的48%。随着社会主义市场经济的发展，个体苗圃得到迅猛发展，育苗品种多样化，成为济南市园林绿化的主力军。2005年，个体苗圃1067处。2010年，全市个体苗圃1436处，占总育苗处数的95%，育苗面积占育苗总面积的96%。

1990～2010年济南市部分年份育苗面积情况表

表8-3-4　　单位：公顷

年份	历下区	市中区	槐荫区	天桥区	历城区	章丘市	长清区	平阴县	商河县	济阳县	市直	合计
1993	27	8	16	14	536	269	456	209	276	227	38	2076
1995	17	5	7	3	401	281	472	192	103	171	16	1668
1997	14	5	9	11	220	254	423	105	54	116	16	1227
2000	18	15	9	9	212	261	439	164	110	362	12	1611
2002	6	40	48	33	395	508	286	185	200	721	12	2434
2005	2	24	77	20	2358	926	712	1716	111	135	15	6096
2010	—	73	15	91	2150	866	1724	87	124	160	15	5305

第三章　植树造林

第一节　林木树种

据1982～1984年调查，全市有各类树木336种(含39个变种)，其中乔木191种(变种)，灌木及藤本145种(变种)，分属62科149属。按树木数量分，有主要常见树种和稀有珍贵树种两大类；按树木的用途分，有防护林用材林树种、经济林树种和观赏树种三大类。济南市常见树种有80余种，其中，造林及“四旁”绿化树种有侧柏、油松、赤松、黑松、杨、柳、榆、国槐、刺槐、泡桐、臭椿、香椿、枫杨、栎树、苦楝、五角枫、黄栌、栾树、合欢、桑树、梓树、楸树、悬铃木等。经济林树种有核桃、柿子、枣、板栗、苹果、梨、桃、杏等，除枣、梨外，其他果树主要分布在山区。2010年，全市有各类树木74科190属454种。

2010年济南市林木种质资源一览表

表 8-3-5

序号	科名	属名	种名
1	银杏科	银杏属	银杏
2	松科	冷杉属	辽东冷杉(杉松)
3	松科	雪松属	雪松
4	松科	落叶松属	落叶松
5	松科	落叶松属	红杉
6	松科	云杉属	欧洲云杉
7	松科	云杉属	红皮云杉
8	松科	云杉属	日本云杉
9	松科	云杉属	青杆
10	松科	松属	华山松
11	松科	松属	白皮松
12	松科	松属	赤松
13	松科	松属	日本五针松
14	松科	松属	樟子松
15	松科	松属	油松
16	松科	松属	黑松
17	杉科	柳杉属	柳杉
18	杉科	水杉属	水杉
19	杉科	落羽杉属	落羽杉(落羽松)
20	柏科	扁柏属	日本花柏
21	柏科	扁柏属	日本扁柏
22	柏科	柏木属	柏木
23	柏科	刺柏属	刺柏
24	柏科	刺柏属	北美圆柏(铅笔柏)
25	柏科	侧柏属	侧柏
26	柏科	圆柏属	圆柏
27	柏科	圆柏属	铺地柏
28	柏科	圆柏属	粉柏(翠蓝柏)
29	柏科	崖柏属	北美香柏
30	罗汉松科	罗汉松属	罗汉松
31	红豆杉科	红豆杉属	东北红豆杉(紫杉)
32	红豆杉科	红豆杉属	红豆杉
33	麻黄科	麻黄属	木贼麻黄
34	木兰科	鹅掌楸属	鹅掌楸

续表 8-3-5-1

序号	科名	属名	种名
35	木兰科	木兰属	二乔玉兰
36	木兰科	木兰属	望春玉兰(望春花)
37	木兰科	木兰属	玉兰
38	木兰科	木兰属	荷花玉兰(广玉兰)
39	木兰科	木兰属	紫玉兰(辛夷、木兰)
40	木兰科	木兰属	皱叶木兰(日本辛夷)
41	木兰科	木兰属	武当玉兰
42	蜡梅科	蜡梅属	蜡梅
43	樟科	山胡椒属	山胡椒
44	马兜铃科	马兜铃属	寻骨风(棉毛马兜铃)
45	毛茛科	铁线莲属	大叶铁线莲
46	毛茛科	铁线莲属	太行铁线莲
47	毛茛科	铁线莲属	毛果扬子铁线莲
48	小檗科	小檗属	小檗(日本小檗)
49	小檗科	小檗属	紫叶小檗
50	小檗科	十大功劳属	阔叶十大功劳
51	小檗科	十大功劳属	十大功劳
52	防己科	蝙蝠葛属	蝙蝠葛
53	悬铃木科	悬铃木属	二球悬铃木(英桐、悬铃木)
54	悬铃木科	悬铃木属	一球悬铃木
55	悬铃木科	悬铃木属	三球悬铃木(法桐、悬铃木)
56	金缕梅科	蚊母树属	蚊母树
57	金缕梅科	枫香属	枫香
58	金缕梅科	檵木属	红花檵木
59	杜仲科	杜仲属	杜仲
60	榆科	朴属	黑弹树(小叶朴)
61	榆科	朴属	大叶朴
62	榆科	朴属	朴树
63	榆科	刺榆属	刺榆
64	榆科	青檀属	青檀(翼朴)
65	榆科	榆属	黑榆
66	榆科	榆属	春榆
67	榆科	榆属	旱榆
68	榆科	榆属	大果榆
69	榆科	榆属	榔榆
70	榆科	榆属	榆树

续表 8-3-5-2

序号	科名	属名	种名
71	榆科	榉属	榉树(光叶榉)
72	桑科	构树属	构树
73	桑科	柘属	柘树
74	桑科	榕属	无花果
75	桑科	桑属	桑(家桑)
76	桑科	桑属	鸡桑
77	桑科	桑属	蒙桑
78	胡桃科	山核桃属	美国山核桃(薄壳山核桃)
79	胡桃科	胡桃属	野核桃
80	胡桃科	胡桃属	核桃楸(胡桃楸)
81	胡桃科	胡桃属	美国黑核桃
82	胡桃科	胡桃属	核桃
83	胡桃科	枫杨属	枫杨(枰柳)
84	壳斗科	栗属	板栗
85	壳斗科	栎属	麻栎
86	壳斗科	栎属	槲树(波罗栎)
87	壳斗科	栎属	蒙古栎
88	壳斗科	栎属	北美红栎(红槲栎)
89	壳斗科	栎属	短柄枹栎
90	壳斗科	栎属	栓皮栎
91	壳斗科	栎属	辽东栎
92	桦木科	桦木属	白桦
93	桦木科	鹅耳枥属	鹅耳枥
94	桦木科	榛属	榛子
95	蓼科	首乌属	木藤蓼
96	芍药科	芍药属	牡丹
97	山茶科	山茶属	茶
98	猕猴桃科	猕猴桃属	中华猕猴桃
99	椴树科	扁担杆属	小花扁担杆(扁担木)
100	椴树科	椴树属	紫椴
101	椴树科	椴树属	华东椴
102	椴树科	椴树属	糠椴(辽椴、大叶椴)
103	梧桐科	梧桐属	梧桐(青桐)
104	锦葵科	木槿属	木槿
105	大风子科	山桐子属	毛叶山桐子
106	大风子科	柞木属	柞木

续表 8-3-5-3

序号	科名	属名	种名
107	柽柳科	柽柳属	柽柳(三春柳、红荆条)
108	杨柳科	杨属	加拿大杨(欧美杨)
109	杨柳科	杨属	河北杨
110	杨柳科	杨属	银白杨
111	杨柳科	杨属	新疆杨
112	杨柳科	杨属	黑杨
113	杨柳科	杨属	箭杆杨
114	杨柳科	杨属	小叶杨
115	杨柳科	杨属	毛白杨
116	杨柳科	杨属	抱头毛白杨
117	杨柳科	柳属	垂柳
118	杨柳科	柳属	曲枝垂柳
119	杨柳科	柳属	腺柳(河柳)
120	杨柳科	柳属	旱柳(柳树)
121	杨柳科	柳属	龙爪柳
122	杨柳科	柳属	馒头柳
123	杨柳科	柳属	簸箕柳
124	杨柳科	柳属	金丝垂柳
125	杜鹃花科	杜鹃花属	照山白
126	杜鹃花科	杜鹃花属	杜鹃(映山红)
127	杜鹃花科	越橘属	蓝莓(越橘)
128	柿树科	柿属	柿树
129	柿树科	柿属	君迁子
130	山矾科	山矾属	白檀
131	海桐花科	海桐花属	海桐
132	虎耳草科	溲疏属	钩齿溲疏(李叶溲疏)
133	虎耳草科	溲疏属	白花重瓣溲疏
134	虎耳草科	溲疏属	齿叶溲疏(溲疏)
135	虎耳草科	溲疏属	大花溲疏
136	虎耳草科	绣球属	绣球
137	虎耳草科	山梅花属	太平花(京山梅花)
138	虎耳草科	茶藨子属	香茶藨子(黄花茶藨子)
139	蔷薇科	桃属	扁桃
140	蔷薇科	桃属	山桃(山毛桃)
141	蔷薇科	桃属	毛桃
142	蔷薇科	桃属	毛桃

续表 8-3-5-4

序号	科名	属名	种名
143	蔷薇科	桃属	白桃
144	蔷薇科	桃属	紫叶桃
145	蔷薇科	桃属	碧桃
146	蔷薇科	桃属	油桃
147	蔷薇科	桃属	榆叶梅
148	蔷薇科	桃属	重瓣榆叶梅
149	蔷薇科	桃属	鸾枝榆叶梅
150	蔷薇科	杏属	梅
151	蔷薇科	杏属	杏梅
152	蔷薇科	杏属	野杏
153	蔷薇科	杏属	杏
154	蔷薇科	杏属	美人梅
155	蔷薇科	樱属	紫叶矮樱
156	蔷薇科	樱属	欧李
157	蔷薇科	樱属	郁李
158	蔷薇科	樱属	樱桃
159	蔷薇科	樱属	毛叶山樱花
160	蔷薇科	樱属	日本晚樱
161	蔷薇科	樱属	毛樱桃
162	蔷薇科	樱属	日本樱花(东京樱花)
163	蔷薇科	木瓜属	木瓜
164	蔷薇科	木瓜属	贴梗海棠(皱皮木瓜)
165	蔷薇科	栒子属	平枝栒子(铺地蜈蚣)
166	蔷薇科	栒子属	水栒子(多花栒子)
167	蔷薇科	栒子属	山东栒子
168	蔷薇科	山楂属	野山楂
169	蔷薇科	山楂属	山楂
170	蔷薇科	枇杷属	枇杷
171	蔷薇科	白鹃梅属	白鹃梅
172	蔷薇科	棣棠属	棣棠
173	蔷薇科	棣棠属	重瓣棣棠
174	蔷薇科	苹果属	花红(沙果)
175	蔷薇科	苹果属	山荆子
176	蔷薇科	苹果属	舞美海棠
177	蔷薇科	苹果属	垂丝海棠
178	蔷薇科	苹果属	北美海棠

续表 8-3-5-5

序号	科名	属名	种名
179	蔷薇科	苹果属	海棠果(楸子)
180	蔷薇科	苹果属	苹果
181	蔷薇科	苹果属	苹果
182	蔷薇科	苹果属	苹果
183	蔷薇科	苹果属	苹果
184	蔷薇科	苹果属	苹果
185	蔷薇科	苹果属	苹果
186	蔷薇科	苹果属	苹果
187	蔷薇科	苹果属	苹果
188	蔷薇科	苹果属	苹果
189	蔷薇科	苹果属	海棠花
190	蔷薇科	苹果属	西府海棠(小果海棠)
191	蔷薇科	稠李属	稠李
192	蔷薇科	石楠属	红叶石楠
193	蔷薇科	石楠属	光叶石楠
194	蔷薇科	石楠属	石楠
195	蔷薇科	风箱果属	金叶风箱果
196	蔷薇科	风箱果属	紫叶风箱果
197	蔷薇科	李属	紫叶李
198	蔷薇科	李属	李
199	蔷薇科	火棘属	细圆齿火棘
200	蔷薇科	火棘属	火棘
201	蔷薇科	梨属	杜梨
202	蔷薇科	梨属	白梨
203	蔷薇科	梨属	白梨
204	蔷薇科	梨属	白梨
205	蔷薇科	梨属	豆梨
206	蔷薇科	梨属	西洋梨
207	蔷薇科	梨属	沙梨
208	蔷薇科	梨属	沙梨
209	蔷薇科	梨属	沙梨
210	蔷薇科	蔷薇属	玫瑰
211	蔷薇科	蔷薇属	玫瑰
212	蔷薇科	蔷薇属	玫瑰
213	蔷薇科	蔷薇属	玫瑰
214	蔷薇科	鸡麻属	鸡麻

续表 8-3-5-6

序号	科名	属名	种名
215	蔷薇科	蔷薇属	木香花
216	蔷薇科	蔷薇属	月季花
217	蔷薇科	蔷薇属	月季花
218	蔷薇科	蔷薇属	月季花
219	蔷薇科	蔷薇属	月季花
220	蔷薇科	蔷薇属	玫瑰
221	蔷薇科	蔷薇属	黄蔷薇
222	蔷薇科	蔷薇属	野蔷薇(多花蔷薇)
223	蔷薇科	蔷薇属	荷花蔷薇
224	蔷薇科	蔷薇属	粉团蔷薇
225	蔷薇科	蔷薇属	玫瑰
226	蔷薇科	蔷薇属	黄刺玫
227	蔷薇科	蔷薇属	单瓣黄刺玫
228	蔷薇科	悬钩子属	牛叠肚(山楂叶悬钩子)
229	蔷薇科	悬钩子属	茅莓
230	蔷薇科	珍珠梅属	华北珍珠梅
231	蔷薇科	花楸属	花楸树
232	蔷薇科	花楸属	泰山花楸
233	蔷薇科	绣线菊属	麻叶绣线菊
234	蔷薇科	绣线菊属	华北绣线菊
235	蔷薇科	绣线菊属	粉花绣线菊(日本绣线菊)
236	蔷薇科	绣线菊属	李叶绣线菊
237	蔷薇科	绣线菊属	土庄绣线菊
238	蔷薇科	绣线菊属	绣线菊
239	蔷薇科	绣线菊属	珍珠绣线菊
240	蔷薇科	绣线菊属	三裂绣线菊
241	豆科	合欢属	合欢
242	豆科	合欢属	山合欢(山槐)
243	豆科	紫穗槐属	紫穗槐
244	豆科	云实属(苏木属)	云实
245	豆科	杭子梢属	杭子梢
246	豆科	锦鸡儿属	树锦鸡儿
247	豆科	锦鸡儿属	黄刺条
248	豆科	锦鸡儿属	毛掌叶锦鸡儿
249	豆科	锦鸡儿属	小叶锦鸡儿
250	豆科	锦鸡儿属	红花锦鸡儿

续表 8-3-5-7

序号	科名	属名	种名
251	豆科	锦鸡儿属	锦鸡儿
252	豆科	紫荆属	紫荆(满条红)
253	豆科	紫荆属	白花紫荆
254	豆科	黄檀属	黄檀
255	豆科	皂荚属	山皂荚
256	豆科	皂荚属	野皂荚
257	豆科	皂荚属	皂荚
258	豆科	肥皂荚属	北美肥皂荚
259	豆科	木蓝属	河北木蓝(本氏木兰)
260	豆科	木蓝属	白花吉氏木蓝
261	豆科	木蓝属	花木蓝(吉氏木蓝)
262	豆科	胡枝子属	胡枝子
263	豆科	胡枝子属	长叶胡枝子
264	豆科	胡枝子属	截叶胡枝子(截叶铁扫帚)
265	豆科	胡枝子属	短梗胡枝子
266	豆科	胡枝子属	兴安胡枝子
267	豆科	胡枝子属	多花胡枝子
268	豆科	胡枝子属	尖叶胡枝子
269	豆科	葛属	葛
270	豆科	刺槐属	毛刺槐(江南槐)
271	豆科	刺槐属	刺槐
272	豆科	刺槐属	刺槐
273	豆科	刺槐属	红花刺槐
274	豆科	槐属	白刺花(狼牙刺)
275	豆科	槐属	国槐
276	豆科	槐属	五叶槐(蝴蝶槐)
277	豆科	槐属	龙爪槐
278	豆科	紫藤属	紫藤
279	胡颓子科	胡颓子属	沙枣(桂香柳)
280	胡颓子科	胡颓子属	大叶胡颓子
281	胡颓子科	胡颓子属	胡颓子
282	胡颓子科	胡颓子属	牛奶子(秋胡颓子)
283	千屈菜科	紫薇属	紫薇
284	千屈菜科	紫薇属	福建紫薇(浙江紫薇)
285	瑞香科	结香属	结香
286	瑞香科	荛花属	河朔荛花

续表 8-3-5-8

序号	科名	属名	种名
287	石榴科	石榴属	石榴(安石榴)
288	石榴科	石榴属	石榴(安石榴)
289	石榴科	石榴属	石榴(安石榴)
290	八角枫科	八角枫属	八角枫
291	八角枫科	八角枫属	三裂叶瓜木
292	山茱萸科	灯台树属	灯台树
293	山茱萸科	山茱萸属	山茱萸
294	山茱萸科	四照花属	四照花
295	山茱萸科	梾木属	红瑞木
296	山茱萸科	梾木属	毛梾
297	桑寄生科	桑寄生属	北桑寄生
298	卫矛科	南蛇藤属	苦皮藤
299	卫矛科	南蛇藤属	南蛇藤(落霜红)
300	卫矛科	卫矛属	卫矛(鬼羽箭)
301	卫矛科	卫矛属	扶芳藤(爬行卫矛)
302	卫矛科	卫矛属	小叶扶芳藤
303	卫矛科	卫矛属	大叶黄杨(冬青卫矛)
304	卫矛科	卫矛属	丝棉木(桃叶卫矛、白杜)
305	卫矛科	卫矛属	垂丝卫矛
306	卫矛科	卫矛属	栓翅卫矛
307	冬青科	冬青属	枸骨(鸟不宿)
308	冬青科	冬青属	无刺枸骨
309	冬青科	冬青属	龟甲冬青
310	黄杨科	黄杨属	雀舌黄杨
311	黄杨科	黄杨属	黄杨
312	大戟科	山麻杆属	山麻杆
313	大戟科	白饭树属	一叶萩
314	大戟科	雀儿舌头属	雀儿舌头
315	大戟科	乌桕属	乌桕(蜡子树)
316	鼠李科	枳椇属	拐枣(北枳椇)
317	鼠李科	猫乳属	猫乳
318	鼠李科	鼠李属	锐齿鼠李
319	鼠李科	鼠李属	卵叶鼠李
320	鼠李科	鼠李属	鼠李
321	鼠李科	鼠李属	圆叶鼠李
322	鼠李科	鼠李属	小叶鼠李

续表 8-3-5-9

序号	科名	属名	种名
323	鼠李科	鼠李属	冻绿
234	鼠李科	枣属	枣
325	鼠李科	枣属	酸枣(棘)
326	鼠李科	枣属	枣
327	葡萄科	蛇葡萄属	掌裂草葡萄
328	葡萄科	蛇葡萄属	蛇葡萄
329	葡萄科	蛇葡萄属	葎叶蛇葡萄
330	葡萄科	乌蔹莓属	乌蔹莓
331	葡萄科	地锦属	五叶地锦
332	葡萄科	地锦属	爬山虎
333	葡萄科	葡萄属	山葡萄
334	葡萄科	葡萄属	小果葡萄
335	葡萄科	葡萄属	蘡薁(华北葡萄)
336	葡萄科	葡萄属	毛葡萄
337	葡萄科	葡萄属	葡萄
338	无患子科	栾树属	全缘叶栾树(黄山栾)
339	无患子科	栾树属	栾树
340	无患子科	文冠果属	文冠果(文官果)
341	七叶树科	七叶树属	七叶树
342	槭树科	槭属	三角枫
343	槭树科	槭属	青榨槭
344	槭树科	槭属	秀丽槭
345	槭树科	槭属	茶条槭
346	槭树科	槭属	梣叶槭(复叶槭)
347	槭树科	槭属	鸡爪槭
348	槭树科	槭属	五角枫(色木)
349	槭树科	槭属	北美红槭
350	槭树科	槭属	元宝枫(华北五角枫、平基槭)
351	漆树科	黄栌属	红叶黄栌
352	漆树科	黄栌属	毛黄栌
353	漆树科	黄连木属	黄连木(楷木)
354	漆树科	盐肤木属	火炬树
355	漆树科	漆树属	漆树
356	苦木科	臭椿属	臭椿
357	苦木科	苦木属	苦木(苦树)
358	楝科	楝属	苦楝(楝)

续表 8-3-5-10

序号	科名	属名	种名
359	楝科	香椿属	香椿
360	芸香科	吴茱萸属	臭檀吴萸
361	芸香科	枳属	枸橘(枳)
362	芸香科	花椒属	花椒
363	芸香科	花椒属	野花椒
364	五加科	楤木属	楤木
365	五加科	楤木属	辽东楤木
366	五加科	五加属	刺五加
367	五加科	常春藤属	菱叶常春藤
368	五加科	刺楸属	刺楸
369	五加科	刺楸属	深裂叶刺楸
370	马钱科	醉鱼草属	互叶醉鱼草
371	马钱科	醉鱼草属	醉鱼草
372	夹竹桃科	夹竹桃属	夹竹桃(柳叶桃)
373	夹竹桃科	络石属	异叶络石(石血)
374	夹竹桃科	络石属	络石
375	萝藦科	萝藦属	萝藦
376	茄科	枸杞属	枸杞
377	紫草科	厚壳树属	厚壳树
378	紫草科	厚壳树属	粗糠树
379	马鞭草科	紫珠属	日本紫珠(紫珠)
380	马鞭草科	莸属	蒙古莸
381	马鞭草科	大青属	臭牡丹
382	马鞭草科	大青属	海州常山(臭梧桐)
383	马鞭草科	牡荆属	黄荆
384	马鞭草科	牡荆属	荆条
385	马鞭草科	牡荆属	单叶黄荆
386	木犀科	流苏树属	流苏树(牛筋子)
387	木犀科	雪柳属	雪柳
388	木犀科	连翘属	金钟连翘
389	木犀科	连翘属	连翘
390	木犀科	连翘属	金钟花
391	木犀科	梣属	美国白蜡
392	木犀科	梣属	花曲柳(大叶白蜡树)
393	木犀科	梣属	白蜡(蜡条、梣)
394	木犀科	梣属	湖北白蜡(对节白蜡)

续表 8-3-5-11

序号	科名	属名	种名
395	木犀科	梣属	水曲柳
396	木犀科	梣属	洋白蜡(美国红梣)
397	木犀科	梣属	绒毛白蜡树(毡毛梣)
398	木犀科	素馨属	探春花(迎夏)
399	木犀科	素馨属	迎春花
400	木犀科	女贞属	金叶女贞
401	木犀科	女贞属	女贞(大叶女贞)
402	木犀科	女贞属	辽东水蜡树
403	木犀科	女贞属	小叶女贞
404	木犀科	女贞属	小蜡
405	木犀科	木犀属	山桂花(管花木樨)
406	木犀科	木犀属	桂花
407	木犀科	丁香属	紫丁香
408	木犀科	丁香属	白丁香
409	木犀科	丁香属	小叶巧玲花(四季丁香)
410	木犀科	丁香属	巧玲花(毛叶丁香)
411	木犀科	丁香属	北京丁香
412	木犀科	丁香属	暴马丁香
413	玄参科	泡桐属	楸叶泡桐
414	玄参科	泡桐属	兰考泡桐
415	玄参科	泡桐属	白花泡桐(泡桐)
416	玄参科	泡桐属	毛泡桐
417	紫葳科	凌霄属	凌霄
418	紫葳科	凌霄属	厚萼凌霄
419	紫葳科	梓属	楸树
420	紫葳科	梓属	灰楸
421	紫葳科	梓属	梓树
422	紫葳科	梓属	黄金树
423	茜草科	栀子属	栀子
424	忍冬科	六道木属	糯米条
425	忍冬科	蝟实属	蝟实
426	忍冬科	忍冬属	金花忍冬
427	忍冬科	忍冬属	郁香忍冬
428	忍冬科	忍冬属	苦糖果
429	忍冬科	忍冬属	忍冬(金银花)
430	忍冬科	忍冬属	红金银花

续表 8-3-5-12

序号	科名	属名	种名
431	忍冬科	忍冬属	金银木(金银忍冬)
432	忍冬科	接骨木属	西洋接骨木
433	忍冬科	接骨木属	花叶接骨木
434	忍冬科	接骨木属	接骨木
435	忍冬科	荚蒾属	荚蒾
436	忍冬科	荚蒾属	宜昌荚蒾
437	忍冬科	荚蒾属	绣球荚蒾
438	忍冬科	荚蒾属	珊瑚树(法国冬青)
439	忍冬科	荚蒾属	欧洲荚蒾
440	忍冬科	荚蒾属	天目琼花(鸡树条)
441	忍冬科	荚蒾属	皱叶荚蒾(枇杷叶荚蒾)
442	忍冬科	荚蒾属	陕西荚蒾
443	忍冬科	锦带花属	海仙花
444	忍冬科	锦带花属	锦带花
445	棕榈科	棕榈属	棕榈
446	禾本科	箬竹属	阔叶箬竹
447	禾本科	刚竹属	淡竹(粉绿竹)
448	禾本科	刚竹属	刚竹
449	禾本科	苦竹属(大明竹属)	大明竹
450	百合科	菝葜属	菝葜
451	百合科	菝葜属	鞘柄菝葜
452	百合科	丝兰属	丝兰
453	萝摩科	杠柳属	杠柳
454	蓝果树科	喜树属	喜树

第二节 山区绿化

1986年起，济南市实施南部山区保泉绿化工程。2000～2002年，实施三年蓝天工程大环境绿化，全市共治理荒山190座，完成造林面积10247公顷，栽植苗木2231.1万株。2007～2010年，全市实施“造林绿化行动”，完成荒山绿化面积23375公顷。

第三节 平原绿化

全市在平原县区、乡镇开展农田林网、沙化土地治理与速生丰产林建设等平原绿化建设。1991年，全市完成速生丰产林293公顷，新增农田林网10727公顷。1996年，完成速生丰产林建设753公顷，新增农田林网14133公顷。2003年，完成平原用材林建设13760公顷，新建农田林网8027公顷。2004年，完成平原用材林建设12933公顷，新建农田林网7667公顷。2005年，完成平原用材林建设9800公顷，新建农田林网8200公顷。2006年，完成平原用材林建设4333公顷，新建农田林网11667公顷。2007年，完成平原用材林建设2133公顷，新建农田林网7000公顷。2008年，完成平原用材林建设2533公顷，新建农田林网10667公顷。2009年，完成平原用材林建设2333公顷，新建农田林网8000公顷。2010年，完成平原用材林建设3533公顷，新建农田林网5667公顷。

第四节　道路绿化

一、国省县乡村道路绿化

2002年，济南市共完成国道林带绿化146.5千米，省道林带52千米，县乡道路林带建设176千米。2006年，全市完成村村通公路绿化建设近1000千米，平原村村通公路绿化率98%，山区村村通公路绿化率60%。2007年，全市适宜绿色通道建设7118千米，已绿化4909千米，占可绿化长度的69%，绿化资金投入5亿多元。其中铁路适宜绿化124.1千米，已绿化30.2千米；各级公路可绿化5636.5千米，已绿化3976.9千米；江河沿岸可绿化1357.5千米，已绿化902千米。2010年，完成国道、省道绿化449.35千米。

二、高速公路绿化

2002年起，济南市实施高速公路两侧绿色通道建设工程。2002～2004年，完成绕城高速公路东线、济青高速公路、京福高速公路两侧绿化带建设。2004起，先后实施绕城高速南线、京福高速公路、济菏高速公路、济青高速公路南线两侧可视荒山绿化工程。2010年，全市完成高速公路绿色通道建设171.7千米，绿化带建设共栽植雪松、蜀桧、紫叶李、毛白杨等各类苗木280万株；完成道路两侧可视范围内荒山绿化面积2333公顷，栽植侧柏、黄栌等苗木700余万株，绕城南线、京福高速公路两侧完成退耕还果800公顷。

第五节　义务植树

1986年起，济南市利用“3·12”植树节，动员党、政、军机关干部开展义务植树活动，全市参加义务植树人数呈递增趋势，先后建设“八一园林”“五四”青年林等义务植树基地，起到良好示范效应和带动作用，推进济南市生态绿化建设。1990年，全市参加义务植树143.9万人(次)，植树1002万株。2001年，全市参加义务植树近200万人(次)，植树600余万株；同时各县(市)区及市直部门建“青年林”“民兵林”等30余处，面积533公顷。2006年，全市参加义务植树217万人(次)，共植树894万株。2007年3月12日，市五大班子领导、济南警备区官兵、市直部门等领导干部2000余人到历城区仲宫镇刘家村参加义务植树活动。3月18日，省、市领导、济南军区官兵、省直部门领导干部1900余人到长清区归德镇南水北调工程现场参加义务植树活动。同年，全市参加义务植树人数195万人(次)，植树900余万株。2008年3月12日，市五大班子领导、济南警备区官兵、市直部门等领导干部2000余人到历城区彩石镇大龙堂村北山参加义务植树活动，同时举行“纪念第30个义务植树节”仪式。3月20日，省、市领导、济南军区官兵、省直部门领导干部到长清区崮云湖街道池子村南山参加义务植树活动，植树结束后在泉城广场举行纪念第30个义务植树节暨“绿飘带”行动启动仪式，参加人数2700余人。同年，全市参加义务植树人数260万人(次)，植树1100余万株。2010年3月12日，市五大班子领导、济南警备区官兵、市直部门领导干部2000余人到高新区巨野河街道刘官庄村北参加义务植树活动，并举行“创建国家森林城市”启动仪式。3月20日，省、市领导、济南军区官兵、省直部门等领导干部2000余人到长清区归德镇南水北调工程现场参加义务植树活动。同年，全市参加义务植树人数270万人(次)，植树1150余万株。

第六节 林业产业

2000年起，济南市按照“生态优先、产业支撑、文化引领”思路，以兴林富民为目标，发展干鲜果品、花卉苗木、速生丰产林三大骨干产业，着力开拓林下种养、林产品加工业和生态文化产业，培植龙头企业和林业专业合作组织，进行规模化布局、集约化经营，提高综合效益，实现产业富民。全市林业产业规模不断扩大，产业内涵丰富，产业集聚度提高，对经济社会贡献增强。至2010年年底，全市有林地面积19.04万公顷，林木蓄积量966.49万立方米，森林覆盖率30%；全市用材林4.3万公顷，经济林5.57万公顷，林果总产量57.88万吨，林业总产值41亿元。

一、经济林

全市围绕“造林绿化行动”、创建国家森林城市等工程，按照生态建设和市场需求，加快产业结构调整，实施退耕还林工程，推进名特优经济林基地、示范园建设。至2010年，全市经济林总面积5.57万公顷，林果总产量57.88万吨。建成标准化生产基地31处、示范园31处。全市共有林果产品37个、企业22家进行“三品一标”认证，其中无公害农产品认证产品28个、企业16家；绿色农产品认证产品2个、企业2家；有机农产品4个、企业1家。通过地理标志产品认证产品3个、企业3家。平阴玫瑰之乡闻名遐迩，章丘市曹范良种核桃基地被授予“中国园艺学会干果分会试验示范基地”称号，历城区被国家林业局命名为“中国核桃之乡”。

2010年济南市经济林面积产量统计表

表8-3-6　　单位：公顷、吨

种 类	面 积	产 量
苹 果	3513.3	137996.0
梨	1326.7	34816.9
桃	5086.7	153133.1
葡 萄	953.3	21450.7
杏	3866.7	104256.7
枣	500.0	11408.2
核 桃	15306.7	25997.4
板 栗	6333.3	10528.2
山 楂	906.7	21272.8
柿	1526.7	32691.2
银 杏	33.3	1.0
樱 桃	1446.7	7382.1
石 榴	40.0	860.7
李	40.0	640.0
花 椒	3800.0	5881.6
草 莓	86.7	1671.1
其他经济林	1553.3	7524.0
合 计	46320.1	577511.7

二、速生丰产林

在商河县、济阳县和其他县(市)区的沿黄地区，引导群众科学有序地发展速生丰产林基地。通过以绿色通道、农田林网建设为主体，沙化土地和沟、渠、路治理为重点，同时利用四旁隙地开展围村片林建设等方式，在构建网、带、片、点相结合的平原防护林体系的同时，稳步推进速生丰产林基地建设。至2010年年底，全市速生丰产林基地4.3万公顷。

三、种苗花卉

通过加强林木种苗执法和管理，进一步规范种苗花卉市场，建立完善销售体系，全市种苗花卉业呈基地化、规模化、特色化趋势稳步发展，并由数量增长型向质量效益型方向成功转型，苗木产业市场体系已基本形成，为全市创建国家森林城市提供品种优良、价格合理、数量充足的苗木，同时成为调整农业产业结构、致富农民的重要支柱产业。至2010年年底，全市共有育苗单位1727个，育苗面积0.73万公顷，总产苗量22399万株；建立苗木花卉标准化生产基地5处，花卉设施栽培基地20万平方米。全市苗木花卉总产值8.5亿元，从业人员10万余人。

四、林下产业

济南市按照“规模化、产业化、现代化”的发展思路，以发展林下养殖、种植为重点，鼓励并支持农民利用林下土地资源和林荫空间发展林下经济，重点推广“龙头企业＋基地＋农户”的产业化发展模式，林下经济已成为农民增收的新途径。2010年，全市林下种养面积2173公顷，其中林养模式733公顷，林菌模式87公顷，林种模式1353公顷，年收入1.3亿元。

五、林产品加工业

2010年年底，全市从事木材加工、林化产品、家具制造、果品加工、玫瑰花加工、工艺品制造等企业1000余家，主要集中在济阳县仁风镇、垛石镇、太平镇3个加工小区，商河县郑路镇，章丘市黄河、高官寨、水寨等乡镇，平阴县等地，总产值10亿元。其中加工各类干鲜果品2.1万吨，实现销售收入2.25亿元；生产各种锯材、木片、胶合板、纤维板、细木工板85万立方米，年产值2.8亿元，家具制造产值3.7亿元；林化产品0.2亿元；玫瑰花加工0.4万吨，产值过亿元。

六、龙头企业与专业合作组织

2010年，全市有各类规模以上林业龙头企业30多家，建立林业行业协会、合作社383个，会员3万余人。其中“济南花联”“华鲁”“锦绣源”等一批林业龙头企业，成为引导农民走向市场、提高组织化程度，实现林业增效、农民增收的一支重要力量。

1986～2010年济南市造林面积统计表

表8-3-7

年 份	造林面积(公顷)	年 份	造林面积(公顷)
1986	24500	1999	16157
1987	17420	2000	19152
1988	13418	2001	7265
1989	6760	2002	6765
1990	13613	2003	10391
1991	14428	2004	14385
1992	22313	2005	10249
1993	25886	2006	10125
1994	33357	2007	10546
1995	18894	2008	12364
1996	16949	2009	9534
1997	16336	2010	13589
1998	15396		

第四章 果 业

第一节 果 树

一、品种结构与分布

济南市果树资源丰富，品种繁多，果品产量呈上升趋势。其中干果类果树主要有核桃、柿子、板栗、山楂、枣以及花椒、银杏等；鲜果类主要有苹果、梨、桃、杏、葡萄，鲜果类小杂果还有石榴、樱桃、李子、花红果、海棠果(柰子)、无花果等。苹果、梨、桃、杏、核桃、板栗、柿子等数量多，分布广，是济南市主要果树。

核桃、柿子、板栗、苹果、梨、桃、杏、花椒等主要分布在南部山区。在长期栽培过程中，已形成沿河谷地核桃、杏，山脚苹果、山楂，梯田堰边柿子、花椒的自然分布状况。枣、葡萄、桃平原区分布较多，银杏在寺庙、村宅、庭院有少量大树，平原地区分布有少量叶用园。苹果、梨、桃、杏、樱桃、葡萄等鲜果多在山坡下部或平原区集中连片栽培形成果园，干果大树资源多在山坡及梯田、堰边散植。1986年起，结合退耕还果工作的开展，形成很多较大面积的成片果园。

二、主要果树品种

(一)干果类 核桃 又称胡桃，在济南市有1500余年的栽培历史，南部山区的山谷、山麓平坦肥沃处皆有栽培。历城区的柳埠、仲宫、西营及章丘市的垛庄、曹范一带为核桃的重点产区。济南市的核桃原有绵核桃、隔核桃、薄壳核桃等几个栽培类型。其中历城鸡爪绵、章丘垛庄薄壳核桃久负盛名。1986年起，先后引进香玲、鲁光、丰辉、中林1号、中林5号、元丰等10余个核桃良种，栽培面积逐年扩大。2010年，全市年产核桃2.6万吨，其中历城区产量占1/2。

柿子 柿树为济南市乡土果树，栽培历史悠久，主要分布在南部山区的梯田堰边及村宅旁。历城区的柳埠、仲宫、西营、锦绣川一带及长清区的万德、张夏一带是济南市柿子的重点产区。长清区万德镇的武庄是济南市的“林果之乡”，享有“绿色武庄，齐鲁柿乡”之美誉。济南市的柿树按甘涩分为甘柿和涩柿两大类。甘柿不用脱涩可直接鲜食，但种子较多，品质中等，有富有和罗田等品种，为20世纪80年代后从日本引进，数量不多。本地柿树多为涩柿类，品种有大面糊、小面糊、盒柿、镜面柿、托柿、牛心柿、馍馍柿、车头柿、水柿等，其中面糊柿为济南市柿子的主栽品种，分布广，数量多。长清区产车头柿较多，是制作柿饼的良种。2010年，全市年产柿子3.27万吨，其中长清区产量最多，占3/4。

枣 枣树为济南市原生果树，有2000余年栽培历史，章丘、长清、商河皆有百年以上大树。济南市的枣树多在平原区与农作物间作或在村宅、路旁栽培。商河、济阳一带分布较多，山区村宅旁亦有少量栽培，梯田堰边及低山坡有酸枣嫁接的枣树。主要有圆铃枣、长红枣、陵枣、脆枣、马牙枣等品种，以圆铃枣数量较多，长红枣次之，脆枣、陵枣、马牙枣较少。2000年前后，相继引入鲁北冬枣、梨枣等鲜食枣品种。2010年，全市年产枣1.14万吨，其中历城区产量占1/2。

板栗 板栗树为济南市乡土果树，有2000年栽培历史。历城区有270余年的板栗树。板栗是济南市著名干果、木本粮食果树，喜微酸性土壤，在青石山区生长不良，在历城区的西营、柳埠等沙石山地栽培较多。济南市板栗有明栗、红光栗、红栗子、大毛栗、小毛栗及金丰、石丰等栽培类型和品种，以明栗和红光栗栽培数量较多。明栗味甜、质细、易剥皮，品质上等，是板栗中的优良类型。2010年，全市年产板栗1.05万吨，其中历城区占全市总产量65%。

山楂　亦称酸楂，山楂树是济南市乡土果树，有千年以上栽培历史。历城区柳埠镇南岔有一株百年以上大山楂树，每年产山楂500公斤，被称为“山楂王”。历城区的柳埠、西营，济阳县的仁风，章丘市的垛庄，长清县的万德、张夏一带栽植较多，柳埠镇三岔一带尤盛。济南市的山楂有大货、小货、敞口、绵瓤、山楂石榴、面楂子、八月红子等品种，以大货、小货产量最多。2010年，全市年产山楂2.13万吨，其中历城区占全市总产量的73%。

花椒　花椒树属木本油料树种。济南市南部山区的山坡下部以及梯田堰边皆有栽培，历城、章丘栽植较多。济南市的花椒有花椒和崖椒两种。花椒有大红袍(大椒子)、川椒(香椒子、小椒子)和青皮椒(臭椒子)3个品种，以大红袍栽植数量较多，川椒次之，青皮椒较少。2010年，全市年产花椒5882吨，其中历城区占全市总产量的53%。

(二)鲜果类　苹果　苹果树是济南市的重要经济果树，南部山区及平原区皆有栽培。历城区的柳埠、仲宫、锦绣川、西营，长清区的万德、张夏、五峰，章丘市的垛庄、文祖，平阴县的洪范一带栽培较为集中。济南市苹果属的果树有苹果、沙果(花红、林檎)、海棠(柰子)、西府海棠(海红)等品种。沙果、海棠果、西府海棠为济南地区原产果树，晋代以前即有栽培。济南市的苹果品种繁多。早熟品种有辽伏、祝光、美国8号、嘎拉等，中熟品种有金帅、红香蕉、红星、红玉、倭锦、玫瑰红等，晚熟品种有青香蕉、小国光、大国光、秀水、印度、红富士等。1986年起，以红富士为主的晚熟品种发展面积扩大，占全市苹果总面积的70%，金帅、红香蕉、小国光等品种的栽培面积逐步萎缩。2010年，全市年产苹果13.8万吨，其中历城区占全市总产量的60%。

桃　桃树为济南市的乡土果树，栽培历史悠久。主要分布在平原区果园内及村宅旁，以历城区的彩石、仲宫、锦绣川，章丘市的曹范、辛寨，长清区的马山镇等地为多。济南市的桃树有桃、山桃、扁桃、毛桃、白桃、油桃等品种。桃为栽培果树，栽培广泛。山桃为野生果树，亦有栽培，多作观赏花木。扁桃在章丘垛庄有少量栽植。济南市桃树品种繁多。早熟桃有春蕾、龙山红蜜、华光、曙光、艳光等，中熟桃有大久保、章丘水蜜、莱山蜜、城阳鲜、川中岛、黄金桃、中秋蟠桃等，晚熟品种有中华寿桃、玉龙雪桃、马山雪桃等。以中熟品种数量较多，早、晚熟品种较少。2010年，全市年产桃15.31万吨，其中历城区占全市总产量的70%。

梨　梨树为济南市的乡土果树，在济南市至少有2000年栽培历史。济南市的梨树主要分布在历城区的仲宫、绣川、西营，长清区的张夏、万德一带。济南市梨属果树有白梨、沙梨、豆梨、西洋梨、杜梨5种。白梨、沙梨、西洋梨为栽培果树，杜梨、豆梨为野生果树。栽培梨树有伏茄梨、绣丰梨、小白梨、长把梨、巴梨、酥梨、晚三吉、锦丰、香水梨、黄金梨、爱宕梨、绿宝石等30余个品种。其中伏茄梨、绿宝石为早熟品种，长把梨、香水梨等为晚熟品种。中早熟品种中的小白梨为本市原产和主产品种，数量多，分布广，但栽培面积逐年萎缩。2010年，全市年产梨3.48万吨，其中历城区占全市总产量的59%。

杏　杏树为济南市的原生果树，栽培历史悠久，主要分布于历城区的柳埠、仲宫、西营和长清区的张夏、五峰一带。历城区仲宫镇的刘家、穆家及长清区的张夏、五峰一带，有成片杏园。济南市杏有普通杏一个种和山杏一个变种。普通杏为栽培果树，山杏为野生，亦有栽培，多用作杏之砧木和观赏花木。栽培杏有红玉杏、红荷包杏、金太阳杏、凯特杏、白玉杏、麦黄杏、巴旦杏、济丽红等品种，其中红玉杏、红荷包杏、金太阳杏和麦黄杏为主栽品种。红玉杏被誉为“杏中之魁”，是济南市特产。红荷包也是久负盛名的名产果品。2010年，全市年产杏10.43万吨，其中历城区占全市总产量的63%。

葡萄 济南市的葡萄主要分布在平阴县的平阴、孔村，市中区党家，章丘市官庄，历城区仲宫、商河县玉皇庙等地，城乡庭院栽培也比较广泛。济南市葡萄属的果树除葡萄外，还有山葡萄、霜葡萄、刺葡萄诸种；其中葡萄为栽培食用果品，其他种葡萄多为野生，可用作嫁接葡萄的砧木或作观赏树种。济南市葡萄品种繁多，主要有京秀、山东早红、大粒六月紫、玫瑰香、龙眼、巨峰、红提等。其中红提葡萄是2000年前后引入的美国葡萄品种，栽培面积1000多公顷，平阴县孔村镇曾被称为全国红提第一镇。2010年，全市年产葡萄2.15万吨，其中平阴县最多，占全市总产量的28%。

樱桃 樱桃树姿秀丽，花早色艳，果实色泽艳丽，晶莹美观，果肉多汁味美，营养丰富。果实发育时间短，成熟上市早，病虫少，较少有农药残留，绿色安全无公害。济南市历史上有栽植樱桃的传统，但均以小樱桃即中国樱桃为主，且多为庭院和山区梯田堰边散植，鲜有连片樱桃园。1995年，济南市从烟台等地引入欧洲甜樱桃进行基地化栽培。甜樱桃又叫洋樱桃，是欧洲甜樱桃和欧洲酸樱桃及其杂种的统称，因其果个比中国樱桃大，俗称大樱桃。樱桃主要分布在历城区的柳埠、锦绣川，长清区的万德、五峰、双泉，章丘市的绣惠、刁镇，平阴李沟等地，品种以红灯、早大果、拉宾斯、斯坦勒、美早、那翁、大紫为主。2010年，全市年产樱桃7382万吨，其中章丘市、长清区占全市总产量的43%、42%。

济南市第四届王家峪大樱桃采摘节 （2010年摄）

2010年济南市绿色食品情况表

表8-3-8

序号	县区	认证企业	认证产品	证书编号	认证产量（吨）	认证面积（公顷）
1	平阴县	济南天源玫瑰制品开发有限公司	玫瑰干花蕾	LB-45-0911154058A	60	120
2		济南九州玫瑰制品开发有限公司	玫瑰酱	LB-53-1007152043A	400	666.7

2010年济南市无公害农产品情况表

表8-3-9

序号	县区	认证企业	认证产品	证书编号	产量（吨）	面积（公顷）
1	历城区	山东锦秀源实业有限公司	锦绣川桃	WGH-06-00977	6000	267
			锦绣川核桃	WGH-05-01574	300	200
			锦绣川樱桃	WGH-05-03161	600	40
			锦绣川杏	WGH-05-03162	600	67
			锦绣川柿子	WGH-07-00775	3000	150
			锦绣川苹果	WGH-04-00086	20000	1330
			锦绣川梨	WGH-04-00087	18000	1200

续表 8-3-9

序号	县区	认证企业	认证产品	证书编号	产量(吨)	面积(公顷)
2	历城区	济南市历城区西营镇果树协会	西营苹果	WGH-04-09557	17512	467
			西营核桃	WGH-04-09558	2501	667
			西营板栗	WGH-04-09559	375	267
			西营花椒	WGH-04-09562	150	267
3		济南市历城区香玲核桃专业合作社	薄壳核桃	WGH-04-09561	300	200
4		山东福润康食品有限公司	金丝小枣	WGH-09-02204	2000	—
5		济南柳埠绿农产品有限公司	柳埠绿核桃	WGH-04-02212	1500	400
			柳埠绿板栗	WGH-04-02213	1000	200
6	平阴县	平阴华兴蔬菜专业合作社	桃	WGH-05-00781	1100	—
			苹果	WGH-05-00782	790	—
7		平阴生辉黄梨专业合作社	晚秋黄梨	WGH-09-08997	250000	333.3
8		平阴县刁山坡郭套仙桃协会	山杏	WGH-08-02438	3000	100
			仙桃	WGH-08-02439	3000	100
9		平阴玫冠苹果专业合作社	苹果	WGH-08-11386	1500	800
10		平阴大寨山山核桃专业合作社	山核桃	WGH-08-12339	150	100
11		平阴迎春樱桃专业合作社	樱桃	WGH-08-12340	50	50
12		济南玫乡山里人农副产品开发有限公司	核桃	WGH-09-07481	150	333.3
13	商河县	商河县商南农贸有限公司	梨	WGH-09-09007	5850	130
14		商河县殷巷镇高坊村金丝魁王小枣协会	小枣	WGH-08-12277	2500	333
15	长清区	长清区张夏镇农业技术推广站	杏	WGH-04-01911	3000	200
16		济南市长清区双泉乡段店核桃种植专业合作社	核桃	WGH-08-11404	5250	—

第二节 果品生产

一、果树栽培

济南市果树栽培历史悠久，早在1000多年以前，柿子、枣、核桃、桃、杏、梨等果树即广泛栽培。1983年起，随着国家各项林业政策的进一步落实，济南市进入改革开放后第一个植果高峰，栽植树种以山楂和红富士苹果为主，形成著名的“山楂热”，各地涌现出大量山楂丰产园片；同时，全市完成苹果品种结构的重大调整，除平阴洪范池仍以栽植玫瑰红苹果为主以外，60%的苹果品种成为晚熟、质优、耐藏的红富士；随着春蕾等早熟桃品种的引入，桃树的栽培面积也在章丘明水、市中十六里河(当时隶属历城)、历城仲宫、锦绣川等地不断扩大。1985年，全市营建干鲜果园10667公顷，栽植干鲜果树800余万株。同年，全市实有干鲜果面积2.8万公顷，有果树1405万株，其中，干果面积1.8万公顷915万株；鲜果面积1万公顷(其中国营果园87公顷)490万株。历城县的仲宫、柳埠、西营、绣川，长清县的万德、张夏、崮山，章丘县的垛庄、曹范，平阴县的洪范池、东阿、孝直，郊区的西郊、华山一带已逐步建成济南市的重要果品基地。至1993年，全市干鲜果面积增加到3.8万公顷。

1993年11月17日～25日，济南市遭寒流袭击，气温剧降，全市果树普遭冻害，受害面积11960公顷。商河、济阳两县，历城、章丘北部及平阴、长清沿黄地区的北部平原、洼地果树受害均比山区严重，其中尤以苹果最重，全市苹果受害面积1万公顷，株数32万株。另外，由于山楂产量的过快增长并受加工限制，山楂市场趋于饱和，各地开始放弃对山楂树的管理，甚至出现不同程度的刨树现象。1995年，济南市开始从烟台等地引进栽培甜樱桃。至1997年，全市果树面积缩减为3.6万公顷。1998～2000年，全市果树面积稳中有升，2000年增至4万公顷。

2000年后，随着良种核桃繁育技术、大树改接技术的成熟、完善和推广，以及核桃价格的大幅度提升，农民栽植核桃的积极性提高，各地均把良种核桃生产作为农村种植业结构调整的主要发展树种，良种核桃的栽培面积迅速扩大，形成以发展核桃为主要内容的第二个植果高峰。同时，各地结合退耕还林还果工作和济青、京福高速公路绿化工程的开展，坚持因地制宜、适地适树和生态、经济、社会效益相统一以及突出特色、绿化、美化与人文景观相结合的原则，进行科学规划，高标准建设。在树种和品种的选择上，充分发挥当地名、特、优经济林资源优势，突出特色和发展重点，适当加大核桃、柿等干杂果及杏、大樱桃等小水果的发展比例，做到一镇一品或一镇多品。苹果、葡萄等由于树体老化、更新等原因，栽培面积有所下降。至2005年，全市果树面积4.7万公顷，其中核桃面积1万公顷。2010年，全市果树面积4.09万公顷。

二、果品产量

1986～1990年，济南市果品产量在6550万～8030万公斤之间。1991～2000年，全市果品产量处于稳步上升阶段，产量由8660万公斤上升到38350万公斤。2000～2005年，除2001年、2002年产量较2000年略有下降外，由2003年的42750万公斤上升到2005年的51450万公斤。2010年，全市果品产量56240万公斤。

第三节 基地建设

1999年，规划建设经济林基地；引进推广名优特稀果树品种，建立林果科技示范园，实行集约经营；开展老资源嫁接改造，更新品种，提高果品产量、质量。年内，引进推广林果良种20个，建立示范园、采穗圃及良种育苗基地20处。2004年，在全市林果示范园44家的基础上，年内新建成333.3公顷经济林基地10处，建成实行新品种、新技术管理的市级科技示范园15处，示范、辐射带动作用进一步提高。2006年，建成标准化生产基地和科技示范园47处，完成良种核桃改1300公顷、80万株，更新改造高光效苹果示范园近千亩。平阴玫瑰干花蕾、历城红荷包杏等6个产品被评为山东省名牌产品。

至2010年，全市有经济林标准化生产基地25处，涉及树种主要有核桃、板栗、大樱桃、苹果、梨、杏、桃、柿、山楂等，标准化生产面积0.73万公顷；特色林果示范园22处，涉及树种主要有核桃、苹果、大樱桃、玫瑰、杏、葡萄、梨、枣、柿、桃等，示范生产面积467公顷。培植出章丘市曹范薄壳核桃、辛寨早熟苹果和文祖花椒，平阴玫瑰，市中区十六里河脆酸枣，历城区王家峪大樱桃、藕池板栗，长清区马山雪桃、张夏玉杏等92个名特优地方品牌。

第五章　林业管理

第一节 林业经营体制改革

1986年起，济南市各级政府围绕促进集体林业发展，改革林业生产经营方式，按照“林有其主，主有其权，权有其责，责有其利”原则，推行林业用地承包、拍卖、租赁、股份合作经营等生产经营新机制。2001年，山东省人民政府制定《关于推进林权制度改革的意见》，参与林业用地承包、拍卖、租赁、股份合作经营的个人、单位逐步增加。

林权改革主要有四种形式：竞价购买使用权。在平原地区，村集体采取竞价购买道路两侧树穴、林带树木、片林等形式，将原有集体管理的树木所有权拍卖到农户，期限10～30年。村集体拍卖树木或树穴收入，用于集体基础设施建设或发展公共事业。在山区，具有宜林荒山资源的农村集体经济组织采取竞价拍卖方式，公开拍卖宜林荒山使用权，竞买者出资买断一定年限内(一般为30年或50年)荒山使用权。获得使用权的个人或组织履行合同规定的责任，投资投劳，开展造林植果，开发利用荒山。招标承包。发包方确定标价，实行公开招标承包，承包方一次或定期向发包方上交承包金，或按林木林果收益与发包方比例分成。租赁经营。出租者与承租者协商确定租金和租赁期限，承租者按照合同约定交纳租金，依法经营管理森林、林木和林地。股份合作。个人、法人或其他组织，以资金、土地、苗木、技术等要素入股合作，按章经营，风险共担，收益共享。1995年起，通过承包、拍卖、租赁、托管、股份合作落实林地使用权面积3.3万余公顷，其中家庭承包方式占60%，面积2万公顷，承包期一般在30年。

2003年，按照中共中央、国务院《关于加快林业发展的决定》精神，鼓励社会各方面参与林业建设，拓宽社会化办林业的路子，推行荒山使用权拍卖、大户承包、股份合作开发。至2003年年底，全市林木、林地使用权改制面积4.8万公顷；改制林带167.4万米；签订拍卖、承包合同1.8万份；承包、竞买荒山、道路、沟渠造林的企业、大户共11640户，其中承包500亩(约33公顷)的75户。

2009年，根据中共中央、国务院《关于全面推进集体林权制度改革的意见》和省委、省政府《关于深化集体林权制度改革推进现代林业发展的意见》的要求，全省确定28个试点县进行集体林权制度改革试点，济南市长清区被列为集体林改试点县，济南市集体林权制度改革正式启动。2010年，在长清区试点的基础上，市政府决定在全市全面开展集体林改工作。1月26日，市政府召开全市集体林权制度改革工作会议，对集体林权制度改革工作进行全面安排部署。2月26日，市委、市政府召开全市林业工作暨创建国家森林城市动员大会，对集体林改提出具体要求。至2011年年初，全市各县(市)区基本完成主体改革任务，有林改任务的乡镇(街道)84个、村2068个，全市共10.4万公顷集体林地明晰产权，其中由集体统一经营的8.9万公顷，落实承包关系的1.3万公顷，集体统一经营的林地发放股权证24万个，股权发证率95%。通过开展林权登记发证，勘界宗地3577宗，确权发证集体林地面积9.9万公顷，确权发证率

95.6%，发放林权证12442个，其中新登记发证2718个。

第二节 林业立法与执法

一、林业立法

1989年10月13日，市政府发布实施《济南市森林防火奖惩办法》，规定：本市每年自11月1日至翌年5月31日为森林防火期，其中从2月1日至4月30日为森林防火戒严期；有发现森林火灾能及时报告并尽力扑救，避免造成重大损失的、在查处森林火灾案件中有突出贡献的、在本行政区和责任区内连续3年未发生森林火灾的等单位或个人，由县(市)区人民政府给予奖励；在森林防火期有在林区上坟烧纸、吸烟、燃放鞭炮等行为和贻误扑火时机等行为，应给予经济处罚和行政处罚。该办法于2008年1月7日宣布废止。

1990年1月8日，市政府第59次常务会议审议通过《济南市封山育林管理规定》。规定封育时间、封育范围、封育原则及违反封山育林管理规定的处罚。该规定于2005年10月1日废止。

1996年2月5日，市政府发布实施《济南市森林资源保护管理规定》，共25条，重点对征占用林地和采伐林木的行为进行规范，对以盗伐滥伐林木、开山采石破坏林地、毁坏树木、未经批准占用征用林地等违法行为，制定处罚措施。1999年，该规定上升为地方性法规。2000年1月1日，《济南市森林资源保护管理规定》废止。

1999年9月17日，济南市第十二届人民代表大会常务委员会第十次会议审议通过《济南市森林资源保护管理办法》，同年10月25日山东省第九届人民代表大会常务委员会第十一次会议批准，2000年1月1日起施行。《济南市森林资源保护管理办法》是济南市保护森林资源的第一部地方性法规，共37条，包括总则、林地和林木管理、森林和林木保护、林木采伐与更新、法律责任、附则等内容。2004年9月24日，根据《中华人民共和国行政许可法》及其他有关法律法规规定，结合本地实际，济南市十三届人大常委会第十二次会议对《济南市森林资源保护管理办法》进行修改，取消"每年4月1日至9月30日为本市禁止采伐期"的规定。

2005年7月12日，市政府第25次常务会议审议通过《济南市封山育林管理规定》，同年10月1日起施行。与1990年的《济南市封山育林管理规定》相比，增加的内容主要是：明确封山育林范围；确定各级政府和部门封山育林职责；确定封山育林规划编制程序和规划内容；明确封山育林区封育范围、年限以及措施应当予以公告；明确封山育林区林地使用权允许流转；完善成立护林组织、订立护林公约、护林员培训管理等护林制度；设定在封山育林区放牧牲畜、毁坏树穴、采挖树木、私自建埋坟墓、毁坏封山育林设施等行政处罚。

二、林业行政执法

自20世纪90年代初，全市各级林业行政主管部门依法履行林业法律法规赋予的行政执法职能，利用广播、电视、标语、宣传车等形式进行宣传，使林业建设由行政手段向以法治林转变。加强林业行政执法队伍建设，市、县林业主管部门分别设置林政处(科)、林业公安处(科)、森保站，万亩以上的国有林场设立派出所，配备林警。至2005年年底，全市林政管理人员、林业公安干警、森林植物检疫、野生动物保护管理人员、林业种苗执法人员等林业行政执法队伍发展到308人，均持有国家林业局颁发的"林业行政执法证"，在打击乱砍滥伐、乱占林地、违法经营加工、运输木材、森林防火、森林病虫害防治、森林植物检疫、林木种苗管理等方面严格执法，及时查处林业行政案件，有重点地开展专项打击活动，有效地保护森林资源。2008年，实施系统内外联合执法，开展林业执法大检查活动，查处各类林业案件257起，行政处罚256人。2010年，全市各级林业部门建立林政、森林公安、森保、种苗、林业法制等执法机构，进一步加强森林公安队伍建设，基本实现"规范机构设置、规范编制管理、规范执法执勤、规范行为举止、规范职务序列"的"三定"(定机构、定职能、定编制)标准，开展"春季行动""冬季行动"和征占用林地清理整顿大检查工作。全市共出动执法人员800余次，查处林业案件274起，行政处罚221人(次)，向公安机关移交林业刑事案件14起，移交林业治安案件2起。建立动态巡查和监督举报制度，严格执行林地占补平衡制度，加强木材运输及经营加工管理。

第三节 林政管理

一、林木种苗管理

2000年,《中华人民共和国种子法》颁布施行，标志着林木种苗管理步入法制化轨道。之后，国家林业局先后制定《林木种子生产、经营许可证管理办法》《林木种苗包装和标签管理办法》《林木种苗质量监督抽查暂行规定》等，全市依法治理种苗工作稳步推进，市场秩序明显好转。2003年、2004年，在全国开展的"林木种苗行政执法和质量监督年""林木种苗质量活动年"活动中，济南市林业局被评为全国林木种苗行政执法和质量监督年先进单位、林木种苗质量活动年先进单位。至2010年年底，全市共核发林木种子生产许可证421个，林木种子经营许可证412个。

2001～2010年济南市林木种子生产许可证核发情况表

表8-3-10　　单位：个

县(市)区	2001	2002	2003	2004	2005	2006	2007	2008	2009	2010	合计
历下区	—	—	1	3	—	—	—	—	—	—	4
市中区	—	—	—	2	—	2	1	—	—	3	8
槐荫区	—	—	—	—	—	1	—	1	2	—	4
天桥区	—	—	—	—	—	—	—	3	—	4	7
历城区	1	7	28	15	14	22	24	23	38	36	208
章丘市	20	6	1	2	2	5	5	9	3	5	58
长清区	16	5	11	5	12	10	10	2	2	4	77
平阴县	1	5	1	5	—	3	—	—	—	7	22
济阳县	—	6	2	—	—	—	—	—	—	5	13
商河县	1	3	4	5	—	—	—	3	—	4	20
合　计	39	32	48	37	28	43	40	41	45	68	421

2001～2010年济南市林木种子经营许可证核发情况表

表8-3-11　　单位：个

县(市)区	2001	2002	2003	2004	2005	2006	2007	2008	2009	2010	合计
历下区	—	—	1	5	2	—	—	—	3	—	11
市中区	—	—	—	2	4	8	2	1	—	2	19

续表 8-3-11

县(市)区	2001	2002	2003	2004	2005	2006	2007	2008	2009	2010	合计
槐荫区	—	—	—	—	1	1	—	—	—	—	2
天桥区	—	—	—	—	1	3	2	—	—	3	9
历城区	2	8	29	16	18	18	26	21	43	37	218
章丘市	—	—	2	2	2	5	1	9	2	3	26
长清区	17	3	13	5	9	10	7	3	2	3	72
平阴县	4	5	1	4	—	3	—	—	—	7	24
济阳县	—	6	2	—	1	—	—	—	—	5	14
商河县	1	3	4	5	—	—	—	—	—	4	17
合　计	24	25	52	39	38	48	38	34	50	64	412

二、林木采伐管理

1985年起，林木采伐主要是执行林木凭证采伐制度和林木采伐限额管理制度，由各级林业部门设立的林政管理机构负责发放林木采伐许可证和管理林木采伐限额。采伐林木必须申请采伐许可证，按许可证的规定进行采伐；农村居民采伐自留地和房前屋后个人所有的零星林木除外。国有林业企事业单位、机关、团体、部队、学校和其他国有企事业单位采伐林木，由所在地县级以上林业主管部门依照有关规定审核发放采伐许可证。铁路、公路的护路林和城镇林木的更新采伐，由有关主管部门依照有关规定审核发放采伐许可证。农村集体经济组织采伐林木，由县级林业主管部门依照有关规定审核发放采伐许可证。农村居民采伐自留山和个人承包集体的林木，由县级林业主管部门依照有关规定审核发放采伐许可证。同时，每年采伐林木立木蓄积不得超过年采伐限额。山东省人民政府每5年公布1次各地市林木采伐限额。1987年，本着消耗量低于生长量的原则，济南市制定并下达各县区年森林采伐限额为26059立方米，为省下达指标的91%。1987年、1988年，各级林政管理单位严把审批、凭证采伐、伐后复核“三关”，实现依法采伐，集体林木实际采伐量分别为省下达指标的32%和47%。

2000年起，济南市《济南市森林资源保护管理办法》规定：每年4月1日至9月30日为本市禁止采伐期。2003年，济南市对林木采伐审批进一步规范。历城区、长清区两个森林生态效益补助资金试点单位禁止对重点防护林和特种用材林进行商业性采伐；在《济南市森林资源保护管理办法》规定的“禁止采伐期”内，重点防护林和特种用材林禁止更新、抚育或卫生性质采伐，在“禁止采伐期”外确需进行更新、抚育或卫生性质采伐的，必须经县级以上林业主管部门审核后报省林业主管部门批准，其采伐强度不得高于10%，采伐蓄积量不得超过年森林采伐限额；报批采伐要提交采伐申请书、采伐作业设计文件等材料，国有林场林木的采伐，其采伐作业设计文件必须经由省国有林场主管机构批准同意；县(市)区林业主管部门凭省林业局“森林生态效益补助资金试点单位重点防护林和特种用途林林木采伐批准同意书”和其他规定材料核发“林木采伐许可证”，并负责林木采伐监督、验收工作。2004年，济南市第十三届人大常委会对《济南市森林资源保护管理办法》进行修改，取消“每年4月1日至9月30日为本市禁止采伐期”的规定。“十五”期间，济南市采伐限额为93767立方米，其中国有林场1161立方米、集体个人92606立方米。

1986～2010年，济南市没有出现超限额采伐林木的现象。

三、林地管理

1998年起,《中华人民共和国森林法》《中华人民共和国森林法实施条例》及国家林业局《占用征用林地审核审批管理办法》等对林地管理做出法律规范。济南市各级林业行政主管部门依法加强对使用林地的管理，对进行勘查、开采矿藏和各项建设工程，包括国家重点建设及其他建设永久性使用和临时使用、林业企事业单位内部建设及其他单位、人员建设，凡涉及使用林地的，均需按照规定申报，由林业主管部门依法定权限予以审核或审批。2002年，全市共为24个征占用林地的单位和个人办理使用林地审核同意书，批准使用林地54.4公顷，收缴森林植被恢复费60多万元。2003年，为18家征占用单位办理使用林地审核同意书，审核同意使用林地48.4公顷，收缴森林植被恢复费213万元。2004年，为19个征占用林地单位和个人办理使用林地审核同意书，收缴森林植被恢复费460多万元。2005年，为29个征占用单位申报办理使用林地审核同意书，收缴森林植被恢复费1355.8万元。2007年，为9家征占用单位办理使用林地审核同意书，收缴森林植被恢复费375万元。2009年，为6家征占用单位办理使用林地审核同意书，批准使用林地11.8公顷，收缴森林植被恢复费74.3万元。2010年，为7家征占用单位办理使用林地审核同意书，批准使用林地17.7公顷，收缴森林植被恢复费23.2万元。

四、木材检查站

2003年，山东省人民政府做出《关于同意调整和增设木材检查站等有关问题的批复》，批准济南市建立木材检查站2处，分别是济南市木材检查站(济南黄河大桥)，编号为1号；章丘市木材检查站(龙山)，编号为2号。同年，市政府做出《关于同意组建木材检查站的批复》，同意济南市木材检查站、章丘市木材检查站分别由历城区林业局和章丘市林业局负责筹建和管理。2004年，济南市木材检查站、章丘市木材检查站建立，并开展木材运输检查。

五、征收育林基金（育林费）

1988年，市政府批转《济南市林业局〈关于加强林木资源管理的意见〉》，在全市范围内开展育林基金征收工作。征收范围主要是当地林木采伐和个别市场加工品，加强木材市场的管理，同时为林业建设筹集发展资金。1989年，全市育林基金征收工作普遍展开。征收范围和标准：国有林采伐后，按实际销售量每立方米木材征收15元；乡(镇)村集体林(含合营林、群众承包的集体林)和个人所有林按实际销售量每立方米木材征收12元；零星难以量方的可按销售价的5%征收；各种干鲜果品及木竹成品、半成品，各种竹、木材、松脂等林副产品按销价的2%征收。育林基金的征收由市、县(区)林业主管部门负责，在管理上实行专款专用，其用途主要用于造林育林，发展林业生产。同年，全市征收育林基金36万元，其中60%退还基层用于造林费用的补助。1991年，山东省人民政府制定《山东省育林费征收使用管理办法》，原育林基金改为育林费。

2001年前，育林费征收工作主要是由各县(市)区林业局林政科负责在办理林木采伐、木材及林产品运输时征收育林费。2002年起，按照国家关于行政审批事项统一办理和行政性收费“收缴分离”的规定，济南市林业局和县(市)区林业局的行政审批事项：育林费征收、林木采伐、木材运输进入政府行政审批中心(大厅)集中办理，审批窗口负责征收育林费的工作人员开具“山东省非税收入缴款书”(一式五联)，缴费单位或个人凭缴款书到银行缴费，实行“一站式”办理。没有进驻行政审批中心(大厅)的县(市)区林业局，也按照国家的统一规定使用缴款书征收育林费。济南市征收的育林费主要用于造林育林、采伐迹地更新、抚育管理和森林资源的保护管理，做到专账管理、专款专用，取之于林、用之于林。至2010年，共征收育林费7297万元。

第四节 森林防火

1987年11月，成立济南市林业局公安处，承担全市护林防火日常工作。1988年2月26日，济南市政府下发《关于成立济南市护林防火指挥部的通知》，成立济南市护林防火指挥部，市政府分管副市长任指挥，市政府相关部门领导任成员，市护林防火指挥部办公室设在市林业局，由市林业局分管副局长任办公室主任。同年，各县(市)区成立相应组织机构，全市森林防火工作组织指挥体系确立。坚持以“预防为主、积极消灭”的森林防火工作方针，进一步落实森林防火责任制，市、县、乡、村层层签订森林防火责任状，开展森林防火宣传工作，提高全民森林防火意识。济南市森林防火期跨冬春两季，时间长，春节、清明、五一假期更是关键时期。森林火灾的发生主要以烧地堰、上坟烧纸、林内吸烟等违规用火行为为主，人为原因仍然是发生森林火灾的主要原因。森林防火期内，加强林区火源管理，严格执行野外用火审批制度。确定重点防火地段和防火关键时期，实行林区生产用火申报管理制度，对林区坟主逐个进行登记，明确森林防火人员岗位责任。在重点乡镇、重点景区、林区形成群防群治网，由派出所、联防队员、护林员等组成野外用火巡查队伍和巡逻队。坚持巡逻稽查的同时，在进山入林的主要路口、重点地段、景区、林区设置防火检查站90处和监督岗170余个，对进山入林人员进行登记、收缴火种，加强对国有林场和旅游景区等重点区域的监控，加大瞭望、巡查幅度和密度，坚持纵向到底、横向到边的巡逻稽查方式，彻底消灭管理死角和盲区，严禁携带火种进入山林和景区，并对上坟烧纸、烧地边地堰等现象进行劝阻，及时消除火灾隐患。全市森林火警火灾发生趋势由高发、集中向低发、平均转变，一般火灾和森林火警的发生率、控制率和受害率均呈逐年下降趋势，森林火灾受害率控制在0.1‰以内，火灾损失逐年减小。2003年10月，济南市护林防火指挥部更名为济南市政府森林防火指挥部。至2003年，全市取得10年零森林火灾佳绩，被山东省人民政府森林防火指挥部评为森林防火先进单位。

2006年，修订下发《生态公益林护林员管理办法》，对全市护林员队伍进行清理整顿，签订公益护林员1400余名。至2010年，全市建立护林大队5个，护林中队46个，护林小队103个。全市8个森林防火重点县(市)区均建立森林消防专业队，共计16支380人，均做到管理、报酬、服装、标志、证件、食宿“六统一”，实行准军事化管理，全市已基本形成由专业森林消防队伍扑救森林火灾的新局面。部分防火重点乡镇(街道)成立应急扑火队47支800余人；国有林场和旅游景区森林扑火队16支近400人；基本形成市、县、乡、村四级防火网络。全市建成防火瞭望台21个、林火微波监测点4个、扑火队营房4个、省级防火物资储备库1个。全市拥有森林防火车60多辆、对讲机400余部、灭火机1200余台、三号工具7000余把，防火物

长清区森林消防专业队演练 (2008年摄)

资储备充足，森林防火综合保障能力不断强化。

1986～2010年，全市累计发生森林火灾270余次，年均10.8次，比1986年前年均森林火灾18次下降40%。

第五节 林业病虫害

一、林业有害生物种类

2010年，济南市主要林业有害生物119种，其中病害19种、虫害92种、有害植物8种。南部山区树种以松、柏类为主，主要林业有害生物为松烂皮病、赤松毛虫、侧柏毒蛾、松墨天牛、双条杉天牛等；北部平原区以杨树、柳树、榆树为主，主要林业有害生物为杨树溃疡病、春尺蠖、杨扇舟蛾、桑天牛等。

（一）病害 松烂皮病 又名松枝枯病，危害松树，主要分布于历城区、章丘市、长清区。该病原菌为森林习居菌，通常腐生，但对生长衰弱的松树，则有侵染性，侵害枝干活皮层而引起枯枝和烂皮，重者导致松树死亡。2003年，由于长期干旱，树势衰弱，该病在全市大面积发生，导致大量松树死亡。2004年起，雨水较充沛，树木生长势旺盛，发生明显呈下降趋势。

杨树烂皮病 又名杨树腐烂病，危害杨树，分布于历城区、章丘市、长清区、商河县、济阳县。该病害的两种病原菌均为弱寄生菌，只能侵染生长不良、树势衰弱的树木。2008年，济南市北部平原区杨树烂皮病发生较重，导致3～5年生107杨成片死亡。随着杨树速生丰产林的发展，杨树烂皮病的发生呈逐年上升趋势。

杨大斑溃疡病 危害杨树，2003年由苗木调运传入济南市，主要分布于商河县商河镇、孙集乡、尹港镇、怀仁镇、钱铺乡。该病害是在新栽植的调入杨树苗上发现，经过防治和加强苗木后期的培育管理，已基本控制其危害，呈下降趋势。

杨树溃疡病 又名杨树水泡型溃疡病，危害杨树，主要分布于历城区、章丘市、长清区、平阴县、济阳县、商河县。潜伏浸染是杨树溃疡病的重要特点，当树势衰弱时，利于病害发生。该病发生较重，呈上升趋势。

草坪草褐斑病 主要危害早熟禾、黑麦草等。1999年，传入济南市，主要分布于历下区、市中区、天桥区和槐荫区。草坪草褐斑病严重影响草坪的生长和绿化效果，发生呈逐年上升趋势。

除上述几种主要病害外，还有杨树黑斑病、冠瘿病、枣锈病、枣疯病黄花病、桃树腐烂病、苹果腐烂病、葡萄双霉病、苹果轮纹病、梨树腐烂病、枣疯病、梨黑星病、杏芽瘤病、杨树根癌病、松针叶锈病等。

（二）虫害 赤松毛虫 又名松毛虫，以幼虫取食针叶危害，主要危害赤松，分布于历城区西营镇、柳埠镇，章丘市垛庄镇，长清区万德镇、双泉镇。通过加强对赤松毛虫的防治，基本上控制其扩散蔓延，发生基本持平。

侧柏松毛虫 又名侧柏毛虫，以幼虫取食鳞叶，主要危害侧柏，分布于历城区、章丘市、长清区、平阴县。全市侧柏松毛虫发生较轻，没有发生大面积危害。

春尺蠖 又名杨尺蠖，以幼虫取食树叶危害，主要危害杨树，分布于历城区、章丘市、长清区、平阴县、济阳县、商河县。春尺蠖的发生普遍较轻，局部地区发生较重，进行有效控制，没有造成大面积危害。

杨扇舟蛾 以幼虫取食树叶，危害杨树，分布于历城区、章丘市、长清区、平阴县、商河县、济阳县。杨树面积的迅速增加，给食叶害虫提供丰富的食物，加之气候适宜，杨扇舟蛾的危害呈加重趋势。

侧柏毒蛾 以幼虫取食鳞叶，主要危害侧柏，分布于历城区西营镇、仲宫镇、柳埠镇，章丘市垛庄镇、曹范镇、文祖镇、旭升乡、闫家峪，长清区，平阴县。该虫害在部分地区发生较重，但整个发生情况基本持平。

蔗扁蛾 主要危害巴西木、发财树。2002年，由苗木调运传入济南市，主要分布于商河县商河镇、济阳县济阳镇、章丘市明水镇、历下区、市中区、天桥区、槐荫区。随着温室花卉苗木产业的迅速发展，蔗扁蛾的发生呈上升趋势，潜在危险性较大。

锈色粒肩天牛 以幼虫钻蛀枝干，取食韧皮部和木质部，主要危害国槐。1995年，由苗木调运传入济南市，主要分布于平阴县、章丘市、历下区、市中区、天桥区、槐荫区，该虫的危害呈上升趋势。

双条杉天牛 以幼虫钻蛀树干，取食韧皮部和木质部，主要危害侧柏。1996年，由苗木调运传入济南市，主要分布于长清区归德镇、万德镇、孝里镇、平阴县、历城区、章丘市。该虫主要危害衰弱木和生长势弱的柏树，发生呈下降趋势，但潜在危险性较大。

松墨天牛 以幼虫钻蛀树干，取食韧皮部和木质部，主要危害赤松。1992年，由苗木调运传入济南市，主要分布于长清区万德镇和双泉镇。该虫害发生呈下降趋势，但潜在危害性较大，应加强监测。

光肩星天牛 以幼虫钻蛀树干，取食韧皮部和木质部，主要危害杨树、柳树，分布于历城区的郭店、王舍人、鲍山街道和西营、仲宫、柳埠、董家、唐王镇，章丘市，长清区，平阴县，商河县，济阳县。光肩星天牛主要危害农田林网和村镇四旁中的杨柳树，因树种单一，品种老化，易受危害；新栽植的高抗新品种，未发现有光肩星天牛危害；发生呈逐年下降趋势。

桑天牛 以幼虫钻蛀树干，取食木质部，主要危害杨树，分布于历城区、章丘市、长清区、平阴县、济阳县、商河县。桑天牛主要危害毛白杨、三倍体毛白杨等杨树品系，且成虫羽化后需啃食桑科植物的嫩皮进行补充营养。由于抗病虫树种得到推广，桑天牛的危害呈逐年下降趋势。

美国白蛾 以幼虫取食树叶，寄主树种300余种，主要危害法桐、白蜡、榆树、臭椿、杨树等阔叶树种，也危害农作物。2006年，于商河县和济阳县最早发现。2008年9月，第三代美国白蛾大面积暴发，全市普遍发生。经过防治，有效地遏制其扩散蔓延，全市美国白蛾的发生面积、危害程度、虫口密度显著降低。

其他虫害有：双斑锦天牛、云斑天牛、青杨天牛、家茸天牛、竹红天牛、花椒虎天牛、黄胸散白蚁、白杨透翅蛾、杨白潜叶蛾、杨银潜叶蛾、臭椿皮蛾、榆木蠹蛾、大袋蛾、苹小卷叶蛾、杨小舟蛾、芳香木蠹蛾、柳缘吉丁、金缘吉丁、琉璃丽金龟、梨园蚧、榆掌舟蛾、槐小舟蛾、黄刺蛾、扁刺蛾、柳毒蛾、苹掌舟蛾、大青叶蝉、梨小食心虫、苹果棉蚜、桃小食心虫、金毛虫、柿蒂虫、侧柏红蜘蛛、异色瓢虫、松扁叶蜂、枣叶瘿蚊、柳枝瘿蚊、柳芽瘿蚊、栗瘿蜂、黄连木种子小蜂、刺槐种子广肩小蜂、杏仁蜂、桃仁蜂、国槐尺蠖、枣尺蠖、杨小舟蛾、杨黄卷叶螟、松梢螟、缀叶丛螟、刺槐夹螟、黄杨卷叶螟、枣锈壁虱、梨木虱、山楂红蜘蛛、针叶小爪螨、二斑叶螨、杨梢叶甲、泡桐龟甲、柳蓝叶甲、苹毛丽金龟、中丽金龟、松针蚧、落叶松八齿小蠹、刺槐蚜、板栗蚜、苹果黄芽、栗大芽、刺槐芽、紫薇绒蚧、日本龟蜡蚧、朝鲜球坚蚧、槐花球蚧、梨园蚧、草履蚧、桑白蚧、紫穗槐豆象、绿盲蝽、臭椿沟眶象、柏肤小蠹、纵坑切小蠹等。

(三)林业有害植物 济南市主要的林业有害植物有苗圃草、苍耳、水葫芦、车前草、狗尾草、藜、黄花蒿、葎草8种。

二、林业有害生物研究与防治

1979年，建立济南市森林保护站，各县(区)也相继建立森林保护站，并在重点地区设立监测点。20世纪80年代起，全市对森林病虫防治实行“预防为主、综合治理”的方针，生物防治越来越受到重视。进入21世纪，全市林业有害生物的防治以“预防为主、科学防控、依法治理、促进健康”的方针为指导，采用无公害防治措施，尤其是生物防治措施得到推广应用。至2010年年底，全市有市、县两级森林保护站7个，国家级中心测报点4处，省级中心测报点1处，市级中心测报点18处，美国白蛾系统监测点30处，建立起“一站三网”①的森防体系。

(一)林业有害生物防治研究　*杨树病虫害防治研究*　杨树是全市农田林网、绿色通道、四旁绿化和速生丰产林的主要造林树种，随着杨树栽植面积的不断扩大，杨树病虫害的危害日趋严重。危害杨树的蛀干害虫主要有光肩星天牛、桑天牛和白杨透翅蛾；食叶害虫主要有杨尺蠖、杨扇舟蛾、杨小舟蛾；病害主要有杨树溃疡病、杨树烂皮病、杨树黑斑病。2004年，商河县从潍坊市昌邑市调运杨树苗时，引进传入杨大斑溃疡病，栽植的568.9公顷新幼林不同程度地发生病害。济南市森防机构组织技术人员对杨树病虫害进行系统研究，同年被列入国家级杨树病虫害工程治理区。在掌握杨树病虫害的种类、发生发展规律的基础上，运用科学的防治方法，进行防治研究，并取得阶段性成果。

林木蛀干性害虫的防治研究　蛀干性害虫是一类重要的森林害虫，其生活习性特殊，危害隐蔽，防治困难，破坏力极强，常导致树木成片死亡。全市的蛀干性害虫主要有危害侧柏的双条杉天牛，危害核桃的云斑白条天牛和危害杨柳树的桑天牛、光肩星天牛等，每年的发生面积在6666.7公顷。2004年，济南市森防机构组织技术人员对林木蛀干性害虫进行立项研究，建立年繁殖量5000万头的管氏肿腿蜂繁育厂，成功繁育出小蜂，并进行林间释放，取得良好的防治效果。此项成果标志着全市林业有害生物防治已由化学防治向生物防治转变。

(二)林业有害生物防治措施　*人工物理防治*　采取人工捕捉成虫(幼虫)、摘除卵块、剪除网幕、围草诱蛹、灯光诱杀等方法，减少虫口，控制林业有害生物危害。如人工捕捉美国白蛾成虫，剪除幼虫危害的网幕，灯光诱杀鳞翅目的害虫。

生物仿生制剂和植物源药剂防治　选用生物仿生制剂和植物源药剂，对林业有害生物进行喷药防治。应用较多的生物仿生制剂有阿维菌素、灭幼脲Ⅲ号、绿色威雷Ⅱ号、吡虫啉、树乐等，植物源药剂有苦参碱、苦·烟乳油、绿帝等。防治美国白蛾的低龄幼虫采用苦参碱或苦·烟乳油进行喷药防治，效果显著，防治双条杉天牛成虫采用绿色威雷Ⅱ号喷雾防治，能起到良好的触杀效果，防治杨树烂皮病采用树乐对感病部位进行涂抹，杀菌效果明显。

生物防治　生物防治是指利用生物或其代谢产物控制林业有害生物种群的发生、繁殖或减轻其危害的方法。

利用益鸟防治　全市主要扑食害虫的益鸟有啄木鸟、灰喜鹊、大山雀、杜鹃、黄鹂、戴胜等。通过在林内悬挂巢箱、巢木招引大山雀、啄木鸟、黄鹂等益鸟，改善鸟类的栖息环境，以达到控制森林虫害的效果。

利用天敌昆虫防治　主要是保护好瓢虫、寄生蜂、虎甲等天敌昆虫，创造适宜天敌生存和繁殖的条件，发挥其自然控制作用。在天敌自然发生率低的情况下，人工大量繁殖和释放天敌对某些害虫有明显的防治作用。全市已建立管氏肿腿蜂繁育厂1处、白蛾周氏啮小蜂繁育厂3处，大规模繁殖天敌昆虫，开展防治双条杉天牛和美国白蛾的防治研究，取得较好效果。

利用微生物防治　利用细菌、真菌、病毒、线虫等微生物防治病虫害。运用较多的有Bt(苏云金杆菌)、白僵菌、核型多角体病毒、多氧霉素、根腐消等。如用Bt防治赤松毛虫幼虫，用核型多角体病毒防治美国白蛾，用多氧霉素防治真菌性病害。

防治器械　防治器械主要有喷药飞机、车载

---

①“一站三网”指市县两级森林保护站，都建立起测报网、防治网、检疫网。

式高射程喷雾机、烟雾机、背负式机动喷雾喷粉机、打孔机、担架式喷雾器、布撒器等。飞机喷洒：主要适用于片林和林带。车载式高射程喷雾机：适用于防治路林和四旁树木，该机械垂直射程25米，水平射程45米。烟雾机施药：适用于片林和3行以上郁闭的路林。背负式机动喷雾喷粉机施药：适用于各种林分，机型为华盛泰山14G和广益6HWF-20。打孔机注药：适用于高大的孤立木和行道树。担架式喷雾器施药：适用于各种林分。布撒器施药：适用于山区防治林业有害生物。

第六节 野生动植物保护

一、陆生野生动物保护

1988年11月8日，通过《中华人民共和国野生动物保护法》。1991年12月20日，《山东省实施〈中华人民共和国野生动物保护法〉办法》施行。1992年3月1日，《中华人民共和国陆生野生动物保护实施条例》发布实施。济南市加强对保护野生动物资源重要性和相关法律、法规、政策的宣传，提高群众自觉保护野生动物的意识和法制观念，全市形成捕鸟猎兽的越来越少、爱鸟护兽的越来越多的良好社会风气。2000年起，全市相继开展“春雷行动”“绿箭行动”和“绿盾一号”“绿盾二号”“绿盾三号”等执法行动，共破获各类案件千余起，挽回损失200余万元。至2010年，野生动物种类数量逐渐增多，鹭鸟由市区最初的几十只增加到几万只，南部山区的金雕由最初的几只增加到30余只。

二、野生植物保护

(一)植物资源 济南市植物属暖温带落叶阔叶林带。原始森林已不复存在，现有的天然植物具有明显的次生性质。植物区系类型可划分为鲁中山地丘陵栽培植被区、黄河平原栽培植被区。鲁中山地丘陵栽培植被区主要有针叶林、阔叶林、灌木林、灌草林和农作物；黄河平原栽培植被区，主要有阔叶林和农作物。济南市植被除以针叶树种为优势的森林植被外，灌草丛植被比例甚次。乔灌两大类共29科，283种，其中优势品种59种。主要林种有防护林、用材林、经济林和薪炭林等。济南市植物资源丰富，据调查木本植物有350多种(含21个变种)，其中乔木有197种(变种)、灌木及藤本149种(变种)，分属63科152属。野生植物600余种，其中陆生野生植物280多种、药用野生植物260多种、水生植物60余种。依附森林植物栖息繁殖的野生动物有32科160多种。

(二)重点保护野生植物物种与分布 全市重点保护野生植物资源共有物种10种，分别为青檀、迎红杜鹃、野核桃、刺楸、核桃楸、水曲柳、黄檗、玫瑰、杜仲、银杏。主要分布在植被茂盛，人迹罕至，人为活动较少的南部山区，海拔高度200～800米。北部平原地区无野生资源分布。由于南部山区森林资源过度开发，严重破坏野生植物的生存环境，物种种类和分布数量日趋减少，分布全市的榉树已灭绝，青檀、刺楸等数量也越来越少，濒于灭绝。

青檀 主要分布在长清区、历城区、章丘市的低山山区，海拔在200～500米，所处群落类型主要是侧柏、刺槐林和杂木林中。

迎红杜鹃 分布在章丘市南部低山地区，海拔700～800米，所处群落为针叶赤松林。

野核桃 分布在历城区高尔乡沙石山区，海拔在700～800米，所处群落类型以刺槐、栎类为主的针阔叶杂木林。

刺楸 分布在章丘市低山地区，海拔300～600米，所处群落为以刺槐、核桃、栾树为主的阔叶杂木林。

核桃楸 分布在历城区南部山区，海拔在300～700米，所出群落为阔叶杂木林。

水曲柳 主要分布在海拔100～300米的低山山区，群落类型为侧柏林。为人工栽培目的迁地保护。

黄檗　生长在海拔92米的平地，为人工栽培，目的是迁地保护。

人工栽培物种玫瑰　主要分布在平阴县玫瑰镇，分布在海拔100～300米的丘陵地区。人工栽培目的主要是利用玫瑰花加工创造经济效益。

人工栽培物种杜仲　主要分布在平阴县栾湾乡、济阳县城关镇、长清区双泉镇、历城区高尔乡、章丘市明水镇。分布在海拔50～700米的平原、低山丘陵地带，栽植面积34.8公顷73.3万株。栽培目的获取经济利益，为幼树期，尚未产生经济效益。

银杏　野生银杏主要分布在长清区万德、崮山、张夏镇的低山山区，海拔400～500米。人工栽培银杏主要分布在平阴县栾湾乡、济阳县稍门乡、槐荫区段店镇，栽培目的是获取经济利益。

三、自然保护区

2010年，济南市有柳埠、大寨山市级自然保护区2处，白云湖县级自然保护区1处。

(一)柳埠自然保护区　位于济南市历城区西营、柳埠、仲宫镇，东临章丘市垛庄镇，南依泰安市的麻塔镇，地理坐标为北纬36°22′～36°30′、东经117°06′～117°19′。2005年1月17日，市政府建立柳埠市级自然保护区。保护区系泰山山脉，主要岩石种类有花岗岩、片麻岩、片岩、砂岩、石灰岩，其中以砂岩分布最广。自然保护区总面积5840.8公顷，其中有林地面积4436公顷，灌丛草甸面积30.3公顷，耕地面积620公顷，河流、水库面积70.7公顷，其他用地683.8公顷。保护区资源丰富。植物资源：保护区属暖温带落叶阔叶林区，区内植被覆盖率88.6%。木本植物有47科234种，草本植物900余种，苔藓植物38科127种。保护区有一、二级保护植物7种，其中裸子植物2种、被子植物5种。动物资源：保护区陆生野生动物共有179种(不含低等动物)，其中国家一级保护动物有2种、国家二级保护动物有36种、山东省重点保护动物有41种。区内有野生兽类28种，其中省重点保护动物有6种，分别是果子狸、狼、狐、黄鼬、獾、豹猫。鸟类是自然保护区的重点保护对象之一，区内有鸟类151种。保护区有爬行类野生动物12种，两栖类野生动物5种。保护区功能区划分为：核心区，面积1208.9公顷，占保护区总面积的20.7%；缓冲区，面积1597.7公顷，占保护区总面积的27.4%；实验区，面积3034.2公顷，占保护区总面积的51.9%。

(二)大寨山自然保护区　位于平阴县的洪范池镇内，东临孝直镇，北临东阿镇，西靠东平县旧县乡，南接东平县梯门乡。地理坐标北纬36°1′～36°10′、东经116°13′～116°21′。2005年1月17日，市政府建立大寨山市级自然保护区。保护区属泰山西麓低山丘陵，为泰山余脉，青石山区。大寨山自然保护区总面积2400公顷，其中有林地面积1810公顷，耕地310公顷，河流、水库40公顷，其他用地240公顷。植物资源：保护区属暖温带落叶阔叶林区，区内植被覆盖率75%。木本植物47科105属227种和变种，草本植物42科134属375种。动物资源：保护区共有陆生野生动物23个目53科131种(不含低等动物)。鸟类有91种，其中国家一级保护鸟类2种。有昆虫资源13目40科200种。保护区功能区划分：核心区，面积724.8公顷，占保护区总面积的30.2%；缓冲区，面积753.6公顷，占保护区总面积的31.4%；实验区，面积921.6公顷，占保护区总面积的38.4%。

白云湖自然保护区　位于章丘市西北部白云湖乡，总面积17.4平方千米，水面积7.5平方千米。白云湖形成于汉代，迄今已有2000多年的历史。湖面狭长，东西横陈，少部分跨历城区。1958年，筑堤围湖。20世纪70年代，水源日渐枯竭，湖面几乎干涸。1984年10月，为改变白云湖自然生态面貌，发挥其滞洪和水产养殖效益，开始申报立项。1986年10月，世界粮食计划署援助政策和计划委员会第二十二届会议批准白云湖水产开发项目。1987年4月项目动工，1990年3月竣工。项目总投资1408万元，其中世界粮食计划署提供援助折款898万元，山东省、济南市投入配套资金510万元。完成建设项目有566.7公顷鱼池及其供、排水渠系、建筑物等配套工程，共22个单项。白云湖开发后，除养鱼外，还可种植稻、藕，成为全省最大淡水人工养殖基地和济南市重要旅游景点。景区内建有白云湖公园、白云湖乐园、白云湖广场及环湖20千米柳堤。1999年起，每年7～8月间举办荷花节。2004年，被国家旅游局评为全国首批农业旅游示范点。湖区内有千亩红莲、千亩芦苇荡，动物有鱼类11种、鸟类62种，其中国家一类保护动物有东方白鹳，二类保护动物有灰鹳、大天鹅等多种鸟类。

第七节 生态公益林

一、森林分类区划界定

2001年10月，国家森林生态效益补助资金试点启动工作会议在北京召开，山东省成为首批森林生态效益补助资金试点省份。同年12月，山东省森林生态效益补助资金试点启动工作在济南召开，标志着山东省、济南市森林生态效益补助资金试点工作正式启动。2004年6月，按照《国家林业局财政部重点公益林区划界定办法》的要求，济南市开展国家重点生态公益林区划界定工作。

(一)2001年森林分类区划界定 在全市林业用地范围内(包括有林地、疏林地、灌木林地、未成林造林地、宜林地和苗圃地)界定公益林(防护林、特种用途林及公益性苗圃)和商品林(用材林、经济林、薪炭林、苗圃)，主要查清各地类、权属及公益林中各级事权范围的面积。依据2000年全市森林资源调查规划调查，全市公益林(地)面积122867.3公顷。按权属分，国有13948.5公顷，集体108918.8公顷；按事权等级分，国家级公益林85304.4公顷，省级公益林27915.3公顷，市及市以下级公益林9647.6公顷。

(二)2004年国家重点生态公益林区划界定 依据国家重点公益林新的界定标准，对济南市区域内的国家重点公益林重新区划界定，共界定国家重点公益林27503.1公顷，其中槐荫区198.4公顷，历城区11131.7公顷，长清区7329.6公顷，章丘市5029.9公顷，济南市林场3813.5公顷。按权属分，国有4500公顷，集体23003.1公顷；按林种分，水源涵养林318.9公顷，水土保持林26230.5公顷，防风固沙林672.8公顷，护岸林280.9公顷；按地类分，有林地23201.3公顷，疏林地762公顷，灌木林地383.9公顷，未成林造林地163.9公顷，宜林地2936.6公顷，苗圃地55.4公顷。

(三)2009年国家级生态效益补偿面积核实 按照省林业局《关于抓紧核实生态效益补偿面积的通知》要求，对历城、长清、章丘、槐荫4个县(市)区的国家级公益林界定面积进行核实。通过核实，全市国家级生态效益补助公益林面积33678.6公顷不变，未享受补助的826.8公顷(其中章丘628.4公顷、槐荫198.4公顷)不再申请。并且界定为国家级公益林的产权单位仍然同意享受国家级财政补助，对公益林管护的各项承诺维持不变。因此，各县(市)区的国家级生态效益补偿公益林面积及地址维持现状，不作变动。

二、森林生态效益补偿

至2010年，全市纳入市级以上森林生态效益补偿面积102985.3公顷，其中国家级公益林33678.6公顷、省级公益林62640公顷、市级公益林6666.7公顷。国有的国家级和省级公益林补偿标准为每年每公顷75元，其中管护补助支出71.25元，公共管护支出3.75元。集体和个人所有的国家级和省级公益林补偿标准为每年每公顷150元，其中管护补助支出146.25元，公共管护支出3.75元。市级公益林每年每公顷150元，其中管护补助支出146.25元，公共管护支出3.75元。

2010年济南市森林生态效益补偿面积情况表

表8-3-12　　单位：公顷

单　位	合计	国家级			省级				市级
		小计	2001年	2006年新增	小计	2004年	2005年新增	2008年新增	2005年
合　计	102985.3	33678.6	31866.7	1811.9	62640.0	29900.0	16540.0	16200.0	6666.7
历下区	505.0	—	—	—	—	—	—	—	505.0
市中区	5886.7	—	—	—	5886.7	4153.3	—	1733.4	—
历城区	34894.3	18933.4	18933.4	—	13960.0	—	8560.0	5400.0	2000.9
章丘市	23045.2	1811.9	—	1811.9	21233.3	16666.7	2766.6	1800.0	—
长清区	25769.0	12933.3	12933.3	—	10746.7	—	5213.4	5533.3	2089.0
平阴县	9531.8	—	—	—	7460.0	5726.7	—	1733.3	2071.8
济南林场	3353.3	—	—	—	3353.3	3353.3	—	—	—

(一)国家级公益林　2001年，济南市国家级公益林涉及历城区和长清区，总面积31866.7公顷，范围包括黄河及其一级支流玉符河、南大沙河、北大沙河两岸、济青高速、京福高速、绕城高速、国道104、国道220、国道309、胶济铁路、京福铁路两侧、卧虎山水库周围的重点防护林、特种用途林，涉及25个乡镇、5个国有林场。其中历城区试点面积18933.4公顷，长清区试点面积12933.3公顷。2006年，新增章丘市补偿面积1811.9公顷。

(二)省级公益林　2004年，省级森林生态效益补助资金试点工作启动，济南市省级公益林面积29900公顷，其中市中区4153.3公顷，章丘市16666.7公顷，平阴县5726.7公顷，济南市林场3353.3公顷。2005年，新增省级森林生态效益补偿面积16540公顷，其中历城区8560公顷，章丘市2766.6公顷，长清区5213.4公顷。2008年，新增省级森林生态效益补偿面积16200公顷，其中市中区1733.4公顷，历城区5400公顷，章丘市1800公顷，长清区5533.3公顷，平阴县1733.3公顷。

(三)市级公益林　2005年，市级森林生态效益补偿工作启动，全市森林生态效益补偿面积6666.7公顷，其中历下区505公顷，历城区2000.9公顷，长清区2089公顷，平阴县2071.8公顷。

第六章　名优果品

第一节　杏

一、张夏玉杏

长清区张夏镇是玉杏原产地，已有2600余年的栽培历史，从汉武帝到清代一直被列为宫廷贡品，史称汉帝杏、汉武杏和贡杏。该果品果实早熟、色泽鲜艳、果肉多汁、风味甜美、酸甜适口。平均果重65克，最大重180克。1985年，作为名特优稀果品编入《山东农业名产》，是济南市政府批准的长清县果。1996年，长清县被济南市命名为红玉杏生产基地。2002年起，张夏镇政府通过举办杏花节、玉杏采摘节促进张夏玉杏的发展。2004年，张夏镇政府注册“张夏”牌商标，张夏玉杏通过农业部无公害农产品认证，并编入《山东农业名优特产》。张夏万亩玉杏种植基地位于黄家峪内，是全省最大的玉杏生产基地，也是济南市十大林业示范基地，主要分布在娄峪、岳庄、桃园、纸坊、焦台、高庄、邵庄、诗庄等17个村。基地内空气新鲜、光照充足、水质优良，沟渠、林、田、路配套，无任何污染和污染源，是山东省农业厅批准的无公害绿色产品。全区玉杏种植面积640余公顷，年产量9300余吨，果品畅销哈尔滨、沈阳等大城市，还远销新加坡、韩国、日本等国家和中国澳门、台湾地区。

二、仲宫红荷包杏

红荷包杏以形似“荷包”而得名，有200余年栽培历史，是历城区境内珍贵早熟杏资源。红荷包杏幼树生长旺盛，成形快，一般3年见果，5～6年进入盛果期。以短枝结果为主，比较丰产，盛果期平均每公顷产量2.25万公斤。3月上旬开始萌动，3月20日～25日开花，5月下旬果实成熟，果实生育期56天左右。果实椭圆形，纵径4.12厘米，横径3.56厘米，平均单果重43克，缝合线明显，果面底色全橘红，阳面有片状紫色，有光泽；果肉橘红色，离核，肉质柔细，味酸甜带浓香，果汁略少，果肉可食率80%～90%，含糖12%～15%，每百克含维生素C4.1毫克，总酸1.83毫克，果酸0.67毫克；果皮较厚，种核轻，耐贮运，主要为鲜食。红荷包杏以成熟期特早、果实个大、色艳、汁多、肉细、味香甜等特点受到人们的青睐，被誉为质、味双优的珍果佳品。1985年被编入《山东农业名优特产》，1987年被农业部列为名、优、特品种。2000年，历城区被省林业局命名为“红荷包杏之乡”。主要分布地区为仲宫镇、西营镇等。

三、历城红玉杏

红玉杏又名峪杏、大峪杏、红杏，历史上称金杏、汉帝杏，有2000余年栽培历史，是国内优良品种之一。红玉杏6月中旬成熟，果实生育期70天左右。果实较整齐，个大，平均纵径5～5.4厘米，平均横径5.2～5.5厘米，圆形或椭圆形，果顶平，缝合线明显，平均单果重115克，最大150克；果皮果肉均为橘红色，向阳面浓红，果皮厚而韧，果肉厚而细，离核，仁苦，肉质较脆硬，纤维多，果汁中多，有芳香，味酸甜。果实较耐贮运，适于鲜食和加工。以其加工的红玉杏脯因质地好、透明度高而受到国内外市场的欢迎。据测定，每百克果肉中含糖10克、蛋白质0.9克、胡萝卜素1.67毫克、维生素C7毫克。1985年被山东省列为名、优、特产品，被编入《山东农业名优特产》。主要分布地区为柳埠镇、西营镇、彩石镇、仲宫镇等。

第二节 核 桃

一、历城鸡爪绵核桃

历城区境内种植鸡爪绵核桃有近2000年历史。果树因枝短、形似鸡爪而得名。果实为坚果，圆形、皮薄，出仁率42%左右，果仁淡黄白色、洁净、质脆、味香，生食无涩味，含油率70%、蛋白质15%，是核桃中的上品。鸡爪绵核桃适应性强、耐干旱、丰产、寿命长，南部山区乡镇有150年以上的大树，单株产量50公斤。主要分布地区为港沟街道、柳埠镇、西营镇、彩石镇、仲宫镇等，种植面积4000余公顷，年产量2500吨。

二、长清薄皮核桃

20世纪80年代前，长清栽培的核桃主要是当地核桃，皮较厚，含油量高。80年代后，引进新疆核桃。90年代后，推广元丰、香玲、鲁光、丰辉等近20个新品种，仍属实生繁殖。2003年起，推广薄皮核桃的嫁接和繁育，由实生繁殖发展模式向核桃良种化和优树无性繁殖发展，面积逐步扩大。与传统核桃相比，薄皮核桃提前3年结果，用手就能把核桃壳捏碎，成熟期早，口味好，含油量高，经济价值高。全区栽植核桃3840公顷，产量3521.5吨，主产地是万德、双泉、孝里、张夏、马山、五峰山、归德。

三、章丘薄壳核桃

章丘境内栽培历史悠久。主要分布在章丘市南部山区曹范镇、垛庄镇一带，以壳薄质优驰名。20世纪60年代初，全省果树资源普查，评选出章丘薄壳核桃优良单株6个。其坚果表面光滑，种仁外露，隔膜极薄，手压即碎，取仁极易。出仁率、含油率、粗蛋白率均高于其他品种。在国际市场享有盛誉，中国农业展览馆多次展出。但因实生繁殖，分散栽植，管理粗放，晚实低产。1978年始，国营枣园苗圃进行室内嫁接温室育苗试验，从外地引进元丰、上六、阿七等优良品种，推广温室无性嫁接方法繁殖良种苗木，首次培育出品种苗1000余株，可3年结果，5年丰产。1979年，进行核桃幼树高接换头嫁接优良品种试验，成活率98%。后推广集约化经营，科学化管理，建立起以曹范、垛庄等乡镇为主的良种薄壳核桃生产基地。

第三节 柿　子

一、武庄柿子

长清武庄是山东省最大的柿子之乡，已有500年栽培历史，有“生态武庄、齐鲁柿乡”的美誉。2003年起，每年9月举办济南市金秋柿子节。柿子栽植面积1286公顷，产量10055吨。主要栽培品种有车头柿、合柿、水柿，其深加工产品有柿饼、柿干、果脯三大系列，主要出口韩国、日本、新加坡、马来西亚等国家及台湾地区。

二、仲宫磨盘柿

柿树是历城区的乡土树种，多种于梯田堰边。历史上有“仲宫济南有多远，手攀柿枝上济南”的描述。磨盘柿较丰产、抗旱、抗寒、寿命长；树势强健、干性强、半开张、圆锥形；枝条粗壮、稀疏、叶大、叶片粗短。果实极大，扁圆形，中部有缢痕，形若磨盘，果顶平或凹，十月上中旬成熟，耐储运，主要以生食为主，可制饼、造酒。平均单果重250克，最大单果重500克。柿蒂深陷，果柄粗短，萼片大而平，基部连合；果皮橙黄色到橙红色，有蜡质；果肉淡黄色，果肉松、纤维少、汁多味甜、无核，含蛋白质0.7%、脂肪0.1%、碳水化合物11%、钙10%、铁0.2%、磷19%，含有多种维生素。主要分布地区为仲宫镇、柳埠镇、西营镇等。

三、垛石柿子

济阳县垛石柿子种植历史悠久。清乾隆《济阳县志》即有柿子种植记载。垛石柿子主要分布在徒骇河沿岸的大赵、靳家道口等村，年均产量310吨。品种为镜面柿，是中国六大名柿之一。垛石柿子表皮光滑、橙红透亮、入口成浆、皮薄无核、营养丰富，又被誉为“金镜蜜柿”。2007年起，每逢金秋，在柿子成熟的季节，垛石镇每年举办柿子文化节。

第四节 枣

一、圆铃大枣

济阳圆铃大枣，古称大婆枣，也称红枣、大枣，已有2000余年的种植历史。境内枣树种植遍及各镇(街道)。枣形似圆铃，皮色紫红，较一般枣个大，肉厚核小，味美甘甜，营养丰富，含有大量的蛋白质、维生素和钙、磷、铁等人体必需物质。红枣既是宝贵的木本粮食，又是滋补健身的佳品。红枣既可鲜食，又可晒干或加工熏制。用鲜枣熏烤而成的乌枣，畅销全国各地，并远销东南亚。进入21世纪后，济阳圆铃大枣产量骤减。2010年，全县红枣产量1000余吨。

二、魁王金丝小枣

商河魁王金丝小枣含多种维生素及蛋白质，其鲜果细脆酸甜，干果含糖量80%，在1987年全省枣类评比中名列榜首，获山东省优质果品，同时被定名为“魁王金丝小枣”。金丝小枣原产地为殷巷镇高坊村，尚有一株树龄200年以上的枣树，经山东省专家考察团实地考察，1987年定名为优良枣树稀有品种。商河魁王金丝小枣的果实在9月中旬开始成熟，为椭圆形，有个大、色艳、皮薄、肉厚等特点，果核细小，鲜枣质脆，生食甘甜可口。商河魁王金丝小枣较其他金丝小枣树体高大，树冠自然舒展，较为开张，树体寿命长，叶片大而浓厚，抗旱、抗寒、较耐盐碱，尤其喜欢肥沃而无积水的粘壤土。农户庭院栽植、房前屋后成片栽植、大田与农作物间作都适宜。一般幼树2年开花，3年结果，产量高而稳定。枣股肥大，抽生力强，每个枣股可抽生脱落性3～5个，株产量较当地其他小枣高10%左右。1987年，山东省林业厅邀请省内教学、科研、生产部门的教授、专家，组成鉴定委员会，对全省选送的11个金丝小枣样品根据果实的外形、色泽、整齐度以及口感、风味、营养成分的含量、耐贮性能进行评比，商河魁王金丝小枣获总分第一名。

第五节　桃

一、马山桃

长清区马山镇是马山桃的生产地，主要品种为中华寿桃、寒香蜜雪桃等。中华寿桃个大(最大果875克)，色泽鲜红，脆嫩甘甜，9月下旬至10月上中旬成熟上市。寒香蜜雪桃果实成熟时黄绿色，阳面红晕，平均果重278克，最大果810克，甜脆可口，汁多香甜，耐贮运，在常温下可贮藏近一个月，国庆节前上市。2005年，马山桃生产基地被市农业产业化办公室命名为市级科技示范园。2006年起，每年9月举办雪桃采摘节。2007年，成立雪桃种植专业合作社，有社员300户，从事雪桃生产、经营、销售。2008年，通过农业部无公害农产品认证，栽植面积133公顷，年产量430万公斤。

二、彩石玉龙雪桃

1953年发现于历城县彩石乡玉龙村，为实生变异品种，因冬季下雪时成熟而得名。桃树4月中旬开花，10月底至11月初，果实成熟，呈浅黄绿色；果肉白至浅绿色，离核，肉软、细腻、多汁，独具冰糖风味，风味浓，可食率90%。品质优良，风味独特。1985年，被评为山东名优特产。主要分布地区为历城区彩石镇。

第六节　梨

一、泰山小白梨

济南市的小白梨属于泰山小白梨系，历史上称“白梨”或“白皮梨”，俗称“线穗子梨”(形如农村织布用的线穗子)，亦称“泰山美人梨”。有200多年栽培历史，以其早熟、皮薄、质脆而久负盛名。该品种是境内栽培的特产树种，蔷薇科，属白梨系，落叶乔木，抗性强、结果早、丰产，7月下旬至8月上旬成熟，成熟果实呈黄色卵圆形，果肉乳白色，皮薄、肉细、质脆、味甜、果汁多，含苹果酸、柠檬酸、葡萄糖、果糖、胡萝卜素及多种维生素，具有清心润肺、止咳化痰、降低血压的功效，可溶性固形物10%～13%，成熟后常温贮存10天左右食之更佳。平均单果重100～150克，最大单果重400

克。历城区南部山区仲宫、柳埠、西营等镇和长清区张夏镇是集中分布区，其中仲宫镇种植面积最大，有百年以上泰山小白梨近百株，枝叶茂盛，长势良好。

二、锦绣川绣丰梨

1993年，历城区锦绣川乡果树站从一农户中选出，属于巴梨中一个特早熟品种，具有每年开三次花结三次果的奇特生物学特性，亦称“三季梨”，被省市专家称之为“梨园奇品”。绣丰梨属大型果，呈粗颈葫芦形，上市早、果实大，平均单果重280克，最大果重520克；果实呈黄白色，光滑美观；果心很小，果肉呈乳白色，肉质细，味浓甜，含可溶性固形物15.4%。采收后室内存放20天左右生食。主要分布在历城区仲宫镇锦绣川办事处。

三、“沙河香”黄金梨

“沙河香”黄金梨盛产于商河大沙河沿岸，产区面积130余公顷，是商河县黄金梨标准化生产基地。黄金梨具有人体需要的多种维生素和微量元素，比其他梨高出30%～50%，被誉为“生命之果”。其果皮金黄、果肉稍软而脆，呈透明状，石细胞极少，风味独特，可食率95%，糖度14.7%。食之清脆香甜、口感适中、后味浓香绵长。具有润肺、化痰、止咳、退热、降火、清心解毒、抗癌、减肥、美容等多种医疗保健功能。该品种果实扁圆形，成熟时果皮黄绿色，稍贮后变为金黄色。味清甜而具有香气，风味独特，品质极佳，果实9月上中旬成熟。耐储运、耐贮藏，冷藏两个月风味不变。

四、上品包金梨

上品包金梨是济阳县仁风仁合果植专业合作社栽植成功的新品种。2005年，仁合果植专业合作社在沂蒙山区发现一株沙梨芽变新品种，经过区域试验和观察测定，多次邀请果树界知名专家考察指导，认定该品种具有结果极早，丰产稳产，个大整齐，质优耐贮，管理粗放，适宜密植等突出特点，故命名为上品包金梨。该品种果皮呈金黄色，外表光滑美观。皮薄核小，可食率95%。果肉洁白，肉质细嫩，多汁，味清香，甘甜，石细胞极少，口感极佳。果糖含量15%～17%(国际标准13.5%)。果实剖面10天不变色、不变质。采摘后室内自然条件下存放3个月，窖藏6个月，恒温库冷藏1年不变质。该品种喜大肥大水，萌芽率高，成枝率中等。

第七节 山 楂

一、历城大货山楂

历城大货山楂又名砘轱辘，“大货”是指果实个头大。果树抗逆性强、适应性广、树势强健、病虫害少、管理简便、易繁殖；早产、高产；寿命长，柳埠镇三岔村有株100多年的“寿星”树，叶茂枝繁，年产果实500公斤。果实每公斤80个左右，耐储运，贮后果肉渐松糯、酸味轻，且微有甜味，酸甜适口；可食率92.7%，出干率34%，总糖量10.6%。每百克果肉中含维生素C48.1毫克，总酸量3.66%，果胶3.7%。主要分布地区为柳埠镇、西营镇等。

二、仁风山楂

济阳仁风山楂种植有多年历史。仁风山楂具有结果早、产量高、适应性强、果实个大、色泽红艳、风味佳、耐贮存等特点，主要有大金星、红绵球等品种。鲜食酸甜可口，亦可加工成山楂糕、山楂汁、山楂罐头等。仁风山楂年产量4612吨。

第八节 樱桃 苹果

一、长清樱桃

长清区樱桃种植历史悠久。20世纪80年代以前，以小樱桃种植为主，大樱桃在全县有少量栽植。1995年起，引进栽培红灯、那翁、大紫、拉宾斯、撒姆、早大果等品种。其特点是成熟早、甜度大，果大、肉多、色泽鲜艳，口味甘甜，富含维生素ABCE，低热高纤，补铁补血，健脑益智。上市时间5月初至6月初(比胶东地区早半月，比长清周边地区早1周左右)。张夏金峪樱桃、万德鑫昌源樱桃、店台樱桃通过农业部无公害农产品认证。五峰山街道、万德镇和双泉乡是大樱桃主产地，全区建成万德镇裴家园、双泉乡书堂峪、五峰山街道纸坊村3个大樱桃基地。

二、王家峪大樱桃

历城区王家峪大樱桃又名莺桃、含桃等，属蔷薇科，落叶小乔木。树高可达8米，叶卵形至卵状椭圆形，长7～12厘米；花白色，径约1.5～2.5厘米，萼筒有毛，花期4月，先叶开放，3～6朵簇生成总状花序；果红色，近球形，径1～1.5厘米，5月底至6月初成熟。樱桃营养丰富，含铁量特别高，具有调中益气、健脾和胃之功效。2001年，被中国绿色食品发展中心认定为绿色食品A级产品。主要分布在历城区柳埠镇王家峪村及周边，因其个大、色艳、味佳而闻名遐迩，是国内早熟樱桃品种中的佳品。

三、玫瑰红苹果

玫瑰红苹果产于平阴县洪范镇。为红星系短枝型芽变品种。1973年，在平阴县原城关公社东南沟村果园选出。1979年，在山东省第七次苹果良种鉴定会上，因其果浓红、又产于玫瑰之乡，故定名为“玫瑰红苹果”。玫瑰红苹果，果实为长圆锥形，浓红色高桩，五棱明显，果肉乳白色，细脆多汁，香甜可口。因品种质优、结果早、产量高、效益好，先后被山西、陕西、江苏、河南、河北、辽宁、北京等8省1市引种栽培。20世纪90年代平阴县发展玫瑰红苹果近2000公顷，全县生产玫瑰红苹果650吨。玫瑰红苹果以其特有的色、香、味、形等特点深得国内外市场的欢迎，远销福建、深圳、广州、哈尔滨、沈阳等10余个省、市。2004年3月，被农业部认证为国家级无公害农产品。

第九节 板栗 花椒

一、武庄板栗

武家庄板栗产于长清区万德镇东部山区，所产的泰山红明栗赤褐色，每500克40～80粒，大小均匀，糯性强，早在20世纪50年代就远销日本及东南亚等国家，被外商称为“中国干栗”。主要栽培品种有红明栗、红光栗、石丰、海丰等品种，推广优质、无公害、丰产技术，质量达到绿色产品标准。全区栽植板栗面积1575公顷，年产量近2000吨。

二、西营板栗

西营板栗产于历城区西营镇，又名栗子、大栗、栗果，是山毛榉科栗属中的乔木。栗树是20～40米高落叶乔木，雌雄同株，雄花为直立柔荑花序，雌花单独或数朵生于总苞内，单叶，椭圆或长椭圆状，长10～30厘米，宽4～10厘米，边缘有刺毛状齿；果实为坚果，包藏在密生尖刺的总苞内，总苞直径5～11厘米，一个总苞内有1～7个坚果，果熟期在9月底至10月初。栗子富含钾、锌、铁等矿物质。西营板栗因色泽好、糖分高、口味正，颇具盛名。镇域内有树龄约300年板栗古树群，被列入古树名木录。

三、历城大红袍花椒

历城大红袍花椒又名大椒、秦椒、狮子头，是花椒优良品种之一。树势高大、刺大而稀；果疏、粒大、着色较深，呈大红色，颜色鲜艳。2～3年开花结果，4～6年进入盛椒期，较耐寒、抗旱，耐瘠薄瘦地，寿命长。荒山坡地、河滩、路旁、房前屋后均可栽植，是保持水土、美化环境的理想树种。主要分布地区为港沟街道、西营镇、柳埠镇、仲宫镇等。

第四篇　水　利

济南市依山傍水，地位冲要。地形南高北低，依次为南部低山丘陵区，中部山前平原区，北部黄河冲积区。济南市的河流主要分属黄河、小清河、徒骇河、德惠新河四大水系。黄河横贯域内腹地，水沙资源丰富，对沿河两岸的涝洼、盐碱地改造，引黄灌溉发展农业生产，以及城市用水等都起到重要作用。小清河源于济南，有防洪、除涝、航运、灌溉的综合用途，因工业废水、生活污水的大量排入，水质污染严重。徒骇河、德惠新河对排洪、除涝、灌溉、乡镇供水起到重要作用。

至1986年年初，全市共建有大型水库1座、中型水库8座、小型水库189座、塘坝799座，总容量4.06亿立方米，兴利库容2.18亿立方米。全市有效灌溉面积20.65万公顷，旱涝保收面积14.59万公顷。

20世纪80年代起，市水利部门对南部山区加强水土保持治理，植树改土，涵养水源，有计划封闭城市公共供水管覆盖范围内自备井，由卧虎山水库等调水补源；在农业上采取喷滴灌等节水灌溉先进技术，同时调引黄河水、玉清湖水库水源进入市区等；通过采取补源、节水、限采、调改等综合措施，保证城市用水和泉喷。

1988年7月1日，《中华人民共和国水法》颁布。1993年，济南市人大常委会通过《关于在国家机关实行执法责任制的决定》后，济南市水利部门将水利工作重点转移到管理上来。20世纪90年代起，先后实施小清河治理工程；完成卧虎山水库续建、除险加固工程，实施锦绣川水库加固增容及狼猫山、崮头、石店、杜张、大站、垛庄水库以及病险的小型水库、塘坝实施除险加固工程；玉清湖、鹊山2座平原水库建成通水。21世纪后，兴建的沙河、大寺河、清源湖、澄波湖、东湖等平原水库先后蓄水。

2003年，济南市委、市政府决定在全市农村开展“村村通自来水”工程。市水利局对全市农村自来水现状进行普查，依照普查成果，市水利局提出坚持“县为主题、因地制宜、城乡统筹、规格布局和整体推进”的原则，组织全市县(区)水利局及相关部门，制定全市农村自来水工程建设规划。至2010年，共建成集中供水工程1175处，全市农村已建成饮水工程供水人口323.95万人，其中集中式供水303.27万人，联户供水5.46万人，单户供水15.22万人，全市农村饮水工程年供水量4904.16万立方米，农村自来水入村率95%，入户率由38%提高到83%。

至2010年，全市有大型水库卧虎山水库1座、中型水库9座、平原水库7座、小型水库170座、塘坝1047座，总库容64095万立方米，灌溉面积4.75万公顷。全市农田灌溉面积26.6万公顷，其中节水灌溉面积10.15万公顷。共建有机配井57765眼，水土流失治理面积3708.85平方千米。在水资源管理、防汛抗旱、农田灌溉、水土保持、饮水安全、科技兴水及管理等方面取得长足发展，实现水利事业健康发展，济南市水利局先后被评为全国文明单位、全国水利文明单位、全省防洪抗旱先进集体，济南市被评为全省村村通自来水工作先进市。

第一章 河湖治理

济南市河流众多，大小河道上千条，按流域水系分为三大流域，即黄河流域、海河流域、小清河流域(划属淮河流域)，除黄河直属水利部黄河水利委员会管理外，海河流域的徒骇河、德惠新河及小清河均为属地管理。流域面积超过100平方千米的有24条。济南市湖泊多为中小规模，分布在小清河流域的市区和历城、章丘，唯一大型湖泊东平湖已于1996年1月划归泰安市东平县。

至2010年，济南市通过逐年对河道的综合治理，河道的防洪标准提高，全市内河防洪压力减轻，同时将防洪排涝和生态修复相结合，把河道打造成靓丽的水利风景线，逐步实现“河畅水清、岸绿景美、人水和谐”的治理目标。

第一节 小清河治理

小清河源于济南市区诸泉，并于清末向西延伸至睦里闸。横穿市区流经槐荫、天桥、历城、章丘四区(市)，经淄博、潍坊、东营、滨州市于寿光的羊角沟入渤海，是鲁中地区重要排水河道，也是兼顾两岸农田灌溉、内河航运等功能的人工河道。

历史上小清河以其清澈的河水、丰富的物产、畅通的航运，两岸人民广得湖田之惠、舟楫之便、鱼盐之利，曾是济南市重要的生态走廊、经济走廊和文化走廊。小清河黄台港一度成为水陆联运、河海联运的重要枢纽。

小清河全长237千米，总流域面积10336平方千米。济南境内长70.5千米，流域面积2792平方千米，境内有兴济河、巨野河、绣江河等主要支流20余条，大部分分布于右岸，占小清河流域的82.6%，除工商河和东、西泺河等城市排水及泉水河道外，其余支流均属山洪性河道，其特点是：坡陡流急，洪水暴涨暴落，破坏性较大，加之过水断面上游大于下游，支流大于主干，每遇暴雨，宣泄不及，各支流下游及小清河常漫溢成灾。左岸支流为小清河以北，黄河以南平原内涝排水河道。

小清河干流建筑物有睦里、金牛、洪园、柴庄拦河闸4座，跨河桥梁61座，排水涵闸(管)73座；沿河建小型扬水站135处，其中右岸67处；小型渡槽、跨河管道等6处。

一、干流治理

1998年4月，经济南市政府批准成立济南市小清河管理处，为全额预算管理的县级事业单位，隶属济南市水利局。沿河槐荫、天桥、历城、章丘四区(市)水务局相继建立小清河管理机构。2002年，下发《济南市小清河管理办法》，小清河实施统一管理和分级管理，完善省市县三级管理体系，河道管理工作逐步走向规范。1986～2010年，先后4次实施较大规模的治理工程。

(一)1988年综合治理工程 1987年8月26日，济南市遭遇特大暴雨袭击，造成居民4.2万户、16.5万人受淹，倒塌房屋1.1万间，人员伤亡642人，其中死亡47人，并造成重大财产损失，直接经济损失3.7亿元。1988年，济南市委、市政府决定对小清河进行治理，重点解决市区段的河道疏浚和对“8·26”洪水期间阻水严重的板桥、还乡店、菜园3座桥梁进行改建。河道清障疏浚工程，自兴济河入口至菜园桥段，长14.5千米。该工程4月1日开工到5月底结束，共清除土方1.75万立方米、树木0.55万余株。3座桥均改建为单孔净跨50米，桥面净宽7.5米，为钢筋混凝土钢架拱桥，按20年一遇设计洪水和小清河6级航道要求，于5月20日开工，年底完成主体工程。本次工程共完成投资550万元。

(二)1996年综合治理工程 20世纪70年代后，随着流域内城市和工农业生产的迅速发展，工业废水和生活污水排放量逐年增加，流域环境污染日趋严重。同时，地下水浊度、大肠菌群、氯化物、硫酸盐、挥发酚、化学需氧量超标严重。沿河养殖环境遭到毁灭性破坏，鱼虾绝迹，水资源紧缺，航运萎缩(至1997年1月15日正式停航)，洪涝灾害频繁发生，严重影响小清河沿岸工农业生产和人民群众身心健康及生命财产安全。治理小清河恢复小清河的综合功能，已成为沿岸人民群众的共同愿望和迫切要求。1994年，省政府第16次常务会议和省八届人大常委会第13次会议审议通过《小清河流域污染综合治理总体规划方案》，制定以污染防治为基础，坚持治污与防洪、灌溉、航运、水产、旅游相结合的综合治理方针。1995年，省政府印发《小清河流域污染综合治理总体规划方案》。同年，完成干流治理工程的可行性研究报告。1996年11月22日，济南市委、市政府召开全市小清河干流治理动员大会，次日工程全面展开。至1997年6月15日，工程基本完成。共完成水上土方900多万立方米，水下挖方600万立方米，砌石约52万立方米，配套建筑物379项，完成投资10.14亿元。全市各级领导、机关干部职工和企事业单位、驻济南部队和武警官兵、社会各界纷纷捐款，掀起支援小清河建设的热潮。全市共收到各类捐款2755万元，投入劳动力及物资折款11853.7万元。工程施工期间，全市日均出动各类机械3667台(套)，日均上工劳力3万余人。通过治理河道，防洪能力基本达到20年一遇防洪标准。

(三)1998～2005年治理工程 1998年，济南市小清河管理处成立。至2005年，共完成主要治理工程40多项，累计完成投资4000多万元，主要工程治理项目有小清河右岸金牛公园段防洪墙、还乡店桥维修工程、黄台码头段防洪墙工程、济泺桥段容貌整治工程、2003年汛前应急疏浚工程、支流入口涵闸工程；章丘市新建涵闸工程、堤防整修；历城区段左岸堤防整修及柴庄闸防汛路工程等。

(四)2007年综合治理工程 2007年，济南市遭遇“7·18”特大暴雨的袭击，3个多小时内，市区平均降雨量134毫米，最大点雨量位于经二路193号市政府高达182.7毫米，其中1小时达151毫米，理论发生概率为200年一遇，均是有气象记录以来历史最大值，市区排洪河道宣泄不及四处漫溢，酿成严重灾害。死亡29人、受伤171人，受灾群众约33.3万人；倒塌房屋1805间，受损车辆802辆，多处商场商品被淹，其中银座地下商城损失5000多万元。洪灾给全市造成直接经济损失13.2亿元。

2007年9月29日，小清河综合治理工程被确定为省、市重点建设工程和迎全运配套工程。11月6日，小清河治理工程开工典礼。该工程西起槐荫区睦里闸，东至济青高速公路桥约31千米，实施河道扩挖、堤岸改造、城市排水、截污治污、道路桥梁、管线复建、河道补水、景观营造、土地开发等多项治理工程，计划2012年完成。省发展和改革委员会批复小清河综合治理工程立项总投资85.62亿元，其中一期工程投资34.77亿元，二期工程投资50.85亿元。

一期工程 自林家桥至济青高速公路长约13千米，是迎全运重点建设工程，于2009年全运会前基本完成，共完成投资约35亿元。征收国有、集体土地358.7公顷，拆迁城市居民1283户、拆除建筑面积近90万平方米；累计扩挖河道土方850万立方米，砌筑岸墙17千米；新建道路27千米、75万平方米，修建跨河桥梁14座，迁建各类管线135千米；沿河绿化13千米。小清河及周边地区自然生态环境和城市发展环境明显改善：河道变宽。完成河道土方扩挖850万立方米，清挖河底有害淤泥88万立方米，河道增加水面73.8万平方米，完成岸墙17千米，上游段河道底宽由原来的30米拓宽到75米，下游段河道底宽由原来的30米拓宽到90米，贤文路桥以下2千米土渠段河道底宽从30米拓宽到100米。小清河的防洪、防涝标准分别提高到100年一遇和10年一遇。同时，通过建设洪园节制闸，主城区河道可蓄水400多万立方米，形成100多万平方米的景观水面，再现“清河长廊”，乘船畅游小清河成为现实。

水质变好。对小清河有害淤泥进行彻底清挖外运，在两岸新建污水管线24.53千米，将两侧直排污水全部接入污水干管输送至污水处理厂进行处理，逐步摘掉“小黑河”的帽子，水质较治理前明显改善。

交通变畅。清河北路、滨河南路改造升级，清河北路全长13.5千米，宽度50米，双向6车道，为城市主干路；滨河南路全长13.2千米，宽度15米，为观光旅游路的城市支路。改造后的道路长度增加9.6千米，面积增加28.3万平方米。建设跨河桥梁14座，连接济泺路、历山路、二环东路等南北主要交通要道，小清河沿线的交通状况得到改善。道路不平、交通拥堵、尘土飞扬已成为历史。

景色变美。实施南、北岸绿化带及五柳岛、板桥广场等主要景观节点建设，新建绿地约47万平方米，栽植各类乔灌木16.6万棵，地被植物40余万平方米，建造园路、广场4.5万平方米，砌垒自然石1.5万吨，水韵溢彩、青桐伴雨、杉风栋影、朴榆寻幽等植物景观区基本成型，建设完成党史纪念地“盐仓码头”“五柳风帆”等雕塑，灯光亮化美化效果彰显，小清河北部城区景观带初步显现。

土地变热。对热力、电力、燃气、供排水等市政基础设施进行新建、改建、扩建，提升城市承载能力。两岸环境日益改善，小清河周边片区发展潜力逐步显现。结合工程实施，围绕小清河地区的功能定位、空间布局、产业发展总体规划策划研究，提出“打造山、水、绿、城为一体的多功能、复合型的新城市功能区”的发展定位。

二期工程 2010年1月，二期工程全面展开。工程从源头睦里闸至济泺路，总长17千米，主要实施内容包括河道拓宽、道路桥梁、管线迁建及景观绿化工程四部分。主河道由原20～30米拓宽至50～60米，工程总土方量约300万立方米，新建改建跨河桥梁16座，两岸新建道路总长42.1千米，面积68.6万平方米；迁移并新建供水、燃气、电力等9种管线150千米；新建河道景观绿化193.2万平方米，实现小清河市区段生态景观、旅游观光河道线贯通。以上工程于2012年12月底全部完工。

二、腊山分洪工程

2007年11月17日，山东省工程咨询院对济南市水利建筑勘测设计院编制的《济南市腊山分洪工程可行性研究报告》进行评估并立项。同月22日，济南市政府召开专题会议，研究腊山分洪工程建设的有关问题，按照会议精神要求进一步优化方案，编制《济南市腊山分洪工程可行性研究报告修订稿》。2008年6月30日，山东省发展改革委员会做出《关于济南市腊山分洪工程筹建办济南市腊山分洪工程初步设计的批复》，批准济南市腊山分洪工程初步设计，概算总投资6.83亿元。腊山分洪工程位于济南市区西部，东起兴济河京沪铁路桥、西至北店子入黄口，途经槐荫、市中、长清3区。全长16.85千米，分洪流域面积159.5平方千米。腊山分洪工程规模为大(二)型，工程等别为Ⅱ等，宋庄节制闸1级，主要建筑物2级，次要建筑物3级。京沪铁路至玉符河口（0+000～7+850）防洪标准为一百年一遇，入玉符河口至入黄口（7+850～16+850）防洪标准为50年一遇。腊山分洪枢纽工程可拦截兴济河进入小清河的部分洪水和大涧沟、陡沟全部洪水，通过玉符河泄入黄河，控制流域面积159.5平方千米，占市区(小清河)来水面积的36%，达到设计防洪标准时分洪流量604立方米/秒。

腊山分洪工程累计完成土方403.14万立方米，砌石2.27万立方米，混凝土及钢筋混凝土6.32万立方米，钢筋制安3837吨，沥青混凝土路面7.16万平方米，安装闸门308吨，安装液压式启闭机(2×100千瓦)6台(套)、双吊点固定卷扬式启闭机(2×400千瓦)6台(套)，草皮种植36.7万平方米。工程永久占地213.1公顷，施工临时占地202.4公顷，一期工程完成投资4.1亿元，二期工程完成投资2.73亿元。

治理后的小清河 (2012年摄)

(一)一期工程 玉符河左堤筑堤工程主要包括新筑、加固玉符河左堤、整修玉符河主河槽等。2007年11月28日开工，2008年8月14日完工。

玉符河段左堤绿化工程主要包括玉符河段左堤草皮护坡。2008年9月18日开工，2009年12月5日完工。

玉符河段防汛路路面及其附属工程主要包括新建沥青混凝土防汛路、新设预制混凝土路沿石、新建220国道盖板涵闸及迎水面浆砌块石护坡等。2008年10月12日开工，12月28日完工。

应急贯通工程主要包括筑堤、河道开挖、桥梁、堤防草皮绿化、砌石护坡等项目。2009年7月4日开工，2010年11月11日完工。

兴济河枢纽闸工程主要包括节制闸，设计流量259立方米每秒，3孔，每孔净宽7米。2010年9月10日开工，2011年11月12日完工。

0+540～3+040段工程主要包括河道开挖、堤防填筑、岸墙砌筑、桥梁工程、雨污工程、堤顶沥青混凝土路面等工程。2009年11月12日开工，2011年11月12日完工。

二环西路桥工程主要包括二环西路公路桥涵、电力管桥、水管桥、给水热力管桥等。2010年5月21日开工，2012年6月4日完工。

(二)二期工程 主要包括河道拓宽、堤防填筑、护坡工程、桥梁工程、雨污工程、堤顶沥青混凝土路面及宋庄闸工程，宋庄闸设计流量604立方米每秒，6孔，每孔净宽10米。2011年2月8日开工，2012年11月完工。

至2012年，小清河治理共完成投资85.62亿元。治理后的小清河河道变宽、水质变好、交通变畅、景色变美、土地变热，成为济南北部城区一道靓丽的风景线。

第二节 黄河水系支流治理

黄河在济南境内主要支流有平阴县的浪溪河、玉带河、汇河，长清区的南大沙河、北大沙河、清水沟，流经历城区和市中区、长清区、槐荫区的玉符河。

一、浪溪河

浪溪河系平阴县内河。流经洪范池乡，经纸坊和东阿镇的大河口入黄河，全长26千米，流域面积 118 平方千米。最大过水流量 150 立方米每秒，枯水期 0.5 立方米每秒，水源较充沛，历史上曾对下游做过浚治。中华人民共和国成立后，在上游修建东阿、杜庄等小型水库 15 座，总库容 1487 万立方米，塘坝 11 座，扬水站 35 座，小水电站 4 座，起到汛期拦洪、旱季灌溉的作用。1983 年，在入黄河口修建 3 孔(孔径 2.53 米)防洪闸 1 座，防止黄河水倒灌。1999 年 5 月，对下游段实施疏浚筑堤工程，疏浚长 4 千米，筑堤 6.1 千米，动用土方 35 万立方米，投资 205 万元。2000 年 10 月至 2002 年 6 月，进行二期治理，疏浚长 0.8 千米，筑堤 1.6 千米，砌护岸坡 1.6 千米，建拦水坝 1 座，共动用土石方 6.23 万立方米，其中石方 0.19 万立方米，混凝土 400 立方米，投资 162 万元。

二、玉带河

玉带河位于平阴县境内，源于李沟乡西南山峪，经李沟、玫瑰、刁山坡镇于外山入黄河。全长 27.5 千米，流域面积 134.0 平方千米，最大流量 150 立方米 / 秒，枯水流量 0.5 立方米 / 秒。民国时期曾派人查勘绘图征用民夫修堤。中华人民共和国成立后，先后进行过 5 次整治，在上游修建小型水库 18 座，总库容 1775 万立方米，沿岸建扬水站 35 座。1952 年，在入黄河口处建 3 孔防洪闸，以防黄河水倒灌。1995 年 5 月，对下游段实施疏浚治理，长 4.8 千米，共开挖土方 16.4 万立方米，投资 34.3 万元。

三、汇河

汇河是平阴县的过境河流。境内河长 12.5 千米，流域面积 220 平方千米。干流发源于肥城市湖屯镇陶山一带，支流康王河源于泰安市西部道郎一带。主河道在孔村镇陈屯村东入平阴县境，流经孔村、孝直两镇进入东平县，在东平县戴村坝入大汶河。境内先后修建小(1)型水库 3 座，小(2)型水库 5 座，总库容 756.3 万立方米。

2000 年 3 月，汇河疏浚开挖工程开工，共疏挖河道长 11.73 千米，修建排水涵洞 14 座，开挖顺坝排水沟 1010 米，共动用土石方 140 万立方米，投资 490 万元，同年 6 月底完工。2001 年 4 月，投资 70 万元，修建节制闸 5 座，涵闸、护坡 4 处，完成土石方 17669 立方米。2006 年 2 月，开工建设宋柳沟橡胶坝工程，坝长 70 米，设计蓄水深度 4 米，顺水流方向建设铺盖、消力池、海漫防冲槽总长 74.5 米，在河道右堤外侧设进排水泵房，坝顶修 6 米宽泥结碎石路面。完成土方 1.77 万立方米，砌石 2290 立方米，混凝土及钢筋混凝土 2180 立方米，完成投资 260 万元，同年 9 月竣工。工程建成后，可增加调蓄水量 290 万立方米，增加农田灌溉面积 2267 公顷；河道达到五年一遇除涝、二十年一遇的防洪设计标准。2007 年，对橡胶坝上游河道两岸康王河分洪道排涝闸和郭柳沟涵洞等 12 座建筑物进行配套改造，安装混凝土预制闸板 376 块，柏门 3 扇，完成投资 80 万元。

四、南大沙河

南大沙河位于长清区境内，古称宾谷水。有 3 支流，中支流发源于长清、肥城交界处的桃花山；西支流源于马山镇；两条支流在双泉镇漩庄南与源于五峰山街道的东支流汇合，后流向西北，在董庄注入黄河，全长 37.2 千米，流域面积 406 平方千米。较大支流 7 条，小支流 15 条，大小溪流，沟壑纵横，源短流急，多为雨源性溪流。该河中、上游段建有中型水库 2 座(崮头、钓鱼台水库)，小型水库 8 座，塘坝 122 座，总拦蓄能力 2769 万立方米。中游段(苾村至归北大桥)为自然冲刷的宽浅河道，河宽 50 ～ 110 米，没有堤防。河道下游长 5 千米，两岸筑有堤防，高度 4.1 ～ 4.3 米，顶宽 4 ～ 4.5 米，河道宽 90 ～ 280 米。因黄河水倒灌淤积，形成倒比降，从入黄河口向上游淤积长 3.5 千米，淤高 1.5 ～ 3.6 米，中小洪水不能排入黄河，滞留在河道内，两岸洼地易受渍涝灾害。

1985年起，在南大沙河3条支流上，建设以小流域为单元的水土保持治理和河道整治工程，修建梯级拦河坝、谷坊、顺河堰及疏挖河道等工程，形成节节拦蓄，梯形蓄水的格局。在南大沙河干流中游段，以裁弯取直、清障为主整治主河道，确保引洪畅通。1986年起，先后4次进行加高培厚大坝、疏挖河道的治理，治理后行洪流量由原来的340立方米每秒提高到450立方米每秒。1994年，归德镇在左岸的路庄新建1座5孔排涝闸。1996年，在排涝闸西新建1座3台机组、装机165千瓦的排涝站，排涝面积333.3公顷。2006年，投资66.4万元，对河道和堤防进行疏挖和整修加固。

五、北大沙河

北大沙河位于长清区境内，古称中川水。中支流发源于泰山西麓的桃花峪，东支流源于历城区高而乡的清凉台和万德镇的摩天岭脚下，于张夏镇西汇合流入崮云湖、长清湖，在平安街道老王府村西入黄河，全长67.7千米，流域面积584平方千米，实测平均流量126.9立方米每秒。上游建有中型水库1座(石店水库)，小型水库26座，塘坝105座，总拦蓄能力3295万立方米。中游段为自然冲刷的宽浅河道宽90～150米。下游段至入黄河口长4.5千米，两岸筑有堤防，高度4.3～4.5米，顶宽4～4.5米，因黄河

北大沙河张夏段治理工程 （2008摄）

淤积形成倒比降，从黄河口向上游淤积长4.2千米，淤高1.5～4.1米，中小洪水不能排入黄河，两岸洼地易受涝灾。

1989年起，万德镇在北大沙河3条主支流上实施5处小流域治理工程。通过对中游裁弯取直、平整河道、节节拦蓄，对干流进行整治。张夏镇清挖河道2.5千米，新建宽浅式拦河坝3座。2003年起，景观湖(原东风水库旧址现长清湖)纳入大学科技园区。2005年4月，对景观湖实施综合整治，建迷宫堰110.8米，泄洪闸两孔(孔径10×9.5米)，设计最大泄量分别为1467立方米每秒、1046立方米每秒；上游2300米处建有1座两个坝段总长155米、坝高5米的彩色橡胶坝。景观湖蓄水全部采用土工布进行防渗治漏，面积80.6万平方米。正常蓄水量760万立方米，总库容970万立方米。该工程于2006年5月竣工。从崮云湖拦河坝至景观湖入口，全长4.76千米，岸坡进行整治。北大沙河下游段，长4.5千米堤防进行先后5次加高培厚及疏挖河道治理，扩大河槽行洪断面，行洪流量由380立方米每秒提高到500立方米每秒。2007～2008年，为改善长清灵岩路大桥以西2千米河道的生态环境，投资1456万元，挖运土方85万立方米，对主河道进行扩宽、加深、平整，建起水上乐园，岸坡进行护砌、绿化，成为休闲观光、垂钓的风景区。

六、清水沟

清水沟即孝里铺河，位于长清区孝里镇。有大峰山、马岭、三黄崖3条小支流，在凤凰庄村北汇流，经孝里铺至老王坡流入黄河，全长13.5千米，流域面积107.8平方千米。1997年，对入黄河口的老王坡节制闸，进行改建，将闸底抬高1米，将6孔排水闸的闸板更换成高4米净跨1.5米的钢筋混凝土闸门。至2001年，治理水土流失面积501.5平方千米。2002年，国家投资40万元，区、镇、村筹资95万元，对大峰山8.5平方千米的小流域集中治理，生态环境

步入良性循环。2005年，下游段在倒虹吸两端各培厚加固500米，堤高3.5米，顶宽4米。至2005年，在上游先后建成小型水库6座，塘坝11座，总库容350.2万立方米，并在入黄河口建成防洪闸1座，以防黄河水倒灌成灾。

七、玉符河

玉符河，因玉符山(即灵岩山)而得名。发源于灵岩山阴，由众多无名小溪汇集于历城区的卧虎山水库后，往西北流入市中区，再由平安街道内的橛山东脚下流入长清区，在潘村东流入市中区，经槐荫区至平安街道的四里庄东北复入长清区境，至柳家宅子村北注入黄河。河道全长85.4千米，流域面积751.3平方千米。自入黄河口向上6.5千米河道，因黄河淤积形成倒比降，遇中、小洪水宣泄不畅，两岸洼地易受涝灾。玉符河上游建有大中型水库各1座(卧虎山、锦绣川水库)，小(1)型水库3座，小(2)型水库20座，塘坝42座，总库容1.56亿立方米。

1986年，槐荫区吴家堡镇为开发河内牛角峪600公顷洼地，自睦里闸起至河口新筑内右堤，堤高与顶宽皆3米，并于堤角外修渠道路1条，搬动土方20万立方米。2003年，长清区对流经境内4千米中的3.1千米堤防培厚加固，完成土方5.5万立方米，投资35.6万元。2005年3月，济南市水利局对该河进行综合治理工程。生态治理试验段工程1.5千米，位于市中区党家镇，主要建设工程有总长1.2千米的河道扩挖、筑堤、生态护砌；建高2米，长90米的橡胶坝1座；以子槽边坡、滩地、大堤绿化为主，营造绿色生态长廊；自寨而头至京沪铁路桥长9.6千米，在河道底部顺河势开挖弧形槽，深1米，上口宽3米；建管理房1处。以上工程共动用土石方24.2万立方米，砌石6500立方米，混凝土及钢筋混凝土9233立方米，钢筋69.5吨，投资1294万元。2007年11月28日，开工建设腊山分洪工程，在一期工程中，含玉符河下游段左堤加固工程。工程包括新筑堤防、防汛路及堤防绿化，长7.85千米。动用土方115.9万立方米，石方8572立方米，混凝土4840立方米，投资4590万元。

第三节 徒骇河治理

徒骇河起自聊城莘县文明寨村东，流经德州、济南、滨州，在沾化县西山后北与秦口河汇流后入渤海，全长436千米，流域面积13902平方千米。济南市境内徒骇河自济阳县太平乡入境，于商河县展家乡出境，长64千米，流域面积为1418.22平方千米。流域面积30平方千米以上的支流有六六河、齐济河、牧马河、垛石河、大寺河、卢兰河、姜集沟等11条支流。

1963～1971年，对全河进行大规模的统一治理，干流入海口排涝能力达1150立方米每秒，防洪排涝能力增强。20世纪80年代前后，出现堤防塌坡、险工上提下延、涵闸设备陈旧腐蚀现象较普遍，加之引黄灌溉造成河槽淤积，仅营子闸以上河底平均淤高1.2米左右，总淤积量153万立方米，对防洪排涝带来较大影响。

1992年10月，济阳县对徒骇河垛石险工采取土工织物和生物相结合措施进行护岸，治理长度120米，防洪护堤效果明显。1997年、1999年，分别对老杨沟、芦兰两处险工采取砌石、土工织物和生物相结合措施护岸680米。2004～2006年，投资130万元对沿河桥涵闸工程进行维修，共维修跨河桥5座，顺堤桥3座，涵闸5座。2006年8月至2007年12月，重建垛石镇徒骇河249线公路桥，桥长245.6米，桥面宽13.5米，投资635万元。2007年、2009年，对卢兰、鲁家两处险工240米进行护砌。2009年5月～10月，在徒骇河商桥原址重建新桥，桥长200米，桥面宽8米，10孔结构形式为双柱空心板桥，投资400万元。2010年，投资7万元，对徒骇河、娄子扬等7座涵闸进行维修加固。

第四节 德惠新河治理

德惠新河位于徒骇、马颊两河间的低洼狭长地带，为1968～1970年新辟挖的一条排涝河道，因跨德州、惠民地区而得名。

该河始自德州地区平原县王凤楼村东，流经陵县、临邑、商河、乐陵、庆云、阳信，于无棣县沙头堡东北汇入马颊河入渤海。济南市境内干流自商河县怀仁镇三皇庙西沿临邑、商河县界东北流，到临商河西入商河县境，于奎台乡坡李家东又沿乐(陵)商(河)县界东北流至韩庙乡买虎站东出境，境内长21千米，流域面积846.9平方千米，是商河县主要排涝干流。主要支流有临商河、跃进河(商中河)、改碱河和商东河等。商河县境内，左岸堤防长9.72千米，右岸堤防长22.68千米。

原河系紊乱、排水困难、易涝易碱。1961～1964年连年大涝，平均每年涝地12.3万公顷，占耕地面积的60.5%，涝灾损失较重。1965年，山东省委、省人大常委会决定新开挖入海河道。同年6月29日，《关于三五期间治理徒骇河、马颊河流域工程具体意见的报告》中专项列入开挖德惠新河项目。同年，中共中央、国务院以中发〔1965〕700号文件批准实施，并核实干流投资1000万元。

1966年，鲁北水利工程指挥部，本着“高低水分排，洪涝水分开”的原则，制订规划方案，编制工程设计，经水电部批准实施。分两次施工，第一次上自起点，下至老马颊河长105.5千米，河道开挖和在入口处建100立方米每秒的分水闸，由德州地区组织施工。1968年秋开始分两期施工，1970年基本完成。共完成土方3184万立方米，工日1280万个。第二次下游老马颊河治理，由惠民地区组织施工，1971年完成。

该河设计排涝流量320立方米/秒，设计防洪流量472立方米/秒。河道底宽22.5～84米，水深3～4.2米。治理过程中商河县境内段开挖土方663.6万立方米，完成工日24.65万个。1969～1970年，完成建筑物配套，建生产桥5座、涵洞10座。1971年，建成郑店拦河闸，10孔4×4米平板闸门，设计泄洪380立方米每秒，由德州市管理。

该河经过20年的运行，河道淤积严重，下游段河底平均淤高1.5米左右。1992年春，对郑店闸(乐陵市)至商东河段进行机械化清淤，全长14.4千米，完成土方135万平方米。清淤后的河段达到原设计标准。

第五节 湖泊治理

1986年，济南市的湖泊主要有大明湖、白云湖、芽庄湖、东平湖、美里湖、华山湖等。1996年1月23日，经山东省人民政府批准，将平阴县旧县乡划入泰安市东平县，东平湖归东平县管辖。随着城市的不断拓展，美里湖开发为湿地公园，华山湖开发为居民社区景观，原湖泊已基本失去蓄泄洪水的能力。

一、白云湖

白云湖又名刘郎中陂。位于章丘市明水街道西北20余千米处，北临小清河，东连绣江河，西跨历城区(历城湖面占3%)。湖面狭长，是一个河渠纵横，泊沼接连，水陆相间的天然湖泊。

中华人民共和国成立后，国家对白云湖曾多次整治，辟白云湖滞洪区，以达除害兴利目的。1958年，筑堤围湖，后又经逐年配套续建，完成白云湖滞洪工程，主要有：围湖堤：周长18.06千米，堤高4～6米，堤顶宽3～4米，顶高程22.8米，湖区东西长7.5千米，南北宽2.5千米，湖面积16.5平方千米。原设计滞洪0.8亿立方米，相应水位22米。分洪道工程：为绣江河分洪入湖开挖的输水道，全长3.5千米，底宽39米，设计输水能力240立方米/秒。分洪枢纽工程：在绣惠镇大沟崖村西北绣江河上建拦河闸，控制下泄流量120立方米/秒；分洪道入口处建分洪闸，设计分洪流量240立方米每秒，两闸于2002年3月～9月进行全新改建。泄洪排水工程：在湖北岸有四干排和青云河，是湖泊的退水河道，直接泄入小清河并分别修建出湖闸进行控制。

自1962年始连续3年滞洪蓄水，至1964年分别泄洪3000万立方米、2000万立方米、5600万立方米，最高湖水位20.6米。20世纪70年代始，水源日渐枯竭，湖面几乎干涸。1984年10月，开始申报并立项，开发白云湖。1986年10月，世界粮食计划署（WFP）援助政策和计划委员会批准综合养鱼开发项目。项目总投资1408万元，其中世界粮食计划署提供援助折款898万元，山东省、济南市投入配套资金510万元。建设鱼地666.7公顷，以发展淡水养殖，项目执行期为3年。1987年1月，济南市确定章丘县开挖鱼池566.7公顷，历城县开挖100公顷，经费两县按85 : 15的比例分配使用。1987年4月，从章丘县胡家岸引黄闸引黄河水，沉沙后经东干渠穿小清河调水入白云湖，并从绣江河调水以解决水源。至1990年，湖内建成鱼池417公顷，并在湖中心低洼处，留有滞洪蓄水湖区，东西长约6千米，南北宽500米，面积6.23平方千米；建成供、排水系统、建筑物等配套工程，共22个单项，共完成土石方739.8万立方米，工日581.3万个。同年，渔产总量150万公斤。至2001年，对白云湖部分大堤塌陷、裂缝等工程先后3次实施大堤灌浆工程，共9850米，灌注土方3.45万立方米，总投资41.5万元。至2010年，白云湖镇对白云湖不断开发，湖内生态环境改善，已成为济南市最大淡水人工养殖基地和济南市旅游景点，年鱼总产量875万公斤。

二、芽庄湖

芽庄湖为跨境湖泊，位于章丘市东北角刁镇与邹平县交界处。1954年，章丘、邹平两县分别组织建设工程，湖堤长10.6千米(其中章丘4.9千米)，面积5.4平方千米(其中章丘2.2平方千米)，设计滞洪1500万立方米。主要为滞蓄漯河洪水，减轻杏花河、小清河的洪水负担。

1990～1991年，刁镇政府投资35万元，其中国家投资30万元，对芽庄湖进行粮、棉、林、芦苇综合开发。共计开发台、条田66.7公顷，新修生产路6条7.5千米，生产桥7座，开挖排水沟1.1千米，植树2万株。1997～2001年，对湖面进行开发治理。相继进行三期综合开发，共投资1200万元，先后实施开发土地面积369.3公顷，硬化道路9.5千米，打井40眼，挖台、条田46公顷，修桥涵29座，建管理房43处，植树2万株。

第二章　水库塘坝建设

1986年年初，全市共有大型水库1座，中型水库8座，小型水库189座，塘坝799座，总库容4.06亿立方米，兴利库容2.175亿立方米，设计灌溉面积3.17万公顷，有效灌溉面积1.87万公顷。20世纪90年代起，先后完成卧虎山水库续建、除险加固工程，实施锦绣川水库加固增容及狼猫山、崮头、石店、杜张、大站、垛庄水库以及病险的小型水库、塘坝实施除险加固工程。玉清湖、鹊山2座平原水库于2000年先后建成通水。进入21世纪后，兴建的沙河、大寺河、清源湖、澄波湖、东湖等平原水库先后蓄水。至2010年，全市有大型水库卧虎山水库1座，中型水库9座，平原水库7座，小型水库170座，塘坝1047座，总库容64095万立方米，灌溉面积4.75万公顷。

第一节 大型水库

卧虎山水库是全市唯一大型水库，位于历城区仲宫镇，玉符河上游锦绣川、锦阳川、锦云川三川汇流处，属黄河水系，控制流域面积557平方千米，该水库距市区25千米，距玉符河津浦铁路桥15千米，距黄河41千米，是省市重点防汛工程。

该水库是一座具有防洪、灌溉、城市供水和生态供水功能为一体的大型水库，于1958年9月动工兴建，经1966年、1976年、2002年扩续建，总库容11640万立方米，兴利水位130.5米，相应库容6580万立方米。大坝坝型为黏土心墙土石混合坝，坝顶高程139.5米，坝长985米，最大坝高37米，溢洪道在大坝左端，5孔溢洪闸，总净孔宽70米，弧形钢闸门，最大溢洪泄量为8770立方米每秒。2005年11月25日，划归济南市水利局管理。

一、续建工程

自2002年5月至2005年9月，实施水库扩库增容续建工程，工程包括：上游入库河道治理、挖库增容、原有工程改造等。实施后水库的兴利库容由3700万立方米提高到6200万立方米，达到其原有的设计标准。

续建一期工程由新北围堤、中围堤、南围堤、营而桥、涵洞等组成。3道围堤采用挖库筑堤，碾压砂砾石，堤顶高程132.8米，中、南围堤长分别为1404米、1593米，顶宽均为3米。围堤保护范围内的耕地抬高至131米。本期工程于2002年5月8日开工，9月30日竣工，共动用土石方420万立方米，砌石3.25万立方米，混凝土及钢筋混凝土5500立方米，投资6931万元。

续建二期工程包括北围堤顶修筑5.9千米的防汛路、混凝土坝顶路面、溢洪闸改造及坝后排水沟工程、大坝安全监测系统(自动化监测及远程视频监控)、放水洞改造工程、启闭机房改建、更换闸阀及绿化、路灯安装等工程，总投资820万元。2008年10月9日，工程质量评定为优良等级。

2006年年底至2008年，对水库管理处业务综合楼翻建，建筑面积5000平方米，投资1100万元。

二、除险加固工程

2008年12月，省发展和改革委员会以鲁发改重点〔2008〕1646号文批复卧虎山水库险加固工程项目，总概算11464万元。2009年9月，水库除险加固工程开工建设。主要工程有：大坝加固，上游护坡翻修，坝基混凝土防渗墙结合帷幕灌浆防渗；下游坝坡维修。溢洪道加固，进口引渠段左岸边坡开挖护砌和右岸裹头延伸，闸室控制段启闭机房、桥头堡和交通桥拆除重建，泄槽底板、岸墙和鼻坎加固，闸门和启闭设备更新。新建放水洞，原洞封堵废弃，在大坝右侧山体中新建总长479米放水隧洞，进口分层取水。坝顶加宽工程，坝顶宽度加宽至14.5米，坝顶中间设置隔离带，将坝顶道路分为管理通道和交通道路。工程总计完成土方19.25万立方米，石方开挖及砌石工程19.1万立方米，混凝土及钢筋混凝土3.4万立方米，金属结构及钢筋制安3046吨。

2010年5月，水库清淤防护工程开工建设，工程包括防护围栏工程、库区监控工程、库区清淤工程、锦绣川河道入库段治理。防护围栏工程：将水库管理范围129.5米高程布设防护网，使水库全部封闭，总长约15千米。库区监控工程：沿水库防护网布设监控设备，实现水库监控全覆盖。库区清淤工程：计划清淤总量约100万立方米，清淤土方在库区就地堆土成岛，共布设7座库中岛，主岛上建立环境监测站，对水库生态环境、水质状况、水文气象等进行全面观测。锦绣川河道入库段治理：仲宫新老大桥间河道入库段整治长530米。

第二节 中型水库

一、锦绣川水库

锦绣川水库位于历城区仲宫镇黄钱峪庄南锦绣川的峡谷处，控制流域面积166平方千米，属黄河水系。水库始建于1966年10月，1970年10月竣工。坝型为浆砌石溢流坝，总长378米，其中溢流坝段117.8米，10个溢流孔，每孔净宽10.78米。大坝右岸建有水电站1座，装机2台共400千瓦/机组，年平均发电80万千瓦时。因原设计防洪标准偏低，不足百年一遇，坝体抗滑安全系数偏小，且渗漏，被列为病险水库。

1999年，锦绣川水库加固扩建增容工程由省水利厅和省计委审批立项。2000年3月8日，开工建设。同年6月27日，省计委正式对水库加固扩建增容工程方案批复立项，工程总投资2110万元，由省财政投入2000万元，其余部分由建设单位自筹解决。同年10月28日全面竣工。主要工程有：坝前防渗工程。在原坝体上游迎水面高程225米～252米范围内进行坝面防渗处理。大坝加固工程。坝顶高程由252.8米加高至254.19米，坝顶宽度由4.4米加宽到6.4米，路面由4米加宽至6米，最大坝高47.38米。溢流坝加固工程。溢流堰顶高程由248米加高到248.5米，溢流坝面及挑流坎浇筑钢筋混凝土护面。挑流坎底部原有空洞封堵，原砌石拱桥及桥墩均拆除，新建汽－20钢筋混凝土拱桥，堰顶新增10孔10.39×3米平面钢闸门，采用液压启闭机。工程共完成浆砌块石11982立方米，浆砌方块石1732立方米，混凝土及钢筋混凝土4609立方米，投工3万个，完成投资2184.39万元。竣工后进行验收，被评为省级优质水利工程。

除险加固扩建后，兴利库容由原3000万立方米增至3700万立方米，总库容同原设计4150万立方米，水库兴利水位提高到248.5米，为市区40万居民年平均提供生活用水1500万立方米；同时为灌区年平均提供灌溉水量1000万立方米，有效灌溉面积2666.7公顷。2008年，投资300万元，对供水干渠进行防渗维修，维修3600米，水损失率从55%降至30%。2009年，向市区提供用水1800万立方米，收水费736万元。水库除险加固后防洪能力提高，达到百年一遇设计，五百年一遇校核，千年一遇保坝洪水校核标准。2010年，经济南市政府批准，锦绣川水库管理处被列为市水利局所属财政拨款正处级事业单位。

二、狼猫山水库

狼猫山水库位于历城区彩石镇，小清河支流巨野河上，在两岔河村南，虎门支流与宅科支流的汇合处，大坝横跨狼猫山与青龙山相接的狭口处。控制流域面积82平方千米。

1959年11月，水库开工兴建。至1960年7月，大坝高程达179.5米，经1965年、1966年及1971年、1973年的续建和1976年按最大可能降雨标准进行大坝加高，坝顶高程达192.5米(坝高32.5米)。1984～1990年，大坝迎水面护坡，经七期施工，全面翻新面积1.88万平方米，共动用石方3.24万立方米，工日3.69万个，累计投资93万元。1988年3月～7月，实施大坝灌浆工程，总灌注土方2139立方米，投资22.68万元。

1991年8月28日16时起，水库工程区域内遭受大暴雨的袭击，彩石站达115毫米，造成大坝背坡大面积滑坡。滑坡总长度271米，总面积1.7万平方米，土方约8万立方米，险情危重，国务院副总理田纪云对水库抢险工作做出批示，省、市、区领导及有关专家多次到现场指挥抢险工作。经过广大军民艰苦奋战，险情得以有效控制。

1991年9月16日，水库除险加固工程动工，工程分三期，1994年10月竣工。主要工程有：大坝加固。均质坝后坡用河卵石贴坡翻压，边坡达1∶2.77，最大坝高32.5米，顶高程192.5米；溢洪道建闸。设四孔平面钢闸门（10×3.5米），实用堰顶高程184米，千年一遇泄量1066立方米每秒。放水洞延长并设两台闸阀控制，放水量3.5立方米每秒。共动用土石方34.36万立方米，工日10.97万个，总投资1029.44万元。工程被省水利厅评为基建项目优质工程。除险加固后水库总库容由原1299万立方米增至1560万立方米，兴利库容由623万立方米增至1253万立方米。2001年始，向东郊供水。2007年8月，对溢洪闸西边墙漏水问题，实施局部灌浆工程。至2010年，累计向市区供水3434.8万立方米，灌溉用水526万立方米。同年，狼猫山水库管理处被列为市水利局所属财政拨款正处级单位。

三、大站水库

大站水库位于章丘市枣园街道办事处大站村东，西巴漏河下游，属小清河水系，控制流域面积440平方千米。1966年12月，开工建设。因施工条件的制约，工程建设标准低、质量差、隐患多，防洪标准五十年一遇。属全省重点中型病险水库。

1995年11月，省计委下发鲁计农(基)字〔1995〕776号文件，将大站水库除险加固工程列为重点基建项目，计划总投资2560万元。工程包括：溢洪闸扩建加固，西副坝坝基防渗，主坝上部翻压、后坝坡加固，放水洞改建及观测管理设施建设等。1996年4月，大站水库除险加固工程正式开工。至2000年年底，总投资1590万元，先后完成800米长的主、副坝加固、西副坝外排水沟、上坝路和主坝及部分副坝迎水护坡和放水洞改建等工程。累计完成土石方50.78万立方米，因资金原因，工程未彻底完工。

2001年4月3日，调水保泉工程开工建设，投资522万元，铺设长7.86千米管道。同年8月14日，正式建成通水，年可向章丘城区调水400万立方米。2004年，章丘市委、市政府决定再次对水库进行除险加固、扩容工程。拟订工程有：西副坝截渗、溢洪闸改建、水库扩容、环湖路建设、水环境治理、主坝加固、人工浴场等七大工程项目，计划总投资1.29亿元。一期工程2005年4月至2006年12月，完成西副坝825米坝基混凝土防渗工程及坝坡护砌工程，完成投资1500万元。二期工程2006年2月至12月，完成溢洪闸改建、溢洪道上游护砌及防汛自动化工程，完成投资700万元。后因资金不足，工程于2007年停工。至2007年，水库大坝顶高程84.15米，顶宽7.5米，防浪墙顶高程84.8米，防洪标准达千年一遇，校核洪水位83.13米，相应总库容2233万立方米，兴利库容961万立方米；溢洪闸4孔10×6米平板钢闸门，最大泄量1801.4立方米/秒；放水洞为玻璃钢有压涵管，放水量8.21立方米/秒。

1986～2007年，先后12次对水库实施防汛岁修工程。实施有坝后排水、上坝路、溢洪闸闸门喷锌防腐等项目，累计投资107.1万元。

四、垛庄水库

垛庄水库位于章丘市垛庄镇垛庄村西南，小清河支流西巴漏河上游，控制流域面积56平方千米。1966年12月12日，垛庄水库开工建设，1968年8月建成。防洪标准为百年一遇设计，五百年一遇校核，是一座以防洪、灌溉为主，兼有供水、生态、旅游等效益的中型水库。1986～2007年，先后组织实施多项防汛岁修工程，累计投入经费119万元。对大坝坝坡、溢洪闸及非常溢洪道进行维修，新建启闭机房、更新机电设备、闸门喷锌防腐、维修交通桥，架设水库高压线，更换放水洞闸阀等。

2003年3月，被水利部大坝安全管理中心列为国家病险水库。同年11月底，垛庄水库调

垛庄水库 （2010 年摄）

水补源保泉工程开工建设，利用垛庄水库高效灌溉工程主干管，自埠村至明水章荣路口，铺设主管道。2004 年 4 月 20 日，全线贯通，向明水市区日供水量 2 万立方米，工程投资 720 万元。2007 年 3 月，省发展和改革委员会以鲁发改重点〔2007〕179 号文批复除险加固工程初步设计，总投资 3425 万元。按百年一遇设计，千年一遇校核，设计总库容 1286 万立方米，兴利库容 1094 万立方米。主要工程有大坝加固。全长 530 米，坝顶高程由 307 米加高至 308 米，顶宽 7 米，防浪墙高 0.9 米，铺沥青混凝土路面，上游干砌石、混凝土护坡，下游草皮护坡。溢洪道加固改建。改建 3 孔 10×6 米的溢洪闸，更换启闭设备；放水洞改建。低放水洞新建钢筋混凝土结构竖井式闸室，洞内改建直径 900 毫米钢管，更换启闭设备，高放水洞实施封堵；观测、管理设施建设，改建办公、生产用房及防汛路等。2008 年 10 月 26 日工程正式动工，2010 年完成并投入使用。该工程共完成土石方 36.19 万立方米，混凝土 1.42 万立方米，砌石 1.77 万立方米，金属结构及钢筋制安 442.31 吨。工程验收质量评定为优良等级。

五、杏林水库

杏林水库位于章丘市普集镇杏林村东，胶济铁路北 1.5 千米的小清河支流东巴漏河中游，流域面积 180.2 平方千米。1970 年 10 月开工建设，1971 年 6 月建成。水库原按百年一遇设计，三百年一遇校核，“三查三定”(查安全、定标准；查效益、定措施；查综合经营、定发展)时核定防洪标准仅四十年一遇。

1984 年至 1987 年 4 月，实施水库保安全工程。主要包括主副坝加高培厚、建自溃式溢流坝、李牌村移民、大坝护坡翻修及管理处迁址等，共完成投资 326 万元。水库安全度有所提高，标准仍偏低。1986 ～ 2007 年，先后 21 次累计投资 281.26 万元，实施水库防汛岁修工程，主要有主副坝石护坡、坝顶及防汛路维修、坝后截渗排水及坝顶裂缝处理；溢洪闸门喷锌防腐、动力线、配电室及管理房维护等。2008 年，省发展和改革委员会以鲁发改重点〔2008〕1641 号文批复水库除险加固工程初步设计，按百年一遇设计，千年一遇校核，概算总投资 4900 万元。主要工程有大坝加固、坝基截渗、溢洪道加固改建、放水洞改建及观测、管理设施建设等。该工程 2009 年 11 月开工，2010 年 11 月竣工，累计完成土石方 32.5 万立方米，砌石 3.3 万立方米，混凝土及钢筋混凝土 2.2 万立方米，钢筋及金属结构制安 538 吨。加固后总库容增至 1301 万立方米，校核洪水位 108.01 米，兴利库容 535 万立方米；大坝顶高程 108.4 米，顶长 2280 米；溢洪闸由 2 孔扩为 4 孔，平面钢闸门 10×6 米，最大泄洪流量 1795.7 立方米 / 秒；放水洞为钢筋混凝土箱涵 1.2×1.8 米，平面钢闸门 1.2×2 米，放水流量 1.65 立方米 / 秒。

六、杜张水库

杜张水库位于章丘市龙山街道杜张村西，小清河支流，东、西巨野河的汇流处，下游 8 千米是历城唐王镇，上游 15 千米处为狼猫山水库。控制流域面积 226 平方千米，水库始建于 1957 年，在原有的小(1)型水库的基础上扩建为中型水库。1986 ～ 2000 年，先后 12 次共投入防汛岁修经费 49 万元，对大坝护坡、坝顶路面、溢流坝下游消力池、漫水桥水毁修复、输电线路更新等工程建设和维护。

2000年8月，经水利部大坝安全管理中心核定为险库三类坝。2003年，初步设计由淮委审核批复，除险加固按五十年一遇洪水设计，千年一遇洪水校核，设计总库容1350万立方米。2004年12月，山东省发展和改革委员会、水利厅下达计划，批复概算总投资3460万元。2005年3月18日，工程动工兴建。工程主要有：大坝按顶高程51米，防浪墙高程51.8米，新筑坝600米，顶宽6米，加固坝段顶宽7米；渗漏严重的坝基采用混凝土板墙截渗，上游坝坡铺设复合土工膜进行坝体防渗；原溢流堰拆除，建6孔单孔净宽10米钢筋混凝土溢洪闸，最大泄量2897立方米每秒；放水洞进口段新建钢筋混凝土竖井，洞内衬钢筋混凝土管，内径0.8米，放水流量4.2立方米每秒。2007年5月，工程全面竣工，总计完成土石方31万立方米，砌石2.21万立方米，混凝土及钢筋混凝土2.6万立方米。工程质量达到设计要求，质量等级评定为优良。

水库除险加固后，校核防洪标准由三百年一遇提高到千年一遇，兴利库容增加240万立方米，可恢复灌溉面积1333.3公顷，提供工业用水200万立方米，年增效益431万元。

七、崮头水库

崮头水库位于长清区马山镇崮头村西，南大沙河西支流下游，控制流域面积100平方千米。1958年春季，该水库始建，大坝是在原拦河坝的基础上经3次扩、续建，于1966年6月竣工，达到中型水库标准。由于大坝修建时，未做清基处理，施工质量差，在运行中出现大坝裂缝、坝基渗水等问题。水库下游是济菏高速公路、220国道及华东输油管道，涉及3个乡镇15万人的安全。

1986～1999年，主要岁修工程有溢洪道坝头裂缝处理、北翼墙延长、副坝护坡、内坡脚齿墙翻修、坝顶路面整修、建管理房和变压器楼等，所建工程未根本改变病险水库的状况。2000年10月，水利部大坝安全管理中心核准该坝为三类坝，并列入除险加固计划。2002年，济南市水利建筑勘测设计研究院完成崮头水库除险加固工程施工图设计。2003年，山东省水利厅批复崮头水库除险加固工程，核定总投资4225万元。同年2月18日，除险加固工程开工建设，工程主要有：坝基防渗工程。采用防渗板墙及高喷板墙，轴线总长886米，其中C10混凝土防渗板墙长632米，墙厚0.4米，板墙入基岩1.5米。高喷水泥防渗墙长254.5米，总板墙面积10539平方米。大坝加固。对大坝高程86.5米以上部位进行翻压，护坡翻修面积4.83万平方米，坝顶宽5米混凝土路面，新建防浪墙高0.7米；新建溢洪闸。将原溢流堰顶高程85米拆除至82.5米，浇筑厚1米的C25钢筋混凝土闸底板，其上建4孔溢洪闸，安装10×5米平板钢闸门。新建放水洞。在原洞拆除后新建钢筋混凝土箱式涵洞，竖井后浆砌石拱式廊道，内设直径1.4米钢管，放水流量10.78立方米每秒。新建水库管理所大楼1座，总面积500平方米。2010年12月18日，工程全部完成，质量等级评定为优良。工程实际完成投资3424.37万元。工程共动用土石方52.28万立方米，砌石3.18万立方米，混凝土及钢筋混凝土0.82万立方米。通过除险加固，水库达到五十年一遇设计，千年一遇校核的防洪标准，最高洪水位93.08米，泄量1779.7立方米每秒，总库容1530万立方米，增加225万立方米，兴利库容676万立方米，增加303万立方米。水库设计削减洪峰18.3%，灌区灌溉面积333.3公顷，水库灌溉、防洪、生态及水产养殖等效益均明显提高。

八、石店水库

石店水库位于长清区张夏镇石店村东，北大沙河支流纸坊河的下游，流域面积40.2平方千米，总库容1101万立方米，兴利库容752万立方米，水库下游800米、1500米处分别是京沪铁路、石店大桥和104国道，涉及20个村庄和5333.3公顷农田的安全。水库削减洪峰54%，有效灌溉面积400公顷。

1966年11月，水库开工兴建，原址是石店村一座拦河小坝。1968年5月，完成。该工程标准低、质量差，运行几年后，大坝多次出现塌陷、裂缝、滑坡。1973年10月至1981年6月，连续8年保安全施工，包括大坝翻修护坡、坝基坝体灌浆、加宽加深溢洪道、建溢洪闸、改建放水洞及渠系配套工程等，由于资金缺乏，工程未能按标准完成，仍是一座病险水库。

1994年8月6日～7日，因水库区域连降大雨、暴雨，大坝再次出现多条较大裂缝，顺坝裂缝总长600米，最大宽度15厘米，深4.7米，严重危及大坝安全。1995年，省、市决定对大坝及主体工程实施改建加固，包括：大坝加固翻压培厚，高程自135.5米至坝顶143米，坝长850米，坝前砌石护坡翻修，排水沟翻修及坝趾排水工程；放水洞加固工程，内衬直径1.1米的玻璃钢管，夹层充填砂浆，最大放水流量2.2立方米每秒。1997年年底，工程竣工，共完成土石方23.5万立方米，砌石0.84万立方米，混凝土及钢筋混凝土0.32万立方米，工日7.84万个，投资750.64万元。

2005年12月1日，进行第二次维修加固工程，主要项目有：原机架桥拆除新建。将原机架桥的工作桥拆除重建，新建机房、管理房1间；原闸室、陡坡底板维护；交通桥上部结构拆除重建；放水洞工作桥维修加固，维修放水洞进口闸房和出口闸阀，增加配电设施；溢洪道上下游护砌，溢流堰宽28米，顶高程138.7米，堰侧设10×11米平板钢闸门，最大泄洪流量825立方米每秒；更换启闭机和配电设施，闸门喷锌防腐；维修加固原机架桥桁架梁、发电机房等。2006年8月2日，工程竣工，完成土方8261.6立方米，砌石1635.6立方米，混凝土及钢筋混凝土284.5立方米，钢筋40.68吨，投资171.1万元。

九、钓鱼台水库

钓鱼台水库位于长清区五峰山街道东莱园村东，南大沙河的东支流上游，控制流域面积39平方千米。1957年11月，钓鱼台水库开工兴建，后经6次扩、续建，于1968年竣工。1971年起，水库维修未断。1986～2005年，先后实施5次岁修加固工程。包括大坝加高培厚、反滤排水体，放水洞加固补强、闸门配套以及修建1000米长防汛公路等，共动用土石方10.2万立方米，投资151.2万元。岁修工程的实施并未从根本上解除水库病险状况，防洪标准仅达三百年一遇，削减洪峰仅有15%。

2008年7月，山东省水利勘测设计院编制完成《济南市长清区钓鱼台水库除险加固工程的初步设计》，11月10日通过黄河水利委员会复核。2008年12月31日，山东省发展和改革委员会以鲁发改重点〔2008〕1642号文件对工程初步设计进行批复，核定工程概算总投资3864万元。2009年8月31日，山东省水利厅以鲁发水勘字〔2009〕65号对钓鱼台水库除险加固工程施工图设计进行批复。工程等别为Ⅲ等，重要建筑物级别为3级，其他为4级。防洪标准为百年一遇洪水设计，千年一遇洪水校核。

2009年9月30日，钓鱼台水库除险加固工程开工，主要包括：大坝工程。全长725米加高至134.6米，新建1米高防浪墙，坝顶宽6米，铺设沥青混凝土路面，上游干砌石护坡拆除重建，主坝段设石渣压重平台，高压定喷灌浆防渗墙，下游坝坡加高培厚做草皮护坡，增设后坡、坝脚排水及大坝观测设施。溢洪道改建工程。新建3孔7×5.3米的溢洪闸，设平面直升钢闸门，闸底高程127.5米，设计泄量616立方米每秒。放水洞改建工程。原竖井拆除，新建放水洞内衬直径1.2米钢管，1.5×1.5米潜孔平面钢闸门，洞底高程118米，设计流量13.6立方米每秒。2010年12月10日，工程完工，共动用土石方13.61万立方米，回填土方16.6万立方米，砌石9740.6立方米，混凝土及钢筋混凝土7794.9立方米，制安钢筋349.2吨。库容由原来的1015万立方米增加到1086万立方米。工程质量等级评定为优良。

第三节 平原水库

一、玉清湖水库

玉清湖水库地处槐荫区与长清区交界处的许寺洼地段，南距220国道3千米，北距黄河大堤约2千米，位于小清河的源头，玉符河的入黄河口，故名玉清湖水库。1998年2月动工兴建，2000年12月建成，2001年6月向玉清水厂正式送水。2005年8月，水库划归济南市水利局，由济南市清源水务有限责任公司负责运行管理。

该水库是济南市引黄供水工程的源水工程，是缓解济南市供水紧张、改善供水格局和保护泉城特色的城市基础建设项目，附设3个泵站和1个沉沙池，占地666.7公顷，库容4850万立方米，死库容1220万立方米，围坝总长9.64千米，坝顶高程40.85米，顶宽7.5米。坝体采用壤土均质坝和裂隙黏土心墙坝两种坝型，并采用垂直铺塑及局部高喷灌浆防渗。水面面积5平方千米，设计日供水44万立方米。水库取水泵站位于吴家堡镇北店子，由原北店子扬水站改建而成，提黄河水入沉沙池，设计取水流量11.6立方米每秒，装机容量2880千瓦；入库泵站位于段店镇龙王庙村，将沉沙条渠的水提升入库，提水流量11.8立方米每秒，装机容量1120千瓦；出库泵站位于管理处西侧，设计向玉清水厂供水5.12立方米每秒，装机容量2100千瓦；泄水闸为2孔钢筋混凝土箱式涵洞，断面尺寸3×2.8米，闸底高程29.5米，泄量40立方米每秒。泄水闸功能：一旦坝体出险，尽快腾空库容，将水泄入玉符河。该工程由山东省水利勘测设计院设计，中国水利水电第十三局承建围坝工程，山东黄河工程局负责沉沙池，济南四建公司承担泵站建设。累计完成投资6.12亿元(其中银行贷款5.02亿元、政府投资1.1亿元)，共完成土方861万立方米，石方62.76万立方米，工日88.55万个。

水库建成后在历年的运行中，控制水库最高水位37.5米，最低水位31.1米。2001～2010年，总计供水83345.6万立方米，平均年供水收费2770.8万元。

二、鹊山水库

鹊山水库位于济南市天桥区大桥镇，黄河北岸北展区省道001公路东侧，南距黄河大堤2.5千米，占地1000公顷，由主库区和沉沙池两部分组成。1998年工程始建，2000年4月24日建成并向鹊华水厂供水。2005年8月，水库划归济南市水利局，由济南市清源水务有限责任公司负责运行管理。

该水库设计库容4600万立方米，死库容670万立方米，设计日供水44万立方米。水库坝型为均质土坝，筑坝土质为沙壤土、壤土，坝顶高程32米，最大坝高11.04米。顶宽7米，设1.44米高防浪墙，蓄水最高水位30.4米，最低运行水位23.7米，坝体采用防渗垂直铺塑，坝基采用土工膜垂直截渗墙。水库供水工艺流程：由黄河大王庙引黄闸自流到沉沙池1号泵站，经6台机组(4用2备)装机容量1680千瓦，设计提水流量9.1～12.1立方米每秒，提升入沉沙池，沉淀自流到2号泵站，再经5台机组(4用1备)装机容量1250千瓦，提水流量12.72立方米每秒，提升进入水库，由3号出库泵站6台机组(4用2备)装机容量3260千瓦提升，经过10千米的直径1.8米输水管道穿黄河送至鹊华水厂净化处理。供水范围：主供天桥区，辐射历下、市中、槐荫，并担负向东联、济钢供水任务，是济南市主要的水源之一。水库泄水闸为原黄河北展堤防大吴泄水闸，经改建现为两孔钢筋混凝土箱式涵闸，洞孔断面3×2.8米，闸底高程20.5米，设计泄量40立方米/秒。泄水闸功能为：一旦坝体工程出险，尽快腾空库容，将水泄入大寺河。另在水库南坝王家镇附近预留爆破口以备泄洪。

鹊山水库由黄河勘测设计研究院设计，山东黄河工程局、中国水利水电第十三局、中铁十四局负责施工，山东省水利工程建设监理公司负责工程监理。累计完成投资7.5亿元(其中银行贷款6亿元、供水基金1.5亿元)，共完成土方706.5万立方米，石方27.7万立方米。2002～2010年，总计供水量74095万立方米。

三、大寺河水库

大寺河水库位于济阳县城西北3千米处，省道248线从中央穿过。上起大安村，下至魏家铺，全长28.6千米，流域面积191.7平方千米。设计正常蓄水量1077万立方米，年调节蓄水量3231万立方米，形成133余公顷的水面，规划总投资4700万元。

大官庄闸是大寺河平原水库的拦蓄工程，也是大寺河泄洪工程，位于垛石镇大官庄村东。1989年10月21日开工建设，12月31日主体工程竣工。共完成土方5242立方米。混凝土及钢筋混凝土240.6立方米，砌石1064立方米，共计投资26万元。该闸设计3孔，孔宽3米，闸门高4米，闸底高程13.26米，设计拦蓄水位17.0米，过水流量50.8立方米/秒。两岸堤防是水库开挖弃土堆筑而成，共长6.4千米，堤顶宽5米，内坡1:2.5，外坡1:1.25，堤顶高程19.2米。

1997年2月，大寺河平原水库动工兴建，1998年12月竣工。完成展宽河道3.2千米，上起济阳镇赵胡村东北赵胡闸，下至垛石镇大官庄村东大官庄闸，设计水深3米，水面面积35.3公顷，蓄水240万立方米，扩大灌溉面积2000公顷，完成土方160万立方米，投资798万元。1998～2010年，年均提供灌溉水量290万立方米，总计3770万立方米。

四、沙河水库

沙河故道调蓄水库位于商河县境内北部，东西走向，流经怀仁镇、殷巷镇、沙河乡、龙桑寺镇4个乡镇。沙河故道系黄河泛滥冲积而成，历经千年风沙雨浸，河床淤塞严重。河道中心线两侧基本为闲置荒地，地域开阔，长期未得到开发利用，既不能蓄水灌溉也阻碍行洪，但具备兴建水库的必要条件。西起商中河，东至商惠边界，流域面积301.7平方千米，一次蓄水量1200万立方米。1999年10月，完成沙河故道调蓄水库勘察设计。2000年，山东省计划委员会立项。该工程兼有蓄水灌溉和行洪排涝功能，是一项集经济、生态和社会效益于一体的综合性水利工程。

2001年9月～10月，第一期工程实施，上游段自怀仁张家桥向东至省道248线殷巷公路桥，长6.4千米，加深、拓宽河道完成土方216.8万立方米，投资1250万元。2002年10月5日～30日，第二期工程实施，上游段自临商河向东至怀仁镇张家桥，长5.1千米；省道248线殷巷公路桥向东至商家村，长0.8千米(属中游段)；共完成土方118.4万立方米，投资591.5万元。2003年10月，第三期工程动工，自尹巷镇商家村向东至苑家村，长1.6千米(属中游段)，工期50天，完成土方51.5万立方米，投资631.15万元。2005年春，第四期工程动工，自商东河向东至常庄黄马村，长4.66千米(属下游段)，工期2个月，完成土方156万立方米，投资620.8万元。2006年4月4日，第五期工程开工，西起殷巷镇苑家村北，东至改碱河，长4.44千米，清挖土方98万立方米，于5月5日完工，投资406.5万元。2007年5月3日，第六期工程开工，西起改碱河，东至商东河，长7.07千米，清挖土方185.3万立方米，于6月9日完工，投资819.8万元。

至2007年8月底，工程全面竣工，前

后6期工程共完成治理总长度30.07千米，完成土方826万立方米，修建公路桥1座，生产桥14座，涵管55座，涵闸6座。累计完成总投资4319.75万元，其中建筑物投资623万元。

沙河水库年调蓄水量4500万立方米。2006～2010年，提供灌溉总水量22517万立方米，改善和增加灌溉面积1.33万公顷，新增耕地280公顷、河滩地167公顷，形成水面267公顷，解决流域内85.3平方千米的水涝灾害。

五、清源湖水库

清源湖水库位于商河县玉皇庙街道原二级沉沙池范围内。以邢家渡引调黄河水为供水水源，是为解决该县饮水水源不足而兴建的一项水利基础设施工程。

水库围坝周长4043米，设计库底高程14.2米，坝顶高程27米，坝顶宽7米，内坡比1∶3，外坡比1∶3.25。水库永久占地123.3公顷，总库容953.5万立方米，兴利库容860.7万立方米，整个工程由围坝、引渠、节制闸、入库泵站、出水井、泄水闸、截渗沟等部分组成，工程概算总投资1.72亿元。2007年10月28日工程动工，至2009年6月底水库所有工程完成并全面投入运行。清源湖水库年供水量2000万立方米，日供水能力5万吨，有效解决城区居民、南部乡镇20万人的生活用水和县经济开发区、城区产业园的工业用水，对引黄灌区2万公顷灌溉起到调蓄作用。

六、澄波湖水库

澄波湖水库位于济阳县城政务广场西0.9千米处，济北开发区中西部开元大街延长线两侧。未开发前是一片废弃砖瓦厂和鱼塘，地势低洼，荆棘丛生，生态环境恶劣。2004年，县水务局委托济南市水利建筑勘测设计研究院编制澄波湖水库可行性研究报告，并通过省水利厅专家组评审。2005年2月6日，山东省发展和改革委员会批复立项(鲁计农经〔2005〕74号)。2007年开工建设，2009年完成主体工程开始蓄水。2010年，澄波湖水库被评为省级水利风景区。

该水库以开元大街延长线为界，分为南、北两湖区，南北长1900米，东西宽1300米。设计总库容1063万立方米，年供水量2614万立方米，占地2.67平方千米，工程计划总投资6210万元。水库水源地以大寺河客水为主，以沟杨、邢家渡闸引黄水为补充，与大寺河、环城河形成湖河相连的蓄水、泄洪水系。澄波湖水库工程包括：毛官居搬迁安置工程，涉及居民307人占地0.1平方千米，新建住宅楼6幢2.3万平方米，投入资金2667万元。土方工程，完成土方485万立方米投资540万元。景观桥37座，投资950万元。驳岸工程，形式11种总长27千米，投资540万元。绿化工程，种植乔灌木101.3公顷，地被绿化面积92公顷，投资3232万元。建设6处扬水站，投资500万元。其他环城河治理、山体防护、湖区道路建设、电力、管理设施等工程投资10911万元。上述工程总计投入资金2.7亿元。澄波湖水库建成后，年可供农业灌溉用水1210万立方米，灌溉面积3333.3公顷；年可供工业、城市生态用水1404万立方米，补充济北经济开发区及周围地区主要企业的工业用水和为城区生态建设、园林绿化及城市景观供水。

七、东湖水库

东湖水库是南水北调东线胶东输水干线的重要组成部分，位于济南市东北部小清河与白云湖之间，距市区约30千米。东湖水库承担济南市区4050万立方米、章丘1700万立方米和滨州、淄博两地供水2347万立方米长江水的调蓄作用，与济南市水网规划融为一体，连通东联供水管网，满足济南市东部大型工业企业生产用水需求，有效地解决市区东部水资源短缺和河道景观用水问题，以地表水置换地下水，缓解东部地区地下水超采现状，实现水资源的优化配置，改善水生态环境。

2009年11月27日，国务院南水北调工程建设委员会办公室对东湖水库初设(概算)方案进行批复，核实概算96403万元，由山东省水利勘测设计院设计。水库设计为围坝式平原调蓄水库，占地5.38平方千米，设计最高蓄水位30米，总库容5377万立方米，蓄水深11米，兴利库容4699万立方米，死库容678万立方米，围坝轴线总长8125米，最大坝高13.7米。

水库总体布置包括水库围坝、干线分水闸、穿小清河倒虹吸、水库泵站、入(出)库涵洞、入(出)库闸、放水洞及排渗泵站等，水库坝体采用防渗复合土工膜斜墙坝，坝基采用0.3米厚的塑性混凝土防渗截渗。水库呈“五边形”，其中西南、东南两个方向各设1处引水口，分别向济南市区和章丘供水。

2010年3月，成立山东省南水北调济南至引黄济青段工程建设管理局东湖水库建管处，隶属山东省南水北调工程建设管理局。同年5月13日正式开工建设，2013年4月28日建成(待验收)。工程共完成土石方905.4万立方米，填筑土石方715.1万立方米，砌石4.37万立方米，混凝土及钢筋混凝土9.31万立方米，钢筋制安1417吨，总投资11.17亿元。同年11月15日，南水北调东线一期工程试通水，引进长江水3000万立方米。

第四节 小型水库与塘坝

济南市小型水库、塘坝主要分布在济南市南部山丘区，包括历城、章丘、长清、平阴及历下、市中等6个县(市)区。1976～1986年，大搞农田水利基本建设，全市小型水库数量达189座，塘坝768座，总库容1.79亿立方米。由于历史原因，大多数水库、塘坝修建时受当时技术、资金、料物等条件的限制，大多是边勘测、边设计、边施工，有的甚至没有正式设计便动工修建，致使施工质量普遍较差，多数水库、塘坝达不到安全标准。历经几十年运行，工程老化、病险状况严重，严重威胁下游人民群众生命财产安全。历年都安排重点险库实施有限的除险加固工程，因财力所限和工程量大，致使病险水库量大、隐患多的局面未能得到改善。至1990年，全市塘坝841座，总蓄水量2480万立方米，灌溉面积1366.7公顷。

2004年，济南市水利局组织技术力量对小水库进行全面普查，约有三分之二的水库属于病险水库，其他水库也不同程度的存在安全问题。2004年起，省水利厅实施全省小水库加固工作，加大小水库投资力度，为济南市拨付资金105万元。2004年，长清区双泉乡龙湾小流域治理，修建塘坝6座，西龙湾村将塘坝2座租赁给村民，村里利用租赁费又建成塘坝2座，蓄水6万立方米，解决部分耕地的灌溉问题和全村人畜饮水问题，生态环境发生根本性变化。2005年起，济南市计划分期分批完成全市小水库加固工作。同年，省投资180万元，济南市匹配资金600万元，共完成34座小水库的加固，完成总投资2351万元。2007年，济南市水利建筑勘测设计研究院对全市175座小型水库进行安全鉴定，一类坝2座，二类坝6座，三类坝167座。2008年，制定3年实施123座小型病险水库除险加固规划，其中小(1)型水库37座，小(2)型水库86座，核定工程批复投资23521万元，其中中央资金2490万元，省级资金2030万元，市级配套7669万元，其余由县(市)区配套。县(市)区实际到位资金4600多万元。章丘市在全市率先完成对小型水库除险加固工程，累计动用土石方42万立方米，完成总投资2358万元。

至2010年年底，123座小型病险水库全部按照除险加固标准完工，并通过竣工验收。同年，全市共有小型水库170座，总库容14052.2万立方米，兴利库容7960.8万立方米，灌溉面积9266.7公顷。其中小(1)型水库44座，总库容10099.2万立方米，兴利库容5624.8万立方米，灌溉面积6466.7公顷；小(2)型水库126座，总库容3953万立方米，兴利库容2336万立方米，灌溉面积2800公顷。至2010年，全市山丘共有塘坝1047座，总库容2951.4万立方米，灌溉面积6800公顷。因历史原因多数塘坝质量标准低，普遍存在漏水等问题。同年底，全市启动山区塘坝维修整治计划，确定存在安全隐患的塘坝460座。

第三章 农村水利

第一节 农田灌溉

1986年，全市有效灌溉面积20.65万公顷，旱涝保收面积14.59万公顷。至1990年年底，全市建设万亩以上引黄灌区26处，引河、引泉灌区15处，水库自流灌区7处，全市有效灌溉面积21.71万公顷，占全市总耕地面积的62.4%。至2010年年底，全市农田灌溉面积26.6万公顷，其中农田有效灌溉面积24.68万公顷、林地灌溉面积0.78万公顷、园地灌溉面积0.89万公顷、牧草地灌溉面积0.01万公顷，其他灌溉面积0.24万公顷。有效实灌面积22.51万公顷，其中水田0.59万公顷、水浇地21.92万公顷；旱涝保收面积14.45万公顷；机电排灌面积23.36万公顷，其中机电井灌溉面积12.6万公顷。全市节水灌溉面积10.15万公顷，其中喷灌面积0.18万公顷、微灌面积0.27万公顷、低压管灌面积7.46万公顷、渠道防渗面积2.19万公顷、其他工程节水面积0.05万公顷。

2010年济南市灌溉面积情况表

表8-4-1　　单位：公顷

县(市)区	总灌溉面积	其中				
		农田有效灌溉面积	林地灌溉面积	园地灌溉面积	牧草灌溉面积	其他灌溉面积
济南市	266000	246770	7760	8960	90	2420
市辖区	2460	2410	—	50	—	—
市中区	4460	4160	—	300	—	—
槐荫区	4200	4200	—	—	—	—
天桥区	6070	5620	320	80	50	—
历城区	21120	17810	850	2420	40	—
长清区	23040	21480	440	1120	—	—
平阴县	19790	17720	170	1900	—	—
济阳县	55700	51110	1200	970	—	2420
商河县	68690	64400	3340	950	—	—
章丘市	60470	57860	1440	1170	—	—

2010 年济南市农田有效实灌面积情况表

表 8-4-2

单位：公顷

县(市)区	有效实灌面积	其中		旱涝保收面积	机电排灌面积	其中
		水田	水浇地			机电井灌溉面积
济南市	225070	5860	219210	144510	233550	126030
市辖区	—	—	—	—	1880	1390
市中区	3900	—	3900	3490	2460	2420
槐荫区	4200	2140	2060	4200	4200	2060
天桥区	5500	—	5500	3450	5610	1220
历城区	16820	1500	15320	16120	20550	14110
长清区	20250	—	20250	19250	21440	16840
平阴县	12630	—	12630	12630	14750	10560
济阳县	47390	2220	45170	—	56230	13280
商河县	62100	—	62100	47350	55920	24550
章丘市	52280	—	52280	38020	50510	39600

2010 年济南市节水灌溉面积情况表

表8-4-3

单位：公顷

县(市)区	喷灌面积	微灌面积	低压管灌面积	渠道防渗面积	其他工程节水面积
济南市	1790	2720	74560	21900	490
市辖区	20	—	460	10	—
市中区	70	110	750	580	—
槐荫区	—	—	100	—	—
天桥区	—	130	1030	310	—
历城区	350	1690	8230	2540	—
长清区	900	—	12120	500	—
平阴县	50	500	14680	1140	—
济阳县	270	270	4800	3460	490
商河县	20	—	5480	5500	—
章丘市	110	20	26910	7860	—

一、井灌

1986 年年初，全市有机电井 25082 眼，其中配套机电井 22005 眼。2006 年，全市有机电井 58567 眼，其中深井 3357 眼；配套机电井 54173 眼，其中机配井 20977 眼、电配井 33196 眼。

2010 年，全市机配井 57765 眼，其中配套机电井 53375 眼，配套机电井装机容量 49.65 万千瓦，年设计供水能力 108683.49 万立方米、年实际供水能力78184.54万立方米，机电井年实际供水67167.54万立方米，其中农业灌溉供水56611.54万立方米、工业生产供水5837万立方米、城镇生活供水1132万立方米、乡村生活供水3580万立方米、生态环境供水7万立方米。

2010年济南市机电井情况表

表8-4-4　　　　单位：千千瓦、万立方米

县(市)区	机　电　井		配套机电井装机容量	配套机电井年设计供水能力	机电井年实际设计供水能力	本年度机电井实际供水
	井眼数	已配套眼数				
济南市	57765	53375	496.73	107682.49	78184.54	67167.54
市辖区	694	598	5.33	1052.00	132.00	132.00
市中区	794	794	9.25	1680.00	1666.00	120.00
槐荫区	2023	2023	12.19	5664.00	5664.00	2403.00
天桥区	585	440	3.00	1053.00	792.00	640.00
历城区	6542	5584	58.53	7431.00	4203.00	3695.00
长清区	6110	5430	66.36	11400.00	10950.00	5400.00
平阴县	1186	1176	27.35	10450.00	5470.00	5470.00
济阳县	8082	7754	66.88	12313.49	9819.54	9819.54
商河县	9809	9484	108.94	11380.00	9958.00	9958.00
章丘市	21940	20092	138.90	45259.00	29530.00	29530.00

二、引黄灌溉

至1986年，济南市已建成设计灌溉面积2万公顷以上的引黄灌溉工程有平阴县田山电力提水排灌站、历城区陈孟圈引黄提水站、章丘市胡家岸引黄灌区；设计灌溉面积万亩以上、10万亩以下的小型引黄灌区有槐荫区的吴家堡引黄灌区、长清县东风、红旗电灌提水站及平阴县的姜沟、外山、望山头、龙桥、柳山头、桃园共9处小型引黄灌区。当年引黄工程有效灌溉面积1.94万公顷。至1990年，全市已建成田山、北店子、大杨庄、老徐庄、胡家岸、土城子、葛店等7处引黄闸和邢家渡大型引黄灌溉工程。2005年，全市万亩以上引黄灌区26处，其中大型灌区4处、中型灌区12处、小型灌区10处，实际引黄灌溉面积17.2万公顷，占全市有效灌溉面积的65.2%。2010年，全市4大引黄灌区实灌面积8.55万公顷。

(一)邢家渡引黄灌区　该灌区是济南市最大的引黄灌溉工程，全市最大的粮棉生产基地。灌区渠首位于济阳县崔寨乡邢家渡村，引黄闸为钢筋砼涵洞，设计引水流量为50立方米每秒。1973年该灌区始建，1977年建成。1990年，由德州市划归济南市管理。该灌区设计灌溉面积7.87万公顷，惠及济阳县、商河县、天桥区及德州市的临邑县22个乡镇共80.92万人。灌区由主干渠、支渠及输水渠、沉沙池和各类建筑物组成，系灌排兼容工程，属国家级大(2)型灌区。主干渠长91.5千米，一级、二级沉沙池占地473.3公顷。由于黄河水含沙量大，每年清淤总量达35万立方米以上。主干渠上建有节制闸4座、渡槽2座、分水闸44座、交通桥5座、生产桥19座、测水测沙站3处。灌区内有渠系管理站(所)7处。

灌区分自流和提灌两部分。自流灌区南起黄河左岸，北至沙河故道，西邻德州市的李家岸

灌区，东接跃进河，设计灌区面积6万公顷；提灌灌区位于自流灌区以北，济南市境内有效灌区面积2.63公顷。

省发展和改革委员会对灌区分年度下达投资计划。2007年起，完成工程有5+300～38+900长33.6千米渠道衬砌、筑堤，右堤顶路面硬化，两侧截碱沟整治；维修改造建筑物66座，并完成自动化控制设施。2010年，灌区总投资20450万元，其中国家投资5212万元。同年，灌溉面积6.2万公顷。

2008年7月，市编委〔2008〕30号文核准该单位为全额预算管理事业单位，人员编制由45人增至75人，内设6个科室。

1990～2010年济南市邢家渡灌区引水灌溉情况表

表8-4-5

年　份	引水量（万立方米）	灌溉面积（万公顷）	年　份	引水量（万立方米）	灌溉面积（万公顷）
1990	27994	7.07	2001	23728	6.40
1991	22314	6.80	2002	26928	6.53
1992	25288	6.93	2003	20969	6.17
1993	27541	6.65	2004	27896	6.47
1994	26700	6.24	2005	13086	6.07
1995	16300	6.01	2006	21100	6.20
1996	24600	6.17	2007	19100	6.20
1997	26400	6.45	2008	18500	6.20
1998	30400	6.82	2009	20200	6.20
1999	21400	6.58	2010	1900	6.20
2000	28100	6.18			

(二)田山灌区　灌区渠首位于平阴县黄河右岸田山脚下，是黄河下游山东省境内最大的电力排灌工程，也是山东省已建的最大电力排灌工程。工程于1968年11月18日开工，1971年10月竣工，1972年开灌。

工程设两级电力扬水站：一级泵站扬程7.7米，装机12台2520千瓦，设计提水能力24立方米/秒、排水能力12立方米/秒。总干渠及沉沙池全长6450米至二级泵站；二级泵站扬程59.5米，装机20台13000千瓦，设计提水能力18立方米/秒，输水干渠全长120千米，其中防渗长40千米，隧洞长2445米，全部为衬砌石渠。灌区建有分干渠6条、支渠131条，各类桥、涵、闸等建筑物520座，设计灌溉面积2.11万公顷。

1999年，该灌区列入国家大型灌区续建配套和节水改造工程项目。2000年1月4日，省计委、省水利厅批复《山东省田山灌区节水改造项目实施方案》。主要工程有二级泵站总干渠防渗8.5千米，沉沙池大堤加高、加固8.6千米，平阴、肥城分干渠防渗23千米，维修改造建筑物55座。工程总投资1250万元，其中国家投资500万元、地方投入资金750万元。该工程2000年5月开工，8月中旬完成，并通过省、市验收，评为优质工程。

2002～2005年，先后实施五期工程，共投资4541万元，其中国家投资1800万元，其余部分由地方投资。田山灌区节水改造和续建配套五期工程对大部分工程设施和机电设备进行更新改造，对40千米的总干渠和分干渠进行高标准防渗，对一、二级泵站和35千伏高压输电维修改造，建设部分管理设施，对泵站管理环境等进行整治，成为三季有花、四季常青的花园式泵站。

2006年1月24日，省水利厅对田山灌区2005年度实施方案进行批复，核实工程总投资646万元。主要工程有一级总干渠上游段129米渠道浆砌石衬砌、一级总干渠下游段1738米衬砌(其中0+000～0+350段采用C20砼预制板衬砌)，渠道范围内架设高1.8米铁丝网围护、购置3套测水量设备。2006年4月16日工程招标、5月1日开工、8月31日工程全部完工，2007年2月13日工程验收，评定为优良工程。

2008年12月22日，省水利厅对田山灌区续建配套与节水改造2008年度和新增中央预算内投资项目实施方案批复。批复工程投资：2008年度项目1046万元，2008年度新增项目2378万元。2008年度项目：一级泵站压力钢管、镇墩更新改造、更新平Ⅱ级35千伏高压输电线路5.088千米；2008年度新增项目：更新一级泵站高、低变压器各1台、更换二级泵站高、低压变电器各1台、电机14台、水泵20台、高压电缆1.1千米，更换泵房桁车1套，更换泵房进口拦污栅2套及拆除重建拦污栅工作桥；更新平Ⅱ线35kv高压输电线路3000米；玫瑰分干渠防渗5.285千米，维修加固建筑物39座、安城分干渠防渗衬砌5000米、维修加固建筑物44座。该项工程于2009年1月20日开工，2010年4月30日工程验收。

田山电灌站二级站外景　　(2005年　韩学群摄)

2010年，灌区提水3000万立方米，实灌农田5300公顷，粮食总产38.15万吨、棉花660吨。

田山灌区为市全额拨款的县级事业单位，2010年实有职工101人，固定职工67人，其中工程技术人员16人。

(三)陈孟圈引黄灌区 该灌区位于历城区东北部平原地区，西至济南市将军路，南至济青公路，东、北与章丘市接壤。灌区范围内有遥墙、华山、唐王、董家、郭店、王舍人6个镇、222个村、22.3万人，总面积300平方千米，设计灌溉面积2.048万公顷。该灌区的渠首工程——霍家溜引黄闸，位于黄河大堤右岸(桩号49+300处)，设计防洪水位为36.7米，引水水位25.6米、设计引水量15立方米每秒。闸室为一联两箱式涵洞，洞身长89.26米，闸门为预制钢筋砼结构。该工程由山东黄河勘测设计院设计，1998年2月28日开工，主体工程于同年8月底竣工，总投资680万元。

该灌区原设计的主要内容是先利用霍家溜、陈孟圈、王家梨行3处虹吸管工程及1979年停建的董家引清(小清河)电灌工程渠系引黄过清；远期工程在霍家溜建引黄闸，设计引水量15立方米每秒。引黄闸建成后将3处虹吸管废除。工程建成后，灌溉面积1.56万公顷；引黄补源，改善和补充平原浅井灌区0.69万公顷的水源条件和生态环境；改善50平方千米的水质；改善和提高0.553万公顷的除涝标准，扩大除涝面积0.13万公顷；巩固0.29万公顷盐碱地治理成果；利用黄河的水沙资源，加固黄河堤防10千米。

2008年，山东省水利厅批复对陈孟圈引黄灌区实施续建配套与节水改造工程项目，中央预算投资800万元，地方投资1600万元。历城区政府组建陈孟圈引黄灌区续建配套与节水改造工程建设管理处，负责实施该工程项目。主要工程：整治东沉沙渠6.3千米、西沉沙渠4.3千米、新衬砌遥墙、华山两镇境内东干渠、蔡家支渠、苏家支渠、王梨支渠、西一支渠共12.5千米；支渠建筑物配套，包括支渠穿涵8座、进水闸5座、节制闸7座、分水闸12座；疏浚赵王河排水沟9.9千米、洛北排水沟10千米。引黄灌区实施续建配套工程于2009年2月5日签订施工合同，2月10日开工，4月20日全部完工，共完成土方工程89.3万立方米、砌石工程8428立方米、混凝土及钢筋混凝土工程7422立方米。节水工程于2009年7月31日签订施工合同，9月30日完工。完成工程主要有：维修大孙家节制闸及梁家码头桥护砌段、改建冯家2座水毁生产桥、洛北灌排沟延长线4千米清淤、改建赵王河蒋家3座生产桥及堰头支渠3座生产桥、新建堰头支渠渠首进水闸和渠末节制闸、堰头支渠清淤，共完成土方14.37万立方米、砌石工程3950立方米，钢筋及钢筋混凝土工程796立方米。工程完成后，新增引黄灌溉面积0.13万公顷，改善灌溉面积0.21万公顷，年节水能力500万立方米，灌区内排涝能力明显增强，地势低洼片区达到十年一遇的防洪排涝标准，缩减小清河污水灌溉面积0.13万公顷。

2010年度总投资5439万元，其中国家投资2000万元；2010年，陈孟圈引黄灌区度灌溉引(提)水量1200万立方米，实灌面积5380公顷，工程节水灌溉面积380公顷，灌区渠系利用系数75%。灌区有管理人员18人，其中技术人员14人。

(四)胡家岸引黄灌区 灌区渠首(引黄闸)位于黄河南岸，由原胡家岸虹吸管工程拆除而改建，山东省黄河河务局规划设计室设计，1985年3月开工，11月底竣工。引黄闸闸身为钢筋混凝土箱式涵洞3孔、闸身长80米，分8节，节长10米，设计引水量20立方米/秒。1986年，建成背河提水站，扬程4米，提水能力5立方米/秒。

该灌区位于章丘市北部、小清河两侧，控制章丘市高官寨、黄河、白云湖、水寨、辛寨、刁镇6个乡镇，自然村280个，耕地3.89万公顷，其中黄河至小清河之间约1.19万公顷耕地为灌排分设的灌区；小清河以东1.12万公顷耕地为井灌区，引黄河补源。灌区为白云湖送水，发展白云湖水产开发基地和水风景旅游，恢复白云湖生态环境。

该灌区共建成干支渠15条89.4千米。清淤排水沟13条126千米及渠首引黄闸、过清(小清河)扬水站等渠系建筑物110座。共完成工程量329.3万立方米，投资1617.2万元，年引水4000万～5000万立方米，实灌面积1.87万公顷，补给水源地1.4万公顷。

1999年12月，济南市水利勘测设计研究院编制《山东省济南市胡家岸灌区续建配套与节水改造工程规划》。2004年4月，通过水利部专家组评审，正式列入国家大型灌区改造计划。同年12月，山东省发改委对“胡家岸续建配套与节水改造工程一期工程研究报告”批复，批准一期工程计划投资3000万元，工期3年。主要工程包括总干渠、东干渠防渗衬砌和渠系建筑物改造及自动测水量水信息系统建设。2008年4月工程开工建设，2010年3月底竣工，共完成投资2700万元，其中章丘市配套资金1260万元。工程共防渗衬砌总干渠1.96千米、东干渠7.7千米，新建、改造建筑物34座，硬化堤顶道路9.66千米。

2010年5月，国家发改委和水利部下达胡家岸灌区续建配套与节水改造二期工程投资计划4116万元，其中国家投资1400万元，山东省投资658万元，济南市投资824万元，章丘市投资1234万元。2010年8月26日，工程实施方案通过省水利厅专家组评审，计划防渗衬砌东干渠16.3千米，新建、改造水工建筑物40座，硬化东干渠堤顶道路16.3千米，并实施测水量水信息自动化建设。2010年9月30日工程正式开工，2011年4月底完成。

2010年，灌区实际总投资1259万元。该灌区年灌溉引(提)黄河水6100万立方米，实灌面积1.28万公顷，工程节水灌溉面积0.51万公顷，灌溉渠系利用系数51%。灌区有管理人员44人，有固定职工38人，其中技术人员23人。

三、引清灌溉

小清河自宋建炎四年(1130年)开挖通航以来，沿河两岸农民便引、提水浇灌农田。新中国成立后，引清(小清河)灌溉有较快发展，人力引(提)水工具逐渐被涡驼机、柴油机、电动机等动力机械所代替，兴建多处机械提水站。1995年，历城区遥墙镇自筹资金兴建引清工程，设计提水0.7立方米每秒，装机75千瓦，实灌面积333.333万公顷。1996年，又兴建提水流量2立方米每秒引清工程1处，装机260千瓦，设计灌溉面积0.046万公顷。至2010年，引清灌溉规模较大、效益较好的有历城区唐王灌区、董家灌区及章丘市的南寺引清灌溉。

四、水库湖泊灌溉

(一)大型水库灌区 卧虎山水库是全市唯一的大型水库灌区，灌区包括历城区仲宫镇、市中区党家、七贤街道和长清区崮云湖街道部分耕地。设计灌溉面积0.553万公顷，有效灌溉面积0.445万公顷。灌区总干渠1条长9.03千米，干渠10条长54.86千米，支渠38条长72.7千米，渠系配套建筑物334座。设计渠首引水10立方米每秒，正常引水8立方米每秒。灌区开灌后，实灌面积曾达0.333万公顷，2005年实灌2.2万公顷。2010年，该水库农业灌溉用水600万立方米，向市区供生活用水2000万立方米，回灌补源用水2200万立方米，其他用水2500万立方米。

(二)中型水库灌区 全市设计灌溉面积万亩以上中型水库有锦绣川、狼猫山、垛庄、杏林、杜张、钓鱼台水库，共设计灌溉面积0.942万公顷，有效灌溉面积0.683万公顷。

锦绣川水库灌区　该灌区包括历城区仲宫镇、市中区十六里河街道74个村庄的耕地，设计灌溉面积0.27万公顷，有效灌溉面积0.267万公顷。灌区有干渠1条长32千米，设计输水能力6立方米每秒。支渠11条长92.2千米、斗农渠306条长236千米，干支渠配套建筑物695座，斗农渠及以下建筑物906座。干支渠大都为浆砌石防渗渠，是全市大中型水库灌区配套较完整的灌区之一。2005年中，济南市区共引用锦绣川水库水量高达3105万立方米，为保泉和省城发展以及省城周边生态环境的美化、绿化发挥巨大作用，但农田灌溉受到一定影响。

狼猫山水库灌区　该灌区包括历城区的彩石、孙村、港沟3个街道的部分耕地。设计灌溉面积0.104万公顷，有效灌溉面积0.093万公顷。灌区于1960年开工，1966年基本竣工。该灌区总干渠2条长8.75千米，设计渠首引水量3.5立方米/秒，正常输水能力3立方米/秒。分干渠3条长16.85千米，支渠18条长5.58千米，干支渠配套建筑物287座。2000年，狼猫山水库开始向省城东部用水大户和高新区供生活、生产用水，农田灌溉受到一定影响。

垛庄水库灌区　灌区位于章丘市南部、西巴漏河上游，控制章丘市的垛庄、文祖两镇0.233万公顷丘陵区耕地，设计灌溉面积0.133万公顷，有效灌溉面积0.062万公顷。1970年开灌，至2010年历年最大实灌面积0.062万公顷。

杏林水库灌区　该水库灌区位于章丘市东北部，控制章丘市明水、相公庄、普集3街镇26个村0.223万公顷耕地，设计灌溉面积0.136万公顷，有效灌溉面积0.067万公顷。1990年实灌0.04万公顷。

杜张水库灌区　该灌区位于章丘市西部与历城区交界处，控制章丘市龙山街道和历城区的董家镇共31个村的耕地，设计灌溉面积0.133万公顷，有效灌溉面积0.1万公顷。

钓鱼台水库灌区　该灌区位于长清区南部山丘区五峰山街道。原设计灌溉面积0.053万公顷，“三查三定”中核实为0.082万公顷，有效灌溉面积0.04万公顷，1990年实灌面积0.02万公顷。历年最大实灌面积0.034万公顷。该灌区建有干渠1条长12千米，支渠13条长10千米，干支渠配套建筑物94座、其中14条干支渠全部为浆砌石防渗渠。

(三)小型水库灌区及塘坝灌溉 全市有小型水库灌区172处，设计灌溉面积1.5万公顷，有效灌溉面积0.427万公顷。其中小(1)型水库灌区40处，设计灌溉面积0.927万公顷，有效灌溉面积0.287万公顷；小(2)型水库灌区132处，设计灌溉面积0.573万公顷，有效灌溉面积0.14万公顷；塘坝1029座，有效灌溉面积0.18万公顷。

五、节水灌溉

20世纪80年代起，济南地区连年干旱少雨，地下水下降，水资源供需矛盾日渐突出，节水灌溉开始受到重视，并逐年得到推广应用。1982年，全市喷灌面积0.148万公顷，实有喷滴机具523套。1988年，平阴县引进低压管灌新技术，在机井灌区推广应用浇注混凝土管、现场预制混凝土管、地埋软管等技术，节水灌溉面积0.524万公顷。1992年起，平阴县先后引进果树滴灌技术、涌泉灌溉技术、渗灌技术及大田喷灌技术。

1995年年初，《济南市节水灌溉补助办法》开始实施。同年5月5日，市水利局在平阴县召开全市节水灌溉现场会，推广平阴县节水灌溉经验。1996年，平阴县列为全国300个节水灌溉重点县之一，1997年，平阴县列为山东省高标准节水灌溉示范县。1999年，全市各种节水灌溉面积5.467万公顷，其中喷灌0.503万公顷、微灌0.191万公顷、渠道防渗0.562万公顷、低压管灌面积4.211万公顷。2000年3月，市政府制定济南市节水灌溉“精品园”工程三年规划，计划2001～2003年全市建成0.433万公顷高标准节水灌溉工程。

2001年，全市“节水灌溉精品园”项目启动，历城区共完成大棚滴灌、移动喷灌机组大田喷灌、果园微灌、管灌等各类型式的节水灌溉面积0.08万公顷。同年10月，历城区以竞标形式争取到省节水招标项目，设计节水灌溉面积0.08万公顷，首次在区内引进电脑控制灌溉系统、“射频卡”灌溉计费系统、变频恒压自动供水系统、行走式微灌、喷灌等高新技术工程项目，工程总投资930万元。2005年，各种节水灌溉面积7.785万公顷，占全市灌溉面积的29.5%。其中喷灌面积0.234万公顷、微灌面积0.216万公顷、渠道防渗0.544万公顷、低压管灌6.073万公顷，其他节水灌溉面积0.718万公顷。

2010年，全市节水灌溉面积10.097万公顷，占全市灌溉面积的37.96%。其中喷灌面积0.179万公顷、微灌面积0.272万公顷、渠道防渗2.19万公顷、低压管灌面积7.456万公顷。

2006～2010年济南市节水灌溉面积情况表

表8-4-6 单位：万公顷

年 份	合 计	喷 灌	微 灌	低压管灌	渠道防渗
2006	7.626	0.166	0.113	6.560	0.787
2007	8.255	0.151	0.128	6.977	0.999
2008	8.302	0.178	0.157	7.041	0.926
2009	9.417	0.168	0.186	7.227	1.836
2010	10.097	0.179	0.272	7.456	2.190

第二节 水土保持

一、水土流失状况

1984～1985年，全市水土流失普查资料表明，济南市水土流失面积5347.4平方千米，占全市总面积的66.6%。因受降雨、土壤、植被、地形、地貌等自然因素的影响，水土流失主要产生在南部山丘区。南部山丘区总面积3486.2平方千米，水土流失面积2806.2平方千米；中部山前平原和黄泛平原之间的坡地2810.2平方千米，水土流失面积1292.1平方千米；黄河两岸冲积平原风沙区1664.5平方千米，风蚀面积1239.3平方千米；市区65.2平方千米面积多被建筑物及硬化路面所覆盖，因受降雨强度和地面坡度影响，汛中暴雨时，路面上的泥沙堆积对市区环境也造成较严重的危害。

1985年济南市水土流失及分级情况表

表8-4-7　　单位：平方千米

分区	面积	水土流失分级面积						水土流失面积
		Ⅰ	Ⅱ	Ⅲ	Ⅳ	Ⅴ	Ⅵ	
合计	8026.1	2678.7	1816.6	2103.1	1013.5	262.9	151.3	5347.4
山丘区	3486.2	680.0	869.2	907.1	615.7	262.9	151.3	2806.2
平原区	2810.2	1518.1	605.8	606.7	79.6	—	—	1292.1
风沙区	1664.5	425.2	333.8	588.0	317.5	—	—	1239.3
城市区	65.2	55.4	2.8	1.3	0.7	—	—	9.8

2005年，据济南市土壤侵蚀遥感动态监测，全市水土流失面积1472.1平方千米。经过20年的连续综合治理，全市有3875.3平方千米的水土流失面积得到不同程度的治理。

2005年济南市土壤侵蚀类型和强度分级情况表

表8-4-8

土壤侵蚀类型	土壤侵蚀强度	面积(平方千米)	占总面积%
水蚀	微　度	6704.9	82.0
	轻　度	273.98	3.4
	中　度	556.29	6.8
	强　度	418.09	5.1
	极强度	62.36	0.76
	剧　烈	9.66	0.12
风蚀	轻　度	66.55	0.81
工矿		85.18	0.10
强度以上土壤侵蚀		1472.11	18

说明：微度侵蚀不计入土壤侵蚀面积内

2010年，全市新增水土流失面积91.2平方千米。其中，因植被废弃或破坏造成新的水土流失面积31.2平方千米；因开发建设或开荒、过牧等原因造成新的水土流失面积60平方千米。

二、水土流失治理

1982年，国务院颁布《水土保持工作条例》后，济南市及市属山丘地区的县级水土保持委员会及其办事机构相继成立，有计划地开展以小流域为单元的综合治理。小流域治理是以小流域为单元，实行山、水、林、田、路统一规划，农、林、牧、副、渔综合治理，生态、经济、社会效益明显。至1990年，全市共治理水土流失面积1833平方千米，其中山丘区治理面积1423平方千米。1991年6月29日，《中华人民共和国水土保持法》颁布实施，全市水土保持综合治理和监督管理工作走上法制化轨道。至2000年年底，全市共征收水土保持设备补偿费215.5万元。2004年10月，济南市水土保持办公室由事业编制改为行政编制，办公室改为水土保持处。至2005年年底，全市开展治理小流域73条，平原风沙区3条。2007年年末，全市累计水土流失治理面积3473.4平方千米，其中小流域治理面积711.3平方千米，当年实施小流域治理20条，竣工12条。2008年，全市水土流失治理3593.25平方千米，其中小流域治理面积841.95平方千米，当年小流域治理17条，竣工14条。2009年，全市水土流失治理面积3604.5平方千米，其中小流域治理面积1256.55平方千米，当年实施小流域治理21条，竣工11条。2010年，全市水土流失治理面积达3708.85平方千米，本年度新增水土流失治理面积87.2平方千米，实施小流域治理20条，竣工12条，市以上投资341万元。

第三节 治涝改碱

济南市的涝洼、盐碱地主要分布在沿黄(河)、沿河、沿湖和平原低洼地，因排水不畅，积水成涝，涝久泛碱，严重危害当地农业生产和社会进步。通过疏浚河道、开挖排水沟渠、建设台(条)田、沟畦田、实施稻改等，从根本上消除影响农业生产的制约条件，农民的生活条件得到改善提高。

一、治涝

1986年，全市有易涝耕地面积15.34万公顷。至2005年，已治理13.62万公顷，占易涝耕地面积的88.84%。至2010年，已累计除涝14.21万公顷。其中，3～5年除涝3.14万公顷，5～10年的11.01万公顷，10年以上的0.06万公顷。

(一)沿黄(河)涝洼地治理 主要分布于平阴县的平阴、东阿、刁山坡、栾湾、旧县(1996年1月23日划归东平县)和长清县的城关、平安店、孝里、归德等乡(镇)的黄河滩区，原有涝洼地面积1.42万公顷。经过长期治理，至2005年已治涝1.32万公顷。

(二)历城区涝洼地治理 黄河与小清河之间东西长约30千米、南北宽5千米的狭长地带，是历城区最大、危害最严重的涝洼地，其范围包括华山、遥墙、王舍人、董家、唐王等乡镇。通过疏挖排水沟、修建引黄水渠，实行以排为主、灌排分开，修筑台(条)田、饮水压碱排碱、实行稻改等，取得稻改治涝的成功经验。该区域稻改大都麦稻两作，水稻亩产过千斤。

(三)平阴县涝洼地治理 平阴县的汇河两岸的涝洼地多分布在孔村、孝直镇东部和店子乡的西部，原有涝洼地3887公顷。经过多年的连续治涝，至1990年沿汇河的9处涝洼地共开挖排水沟243条96.8千米，修桥涵等建筑物241座，治涝3773公顷，汇河两岸原有的涝洼地变成稳产高产田。

(四)章丘市涝洼地治理 章丘市区域内小清河两岸的涝洼地及白云湖、芽庄湖周围，原有涝洼地2.19万公顷，主要分布在章丘市绣惠、刁镇、水寨3镇以及黄河、高官寨、辛寨、白云湖、宁家埠、党家等9个乡镇的湖河周边洼地。经过对涝洼地进行多次治理，至1990年已治理1.98万公顷。至2005年，除涝面积2.07万公顷，除涝程度94.4%。

(五)黄泛平原区域涝洼地治理　区域内原有易涝面积10.29万公顷，其中济阳县4.82万公顷，商河县5.47万公顷。至1990年，共治涝8.45万公顷，治理率82.1%。至2005年，济阳县共治理4.5万公顷，治理率93.3%；商河县治理4.06万公顷，治理率74.2%。至2010年，济阳县除涝4.76万公顷，治理率98.8%；商河县除涝4.82万公顷，治理率88.1%。

二、改碱

全市原有盐碱地4.69万公顷，大部分分布在黄河以北的济阳、商河两县，原有盐碱地2.73万公顷，章丘市、历城区及天桥、槐荫区等地也有部分盐碱地，主要分布在黄河、小清河两岸的低洼地带。济南市改碱按照“以沟为主，综合治理”的方针，主要有以下做法：修筑台、条田林地，挖沟挖碱，降低地下水位，控制盐分上升；灌水洗田，有机肥中和，减少灌水次数，加大灌水量；造墒，适时播种，耕耘灭茬得当，春天早翻晒垡，造墒播种，秋田早茬播种，以利保苗；对黄河与小清河之间的狭长地带进行稻改，至1990年全市稻改面积1.01万公顷，所产“黄河大米”深受省城市民青睐，尤以“吴家铺大米”最受欢迎。至2005年，已治理3.84万公顷。

第四节　农村自来水工程

2003年，济南市委、市政府决定在全市农村实施“村村通自来水”工程，制定工程分三步走的目标。第一步到2004年年底，全部解决历史性在册人畜饮水困难，解决部分新增缺水人口饮水困难；第二步到2007年，全部解决南部山区缺水村和北部平原区改水问题，全市农村自来水普及率80%；第三步到2010年，进行农村自来水工程建设，全面完成全市农村普及自来水目标。

一、普查

按照全市农村“村村通自来水”分三步走的目标，市水利局组织全市水利、水务部门开展全市农村自来水现状普查。普查时点为2003年6月20日，普查范围为全市农村村庄和乡镇、办事处驻地，共涉及10个县(市)区、96个乡镇、4750个村、338.9万人。普查结果：全市农村已通自来水1847个村、163.1万人，未通自来水2903个村、175.8万人，按人口计算，全市农村自来水普及率为48.1%。普查结果显示，全市各县(市)区农村自来水发展不平衡，地域差别较大。市中区自来水普及率最高为94.3%，济阳县最低为8.8%。

2003年济南市农村自来水普查情况表

表8-4-9

县(市)区	已通自来水		未通自来水		自然村普及率(%)	农村人口普及率(%)
	村(个)	人口(万人)	村(个)	人口(万人)		
全市合计	1847	163.1	2903	175.81	38.9	48.1
章丘市	533	56.1	369	27.61	59.1	67.0
历城区	280	25.9	427	29.49	39.6	46.8
长清县	295	23.4	350	21.29	45.7	52.4
平阴县	25	18.6	123	9.59	64.7	66.0

续表 8-4-9

县(市)区	已通自来水		未通自来水		自然村普及率(%)	农村人口普及率(%)
	村(个)	人口(万人)	村(个)	人口(万人)		
商河县	272	16.3	692	34.6	28.2	32.0
济阳县	72	4.1	798	42.8	8.3	8.8
天桥区	30	2.1	91	5.36	24.8	27.8
市中区	70	9.0	7	0.54	90.9	94.3
槐荫区	54	5.4	43	4.32	55.7	55.6
历下区	16	2.2	3	0.20	84.2	91.7

二、工程规划

全市农村自来水工程建设总体规划坚持“县为主题、因地制宜、城乡统筹、规划布局和整体推进”的原则。主要工程项目：全市新建供水工程 280 处，其中规模化供水工程 51 处，规模化以下和单村供水工程 229 处，新增供水能力 35 万立方米 / 日，工程净投资 7.8 亿元。规划涉及全市未通自来水村 2903 个、175.81 万人和已通自来水的 559 个村、51.87 万人的自来水工程改造。全市南部山丘区采用水库、山泉、深井等多水源，提高供水保证率。章丘市重点建设市北部 5 个乡镇自来水工程：历城区平原区用 1 个水源地经分散加压的方式，解决 5 个乡镇的供水；长清区西北部平原区建设规模化供水工程，东南部山丘区建设连片集中供水工程；平阴县建设整县制三大供水网络；济阳县依据太平、沟杨、垛石、仁风水源地建设 4 处规模化供水工程；商河县北部以沙河故道调蓄水库为依托，新建平原水库解决 12 个乡镇的苦咸水、高氟水问题，南部宜井区建设 6 座日处理 4000 立方米净水厂，供 25 万人吃水；天桥区以鹊山水库为水源，采用新型水处理设备，一次性解决该区黄河以北全部农村自来水问题。

三、工程建设

农村自来水工程按规划逐步实施，至 2005 年 10 月底，全市共完成投资 14921 万元，其中省以上财政补助 2671 万元，市财政补助 2900 万元，各县(市)区配套资金 4092 万元，群众自筹 5978 万元，共建成联村集中供水项目 79 个，单村供水工程 434 处，解决 888 村 65.3 万人的吃水困难。全市在册历史性人畜饮水困难全部解决。2005 年年底，全市农村自来水入村率 62%。

2007 年年底，全市已建成饮水工程供水人口 319.83 万人，其中集中式供水人口 262.93 万人，联户供水人口 32.92 万人，单户供水人口 23.98 万人。全市农村饮水工程全年供水量 7524.19 万立方米。2008 年年底，全市农村饮水安全达标人口 253.54 万人，达到基本安全人口 94.87 万人。已建成饮水工程供水人口 309.26 万人，其中集中式供水 277.74 万人，联户供水人口 12.92 万人，单户供水人口 18.6 万人。全市农村饮水工程全年供水量 6211.38 万立方米。2009 年年底，全市农村已建成饮水工程供水人口 322.32 万人，其中集中式供水 301.84 万人，联户供水 5.46 万人，单户供水 15.02 万人。全市农村饮水工程全年供水量 6838.18 万立方米。2010 年年底，全市农村已建成饮水工程供水人口 323.95 万人，其中集中式供水 303.27 万人，联户供水 5.46 万人，单户供水 15.22 万人。全市农村饮水工程全年供水量 4904.16 万立方米。

第五节 小水电

1955～1985年，全市先后建成小水电站31座，装机35台1964千瓦，但因水源短缺等原因，多数已报废或停用。至1986年年初，全市仍运转或设备完好的尚有10座，即历城县的锦绣川、潘河崖、黄巢3座水库电站，章丘县的垛庄、郭家楼水库电站和明水水电站以及平阴县的东阿、杜庄、周河、汇泉4座水库电站，共装机15台1312千瓦。后因水源水量不足，管理不善等原因，多数小水电站停用或废弃。至2008年，仍在运行的小水电站只有汇泉、锦绣川水库发电站。

一、汇泉水库发电站

位于平阴县洪范池镇浪溪河支流上，1978年建成，装机1台75千瓦。该电站设计水头7.6米，引水流量1.42立方米每秒，年发电量26.8万千瓦时。后因管理不善、设备失修，1993年拆除。1995年，在该水库大坝右岸新建电站1座，装机18千瓦。该水电站位于书院泉等泉水汇流处，水源水量充足，发电较正常，年发电1万千瓦小时。管理权属洪范池镇水利站，水电站承包给村民管理使用，主要加工粮食面粉。2008年，因设备老化而报废。

二、锦绣川水电站

位于水库大坝右岸放水洞出口处，1969年建成，1971年2月发电，装机2台400千瓦，并入地方电网。电站输水管道内径为105厘米的钢筋砼管，长19.4米，设计输水流量3.2立方米每秒。该电站用水库汛中弃洪及农田灌溉用水、向省城供水过程中发电，至1985年共发电266.6万千瓦时。1987年，维修保养1次，更换机组1台。

1986～2005年，累计发电766万千瓦时，收电费121万元。2006～2008年，发电155.29万千瓦时，收费50.56万元。2009年，因设备老化等原因，对电站进行改建，未正常运行。2009～2010年，未发电。

锦绣川水库发电站 （2010年摄）

第四章 防汛抗旱

2001年8月，市政府防汛抗旱指挥部(以下简称“市防指”)成立，负责组织领导全市的防汛抗旱工作，市防指由市长任指挥，分管副市长任常务副指挥，济南警备区司令员、市政府分管副秘书长、市水利局、市市政公用事业局、济南黄河河务局主要负责人任副指挥，市防指领导成员则由防汛相关单位领导及各县(市)区政府领导组成。每年汛前进行调整充实并行文公布。其办事机构市防指办公室(以下简称“市防办”)设在市水利局。2007年，市防指下设市城市防汛指挥部，并在济南黄河河务局、市水利局、市政公用局分别设立黄河、内河、城市防汛办事机构。同年8月，组建济南市武警防汛机动抢险救援大队、章丘市防汛抢险大队等专业抢险救援队伍。各县(市)区均设防汛抗旱指挥机构，办公室设在水务局。

第一节 防 汛

一、历城区狼猫山水库抢险

1991年8月28日16时起，历城区狼猫山水库遭受大暴雨袭击，至29日6时降雨量88毫米，水库附近的彩石水利站115毫米。约8时，水库大坝背水坡、坝顶后肩处出现长100米、宽1厘米的裂缝，9时开始沉陷，14时30分陷深1.6米，同时，顺坝裂缝已贯穿整个坝顶，并逐步扩大，裂缝最宽处10厘米。14时55分，位于坝西端主河槽134米范围内出现大面积滑坡，滑体两分钟即滑至坝脚，并将放水洞出口闸阀机房推动覆盖。由于连续降雨，滑坡范围继续扩大，前后3次滑坡总长度271米，总面积1.7万平方米，滑体总土方8.07万立方米。滑坡来势之猛、面积之大、险情之重在全省水库史上实属罕见，直接威胁济南市区的安全。险情发生后，国务院副总理田纪云对水库抢险工作做出批示，省、市、区主要负责人及有关专家多次到现场指挥抢险工作。500多名解放军、武警官兵昼夜突击，强行开挖泄洪道，加深0.8～1米，开宽10米，加大水库泄水量至25立方米每秒；紧急调集3000余名基干民兵，日夜突击修筑长204米，宽14米的坝脚排水稜体，组织2500辆拖拉机运送抢险石料。莱芜、潍坊、章丘、天桥等市县区和有关企业调送大批抢险物资，共组织5000多名劳动力上阵，完成工时2.16万个，动用机动车辆2万余台(次)，运送石料1.26万立方米，搬动土石方1.91万立方米，还有其他大宗物资。经过广大军民艰苦奋战，险情得到有效控制，至9月底抢险阶段结束，转入工程除险加固建设阶段。

二、长清县南大沙河抢险

1996年8月17日，黄河一、二号洪峰进入长清县境，洪水比历史最高水位高出0.49米，南大沙河河槽内黄河水倒灌5千米，水位距堤顶20厘米，水深4.2米。两岸堤防出现20多处裂缝，长达156米，缝宽1.5厘米，左堤较薄弱的房庄段，堤脚出现管涌8处，晚8时发生长128米的大面积塌方，时刻有溃坝的危险，一旦溃坝将淹没18个村庄、2000公顷耕地。长清县委闻讯后立即组织10余名县镇领导，迅速赶赴现场指挥抢险，归德镇党委、政府立即组织房庄、路庄等6个村的2000名村民火速赶到现场抢险，路庄村党支部书记路德山带领50多名青壮年，跳到齐腰深的泥水中，冒着生命危险打桩、排压装满涂料的编织袋；岸边2000多人运土装袋；双泉、马山、五峰3乡镇连夜组织23辆汽车、拖拉机运送8000条装满土沙料的编织袋，同时房庄村50多名青年也跳入水中，迅速将土袋排压在险工段。经过近10个小时的奋战，排除险情转危为安。

三、历城区柳埠镇簸箕掌塘坝山体滑坡抢险

2010年9月2日，历城区柳埠镇簸箕掌塘坝右侧山体滑坡，对该塘坝及下游群众500余人造成威胁。济南市、历城区防汛办公室组织有关专家立即赶赴现场，研究制订抢险方案，协调区电力公司、柳埠镇等防指成员单位调拨发电机、水泵、土工布等防汛抢险物资，出动抢险队员200余人(次)；调动公安、民政、柳埠镇政府等有关防指成员单位入户排查、登记受威胁群众的人数和财产，组织交警部门对危险路段实行交通管制。9月2日下午，紧急疏散下游群众12户，当晚将522名群众全部安全转移；邀请省、市水利专家会商，根据险情制订具体可行的除险方案，经过所有参加抢险的干部群众的共同努力，终于彻底消除险情，确保塘坝工程及

下游群众生命财产安全。

2008年，印发《济南市防汛应急预案》，强化防汛抢险能力建设，实施防汛指挥现代化，完善工作机制，提高防汛工作水平，确保水库不垮坝、河道不决口、内涝少成灾、城市保安全。2010年，全市内河登记在册的常备队1万余人、后备队16万人、抢险队30支1800余人。2010年，全市内河的主要物资有抢险舟11艘、橡皮舟16只、便携式水泵69台、救生衣4600件、救生圈319只、麻袋9.2万条、编织袋59.67万条、草袋5.6万条、编织布2.78万平方米、铅丝64.74吨、桩木645.8立方米、块石1.84万立方米、砂石料2.12万立方米，无纺布5.04万立方米、发电机组881千瓦、气动打桩机2台。每年汛前召开的全市防汛工作会议，各级层层建立健全各类防汛责任制，市政府与各县(市)区签订防汛责任状，各县(市)区政府与乡镇、街道层层签订防汛责任状，明确各级行政领导的防汛责任；同时，全面落实包河包库分级责任制，根据水库、河道等防洪工程所处的行政区域、工程等级及重要程度明确责任，实现纵向到底、横向到边的责任落实，确定市、县(市)区各级管理运用、指挥调度的权限责任。在统一领导下，实行分级管理、分级调度、分级负责。

至2010年，全市建成雨水情遥测系统、防汛异地会商系统、防汛视频监测系统等一系列信息化、数字化、网络化的工程，所辖11个县(市)区都建成各自的防汛调度信息化分中心，实现省、市、县三级高清视频会商互联。市防办值班室视频调度中心，通过12块46寸液晶屏幕，可以显示全市主要水库、河道、城区低洼地区等视频监控信息以及卫星云图、雷达图像、实时雨水情信息等。市防办与市水文局、气象局、市政公用局实现雨水情资源共享，并采用通用平台统一对外发布，实现全市雨水情信息的一致性。

第二节 抗 旱

1986年，全市遭遇近50年来罕见的严重干旱，年降水量只有397毫米，比常年减少226毫米。自1985年11月至1986年5月底，降雨只有63毫米，土壤含水量急剧下降，多数河道、库塘干涸，地下水大幅下降，全市受旱面积19万公顷，其中重旱10.8万公顷。全市投入抗旱资金203.7万元，柴油850吨，汽油24吨，增加电力640万度。完成各类水利工程611项，新打机井2123眼，配套机井1735眼，修复旧井1790眼，新建配套提水站35处，修建各类渠道323条计167.65千米，建蓄水池32座，共完成土石方506万立方米，工日527万个，扩大和改善灌溉面积2.53万公顷，在大旱之年取得历史上第二个丰收年。

1994年11月，根据国家防总和山东省水利厅的要求，建立平阴县抗旱服务队，并与省水利厅签订合同，成为全省抗旱服务组织5个试点县之一，全国200个县级抗旱服务组织试点县之一。

2002年，全市遭遇百年未遇的特大干旱，年降雨量仅有380毫米，其中汛期188毫米，只有常年同期降水量的42.6%，水资源严重不足，水库、河道基本干涸，地下水位大幅下降，泉水停喷，大中型水库蓄水仅有1700万立方米，是常年同期的22.4%，除垛庄水库尚有800万米方米有效用水外，其余均处于死库容。8月底至9月初旱情最重时，受旱作物面积20.2万公顷，占作物总面积的70%，成灾面积14.3万公顷，绝产6.6万公顷，经济损失7.7亿元。全市共投入抗旱劳力87.5万人，投入抗旱设施机电井5.25万眼、抽水泵站774处、机动设备6.32万台(套)(装机44.69万千瓦)、机动运水车9150辆。投入抗旱资金10470.5万元，累计引黄河水2.9亿立方米。全市抗旱浇地面积20.7万公顷，解决5.74万人、2.32万头大牲畜饮水困难，为国家挽回粮食81.95万吨，挽回经济作物损失3.2亿元。

2006年9月～12月，全市仅降雨24毫米，比常年同期少89毫米，偏少79%，地下水位下降明显，全市小水库干涸60座，机电井出水不足1000多眼，吊空300多眼，全市农作物受旱面积9.97万公顷。旱情主要集中在平阴县、长清区、章丘市和历城区，南部山区有10个村3719人发生饮水困难。全市抗旱投入劳力65万人，动用机电井7.15万眼，使用运水车辆3370辆，投入抗旱资金9195万元，抗旱用油11408吨，抗旱用电1770万千瓦时，抗旱浇灌面积16.5万公顷。

2008年10月23日至2009年2月8日，全市遭遇50年一遇的严重干旱，持续无有效降雨，受旱高峰时受旱面积11.06万公顷。全市累计投入抗旱劳力84.6万人(次)，动用机电井33.7万余眼，机动抗旱设备33.7万台(套)，应急抗旱打井400余眼，投入抗旱资金8700万元，抗旱用油4428吨，抗旱用电1379万千瓦时，抗旱浇灌面积20.2万公顷。至2010年，全市共组建平阴县、章丘市、历城区、长清区、济阳县、商河县抗旱服务组织6支，乡级服务组织37支，从业人员435名，抗旱设备固定资产1059万元。

第五章 管 理

第一节 工程管理

至2010年年底，全市共有国有水利工程管理单位35处，其中大中型水库管理处(所)12处、大中型灌区管理处16处、平原水库管理处(所)2处、河湖管理处(所)5处，共有职工1040人。

一、水库工程管理

2005年，卧虎山水库划归市水利局管理。2000年，平原水库中玉清湖、鹊山水库由市公用事业局移交市水利局管理。2010年，锦绣川、狼猫山水库移交市水利局管理，其余水库归水库所在县(市)区水务局管理。小(1)型水库中有18座属国有，其余归集体所有、使用，管理权归乡(镇)政府；小(2)型水库和塘坝均有受益行政村管理。

二、河道工程管理

济南市的主要河道有黄河、小清河和海河流域的徒骇河、德惠新河，均设有专职管理机构。黄河济南段的管理系直属于国家黄委会的济南市黄河河务局及下属平阴、长清、历城、槐荫、天桥、济阳、章丘(县、市)区黄河河务局管理，属系统管理。小清河是省内独流入海的水道，支流众多，且源短流急，上游建有水库、塘坝等许多拦蓄工程，日常的河道管理、养护由所在县(市)区水务局负责。徒骇河、德惠新河的河道管理由县水务局直属的河道管理段管理。

三、灌溉工程管理

引黄灌溉工程在全市灌溉中占据重要位置，邢家渡灌区是山东省六大引黄工程之一，是全市最大的农田灌溉工程，1990年，由德州市划归济南市管理。同年，成立邢家渡引黄灌溉管理处，系隶属于市水利局的县级事业差额补贴单位。1995年，改为自收自支。2008年7月，改制为全额预算管理事业单位，人员编制75人，内设科室6个。2010年，实有职工65人。

田山电灌站是黄河下游山东省境内最大的引黄电力扬水工程。1971年11月，工程竣工即设立县局级管理机构，1981年3月升格为县级。1985年5月，更名为济南市平阴田山电灌

田山灌区一级引黄泵站取水口

管理处，隶属于市水利局。2008年7月，核定为全额拨款事业单位，内设办公室等科室6个。2010年，实有职工62人。

绣惠渠灌区是山东省最早的引泉灌溉工程，也是济南市唯一的引泉灌区。1961年4月，设绣惠渠管理处，隶属章丘县水利局，为副局级事业单位。2010年，管理处实有职工66人，内设办公室、财务科、水政科、综合科、水利工程建设管理站、吕家段、一干段、朱各务水库管理所。

2010年年底，全市设计灌溉面积万亩以上的灌区计30处，50万亩以上的灌区1处，均有国有水利专职管理机构。

四、湖泊管理

1986年，济南市主要湖泊有白云湖、芽庄湖和东平湖。

1996年1月23日起，东平湖由平阴县域内旧县乡划归东平县，东平湖全部归泰安市管理。

白云湖位于章丘市西北部，与历城区接壤。1965年10月，成立白云湖工程管理处，隶属章丘县水利局。水面属章丘县白云乡管理，堤防、岁修任务由章丘县水利局责成白云湖管理处实施。2002年1月22日，白云湖管理处更名为小清河管理处，其职责扩大为“三河、二湖”(小清河、绣江河、漯河；白云湖、芽庄湖)的工程管理和防汛任务，隶属章丘市水利局，实有职工18人。

芽庄湖系章丘市与邹平市边界的界湖。湖内面积7平方千米，章丘市占2.2平方千米，由章丘市刁镇政府管理。

第二节 规费征收

一、河道工程维护管理费

1997年12月12日起，济南市自对市域内的工商企业征收河道工程管理维护费，征收标准按工商企业上年度产值或经营业务收入的2.5‰计收。河道工程维护管理费主要用于河道工程的配套维护、防汛岁修、监督监察和运行管理等费用支出，专户储存，专款专用，不能挪用；河道工程维护管理费的支出，由河道主管部门编制项目支出计划，报同级人民政府批准后执行。至2010年年底，济南市水利局征收河道工程维护管理费41336.8万元。征收的河道工程维护管理费主要用于市区南部山区的锦阳川河道综合治理工程、野生动物世界供水工程、武庄水库改建、锦绣川水库加固工程、田山灌区、陈孟圈灌区配套工程等工程建设。

二、水土保持设施补偿费

1991年6月29日，《中华人民共和国水土保持法》颁布实施。1994年8月19日，济南市颁布《济南市水土保持管理办法》。对生产建设单位或个人在生产建设、资源开发以及其他人类活动中损坏了原地貌、植被和水土保持设施等，使原有的水土保持功能受到损失或降低的，征收水土保持设施补偿费。由于对水土流失和水土保持功能的计算和量化有许多困难，水土保持设施补偿费的征收难度较大。1996年后，加大执法力度，补偿费征收有了新的突破。

2006年12月，济南市水利局下发《关于水土保持设施补偿费收费标准的通知》，对征收标准进行细化，占用、毁坏自然荒坡地，按实际占用地表面积一次性征收每平方米1元；占用、毁坏农耕地、疏林地、撂荒地、平原防风固沙林(草)等，按实际占用地表面积一次性征收每平方米1.5元；占用、毁坏水土保持林、水源涵养林、经济林、果园、苗圃等，按实际占用地表面积一次性征收每平方米2元。至2010年年底，全市共征收水土保持设施补偿费1378.58万元。

三、水资源费

1989年前，市水利局负责全市农村水资源管理工作，济南市城区地下水资源的管理工作由市公用事业局负责。1989年12月，《山东省水资源管理条例》发布实施。1992年3月，济南市水资源管理委员会办公室成立，隶属市水利局。2000年8月，济南市政府下发《关于对全市水资源实施统一管理的通知》，将济南市规划区范围内的地下水凿井审批、节约用水、开发保护和发放取水许可证、征收水资源费等水资源管理职能，由市公用事业局移交市水利局，济南市水资源委员会办公室挂济南市计划节约用水办公室牌子，负责全市城乡水资源管理职能；原隶属市公用事业局的济南市计划节约用水办公室更名为济南市城市计划节约用水办公室，负责济南市自来水的节约用水工作。

2001年1月1日前，济南市城市规划范围内的水资源费由市公用事业局负责。之后，改为由市水利局征收水资源费。同年11月1日起施行《济南市水资源管理办法》。规定济南市行政区规划范围内的市、县(市)水利(务)局是同级人民政府的水政主管部门，负责本辖区内水资源的统一管理和监督工作。

2002年1月1日起，实行“票款分离”规定，征收的水资源费直接通过银行按比例划拨到省、市财政部门。2003年10月1日起，开始对公共供水征收水资源费。至2005年年底，全市共征收水资源费34854.26万元，其中上缴省财政3748.56万元，上缴市财政30066.38万元，市政府安排1039.32万元。上缴市财政的经费中，用于全市水利建设12739万元，其中用于引黄工程还贷400万元，卧虎山水库续建配套工程2929万元，玉符河治理工程800万元，淹地赔偿355万元，东湖工程300万元，邢家渡灌区续建配套工程900万元，东湖工程还贷500万元，泉水监测100万元，玉清湖、鹊山水库3104万元。2005年5月，济南市供水企业进行体制改革，将向城区供水的玉清湖、鹊山水库以及地下水资源移交市水利局管理，将水业集团移交国资委管理。2005年8月9日，济南市清源水务有限责任公司成立，注册资本9亿人民币，属公用性企业，负责济南市城市供水的原水供应。该公司下设综合处、财务处、人力资源处、生产管理处、工程处5个机关处和玉清湖、鹊山、东郊、西郊、前景5个水源管理处，在职职工615人。2006～2010年，全市共征收水资源费7.57亿元，其中征收自来水的水资源费2.91亿元，追缴自来水水资源费0.794亿元。

第三节 普法宣传与水利执法

一、普法宣传

1993年1月18日，第47届联合国大会根据《21世纪行动议程》，确定每年3月22日为“世界水日”。1994年，决定将“中国水周”的时间改为每年的3月22日～28日。1994年起，每年3月，市水利局召开专题会议，对“世界水日”“中国水周”的宣传活动作出专题研究和部署。宣传活动中，各级人大、政府、政协及水利部门的领导参与到有关活动中。各地充分利用领导讲话、文艺演出、现场咨询、宣传栏、电视等形式，开展宣传活动，在全社会形成节约用水、防治水污染、保护水资源的社

济南市举办“世界水日”宣传活动　　（2005 年摄）

会氛围，提高公众关心水、爱惜水、节约用水的自觉性。

二、水利执法

1989 年，济南市水利局设水政处。1990 年 9 月，市水利局及县(市)区水利局分别被省水利厅确定为山东省第二、第三批建立水利执法体系试点单位，全市水利系统选拔、配备专职水政监察员 31 人、兼职水政监察员 284 人、水利公安 18 人、村级水利管理员 5088 人。

1993 年，济南市人大常务会制定《关于在国家机关实行执法责任制的决定》后，市水利局制订执法责任制实施方案。根据《济南市执法责任制条例》和《济南市执法违法责任追究办法》规定，市水利局将其负责实施的法律法规，逐一落实到有关执法部门和执法人员。执法责任从局长、处长和基层执法人员分解成 3 个层次，自上而下，责任到岗到人，明确执法范围、执法权限、执法程序和执法义务，保证执法的严肃性，提高执法效率和执法质量。根据执法责任进一步细化各项规章制度，制定各项制度 20 项，汇编成册，推动水行政执法规范化进程。

1996 年 3 月，水利部下发《关于印发水政监察规范化建设实施意见的通知》。市水利局结合济南实施情况，制定济南市水政监察工作“八项制度”，即：执法专业化、管理目标化、监督经常化、执法行为合法化、执法文书标准化、执法统计规范化、执法装备系列化和学习培训制度化。1998 年 7 月 31 日，成立济南市水政监察支队。1999 年 6 月，在全省水政监察规范化建设验收活动中，全市平均 96.5 分，名列全省第二。

2004 年 9 月，济南市水政监察支队改为济南市水政监察大队，为全额拨款处级事业单位，编制 40 人，设综合科、水政监察一科、水政监察二科、征收一科、征收二科、技术队。2006 年，征收水资源费、河道工程维护费、水土保持设施补偿费。2007 年，接收市政公用事业局委托开征自备井单位污水处理费。2008 年，开征水工程占用补偿费。

2006～2010 年，加强水政监察规范化建设，配备执法工作车辆、办公电脑、摄像机、照相机等专业设备，建立“济南市水政监察”网站，设立热线举报电话；建立举报、巡查、立案、处理、执行、监督等各项制度，形成完整的制度体系。5 年间共受理并查处违法取水举报 1200 起，开展对洗车、洗浴、餐饮等行业私采地下水的专项整治行动，遏制违法私取地下水的蔓延；查处破坏水库、河道、灌渠等水利工程设施 40 余起，查处破坏水土保持的违规建设项目 90 余起以及各类水事违法案件 1300 余起。至 2010 年，济南城市规划区范围内累计封闭公共供水水源井及深层自备井 333 眼、浅层井 2700 眼，日减少地下水开采量近 1 亿立方米，封井对保泉起到重要作用。

第五篇　黄河治理

黄河济南段是黄河下游防汛的重中之重，由于河道逐年淤积抬高，悬河之势日益加剧，对济南市的安全构成严重威胁。

1986～2010年，国家累计投资19.28亿元，共完成各类工程土方1.23亿立方米，石方151.52万立方米，济南黄河堤防及河道整治工程得到全面加高加固。其间，特别是自1998年起，国家加大对大江大河的治理力度，至2010年累计投资16.81亿元，平均每年1.29亿元。济南市第一、二期集“防洪保障线、抢险交通线、生态景观线”于一体的172.46千米标准化堤防相继建成，防洪工程抗洪强度显著增强，以生物防护工程为主的黄河适生林带渐成规模，在济南市区北部形成一条绿色长廊，沿黄地区的生态环境得到明显改善。

在确保黄河防洪安全的同时，按照“除害兴利”的原则，将引黄虹吸全部拆除，新建引黄水闸6座，消除防汛隐患，提高引用黄河水的能力。至2010年，济南市共有引黄水闸11座，设计引黄流量225立方米每秒，实际灌溉面积13.77万公顷，城市日供水能力80万吨。

第一章　流域与水沙

第一节　流域形势

黄河济南段自右岸的平阴县东阿镇后姜沟村流入，至左岸的济阳县仁风镇老桑家渡村流出，总长183.35千米，纵比降约万分之一，河道上宽下窄，属受工程控制的弯曲型河道。平阴县、长清区河道长92千米，河宽5～10千米。左岸是东阿、齐河县的堤防，有险工26处及控导工程7处控制河势。右岸是山麓，山前为平阴、长清滩区，滩面宽约7千米，因自然地势较高未设堤防，平阴县有5座山头和12处控导工程，长清区有16处控导工程控制河势。自槐荫区北店子险工至济阳县老桑家渡村为受工程约束的弯曲型窄河道，长91千米，河宽0.5～2千米，最窄处为槐荫区曹家圈险工17号坝处，两岸堤距488.7米。左岸自天桥区赵庄险工22号坝至济阳县老桑家渡村，右岸自槐荫区北店子村至章丘市田家拐村，左、右两岸共有临黄堤防172.46千米、险工23处、控导20处、引黄涵闸11座、排涝闸1座，河势比较稳定，由于河道宽度较窄，排洪能力相对较低，是防洪重点河段。

至2010年，黄河济南段河道上有泺口、曹家圈黄河铁路大桥2座，平阴、京福高速、建邦、济南、青银高速、济阳迎宾黄河公路大桥6座及黄河浮桥18座，另有正在建设的京沪高铁济南黄河大桥。以上大桥及浮桥对左、右两岸交通发挥巨大作用，但存有卡冰壅水、排洪不畅隐患。

黄河济南段内汇入的支流自上而下有浪溪河、玉岱河、清水沟、南大沙河、北大沙河和玉符河等，流域面积2069.6平方千米。济南市南部山区部分超标准洪水也可通过腊山分洪沟泄入黄河。若黄河洪水恰遇山东境内入黄的汶河涨水，与玉符河来水相遇，将使防洪形势更加严峻。另外，位于济南市西郊的腊山分洪沟，已将大堤延长至220国道，若黄河发生大洪水时，将沿腊山分洪沟倒灌至220国道以南，威胁济南市区的安全。

2010年，济南市黄河滩区总面积506.28平方千米，其中耕地3.06万公顷，涉及25个乡镇(街道)、570个行政村，46.64万人。其中平阴、长清滩区最大，面积388.61平方千米，约占全市滩区总面积的76.76%；当发生11000立方米每秒洪水时，可蓄滞洪水15亿立方米左右，对于确保济南以下窄河段防洪安全，发挥一定的调蓄作用。

黄河北展宽区工程位于德州市齐河县和济南市天桥区境内，总面积106平方千米，堤防长37.78千米，有效库容3.9亿立方米。主要是解决济南北店子至泺口间窄河段的凌、洪威胁，当花园口站发生特大洪水，艾山站以下河道下泄流量超过11000立方米/秒时，运用北展宽区工程分洪1000～2000立方米/秒，由大吴泄洪闸向徒骇河泄洪500立方米/秒，以确保堤防安全。济南市所辖北展宽区工程面积43平方千米，堤防长14.98千米，各类涵闸6座，涉及天桥区的3个乡镇，35个自然村，2.38万人，耕地1793公顷。北展的泄洪区控制在齐济河西堤到邢家渡干渠西堤以内，平均宽9.6千米，长约33千米，涉及济南市的天桥区、济阳县的6个乡镇，209个自然村，13.88万人，淹没面积272平方千米。

第二节　水沙特点

1986～2010年，黄河济南段为枯水枯沙系列。泺口站除1988～1990年、1994年为平水平沙年外，其余年份多为枯水枯沙年。年最大来水量为1989年的304.2亿立方米，最小来水量为1997年的44.16亿立方米；年最大来沙量为1988年的8.61亿吨，最小来沙量为2001年的0.46亿吨；年平均含沙量最大为1988年的36.8公斤每立方米，最小为2009年的3.06公斤每立方米；年最大含沙量为1994年8月18日，为162公斤每立方米。

1986～2010年济南市泺口水文站来水来沙及含沙量统计表

表8-5-1

年　份	最大洪峰流量(立方米/秒)	年来水总量(亿立方米)	年来沙总量(亿吨)	年平均含沙量(公斤/立方米)	年最大含沙量		来水来沙特点
					含沙量(公斤/立方米)	发生时间(月、日)	
1986	2820	192.00	2.03	10.60	59.00	07.09	枯水枯沙
1987	2650	130.00	1.16	8.93	47.50	09.04	枯水枯沙
1988	5810	234.00	8.61	36.80	125.00	08.16	平水平沙
1989	5000	304.20	6.56	21.60	109.00	07.26	平水平沙
1990	3770	289.90	4.87	16.80	65.60	07.12	平水平沙
1991	2820	154.90	2.95	19.00	96.90	06.20	枯水枯沙
1992	3150	167.10	5.27	31.60	146.00	08.19	枯水枯沙

续表 8-5-1

年 份	最大洪峰流量（立方米 / 秒）	年来水总量（亿立方米）	年来沙总量（亿吨）	年平均含沙量（公斤 / 立方米）	年最大含沙量		来水来沙特点
					含沙量（公斤 / 立方米）	发生时间（月、日）	
1993	3300	216.50	4.42	20.40	65.40	08.11	枯水枯沙
1994	3350	240.00	6.82	28.42	162.00	08.18	平水平沙
1995	2460	160.60	5.84	36.36	123.00	07.29	枯水枯沙
1996	4700	179.60	4.01	22.30	114.00	07.26	枯水枯沙
1997	1430	44.16	0.52	11.70	100.00	08.06	严重枯水枯沙
1998	3090	137.60	3.71	27.00	73.10	07.22	枯水枯沙
1999	2120	105.60	2.62	24.80	126.00	07.29	枯水枯沙
2000	930	83.83	0.59	7.00	25.20	03.29	严重枯水枯沙
2001	880	77.06	0.46	5.90	21.50	03.04	严重枯水枯沙
2002	2550	81.04	0.79	9.83	119.00	09.16	严重枯水枯沙
2003	2960	214.90	3.39	15.80	83.80	09.13	枯水枯沙
2004	3280	215.20	2.52	11.70	152.00	08.28	枯水枯沙
2005	3120	226.90	1.80	7.92	59.20	07.10	枯水枯沙
2006	3820	221.30	1.42	6.42	49.40	08.08	枯水枯沙
2007	3930	230.20	1.34	5.82	34.00	07.04	枯水枯沙
2008	4070	176.80	0.83	4.70	43.40	07.05	严重枯水枯沙
2009	3800	165.60	0.51	3.06	10.00	06.23	严重枯水枯沙
2010	4260	222.30	1.66	7.47	77.80	07.09	枯水枯沙

1986～2001年，黄河济南段河道淤积严重，泄洪能力降低，防洪负担加重。尤其是主河槽淤积更为严重。据统计，济南市泺口断面1950年7月至1997年8月，3000立方米 / 秒水位平均抬高3.9米；1985～1995年，主河槽淤积抬高1.74米；仅2000年艾山至泺口河段主槽淤积抬高0.17米。泺口站防洪水位比济南市工人新村地面平均高出11米多，河底高出两岸地面3～5米，漫滩流量由20世纪80年代初的6000立方米 / 秒，减少为2002年的1800立方米 / 秒左右，“悬河”形势逐年加剧。

2002～2010年，小浪底水库处在拦河运用期间，经过连续9年的12次的调水调沙，加上2003年的秋汛，济南河道普遍得以冲刷，漫滩流量由2002年的1800立方米 / 秒，增加为2010年的4000立方米 / 秒左右。

第二章　防洪工程建设

1986～2010年，先后按照1983年和2000年水平，防御花园口站洪峰流量2.2万立方米/秒洪水的设防标准，国家每年都安排资金用于修堤、标准化堤防及河道整治等防洪工程的建设、加固，黄河济南段工程已成为防洪保障线、抢险交通线、生态景观线。累计完成各类防洪工程建设投资19.28亿元，完成土方1.23亿立方米，石方151.52万立方米，混凝土0.91万立方米。

1986～2010年黄河济南段治理情况表

表8-5-2

年　份	完成投资(万元)	完成工程量			竣工项目(个)
		土方(万立方米)	石方(万立方米)	混凝土(立方米)	
1986	872.17	230.68	7.40	—	17
1987	730.99	347.00	4.47	—	18
1988	653.45	275.84	5.69	—	23
1989	606.49	193.38	3.08	—	14
1990	1325.90	352.42	5.39	—	28
1991	1685.60	391.49	3.88	1557	25
1992	2934.59	633.01	4.76	98	28
1993	3483.74	670.01	5.40	14	30
1994	2763.44	417.75	4.58	—	16
1995	2002.27	275.20	3.70	—	21
1996	3181.45	138.77	9.04	—	9
1997	4548.35	293.36	11.08	—	11
1998	8783.88	410.23	11.42	1500	18
1999	22048.43	1013.29	6.17	—	30
2000	32218.62	1594.76	16.31	5971	33
2001	16899.13	1284.94	19.24	—	17
2002	15953.25	884.49	11.00	—	18
2003	11008.76	432.39	2.68	—	21
2004	34082.37	1447.73	9.27	—	46
2005	4876.54	520.71	3.79	—	1
2006	976.94	8.15	1.20	—	6
2007	8149.04	269.38	—	—	5
2008	3682.78	34.02	1.84	—	4

续表 8-5-2

年 份	完成投资（万元）	完成工程量			竣工项目(个)
		土方(万立方米)	石方(万立方米)	混凝土(立方米)	
2009	4665.30	147.15	0.13	—	3
2010	4713.23	—	—	—	2
合计	192846.71	12266.15	151.52	9140	444

说明：2004年、2005年包括亚行项目

第一节 堤防工程

2010 年，济南黄河段堤防工程分左右两岸，各类堤防总长度 188.657 千米。临黄堤长 172.463 千米，其中左岸长 80.324 千米，右岸长 92.139 千米。左岸上迄天桥区桑梓店镇西秦村，下止济阳县仁风镇老桑渡村；右岸上迄槐荫区段店镇宋庄村，下止章丘市黄河乡金王村。北展堤长 14.98 千米，上迄天桥区桑梓园林场，下止天桥区八里庄。导流堤长 1.214 千米位于左岸天桥区鹊山东村。

2010 年济南黄河河务局堤防工程统计表

表 8-5-3

单 位	岸 别	堤防类别	相应大堤桩号	长度(千米)	起止地点
济南河务局			—	188.657	
槐荫河务局	右	临黄堤	-（1+980）-22+650	24.281	220 国道—刘七沟
天桥河务局	右	临黄堤	22+650-32+800	10.080	小魏庄—李家庄
天桥河务局	左	临黄堤	124+900-145+132	20.121	西秦—吉家
历城河务局	右	临黄堤	32+800-64+574	31.208	省局仓库—沙滩
章丘河务局	右	临黄堤	64+574-91+653	26.570	胡家岸—金王
济阳河务局	左	临黄堤	145+132-205+833	60.203	解家—老桑渡
天桥河务局	左	导流堤	0+000-1+214	1.214	鹊山东村
天桥河务局	左	北展宽堤	22+800-37+780	14.98	园林场—八里庄

一、堤防工程培修

堤防工程培修形式主要有帮宽、加高以及帮宽加高。1986～1997 年，国家投入治黄工程经费较少，每年只安排一些零星项目，以堤防除险加固为重点，完成了部分未达到 1983 年设防标准的遗留工程。12 年间共完成大堤加培及整修土方 115.19 万立方米，完成投资 1015.56 万元。

1998～2002 年，国家加大黄河下游治理投资力度，进行大规模的防洪工程建设。按 2000 年水平年确定的洪水位，以防御花园口洪峰流量 2.2 万立方米 / 秒的洪水为设计标准，艾山以下按 1.1 万立方米 / 秒流量设防。培修标准为堤顶超高 2000 年设防标准 2.1 米；堤顶宽度右岸以相应大堤桩号 37+000 为界，以上平工段 9 米、险工段 11 米；以下平工段 8 米，险工段 9 米；左岸以相应大堤桩号 141+000 为界，以上平工段 8 米，险工段 10 米；以下平工段 8 米，险工段 9 米；临、背河边坡均为 1∶3.0。安排大堤加高原则是：凡加高值在 1 米以下者，暂不进行加高，加高值在 1 米以上者，按差值加高；艾山以下堤段原临河坡为 1∶2.5 者，结合加高坡度改

济南黄河标准化堤防工程鸟瞰　　（2007年 殷鹤仙摄）

为1∶3.0。按照设计要求，对部分堤段进行培修加固，5年间完成大堤加培及整修土方1156.37万立方米，投资28818.92万元。

水利部黄河委员会(以下简称“黄委”)根据《黄河重大问题及其对策》的战略规划和总体安排，确定从2002年开始，进行第一期标准化堤防建设。2002年11月14日，黄河济南段第一期标准化堤防工程开工建设，培修标准是按艾山以下洪水流量1.1万立方米/秒设防，堤顶超高2.1米，堤顶按Ⅰ级堤防标准修建，宽度为12米，临、背河边坡均为1∶3.0，中间修建宽6米的硬化交通道路。2004年12月22日完工，工程长度66.55千米，涉及槐荫、天桥和历城3个区河务局，相应右岸大堤桩号－(1+980)-64+574(槐荫区宋庄—历城区王家梨行)，完成大堤加培及整修土方165.53万立方米，投资5613.31万元。该工程获2007年度中国水利工程优质(大禹)奖、2008年度鲁班奖(国家优质工程)。黄委通令嘉奖济南黄河河务局；山东黄河河务局为济南黄河河务局记集体一等功，为黄委表彰的16名先进个人记一等功，为山东黄河河务局表彰的77名先进个人记二等功。

2006年11月，黄河济南段进行第二期标准化堤防工程建设，按照一期标准化堤防工程建设标准，部分工程项目开工建设，主要项目为堤防加高和堤顶道路。2010年10月5日完工，工程涉及天桥、章丘、济阳3个县(市)区河务局，相应大堤桩号为右岸64+574-91+653、左岸124+900-205+833，完成大堤加培及整修土方164.52万立方米，投资7385.85万元。

1986～2010年济南黄河河务局堤防工程培修完成情况表

表8-5-4

年份	工程项目及地点	完成工程量(万立方米)		完成投资(万元)	设防标准
		土方	石方		
1986	5+000 - 6+500堤顶包淤等	0.36	—	1.60	1983年
1987	零星维修	—	—	8.05	1983年
1988	坝基补残土方等	0.52	—	6.50	1983年
1989	堤顶土方、补残土方等	4.00	—	27.50	1983年
1990	大堤整修及补残土方等	11.03	—	65.90	1995年
1991	张家埝后戗土方及堤防补残土方等	8.40	—	91.10	1995年

续表 8-5-4

年 份	工程项目及地点	完成工程量（万立方米）		完成投资（万元）	设防标准
		土 方	石 方		
1992	大堤加培、盖顶土方，堤防补残土方等	47.70	—	347.33	1995 年
1993	大堤盖顶、堤防补残土方等	24.41	—	265.95	1995 年
1994	大堤盖顶、新修辅道土方等	9.27	—	95.13	1995 年
1995	大堤盖顶、新修辅道土方等	8.50	—	83.50	2000 年
1996	大堤盖顶、堤防补残土方等	1.00	—	23.00	2000 年
1998	济阳（175+000–183+168）大堤加高帮宽等	63.41	0.07	1696.82	2000 年
1999	济阳、章丘大堤加高帮宽等	410.83	—	9398.62	2000 年
2000	槐荫、天桥、历城、章丘、济阳大堤加高帮宽等	675.63	0.49	17499.55	2000 年
2001		0	0	0	
2002	2002～2004 年济南槐荫、天桥、历城堤段标准化堤防建设等	6.50	—	223.93	2000 年
2003		124.07	—	4274.88	2000 年
2004		41.46	—	1338.43	2000 年
2005		0	0	0	
2006	由于计划调整产生的核减投资	0	—	–469.98	2000 年
2007	章丘大堤加高帮宽	48.56	—	2223.59	2000 年
2008	天桥、济阳大堤加高帮宽(前期工作)	0	—	1031.60	2000 年
2009	天桥、济阳大堤加高帮宽	116.00	0.13	4130.66	2000 年
2010		0	0	0	
合计		1601.65	0.69	42363.66	

二、堤防工程加固

对黄河大堤进行加固采取的措施主要包括放淤固堤、修做前(后)戗、混凝土垂直截渗墙、锥探压力灌浆和铺设截渗土工材料等。1986～2010 年，共完成堤防加固土方 8610.81 万立方米，完成投资 94338.88 万元，累计加固工程长度 301.22 千米。

1986～2010 年济南黄河河务局堤防工程加固情况表

表 8-5-5

工程项目	加固工程长度(千米)	完成土方(万立方米)	完成石方(万立方米)	完成投资(万元)
放淤固堤	174.02	8468.37	0.32	92010.19
堤戗加固	7.64	107.41	—	1531.15
截渗墙	2.15	30.71	—	710.17
压力灌浆	117.42	12.16	—	274.75
合计	301.22	8610.81	0.32	94338.88

(一)放淤固堤　放淤固堤方法有自流放淤、提水放淤、吸泥船放淤、泥浆泵放淤等。放淤固堤工程包括淤背和淤临，在完成淤沙任务后，用红土进行包边盖顶，顶上种植适生林，以提供抢险用料，且利于环境保护，防止水土流失。重点确保段和部分险要堤段的淤区宽度为100米，顶部与2000年设防水位平齐；其余堤段的淤宽为80米，顶部低于设计洪水位2米，边坡1 ∶ 3。1986～2010年，济南堤段共完成放淤固堤土方8468.37万立方米，投资92010.19万元；加固工程长度174.02千米，其中已达标堤段77.41千米，未达标堤段96.61千米。

(二)戗堤加固　对于不具备放淤固堤条件的堤段，采用在大堤临河或背河修筑戗堤(后戗或前戗)加固措施，以延长渗径、降低浸润线出逸点。1986～2005年，济南河段先后完成9处前(后)戗加固工程，完成土方107.41万立方米，长度7.64千米，投资1531.15万元。

(三)截渗墙　截渗墙是消除堤身和堤基渗水险点隐患的有效措施。1986年，在槐荫区常旗屯修建黏土混凝土截渗墙，共修截渗墙长(顺堤长度)697米，截渗面积0.68万平方米，投资73.3万元。1997年，在睦里闸、秦家道口两堤段采用垂直铺塑技术修建截渗墙，两处工程总长度1450米，投资636.87万元。

(四)压力灌浆　压力灌浆是消除堤身裂缝、洞穴等险点隐患，提高堤防抗洪能力的有效措施。黄河上采用压力灌浆，以锥打孔，用灌浆机械低压灌黏土泥浆加固的措施，进行堤防加固。1986～1997年，黄河济南段堤防先后普遍实施压力灌浆，共完成工程长度117.42千米，灌浆63.94万眼，灌注土方12.16万立方米，投资274.75万元。1998年后，没有采用压力灌浆措施。

三、植被防护工程

1986～1997年，一般是在临、背河护堤地(临河宽7米、背河宽10米)内种植防护林、堤顶种植1～2行行道林，淤区内植树很少，树种多为杨树、柳树，临背河堤坡及其他土方工程表面植草防护。1998～2010年，植树绿化标准提高，大堤临河坡脚以外设置宽30～50米的防浪林，可以起到汛期防浪护堤、抢险时取材、非汛期防风固沙的作用；临背河堤坡植草防护。黄河大堤堤顶两侧的行道林树种除种植垂柳外，还种植红叶李、大叶女贞、松柏等美化优质常绿树种；堤肩种植波斯菊、小龙柏和草皮；淤背区内统一规划种植生态防护林，淤背区坡植树植草，对紧靠绕城高架路的堤段进行重点绿化美化，种植五角枫、火炬树、翠竹、黄杨、冬青等美化树种；背河护堤地，按要求种植7～10米宽的柳树。至2010年年底，黄河济南段工程范围内共有树株338.34万株，其中柳树100.34万株、杨树178.55万株、经济林30.73万株、其他28.72万株。

吸泥船抽淤固堤施工现场　（2004年　朱兴国摄）

四、堤防道路建设

黄河堤防道路主要包括堤顶道路以及与地方公路相连接的防汛道路、防汛上堤道路。

(一)堤顶道路 堤顶是防汛抢险交通的要道。1986～1997年，黄河大堤堤顶主要是黏土路面或黏土砂子、石子(石屑)路面，雨、雪天时，各单位均安排人员及时排除积水，圈、填水沟浪窝，在有关路口设置拦路杆，保持工程完整和保护堤顶路面。每年均撒铺石屑，适时刮、压堤顶，进行养护、维修。1998年9月，黄河济南段首段堤顶道路硬化工程竣工，对天桥区、历城区长17.05千米(相应大堤桩号23+200-40+250)的黄河大堤堤顶进行沥青路面硬化。1999年，山东省政府投资对槐荫区区长12.95千米(相应大堤桩号9+700-22+650)的黄河大堤堤顶进行硬化。2000年，对济阳县24千米(相应大堤桩号158+200-182+200)的黄河大堤堤顶进行硬化。2002年11月，济南黄河第一期标准化堤防工程开工建设，硬化长度66.55千米{相应大堤桩号-(1+980)-64+574}；硬化标准为：参照三级公路设计标准，设计年限为10年，路面等级为次高级路面，面层采用热拌沥青碎石混合料路面，厚5厘米，路面基层厚度30厘米，行车道宽度6米。2006年11月，第二期标准化堤防工程开工建设，对济南河段左右两岸堤顶全部进行沥青路面硬化。至2010年，完成堤顶硬化达标长度172.46千米。

(二)防汛上堤道路 1986～1988年，防汛上堤道路多是与筑堤土料相同的土路，路况较差，与黄河险情抢护要求的紧急快速不适应。1989～2010年，结合地方公路网建设，有计划地在骨干公路和黄河大堤之间安排投资，对防汛上堤道路进行新建、维修和硬化。济南河段左、右岸共修建防汛上堤道路38条，其中已硬化32条。

第二节 河道整治

黄河下游河道整治以防洪为主，兼顾保滩、引水，以整治中水河槽，控制中水流路为目标，主要包括在堤岸或滩岸上修建具有顺溜、挑溜、送溜等作用的险工、控导(护滩)工程及顺堤行洪工程。1986～2010年，共完成加高改建坝岸781段，新(续)建坝岸75段；完成石方70.11万立方米，土方212.45万立方米，投资12120万元(包括亚行项目)。完成根石加固石方22.82万立方米，投资2489万元。

一、险工工程

1986年年初，济南黄河河务局有险工15处，坝岸571段，其中乱石坝229段、扣石坝59段、砌石坝283段。1990年，德州修防处的8处险工划归济南修防处管理。1998～2010年，按照2000年设防标准对部分坝岸进行加高改建，对2处工程进行续建。1986～2010年，共加高改建坝岸510段，新(续)建坝岸4段，完成石方41.96万立方米，土方99.32万立方米，投资6512.5万元(包括亚行项目)。至2010年，济南黄河河务局共有险工23处，坝岸888段，工程长度38.29千米，护砌长度36.52千米。坝岸888段中，乱石坝343段、扣石坝419段、砌石坝126段，全部达到1983年设防标准，大部分达到2000年设防标准。

历城盖家沟险工

2010年济南黄河河务局险工工程统计表

表 8-5-6

序号	单位	大堤岸别	险工名称	始建年份	起止桩号	工程长度(米)	护砌长度(米)	坝岸类型(段)				坝岸结构(段)		
								合计	坝	垛	岸	乱石坝	扣石坝	砌石坝
	济南河务局		23处			38290	36519	888	386	12	490	343	419	126
一	槐荫河务局		3处			5330	4421	100	56	0	44	23	75	2
1		右岸	北店子	1898	8+600-9+600	1002	1063	32	16	—	16	4	26	2
2		右岸	曹圈	1898	10+448-12+236	1804	1634	33	18	—	15	19	14	—
3		右岸	杨庄	1881	14+590-17+000	2524	1724	35	22	—	13	—	35	—
二	天桥河务局		5处			11871	10763	251	113	0	138	95	102	54
1		右岸	老徐庄	1898	23+371-24+868	1515	1689	36	19	—	17	22	9	5
2		右岸	泺口	1890	26+984-30+600	3613	3854	87	28	—	59	1	78	8
3		左岸	赵庄	1891	124+900-127+276	2379	1705	38	25	—	13	27	7	4
4		左岸	王窑	1882	127+276-129+088	1818	1635	38	21	—	17	23	1	14
5		左岸	大王庙	1881	131+017-133+572	2546	1880	52	20	—	32	22	7	23
三	历城河务局		7处			8692	9729	228	80	0	148	54	150	24
1		右岸	盖家沟	1898	32+807-35+214	2542	2758	62	17	—	45	3	57	2
2		右岸	后张	1925	39+860-40+250	390	447	13	5	—	8	—	13	—
3		右岸	付家庄	1890	44+578-45+900	1322	1695	29	10	—	19	7	22	—
4		右岸	霍家溜	1892	48+785-49+950	1165	1297	33	12	—	21	7	24	2
5		右岸	河套圈	1885	53+010-53+100	90	199	6	1	—	5	6	—	—
6		右岸	陈孟圈	1893	56+170-57+070	900	1288	38	12	—	26	5	21	12
7		右岸	王家梨行	1898	60+490-62+773	2283	2045	47	23	—	24	26	13	8

2010 年济南黄河河务局险工工程统计表

表 8-5-7

序号	单位	大堤岸别	险工名称	始建年份	起止桩号	工程长度(米)	护砌长度(米)	坝岸类型(段)				坝岸结构(段)		
								合计	坝	垛	岸	乱石坝	扣石坝	砌石坝
四	章丘河务局		3 处			2564	2338	68	8	12	48	9	31	28
1		右岸	胡家岸	1894	64+520–65+739	1219	1344	60	—	12	48	1	31	28
2		右岸	土城子	1949	73+375–73+884	320	492	4	4	—	—	4	—	—
3		右岸	刘家园	1949	76+156–77+206	1025	502	4	4	—	—	4	—	—
五	济阳河务局		5 处			9833	9268	241	129	0	112	162	61	18
1		左岸	大柳店	1898	158+250–159+014	764	857	17	10	—	7	6	10	1
2		左岸	沟阳	1894	164+288–166+947	2659	2590	54	31	—	23	36	3	15
3		左岸	葛店	1887	180+748–182+800	2023	2283	70	26	—	44	45	25	—
4		左岸	张辛	1878	189+358–192+287	2950	2593	78	41	—	37	53	23	2
5		左岸	小街	1949	196+563–198+000	1437	945	22	21	—	1	22	—	—

2010 年济南黄河河务局控导工程统计表

表 8-5-8

序号	单位	大堤岸别	控导工程名称	始建年份	起止桩号	工程长度(米)	护砌长度(米)	平面布局形式	坝岸类型(段)			
									合计	坝	垛	岸
	济南河务局		48 处			66752	62003	0	786	70	474	242
一	平阴河务局		12 处			12624	12531		138	17	68	53
1		右岸	铁杨	1998	—	610	632	平顺型	6	—	5	1
2		右岸	苏桥	1971	—	642	595	平顺型	5	—	5	—
3		右岸	桃园	1968	—	1620	1654	平顺型	22	—	8	14
4		右岸	丁口	1970	—	1040	1060	平顺型	11	—	4	7
5		右岸	王小庄	1970	—	1202	1261	平顺型	14	—	6	8
6		右岸	外山	1974	—	598	618	平顺型	7	—	—	7
7		右岸	张洼	2002	—	1279	1458	凹型	15	—	15	—

续表 8-5-8-1

序号	单位	大堤岸别	控导工程名称	始建年份	起止桩号	工程长度（米）	护砌长度（米）	平面布局形式	坝岸类型（段）			
									合计	坝	垛	岸
8		右岸	凌庄	1999	—	840	1011	凹型	14	—	14	—
9		右岸	田山	1977	—	1479	1479	平顺型	16	3	7	6
10		右岸	石庄	1972	—	620	638	凹型	2	—	—	2
11		右岸	刘官	1950	—	2060	1513	凹型	19	11	4	4
12		右岸	望口山	1955	—	634	612	平顺型	7	3	—	4
二	长清河务局		16 处			31045	28823		343	31	189	123
1		右岸	燕刘宋	1967	—	2310	2369	凹型	21	—	6	15
2		右岸	许道口	1970	—	650	674	凹型	8	—	2	6
3		右岸	姚河门	1958	—	960	899	凹型	9	—	2	7
4		右岸	王坡	1974	—	450	363	凹型	6	—	5	1
5		右岸	下巴	1967	—	2400	1842	凹型	27	6	8	13
6		右岸	顾小庄	1965	—	1280	1098	凹型	14	—	11	3
7		右岸	桃园	1969	—	1830	1736	凹型	18	4	10	4
8		右岸	董苗	1966	—	3810	3561	凹型	38	7	20	11
9		右岸	贾庄	1967	—	1640	1433	凹型	22	1	14	7
10		右岸	孟李魏	1967	—	4020	3908	凹型	39	7	22	10
11		右岸	西兴隆	1950	—	3620	3581	凹型	42	1	33	8
12		右岸	小侯	1972	—	1980	1306	凹型	21	1	14	6
13		右岸	老李郭	1967	—	2815	3104	凹型	35	4	15	16
14		右岸	潘庄	1967	—	1700	1388	凹型	22	—	14	8
15		右岸	红庙	1972	—	480	511	凹型	7	—	3	4
16		右岸	娘娘店	1949	—	1100	1050	凹型	14	—	10	4
三	槐荫河务局		1 处			214	160	凸形	5	0	5	0
1		右岸	段庄	1951	19+611–19+825	214	160	凸形	5	—	5	—

续表 8-5-8-2

序号	单位	大堤岸别	控导工程名称	始建年份	起止桩号	工程长度(米)	护砌长度(米)	平面布局形式	坝岸类型(段)			
									合计	坝	垛	岸
四	天桥河务局		2处			3370	3483	0	58	0	29	29
1		左岸	八里	1950	137+662–140+400	2179	2319	凹型	48	—	25	23
2		左岸	鹊山东	1958	136+500–137+662	1191	1164	平顺	10	—	4	6
五	历城河务局		5处			6008	4320	0	62	19	26	17
1		右岸	张褚窝	1952	38+000–39+860	748	852	平顺型	9	2	7	—
2		右岸	埝头	1950	40+250–44+578	2298	1731	平顺型	23	7	16	—
3		右岸	云家	1951	50+000–50+250	180	145	平顺型	2	2	—	—
4		右岸	秦家	1950	60+153–60+555	1022	435	平顺型	15	7	3	5
5		右岸	骚沟	1950	62+780–64+540	1760	1157	平顺型	13	1	—	12
六	章丘河务局		5处			6242	5785		68	3	45	20
1		右岸	蒋家	1950	74+484–77+961	3477	2742	凹型	30	—	25	5
2		右岸	何王	1965	78+145–78+998	853	1025	平顺型	11	—	6	5
3		右岸	马家	1970	86+000–86+576	576	479	平顺型	7	—	3	4
4		右岸	王圈	1970	87+387–88+371	984	830	平顺型	13	3	5	5
5		右岸	范家园	1952	88+427–88+779	352	709	平顺型	7	—	6	1
七	济阳河务局		7处			7249	6901		112	0	112	0
1		左岸	邢家渡	1950	145+500–147+600	1937	2050	平顺型	29	—	29	—
2		左岸	周孟	1952	147+600–148+300	780	772	凹型	14	—	14	—
3		左岸	史家坞	1952	152+412–154+200	1698	1909	平顺型	22	—	22	—
4		左岸	大柳店	1997	158+180–158+250	465	319	凹型	5	—	5	—
5		左岸	代家	1951	178+400–179+200	667	395	平顺型	14	—	14	—
6		左岸	张辛	1979	188+758–189+058	382	336	平顺型	4	—	4	—
7		左岸	小街	1954	197+617–199+200	1320	1120	凸型	24	—	24	—

说明：平阴、长清无大堤

二、控导工程

1986年年初，济南黄河河务局有控导工程38处，坝垛571段，工程长度45.07千米。1990年，济阳修防段辖区内的6处控导工程、104段坝岸及齐河修防段辖区内的1处控导工程、48段坝岸，划归济南修防处管理。1996年，平阴县河务局管辖的姜沟控导工程1处、8段坝岸，划归东平县东平湖出湖闸管理局管理。1997～2010年，先后对26处控导工程进行新(续)建、改建加高和抢险加固。其中新建铁杨、张洼、凌庄和大柳店4处控导工程，新建坝垛40个，新增工程长度3194米；续建工程7处，坝垛31个，新增工程长度3306米；改建加高18处，坝垛276个。共完成土方113.13万立方米，石方28.15万立方米，投资5607.51万元。至2010年，济南黄河河务局有控导工程48处、坝垛786个，工程长度66752米。

三、顺堤行洪(滚河)防护工程

济南市共有顺堤行洪防护工程2处，坝岸12段。一处为济阳县周孟潜坝，1976年修建，共有坝(垛)3段；另一处为章丘市刘家园滚河防护工程。

章丘市刘家园滚河防护工程，位于黄河右岸黄河镇刘家园村至大寨村之间，相应大堤桩号78+850-86+470，工程长度7618米，护砌长度750.3米。1970～1996年，大河多次自蒋家控导22-30号坝间串沟走溜，形成滚河险情。1998年10月，动工修此工程，新建1段堵串坝、8段挑溜防护坝。1999年6月竣工，完成土方25.53万立方米、石方1.62万立方米，投资919.21万元。

第三节　滩区建设

黄河济南段滩区建设工程分布在平阴、长清、槐荫、天桥、历城、章丘、济阳7个县(市)区，23个乡(镇)。1986～2010年，先后进行滩区安全建设、水利建设，主要包括灌溉、排水、引洪淤滩、生产道路及桥涵工程，共完成土方1565.2万立方米、石方25.02万立方米、混凝土1.60万立方米，总投资9472.63万元。

一、滩区安全建设

1986～1999年，滩区安全建设主要按照滩区居民的实际需要，本着“以大为主，机淤优先”的原则对村台进行加宽加高，共完成淤筑村台18个、102.92万平方米，避水台70个、51.31万平方米，土方971.12万立方米，混凝土98立方米，完成投资1994.37万元。2005年始，在平阴县实施亚行贷款滩区工程建设项目，完成4个乡镇12个村的村台建设，共淤筑7个村台64.7万平方米，土方476.1万立方米，新增混凝土、沥青硬化道路19.29千米，完成投资4700万元。

二、滩区水利建设

1988年，中央确定利用国土开发基金投资，并要求地方按1∶1分年度同步落实配套资金，共同扶持黄河滩区水利建设，以灌为主，项目安排因地制宜，先后实施完成1988～1990年、1991～1993年、1994～1996年三期黄河滩区水利建设工程，增加、改善灌溉面积2.1万公顷，增加排水面积0.63万公顷，淤改土地4.7公顷。共完成投资2778.26万元，其中国家补助1353.38万元，地方筹集配套资金1424.88万元。灌溉工程完成投资1833.56万元，排水工程完成投资540.94万元，滩区道路完成投资392.9万元，放淤改土工程完成投资10.86万元。完成工程项目共216项，其中滩区新建改建排灌闸3座、扬水站83座、排水站8处，修筑渠系建筑物30座，新修防渗渠(沟)96.91千米，修筑生产道路108.86千米，打机井332眼。投入工日127.59万个，完成土方117.95立方米，石方25.02立方米，混凝土1.59万立方米。

第三章 黄河 防汛

第一节 防汛机构

济南市防指黄河防汛办公室设在济南黄河河务局，是负责处理日常工作的常设机构。黄河防汛办公室由黄河河务局各职能部门组成。由分管防汛工作的副局长任防汛办公室主任，各职能部门负责人任成员，每年根据人员变动情况进行相应调整。沿黄县(市)区防指均在同级黄河河务部门设立黄河防汛办公室，负责本行政区域内黄河防汛的日常工作。每年5月，济南市召开全市防汛工作会议，安排部署全市的黄河防汛工作，并和各县(市)区签订黄河防汛责任书。济南市黄河防汛办公室对全市防汛准备工作开展情况进行全面检查，重点检查防汛责任制的落实、防汛队伍的组织和培训、防汛料物的储备以及其他防汛准备工作完成情况等。

第二节 防汛队伍

黄河防汛队伍按照“专群结合、军警民联防”的原则组建，包括群众防汛队伍、黄河专业防汛队伍、中国人民解放军和中国人民武装警察部队。

一、群众防汛队伍

群众防汛队伍是防汛抗洪的主力军，分为基干班、抢险队、护闸队和预备队。主要负责洪水期间防洪工程的巡查、防守、抢险、物料运送及滩区(蓄滞洪区)群众迁移安置等任务。济南市群众防汛队伍主要以民兵为基础，以党员、团员为骨干，吸收部分有防汛抢险经验的人员组成，按照一、二、三线和预备队建制，一线队伍由沿黄乡(镇)组建；二线队伍由沿黄县(市)区的后方乡(镇)和驻济南大中型厂矿企业组建；三线队伍由沿黄县(市)区的街道办事处和部分后方县(市)区组建。2010年，济南市有各类群众防汛队伍180430人，其中一线队伍43446人，二线队伍26952人，三线队伍25032人，预备队85000人。每年对一线队伍60%的人员集中进行防汛抢险理论知识和实践操作培训，提高群众防汛队伍的业务技术能力。

二、黄河专业防汛队伍

黄河专业防汛队伍由黄河河务局职工组成，是防汛的技术骨干。专业防汛队伍除从事工程运行观测、维修养护及经常性防汛工作的人员外，还有山东河务局组建的黄河专业机动抢险队及各县(市)区河务局组建的专业抢险队两种组织形式，分别承担应急险情的抢护任务和抢险指导工作。

(一)山东黄河专业机动抢险队 1988年4月，在济南修防处建立山东黄河第二专业机动抢险队，设在天桥修防段，抢险责任段为济南市窄河段，重点是槐荫区、天桥区河段(南岸)。2001年7月，成立山东黄河第十二专业机动抢险队，设在济阳县河务局，抢险责任段为济阳县、天桥区黄河河段的北岸及北展宽区内的防洪工程。2003年5月，组建山东黄河第十三专业机动抢险队，由章丘市河务局具体负责组建，负责章丘市和邹平县黄河河段的抢险任务。至2010年，济南黄河河务局代管山东黄河专业机动抢险队3支，共计150人。

(二)黄河专业抢险队 1986年，济南市有堤防的郊区、历城、章丘修防段各新组建一支30人的黄河专业抢险队。1987年，根据行政区划调整，修防处下属槐荫、天桥、历城、章丘4个修防段各组建一支50人左右的黄河专业抢险队，并由天桥、历城修防段抽调47人组成一支由济南修防处调度的专业抢险队。1990年，济阳修防段划归济南修防处管理，新增济阳黄河专业抢险队一支。至2010年，济南市有黄河专业抢险队5支，其中槐荫、天桥、历城、章丘、济阳5个县(市)区河务局各1支，每队40～50人。

(三)防汛突击队　中国人民解放军和武警官兵是防汛的突击队，是黄河抗洪抢险的坚强后盾，每年均安排一定力量，支援黄河抗洪抢险任务。主要是承担重点堤段的防守、重大险情的抢护、行洪障碍的爆破以及滩区(蓄滞洪区)群众紧急迁移、安置、救护等。中国人民解放军驻济南部队，每年组织担负黄河防汛任务的部队到黄河查看防洪工程现状、认领防守责任段、安排部署防汛力量，同时还进行防汛理论知识培训、实战演习和比武等。

第三节　防汛措施

黄河伏秋大汛时间一般为6月1日至10月31日。黄河济南段备汛措施主要是每年汛前逐级建立防汛组织，召开防汛会议，签订防汛责任书，落实各项防汛责任制；制订各项防汛预案及工程抢险方案；搞好工程普查、河势查勘和工程除险加固；清除河道行洪障碍；督促检查防汛队伍落实，检查防汛物资落实和储备情况，认真备汛，依法防汛。

一、防汛责任制

黄河防汛工作实行各级人民政府行政首长负责制。在市防指的统一领导下，根据黄河防洪工程所在的行政地区，实行分级管理、指挥调度的权限责任制，并逐级签订防汛责任书。沿黄县(市)区、乡(镇、街道)行政负责人和防指领导，实行分级承包逐项分解的办法，层层落实防汛责任制，实行堤防(水屋)、险工和控导工程、涵闸、河道清障、迁安救护等承包责任制，并在各防洪工程和险点险段处设立防汛责任牌，形成“横向到边、纵向到底”的责任制网络。

二、防洪预案

1986年，济南市黄河防汛办公室编制《济南市1986年黄河防洪措施方案》。1988年，济南市黄河防汛办公室编制《济南市黄河防洪方案》，并逐年进行修订完善。1993年，市政府制定《济南市防御黄河大洪水应急预案》，预案包括抗洪抢险机构、职责和来大洪水时的应急对策两部分。1997年，将《济南市黄河防洪方案》修订为《济南市黄河防洪预案》，并在内容上增加滩区群众迁安救护预案、防汛物资保障预案、防汛通信保障预案、防汛水文测报预案、防汛夜间抢险照明预案、北展宽区分洪运用预案、防御黄河大洪水应急预案以及破坏性地震黄河应急预案，并由市政府下发。至2004年，《济南市黄河防洪预案》内容修订为黄河防洪任务，黄河防汛指挥与职责分工，各级洪水防御措施，黄河防汛队伍组成及调用原则，黄河防汛物资的储备、筹集与使用，蓄滞洪区运用程序与组织实施，各种防汛保障七部分。2006年，《济南黄河防洪预案》中删除北展蓄滞洪区运用程序与组织实施内容。2008年，《济南黄河防洪预案》中不再编列济南市黄河滩区群众迁安救护预案内容，另由民政部门编制《黄河滩区运用预案》。

三、河道清障

(一)清除滩区生产堤和阻水片林　1987年汛前，济南市共组织2.3万人，动用拖拉机42台，破除影响河道行洪的生产堤口门25个，长17.146千米，清除阻水片林137.3公顷，树株

37.31 万棵。1988 年汛前，对 1987 年冬群众自发堵复的 12 处口门进行重新破除，恢复口门原状；对只清树而未除根的阻水片林连根彻底清除。2003 年 5 月，黄河防总下发《关于迅速清除河道管理范围内违章种植片林的紧急通知》，济南市河务局成立违章片林清除工作领导小组，济南市防指及沿黄各级政府、防指采取“徒步拉网式”普查办法，对济南黄河辖区内阻水片林的树株数量、面积、密度、顺河长度、宽度等数据进行全面清查和统计汇总，按规定要求和时限清除阻水片林 110.5 万株，面积 606.3 万平方米。2005 年汛前，天桥区、历城区、平阴县共清除阻水树株 7.1 万株。

改建黄河泺口铁路桥 1912 年，津浦铁路济南泺口黄河铁路桥始建，保险期 50 年。1987 年，山东省政府上报国务院要求拆除泺口铁路桥。同年，国务院批复同意在 1989 年 6 月底前完成拆除任务。由于铁路联络复线北园—北关段市内施工，未能按时完成。1989 年，国家计委邀集水利部、铁道部和山东省政府，研究做出缓拆泺口黄河铁路桥的决定。1991 年 4 月，黄河泺口铁路桥停用退役。1992 年，经专家论证，在确保黄河防汛安全的情况下，采取将大桥北四孔抬高、更换纵梁等措施进行改建，改建后用作济邯铁路跨越黄河的大桥。该方案得到黄委同意后，1999 年 3 月中铁大桥局负责施工，2000 年 5 月黄河泺口铁路大桥正式恢复通车。

加强黄河浮桥管理 1989年，济南黄河第一座跨河浮桥——泺口浮桥建成通车。1990 年 8 月，水利部颁发《关于黄河下游浮桥建设管理办法》，浮桥架设和管理必须符合防洪防凌的要求，当预报花园口站流量 3000 立方米每秒以上或泺口河段出现淌凌时，已架设的浮桥必须在 24 小时内拆除。汛期市黄河防办根据上中游来水情况，及时发出洪水预报，并对浮桥拆除时机作出安排，济南黄河河务局和沿黄县(市)区河务局水政处(科)均对浮桥的拆除进行督促、检查。浮桥建设管理部门及时拆除浮桥，保证洪水安全下泄。至 2008 年，建成浮桥 20 座。2010 年年底，浮桥减为 18 座。

四、防汛物资

黄河防汛物资储备实行国家、集体和群众三结合的原则。国家常备防汛物资是指黄河河务部门按照定额储备的防汛抢险物资，主要包括石料、袋类、铅丝、木桩、麻料、土工布、篷布、发电机组、冲锋舟、救生衣、照明灯具、铁锨、油锤、斧头等常用工器具。至 2010 年年底，济南黄河河务局共有防汛物资储备仓库 28 座，储备主要防汛物资有石料 28.09 万立方米、铅丝 201 吨、麻料 137 吨、袋类 27.59 万条、篷布 97 块、土工布 1038 平方米、编织布 4000 平方米、救生衣 2430 件、沙石料 200 立方米、冲锋舟 2 艘、发电机组 20 台 /551 千瓦、油锯 17 个、查水灯具 144 只。社会团体储备物资和群众备料由当地人民政府负责管理。1986 ～ 2010 年，社会团体和群众备料的数量，均由各级人民政府根据各地的防汛任务和防洪预案的要求确定，汛前由各级政府根据防汛需要下达储备任务和摸底调查，各级防指和物资部门负责检查落实，按照“汛前号料、登记造册、备而不集，用后付款”的办法，视水情、工情由当地防指决定其待命、集中或动用。

第四节 防汛抢险

1986 ～ 2010 年，黄河济南段没有发生大洪水，均为中小洪水。济南泺口站发生大于 3000 立方米 / 秒洪峰有 15 个年份 21 次，大于 5000 立方米 / 秒的洪峰有 2 个年份 4 次，其中 1988 年 8 月 3 次、1989 年 7 月 1 次。泺口站最大洪峰流量为 1988 年 8 月 19 日的 5810 立方米 / 秒，相应水位为 31.23 米；最高洪水位为 1996 年 8 月 18 日的 32.24 米，相应流量为 4700 立方米 / 秒。

1986～2010年济南市泺口水文站最大洪峰流量及最高洪水位统计表

表 8-5-9

年份	年最大洪峰			年最高洪水位			洪峰流量大于3000立方米/秒的次数	洪峰流量大于5000立方米/秒的次数
	流量（立方米/秒）	相应水位（米）	发生时间（月、日、时）	水位（米）	相应流量（立方米/秒）	发生时间（月、日、时）		
1986	2820	29.55	07.03.14:00	29.55	2820	07.03.14:00	—	—
1987	2650	29.60	09.01.01:00	29.60	2650	09.01.01:00	—	—
1988	5810	31.23	08.19.12:30	31.23	5810	08.19.12:30	4	3
1989	5000	31.16	07.27.10:25	31.16	5000	07.27.10:25	2	1
1990	3770	30.73	07.12.00:00	30.73	3770	07.12.00:00	1	—
1991	2820	30.05	06.16.19:30	30.05	2820	06.16.19:30	—	—
1992	3150	30.45	08.20.13:20	30.45	3150	08.20.13:20	1	—
1993	3300	30.73	08.11.00:00	30.73	3300	08.11.00:00	1	—
1994	3350	31.04	07.14.21:30	31.04	3350	07.14.21:30	2	—
1995	2460	30.45	09.06.09:00	30.45	2460	09.06.09:00	—	—
1996	4700	32.24	08.18.05:50	32.24	4700	08.18.05:50	1	—
1997	1430	29.70	08.06.00:00	29.82	1350	08.05.16:20	—	—
1998	3090	31.18	08.29.19:00	31.18	3090	08.29.19:00	1	—
1999	2120	30.45	07.27.08:00	30.45	2120	07.27.08:00	—	—
2000	930	29.48	11.12.08:00	29.61	850	11.28.14:00	—	—
2001	880	29.58	03.11	29.58	699	03.11.14:00	—	—
2002	2550	31.03	07.18.15:24	31.03	2550	07.18.15:24	—	—
2003	2960	31.02	10.16.12:00	31.07	2840	09.12.15:00	—	—
2004	3280	30.96	08.26.14:54	30.96	3280	08.26 14:54	1	—
2005	3120	30.50	06.27.15:36	30.50	3120	06.27.15:36	1	—
2006	3820	31.06	06.30.6:00	31.06	3820	06.30.6:00	1	—
2007	3930	31.20	07.01.9:00	31.20	3930	07.01.9:00	2	—
2008	4070	31.12	06.29.4:30	31.12	4070	06.29.4:30	1	—
2009	3800	30.26	06.30.4:00	30.76	3760	06.29.20:00	1	—
2010	4260	30.83	07.07.16:18	30.83	4260	07.07.16:18	1	—

1986～2010年，黄河基本是枯水年，泺口水文站洪水流量超过4000立方米每秒的仅有1988年、1989年、1996年、2008年和2010年。由于黄河主槽淤积严重，1988年、1989年和1996年，洪水水位异常高，漫滩范围广，虽未发生重大险情，但工程出险多，险情多集中在险工、控导工程，险工工程多为根石走失和滑塌，控导工程多为根石走失和坝坡坍塌、墩蛰。至2010年，黄河济南段累计抢险用石方25.06万立方米，土方5.28万立方米，铅丝168.33吨，柳料85.64万公斤，袋类6.03万条，抢险投资1969.21万元。

一、1988年洪水

1988年，黄河下游共出现8次洪峰，前4次均在7月洪量较小，到达泺口站的最大流量为2950立方米每秒。进入8月后，黄河中游地区连降大到暴雨，花园口站连续出现6400立方米/秒、6300立方米/秒、6900立方米/秒和6620立方米/秒4次洪峰(1988年第5、6、7、8次洪峰)，黄河济南段5000立方米/秒以上的流量，持续半月。泺口站8月19日12时30分第七次洪峰最大，流量5810立方米/秒，水位31.23米。因洪水持续时间长，冲刷力大，一些险工河段溜势上提下延，造成滩岸坍塌和控导工程出险。特别是第六、七、八次洪峰，历时12天，险工、控导工程有40处、101段坝岸、150坝次出现险情，根石走失较为严重的为槐荫杨庄险工22、26、27号坝和历城盖家沟险工22、23、35号坝；最严重的是长清桃园控导13、14号坝，8月17日上午，先后有100多米坝石塌入水中，深6～7米。出险后长清县政府立即组织当地群众和部队奋力抢护，险情未能控制；18日14时，山东黄河第二专业机动抢险队赶赴出险地点进行抢护，连续抛大柳石枕8个，双股龙筋绳拉固，在材料供不应求的情况下，改抛铅丝大石笼，至19日零时控制险情，共抛石2316立方米。

洪水期间，北店子、阎庄、大鲁庄、赵庄和张褚窝5个小滩进水。张褚窝村158人被水包围，由于外迁及时，无一人伤亡，共淹没土地664.7公顷，损失粮食250万公斤。济南市防指先后调用群众基干班11个、抢险队1个，共252人，配合河务局职工查险和抛石固根。

二、1996年洪水

8月1日～4日，黄河干、支流连降大到暴雨。5日14时，花园口站出现第一号洪峰，流量7860立方米/秒，水位94.73米，为历史最高洪水位。8月6日，济南市黄河滩区开始进水。18日5时50分洪峰到达泺口站，流量4700立方米每秒，水位32.24米，超过泺口站1976年9月(洪峰流量8000立方米/秒，水位32.14米)历史最高洪水位0.1米。至8月18日，槐荫、天桥、历城、济阳、章丘5县(市)区及长清、平阴两县低滩全部漫滩进水，滩区滞水总量最多达3亿立方米，水深3～4米，最深达7米，漫滩面积144平方千米，淹没耕地1.4万公顷，受灾村庄335个，受灾人口19.78万人。洪水期间，济南市176千米临黄堤全部偎水，水深3～4米；23处险工、45处控导控导工程全线吃紧，其中39处控导工程的488段坝漫顶走溜，防洪工程共出现根石走失、大堤裂缝、管涌、渗水等险情570次。党中央、国务院、国家防总办公室、黄河防总、省委、省政府、省防指及两级军区有关领导对黄河防汛抗洪工作非常重视，多次到济南市查看水情、险情，慰问参加抗洪抢险的广大军民和黄河职工，各类险情均化险为夷。济南市沿黄群众上堤防守人员高峰期达2.84万人，各级政府组织公安干警6000多人(次)，调用船只34只，外迁群众9670人。同年，抢险共用石料6.97万立方米，土方6.48万立方米，麻袋、编织袋16.74万条，铅丝53吨，柳料666.2吨，抢险用工27.18万个。

第五节 黄河凌汛

黄河凌汛期一般自每年12月1日至翌年2

月底。济南市所辖河道弯曲狭窄，有5处易卡冰河段：平阴县外山河段，河面宽仅320～350米；长清区桃园至董苗河段，位于“S”形弯道且连续弯曲，行冰易靠右岸插封；槐荫区北店子险工至历城区盖家沟险工河段，最窄处为曹圈险工河段，两岸堤距仅488.7米，险工对峙，河槽弯曲，且有多处阻水桥梁；章丘市胡家岸险工至刘家园险工河段，封冰阻水时壅水高，影响范围广；济阳县戴家庄至张辛险工河段，为坐弯顶冲河段，且多长坝阻冰，形成凌洪的可能性较大。

1985年12月上旬，济南市受较强冷空气影响，气温骤降。12月7日，黄河济南段开始淌凌。12月8日～12日，气温达零下14℃，日平均气温一般在0℃以下。至13日淌凌密度40%，弯道处65%。1986年1月10日章丘县界内冰凌开始插封，12日济南市境内平均日封河速度为9千米，13日封冻河段延伸至郊区付家庄险工以下，长30余千米。1月13日下午，章丘刘家园以上至付家庄的封冻河段全部滑动下泄，造成刘家园至济阳县葛家店长8千米河段卡冰壅水。15日16时，刘家园水位站水位涨至27.4米，比1月5日上涨3.59米，相当于7000立方米/秒流量的水位。约有150万立方米的冰量壅塞在卡冰河段，致使土城子险工3号坝以下，小滩和刘家园险工3号坝以下低滩串水，导致洪水顺堤行洪。自土城子险工3号坝至章丘下界17.5千米大堤偎水，水深0.5～1.0米，水面宽50～100米，最宽处近3000米；滩内27个村，1.3万人被水包围，淹没滩地2133.3公顷，进出道路被冲断、部分房屋倒塌。凌情发生后，山东省、济南市及章丘县各级领导连夜赶赴现场，指挥防凌工作。中国人民解放军派驻平阴舟桥部队指战员98名、汽车14部、操舟机4部、汽艇2部连夜赶到现场，抢救群众，搬运物品，运输物资，妥善安置受灾群众。1月中旬，气温回升，冰凌日渐融化，19日卡塞在刘家园河段的冰凌下滑，刘家园水位下降，20日河道内封冻段全部开通，漫滩洪水大部分归槽，凌汛解除。

1986～2010年，泺口站凌汛期流量一般在100～400立方米/秒之间，由于上游来水少，多数年份是小流量淌凌封河。1995～1999年，在开河期间黄河接近断流。25年间，有17个年份出现冰凌卡塞后造成封河现象，8个年份只发生淌凌现象而未形成封河，17个年份的封河均为随气温回升后的自然开河，冰凌自然融化消失，未形成严重凌汛。

第六节 调水调沙

2002～2010年，黄委先后成功开展12次调水调沙。2002～2004年，为调水调沙试验阶段。2005年起，转入结合汛前腾空防汛库容和汛期防洪调度的生产运行式调水调沙。2005～2010年，进行9次调水调沙，其中有每年汛前的6次调水调沙及2007年7月、2010年7月和8月结合3次汛期防洪调度开展的调水调沙。每一次调水调沙实现下游河道的全线冲刷，黄河下游河道主槽最大过流能力由2002年汛前的1800立方米每秒提高到2010年的4000立方米每秒。洪水时滩槽分流比得到改善，“二级悬河”形势开始缓解，“小洪水高水位、大漫滩”和“小洪水大险情”的状况得到改善。

济南黄河河务局建立健全组织机构，先后制定印发《调水调沙调度预案》《河道观测预案》《工程抢险预案》和《引水控制预案》，落实对生产堤口门和滩区串沟监管责任制，加强辖区内浮桥的监督和管理，确保洪水顺利下泄。12次调水调沙期间，黄河济南段险工、控导工程先后有351段坝岸出险，其中险工125段、控导工程226段，共计出险456坝次，多为根石走失、坝坡坍塌；有9处引黄涵闸闸门漏水。经市、县(市)区河务局组织抢护，均转危为安。抢险累计用石5.7万立方米、土方0.19万立方米、耗用铅丝37.22吨、柳料184.59吨、麻袋1.56万条等，共投资540.28万元。

第四章 河务管理

第一节 机 构

一、济南黄河河务局

1986年年初，济南修防处机关设办公室、政工科、工务科、工程管理科、财务器材科、纪律检查组和工会；下属6个单位，其中2个管理段(平阴、长清)、3个修防段(郊区、历城、章丘)、1个直属企业(济南机修储运队)，共有职工1018人。同年9月，增设老干部科、审计科、生产经营办公室。1989年10月，增设监察科，与纪律检查组合署办公。1990年6月，建立水政监察处。同年12月，济南修防处更名为济南市黄河河务局，其内部机构设置不变。1991年1月，局机关设办公室、工务处、工程管理处、财务器材处、政治工作处、监察处、审计处、综合经营办公室、老干部管理处、水政监察处、工会。1992年11月，成立山东黄河物资总公司济南公司。

1995年6月，局机关内设机构调整为办公室、工务处、财务经营管理处、工程管理处、人事劳动处、水政水资源处、审计处、监察处、离退休职工管理处、工会、通信处，均为正科级。1996年3月，济南市河务局升格为副厅局级单位，局机关内设机构调整为办公室、水政水资源处、河务处、财务经营管理处，均为正处级。1998年10月，济南市河务局成立黄委山东济南水政监察支队。1999年9月，增设机关服务处(正处级)，同时撤销山东黄河物资总公司济南公司。

2002年11月，局机关内设机构调整为办公室、河务处、水政处、财务处、人事劳动教育处5个正处级部门。2004年4月，局机关内设机构调整为办公室(监察审计室)、河务处(防汛办公室)、水政处(水政监察支队)、财务处、人事劳动教育处(党群工作部)。同年9月16日，更名为山东黄河河务局济南黄河河务局。

2010年年底，济南河务局机关内设办公室(监察审计室)、河务处(防汛办公室)、水政处(水政监察支队)、财务处、人事劳动教育处(党群工作部)5个正处级部门，下属16个单位，其中河务局7个，事业单位4个、企业单位5个。济南河务局共有职工2126人，其中在职职工1344人，离退休职工782人。

二、局属企事业单位

1986年年初，济南修防处下属平阴管理段、长清管理段、郊区修防段、历城修防段、章丘修防段和济南机修储运队6个单位。1987年5月，撤销济南郊区修防段，建立济南天桥修防段、济南槐荫修防段。同年7月，济南机修储运队整建制移交山东河务局将山石料厂。1988年1月，济南槐荫修防段设立北店子引黄闸管理所和杨庄引黄闸管理所，均为股级单位。1989年12月，济阳修防段划归济南修防处。1990年12月，各区(县)修防段更名为某某区(县)黄河河务局，并升格为副县(处)级单位。

1991年9月，历城、槐荫、天桥区黄河河务局名称上挂到市，即济南市某某区黄河河务局。1992年10月，章丘县黄河河务局更名为章丘市黄河河务局。1993年12月，成立济南黄河工程总公司，隶属于济南市黄河河务局。1995年6月，济南黄河工程总公司更名为山东黄河工程局第四工程分局。1998年11月，山东黄河工程局第四工程分局更名为济南市黄河工程局。2001年6月，成立济南东郊黄河浮桥有限公司。

2002年5月，长清县河务局更名为长清区黄河河务局。10月，山东河务局将山东黄河工程机械修理厂和山东船舶工程处划归济南市黄河河务局管理。11月，济南市河务局机关服务处更名为服务处(正处级)；成立济南市河务局经济发展管理局(正科级)；济南市河务局通信处更名为济南市河务局信息管理处(正科级)。12月，山东黄河工程机械修理厂更名为济南黄河工程机械修理厂；山东黄河船舶工程处更名为济南黄河船舶工程处。2003年4月，成立济南东城黄河浮桥有限公司。8月，成立济南百里黄河风景区开发有限公司。2004年9月16日，平阴县、济阳县、章丘市黄河河务局分别变更为济南黄河河务局平阴黄河河务局、济南黄河河务局济阳黄河河务局、济南黄河河务局章丘黄河河务局；济南市长清区、槐荫区、天桥区、历城区黄河河务局分别变更为济南黄河河务局长清黄河河务局、济南黄河河务局槐荫黄河河务局、济南黄河河务局天桥黄河河务局、济南黄河河务局历城黄河河务局。

2006年4月，成立济南黄河水利工程维修养护有限(责任)公司。5月，撤销济南河务局供水处，成立山东黄河河务局供水局济南供水分局(正科级)。6月，撤销济南黄河工程机械修理厂；济南百里黄河风景区开发有限公司归并到济南黄河水利工程维修养护有限(责任)公司。7月，撤销济南黄河船舶工程处。同年，组建山东河务局供水局济南供水分局。

2010年年底，济南河务局局属企事业单位16个，其中河务局有平阴、长清、槐荫、天桥、历城、章丘、济阳河务局7个，事业单位有山东黄河河务局供水局济南供水分局、服务处、经济发展管理局、信息管理处4个；局属企业单位有济南黄河水利工程维修养护有限(责任)公司、济南市黄河工程局、济南黄河西外环浮桥有限公司、济南东郊黄河浮桥有限公司、济南东城黄河浮桥有限公司5个。

第二节 工程管理

济南黄河的工程管理工作，主要包括堤防、河道整治和水闸工程的管理。堤防工程包括堤身、淤背(临)区、前戗、护堤地、防浪林及附属设施。河道整治工程分为险工、控导工程，包括丁坝、垛、护岸和联坝、附属设施及护坝地。水闸工程包括上游连接段、闸室段、下游连接段和附属设施。

1986～2002年，采用计划经济体制条件下形成的集“修、防、管、营”四位一体的工程管理模式。即县(市)区黄河业务部门，承担防洪工程建设、黄河防凌、防汛、防洪工程维修养护及管理、经营开发等工作任务。工程管理队伍实行专管与群管相结合的组织形式，即险工、控导、涵闸工程的日常管理及维修养护由黄河职工承担，堤防工程的日常管理及维修养护由护堤职工和群众护堤员共同承担。

1998年始，黄河防洪工程建设全面推行建设管理“三项制度”改革，实行项目法人责任制、招标投标制和建设监理制。山东黄河河务局为项目主管单位，一般由地(市)黄河河务局为项目法人代表(建设单位)，建设单位委托有资质的代理机构通过招投标方式，优选勘察、设计、施工、监理和材料设备供应等单位。

2002年起，济南黄河河务局根据国务院《水利工程管理体制改革实施意见》和上级工作部署，开始探索水利工程管理体制改革的方法和路子。济阳县和槐荫、天桥区河务局相继进行“管养分离”试点，增设事业单位“黄河工程管理处”，专职从事工程日常维修养护工作，群众护堤人员逐步退出黄河防洪工程管理及维修养护队伍。

2005～2006年，济南黄河河务局按照国务院《水利工程管理体制改革实施意见》，分三个阶段完成所辖县(市)区河务局的水管体制改革工作。2005年3月2日～17日，济阳黄河河务局在黄委系统内率先完成水管体制改革试点工作。同年5月15日～31日，槐荫、天桥黄河河务局完成水管体制改革。2006年4月12日至5月6日，平阴、长清、历城、章丘黄河河务局完成水管体制改革。通过改革，成立新的水管单位(平阴、长清、槐荫、天桥、历城、章丘、济阳黄河河务局)、供水单位(济南供水分局)和维修养护公司(济南普泺黄河水利工程维修养护有限责任公司，2009年更名为济南黄河水利工程维修养护有限责任公司)，实现机构、人员、资产分离，初步建立适应社会主义市场经济条件下的专业化维修养护企业。

水管体制改革完成后，济南黄河河务局河务处是工程管理的主管部门。济南供水分局负责济南黄河引黄涵闸的管理、运行和维修养护。各闸管所分别负责辖区内引黄涵闸的管理、运行和维修养护工作。水管单位与维修养护单位签订维修养护合同，维修养护单位按照合同约定负责防洪工程维修养护。维修养护工作实行监理制，水管单位与有相应资质的监理单位签订委托合同，监理单位负责对维修养护工作的进度、质量、投资控制。

2007年4月，山东黄河水利工程建设质量与安全监督站成立维修养护济南项目站，负责对济南黄河工程维修养护质量与安全进行监督、检查，对工程维修养护质量进行评定。通过改革，调整管理、养护和经营的关系，工程日常管理工作得到加强，工程面貌明显改善。

第三节 水资源管理

黄河水是济南市最重要的客水资源，进入黄河济南段的径流水量大小与上中游径流量、引用水量、工程蓄水调节等多种因素有关。据泺口水文站1986～2010年实测资料分析，黄河济南段大部分年份为枯水年。黄河来水量年际变化较大，25年的平均年径流量为178.85亿立方米。1989年，年径流量最大，为304亿立方米；1997年，径流量最小，为44.2亿立方米。水量年内分布不均，汛期占全年的55.7%，非汛期占全年的44.3%。

1986～2010年，黄河流域干旱少雨，黄河来水量减少，加上长期对黄河水的无节制引用等原因，导致下游河段频繁断流。1992～1999年，济南泺口站连续8个年份发生断流30次，时间达408天。自2000年起，黄河实行水量统一调度管理，2002～2010年，黄委又组织调水调沙，济南河段再未发生断流。

1992～1999年济南市泺口水文站断流年份统计表

表8-5-10　　单位：次、天

年 份	断流次数	断流天数	起止时间
1992	3	36	6月3日至7月19日
1993	1	3	6月13日至15日
1994	2	31	5月30日至10月8日
1995	2	77	3月25日至7月22日
1996	4	71	2月14日至6月29日
1997	7	132	2月7日至11月14日
1998	7	42	2月13日至7月12日
1999	4	16	2月5日至5月20日

济南黄河水资源的管理实行取水许可制度，在确保黄河不断流前提下，对黄河水量实行统一调度；引水实行年度水量调度计划与月、旬水量调度方案和实时调度指令相结合的调度方式。

一、取水许可证管理

1994 年，在调查摸底的同时，对取水口进行初步登记。1995 年，全面实施取水许可登记发证，共发放许可证 62 套，年许可水量 4.8 亿立方米。2000 年 6 月，济南市换发取水许可证 61 套，年许可水量 4.8 亿立方米，预留 1 亿立方米水量指标。2004 年，对 61 处引水口进行年审：对取水口引水规模发生变化的进行调增调减；对新一轮换证不申报或长期占用引水指标而不引水的，吊销引水许可证；对申报新增的取水口，符合新建取水口规定的，给予办证确认。经逐级审定，保留原有引水口 53 处，吊销 8 处，新增 2 处，由 61 处变更为 55 处，批准年取水总量 5.8 亿立方米，其中涵闸年取水总量 5.57 亿立方米，扬水站等其他取水口批准年取水总量 0.23 亿立方米。2010 年，引水口仍为 55 处，批准年取水总量 5.88 亿立方米，其中涵闸批准年取水总量 5.65 亿立方米，扬水站等其他取水口批准年取水总量 0.23 亿立方米。

二、引水指标管理

1986～1994 年，沿黄涵闸、虹吸引用黄河水实行计划供水，根据批准的计划逐月签票供水，滩区提水站引用黄河水基本处于无控状态。1995～2001 年，根据各取水口取水许可指标所占比数，将山东黄河河务局每年下达给济南市年内引水指标或阶段引水指标，分解到各取水口，用水时必需填报时段用水计划，按批准的时限计划取水。2002～2005 年，实行订单供水，引水期间逐旬签订引水订单。2006 年 7 月，国务院颁发《黄河水量调度条例》，严格用水计划管理。济南黄河河务局和县(市)区河务局两级严格审核用水户填报的年、月、旬引水计划建议，并按时上报山东黄河河务局。山东黄河河务局批复引水计划指标后，济南黄河河务局采取总量控制与各闸取水量分别控制的双控制办法，对引水指标进行严格管理。用水紧张调度期间，实施月、旬引水计划订单。各涵闸对应的用水户管理单位，在规定日期内将月、旬用水计划订单，按照规定格式填写后并加盖公章，报经涵闸所在地的县(市)区河务局，济南黄河河务局审核汇总后上报山东黄河河务局，并录入“山东黄河引黄信息管理系统计划”。济南黄河河务局将山东黄河河务局分配给全市的水量指标分配至各闸口，并下达至各县(市)区河务局(同时传供水分局)，由县(市)区河务局通知到各引水口用水户管理单位；各用水户管理单位到县(市)区河务局领取分配指标后，持指标与供水分局签订引水协议；供水分局将签订的引水协议复印本交市局水量调度部门备案；用水户管理单位将引水协议复印本交引水口所在地县(市)区河务局。

第四节 引黄供水

济南市引黄供水主要用于沿黄居民生活和城乡工农业生产。1986～2010 年，济南市涵闸、虹吸累计引用黄河水 93.66 亿立方米，其中农业引水 71.98 亿立方米，非农业引水 21.68 亿立方米。

1986～2010 年济南市涵闸、虹吸引黄供水统计表

表 8-5-11　　单位：万立方米

年 份	合 计	农 业	非农业	备 注
1986	9997.10	9997.10	—	3 座涵闸、6 处虹吸
1987	6121.80	6121.80	—	4 座涵闸、6 处虹吸

续表 8-5-11

年 份	合 计	农 业	非农业	备 注
1988	6759.42	4827.50	1931.92	4 座涵闸、6 处虹吸
1989	11061.81	8425.35	2636.46	5 座涵闸、6 处虹吸
1990	53539.56	51211.70	2327.86	7 座涵闸、11 处虹吸
1991	42101.18	40203.28	1897.90	7 座涵闸、11 处虹吸
1992	47902.30	46227.70	1674.60	8 座涵闸、10 处虹吸
1993	51102.28	47854.88	3247.40	8 座涵闸、9 处虹吸
1994	37211.08	34132.48	3078.60	8 座涵闸、9 处虹吸
1995	25562.80	22203.20	3359.60	9 座涵闸、6 处虹吸
1996	27696.00	26076.60	1619.40	9 座涵闸、6 处虹吸
1997	27144.50	26556.10	588.40	10 座涵闸、2 处虹吸
1998	25293.43	22653.46	2639.97	11 座涵闸
1999	46249.15	43526.47	2722.68	11 座涵闸
2000	32981.84	22741.77	10240.07	11 座涵闸
2001	51381.49	36279.54	15101.95	11 座涵闸
2002	72621.84	52363.33	20258.51	11 座涵闸
2003	50022.12	31311.89	18710.23	11 座涵闸
2004	40795.99	29299.56	11496.43	11 座涵闸
2005	37080.68	27008.20	10072.48	11 座涵闸
2006	44523.64	32311.26	12212.38	11 座涵闸
2007	43230.67	25700.29	17530.38	11 座涵闸
2008	41299.33	19493.05	21806.28	11 座涵闸
2009	50768.49	25779.32	24989.17	11 座涵闸
2010	54128.34	27510.18	26618.16	11 座涵闸
合计	936576.84	719816.01	216760.83	

一、渠首工程

1986～2010 年，济南市引用黄河水渠首工程主要有引黄涵闸、虹吸、扬水站、电灌站。其中：平阴县、长清区为黄河滩区，无堤防，引用黄河水主要靠电灌站及扬水站；槐荫、天桥、历城、章丘、济阳 5 个县(市)区，设堤防，引用黄河水分为滩区和堤外两部分，采用虹吸管、引黄涵闸和扬水站引水。

(一)虹吸工程 1985 年年底，济南市在运用的虹吸工程有 7 处 19 条管道，设计引水流量 17.2 立方米每秒，设计灌溉面积 4260 公顷。1986 年，拆除杨庄虹吸工程项目处。由于河道不断淤积、防洪工程设防标准不断提高，虹吸管工程变为防洪工程的险点、隐患。同时，随着堤防相应加高，致使虹吸引水困难，虹吸工程逐步被引黄涵闸工程所代替。至 1999 年，将原有的 19 处 58 条虹吸管，设计引水流量 51.46 立方米每秒的引黄虹吸工程全部拆除，改建为引黄涵闸。

(二)引黄涵闸工程 1985 年年底，济南市建成使用的引黄涵闸有 3 座。1990 年，德州地区的邢家渡、葛店 2 座引黄涵闸划归济南市。至 2000 年，济南市新建引黄涵闸 6 座，并改建原有涵闸 3 座(包括邢家渡和葛店 2 座)，共完成土方162.87万立方米，石方5万立方米，混凝土1.64万立方米，总投资4060.49万元。

1986～2010年济南黄河河务局新(改)建引黄涵闸情况表

表8-5-12

序号	涵闸名称	完成投资(万元)	完成主要工程量(万立方米)			竣工年月	备注
			土方	石方	混凝土		
一	新建涵闸6座	2356.90	100.35	3.44	1.02		
1	杨庄	280.00	15.85	0.78	0.17	1986.12	拆虹吸改建
2	大王庙	493.00	12.40	0.39	0.16	1995.10	拆虹吸改建
3	霍家溜	585.00	22.23	0.58	0.16	1998.10	拆虹吸改建
4	胡家岸	243.00	14.29	0.51	0.21	1986.10	拆虹吸及扬水站改建
5	沟杨	631.00	17.64	0.68	0.16	1996.10	拆虹吸建闸
6	张辛	304.90	17.94	0.50	0.16	1991.09	拆虹吸建闸
二	改建涵闸3座	1703.59	62.52	1.56	0.62		
1	土城子	200.00	13.41	0.40	0.11	1988.10	前接涵洞69米
2	葛店	352.00	23.44	0.61	0.14	1989.10	废旧建新，在原闸下游97米处新建
3	邢家渡	1151.59	25.67	0.55	0.37	2000.09	废旧建新，在原闸上游122米处新建

至2010年，济南市共有引黄涵闸11座，设计流量225立方米每秒，设计灌溉面积18.12万公顷，分布于济南黄河两岸的槐荫、天桥、历城、章丘、济阳5个县(市)区。其中北店子和大王庙涵闸除提供农业灌溉用水外，还分别通过玉清湖和鹊山水库向济南市提供居民生活和工业生产用水；其余9座涵闸均以提供农业灌溉用水为主。

2010年济南黄河河务局引黄涵闸情况表

表8-5-13

序号	涵闸名称	所在市县	桩号	岸别	闸型	建筑物等级	设计抗震裂度	孔数	孔口尺寸宽×高(米×米)	底板高程(米)	设计洪水位(米)	设计流量(立方米/秒)	设计灌溉面积(万公顷)	竣工年份
1	北店子	槐荫	8+950	右	涵洞	I	8	3	2.8×3	24.62	39.02	50	0.67	1982
2	杨　庄	槐荫	16+045	右	涵洞	I	8	2	2×2	24.62	38.36	10	0.40	1986
3	老徐庄	天桥	23+939	右	涵洞	I	8	2	2×2	23.61	37.41	10	0.12	1983
4	大王庙	天桥	131+680	左	涵洞	I	7	2	2.6×2.8	23.81	37.61	15	2.00	1995
5	霍家溜	历城	49+300	右	涵洞	I	7	2	2.6×2.8	21.40	35.32	15	2.05	1998
6	胡家岸	章丘	65+162	右	涵洞	I	7	3	2.6×2.8	20.55	33.15	20	2.31	1986
7	土城子	章丘	73+480	右	涵洞	I	7	2	2×2	18.89	32.59	10	0.40	1988
8	邢家渡	济阳	146+783	左	涵洞	I	7	4	3×3	21.59	36.21	50	6.00	2000
9	沟　杨	济阳	164+755	左	涵洞	I	7	2	2.6×2.8	19.75	33.45	15	1.37	1996

续表 8-5-13

序号	涵闸名称	所在市县	桩号	岸别	闸型	建筑物等级	设计抗震裂度	孔数	孔口尺寸宽 × 高(米 × 米)	底板高程(米)	设计洪水位(米)	设计流量(立方米/秒)	设计灌溉面积(万公顷)	竣工年份
10	葛 店	济阳	181+627	左	涵洞	Ⅰ	7	2	2.6 × 2.8	17.68	31.07	15	1.47	1989
11	张 辛	济阳	189+910	左	涵洞	Ⅰ	7	2	2.6 × 2.8	16.95	30.65	15	1.33	1991

(三)其他引水工程 济南市黄河滩区引黄取水主要依靠扬水站，由地方政府或群众筹资兴建，或由国家适当补贴兴建，工程建成后由地方管理。至 2010 年，济南市黄河滩区有 43 处扬水站由黄委审核换发取水许可证。

田山引黄电灌工程是黄河下游最大的集防洪、除涝、农业供水、工业供水为一体的电力排灌工程。1986 年 11 月工程正式动工，1971 年 11 月竣工，年底投入运行。田山引黄电灌工程分为主体工程、平阴分灌区、肥城分灌区三部分。灌区主体工程位于黄河下游平阴县境内，灌区包括济南市的平阴县东南部和泰安市的肥城市西北部，设计灌溉面积 2.11 万公顷。2010 年，有效灌溉面积 1.06 万公顷，解决 81 个村 6.2 万人的吃水困难，同时还担负平阴县城周围近 55 平方千米的排洪、排涝任务。

二、引黄灌溉

1955 年，首先在杨庄、王家梨行试办倒虹吸引黄工程，开始引黄灌溉。至 2010 年，济南市引黄灌区根据渠首工程灌溉范围划分共有 11 处，用水单位主要有槐荫区吴家堡镇和美里湖街道，天桥区药山街道和桑梓店、大桥镇，历城区华山、遥墙镇，章丘市黄河、高官寨乡及非沿黄的 5 个乡镇，济阳县崔寨、济阳、曲堤、仁风镇(街道)及非沿黄的 4 个乡镇和商河县的 13 个乡(镇)。灌区内耕地面积 18.5 万公顷，渠系配套设计灌溉面积 18.3 万公顷，有效灌溉面积 13.8 万公顷。1986 ～ 2010 年，利用虹吸、涵闸引用黄河水 71.98 亿立方米。

黄河济南段邢家渡引黄闸开闸引蓄黄河水

（2008 年 2 月摄）

至 2010 年，用于滩区农业灌溉的取水口 44 处，设计引水能力 46.47 立方米每秒，设计灌溉面积 3.6 万公顷，实际有效灌溉面积 1.3 万公顷。

三、引黄保泉

1983 年，国家计委批复济南市引黄保泉供水工程计划，日供水 40 万立方米，渠首设在老徐庄引黄闸，设计引水能力 10 立方米每秒，通过老徐庄引黄闸引黄河水直接进水厂，经过沉沙及综合处理后，送入供水管网。1988 年 11 月，第一期工程建成投产，日供水 20 万立方米。1992 年，第二期工程日供水 20 万立方米的净水厂建成。1998 年 10 月，济南北的鹊山水库开工建设。2000 年 4 月 24 日，正式向市区供水，总库容 4600 万立方米，取水口为黄河左岸的大王庙引黄闸。同年 12 月，济南西的玉清湖水库建成；2001 年 7 月 9 日，开始向市区供水，总库容 4850 万立方米，取水口为黄河右岸的北店子引黄闸。两水库引水后，经沉沙池沉沙送入水库存蓄，由水库再进水厂进行综合处理送入供水管网，设计日供水能力均为 44 万立方米，对济南市泉水喷涌起到重要作用。1986 ～ 2010 年，济南城市居民生活及工业供水共引用黄河水量 21.68 亿立方米。